◎ 非会计学专业适用 ◎

FEI KUAIJIXUE
ZHUANYE SHIYONG

会 计 学
KUAIJIXUE

主审 ◎ 付 磊
主编 ◎ 赵天燕 阎 竣

首都经济贸易大学出版社
Capital University of Economics and Business Press
·北京·

图书在版编目（CIP）数据

会计学／赵天燕，阎竣主编. -- 北京：首都经济贸易大学出版社，2023.8
ISBN 978-7-5638-2692-6

Ⅰ．①会…　Ⅱ．①赵…②阎…　Ⅲ．①会计学—教材　Ⅳ．①F230

中国版本图书馆 CIP 数据核字（2017）第 198283 号

会计学
KUAIJIXUE
主　审　付　磊
主　编　赵天燕　阎　竣

责任编辑	薛晓红
封面设计	砚祥志远·激光照排　TEL：010-65976003
出版发行	首都经济贸易大学出版社
地　　址	北京市朝阳区红庙（邮编 100026）
电　　话	（010）65976483　65065761　65071505（传真）
网　　址	http://www.sjmcb.com
E - mail	publish@cueb.edu.cn
经　　销	全国新华书店
照　　排	北京砚祥志远激光照排技术有限公司
印　　刷	唐山玺诚印务有限公司
成品尺寸	185 毫米×235 毫米　1/16
字　　数	691 千字
印　　张	30.75
版　　次	2023 年 8 月第 1 版　2024 年 5 月总第 2 次印刷
书　　号	ISBN 978-7-5638-2692-6
定　　价	55.00 元

图书印装若有质量问题，本社负责调换
版权所有　侵权必究

会计学专业系列教材
编审委员会

主　任　崔也光
副主任　顾奋玲　李百兴
委　员　（按姓氏笔画排序）
　　　　马元驹　王国生　王海林
　　　　付　磊　刘文辉　闫华红
　　　　许江波　汪　平　杨世忠
　　　　赵天燕　袁小勇　栾甫贵
　　　　蔡立新

总　序

本套书是首都经济贸易大学会计学院会计学专业系列教材的第五次编写发行。首都经济贸易大学会计学专业系列教材1989年首次编写出版,1995年第二次编写,2001年第三次编写,2007年第四次编写。多年来,为了培养更多更好的会计人才,我们编写的会计学专业系列教材紧密结合我国社会主义市场经济和资本市场的特征及运行规律,适应我国会计改革的新形势、新变化,不断地对教材加以修订,力争为学生和社会读者提供满意的学习用书。我们的努力得到了广大读者的充分肯定,在同类教材中,本系列教材保持着较高的发行总量,不仅几十所院校将本系列教材选作教学用书,更有大量在职人员将本套教材作为系统学习会计知识的良好读物。同时,本系列教材还获得了诸多荣誉,例如:1989年版的《企业财务管理》被教育部评为全国优秀教材;1995年版的《现代企业财务管理》被教育部确定为全国高等财经院校推荐用书;2001年版的《审计学》被评为北京市高等教育精品教材;2001年版全套教材获北京市教育教学(高等教育)一等奖;2007年版的《审计学》和2009年版的《会计学》被评为北京市高等教育精品教材。

在继承前四次编写成就的基础上,新版本的系列教材有了进一步的完善,具备两个突出的特点:

1.在内容上,本套教材借鉴和吸收了最新的会计、财务管理和审计领域理论与实践成果,充分反映了近年来财政部颁布及修订的企业会计准则、中国注册会计师执业准则、管理会计基本指引的精髓,体现了财政部、审计署等五部委颁布的企业内部控制基本规范的精神,同时着力阐明各种会计、财务管理及审计的基本理论和实务做法,并适当介绍一些经济发达国家和地区财务会计活动与审计工作的规范和做法,以开阔读者的视野,深化对会计、财务管理和审计的认识和理解。

2.在编写体例上,为与最新的教育教学方法(如慕课、微课、翻转课堂等)相适应,增加了较大篇幅的教学辅导资料,其内容包括教师参考资料(教学目标、教学内容),学生学习资料

(专业术语、思考题、练习题)等部分。这样安排,是为了更好地体现本系列教材一贯遵循的"方便教师教学,方便学生自学"的原则。

虽然我们尽了最大的努力,但疏漏在所难免,本套教材还会存在很多不足,恳请专家和广大读者不吝指教,以便我们进一步修订和完善。

会计学专业系列教材编委会

2017 年 7 月

前　言

本书主要是为管理类和经济类等非会计专业本科生编写的一本会计学教材,也可以作为其他非会计专业本科生和研究生(如 MBA)的教材。

《会计学》(赵天燕主编)教材自2009年首次编写出版以来,用于本校和多所兄弟院校非会计专业教学,获得师生的一致好评,也得到社会上广大读者的充分肯定,之后2012年进行了修订。本书是在2012版的基础上,结合我国最新的会计法规等改革成果重新编写完成。

对于非会计专业会计教材,我们有这样几点认识:一是作为管理类和经济类专业的学生,不但需要具备会计知识,而且应当具备比较全面的会计知识,不完整的会计知识容易对会计形成误解,也难以满足今后工作的需要;二是对会计知识的讲授,按企业生产经营活动的过程开展,能将会计知识与企业经营管理过程结合得更紧密,也才能与非会计专业学生的前期知识结合得更紧密,比起传统的按会计要素展开的方式,更易于被学生理解和接受;三是电子信息技术在会计实务中的应用已经相当广泛,需要在学生一开始接触会计知识时,就向其介绍这方面的相关情况,以使学生尽早建立这方面的意识,适应电子信息技术高速发展形势下企业的用人需求;四是会计教学应改变传统的就会计论会计的做法,必须有机地将会计与社会经济和企业经营管理活动结合起来讲解,努力使学生从社会经济和企业经营管理的角度去认识会计、运用会计。

基于以上认识,我们将这本教材置于经济与管理发展的大背景下,融入电子信息技术,按企业的业务流程来编排。具体是:第一篇(第一章至第三章)为会计基本理论与方法,讲述会计的基本理论以及会计确认、计量、记录和报告的基本程序和核算方法,并介绍手工和计算机系统下会计核算周而复始的工作过程即会计循环;第二篇(第四章至第十章)为企业生产经营活动的核算,讲述企业筹资、供应、生产、销售、投资各项经营活动以及所形成的财务成果的确认、计量与记录,并介绍计算机系统下企业生产经营活动的会计处理及应用;第三篇(第十一章和第十二章)为会计信息的集成、发布与利用,讲述财务报表的生成、解读和分析,以及利用会计信息如何进行会计决策和会计控制,并介绍计算机系统下会计信息的集成、发布以及会计的决策与控制。

本书为方便教师授课和学生学习,增加对学生学习路径的指导,每章开始都设置该章的导论和内容结构图;每章内设有与内容同步的即时思考题以及供教师拓展教学的内容(以异体字列示),以启发学生思维,开阔学生视野,培养学生的自学能力;每章后设置本章小结、本章关键词汇（中英文）、思考题、练习题，并设计了融入课程思政元素的进一步思考题以及阅读资料，便于学生复习、巩固和深化所学知识，提升其分析和解决问题的能力，落实立德树人的任务。

本书还可以作为广大读者系统学习会计知识的自学用书以及会计实务工作者的参考用书。

本书由首都经济贸易大学会计学院赵天燕、阎竣担任主编，赵天燕拟订编写大纲以及对全书的修改和总纂。各章编写分工如下：第一、二、四、五章由赵天燕编写，第三、十、十一（第四节）、十二章由王凡林编写，第六、八章由林光泽编写，第七章由王元芳和任梦杰编写，第九章由阎竣编写，第十一章（第一、二和三节）由陈杰编写。原首都经济贸易大学会计学院院长付磊教授担任主审，对本书的编写提出了宝贵的修改意见。

本书在编写过程中参阅了许多文献资料，在此一并向相关作者致以衷心的感谢！

本书自酝酿、编写到定稿历时较长，其间经历了反复构思，并数次组织外校和本学院老师讨论，初稿完成后多次修改，力求有所创新、打造精品。但由于我们水平所限，书中难免还有不妥之处，敬请读者批评指正，以便今后修订和完善。

编 者

2023 年 6 月

目　录

第一篇　会计基本理论与方法

2　第一章　总　论
3　　第一节　会计的产生与发展
10　　第二节　会计的职能与作用
12　　第三节　会计对象
17　　第四节　会计目标
20　　第五节　会计法规体系
25　　第六节　会计基本假设、会计基础和会计信息质量要求
30　　本章小结
31　　本章关键词汇
32　　思考题
33　　练习题
37　　进一步思考
38　　阅读资料

39　第二章　会计核算的基本程序和方法
40　　第一节　会计确认与会计计量
42　　第二节　会计记录——账户和复式记账
64　　第三节　会计记录——会计凭证和会计账簿
87　　第四节　会计报告
91　　本章小结
92　　本章关键词汇

92	思考题	
93	练习题	
100	进一步思考	
103	阅读资料	
104	第三章	会计循环与会计信息系统
105	第一节	手工会计循环
110	第二节	计算机会计循环
112	第三节	会计信息系统
117	本章小结	
117	本章关键词汇	
118	思考题	
118	练习题	
120	进一步思考	
121	阅读资料	

第二篇 企业生产经营活动的会计确认、计量与记录

124	第四章	筹资活动的核算
125	第一节	筹资活动核算概述
126	第二节	权益筹资的核算
133	第三节	负债筹资的核算
146	本章小结	
147	本章关键词汇	
147	思考题	
148	练习题	
152	进一步思考	
153	阅读资料	

154	**第五章　供应活动的核算**
155	第一节　供应活动核算概述
157	第二节　供应活动主要经济业务的核算
179	本章小结
179	本章关键词汇
180	思考题
180	练习题
185	进一步思考
187	阅读资料
188	**第六章　生产活动的核算**
189	第一节　生产活动核算概述
194	第二节　生产活动主要经济业务的核算
220	本章小结
220	本章关键词汇
221	思考题
221	练习题
228	进一步思考
229	阅读资料
230	**第七章　销售活动的核算**
231	第一节　销售活动核算概述
232	第二节　收入与合同成本的确认和计量
244	第三节　销售活动主要经济业务的核算
256	本章小结
257	本章关键词汇
258	思考题
258	练习题
263	进一步思考
264	阅读资料

265	**第八章　投资活动的核算**
266	第一节　投资及其分类
268	第二节　短期投资的核算
273	第三节　长期投资的核算
289	本章小结
290	本章关键词汇
290	思考题
291	练习题
300	进一步思考
301	阅读资料
302	**第九章　财务成果的核算**
303	第一节　财务成果形成的核算
315	第二节　财务成果分配的核算
318	本章小结
319	本章关键词汇
319	思考题
320	练习题
324	进一步思考
325	阅读资料
326	**第十章　企业生产经营活动的计算机会计处理及应用**
327	第一节　企业生产经营活动的计算机会计处理
331	第二节　企业生产经营活动的计算机会计处理举例
344	本章小结
344	本章关键词汇
345	思考题
345	练习题
347	进一步思考
348	阅读资料

第三篇 财务报表与信息利用

页码	内容
350	**第十一章 财务报表与分析**
351	第一节 财务报表及其附注
376	第二节 会计政策和会计估计及其对财务报表的影响
383	第三节 财务报表分析
391	第四节 财务报表的计算机处理
394	本章小结
395	本章关键词汇
396	思考题
396	练习题
400	进一步思考
402	阅读资料
403	**第十二章 会计决策与控制**
404	第一节 成本性态、变动成本法与本量利分析
424	第二节 短期经营决策
433	第三节 会计控制
448	第四节 计算机环境下的会计决策与控制
457	本章小结
458	本章关键词汇
458	思考题
459	练习题
467	进一步思考
469	阅读资料
470	练习题参考答案（部分）
476	参考文献

第一篇

会计基本理论与方法

第一章

总　论

导论

　　会计被称为通用的"商业语言"，经济越发展，会计就越重要。在现代社会里，不仅企业要对发生的经济业务进行会计核算和监督，利用会计数据进行预测和参与经营决策，个人也常常需要运用会计信息做出合理的经济决策，如决定是否购买、持有或出售一家企业的股票、债券及进行其他的投资决策。什么是会计？它是怎样产生与发展的？会计分类和会计职业有哪些？会计具有哪些职能和作用？会计的对象和目标是什么？会计工作有哪些规范？会计基本假设、会计基础和会计信息质量要求是什么？学完本章，你便能够获得这些问题的答案从而对会计有初步的认识。

内容结构

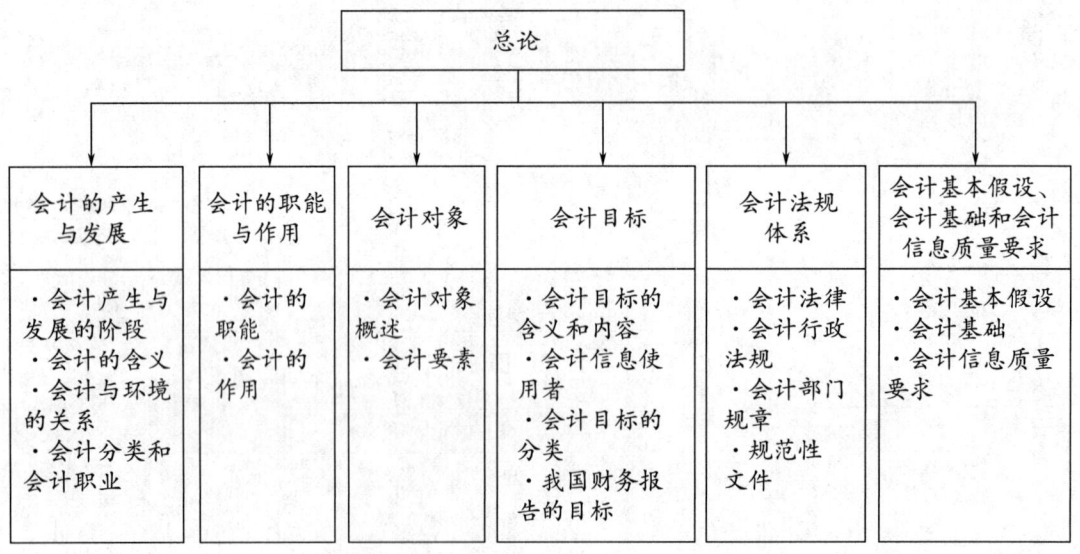

第一节 会计的产生与发展

一、会计产生与发展的阶段

会计是人类社会发展到一定阶段的产物,它适应社会生产的发展和经济管理的需要而产生和发展,随着社会经济的发展和科学技术水平的提高而不断完善。会计有着悠久的发展历史,其发展历程可以分为古代会计、近代会计和现代会计三个阶段。

(一) 古代会计阶段

古代会计阶段,大约从旧石器时代中、晚期到封建社会末期(从会计产生到1494年)。会计源于人类早期的生产实践,最初只是生产职能的附属部分,即由生产者在生产时间之外附带地把收入、支付等事项记载下来,以计算劳动成果,为剩余产品分配服务。到了奴隶社会末期,生产力不断提高,剩余产品大量出现,开始出现社会分工,会计才逐渐从生产职能中分离出来,成为一种独立的职能,并逐渐出现了专门从事记录、报告劳动过程和结果的专职会计人员。会计最初表现为人类对经济活动的计量与记录行为。如我国远古的"简单刻记""结绳记事",就是会计的萌芽。在这一时期,不仅出现了专职会计人员,而且随着国家的产生,也产生了会计机构。会计以官厅会计为主,主要核算国家的税收收入和分配,在记账方法上采用单式记账法,一般只记录主要财产物资的变化或只记录有关货币的收支情况。

(二) 近代会计阶段

近代会计阶段,大约从15世纪开始至20世纪40年代末。其形成标志是1494年意大利传教士、数学家卢卡·巴其阿勒的著作《算术、几何及比例概要》的面世,在这本书里,第一次对复式记账法进行了完整的描述。1494年之后,复式记账法传遍整个欧洲,并推向世界。在这一阶段,不仅会计核算的方法有了大变革,会计逐步从简单的记录、计量、比较所得和所耗的行为,发展成为一门具有完整方法体系的会计学科,而且随着生产力水平的迅速提高,特别是欧洲的产业革命、大工业导致社会大分工出现后,产生了股份有限公司这种新的经济组织形式,组织、社会成员之间的经济关系愈益广泛和复杂,会计核算的内容也发生了很大的变化,企业会计逐渐发展起来,从而代替官厅会计居于主导地位。

19世纪后期至20世纪初,随着企业规模的扩大以及股份有限公司的产生和发展,企业的所有者与经营者分离,形成了与企业有不同利益关系的利益集团,因此要求建立一套会计规范,统一执行并公开会计信息。1939年,美国会计师协会发布了第一份"公认会计原则",被认为是在传统会计基础上财务会计产生的标志。财务会计主要向企业外部与企业有经济利益关系的投资人、债权人和政府有关部门等提供会计信息,又称"外部报告会计"。这一时期,由于所有者不直接参与企业日常管理,因此,客观上便有要求管理者定期提供会计信息的需求,并希望能有中立的会计师验证,以增强会计信息的可信度,公共会计师职业由此而生。1854年,英国苏格兰成立了世界上第一个特许会计师协会——爱丁堡会计师公会。

(三)现代会计阶段

现代会计阶段大约从20世纪50年代开始至今。20世纪40年代末因为经济环境的变化,企业间竞争加剧,促使企业重视管理工作,"泰罗制"等科学管理理论在企业实践中得以运用,会计从对经济活动结果的记录、计量和报告,逐渐转为对企业经济活动全过程的控制,并参与企业经营决策,为企业内部强化经营管理服务。基于企业内部加强管理的需要,20世纪50年代,管理会计迅速发展,开始从财务会计中分离出来,成为与财务会计并列的一大分支。1952年,国际会计师联合会正式通过管理会计这一专业术语,标志着会计正式划分为财务会计和管理会计两大领域。管理会计主要是向企业内部管理者提供有利于其经营管理决策的会计信息,又称"内部报告会计"。

新中国成立以来,我国的财务会计适应社会发展和经济管理的需求,经历了几次大的变革,这些变革充分体现在会计制度和会计准则的发展历程上。1978年开始改革开放,会计也迈出了与国际会计惯例接轨的步伐。1992年11月,财政部颁布了我国的《企业会计准则——基本准则》,并规定于1993年7月1日起实施;这一时期,还同时施行13个行业的会计制度和外商投资企业会计制度。1997年5月,财政部开始颁布规范具体会计处理业务的具体会计准则。随着20世纪90年代股份有限公司的迅速发展,1998年财政部颁布了适用于所有股份有限公司的《股份有限公司会计制度》。为了适用企业经济业务多元化变化等需求,2001年1月1日起,打破了行业和所有制的界限,废除了13个行业会计制度,建立了全国统一的企业会计制度体系。该体系包括适用于大部分企业的《企业会计制度》、适用于金融保险企业的《金融保险企业会计制度》和适用于小企业的《小企业会计制度》。随着我国加入世界贸易组织,会计国际化已成必然。为了更好地适应经济全球化的趋势,2006年2月15日,财政部颁布了与国际会计准则趋同的由1项基本准则、38项具体准则和有关应用指南构成的企业会计准则体系(有关会计制度和会计准则的具体内容,将在本章第五节介绍)。我国企业会计准则体系在整体框架、内涵和实质上的国际趋同,为与其他国家或者地区的会计准则等效奠定了基础。等效就是具有同等效力。目前,我国会计准则与其他国家或地区会计准则的等效工作开展得较为顺利,这对于提升我国企业的国际竞争力,促进我国资本市场的健康发展以及完善社会主义市场经济体制和顺应经济全球化趋势,都具有非常重要的意义。

20世纪80年代初,西方管理会计的思想和方法被引入我国,如本量利分析、短期经营决策等,并在我国部分企业初步运用。20世纪80年代的中后期,国有企业实施内部责任制,较为广泛地运用了现代管理会计的理念和方法,如责任成本、标准成本等。20世纪90年代至今,全面预算管理、平衡计分卡、作业成本会计等管理会计的理念和方法,在我国企业中有了更加广泛和深入的应用与发展。

在现代会计阶段,科学技术的迅速发展促进了社会生产力水平的大幅提高,特别是电子计算机技术引进会计领域后,使会计在操作方法上发生了根本性的变化。会计和计算机的结合,使得会计数据的处理从手工簿记系统发展为电子数据处理系统,会计能够更多更快地取得和披露信息,并利用取得的信息更好地为企业的经营管理服务。一方面,电子计算机代替手工记账、算账和报账,通过高效、准确的数据运算和日常会计处理,能及时获取各种会计信息,使得会计核算资料更加准确,从而为企业内外部会计信息使用者及时、准确、全面地提供会计信息,同时,也大大减少了会计人员的簿记工作量,使其从繁重的手工核算工作中解脱出来,提高了工作效率;另一方面,利用计算机数据的高速处理等功能,对会计数据进行深度加工,进行事前预测、事中控制和事后分析,可以为管理当局提供多方位的会计信息,充分发挥会计在经济管理中的重要作用,更好地满足企业内部管理者对会计信息的需求。

近年来,随着移动互联、云计算、物联网、区块链等新技术在会计工作中的应用,我国的会计信息化不断升级和完善。为科学规划、全面指导"十四五"时期我国的会计信息化工作,财政部制定并于2021年12月30日印发《会计信息化发展规划(2021—2025年)》(下文简称《规划》),为我国"十四五"时期会计信息化工作指出了明确的方向。《规划》明确了"十四五"时期我国会计信息化工作的总体目标是:服务我国经济社会发展大局和财政管理工作全局,以信息化支撑会计职能拓展为主线,以标准化为基础,以数字化为突破口,引导和规范我国会计信息化数据标准、管理制度、信息系统、人才建设等持续健康发展,积极推动会计数字化转型,构建符合新时代要求的国家会计信息化发展体系。

会计的产生和发展历程表明,经济越发展,会计越重要。

二、会计的含义

明确会计的含义本质上是解决会计是什么的问题,即对于会计本质的理解。会计的内涵和外延随着社会经济的发展而不断丰富,人们对会计的认识也在逐步深化。我国清代焦循在《孟子正义》一书中将会计解释为"零星算之为计,总和算之为会。"新中国成立以来,我国会计学界对于会计的定义,一直存在着不同的论点,如管理工具论、管理活动论、信息系统论等,至今尚没有一个统一的定义。在各种论点中,最具有代表性的是会计信息系统论和管理活动论。

(一)会计信息系统论

会计信息系统论认为,会计在特征上是一个"会计信息系统"。所谓信息,是指所传输和处理的对象。信息有广义和狭义之分。广义的信息是指所有的信息,包括尚未加工处理的初始信息和经过加工处理后的信息,狭义的信息则仅指后者。通常所说的会计信息,是狭义的信息概念,主要是货币信息,但也包括非货币信息。所谓系统,是指为实现特定目标,由一系列彼此相互联系和相互作用的要素所构成的具有特定功能的有机整体。会计把经济活动所产生的有关经济数据作为初始信息输入,从中提取并加工转化为会计信息,是一个复杂的过程,需要采用专门的方法。会计通过收集、加工、分析和输入经济业务,并通过会计工作程序将其转换,输出会计信息给信息使用者,构成一个完整的系统。

会计信息系统分为财务会计和管理会计两个子系统。财务会计系统输入的主要是已经发生或完成的经济业务数据,通过会计工作程序将其转换为通用财务报告的形式输出。管理会计系统不仅输入过去的信息,还有对未来的预测信息,运用灵活多样的方法,输出有助于企业内部管理当局经营和管理决策的预见性信息。

从数据处理技术上看,会计信息系统随着科学技术的进步和管理水平的提高,经历了从手工到计算机的发展历程。在手工会计信息系统阶段,会计人员以纸、笔、算盘等为工具,对会计数据进行处理;计算机引入会计领域后,会计数据的处理主要由计算机系统自动完成。相比手工会计信息系统,基于计算机的会计信息系统极大地提升了会计信息处理的速度和质量。基于计算机的会计信息系统也经历了不同的发展阶段:一是电子数据处理阶段。这一阶段只是为了提高会计工作的效率,用计算机代替手工核算,实现会计核算工作的自动化或半自动化。二是会计管理信息系统阶段。伴随着数据库技术的发展和在会计信息系统中的应用,会计信息系统中各子系统有机地结合形成一个整体,实现了信息的采集实时化和共享化,在此基础上,会计信息系统的功能在更加顺畅、快速和综合地完成会计数据处理的同时,扩展到对会计数据的深层次加工、分析与运用,为企业管理当局提供决策有用的信息。三是基于互联网的会计信息系统阶段。网络环境下,会计信息系统的功能更加强大,与其他管理信息系统的融合也更为紧密。基于计算机的会计信息系统的功能将在后面第三章详细介绍。

(二)管理活动论

管理活动论将会计视为一种管理活动,认为会计不仅是管理经济的工具,而且本身就具有管理职能,属于管理活动,是经济管理活动的重要组成部分。现代企业的管理过程可概括为规划、组织、实施和控制四个阶段,企业管理过程的每一个阶段都离不开会计人员的积极参与。会计不仅为企业管理过程的每个阶段提供用其特有方法所核算和监督的信息,而且直接参与企业管理过程的各个阶段,尤其是直接参与有关的控制与决策,因而,将其视为一种经济管理活动。会计作为一种管理活动,有别于其他的管理活动,能为决策者提供以货币计量的经济活动信息,并利用这些信息对经济活动进行控制。

上述的"信息系统论"和"管理活动论"并不是对立的,会计在本质上具有双重性,既是一个经济信息系统,同时也是一种经济管理活动。

综上所述,会计是以货币为主要计量单位,运用专门的方法和程序,对企业、行政、事业等单位的经济活动,进行全面、连续、系统地核算与监督,向有关各方提供有用的会计信息,并据以对企业经济活动的前景进行事前预测和参与经营决策,促使企业不断提高经济效益的一种管理活动。

三、会计与环境的关系

任何事物的产生与发展都离不开环境的影响,会计也不例外。会计是一定社会经济环境的产物,总是处于一定的社会经济环境中。会计环境是指存在于会计系统之外的,影响会计产生与发展的各种客观状况。会计与所处环境有着密切的关系:一方面,会计的存在和发展必然要受到所处环境的影响,从而使不同社会环境下的会计具有不同的特征;另一方面,会计也会对社会环境的发展产生影响。因此,分析环境与会计的关系,对于正确认识会计的过去、现在和未来,促进会计的发展是非常必要的。

(一)环境对会计的影响

环境对会计的影响是多方面的,包括经济环境、政治环境、法律环境、科技环境、文化教育环境等。

1. 经济环境。经济环境对会计的产生和发展具有决定性的影响。对会计产生影响的经济因素主要有:①经济体制,包括所有制、经济调节机制(计划经济或市场经济)、企业组织形式等;②经济发展水平,包括生产方式、生产技术、经济活动的复杂程度、管理要求等;③资本市场;④国家间的经济联系等。

以上经济环境的不同或变革,对会计的理论与实务都会产生重大影响。例如,我国在计划经济体制下,国有经济占主导成分,企业组织形式较为单一,企业所需资金主要依靠财政拨款和银行借款,与之相适应的会计目标、内容和规范等,与当今市场经济体制、日趋增多的经济业务、不断健全的资本市场以及经济全球化背景下的会计目标、内容和规范等,有着明显差异。经济关系越复杂,社会经济发展水平越高,资本市场越完善,国家间的经济联系越紧密,会计就越重要,对会计的要求也就相应越高。在经济发展的促进下,会计理论不断地发展和完善,会计实务水平不断地提升。

又如,企业组织形式对会计也有重要影响。一个组织形式严密的企业,重视管理和控制,内部各部门职责分明、目标明确、相互配合,就会对会计工作提出更高要求,并促进会计水平的提高。

2. 政治环境。影响会计的政治因素主要是社会制度、民主制度、政治在社会生活中的影响等。政治因素常常通过法律形式对会计施加影响。有些政治因素直接对会计产生影响,有些则间接对会计产生影响。

3. 法律环境。法律对会计有着直接影响。影响会计的法律很多,如会计法、公司法、证券法、税法、破产法等。相关的法律不仅影响会计实务,而且有的决定着会计的模式与特征。

4. 科技环境。科学技术的不断进步,强有力地推动着整个社会经济的发展,当然也包括会计的发展。一般而言,科技发达的国家和地区,其会计手段也往往比较先进。与科学技术水平相适应,会计的技能不断得以提高和完善。纵观会计的发展史可见,从原始的"结绳记事"发展到"手工簿记系统"和"电子数据处理系统",会计从单纯的记账和算账发展到对经济活动全方位的反映、控制、分析和评价,充分体现出科学技术的进步和发展对会计的影响和促进。尤其是使用计算机之后,会计信息的采集、存储、处理和传输速度实现了飞跃。

5. 文化教育环境。文化教育环境因素也对会计产生直接或间接的影响:一方面,不同社会的文化特征,例如人们在一个群体或社会中的态度、信仰、观念和习惯,会影响到会计的理论与实务,这也是不同国家会计模式存在差异的原因之一;另一方面,教育水平和受教育的程度会影响人们对会计职业的重视程度和会计职业在社会上的地位,而且会计人员自身政治素质和业务素质的高低,会直接影响会计工作的质量。

会计只有适应所处的社会经济环境,并为其所处的社会经济环境服务,才能得以存在和发展。

(二)会计对环境的影响

会计在受到所处环境制约的同时,也对环境具有影响。会计通过其核算、监督以及预测、参与决策、评价等职能的履行,对于社会经济的发展、资本市场的完善和企业管理水平的提高会起到推动和促进作用。如果会计跟不上时代的步伐,满足不了社会经济和企业内部管理的需要,就会妨碍社会经济的发展和企业管理水平的提升。

四、会计分类和会计职业

(一)会计分类

1. 会计按所服务对象的侧重不同,可分为财务会计和管理会计。如前所述,20世纪50年代企业会计分化为两个领域:财务会计和管理会计。财务会计和管理会计作为现代企业会计信息系统的两大分支,通常是依据相同的原始资料进行处理,形成对外报告和对内报告的信息。但因二者具有各自的主要信息使用者,所以具有不同的特点。二者最主要的区别在于侧重对企业外部还是企业内部提供决策所需要的信息。财务会计主要是为企业外部与企业有经济利害关系的投资人、债权人、政府有关部门等提供会计信息,服务重心是对外提供信息;管理会计主要是为企业内部管理人员的管理活动提供信息,服务重心是企业内部。需要注意的是,财务会计与管理会计二者服务的对象有交叉,财务会计对企业外部提供的信息,同样适用于企业的内部管理。

除服务对象有侧重外,财务会计和管理会计在所提供会计信息的性质、规范性和采用的方法上均有区别:

(1)在所提供会计信息的性质方面,财务会计主要对企业已经发生的经济业务进行事后的记录和总结,所提供的信息主要是对企业过去生产经营活动的客观反映,以历史信息为主;管理会计以企业现在和未来的资金运动为对象,通过对企业有关经济活动资料的加工、整理、对比、分析,向企业内部管理者提供有助于最优决策和强化管理的现在和未来的信息,尽管管理会计也要对企业过去的某些经营情况进行分析和评价,但分析和评价主要是为了有效地筹划未来。

(2)在规范性方面,财务会计主要向企业外部提供信息,必须有统一的规范,按一致的会计原则指导和规范会计核算,以编制并对外提供规范的财务报告作为财务会计工作的中心;管理会计主要服务于企业的内部管理,相对于财务会计而言,没有固定的会计程式。

(3)在采用的方法上,财务会计有一套专门的核算方法,管理会计的核算方法则灵活多样。

2. 会计按应用的范围不同,可分为企业会计和非企业会计。企业会计是对各类企业的资金运动进行核算和监督的会计。企业属于营利组织,企业会计要核算和监督企业从接受投资到获取利润和分配利润的全过程。政府会计和民间非营利组织会计属于非企业会计,具有非营利性。政府会计运用会计专门方法对政府及其组成主体的财务状况、运行成本、现金流量、预算执行等情况进行核算和监督,行政事业单位会计是政府会计主体的重要组成部分。民间非营利组织会计是对民间非营利组织的财务收支活动进行核算和监督的会计。本书阐述的是企业会计,但其基本的核算程序和方法同样适用于非营利组织会计。

(二)会计职业

1. 会计职业的分类。职业是指个人在社会中从事的以其为主要生活来源的工作。会计职业分为单位会计和公共会计。

(1)单位会计。单位会计是指在各种组织中直接从事专职会计工作的会计。其一般可分为财务会计、管理会计和内部审计。会计职业的财务会计和管理会计分别从事财务会计和管理会计的工作;内部审计一般由具有丰富会计工作经验的人员担任,通过运用系统、规范的方法,独立、客观地确认和咨询,审查和评价组织的业务活动、内部控制和风险管理的适当性和有效性,以促进组织完善治理、增加价值和实现目标。

(2)公共会计。公共会计是指独立、客观、公正地为企事业单位及其他组织提供专业性服务的会计。公共会计由注册会计师担任。按照《中华人民共和国注册会计师法》的规定,注册会计师是指依法取得注册会计师证书并接受委托从事审计和会计咨询、会计服务的执业人员。注册会计师执业必须加入会计师事务所。注册会计师主要承办下列审计业务:①审查企业会计报表,出具审计报告;②验证企业资本,出具验资报告;③办理企业合并、分立、清算事宜中的审计业务,出具有关的报告;④法律、行政法规规定的其他审计业务。注册会计师依法执行审计业务出具的报告,具有证明效力。注册会计师可以承办会计咨询、会计服务业务。

2. 会计职业道德。会计人员应按照会计职业道德规范的要求,加强自我教育与修养。在《中华人民共和国会计法》以及我国财政部颁发的《会计基础工作规范》和《会计从业资格管理办法》中,均有对会计人员职业道德方面的规范。会计职业道德规范是指在一定的社会经济条件下,对会计职业行为及职业活动的具体要求或明文规定。会计职业道德是指在会计职业活动中应遵循的、体现会计职业特征的、调整会计职业关系的职业行为准则和规范。会计职业道德规范具有一定的强制性,较多关注社会公共利益,其内容主要包括爱岗敬业、诚实守信、廉洁自律、客观公正、坚持准则、提高技能、参与管理和强化服务八方面内容。作为对会计法律规范的重要补充,会计职业道德规范是规范会计行为的基础,也是实现会计目标的重要保证。注册会计师应按照《中国注册会计师职业道德基本准则》和《中国注册会计师职业道德规范指导意见》的要求,规范自身的职业道德行为和提高职业道德水准。

第二节 会计的职能与作用

一、会计的职能

(一)会计职能概述

职能是指某一事物本身所具有的功能。会计职能是指会计在经济管理中所具有的功能。马克思在《资本论》中指出:"过程越是按社会的规模进行,失去纯粹个人的性质,作为对过程的控制和观念总结的簿记就越是必要。"这里的"簿记"就是指会计。我国会计界通常将"观念总结"理解为核算(或反映),"控制"亦可理解为监督。传统的会计职能是核算和监督,这是会计的基本职能。随着生产力发展水平和企业经营管理水平的提高,会计的职能在不断拓展,现代会计还具有预测经济前景、参与经济决策、评价经营业绩等职能,这些职能在管理会计中得以充分体现。

(二)会计的基本职能

1. 核算职能。会计核算职能又称反映职能,是指会计通过确认、计量、记录和报告,从数量上反映各单位的经济活动情况,为经济管理提供会计信息的功能。它是会计的首要和最基本职能。会计的确认、计量、记录和报告是会计核算基本程序的四个环节,将在本书第二章具体介绍。会计反映职能的基本特点是:

(1)主要利用货币计量,从数量方面综合反映经济活动,为经济管理提供可靠的会计信息。从数量方面反映经济活动,可以采取三种量度:实物量度、劳动量度和货币量度。因为货币是商品的一般等价物,也是衡量一般商品价值的共同尺度,具有价值尺度、流通手段、贮藏手段和支付手段等特点,而其他计量单位,如重量、长度、容积、台、件等,只能从一个侧面反映企业的生产经营情况,不能在量上进行汇总和比较,因此,只有选择货币尺度为基础进行计量,才能综合反映经济活动的过程和结果。以货币为计量单位,并不排斥其他量度,可以辅之以实物量度和劳动量度,对经济活动进行数量反映。

(2)会计反映具有完整性、连续性和系统性。完整性是指对所有的会计对象都要进行会计确认、计量、记录和报告,不能遗漏;连续性是指对各种经济业务应按其发生的时间顺序依次登记,不能中断;系统性是指会计提供的信息应形成相互联系的有序整体,不能杂乱无章。完整性、连续性和系统性三者相辅相成,缺一不可。

随着电子计算机的引入,现代会计的反映方式由手工簿记系统发展成为会计信息系统,极大地增强了会计获取、传递和利用经济信息的能力,更好地满足了各方信息使用者的需求。

2. 监督职能。会计监督职能又称控制职能,是指会计具有按一定目的和要求,对经济

活动进行指导、控制和调节,使之达到预期目标的功能。会计监督职能的基本特点是:

(1)主要利用各种价值指标对经济活动进行监督。会计通过核算职能,提供了反映企业经济活动的价值指标如收入、成本、利润等,会计主要依据这些价值指标对企业的经济活动进行检查、调节和指导,监督经济业务的真实性、财务收支的合法性和公共财产的完整性。

(2)会计监督包括对经济活动进行事前、事中和事后的全过程监督。会计事前监督是指在经济活动开始前,预测发展前景,参与编制计划和预算,依据有关的法规制度等,审查经济活动的合法性、合理性、可行性和有效性;会计事中监督是指在经济活动进行中,检查计划和预算的执行以及有关法规制度的遵守情况,对已发现的问题提出建议,促使有关部门和人员采取措施纠正经济活动进程中的偏差和失误,以达到预定的目标和要求;会计事后监督是指对已经完成的经济活动进行考核、分析、评价和反馈。

会计的核算和监督职能是相辅相成、不可分割的。核算是监督的基础,没有核算提供的信息,监督就失去了存在的基础;监督又是核算的保障,没有监督就难以保证核算所提供信息的真实性和可靠性。

(三)会计的其他职能

1. 预测职能。企业财务会计提供的会计信息本身就具有预测价值,有助于使用者根据财务报告所提供的会计信息,预测企业未来的财务状况、经营成果和现金流量。企业管理会计以企业现在和未来的资金运动为对象,以提高经济效益为目的,利用财务会计提供的资料以及其他相关信息,通过对企业有关经济活动资料的加工、整理、对比、分析,预测企业的目标利润、销售量、成本、资金等指标,为企业内部经营管理者进行经营管理决策提供数据支持。会计通过对未来经济前景的预测,提供具有前瞻性的会计信息。

2. 参与决策职能。会计作为一个经济信息系统,提供有助于决策的信息;会计作为一种经济管理活动,参与企业经营决策。决策是企业管理的核心,涉及企业的各个方面,贯穿于企业管理的全过程。从决策目标的确定、信息资料的收集和提供、备选方案的拟订和评价,直至最优方案的选择,会计都是决策的重要参与者。会计通过提供会计信息和基于会计专业视角的分析判断,参与企业生产经营的长短期决策。

3. 评价职能。与预测和参与决策职能相同,企业的财务会计和管理会计也都具有评价经营业绩的功能。财务会计通过对财务报表的分析,评价企业的经营业绩,发现问题和查找不足。管理会计则主要通过实施责任会计,在企业内部建立若干责任中心,通过对各责任中心责任指标的考核,进行经营业绩的评价。

二、会计的作用

会计的作用是指履行会计职能对经济活动所产生的影响和效果。会计在微观和宏观的经济管理中都具有重要的作用。

(一)向外部信息使用者提供决策有用的信息

会计通过履行其核算职能,向外部与企业具有利益关系但不参与企业日常管理的投资

者、债权人、政府有关部门等提供会计信息资料,有助于外部的决策制定者做出正确的决策。

(二) 规范企业行为

会计通过对企业的经济活动进行全面、连续、系统、综合的核算和监督,可以促使企业遵纪守法,保障企业财产的安全完整,规范企业行为。

(三) 加强企业经营管理

企业会计通过履行其预测、参与决策和评价职能,为企业的管理层提供决策有用的信息。企业的管理人员通过会计信息可以了解企业生产经营活动情况、财务状况、经营成果和现金流量;分析经营中的薄弱环节,针对存在的问题,采取有效措施,保证经营目标的实现;进行经济预测、筹资和投资等生产经营决策、股利分配、业绩评价以及制定今后经营管理目标。

(四) 考核企业管理层经济责任的履行情况

企业接受了包括国家在内的所有投资者和债权人的投资,就有责任按其预定的发展目标和要求,合理利用资源,强化经营管理,提高经济效益,接受考核和评价。会计信息有助于评价企业的经营业绩以及考核企业管理层经济责任的履行情况。

> 请思考:会计职能与会计作用之间具有怎样的关系?

第三节 会计对象

一、会计对象概述

会计对象是指会计核算和监督的内容,即会计的客体。它是指企业以及政府和非营利组织中以货币表现的经济活动,即资金运动。资金运动按其运动的程序,可以分为资金筹集、资金运用和资金退出三个基本环节。

(1) 资金筹集环节。资金筹集是资金运动的起点,企业通过接受投资和银行借款等方式筹集资金,企业接受投资者投入的资金属于企业的所有者权益,从银行等债权人处取得的资金称为负债。

(2) 资金运用环节。以直接从事产品生产的制造企业为例,制造企业的生产经营过程是以生产过程为中心的供应过程、生产过程和销售过程的统一。在供应过程,企业用货币资金购建固定资产、购买原材料等,为产品生产做好劳动资料和劳动对象方面的准备,资金的形态由货币资金转化为固定资金、储备资金等;在生产过程,企业运用劳动资料对劳动对象进行加工,生产各种产品,发生原材料消耗、职工薪酬支出、固定资产折旧等生产费用,这些费用按规定应计入成本的部分,构成了产品的生产成本,随着原材料转化成在产品和产成品,资金的形态也转化为在产品资金形态和产成品资金形态;在销售过程,企业将生产出的产品对外销售,随着产品的销售、价款的收回,资金的形态又从产成品形态回到货币资金形态。伴随着制造企业供产销活动的不断进行,资金不断地运动,资金形态从货币资金形态开始,经过固定资金(占用在固定资产上的资金)、储备资金(占用在原材料上的资金)、在产品资金、产成品资金等形态,又回到初始的货币资金形态,这一资金运动过程称为资金循环。需要说明的是,以上是以制造业的供产销活动为主线描述的制造业资金运用过程,实务中,很多制造企业的日常生产经营活动还包括对外投资等活动。本书的第二篇即以制造业为例阐述企业生产经营活动的财务会计核算。

(3)资金退出环节。会计期末企业将取得的收入扣除成本费用后计算实现的利润。企业实现的利润,按照企业所得税法规定要上交企业所得税;交纳企业所得税后的净利润,应按照公司法的规定进行利润分配,其中的一部分利润向投资者分配。随着企业上交所得税和向投资者分配利润,这部分资金便退出了企业。企业生产经营过程中的债务偿还,也会使资金退出企业。

会计对象只是对资金运动的高度概括和抽象,不便于也不能作为会计核算与监督的直接对象和依据,而通过将会计对象予以具体化,对其具体内容进行归类、划分和界定,便形成了会计核算与监督的构成要素。

二、会计要素

会计要素是指对财务会计对象按交易或者事项的经济特征所确定的基本分类,是财务会计对象的具体化。会计要素按其性质分为资产、负债、所有者权益、收入、费用和利润。其中,资产、负债和所有者权益要素侧重于反映企业在一定日期的财务状况,收入、费用和利润侧重于反映企业在一定时期内从事生产经营活动的经营成果。财务状况是资金运动相对静止时的表现,经营成果则是资金运动呈现显著变动状态的主要体现。会计要素的界定和分类,可以使财务会计系统更加严密科学,并为财务报告使用者提供更为有用的信息。会计要素的划分还是企业设置会计科目的依据,并构成财务报表的框架。其中,资产、负债和所有者权益构成资产负债表的基本框架,收入、费用和利润构成利润表的基本框架。因此,会计要素又称为财务报表要素。

> **请思考**:会计对象与会计要素有何联系和区别?

(一)资产

1. 资产的定义和特征。资产是指企业过去的交易或者事项形成的、由企业拥有或者控制的、预期会给企业带来经济利益的资源。拥有或控制一定数量的资产,是企业进行生产经营活动的物质基础。从资产的定义可见,资产具有以下特征:

(1)资产应当是企业拥有或者控制的资源。资产作为一项资源,应当由企业拥有或者控制,即企业享有某项资源的所有权,或者虽然不享有某项资源的所有权,但能控制该项资源。

企业只有拥有或控制资产,才能享有资产所带来的经济利益。企业享有资产的所有权,通常表明企业能够排他性地从资产中获取经济利益。有些情况下,企业虽然不享有某些资产的所有权,但却能够控制这些资产,并能够从所控制的资产中获取经济利益,这同样符合会计上对资产的定义,如企业采用租赁方式形成的使用权资产。如果一项资产的所有权或控制权不为企业所有,则不应确认为企业的资产。

(2)资产预期会给企业带来经济利益。资产预期会给企业带来经济利益,是指资产具有直接或者间接导致现金和现金等价物流入企业的潜力。例如,企业采购原材料用于制造产品,产品对外出售后收回货款,货款即为企业所获得的经济利益。带来的经济利益可以是现金或者现金等价物的流入,或者是减少现金或现金等价物的流出,或者是可以转化为现金或者现金等价物。如果某一项目预期不能给企业带来经济利益,则不能将其确认为企业的资产。以前期间已经确认为资产的项目,若不能再为企业带来经济利益,也不能再确认为企业的资产。

(3)资产由企业过去的交易或者事项形成。交易是指企业与其他单位或个人之间发生的各种经济利益交换,如购买材料、商品销售等。事项是指企业内部发生的具有经济影响的事件,如计提折旧等。资产必须是现实的资产,即只有过去的交易或者事项才能产生资产,企业预期在未来发生的交易或者事项不形成资产。例如,企业计划购买的原材料就不能列作资产。

2. 资产的分类。资产可按不同的标准进行分类,按其流动性(变现能力的强弱)可分为流动资产和非流动资产。流动资产是指企业预计在一年或超过一年的一个正常营业周期内变现或者耗用的资产,包括货币资金、交易性金融资产、应收票据、应收账款、预付款项、其他应收款、存货等。正常营业周期通常是指企业从购买用于加工的资产起,到实现现金或现金等价物的期间,一般短于一年,但也存在长于一年的情况,在不能确定的情况下,以一年(12个月)作为正常营业周期。

我国《企业会计准则第30号——财务报表列报》规定,资产应当分别流动资产和非流动资产列示。满足下列条件之一的资产,应当归类为流动资产:预计在一个正常营业周期中变现、出售或耗用;主要为交易目的而持有;预计在资产负债表日起一年内(含一年)变现;自资产负债表日起一年内,交换其他资产或清偿负债的能力不受限制的现金或现金等价物。

非流动资产是指流动资产以外的资产,包括债权投资、其他债权投资、长期股权投资、其他权益工具投资、固定资产、在建工程、使用权资产、无形资产、开发支出、商誉等。

(二)负债

1. 负债的定义和特征。负债是指企业过去的交易或者事项形成的,预期会导致经济利益流出企业的现时义务。从负债的定义可见,负债具有以下特征:

(1)负债是企业承担的现时义务,此为负债的一个基本特征。"现时义务"是指企业在现行条件下已承担的义务,包括法定义务和推定义务。企业未来发生的交易或者事项形成的义务,不属于现时义务,不应确认为负债。

（2）负债预期会导致经济利益流出企业，这是负债的一个本质特征。清偿负债导致经济利益流出企业的形式多种多样，如用现金偿还或以实物资产形式偿还、以提供劳务形式偿还等。如果负债的清偿预期不会导致企业经济利益流出，则不符合负债的定义。

（3）负债由企业过去的交易或者事项形成。只有过去的交易或者事项才形成负债，即导致负债的交易或事项已经发生，如购买商品产生应付账款。企业将在未来发生的承诺、签订的合同等交易或者事项，不形成负债。

2. 负债的分类。负债按其流动性（偿还期限的长短）可分为流动负债和非流动负债。流动负债是指企业预计在一年（含一年）或超过一年的一个正常营业周期内清偿的债务，包括短期借款、应付票据、应付账款、预收款项、应付职工薪酬、应交税费、其他应付款等。

非流动负债是指流动负债以外的负债，包括长期借款、应付债券、长期应付款等。

我国《企业会计准则第30号——财务报表列报》规定，负债应当分别流动负债和非流动负债列示。满足下列条件之一的负债，应当归类为流动负债：预计在一个正常营业周期中清偿；主要为交易目的而持有；自资产负债表日起一年内到期应予以清偿；企业无权自主地将清偿推迟至资产负债表日后一年以上。

（三）所有者权益

1. 所有者权益的定义。所有者权益是指企业资产扣除负债后，由所有者享有的剩余权益。股份公司的所有者权益又称为股东权益。所有者权益反映了所有者对企业资产的剩余索取权，是企业资产中扣除债权人权益后应由所有者享有的部分（企业的净资产）。

2. 所有者权益的来源。所有者权益的来源，包括所有者投入的资本、直接计入所有者权益的利得和损失、留存收益等。

（1）所有者投入的资本，是指所有者投入企业的资本，既包括构成企业注册资本或者股本部分的金额，也包括投入资本超过注册资本或者股本部分的金额，即资本溢价或者股本溢价，前者为实收资本或股本，后者构成企业资本公积的主要部分。

（2）直接计入所有者权益的利得和损失（其他综合收益），是指不应计入当期损益、会导致所有者权益发生增减变动的、与所有者投入资本或者向所有者分配利润无关的利得或者损失，如其他权益工具投资的公允价值变动额。企业的利得和损失分为两部分：一部分是直接计入所有者权益的利得和损失；另一部分是直接计入当期利润的利得和损失。所谓"利得"是指由企业非日常活动所形成的、会导致所有者权益增加的、与所有者投入资本无关的经济利益的流入，包括直接计入所有者权益的利得和直接计入当期利润的利得；"损失"则是指由企业非日常活动所发生的、会导致所有者权益减少的、与向所有者分配利润无关的经济利益的流出。

（3）留存收益，是指企业历年实现的净利润留存于企业的部分，主要包括累计计提的盈余公积和未分配利润。

3. 所有者权益的项目。所有者权益由实收资本（或股本）、其他权益工具、资本公积（含资本溢价或股本溢价、其他资本公积）、其他综合收益、盈余公积和未分配利润等项目构成。

上述资产、负债和所有者权益是企业资金的两个不同方面。企业有一定数额的资产,必然有相应数额的负债和所有者权益;反之,有一定数额的负债和所有者权益,必然有相应的资产。资产、负债和所有者权益这三个反映财务状况的会计要素之间的关系,用公式表示为:

$$资产=负债+所有者权益$$

此公式即会计等式,将在第二章具体介绍。

(四)收入

收入是指企业在日常活动中形成的、会导致所有者权益增加的、与所有者投入资本无关的经济利益的总流入。

"日常活动"是指企业为完成其经营目标所从事的经常性活动以及与之相关的活动。例如,工业企业制造并销售产品、商业企业销售商品等,都属于企业的日常活动。企业的非日常活动所形成的经济利益的流入不能确认为收入,而应当作为利得。

"会导致所有者权益增加"是指与收入相关的经济利益的流入应当会导致所有者权益增加,不会导致所有者权益增加的经济流入不符合收入定义,不应确认为收入。如企业从银行借款,虽然也导致了企业经济利益流入,但该流入并不导致所有者权益增加,而是使企业承担了一项现时义务,因此不应将此项经济利益的增加确认为收入,而应确认为负债。

"与所有者投入资本无关的经济利益的总流入"是指收入虽然会导致所有者权益增加,但这项增加与所有者投入资本无关,对于所有者投入资本增加的经济流入,应将其直接确认为所有者权益,而不应确认为收入。

> **请思考**:哪些经济流入不能确认为收入?

有关收入的具体特征、分类等内容,将在第七章"销售活动的核算"中专门介绍。

(五)费用

1. 费用的定义。费用是指企业在日常活动中发生的、会导致所有者权益减少的、与向所有者分配利润无关的经济利益的总流出。

2. 费用的特征。从费用的定义可见,费用具有如下特征:

(1)费用是企业在日常活动中发生的。这里的"日常活动"的界定与收入定义中"日常活动"的界定相一致。企业日常活动产生的费用按照是否计入成本,分为计入成本的费用和不计入成本的费用(即期间费用)。

计入成本的费用是指直接或间接计入某一成本计算对象成本(如产品生产成本)中的费用。

期间费用是指企业当期发生的不计入成本而直接计入当期损益的费用,即在计算当期利润时直接扣除。期间费用包括销售费用、管理费用和财务费用。销售费用是指企业在销售商品、提供劳务等活动中发生的各种费用,如广告费等;管理费用是指企业为组织和管理生产经营活动发生的各种费用,如办公费等;财务费用是指企业为筹集生产经营所需资金而发生的费用,如银行借款发生的应计入当期损益的利息支出等。销售费用、管理费用和财务费用的具体内容,将分别在第七章、第六章和第四章介绍。

企业不应将非日常活动所形成的经济利益流出确认为费用,非日常活动所形成的经济利益流出应入损失。

(2)费用会导致所有者权益的减少。与费用相关的经济利益的流出,应当会导致所有者权益的减少,如企业支付广告费,引起销售费用增加,利润相应减少,所有者权益也会相应减少。对于不会导致所有者权益减少的经济利益的流出,因不符合费用的定义,企业不应当确认为费用。

(3)费用会导致经济利益的流出。与收入发生导致资产增加或负债减少等经济利益流入相对应,费用的发生会导致资产减少或者负债增加(最终也会导致资产的减少)等经济利益的流出。但不是所有的经济利益流出都确认为费用,企业向所有者分配利润虽然也会导致经济利益的流出,但该经济利益的流出属于所有者权益的抵减项目,不应将其确认为费用。

> 请思考:资产与费用之间具有怎样的关系?

(六)利润

1. 利润的定义。利润是指企业在一定会计期间的经营成果。它反映企业的经营业绩情况,是评价企业管理层业绩和财务报告使用者进行决策时的重要参考指标。

2. 利润的来源构成。利润包括收入减去费用后的净额、直接计入当期利润的利得和损失(营业外收入和营业外支出)等。其中,"收入减去费用后的净额"反映的是企业日常活动的经营业绩,"直接计入当期利润的利得和损失"反映的是企业非日常活动的业绩。企业应当严格区分收入和利得、费用和损失之间的区别,正确区分经营业绩和非经营业绩,只有这样,才能对企业管理层的业绩做出正确评价,为投资者等会计信息使用者进行经济决策时提供有价值的参考指标。

上述收入、费用、利润这三个反映企业经营成果的会计要素之间形成如下关系式:

$$收入-费用=利润(或亏损)①$$

第四节 会计目标

一、会计目标的含义和内容

会计目标是指会计主体通过会计工作所要达到的结果。它受制于会计的职能,也受会计所处的社会经济环境的影响。会计作为一个信息系统和管理活动,必须有一定的目标作

---

① 收入减去费用后的净额构成利润的主体,除此之外,利润还包括直接计入利润的利得和损失。

为系统运行和管理活动的导向。会计目标的定位,决定着会计活动的方向。通常认为,会计目标是向会计信息使用者提供有助于其决策的信息,据此,就需要进一步明确会计信息的使用者有哪些、不同的会计信息使用者需要什么样的会计信息。

二、会计信息使用者

企业的会计信息使用者很多,但总体上可以归纳为两大类:一是企业外部的会计信息使用者,主要包括投资者、债权人、政府及其有关部门、供货方、购货方、社会公众等其他信息使用者;二是企业内部的会计信息使用者,包括企业的管理当局和职工。

不同的会计信息使用者对于企业会计信息的基本需求大致相同,但各有侧重。资本市场和上市公司越发展,会计信息对外部使用者的重要性就越大。企业外部会计信息使用者主要是通过企业对外报送的财务报告满足其会计信息需求,因此,也称为财务报告使用者(有关财务报告使用者对于会计信息的需求,将在下文述及)。企业管理当局对于企业会计信息的需求,主要是运用会计信息对企业日常的经营活动进行规划、控制、决策和考评,如制订计划、做出筹投资决策和生产销售决策、进行业绩评价等。对企业管理当局而言,除上述直接的会计信息需求外,企业外部会计信息使用者关心的情况,因都在其责任范围之内,所以也同样是其所需要的信息。企业职工出于对职工薪酬、稳定就业等方面的考虑,也会关心企业的获利和持续经营情况。

三、会计目标的分类

基于企业会计信息的内外两大类需求者,会计目标客观上形成财务会计目标和管理会计目标,分别对企业内外部会计信息需求者提供有助于其决策的信息。

关于财务会计目标,理论界有两个主要代表学派,一是决策有用学派,二是受托责任学派。

决策有用学派认为,财务会计的目标就是向信息使用者提供对其决策有用的信息。这些信息主要包括以下三个方面:

(1) 有助于投资与信贷决策的信息。这些信息可以使企业现在的和潜在的投资者、债权人以及其他信息使用者及时了解企业经营情况,以便做出正确的投资与信贷决策。

(2) 有助于评估企业现金流量数额、流入流出时间及其不确定性的信息。这些信息可以使企业的投资者、债权人及其他信息使用者,正确评价和预测企业的现金流量情况。

(3) 有关企业的经济资源、对资源的请求权以及资源与请求权变动的信息。这些信息可以使企业的投资者、债权人以及其他信息使用者,正确评价企业的财务实力,评估其变现能力和偿债能力。

受托责任学派认为,会计的目标在于反映资源受托者受托的经营责任及其履行情况。资源受托者负有对资源委托者解释、说明其活动及结果的义务。资源受托者的受托责任主要包括以下三个方面:

(1)合理、有效地管理与应用受托资源并使其尽可能保值增值。
(2)如实向资源委托方报告其受托责任的履行过程与结果。
(3)承担社会责任,如保护环境、公益捐赠、增加就业机会等。

财务会计属于对外报告会计,作为一个会计信息系统,它通过编报财务报告的方式向企业的利益相关者传递对决策有用的信息,因此,财务会计的目标又可表述为财务报告的目标。

四、我国财务报告的目标

我国企业会计准则对财务会计报告的目标表述为:"财务会计报告的目标是向财务会计报告使用者提供与企业财务状况、经营成果和现金流量等有关的会计信息,反映企业管理层受托责任履行情况,有助于财务会计报告使用者做出经济决策。"我国财务报告的目标既体现了决策有用观,也体现了受托责任观。

(一)向财务报告使用者提供与企业财务状况、经营成果和现金流量等有关的会计信息

此项目标体现财务报告的决策有用观。财务报告使用者主要包括投资者、债权人、政府及其有关部门和社会公众等信息使用者。

1. 投资者及其对会计信息的需求。满足投资者的会计信息需要是企业财务报告编制的首要出发点。随着我国市场经济的发展和企业改革持续深入地进行,产权日益多元化,资本市场快速发展,投资者队伍愈来愈大,对会计信息的需求日益提高。在此情况下,投资者更关心自身的投资风险和报酬,需要会计信息来帮助其做出决策,如决定是否应当买进、持有或者卖出企业的股票或股权等;需要通过会计信息来帮助其评估企业现金流量情况、支付股利的能力等。因而,我国的企业会计基本准则将投资者作为企业财务报告的首要使用者,凸显了投资者的地位,体现了保护投资者利益的要求。根据投资者决策有用目标,财务报告所提供的信息应当如实反映企业的财务状况、经营成果和现金流量等,以有助于企业现在的或者潜在的投资者正确、合理地评价企业的资产质量、偿债能力、盈利能力和营运效率等,并根据相关会计信息做出理性的投资决策。

我国的企业会计基本准则对财务报告目标进行明确定位,将保护投资者利益、满足投资者信息的需求放在了突出位置,彰显了财务报告目标在企业会计准则体系中的重要作用。

2. 其他信息使用者及其对会计信息的需求。除了投资者之外,企业财务报告的使用者还有债权人、政府及有关部门、社会公众等。

(1)债权人对会计信息的需求。企业的债权人,如银行、非银行金融机构、企业债券购买者以及其他提供信贷的单位和个人,通常十分关心企业的偿债能力和财务风险,为此需要利用会计信息来评估企业能否按期偿付贷款本金及其利息、能否按期支付所欠购货款等。

(2)政府有关部门对会计信息的需求。政府及其有关部门,如财政部门、税务部门、证券监督管理部门、统计部门等,通常关心经济资源分配的公平与合理性、市场经济秩序的公正与有序性以及宏观决策所依据信息的真实可靠性等,因此,需要会计信息来监管企业的有关活动(尤其是经济活动)、制定税收政策、进行税收征管和国民经济统计等。

(3)社会公众对会计信息的需求。企业的存在和发展,必然对所在地区的社会、经济、自然环境产生有利或不利的影响,所以,社会公众会关注企业的生产经营活动,尤其是企业对所在地区经济所做的贡献,如增加就业、改善或污染环境、繁荣商业、提供社区服务等社会责任的履行方面。企业在财务报告中提供有关其发展前景及能力、经营效益及效率、社会责任履行等方面的信息,可以满足社会公众的信息需要。

尽管上述不同信息使用者对会计信息的需求有所不同,但对许多信息的需求是共同的。由于投资者是企业资金的主要提供者,因此,通常情况下,如果财务报告能够满足投资者的会计信息需求,也就可以满足其他使用者的大部分信息需求。

(二)反映企业管理层受托责任的履行情况

此项目标体现财务报告的受托责任观。现代企业制度的基本特征是企业的所有权和经营权相分离:一方面,企业管理层接受委托人之托经营管理企业及其各项资产,客观上担负有妥善保管并合理有效使用资产的受托责任;另一方面,企业投资者和债权人等需要及时或者经常性地了解企业管理层保管、使用资产的情况,以便评价企业管理层的责任履行和业绩情况,并决定是否需要调整投资或信贷政策、是否需要加强企业的内部控制和其他制度建设、是否需要更换管理层等。因此,财务报告应当反映企业管理层受托责任的履行情况,帮助外部投资者和债权人等有关各方评价企业的经营管理责任和资源使用的有效性。

上述财务报告的决策有用观和受托责任观是有机统一的。一方面投资者出资委托企业管理层经营,目的是获得更多的投资回报,实现股东财富最大化,以进行可持续性投资;另一方面,企业管理层接受投资者的委托从事生产经营活动,努力实现资产的安全完整和增值,防范风险,促进企业可持续发展,便可以更好地履行受托责任,为投资者提供回报,同时为社会创造价值。

第五节 会计法规体系

会计法规是有关会计工作的法律、行政法规和制度的总称。它是经济规范体系的重要组成部分,是组织和从事会计工作必须遵守的规范。我国的会计规范经历了不断发展和完善的过程。按照制定机构和法律效力的不同,我国的企业会计法规体系包括四个层次:会计法律、会计行政法规、会计部门规章和规范性文件。

一、会计法律

会计法律是指由国家最高权力机关——全国人民代表大会及其常务委员会制定的会计法律规范。《中华人民共和国会计法》(简称《会计法》),是我国会计工作的基本法规,也是会计工作中最高层次的法律规范和制定其他会计法规的依据,被称为所有会计法规制度的"母法",所有单位都必须遵守。《会计法》于1985年1月21日由第六届全国人民代表大会常务委员会第九次会议通过并公布,由国家主席签发,自1985年5月1日起实施。《会计法》的颁布标志着我国会计工作法制化的开端。《会计法》在颁布之后,经过了一次修订、两次修正,1993年12月29日第八届全国人民代表大会常务委员会第五次会议、2017年11月4日第十二届全国人民代表大会常务委员会第30次会议,分别对其进行了第一次修正和第二次修正,1999年10月31日第九届全国人民代表大会常务委员会第12次会议对其进行修订,修订后的《会计法》明确规定,单位负责人对本单位的会计工作和会计资料的真实性及完整性负责(即单位负责人是会计责任的主体),强调会计信息的真实和完整,要求各单位强化会计监督等,这些对于规范会计行为,保证会计资料真实完整,明确会计责任,保障会计人员依法行使职权,强化会计工作,充分发挥会计在经济管理和维护社会主义市场经济秩序中的作用,具有非常重要的意义。

会计法律除《会计法》外,还有《中华人民共和国注册会计师法》。我国的公司法、证券法、税法、破产法等其他经济法规,也涉及会计内容。

二、会计行政法规

会计行政法规是指由国家最高行政机关国务院制定并发布的会计法律规范。行政法规由国务院常务委员会通过,由国务院总理签发。为了保证财务会计报告的真实性和完整性,2000年6月21日由国务院颁布并于2001年1月1日起施行的《企业财务会计报告条例》便属于会计行政法规。该条例包括总则、财务会计报告的构成、财务会计报告的编制、财务会计报告的对外提供、法律责任和附则。1990年12月31日国务院发布并要求自发布之日起实施、根据2011年1月8日《国务院关于废止和修改部分行政法规的决定》修订的《中华人民共和国总会计师条例》,也属于会计行政法规,该条例规定了总会计师的设置、职权、任免和奖惩。

三、会计部门规章

会计部门规章是指由国家主管会计工作的行政部门财政部及其他相关部委制定的会计方面的法律规范。部门规章由国务院主管部门以部长令签发。我国企业会计准则体系中,基本准则属于部门规章。会计准则是会计人员从事会计工作的规则和指南。我国现行企业会计准则体系由基本准则(《企业会计准则——基本准则》)、具体准则、应用指南和解释组成。会计准则作为法规体系,具有强制性的特点,企业必须执行,否则属于违规行为。基本准则及其规范性文件在内容上适应了会计准则的国际趋同化以及我国资本市场不断发展的需求,对于规范企业会计确认、计量和报告行为,保证会计信息质量,实现会计目标,具有非常重要的意义。企业会计准则体系自2007年1月1日起在上市公司范围内施行,目前越来越多的企业实施企业会计准则。

基本准则是企业会计准则体系的概念基础,是具体准则及其应用指南和解释等的制定依据,在会计准则体系中具有统驭地位,对各具体准则的制定起着统驭作用,可以确保各具体准则的内在一致性;它规范了财务报告目标、会计基本假设、会计基础、会计信息质量要求、会计要素的分类及其确认、计量原则、财务报告等基本问题,为会计实务中出现的、具体准则尚未规范的新问题提供会计处理依据,从而确保了企业会计准则体系对所有会计实务问题的规范作用。

前已述及,1992年11月30日财政部发布了《企业会计准则——基本准则》,规定从1993年7月1日起全国所有企业施行,以适应我国改革开放和发展社会主义市场经济的需要。为顺应我国市场经济发展和经济全球化的需要,财政部于2006年2月15日发布了我国的企业会计准则体系,包括1项基本准则、38项具体准则和有关应用指南,实现了与国际财务报告准则的趋同。为了适应我国企业和资本市场发展的实际需要,实现我国企业会计准则与国际财务报告准则的持续趋同,2014年7月23日财政部公布关于修改《企业会计准则——基本准则》的决定,自公布之日起施行,此次修改对公允价值进行了重新表述。

四、规范性文件

具体准则、应用指南、准则解释和小企业会计准则属于财政部颁发的会计规范性文件。企业会计制度、会计基础工作规范、会计档案管理办法、内部会计控制规范等均属于这一层次的会计规范。其中,会计基础工作规范在本章和第二章均有涉及,会计档案管理办法将在第二章中述及。

(一)具体准则、应用指南、准则解释和小企业会计准则

1. 具体准则。具体准则是在基本准则的指导下,对企业发生的具体交易或事项的会计处理规范,分为一般业务准则、特殊业务准则和报告类准则。1997年5月财政部发布了《关联方关系及其交易的披露》具体会计准则,此后至2001年陆续发布了15项具体会计准则。2006年发布38项具体会计准则(其中16项为修订,22项为初次发布)。自2014年起,财政部陆续制定或修订发布多项具体会计准则,以适用新的经济发展以及国际趋同。我国企业具体会计准则如表1-1所示。

表1-1 我国企业具体会计准则

序号	名称	序号	名称	序号	名称
1	存货	5	生物资产	9	职工薪酬
2	长期股权投资	6	无形资产	10	企业年金基金
3	投资性房地产	7	非货币性资产交换	11	股份支付
4	固定资产	8	资产减值	12	债务重组

续表

序号	名称	序号	名称	序号	名称
13	或有事项	24	套期保值	34	每股收益
14	收入	25	原保险合同	35	分部报告
15	建造合同①	26	再保险合同	36	关联方披露
16	政府补助	27	石油天然气开采	37	金融工具列报
17	借款费用	28	会计政策、会计估计变更和差错更正	38	首次执行企业会计准则
18	所得税			39	公允价值计量
19	外币折算	29	资产负债表日后事项	40	合营安排
20	企业合并	30	财务报表列报	41	在其他主体中权益的披露
21	租赁	31	现金流量表		
22	金融工具确认和计量	32	中期财务报告	42	持有待售的非流动资产、处置组和终止经营
23	金融资产转移	33	合并财务报表		

注：①依据财政部的财会〔2017〕22号"关于修订印发《企业会计准则第14号——收入》的通知"，执行修订后的收入准则，不再执行《企业会计准则第15号——建造合同》。

2. 会计准则应用指南和会计准则解释。会计准则应用指南是对具体准则相关条款的细化、对有关重点和难点问题提供的操作性规定以及会计科目和主要账务处理等。

会计准则解释是对企业会计准则实施中出现的问题、具体准则条款规定不清楚或尚未规定的问题做出的补充说明。为了深入贯彻实施企业会计准则，解决企业会计准则在执行中出现的问题，同时实现企业会计准则的持续趋同和等效，财政部会计司于2007年11月16日发布了《企业会计准则解释第1号》，目前共发布了15号企业会计准则解释。

3. 小企业会计准则。为了规范小企业会计确认、计量和报告行为，促进小企业可持续发展，发挥小企业在国民经济和社会发展中的重要作用，根据《会计法》及其他有关法律和法规，财政部于2011年10月18日发布了《小企业会计准则》，规定自2013年1月1日起施行，财政部2004年发布的《小企业会计制度》同时废止。小企业可以执行《小企业会计准则》，也可以执行企业会计准则。《小企业会计准则》的发布与实施，标志着我国建成了涵盖所有企业的会计准则。

(二)会计制度

会计制度是指根据会计法、会计准则以及国家其他有关法律和法规制定的进行会计工作所应遵循的规则、方法和程序的总称。会计制度有广义和狭义之分。

狭义的会计制度主要是指财政部颁布的有关会计核算的制度，主要规范应设置的会计科目及使用说明、会计报表的种类、格式及编制说明等。如前所述，改革开放以来，我国的会计制度为了适用经济发展和改革的变化,进行了多次变革。2000年12月29日财政部颁布全国统一的《企业会计制度》,并规定自2001年1月1日起实施。考虑到企业的性质和规模,财政部又分别于2001年11月27日和2004年4月27日颁布了《金融企业会计制度》和《小企业会计制度》,规定自2002年1月1日和2005年1月1日分别实施于金融企业和小企业,其余企业均执行《企业会计制度》,以增强企业之间会计信息的可比性。自2013年1月1日起,《小企业会计制度》不再施行。

广义的会计制度除包括狭义的会计制度外,还包括企业自行制定的内部会计制度。

(三)内部会计控制规范

企业的内部控制包括会计控制和管理控制。为了促进各单位的内部会计控制建设、加强内部会计监督、维护社会主义市场经济秩序,财政部于2001年6月22日发布了《内部会计控制规范——基本规范(试行)》和《内部会计控制规范——货币资金(试行)》。该基本规范包括:总则,内部会计控制的目标和原则,内部会计控制的内容(主要包括货币资金、实物资产、对外投资、工程项目、采购与付款、筹资、销售与收款、成本费用、担保等经济业务的会计控制),内部会计控制的方法(主要包括不相容职务相互分离控制、授权批准控制、会计系统控制、预算控制、财产保全控制、风险控制、内部报告控制、电子信息技术控制等),内部会计控制的检查以及附则。货币资金规范包括总则、岗位分工及授权批准、现金和银行存款的管理、票据及有关印章的管理、监督检查以及附则共六章内容。在上述基本规范和货币资金规范试行后,又陆续颁布了一系列内部会计控制规范的试行或征求意见稿。

2008年6月28日,为了进一步加强和规范企业的内部控制,提高企业经营管理水平和风险防范能力,促进企业可持续发展,维护社会主义市场经济秩序和社会公众利益,财政部、证监会、审计署、银监会、保监会联合发布了《企业内部控制基本规范》。该规范自2009年7月1日起先在上市公司范围内施行,鼓励非上市的其他大中型企业执行。该规范包括七章内容:总则,建立与实施有效内部控制的内部环境、风险评估、控制活动、信息与沟通、内部监督五个要素,附则。

在总则中,明确了内部控制的目标是合理保证企业经营管理合法合规、资产安全、财务报告以及相关信息真实完整,提高经营效率和效果,促进企业实现发展战略;要求企业遵循全面、重要、制衡、适用以及成本效益的原则来建立与实施内部控制;运用信息技术加强内部控制,建立与经营管理相适用的信息系统,促进内部控制流程与信息系统的有机结合,实现对业务和事项的自动控制,减少和消除人为操纵的因素;建立内部实施的激励约束机制,将各责任单位和全体员工实施内部控制的情况纳入绩效考评体系,促进内部控制的有效实施。

有关内部环境,要求企业营建良好的内部环境,包括治理结构、机构设置及权责分配、内部审计、人力资源政策、企业文化等,作为企业实施内部控制的基础。

有关风险评估,要求企业应当根据设定的控制目标,全面系统地收集相关信息,结合实际情况,及时进行风险评估;在进行风险评估时,应准确识别与实现控制目标相关的内部风险和外部风险,确定相应的风险承受度;采用定性与定量相结合的方法,按风险发生的可能性及其影响程度等,对识别的风险进行分析和排序,确定关注重点和优先控制的风险;综合运用风险的规避、降低、分担和承受等风险应对策略,实现对风险的有效控制。

有关控制活动,提出了如下的控制措施:不相容职务分离控制、授权审批控制、会计系统控制、财产保护控制、预算控制、运营分析控制和绩效考评控制等。

有关信息与沟通,要求企业建立信息与沟通制度,明确企业内部相关信息的收集、处理和传递程序,确保信息及时沟通,促进内部控制有效运行。

有关内部监督,要求企业应制定内部控制监督制度,明确内部审计机构和其他内部机构在内部监督中的职责权限,规范内部监督的程序、方法和要求。

在附则中,要求企业应制定内部控制制度并组织实施。执行基本规范的上市公司,应当对本公司内部控制的有效性进行自我评价,披露年度自我评价报告,并可聘请具有证券等业务资格的中介机构对内部控制的有效性进行审计。

2010年4月26日,财政部会同证监会、审计署、国资委、银监会、保监会等部门发布《企业内部控制配套指引》,包括内部环境类指引、控制活动类指引和控制手段类指引,基本涵盖了企业资金流、实物流、人力流和信息流等各项业务和事项。该配套指引和《企业内部控制基本规范》,构建了我国企业的内部控制规范体系。

> **请思考**:张某与李某共同出资30万元注册一家企业。考虑到开业初期业务量和资金进出都不多,为了节省开支,企业聘用小王担任现金出纳、记账和对账等所有会计工作。这一做法是否符合内部控制规范的要求?为什么?

第六节 会计基本假设、会计基础和会计信息质量要求

一、会计基本假设

会计基本假设亦称会计核算的基本前提,是对会计核算所处时间、空间、计量手段等所做的合理设定,包括会计主体、持续经营、会计分期和货币计量。它是企业会计确认、计量、记录和报告的前提。

(一)会计主体

会计主体,是指企业会计确认、计量和报告的空间范围。明确会计主体是组织会计核算工作的首要前提。在进行会计核算时,首先要明确核算谁的经济业务,会计主体为会计核算设定了空间范围。

在会计主体假设下,企业应当对其本身发生的交易或者事项进行会计确认、计量和报

告,反映企业本身所从事的各项生产经营活动。明确界定会计主体是开展会计确认、计量和报告工作的重要前提。首先,明确会计主体,才能划定会计所要处理的各项交易或事项的范围。在会计实务中,只对影响企业本身经济利益的各项交易或事项才予以确认、计量和报告,那些不影响企业本身经济利益的各项交易或事项不能加以确认、计量和报告。其次,明确会计主体,才能将会计主体的交易或者事项与会计主体所有者的交易或者事项,以及其他会计主体的交易或者事项区分开来。

需要明确,会计主体不同于法律主体。一般而言,法律主体必然是一个会计主体,应当建立财务会计系统,独立反映其财务状况、经营成果和现金流量。但是,会计主体不一定是法律主体。例如,企业集团、分支机构等不属于法律主体,但属于会计主体。

(二) 持续经营

持续经营,是指在可以预见的将来,企业将会按当前的规模和状态继续经营下去,不会停业,也不会大规模削减业务。它是对会计核算时间范围的设定。在持续经营的前提下,会计的确认、计量和报告应当以企业持续、正常的生产经营活动为前提。只有设定企业是持续经营的,才能进行正常的会计处理,持续经营假设使会计建立在非清算基础之上。

(三) 会计分期

会计分期,是指将一个企业持续经营的生产经营活动划分为一个个连续的、长短相同的期间。会计分期的目的在于通过会计期间的划分,将持续经营的生产经营活动划分成连续、相等的期间,据以结算盈亏,按期编制财务报告,从而及时向财务报告使用者提供有关企业财务状况、经营成果和现金流量的信息。

在会计分期假设下,企业应当划分会计期间,分期结算账目和编制财务报告。会计期间通常分为年度和中期。我国会计年度自公历1月1日起至12月31日止;中期则是指短于一个完整的会计年度的报告期间,如月度、季度、半年度等。

有了会计分期假设,才产生了当期与以前期间、以后期间的差别,才使不同类型的会计主体有了记账的基准,进而出现了折旧、摊销等会计处理方法。

> 请思考:会计分期与持续经营有何关系?

(四) 货币计量

货币计量,是指会计主体在进行会计确认、计量和报告时以货币作为计量尺度,反映其生产经营活动。只有采用统一的货币计量单位,才能把会计主体发生的经济活动综合汇总,并对不同时期的会计信息进行比较、分析和评价。在货币计量假设下,对于难以用货币计量的信息,可以在财务报告中补充披露有关非财务信息来补充。按规定,我国的会计核算应以人民币作为记账本位币。记账本位币是指企业经营所处的主要经济环境中的货币;业务收支以外币为主的企业也可选择某种外币作为记账本位币,但编制财务报告时,应当折算为人民币反映。

在没有发生恶性通货膨胀的情况下,货币计量假设还包含币值稳定的假设,即假设币值保持不变或变动轻微,故在会计核算中不考虑币值变动因素的影响。在发生恶性通货膨胀情况下,则要考虑币值变动的影响。

上述会计核算的四项基本假设相互依存、相互补充,会计主体明确了会计核算的空间范围,持续经营和会计分期确立了会计核算的时间长度,货币计量则为会计核算提供了必要的手段。

二、会计基础

会计基础是指会计确认、计量、记录和报告的基础。会计核算有两种基础:权责发生制和收付实现制。我国《企业会计准则——基本准则》规定:企业会计的确认、计量、记录和报告应当以权责发生制为基础。

权责发生制,又称应收应付制或应计制,是指企业以收入实现和费用发生或负担的时间为依据确认某一会计期间的收入和费用。在权责发生制基础下,凡是当期已经实现的收入和已经发生或应当负担的费用,不论款项是否收付,都应当作为本期的收入和费用处理;相反,凡是不属于当期的收入和费用,即使款项已经在当期收付,也不应作为当期的收入和费用。

收付实现制,又称现金制,是指以收到或支付现金的时间为依据确认某一会计期间的收入和费用等。

在实务中,企业交易或者事项的发生时间与相关货币收支时间不一致的情况下,两种会计基础下计量出的财务成果就会不同。

目前,我国除企业采用权责发生制外,行政事业单位财务会计实行权责发生制,行政事业单位预算会计实行收付实现制。

【例1-1】某企业20×2年2月份发生下列经济业务:

(1)销售产品货款100 000元,其中40 000元存入银行,60 000元尚未收到;
(2)支付当月房屋的修理费3 000元;
(3)计提本月短期借款利息2 000元;
(4)收到上月份应收的销货款40 000元;
(5)收到购货单位预付货款80 000元,下月交货。

根据上述资料,分别按权责发生制和收付实现制确认本月的收入和费用,如表1-2所示。

表1-2　　　　　　　　　　　　　　　　　　　　　单位:元

业务序号	权责发生制		收付实现制	
	收入	费用	收入	费用
(1)	100 000		40 000	
(2)		3 000		3 000
(3)		2 000		

续表

业务序号	权责发生制		收付实现制	
	收入	费用	收入	费用
(4)			40 000	
(5)			80 000	
合计	100 000	5 000	160 000	3 000

请思考：权责发生制与收付实现制在收入与费用的确认方面有何不同？

三、会计信息质量要求

会计信息质量要求是对企业财务报告提供会计信息质量的基本要求，是使财务报告所提供会计信息对使用者决策有用应具备的基本特征，包括可靠性、相关性、可理解性、可比性、实质重于形式、重要性、谨慎性和及时性等。其中，可靠性、相关性、可理解性和可比性是会计信息的首要质量要求，是企业财务报告中所提供会计信息应具备的基本质量特征；实质重于形式、重要性、谨慎性和及时性是会计信息的次级质量要求，是对可靠性、相关性、可理解性和可比性等首要质量要求的补充和完善。

(一) 可靠性

可靠性要求企业应当以实际发生的交易或者事项为依据进行会计核算，保证会计信息真实可靠、内容完整。

可靠性是高质量会计信息的重要基础和关键所在。会计信息只有真实可靠，才能有助于会计信息使用者做出经济决策。依据可靠性要求，企业应当以实际发生的交易或者事项进行会计确认、计量、记录和报告，不得根据虚构的、没有发生的或者尚未发生的交易或者事项进行会计核算；应在符合重要性和成本效益原则的前提下完整地反映所发生的交易或事项，不能随意遗漏或者减少应予披露的信息；在财务报告中披露的会计信息应当是客观中立的。

(二) 相关性

相关性要求企业提供的会计信息应当与财务报告使用者的经济决策需要相关，有助于财务报告使用者对企业过去、现在或者未来的情况做出评价或者预测。

会计信息是否有用、是否具有价值、具有多大的价值，关键看其与使用者的决策需要是否相关，是否有助于决策或提高决策水平。相关的会计信息应当具有反馈和预测价值，即应当能够有助于使用者评价企业过去的决策，证实或者修正过去的有关预测；有助于使用者根据财务报告提供的会计信息预测企业未来的财务状况、经营成果和现金流量。例如，对某些资产以公允价值计量，可以提高会计信息的预测价值，进而提升会计信息的相关性。

相关性是以可靠性为基础的,两者之间并不矛盾,不应将二者对立起来。会计信息在可靠性前提下,尽可能地做到相关性,以满足财务报告使用者的决策需要。

(三) 可理解性

可理解性要求企业提供的会计信息应当清晰明了,便于财务报告使用者理解和使用。

企业提供会计信息的目的在于供财务报告使用者使用,如果会计信息表达得不够清晰明了,不能为财务报告使用者所理解,也就不能被有效地使用。因此,要提高会计信息的有用性、实现财务报告的目标、满足向财务报告使用者提供决策有用信息的要求,财务报告所提供的会计信息就应当易于理解和使用。

(四) 可比性

可比性要求企业提供的会计信息应当相互可比,包括同一企业不同时期可比和不同企业相同会计期间可比。

同一企业不同时期可比属于纵向可比,要求同一企业不同时期发生的相同或者相似的交易或者事项,应当采用一致的会计政策,不得随意变更,以便于财务报告使用者了解企业财务状况、经营成果和现金流量的变化趋势,比较企业在不同时期的财务报告信息,全面、客观地评价过去、预测未来,从而做出决策。

不同企业相同会计期间可比属于横向可比,要求不同企业同一会计期间发生的相同或者相似的交易或者事项,应当采用相同或相似的会计政策,确保会计信息口径一致、相互可比,以使不同企业按照一致的会计核算要求提供有关会计信息,从而便于财务报告使用者评价不同企业的财务状况、经营成果和现金流量及其变动情况。

(五) 实质重于形式

实质重于形式要求企业应当按交易或者事项的经济实质进行会计确认、计量和报告,不应仅仅以交易或者事项的法律形式为依据。

多数情况下,企业发生的交易或者事项在其经济实质和法律形式上是一致的,但有些情况下也会出现不一致。例如,企业的使用权资产,在法律形式上承租企业在租赁期内对租入的资产没有所有权,但从经济实质看,承租企业能够控制租入资产所创造的未来经济利益,应将其视为企业的资产,在企业的资产负债表中反映。

(六) 重要性

重要性要求企业提供的会计信息应当反映与企业财务状况、经营成果和现金流量有关的所有重要交易或者事项。

判断交易或事项是否重要,需要依赖职业判断。企业应当根据其所处环境和实际情况,从项目的性质和金额大小两方面加以判断。如果会计信息的省略或者错报会影响财务报告使用者的决策判断,该信息就具有重要性。

需要注意的是,重要的交易或者事项应当予以反映,并不意味着"非重要"的交易或事项可以不予反映,只是"非重要"(或"次要")的交易或事项,在不影响财务报告使用者经济决策的情况下可以适当简化处理。例如,企业发生的某些金额较小的支出,从支出的受益期看,可能需要在多个会计期间分摊,但依据重要性要求,可一次计入当期损益。

(七) 谨慎性

谨慎性要求企业对交易或者事项进行会计确认、计量和报告时保持应有的谨慎,不应高估资产或者收益,不应低估负债或者费用。

在市场经济环境下,企业的生产经营活动不可避免地会面临着许多风险和不确定性,如应收款项的可收回性、固定资产使用寿命的不确定性、售出存货可能发生的退货或者返修等。企业在面临不确定性因素情况下做出职业判断时,应当保持应有的谨慎,充分估计各种可能的风险和损失,既不高估资产或者收益,也不低估负债或者费用。例如,企业对应收账款计提坏账准备,便是谨慎性会计信息质量要求的体现。

贯彻谨慎性要求,并不意味着企业可以低估资产或者收入、高估负债或者费用。如果企业故意低估资产或者收入、高估负债或者费用,就违反了会计信息的可靠性和相关性要求,会损害会计信息质量,从而对财务报告使用者的决策产生误导。

(八) 及时性

及时性要求企业对于已经发生的交易或者事项,应当及时进行会计核算,不得提前或者延后。

会计信息对于财务报告使用者的决策具有时效性。即便是可靠的、相关的会计信息,如果不能及时提供,就会失去时效性,对财务报告使用者的效用也因此会大大降低,甚至失去有用性。

企业在进行会计的确认、计量和报告中贯彻及时性,一是要及时收集会计信息,即在经济交易或者事项发生后,及时收集整理各种原始单据或者凭证;二是要及时处理会计信息,及时对经济交易或者事项进行确认、计量、记录和编制财务报告;三是要及时传递会计信息,即在规定的时限内,及时地将编制的财务报告传递给财务报告使用者,便于财务报告使用者及时使用和决策。

> **请思考:** 我国要求上市公司对外提供季度财务报告,但不要求季度财务报告像年度财务报告那样披露详细的附注信息。此规定体现了哪些会计信息质量要求?

本章小结

会计既是一个会计信息系统,也是一种管理活动。会计是伴随着社会生产的发展和经济管理的要求而产生并随之发展的。最初它只是生产职能的附属部分,当剩余产品大量出现时,才成为一种独立的职能。会计的存在和发展一方面受所处环境的制约,另一方面也对社会环境的发展产生影响。会计按其服务对象的侧重不同,可分为财务会计和管理会计,两者的主要区别在于主要是向企业外部还是向企业内部提供信息,此外两者在提供会计信息的性质、规范性和采用的方法方面也有差异。会计按应用范围的不同,可分为企业会计和非企业会计。会计人员所从事的职业包括单位会计和公共会计。

会计的基本职能是核算和监督,现代会计还具有预测经济前景、参与经济决策、评价经营业绩等职能。会计职能的履行对于企业内外部的会计信息使用者均具有非常重要的作用。

会计对象是指能用货币表现的经济活动,即资金运动。财务会计对象按交易或事项的经济特征分为资产、负债、所有者权益、收入、费用和利润六个会计要素,其中前三个要素反映企业的财务状况,后三个要素反映企业的经营成果。

会计目标是向会计信息使用者提供对其决策有用的信息,我国的财务报告目标既体现了决策有用观,也体现了受托责任观。

我国的企业会计规范体系包括会计法律、会计行政法规、会计部门规章和规范性文件四个层次,会计基本准则属于部门规章,具体准则属于规范性文件。

会计基本假设是会计确认、计量、记录和报告的前提,是对会计核算所处空间、时间、计量手段等所做的合理设定,包括会计主体、持续经营、会计分期和货币计量。企业会计的确认、计量、记录和报告应当以权责发生制为基础。企业财务报告中所提供的会计信息,应具备可靠性、相关性、可理解性、可比性、实质重于形式、重要性、谨慎性和及时性八方面的会计信息质量要求。

本章关键词汇

会计	Accounting
财务会计	Financial Accounting
管理会计	Management Accounting
会计职能	Accounting Function
会计作用	Function of Accountant
会计对象	Accounting Object
会计要素	Accounting Elements
资产	Asset
负债	Liability
所有者权益	Owners' Equity
收入	Revenue
费用	Expense

利润	Profit
会计目标	Accounting Objective
会计信息使用者	Users of Accounting Information
会计规范	Accounting Norms
会计法	Accountancy Law
会计准则	Accounting Standards
基本准则	Basic Accounting Standard
具体准则	Specific Accounting Standards
会计基本假设	Basic Accounting Assumption
权责发生制	Accrual Basis
收付实现制	Cash Basis
会计信息质量要求	Qualitative Characteristics of Accounting Information

思考题

1. 会计的发展分为哪几个阶段,每个阶段的主要标志是什么?
2. 什么是会计?如何理解会计既是一个经济信息系统,又是一种经济管理活动?
3. 从会计的发展历程中,如何理解会计与环境之间的互动关系?
4. 会计是如何分类的?
5. 财务会计与管理会计有何联系和区别?
6. 会计职业道德规范包括哪些内容?结合企业财务造假问题,谈谈会计人员遵守会计职业道德的重要意义。
7. 什么是会计的职能?会计基本职能各自的含义和特点是什么?现代会计具有哪些职能?
8. 会计具有哪些作用?
9. 会计对象与会计要素之间具有什么关系?如何理解?
10. 企业会计的各会计要素有何特征?
11. 如何认识会计目标与会计职能之间的关系?我国现行的财务报告目标是什么?
12. 不同的会计信息使用者对会计信息的需求各有哪些侧重?
13. 我国的企业会计法规体系是如何构成的?会计法规体系的各层次之间具有什么样的关系?
14. 企业实施内部会计控制有何意义?
15. 什么是会计基本假设?如何理解各项会计基本假设?

16. 权责发生制与收付实现制在收入和费用的确认上有何不同?
17. 规范会计信息质量要求有何重要意义?如何理解各项会计信息质量要求?

练习题

一、单项选择题

1. 下列有关会计的说法中,不正确的是( )。
   A. 会计最初只是生产职能的附带部分,当剩余产品大量出现时才逐渐成为一种独立的职能
   B. 会计是适应社会生产的发展和经济管理的要求而产生并随之发展的
   C. 进入商品经济社会后,会计才逐渐成为一种独立的职能
   D. 会计的发展经历了古代会计、近代会计和现代会计三个阶段
2. 下列影响会计的环境因素中,起决定性影响的是( )。
   A. 政治因素　　　B. 经济因素　　　C. 科技因素　　　D. 法律因素
3. 会计按其( )分为企业会计与非企业会计。
   A. 应用范围　　　B. 重要程度　　　C. 会计目标　　　D. 核算原则
4. 财务会计和成本管理会计的主要区别在于( )。
   A. 重要程度不同
   B. 核算内容不同
   C. 报表格式不同
   D. 侧重于对企业外部还是对企业内部提供决策所需要的信息
5. 下列不属于单位会计的是( )。
   A. 财务会计　　　B. 公共会计　　　C. 管理会计　　　D. 内部审计
6. 下列各项中,属于会计基本职能的是( )。
   A. 会计预测与决策　　　　　　　B. 会计预算与考核
   C. 会计核算与监督　　　　　　　D. 会计分析与评价
7. ( )是指履行会计职能对企业经济活动所产生的影响和效果。
   A. 会计作用　　　B. 会计环境　　　C. 会计规范　　　D. 会计方法
8. 会计要素是对( )按其经济特征所作的基本分类。
   A. 会计科目　　　B. 会计对象　　　C. 账户　　　　　D. 账簿
9. 下列属于反映企业在某一时点财务状况的会计要素是( )。
   A. 费用　　　　　B. 收入　　　　　C. 所有者权益　　D. 利润
10. 下列各项中属于流动资产的是( )。

A. 预收账款　　　　B. 原材料　　　　C. 运输工具　　　　D. 专利权
11. (　　)是向会计信息使用者提供对其决策有用的信息。
A. 会计职能　　　　B. 会计作用　　　　C. 会计对象　　　　D. 会计目标
12. (　　)是会计工作的基本法规，是我国会计法规的母法。
A. 会计法　　　　　　　　　　　　B. 财务会计报告条例
C. 会计准则　　　　　　　　　　　D. 会计制度
13. (　　)规定了会计核算的空间范围。
A. 持续经营　　　　B. 会计分期　　　　C. 会计主体　　　　D. 货币计量
14. 以权利和责任的发生来决定收入和费用归属的会计基础是(　　)。
A. 收付实现制　　　B. 权责发生制　　　C. 货币计量　　　　D. 实质重于形式
15. 将使用权资产作为本企业资产，遵循的是(　　)会计信息质量要求。
A. 可靠性　　　　　B. 重要性　　　　　C. 谨慎性　　　　　D. 实质重于形式

二、多项选择题

1. 下列说法中，表述正确的有(　　)。
A. 财务会计与管理会计的分离是现代会计的开端
B. 会计的产生与发展离不开环境的影响，同时也对环境具有反作用
C. 会计是一个经济信息系统
D. 会计是一种经济管理活动
2. 下列各项，属于资产特征的有(　　)。
A. 为企业拥有或控制　　　　　　　B. 必须是有形的
C. 由过去的交易或事项形成　　　　D. 预期会给企业带来经济利益
3. 下列有关负债的表述正确的有(　　)。
A. 负债可能是企业现时承担的义务也可能是未来形成的义务
B. 负债预期会导致经济利益流出企业
C. 负债由企业过去的交易或事项形成
D. 负债按其流动性可分为流动负债和非流动负债
4. 下列属于所有者权益项目的有(　　)。
A. 实收资本　　　　B. 无形资产　　　　C. 应交税费　　　　D. 盈余公积
5. 企业的利得和损失可能直接计入的会计要素有(　　)。
A. 收入　　　　　　B. 费用　　　　　　C. 所有者权益　　　D. 利润
6. 我国财务会计报告的目标包括(　　)。
A. 向企业的投资人提供决策有用的信息
B. 向企业的债权人提供决策有用的信息
C. 反映企业管理层受托责任的履行情况
D. 向政府有关部门及社会公众提供决策有用的信息

7. 企业会计准则体系的内容包括( )。
  A. 基本准则和具体准则　　　　　　　B. 会计行政法规
  C. 会计准则应用指南和会计准则解释　　D. 会计制度
8. 下列属于会计核算基本前提的有( )。
  A. 会计主体　　　B. 实物计量　　　C. 持续经营　　　D. 会计分期
9. 根据权责发生制,下列应计入本期收入和费用的有( )。
  A. 本期实现的收入,并已收款　　　B. 本期实现的收入,尚未收款
  C. 已支付但属于以后各期的费用　　D. 属于本期的费用,尚未支付
10. 下列属于会计信息质量要求的有( )。
  A. 内部控制　　　B. 可比性　　　C. 相关性　　　D. 可理解性

三、判断题

1. 只有货币计量单位才能对经济信息统一计量,因此,会计只能采用货币作为计量单位。( )
2. 无论是财务会计还是管理会计,都必须遵守企业会计准则,运用会计的专门方法进行核算。( )
3. 监督是会计的最基本职能,因为没有监督作为保障,就难以保证核算所提供信息的真实性。( )
4. 会计对象是指会计核算和监督的内容,企业会计对象就是指企业所发生的各项生产经营活动。( )
5. 企业将在未来签订的合同,只要预期会导致经济利益流出,便可以确认负债。( )
6. 所有者权益是指投资者对企业全部资产所拥有的权利,来源于两部分:一是所有者投入的资本,二是企业历年实现的净利润留存于企业的部分。( )
7. 不会导致所有者权益增加的经济利益流入不应确认为收入。( )
8. 按照会计要素的划分,营业外收入(即利得)属于收入要素。( )
9. 利润不仅包括收入减去费用后的净额,而且包括直接计入当期损益的利得和损失。( )
10. 会计核算应以人民币为记账本位币。业务收支以外币为主的企业,也可选择某种外币作为记账本位币,但编制的财务会计报告应当折算为人民币反映。( )

四、分析计算题

1.【目的】练习会计要素的划分。
【资料】某企业 20×2 年 12 月 31 日各项目余额如下(金额单位:元):
  (1)出纳员经管的现金　　　　8 000　　　(2)向银行借入的半年期借款　　140 000
  (3)办公楼　　　　　　　　1 420 000　　(4)库存材料　　　　　　　　　218 000
  (5)存入银行的款项　　　　　232 000　　(6)投资者投入的资本金　　　2 000 000

(7) 向银行借入的三年期借款　430 000　　(8) 应付职工的工资　240 000
(9) 产成品　400 000　　(10) 设备　800 000
(11) 应收的销货款　220 000　　(12) 专利权　320 000
(13) 应付的购货款　173 600　　(14) 资本公积　128 000
(15) 预收的销货款　50 000　　(16) 应交给税务部门的税金　152 000
(17) 在产品　240 000　　(18) 未分配利润　194 400
(19) 盈余公积　150 000　　(20) 应向投资者分派的利润　200 000

【要求】根据上述资料：
(1) 分析各项目属于哪一项会计要素。
(2) 计算填列下表中的金额。

单位：元

项目	金额	项目	金额
流动资产合计		流动负债合计	
非流动资产合计		非流动负债合计	
		负债合计	
		所有者权益合计	
资产合计		负债和所有者权益合计	

2. 【目的】练习权责发生制和收付实现制的应用。

某企业 20×2 年 11 月份发生下列业务：
(1) 用银行存款支付上月水电费 1 000 元。
(2) 用银行存款支付本月房租 2 000 元。
(3) 计提本月固定资产折旧费 3 000 元。
(4) 收到上月销售产品货款 4 000 元。
(5) 预提本月短期借款利息 1 000 元。
(6) 销售产品收到货款 5 000 元，存入银行。
(7) 销售产品货款为 16 000 元，其中 4 000 元已收到存入银行，余款暂欠。

【要求】根据上述经济业务：
(1) 分别采用权责发生制和收付实现制计算该企业 11 月份的收入、费用和利润。
(2) 比较两种会计基础下的计算结果，如有差异，说明产生差异的原因。

进一步思考

9月10日教师节，小赵、小钱、小孙和小李四人相约来看望上大学时教他们会计学课程的Z教授。四人是非财会专业的经济类和管理类本科毕业生，小赵在一家股份公司的投资部工作，小钱在银行的信贷部工作，小孙与朋友合开一家公司，小李是职业股民。师生交谈之中，围绕会计展开了交流。

Z教授谈道：经济越发展，会计越重要。改革开放以来，在我国经济快速发展的大背景下，我国的会计工作在改革中发展，在发展中提高，取得了显著成就。我国企业会计准则体系在整体框架、内涵和实质上与国际趋同，对国际会计准则制定的话语权和影响力不断提高，与其他国家或地区会计准则的等效工作开展得较为顺利，这对于提升我国企业的国际竞争力，顺应经济全球化趋势，具有非常重要的意义。

注册会计师行业持续健康发展，从无到有、由弱变强，从国内走向国际，服务领域不断拓展，注册会计师审计作为提高会计信息质量、维护市场秩序的重要制度安排，在社会主义市场经济体系完善和现代化建设中发挥了重要作用。

随着管理会计在我国企业中更加广泛的应用和发展，作为会计重要分支的管理会计，服务于企业内部管理，有机融合企业的财务与业务活动，在企业的规划、决策、控制和评价等方面发挥越来越重要的作用。

随着科学技术特别是信息技术的迅速发展，会计与信息技术相结合，会计信息化的实施极大地提升了会计信息的及时性以及深度的加工和利用。

小赵说：我今年应聘到了A股份公司，任投资部经理。近年来A公司货币资金闲置，总经理要求我尽快找到投资企业和项目，提高资金使用效益。我经过几个月的市场调研，初选了几家有意向投资的企业。这几家企业的营销和管理各有特点，难以取舍。财务部经理建议我仔细研读这几家公司的财务报表，毕竟数据为王。但面对这几家公司的财务报表，我该如何研读呢？

小钱说：最近有个公司向我们银行申请大额贷款，这个公司颇有知名度，利润高，发展前景好，可是从其资产负债表看，负债总额与资产总额之比为80%。这样高负债的公司能考虑给予其贷款吗？

小孙说：我与朋友合开了一家制造业公司，经过几年运营，整体效益不错，可是有几种产品发生亏损。亏损产品是不是一定要停产呢？

小李说：我过去选股主要根据软件来分析涨跌规律，有时则凭直觉，很少看上市公司披露的会计信息。可是这几年会计信息对于证券市场的影响越来越大，股票价格与会计信息的相关性越来越强，因为我不重视会计信息，亏损不少。前段时间我重仓投资的一只股票，因为这家公司会计造假被中国证监会重罚,股价连续跌停,我损失惨重。据专家分析,投资者如果关注该公司披露的会计信息,分析评价其会计信息的质量,有助于防范投资风险。从投资者角度,如何看上市公司的会计信息质量?

思考题:

(1)如何理解"经济越发展,会计越重要"?

(2)小赵、小钱、小孙和小李分别是何种会计信息使用者?他们对会计信息的需求是什么?

(3)会计在经济生活中有哪些作用?

(4)会计信息质量关系投资者决策、完善资本市场以及市场经济秩序等重大问题,何谓高质量会计信息?如何提高会计信息质量?

(5)对于Z教授谈到的改革开放以来我国会计工作取得的显著成就,作为新时代的青年,在为我国经济社会发展取得显著成就而欣喜和自豪的同时,应该有怎样的责任担当?

阅读资料

[1]《中华人民共和国会计法》(根据2017年11月4日第十二届全国人民代表大会常务委员会第三十次会议《关于修改〈中华人民共和国会计法〉等十一部法律的决定》第二次修正)。

[2]《企业会计准则——基本准则》(财政部2014年7月23日公布,中华人民共和国财政部令第76号)。

[3]财政部会计司编写组.企业会计准则讲解(2010)[M].北京:人民出版社,2010.(第一章 基本准则).

[4]《会计信息化发展规划(2021—2025年)》(财政部2021年12月30日印发)。

[5]《管理会计基本指引》(财政部2016年6月22日印发)。

[6]《内部会计控制基本规范》(财政部、证监会、审计署、银监会、保监会于2008年6月28日联合发布)。

[7]中华人民共和国财政部:http://www.mof.gov.cn/.

第二章

会计核算的基本程序和方法

导论

会计核算的基本程序包括会计的确认、计量、记录和报告四个环节。会计确认是指确定某一项目、交易或事项是否、何时以及列作哪项会计要素加以记录并列入财务报表的过程。会计计量是指将符合确认条件的会计要素登记入账并列入财务报表而确定其金额的过程。会计记录是指将经过确认与计量的项目,运用会计核算方法在凭证和账簿中进行记载。会计核算方法包括设置会计科目和账户、复式记账、填制和审核凭证、登记账簿、成本计算、财产清查和编制财务报告七种方法,其中,成本计算和编制财务报告的方法将分别在第五章和第十一章专门介绍,其他方法在本章第二节和第三节介绍。会计报告是会计核算和监督的最终结果体现。

内容结构

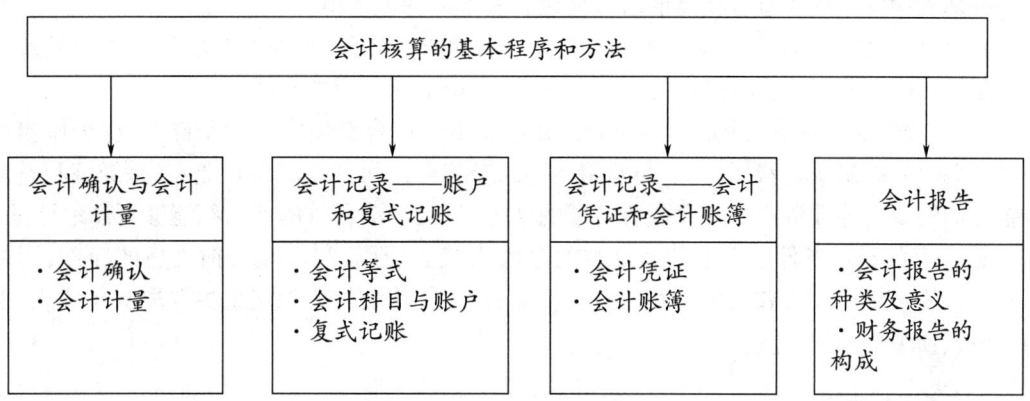

第一节 会计确认与会计计量

一、会计确认

(一)会计确认的含义

会计确认是指确定某一项目、交易或事项,是否、何时以及列作哪项会计要素加以记录并列入财务报表的过程。会计确认包括初始确认和再确认。初始确认是指将某一项目或某项经济业务进行会计记录;再确认是指在初始确认的基础上,对数据进行分析,将其列示在财务报表中。会计确认要解决以下三个问题:是否确认?何时确认?怎样确认?

(二)会计要素的确认条件

1. 资产的确认条件。企业将一项资源确认为资产,需要符合资产的定义,还应同时满足以下两个条件:一是与该资源有关的经济利益很可能流入企业;二是该资源的成本或者价值能够可靠地计量。按照我国准则规定,"很可能"对应的可能性概率区间为超过50%但小于或等于95%。

2. 负债的确认条件。将一项现时义务确认为负债,首先要符合负债的定义,还应当同时满足以下两个条件:一是与该义务有关的经济利益很可能流出企业;二是未来流出的经济利益的金额能够可靠地计量。

3. 所有者权益的确认条件。由于所有者权益是所有者在企业中拥有的剩余权益,因此,其确认主要依赖于其他会计要素,尤其是资产和负债的确认。企业资产负债的质量和经营的好坏直接决定其所有者权益的增减变化和资本的保值增值。

4. 收入的确认条件。企业应在履行了合同中的履约义务,即在客户取得相关商品或服务控制权时确认收入。收入确认的具体条件,将在第七章中予以介绍。

5. 费用的确认条件。企业的一项经济利益流出在符合费用定义的基础上,至少应当符合以下条件才能确认为费用:一是与费用相关的经济利益很可能流出企业;二是经济利益流出企业的结果会导致资产的减少或者负债的增加;三是经济利益的流出额能够可靠地计量。

6. 利润的确认条件。由于利润反映的是收入减去费用、利得减去损失后的净额,因此其确认主要依赖于收入和费用以及利得和损失的确认,其金额的确定也主要取决于收入、费用、利得、损失金额的计量。

二、会计计量

(一)会计计量的含义

会计计量是指将符合确认条件的会计要素登记入账并列入财务报表而确定其金额的过

程。会计计量贯穿于会计工作的全过程中,没有会计计量,会计确认就失去意义,会计记录和会计报告的内容也就不完整。会计计量包括计量单位和计量属性两方面内容,其中,计量单位指的是计量尺度的量度单位,会计以货币作为统一的计量尺度。

(二)会计要素的计量属性

会计要素的计量属性反映的是会计要素金额的确定基础,主要包括历史成本、重置成本、可变现净值、现值和公允价值五种计量属性。

历史成本(又称实际成本),是指取得或制造某项财产物资时所实际支付的现金或其他等价物,是取得时点的实际成本。

重置成本(又称现行成本),是指按照当前市场条件,重新取得同样一项资产所需支付的现金或现金等价物金额。在重置成本计量下,资产按照现在购买相同或者相似资产所需支付的现金或现金等价物的金额计量,如企业对于盘盈固定资产以重置成本计量等;负债按照现在偿付该项债务所需支付的现金或现金等价物的金额计量。

可变现净值,是指在正常生产经营过程中,以资产预计售价减去进一步加工成本、预计销售费用以及相关税费后的净值。这种计量属性通常应用于存货减值情况下的后续计量。

现值,是指对未来现金流量以恰当的折现率进行折现后的价值,是考虑货币时间价值的一种计量属性。在此计量属性下,资产按预计从其持续使用和最终处置中所取得的未来净现金流入量的折现金额计量;负债按照预计期限内需要偿还的未来净现金流出量的折现金额计量。

公允价值,是指市场参与者在计量日发生的有序交易中,出售一项资产所能收到或者转移一项负债所需支付的价格。有序交易,是指在计量日前一段时期内相关资产或负债具有惯常市场活动的交易。清算等被迫交易不属于有序交易。为了规范公允价值的计量和披露,财政部制定了《企业会计准则第39号——公允价值计量》,自2014年7月1日施行。

> **请思考:** 如何看待公允价值计量被认为是一把"双刃剑"?

在各种会计要素计量属性中,历史成本通常反映的是资产或者负债过去的价值,而重置成本、可变现净值、现值以及公允价值是与历史成本相对应的计量属性,通常反映的是资产或者负债的现时成本或者现时价值。

企业应当按照规定的会计计量属性对会计要素进行计量。企业在对会计要素进行计量时,一般应当采用历史成本;采用重置成本、可变现净值、现值、公允价值计量的,应当保证所确定的会计要素金额能够取得并可靠计量。

第二节　会计记录——账户和复式记账

一、会计等式

(一)会计等式的含义和表达形式

会计等式是指会计要素之间的数量关系式。在本书第一章中已经介绍,会计六要素形成两个基本关系式:

$$资产=负债+所有者权益 \qquad (2-1)$$
$$收入-费用=利润 \qquad (2-2)$$

通常所说的会计等式是指式(2-1),它是基本会计等式。等式左边反映企业不同形态资产的价值量总和,构成了企业经营的物质基础;等式右边反映资产的来源渠道,也反映对企业资产的求偿权,其中,负债反映的是企业债权人对企业资产的求偿权,所有者权益反映的是企业所有者对企业资产的求偿权,两者在性质上有着本质区别。基本会计等式(亦称静态会计等式、财务状况等式)还可以表示为式(2-3)和式(2-4):

$$资产=权益 \qquad (2-3)$$
$$资产=债权人权益+所有者权益 \qquad (2-4)$$

> 请思考:如何理解基本会计等式?

上述基本会计等式反映的是企业在特定时点(期初或期末)静态的财务状况。企业在生产经营过程中必然会发生费用,销售商品、提供劳务等会取得收入。随着收入、费用的发生,在会计期间内,会计等式就扩展为式(2-5)(亦称动态会计等式或经营成果等式):

$$资产+费用=负债+所有者权益+收入 \qquad (2-5)$$

会计期末,将当期收入与费用相抵减计算出利润,会计等式的扩展公式就转化为式(2-6):

$$资产=负债+所有者权益+利润 \qquad (2-6)$$

企业按规定程序对净利润进行分配,将应分派给投资者的利润转化为企业的负债,所提取的盈余公积和未分配利润即留存收益构成企业的所有者权益。此时,会计等式又恢复为式(2-1):

$$资产=负债+所有者权益$$

(二)经济业务的类型及其对会计等式的影响

企业的资金运动在生产经营活动中表现为各种经济业务。经济业务也称会计事项,是指引起会计要素发生增减变动需要会计予以记录的事项。企业发生的经济业务是多种多样的,但就其对会计等式左、右两边的影响来看,归纳起来,不外乎以下四种类型。

1. 引起资产项目与负债和所有者权益项目同时增加,双方增加金额相等的经济业务,一般表现为资金进入企业。

2. 引起资产项目与负债和所有者权益项目同时减少,双方减少金额相等的经济业务,一般表现为资金退出企业。

3. 引起资产项目之间有增有减,增减金额相等的经济业务,表现为资产的内部变化。

4. 引起负债和所有者权益项目之间有增有减,增减金额相等的经济业务,表现为负债和所有者权益的内部变化。

经济业务的发生,使资产存在的形态、负债和所有者权益的构成发生了变化。这种变化是否会破坏会计等式的平衡关系?下面以上述四类经济业务为例,分析经济业务发生对于会计等式的影响。

【例 2-1】大华洗染公司由 A 和 B 投资者各投入 200 000 元货币资金设立,20×2 年 1 月 1 日开业时的财务状况用会计等式表示如下:

$$（银行存款 400\ 000\ 元）资产 = \begin{cases} 负债(0) \\ + \\ 所有者权益(实收资本 400\ 000\ 元) \end{cases}$$

20×2 年 1 月发生下列经济业务(假定不考虑相关税费):

(1) 购进设备,价款 250 000 元,款项暂未支付。此项经济业务的发生,使会计等式左边资产方固定资产增加了 250 000 元,同时使会计等式右边负债方应付账款也增加了 250 000 元。会计等式左右两边同时增加相等的金额。此项经济业务发生后会计等式为:

$$\begin{matrix} 银行存款(400\ 000\ 元) \\ 固定资产(250\ 000\ 元) \end{matrix} \bigg\} 资产 = \begin{cases} 负债(应付账款 250\ 000\ 元) \\ + \\ 所有者权益(实收资本 400\ 000\ 元) \end{cases}$$

(2) 以银行存款 80 000 元支付所欠的上述设备的部分货款。此项经济业务的发生,使会计等式左边资产方银行存款减少了 80 000 元,同时使会计等式右边负债方应付账款也减少了 80 000 元。会计等式左右两边同时减少相等的金额。此项经济业务发生后会计等式为:

$$\begin{matrix} 银行存款(320\ 000\ 元) \\ 固定资产(250\ 000\ 元) \end{matrix} \bigg\} 资产 = \begin{cases} 负债(应付账款 170\ 000\ 元) \\ + \\ 所有者权益(实收资本 400\ 000\ 元) \end{cases}$$

(3) 以银行存款 60 000 元购买洗涤材料。此项经济业务的发生,使会计等式左边资产方原材料增加了 60 000 元,同时资产方银行存款减少了 60 000 元。等式左边资产项目一增一减,增减金额相等,相抵为 0。此项经济业务发生后会计等式为:

$$\begin{matrix} 银行存款(260\ 000\ 元) \\ 原材料(60\ 000\ 元) \\ 固定资产(250\ 000\ 元) \end{matrix} \bigg\} 资产 = \begin{cases} 负债(应付账款 170\ 000\ 元) \\ + \\ 所有者权益(实收资本 400\ 000\ 元) \end{cases}$$

(4) 签发三个月到期的商业汇票 170 000 元,抵付前欠的设备款。此项经济业务的发生,使会计等式右边负债方的应付票据增加了170 000元,同时负债方应付账款减少了170 000元。等式右边负债项目一增一减,增减金额相等,相抵为0,会计等式依然成立。此项经济业务发生后会计等式为：

$$\left.\begin{array}{l}\text{银行存款}(260\,000\,\text{元})\\\text{原材料}(60\,000\,\text{元})\\\text{固定资产}(250\,000\,\text{元})\end{array}\right\}\text{资产}=\left\{\begin{array}{l}\text{负债}(\text{应付票据}170\,000\,\text{元})\\+\\\text{所有者权益}(\text{实收资本}400\,000\,\text{元})\end{array}\right.$$

以上四项经济业务所引起的会计要素增减变动以及对会计等式的影响,如表2-1所示。

表2-1　经济业务发生引起的会计要素增减变动及对会计等式的影响　　　单位:元

经济业务类型	资产		负债及所有者权益		对会计等式两边总金额的影响
	增加	减少	增加	减少	
经济业务(1)	250 000		250 000		两边同增 250 000
经济业务(2)		80 000		80 000	两边同减 80 000
经济业务(3)	60 000	60 000			不影响
经济业务(4)			170 000	170 000	不影响
合计净增加额	170 000		170 000		两边净增加额 170 000

从表2-1可见,以上四种类型的经济业务中,前两种类型的经济业务发生后分别引起等式两边金额同增和同减,由于等式两边增加或减少的金额相等,因此,不影响等式两边的平衡;后两种类型的经济业务发生后分别引起会计等式左边和会计等式右边的金额发生增减变动,由于等式两边增减的金额相等,因此,也不影响等式两边的平衡。四类经济业务是企业所有经济业务的概括,四类经济业务发生后均不会破坏等式的平衡性,据此便可以推出企业发生任何经济业务都不会破坏等式的平衡关系。所以,会计等式是个恒等式。

会计等式的这种平衡关系,是会计上设置账户、复式记账和编制资产负债表的理论基础。正确地理解和运用会计等式,对于会计核算具有十分重要的意义。

二、会计科目与账户

(一)会计科目

1. 会计科目的含义。企业的经营活动多种多样,所发生的各项经济业务引起企业会计要素的变化也是多种多样的。在第一章中已经介绍,会计要素是对会计对象分类的结果,但会计要素只是对会计对象的基本分类,尚不能满足会计信息使用者对会计信息的具体需求,为此,需要对会计要素进一步分类,将具体内容相同的归为一类,设立一个项目并为其赋予一个含义明确、简明易懂的名称进行核算,这样的项目称为会计科目。

会计科目是指对会计对象的具体内容进行分类核算的项目。作为进行会计核算和提供会计信息的基本单元,它是设置账户和登账的依据,是记录和集合会计数据的重要手段。

2. 会计科目的设置原则。为了全面、系统、分类地核算和监督企业各项经济业务的发生以及由此引起的会计要素增减变动及其结果,企业应当在会计核算之前事先设置会计科目,确定其编号和核算内容,而不能在记账时临时考虑、随意而为。设置会计科目是对会计对象具体内容进行分类核算的方法。企业设置会计科目,应遵循统一性和灵活性相结合的原则。

一方面,为了保证会计信息的可比性,企业应按照我国财政部统一制定的会计科目名称(如表2-2所示)设置自身的会计科目,做到统一性;另一方面,在不违反会计准则中确认、计量和报告规定的前提下,可以根据本企业的实际情况灵活增设、分拆、合并会计科目。对于本企业不存在的交易或事项,可以不设置会计科目。

3. 会计科目的分类。按照不同的分类标准,会计科目有不同的分类。

(1)会计科目按其所反映的经济内容分类,可分为资产类、负债类、所有者权益类、成本类和损益类等①。这是最基本的分类,这种分类有助于了解和掌握各会计科目的性质以及核算内容。具体分类方法如表2-2所示。

表2-2 常用会计科目表

一、资产类		
库存现金	银行存款	其他货币资金
交易性金融资产	应收票据	应收账款
预付账款	应收股利	应收利息
其他应收款	坏账准备	材料采购
在途物资	原材料	材料成本差异
库存商品	发出商品	商品进销差价
委托加工物资	周转材料	存货跌价准备
合同资产	合同资产减值准备	合同履约成本
合同履约成本减值准备	合同取得成本	合同取得成本减值准备
持有待售资产	持有待售资产减值准备	应收退货成本
债权投资	债权投资减值准备	其他债权投资
其他权益工具投资	长期股权投资	长期股权投资减值准备
投资性房地产	长期应收款	未实现融资收益
固定资产	累计折旧	固定资产减值准备

---

① 会计科目按其所反映的经济内容共分六类,其中的共同类科目本书不做涉及。

续表

一、资产类		
在建工程	在建工程减值准备	工程物资
固定资产清理	使用权资产	使用权资产累计折旧
使用权资产减值准备	无形资产	累计摊销
无形资产减值准备	商誉	商誉减值准备
长期待摊费用	递延所得税资产	待处理财产损溢
二、负债类		
短期借款	交易性金融负债	应付票据
应付账款	预收账款	合同负债
应付职工薪酬	应交税费	应付利息
应付股利	其他应付款	递延收益
长期借款	应付债券	长期应付款
未确认融资费用	专项应付款	预计负债
递延所得税负债		
三、所有者权益类		
实收资本(股本)	资本公积	其他综合收益
盈余公积	本年利润	利润分配
库存股	其他权益工具	
四、成本类		
生产成本	制造费用	研发支出
五、损益类		
主营业务收入	其他业务收入	公允价值变动损益
投资收益	资产处置损益	其他收益
营业外收入	主营业务成本	其他业务成本
税金及附加	销售费用	管理费用
财务费用	资产减值损失	信用减值损失
营业外支出	所得税费用	以前年度损益调整

(2) 会计科目按其所提供会计信息的详细程度分类,分为总分类科目和明细分类科目。

这种分类可以反映科目内部的纵向联系。

总分类科目(又称总账科目或一级科目),是指对会计要素总括分类、提供总括信息的会计科目。表2-2中的会计科目均为总分类科目,是非金融类企业常用的会计科目。

明细分类科目(又称明细科目),是指对总分类科目核算内容所做的进一步分类,以提供更具体更详细信息的会计科目。对于明细科目,企业可以根据经营管理的实际需要自行设置二级(又称子目)、三级(又称细目)等若干级次,级次越高,提供的信息就越详细。当然,不是所有的总分类科目都需要设置明细科目。

以"固定资产"科目为例,其二级科目和三级科目可设置如表2-3所示。

表2-3 会计科目按提供指标详细程度的分类

总分类科目	明细分类科目	
	二级科目	三级科目
固定资产	机器设备	A设备 B设备 ……
	电子设备	……
	运输设备	……
	房屋及建筑物	……
	……	……

请思考:总分类科目与明细分类科目之间具有什么样的关系?

(二)账户

1. 账户的含义。会计科目只是对会计对象具体内容进行分类的项目,不能反映交易或事项发生所引起的会计要素各项目的增减变动情况和结果。为了全面、序时、连续、系统地记录会计要素的增减变动情况和结果,还必须开设账户。账户是指根据会计科目在账簿中开设的,用于分类、系统、连续地记录经济业务的载体。

2. 账户与会计科目的关系。账户与会计科目是两个既有联系又有区别的概念。两者的联系主要表现在:账户是根据会计科目开设的,会计科目是账户的名称,两者所反映的会计对象的具体内容相同;两者的区别主要表现在:会计科目只是个名称,仅表明某项经济内容,而账户除了名称之外,还具有一定的格式和结构,可以记录经济业务。

由于账户按会计科目命名,在实际工作中,通常对两者不予区分而相互通用,但理论上两者存在上述区别。

3. 账户的结构。账户的结构是指账户的各个组成部分及其相互关系。由于经济业务发生所引起会计要素的变动,从数量上看,不外乎是增加和减少两种情况,因而用来分类记录经济业务的账户在结构上也应分为两个基本部分,划分为左右两方,一方登记增加额,另一方登记减少额,增加额和减少额按相反的方向进行记录。左右两方的名称以及哪一方登记增加额、哪一方登记减少额,取决于记账方法和账户所记录的经济业务内容。账户的基本结构类似于英文字母的"T",故称之为"T"型账户(如图2-1所示),其直观简便,一般应用于会计教学中。

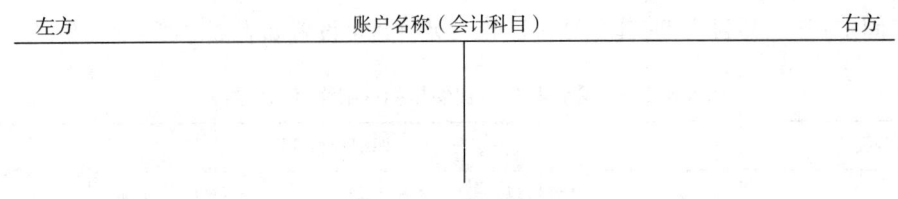

图 2-1 "T"型账户

上述账户的基本结构只反映经济业务引起的会计要素增减数量变化,除此之外,账户的结构还包括"日期""凭证号数""摘要"等其他要素。账户一般应包括下列内容:

(1)账户的名称,即会计科目。
(2)日期和凭证号数,说明经济业务发生的时间和账户记录的依据。
(3)摘要,概括地说明经济业务的内容。
(4)增加和减少的金额及余额。

账户中记录的增加额和减少额均属于发生额;增加额和减少额相抵后的差额,称为余额,余额按照表示的时间不同分为期初余额和期末余额(余额一般与增加额同方向)。因此,通过账户记录的金额,可以反映某一会计期的期初余额、本期增加发生额、本期减少发生额和期末余额。账户中的这四个金额要素之间的关系用公式表示如下:

$$期末余额 = 期初余额 + 本期增加发生额 - 本期减少发生额$$

请思考:如何理解账户的四个金额要素?

在实际工作中,账户在格式上没有硬性的规定,账户格式一般如表2-4所示。

表 2-4 账户名称(会计名称)

年		凭证号数	摘 要	左方金额	右方金额	余额
月	日					

4.账户的分类。与会计科目的分类相同,账户按其所反映的经济内容分类,可分为资产类账户、负债类账户、所有者权益类账户、成本类账户、损益类账户等;按其所提供指标的

详细程度可分为总分类账户和明细分类账户,根据总分类科目设置的账户称为总分类账户,根据明细科目设置的账户称为明细分类账户。

三、复式记账

(一)复式记账法的意义

记账方法是指将发生的经济业务记入账户的方法。会计的记账方法分为单式记账法和复式记账法两种。

单式记账法是指对发生的每项经济业务只在一个账户中登记的记账方法。通常以现金、银行存款和债权债务方面发生的经济业务作为主要记账内容。例如,以银行存款 2 000 元购买原材料的经济业务发生后,只在银行存款账户中记录银行存款减少 2 000 元,而不记录原材料的增加。单式记账法是一种较为简单、不完整的记账方法,没有一套完整的账户体系,账户之间的记录没有直接的联系和相互平衡的关系,因此,不能全面、系统地反映经济业务的来龙去脉,也不便于检查账户记录是否正确。

复式记账法是指对发生的每一项经济业务,都以相等的金额,在相互联系的两个或两个以上的账户中进行登记的记账方法。它是在单式记账法的基础上发展起来、以会计等式为依据建立的一种方法。由于对每项经济业务都以相等的金额在相互对应的账户中登记,因此,通过账户的对应关系能够了解经济业务的来龙去脉,全面、系统地反映经济活动的过程和结果,并能有效地防止记账中的差错,且出现差错也比较容易核对查找(通过对记录的结果进行试算平衡,可以检查账户记录是否正确)。

基于上述特点,复式记账法被公认是一种科学的记账方法。由于记账符号、记账规则等的不同,复式记账法又分为借贷记账法、增减记账法和收付记账法等。自 1993 年 7 月 1 日起我国所有企业都统一采用借贷记账法,目前行政单位和事业单位的会计核算也采用借贷记账法记账。借贷记账法是世界各国普遍采用的一种复式记账法。

(二)借贷记账法

1. 借贷记账法的概念。借贷记账法是指以"借""贷"作为记账符号记录经济业务的一种复式记账法。它起源于 13 世纪的意大利,"借""贷"的含义最初是从借贷资本家的角度解释的,表示借贷资本家的债权和债务的增减变动。借贷资本家对于收进债权人的存款记在贷主名下,表示自身债务增加;对于付给债务人的放款记在借主名下,表示自身债权增加。随着社会经济的发展,经济活动内容的多样化,记账对象扩展到了财产物资、经营损益等业务。为了使记账统一,对于非借贷业务,仍用"借""贷"二字表示增减变动情况。这样,"借""贷"二字就逐渐失去了最初的含义,演变成单纯的记账符号,用于表示记账的方向。

> 请思考:"借"字表示增加,"贷"字表示减少,这种说法是否正确?为什么?

2. 借贷记账法的账户结构。在借贷记账法下,账户的基本结构分为左、右两方,左方称为借方,右方称为贷方。但借方和贷方哪方记增加额,哪方记减少额,取决于账户所记录的经济业务内容。

(1) 资产类账户的结构。资产类账户的结构按照会计惯例,借方记录资产的增加额,贷方记录资产的减少额。在一个会计期间内,借方记录的合计数称为借方发生额,贷方记录的合计数称为贷方发生额。账户余额的方向一般与登记增加额的方向相同,所以,资产类账户的余额一般在借方。资产类账户的结构用"T"型账户表示,如图2-2所示。

借方	资产类账户	贷方	
期初余额	×××		
本期增加额	×××	本期减少额	×××
……		……	
本期发生额	×××	本期发生额	×××
期末余额	×××		

图2-2 资产类账户结构

资产类账户期末借方余额的计算公式为:

期末借方余额=期初借方余额+本期借方发生额-本期贷方发生额

(2) 权益(包括负债和所有者权益)类账户的结构。负债及所有者权益是会计等式的右方项目,与会计等式左方的资产方向相对应,因此权益类账户记录的增加额和减少额的方向与资产类账户相反。其贷方登记权益的增加额,借方登记权益的减少额,余额一般在贷方。权益类账户的结构用"T"型账户表示,如图2-3所示。

借方	权益类账户	贷方	
		期初余额	×××
本期减少额	×××	本期增加额	×××
……		……	
本期发生额	×××	本期发生额	×××
		期末余额	×××

图2-3 权益类账户结构

权益类账户期末贷方余额的计算公式为:

期末贷方余额=期初贷方余额+本期贷方发生额-本期借方发生额

(3) 成本类账户的结构。成本类[①]账户是用来归集费用、计算成本的账户。由于资产一经耗用就转化为费用,因此,成本类账户与资产类账户有着密切的联系,其结构与资产类账户的结构基本相同,借方登记成本费用的增加额,贷方登记成本费用的减少额(一般为转出

---

① 对于成本类和损益类账户的结构以及双重性质的账户,建议在这里可先做简单了解,待学习以后章节相关内容时再加以理解。

额),期末如果有余额,余额在借方,期末余额的计算方法与资产类账户相同。有些成本类账户期末结转后没有余额,如"制造费用"账户期末通常无余额。成本类账户的结构用"T"型账户表示,如图2-4所示。

借方	成本类账户	贷方
期初余额　×××		
本期增加额　×××　　　　　　　本期减少额　×××		
……　　　　　　　　　　　　　　……		
本期发生额　×××　　　　　　　本期发生额　×××		
期末余额　×××		

图2-4　成本类账户结构

(4)损益类账户的结构。损益类账户是收入类和费用类账户的统称。这类账户具有共同的特点,即会计期末当期的发生额要结转到"本年利润"账户,以计算当期利润,结转后期末无余额。

由于收入会导致企业所有者权益的增加,因此,收入类账户的结构与所有者权益类账户的结构基本相同,其贷方登记收入的增加额,借方登记收入的减少额(通常为转出额)。收入类账户的结构用"T"型账户表示,如图2-5所示。

借方	收入类账户	贷方
本期减少额　×××　　　　　　　本期增加额　×××		
……　　　　　　　　　　　　　　……		
本期发生额　×××　　　　　　　本期发生额　×××		

图2-5　收入类账户结构

费用类账户记录的增减额方向与资产类、成本类账户相同,借方登记费用的增加额,贷方登记费用的减少额(通常为转出额)。费用类账户的结构用"T"型账户表示,如图2-6所示。

借方	费用类账户	贷方
本期增加额　×××　　　　　　　本期减少额　×××		
……　　　　　　　　　　　　　　……		
本期发生额　×××　　　　　　　本期发生额　×××		

图2-6

用"T"型账户综合表示各类账户的结构,如图2-7所示。

需要说明的是:在借贷记账法下,企业可以设置既反映资产又反映负债的双重性质账户,如设置既反映债权又反映债务的"应收账款"账户,登记应收账款和预收账款的增减变动

借方	账户名称（会计科目）	贷方
资产的增加额 成本的增加额 费用的增加额 负债的减少额 所有者权益的减少额 收入的减少额		资产的减少额 成本的减少额 费用的减少额 负债的增加额 所有者权益的增加额 收入的增加额
期末余额：资产的余额		期末余额：负债或所有者权益的余额

图 2-7　各类账户结构总结

及余额情况，期末根据账户余额的方向确定其性质。

3. 借贷记账法的记账规则。记账规则是指运用借贷记账法在账户中记录经济业务所引起的会计要素增减变动的规律。前面已经述及，企业发生的经济业务归纳为四种类型，下面仍以四种类型的经济业务为例，分析经济业务发生后引起的会计要素增减变动依据借贷记账法的账户结构应如何记账。

(1) 第一种类型的经济业务发生后，引起资产项目与负债和所有者权益项目同时增加，双方增加的金额相等。资产增加额记入借方，负债和所有者权益增加额记入贷方，记入借方和记入贷方的金额相等。

(2) 第二种类型的经济业务发生后，引起资产项目与负债和所有者权益项目同时减少，双方减少的金额相等。资产减少额记入贷方，负债和所有者权益减少额记入借方，记入借方和记入贷方的金额相等。

(3) 第三种类型的经济业务发生后，引起资产项目之间有增有减，增减金额相等。资产增加额记入借方，资产减少额记入贷方，记入借方和记入贷方的金额相等。

(4) 第四种类型的经济业务发生后，引起负债和所有者权益项目之间有增有减，增减金额相等。负债和所有者权益增加额记入贷方，负债和所有者权益减少额记入借方，记入借方和记入贷方的金额相等。

上述四类经济业务发生后的记账方向概括如图 2-8 所示。

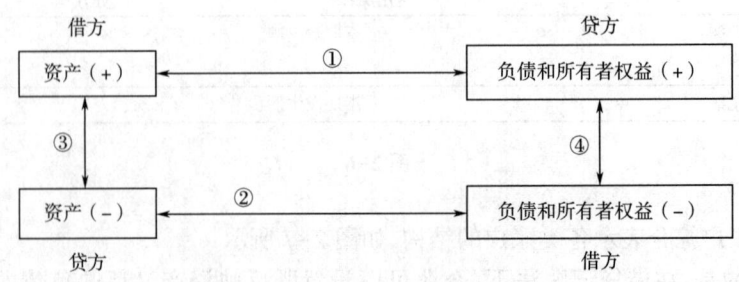

图 2-8　四类经济业务增减额的记账方向

第二章 会计核算的基本程序和方法

从图2-8可以分析出以下的记账规则：

其一，经济业务发生后，应同时分别记录到两个或两个以上的相互关联的账户中。

其二，所记录的账户可以是同类账户（如同为资产类账户），也可以是不同类账户，但必须是借贷相反的两个记账方向，不能都记入借方或都记入贷方。

其三，记入借方的金额必须等于记入贷方的金额。

如前所述，四类经济业务是企业所有经济业务的概括，因此，上述的记账规则，便是借贷记账法下对任何一项经济业务记账时所应遵循的规则。为便于记忆，借贷记账法的记账规则可以概括为"有借必有贷，借贷必相等"。

记账规则既是记账的依据，也是核对账目的依据。例如，某企业接受甲投资者投资500 000元，款项已存入银行。对于这笔接受投资的经济业务，该企业的会计人员在记账时，根据记账规则，一方面将500 000元记入"实收资本"账户的贷方，另一方面，将500 000元记入"银行存款"账户的借方；记入账户贷方的金额与记入账户借方的金额应核对一致。对于复杂的经济业务，需要登记在一个账户的借方和几个账户的贷方，或者其他涉及两个以上账户的情况，但借贷双方的金额也必须相等。

4. 借贷记账法的账户对应关系和会计分录。

（1）账户对应关系。账户对应关系是指采用复式记账法记录经济业务时，所涉及的两个或两个以上账户之间的关系。在借贷记账法下，账户的对应关系表现为应借、应贷的相互关系。形成对应关系的账户称为对应账户。例如，某企业以银行存款50 000元归还短期借款。在这笔经济业务中，银行存款和短期借款均减少，银行存款减少的50 000元应记入"银行存款"账户的贷方，短期借款减少的50 000元应记入"短期借款"账户的借方。"银行存款"账户与"短期借款"账户形成对应关系，"银行存款"账户与"短期借款"账户互为对应账户。通过账户的对应关系，可以了解经济业务的内容。

（2）会计分录。为了保证账户对应关系的正确性，便于日后检查和分析会计记录，经济业务发生后并不是直接就记入账户，而是先根据其涉及的账户及其借贷方向和金额，编制会计分录，再据以登账。

会计分录是指对发生的经济业务列示应借、应贷账户及其金额的记录，简称分录。会计分录由借贷方向、账户名称及记录的金额三要素构成。作为一种规范（专门）的记录，一般的书写格式是上借下贷，左右错开，即借记的符号、账户名称和金额写在上方，贷记的符号、账户名称和金额写在下方并与借方的记账符号、账户名称和金额往右错一或两个汉字的位置。

> *请思考*：一笔经济业务发生后，如何编制会计分录？

在借贷记账法下，如何确定经济业务发生额所记入的账户和方向，并据以编制会计分录？一般而言，一笔经济业务发生后，应按下列步骤编制会计分录：

第一步：分析所发生的经济业务应记入的账户名称，即记入哪些账户中。

第二步：分析所记入账户的性质，应归属于资产类、负债类、所有者权益类，还是成本类、损益类。①

第三步:分析所涉及账户应记录金额的增减变动情况,是记增加还是记减少。

第四步:根据借贷记账法的账户结构,确定所涉及账户的记账方向,是借方还是贷方。

第五步:按照会计分录的书写格式,编制会计分录,并检查记入借方的金额与记入贷方的金额是否相等。

下面举例说明如何依据上述步骤编制会计分录。

某企业以银行存款80 000元支付前欠乙公司的购进原材料款。在这笔经济业务发生后,首先应分析记入哪几个账户中,经过分析确定应记入"应付账款"和"银行存款"两个账户;第二步,分析"应付账款"和"银行存款"这两个账户分别归属于哪一类账户,依据会计科目表,"应付账款"账户属于负债类账户,"银行存款"账户属于资产类账户;第三步,分析"应付账款"和"银行存款"两个账户所记录金额的增减变动情况,经分析可知,该笔业务的发生同时引起应付账款和银行存款减少;第四步,根据负债类账户和资产类账户的结构,应付账款的减少额应记入"应付账款"账户的借方,银行存款的减少额应记入"银行存款"账户的贷方;最后,编制会计分录并检查记入借方的金额与记入贷方的金额是否相等。该笔业务编制的会计分录为:

借:应付账款　　　　　　　　　　　　　　　　　　　　　　80 000
　　贷:银行存款　　　　　　　　　　　　　　　　　　　　　80 000

会计分录按其涉及账户的多少,分为简单会计分录和复合会计分录。简单会计分录是指仅包括一借一贷两个对应账户的会计分录,上述会计分录就属于简单会计分录。复合会计分录是指由两个以上对应账户组成的会计分录。复合会计分录可能是一个账户借方与几个账户贷方发生对应关系即一借多贷的会计分录,也可能是一个账户贷方与几个账户借方发生对应关系即一贷多借的会计分录,还可能是同一笔经济业务多个借方账户与多个贷方账户发生对应关系的多借多贷会计分录。但应注意:为了保持账户的对应关系清楚,不同类型的经济业务不能合并编制多借多贷的会计分录。

复合会计分录实际上是由若干简单会计分录复合而成的。例如,某企业购买原材料一批,价款120 000元,其中90 000元以银行存款支付,其余款项暂欠(假定不考虑相关税费)。此笔经济业务应记入"原材料""银行存款""应付账款"三个账户。"原材料""银行存款"账户属于资产类账户,"应付账款"账户属于负债类账户。原材料增加120 000元应记入"原材料"账户的借方,银行存款减少90 000元应记入"银行存款"账户的贷方,应付账款增加30 000元应记入"应付账款"账户的贷方。编制会计分录如下:

借:原材料　　　　　　　　　　　　　　　　　　　　　　120 000
　　贷:银行存款　　　　　　　　　　　　　　　　　　　　 90 000
　　　　应付账款　　　　　　　　　　　　　　　　　　　　 30 000

---

① 初学借贷记账法,掌握会计账户的归类(第二步)非常重要,因为如果账户的归类错了,记账时可能就会出现方向相反的错误。

该笔会计分录属于一借多贷的复合会计分录,可分解为以下两笔简单会计分录:

借:原材料　　　　　　　　　　　　　　　　　　　　　　　　90 000
　　贷:银行存款　　　　　　　　　　　　　　　　　　　　　　90 000
借:原材料　　　　　　　　　　　　　　　　　　　　　　　　30 000
　　贷:应付账款　　　　　　　　　　　　　　　　　　　　　　30 000

需要注意的是,对于编制复合会计分录更能反映实际经济业务的,直接编制复合会计分录即可,不需要将复合会计分录分解为简单会计分录。

在实际工作中,会计分录填写在记账凭证上。记账凭证是会计分录的载体,也是账簿的登记依据,账簿又是财务报表的直接编制依据。所以,编制会计分录是一项非常重要的会计工作,如果会计分录编制错误,必然会影响整个会计记录和对外报告信息的正确性。

5. 借贷记账法的试算平衡。

(1)试算平衡的定义和公式。编制会计分录后,将会计分录中的金额登入相应账户的借方和贷方,即登账,亦称"过账"。为了保证一定时期内所发生的经济业务在账户中登记的正确性,企业在会计期末,对账户的记录应进行试算平衡。试算平衡是指根据会计等式和记账规则,检查一定时期内所有账户的记录正确与否的一种验证方法,包括发生额试算平衡和余额试算平衡。

发生额试算平衡是指根据记账规则,检验本期发生额记录是否正确的方法。在借贷记账法中,根据"有借必有贷,借贷必相等"的记账规则,每一笔经济业务发生后,都以相等的金额,分别记入两个或两个以上相互联系账户的借方和贷方,借贷双方的金额必然相等。由此推出,将一定时期内的所有经济业务全部登记入账后,所有账户的借方发生额合计数与贷方发生额合计数也必然相等。发生额试算平衡的公式为:

$$全部账户本期借方发生额合计=全部账户本期贷方发生额合计$$

余额试算平衡是根据会计等式,检验本期余额记录是否正确的方法。如前所述,账户的借方余额表示资产,贷方余额表示负债或所有者权益,因为"资产=负债+所有者权益",所以一定时期内所有账户的借方余额相加之和必定等于一定时期内所有账户的贷方余额相加之和。余额按其时间不同,分为期初余额与期末余额两种,期初(期末)余额试算平衡的公式为:

$$全部账户的期初(期末)借方余额合计=全部账户的期初(期末)贷方余额合计$$

(2)试算平衡的方法和结果。实际工作中,试算平衡一般通过编制"发生额及余额试算平衡表"(如表2-5所示)进行。

表2-5　账户发生额及余额试算平衡表

账户名称	期初余额		本期发生额		期末余额	
	借方	贷方	借方	贷方	借方	贷方
合计						

通过试算,如果试算平衡表中期初余额、本期发生额和期末余额各栏中,其中有任何一栏的借方合计数不等于贷方合计数,表明记账肯定有错,应及时查明原因并加以更正。但是在期初余额、本期发生额和期末余额各栏的借方合计数与贷方合计数相等的情况下,并不能肯定记账就一定正确,而只是表明借贷双方记账相符,这是因为有些错误情况不影响借贷双方的平衡性。不能通过试算平衡发现的差错,亦即不影响借贷双方平衡性的差错,主要有以下几类:①漏记某项经济业务;②重记某项经济业务;③某项经济业务记错有关账户;④某项经济业务颠倒了记账方向;⑤借贷双方多记或少记的差错金额正好相等。

由于试算平衡表的上述局限性,在实际工作中,为了保证会计记录的正确性,会计人员除了要进行试算平衡外,还应定期或不定期地对会计记录进行复核检查。

6. 借贷记账法的应用举例。会计实务中,企业一般在年初开设有关总账和明细账,并登记期初余额;经济业务发生后,根据经济业务编制会计分录(即填制记账凭证);再将会计分录中的金额记入有关账户(即根据记账凭证登记账户);期末结出各个账户的本期发生额和期末余额;最后根据账户记录进行试算平衡,检查账户记录的正确性。

【例 2-2】大华洗染公司 20×2 年 3 月总分类账户的月初余额如表 2-6 所示。

表 2-6 总分类账户月初余额表 单位:元

资产	金额	负债及所有者权益	金额
库存现金	8 000	短期借款	50 000
银行存款	71 200	应付账款	74 200
原材料	120 000	实收资本	400 000
其他应收款	25 000		
固定资产	300 000		
合计	524 200	合计	524 200

大华洗染公司 20×2 年 3 月发生下列经济业务(假定不考虑相关税费和期末结转损益):

(1) 2 日,从某工厂购入 A 洗涤材料 15 000 元,货款未付。

(2) 4 日,从银行存款中提取现金 3 000 元,以备零用。

(3) 7 日,以银行存款购入洗衣设备,支付价款 68 000 元。

(4) 10 日,从银行借入短期借款 80 000 元,款项存入银行。

(5) 12 日,管理人员张某出差预借差旅费 2 000 元,以银行存款支付。

(6) 15 日,开出支票 4 200 元偿还前欠购料款。

(7) 18 日,通过银行转账支付上月应付职工薪酬 16 000 元。

(8) 22 日,以银行存款支付办公费 1 600 元。

(9) 26 日,张某出差回来,报销差旅费 1 700 元,余款 300 元退回到公司银行账户。

(10) 31 日,结算本月应付职工薪酬 16 000 元,其中,管理人员工资 6 000 元,销售人员工资 10 000 元。

(11) 31 日,取得洗衣收入 94 200 元存入银行(为简便起见,对本月各项收入合并举例)。

(12) 31 日,结转洗衣业务领用 A 洗涤材料的成本 25 000 元。

【解析】首先,根据上述经济业务分析并编制会计分录如下:

(1) 此项经济业务的发生,使资产方原材料和负债方应付账款同时增加 15 000 元,涉及"原材料"和"应付账款"两个对应账户,前者属于资产类账户,后者属于负债类账户。根据借贷记账法的账户结构(以下简称账户结构),应编制如下会计分录:

借:原材料　　　　　　　　　　　　　　　　　　　　　　　　15 000
　　贷:应付账款　　　　　　　　　　　　　　　　　　　　　　　15 000

(2) 此项经济业务的发生,使资产方的库存现金和银行存款一增一减,库存现金增加 3 000 元,银行存款减少 3 000 元,应记入"库存现金"和"银行存款"两个对应账户。根据账户结构,应编制如下会计分录:

借:库存现金　　　　　　　　　　　　　　　　　　　　　　　　3 000
　　贷:银行存款　　　　　　　　　　　　　　　　　　　　　　　3 000

"库存现金"[①]账户反映企业的库存现金,借方登记增加数,贷方登记减少数,期末借方余额反映企业持有的库存现金。"银行存款"账户反映企业存入银行或其他金融机构的各种款项,借方登记增加数,贷方登记减少数,期末借方余额反映企业存在银行或其他金融机构的各种款项。

库存现金、银行存款和其他货币资金均是企业在生产过程中处于货币形态的资金,统称为货币资金。库存现金是指存放在企业财会部门由出纳人员专门经管的现金。银行存款是指企业存入银行或其他金融机构的款项。其他货币资金是指企业的外埠存款、银行本票存款、银行汇票存款、信用卡存款、信用证保证金存款、存出投资款等具有专门用途的货币资金。

企业的现金开支范围必须遵守国务院颁发的《现金管理暂行条例》的规定,除职工薪酬以及对其他个人的奖金和劳务报酬支出、向个人收购农副产品和其他物资的价款、出差人员必须随身携带的差旅费、结算起点(目前规定 1 000 元)以下的零星支出等可用现金支付外,其余必须通过银行办理转账结算,以加强现金管理,防止现金的被盗窃或挪用或侵占,缩小现金流通范围,接受开户银行的监督。企业应严格遵守开户银行所核定的库存现金限额,收入的现金一般应于当日送存银行,当日送存确有困难的,可于次日上午送交银行,以保证现金的安全。支付现金,可从本单位的库存现金中支付或从开户银行提取,不得从本单位的现金收入中直接支付(即坐支)。

企业在银行开户必须遵守《银行账户管理办法》,按规定每个独立核算的企业都应在当地银行开立存款户,以办理存款、取款和转账结算。企事业单位的存款账户分为四类:基本

---

① 本例中先介绍"库存现金""银行存款""其他应收款""其他应付款"账户,其他账户的性质和结构将在后面的章节中陆续介绍。

存款账户、一般存款账户、临时存款账户和专用存款账户。其中,基本存款账户主要用于办理日常的转账结算和现金收付。

(3)此项经济业务的发生,与业务(2)的经济业务类型相同,使资产方固定资产和银行存款一增一减,应记入"固定资产"和"银行存款"两个对应账户。根据账户结构,应编制如下会计分录:

  借:固定资产   68 000
    贷:银行存款   68 000

(4)此项经济业务的发生,使资产方银行存款和和负债方短期借款同时增加80 000元,应记入"银行存款"和"短期借款"两个对应账户。根据账户结构,应编制如下会计分录:

  借:银行存款   80 000
    贷:短期借款   80 000

(5)此项经济业务的发生,使资产方其他应收款和银行存款一增一减,其他应收款增加2 000元,银行存款减少2 000元。应编制如下会计分录:

  借:其他应收款   2 000
    贷:银行存款   2 000

"其他应收款"账户属于资产类账户,反映企业除应收票据、应收账款、预付账款、应收利息、应收股利等以外的其他各种应收及暂付款项,借方登记发生数,贷方登记收回或转销数,期末借方余额反映企业尚未收回的其他应收款项。该账户与"其他应付款"账户相对应。"其他应付款"账户属于负债类账户,反映企业除应付票据、应付账款、预收账款、应付职工薪酬、应交税费、应付利息、应付股利等以外的其他各项应付、暂收的款项。其贷方登记企业发生的其他各种应付、暂收款项,借方登记支付的其他各种应付、暂收款项,期末贷方余额反映企业应付未付的其他应付款。该账户可按其他应付款的项目和对方单位(或个人)进行明细核算。

(6)此项经济业务的发生,使资产方银行存款和负债方应付账款同时减少4 200元,应记入"银行存款"和"应付账款"两个对应账户。根据账户结构,应编制如下会计分录:

  借:应付账款   4 200
    贷:银行存款   4 200

(7)此项经济业务的发生,使资产方银行存款和负债方应付职工薪酬同时减少16 000元,应记入资产类"银行存款"和负债类"应付职工薪酬"两个对应账户。根据账户结构,应编制如下会计分录:

  借:应付职工薪酬   16 000
    贷:银行存款   16 000

(8)此项经济业务发生,使管理费用(假定本题的办公费属于管理部门发生的)增加1 600元,同时银行存款减少1 600元,应记入"管理费用"和"银行存款"两个对应账户。根据账户结构,应编制如下会计分录:

  借:管理费用   1 600

贷:银行存款　　　　　　　　　　　　　　　　　　　　　　　　　1 600

(9)职工出差回来报销差旅费,会计人员应冲销原来借支时记入"其他应收款"账户的金额,报销数额与借支数额不一致的应多退少补,管理人员的差旅费应计入管理费用。此项经济业务的发生,使管理费用增加 1 700 元,银行存款增加 300 元,其他应收款减少 2 000 元,应记入"管理费用""银行存款""其他应收款"三个对应账户。根据账户结构,应编制如下复合会计分录:

借:管理费用　　　　　　　　　　　　　　　　　　　　　　　　1 700
　　银行存款　　　　　　　　　　　　　　　　　　　　　　　　　300
　贷:其他应收款　　　　　　　　　　　　　　　　　　　　　　　2 000

(10)管理人员的工资和销售人员的工资应分别计入管理费用和销售费用。此项经济业务的发生,使管理费用和销售费用分别增加 6 000 元和 10 000 元,同时当月应付给职工的薪酬款项增加 16 000 元,应记入"管理费用""销售费用""应付职工薪酬"三个账户。根据账户结构,应编制如下复合会计分录:

借:管理费用　　　　　　　　　　　　　　　　　　　　　　　　6 000
　　销售费用　　　　　　　　　　　　　　　　　　　　　　　　10 000
　贷:应付职工薪酬　　　　　　　　　　　　　　　　　　　　　16 000

(11)此项经济业务的发生,使主营业务收入和银行存款同时增加 94 200 元,应记入"银行存款"和"主营业务收入"两个对应账户。根据账户结构,应编制如下会计分录:

借:银行存款　　　　　　　　　　　　　　　　　　　　　　　94 200
　贷:主营业务收入　　　　　　　　　　　　　　　　　　　　94 200

(12)洗涤材料一经耗用,其成本就转化为主营业务成本。此项经济业务的发生,使资产方原材料减少 25 000 元,主营业务成本增加 25 000 元,应记入资产类"原材料"和损益类中的"主营业务成本"两个对应账户。根据账户结构,应编制如下会计分录:

借:主营业务成本　　　　　　　　　　　　　　　　　　　　　25 000
　贷:原材料　　　　　　　　　　　　　　　　　　　　　　　　25 000

需要说明的是,上述对借贷记账法实际运用的举例,目的是为了使读者进一步掌握借贷记账法,至于经济业务本身的含义,例如职工薪酬费用的分配、主营业务成本的结转等内容,读者可在学习后续有关章节时理解掌握。

其次,会计分录编制后,据以登记各有关的账户并在会计期末结出各账户的本期发生额和期末余额。开账、登账和结账的一般程序是:

第一步,画出"T"型账户并写明账户名称及借贷方向(实际工作中,是在账页中写明账户名称)。

第二步,登记各有关账户的期初余额,资产类账户的余额登在借方,权益类账户的余额登在贷方。

第三步,按会计分录上各账户的借贷方向及金额,将发生额分别记入各有关账户,并注明经济业务的编号,以便检查。

第四步,本期全部经济业务登记完毕之后,对各账户进行结账,通常在"T"型账户最后一笔经济业务下面画一条横线,在横线下面分别计算并列示本期的借方发生额和贷方发生额;在本期发生额下面再画一条横线,计算出期末余额,并根据余额的方向列在借方或贷方。

下面根据大华洗染公司20×2年3月总分类账户的月初余额和当月发生的上述12笔经济业务的会计分录,开设账户、登记账户并进行期末结账(为简便起见,对各账户合并编号如图2-9所示)。

借方		库存现金	贷方	
期初余额	8 000			
(2)	3 000			
本期发生额	3 000		本期发生额	0
期末余额	11 000			

借方		银行存款	贷方	
期初余额	71 200			
			(2)	3 000
			(3)	68 000
(4)	80 000			
			(5)	2 000
			(6)	4 200
			(7)	16 000
			(8)	1 600
(9)	300			
(11)	94 200			
本期发生额	174 500		本期发生额	94 800
期末余额	150 900			

借方		原材料	贷方	
期初余额	120 000			
(1)	15 000			
			(12)	25 000
本期发生额	15 000		本期发生额	25 000
期末余额	110 000			

借方		其他应收款	贷方	
期初余额	25 000			
(5)	2 000			
			(9)	2 000
本期发生额	2 000		本期发生额	2 000
期末余额	25 000			

借方		固定资产	贷方	
期初余额	300 000			
（3）	68 000			
本期发生额	68 000		本期发生额	0
期末余额	368 000			

借方		短期借款	贷方	
			期初余额	50 000
			（4）	80 000
本期发生额	0		本期发生额	80 000
			期末余额	130 000

借方		应付账款	贷方	
			期初余额	74 200
			（1）	15 000
（6）	4 200			
本期发生额	4 200		本期发生额	15 000
			期末余额	85 000

借方		实收资本	贷方	
			期初余额	400 000
本期发生额	0		本期发生额	0
			期末余额	400 000

借方		应付职工薪酬	贷方	
（7）	16 000			
			（10）	16 000
本期发生额	16 000		本期发生额	16 000
			期末余额	0

借方		主营业务收入	贷方	
			（11）	94 200
本期发生额	0		本期发生额	94 200
			期末余额	94 200

借方		主营业务成本	贷方	
（12）	25 000			
本期发生额	25 000		本期发生额	0
期末余额	25 000			

借方		销售费用	贷方	
（10）	10 000			
本期发生额	10 000		本期发生额	0
期末余额	10 000			

借方		管理费用	贷方	
（8）	1 600			
（9）	1 700			
（10）	6 000			
本期发生额	9 300		本期发生额	0
期末余额	9 300			

图 2-9 各账户记录

最后，根据大华洗染公司的上述账户记录，编制"发生额及余额试算平衡表"如表 2-7 所示。

表 2-7 账户发生额及余额试算平衡表 单位：元

账户名称	期初余额		本期发生额		期末余额	
	借方	贷方	借方	贷方	借方	贷方
库存现金	8 000		3 000		11 000	
银行存款	71 200		174 500	94 800	150 900	
原材料	120 000		15 000	25 000	110 000	
其他应收款	25 000		2 000	2 000	25 000	
固定资产	300 000		68 000	0	368 000	
短期借款		50 000	0	80 000		130 000
应付账款		74 200	4 200	15 000		85 000
应付职工薪酬			16 000	16 000		0
实收资本		400 000	0	0		400 000
主营业务收入			0	94 200		94 200
主营业务成本			25 000	0	25 000	
销售费用			10 000	0	10 000	
管理费用			9 300	0	9 300	
合计	524 200	524 200	327 000	327 000	709 200	709 200

银行转账结算方式

银行转账结算方式是指通过银行划转款项进行收付的一种结算方式。根据《银行结算办法》,国内转账结算方式主要有银行汇票、银行本票、商业汇票、支票、信用卡、汇兑、委托收款、托收承付等。每种转账结算方式各有特点,企业可根据业务的实际情况和有关规定选择使用。

(1) 银行汇票结算方式。银行汇票是指付款人将款项交存出票银行,由出票银行签发的,由其在见票时按照实际结算金额无条件支付给收款人或持票人的票据。采用银行汇票进行结算的方式称为银行汇票结算方式。单位和个人各种款项的结算均可采用银行汇票结算方式。银行汇票可以用于转账,填明"现金"字样的银行汇票也可以用于支取现金。银行汇票的提示付款期限为自出票日起1个月。

(2) 银行本票结算方式。银行本票是指申请人将款项交存银行,由银行签发的,承诺自己在见票时无条件支付确定的金额给收款人或者持票人的票据。采用银行本票结算的方式称为银行本票结算方式。单位和个人在同一票据交换区域需要支付的各种款项,均可以使用银行本票。银行本票可以用于转账,注明"现金"字样的银行本票可以用于支取现金。银行本票分定额本票和不定额本票,定额本票的面值分别为1 000元、5 000元、10 000元和50 000元。银行本票的提示付款期限为自出票日起最长不得超过2个月。

(3) 商业汇票结算方式。商业汇票是指由出票人签发,经承兑人承兑,委托付款人在指定日期无条件支付确定的金额给收款人或者持票人的票据。采用商业汇票结算的方式称为商业汇票结算方式。它适用于在银行开立存款账户的法人以及其他组织之间具有真实交易关系或债权债务关系的款项结算。商业汇票的付款期限由交易双方商定,但最长不得超过6个月,其提示付款期限自汇票到期日起10日内。按承兑人不同,商业汇票分为商业承兑汇票和银行承兑汇票两种,前者是指由银行以外的付款人承兑的汇票,后者是指由银行承兑的票据。符合条件的商业汇票的持票人可持未到期的商业汇票连同贴现凭证向银行申请贴现。

(4) 支票结算方式。支票是指出票人签发的,委托办理支票存款业务的银行在见票时无条件支付确定的金额给收款人或者持票人的票据。采用支票结算的方式称为支票结算方式。单位和个人在同一票据交换区域的各种款项结算,均可以使用支票。支票分为现金支票、转账支票和普通支票,支票上印有"现金"字样的为现金支票,现金支票只能用于支取现金;支票上印有"转账"字样的为转账支票,转账支票只能用于转账;支票上未印有"现金"或者"转账"字样的为普通支票,普通支票可以用于支取现金,也可以用于转账,但在普通支票左上角划两条平行线的,为划线支票,划线支票只能用于转账,不得支取现金。支票的提示付款期限为自出票日起10日。企业在签发支票时,必须保证存款户有足够的余额,禁止签发"空头支票"和"远期支票"。

(5) 信用卡结算方式。信用卡是指商业银行向个人和单位发行的,凭以向特约单位购物、消费和向银行存取现金,且具有消费信用的特制载体卡片。信用卡结算方式是指持卡人凭借信用卡在特约单位购物、消费进行款项支付的结算方式。信用卡按使用对象分为单位卡和个人卡。凡在中国境内金融机构开立基本存款账户的单位可申领单位卡。单位卡账户的资金一律从基本存款账户转账存入，不得交存现金和销货收入款项。单位卡不得用于10万元以上的商品交易、劳务供应款项的结算，不得支取现金。

(6) 汇兑结算方式。汇兑结算方式是指汇款人委托银行将其款项信汇或电汇给收款人的结算方式。该结算方式适用于异地之间的各种款项结算。

(7) 委托收款结算方式。委托收款结算方式是指收款人委托银行向付款人收取款项的结算方式。它适用于单位和个人的同城及异地的各种款项结算，不受金额起点限制。

(8) 托收承付结算方式。托收承付结算方式是指收款方根据购销合同发货后，委托银行向异地的付款方收取款项，付款方根据合同核对单证或验货后，向银行承付货款(承付货款的方式分为验单承付与验货承付两种)的结算方式。办理托收承付结算的款项必须是商品交易以及因商品交易产生的劳务供应款项。

下面以托收承付结算方式为例，图示银行转账结算方式的一般业务程序(如图2-10所示)。

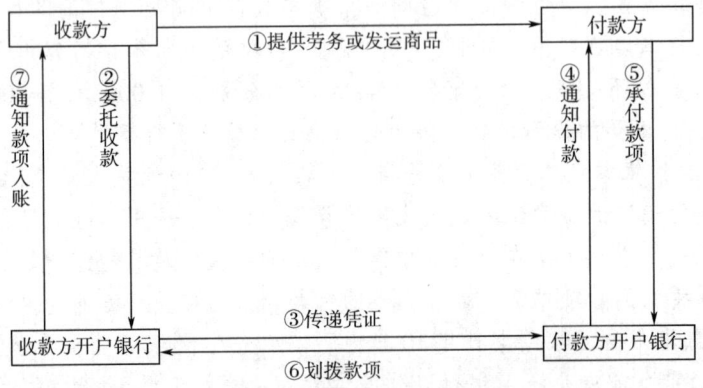

图 2-10 托收承付结算方式的一般业务程序

第三节 会计记录——会计凭证和会计账簿

一、会计凭证

会计凭证以及后文将要阐述的会计账簿和会计报告，均属于会计核算的信息载体。

(一) 会计凭证的概念、作用和种类

1. 会计凭证的概念。会计凭证简称凭证，是记录经济业务、明确经济责任的书面证明，也是登记账簿的依据。正确地填制和审核会计凭证，是会计核算的方法之一，也是企业会计核算工作的基础环节，它对于提供真实可靠的会计数据，提高会计信息的质量具有十分重要

的意义。

2. 会计凭证的作用。会计凭证的作用主要体现在记录经济业务、提供记账依据、明确经济责任和监督经济活动四个方面。

(1)记录经济业务。任何一项经济业务的发生,都应按规定的程序和要求,由经办人员及时取得或自制会计凭证,真实地记录所发生经济业务的日期、内容、数量、金额等。填制会计凭证是采集、整理会计信息的重要手段。通过会计凭证的传递,可以将日常发生的大量的经济业务予以全面的记录,为了解和审核各项经济业务的发生和完成情况提供依据。

(2)提供记账依据。为了使会计记录有凭有据,保证会计信息的真实正确,防止虚假,登记账簿必须以审核无误的会计凭证为依据,因此,没有会计凭证也就无法记账。

(3)明确经济责任。会计凭证上列有相关人员的签名、盖章,通过签名盖章,能够明确经办人员的责任,促使其对各项经济业务严格按法规办事,一旦发生问题,也便于事后检查。明确相关人员对会计凭证真实性和正确性的责任,有利于强化和完善经营管理责任制。

(4)监督经济活动。所有会计凭证都必须经过有关人员的审核,只有经过审核无误的会计凭证,才能据以登记账簿以及收付款项和收发财产物资等。通过会计凭证的审核,可以监督和检查经济业务是否合法合规,是否符合预算管理的要求,有无违反财经纪律的现象,并可以及时地发现企业经营管理中存在的问题,充分履行会计的监督职能,促使企业健全规章制度,加强经营管理,提高经济效益。

3. 会计凭证的种类。会计凭证按其填制的程序和用途不同,可分为原始凭证和记账凭证两大类。下面分别介绍原始凭证和记账凭证的相关内容。

(二)原始凭证及其种类、填制和审核

1. 原始凭证的概念。原始凭证又称单据,是指在经济业务发生或完成时取得或填制的,用以记录和证明经济业务发生或完成情况,并作为明确经济责任和记账原始依据的一种会计凭证。它具有记录、证明、明确责任和作为登账原始依据等多方面的作用,是企业进行会计核算的重要原始资料。经审核无误的原始凭证是填制记账凭证的直接依据。

2. 原始凭证的基本内容。由于经济业务的多样性和经营管理的不同要求,原始凭证在其名称、格式和具体内容上不可能是统一的。但作为用以记录和证明经济业务发生或完成情况的书面证明,必须具备一些共同的内容即基本内容(亦称原始凭证要素)。其基本内容包括:①原始凭证的名称;②填制凭证的日期;③填制凭证单位名称或者填制人姓名;④经办人员的签名或者盖章;⑤接受原始凭证的单位名称;⑥经济业务的内容。

3. 原始凭证的种类。原始凭证的种类很多,依据不同的标准可有不同的分类。

(1)原始凭证按其取得的来源不同,可分为外来原始凭证和自制原始凭证。

外来原始凭证是指在经济业务发生或完成时,从其他单位或个人直接取得的原始凭证。例如,购货时从供货单位取得的"发货票""增值税专用发票"(如表2-8所示),职工出差取得的飞机票、火车票等。

自制原始凭证是指在经济业务发生或完成时,由本单位内部经办业务的部门或人员填制的原始凭证。例如,材料入库时由仓库保管人员填制的"收料单"(一般格式如表2-9所示)、领用材料时填制的"领料单"、职工出差借款填写的"借款单"等。

表 2-8 增值税专用发票

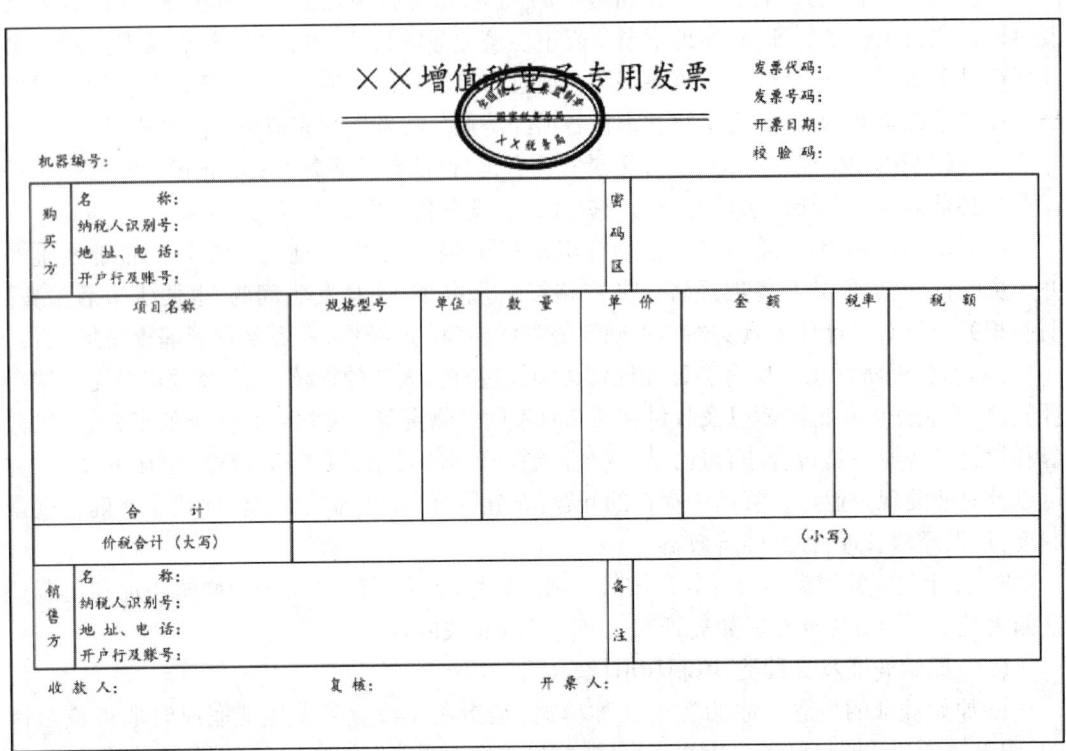

表 2-9 收料单

(2)原始凭证按其填制的手续和方法不同,可分为一次凭证、累计凭证和汇总凭证。

一次凭证是指对一项经济业务或若干项同类经济业务,在其发生或完成时一次填制完成的原始凭证。外来原始凭证和大部分自制原始凭证(如上述的"收料单"和"领料单")都是一次凭证。

累计凭证是指在一定时期内连续在一张凭证内记录同类经济业务的原始凭证。累计凭证只有在会计期末计算出累计数后才能作为记账的原始依据。例如,制造业为了减少填制领料单的数量,反映和控制材料消耗定额的遵守情况,监督用料部门按计划合理节约地使用材料,通常实行限额领料制度,领料时填制"限额领料单"(一般格式如表2-10所示)。限额领料单是一种多次使用的累计领发料凭证,在有效期(通常为一个月)内,只要不超过领料限额便可连续使用,适用于经常耗用并规定有领用限额的原材料领发。

表 2-10 限额领料单

领料部门:　　　　　　　　　　　　　　　　　　　　　　　　发料仓库:
用途:　　　　　　　　　　　　年　　月　　　　　　　　　　编号:

材料编号	材料名称、规格	计量单位	计划投产量	单位消耗定额	领用限额	实发															
						数量	单价								金额								
							十	万	千	百	十	元	角	分	千	百	十	万	千	百	十	元	角	分

日期	领用			退料			限额结余数量
	数量	领料人	发料人	数量	退料人	收料人	

供应部门负责人:　　　　　　　　领料部门负责人:　　　　　　　　仓库负责人:

汇总凭证是指为了简化核算手续,将一定时期内的若干张反映同类经济业务的原始凭证汇总整理编制的凭证。汇总凭证也称原始凭证汇总表,如"发料凭证汇总表"(一般格式如表2-11所示)、工资结算汇总表等。

表 2-11 发料凭证汇总表
年　　月

领用部门	甲材料	乙材料	丙材料	合计
一车间				
二车间				
行政管理部门				
合计				

会计主管:　　　　　　　　　　审核:　　　　　　　　　　制表:

4. 原始凭证的填制要求。每种原始凭证的具体填制方法和填制要求有所不同,但都应遵循以下基本要求:

(1) 真实完整。原始凭证填列的日期、经济业务内容和数字金额等必须真实可靠,与实际情况相符;原始凭证所要求填列的项目必须逐项填列齐全,不得遗漏。

(2) 填制及时。各种原始凭证必须在经济业务发生或完成时予以填制,不得延后填制,从而影响会计记录的及时性。

(3) 连续编号。各种原始凭证应连续编号,以备查核。如果原始凭证已预先印定编号,写坏作废时,应加盖"作废"戳记,全部保存,不得撕毁。

(4) 书写规范。原始凭证的填写要用蓝色或黑色墨水书写(套写可用圆珠笔),字迹要清晰;文字要简要,不得使用未经国务院公布的简化汉字;大小写金额必须相符;小写金额用阿拉伯数字逐个写清楚,不得连笔写,在金额前要填写人民币符号"¥",人民币符号"¥"与阿拉伯数字不得留有空白,金额数字一律填写到角、分,无角、分的,角位和分位写"00",有角无分的,分位写"0";大写金额前未印"人民币"字样的,应加写"人民币"三个字,"人民币"字样与大写金额之间不得留有空白,大写金额到"元"或"角"为止的,后面要写"整"或"正"字。

(5) 手续完备。自制原始凭证必须有经办单位领导人或者其指定的人员签名或者盖章,对外开出的原始凭证必须加盖本企业公章,外来原始凭证必须盖有填制单位的公章,从个人取得的原始凭证必须有填制人员的签名或盖章。

(6) 更改正确。原始凭证所记载的内容不得涂改、刮擦、挖补,填写错误时应采用正确方法更正:文字有错的,应由出具单位重开或者更正,更正处加盖出具单位的印章;金额有错的,必须由出具单位重开,不得在原始凭证上更正。

5. 原始凭证的审核。原始凭证所记录的信息只是会计信息的原始数据,必须经过审核确认后才能进入会计信息系统进行加工处理。原始凭证除由经办业务的有关部门人员审核外,在记账前财会部门还应予以审核。原始凭证的审核内容主要包括以下四个方面:

(1) 合法性的审核。审核原始凭证所记录的经济业务是否符合国家有关法律、法规的规定,有无违反财经纪律的现象。

(2) 真实性的审核。审核原始凭证是否反映了经济业务的实际情况,例如,审核经济业务的双方当事单位和当事人、发生时间和地点、内容、数量以及金额等是否真实。

(3) 合规性的审核。审核原始凭证的填制是否符合规定的要求。例如,原始凭证填列的项目是否完整、手续是否齐全、有关人员是否签章等。

(4) 正确性的审核。审核原始凭证所记录的数量、单价、金额是否正确无误。

企业的会计人员应认真审核原始凭证的真实、合法、合规和正确性,对于不真实、不合法的原始凭证有权不予接受,并向单位负责人报告;对记载不正确、不完整的原始凭证予以退回,并要求按照有关规定更正、补充。

(三)记账凭证及其种类、填制和审核

1. 记账凭证的概念。记账凭证是指由会计人员根据审核无误的原始凭证或原始凭证汇总表,按照经济业务的内容加以归类,并据以确定会计分录后所填制的作为登记账簿直接依据的会计凭证。如前所述,记账凭证是会计分录的载体。其作用与原始凭证不同,它不是用作经济业务已经发生或完成的证明,而是为了便于登记账簿和减少记账差错。

> **请思考**:比较记账凭证与原始凭证的概念,两种凭证有何异同?

2. 记账凭证的基本内容。为满足会计核算的基本需求,所有的记账凭证都必须具备下列基本内容即记账凭证要素:①记账凭证的名称;②填制记账凭证的日期;③记账凭证的编号;④经济业务的内容摘要;⑤会计科目的名称(包括总分类科目和明细科目)、记账方向和金额;⑥所附原始凭证的张数;⑦有关人员的签章,包括填制凭证人员、稽核人员、记账人员、会计机构负责人、会计主管人员签名或者盖章,收款和付款记账凭证还应当由出纳人员签名或者盖章。

3. 记账凭证的种类。记账凭证可按不同的标准进行分类。

(1)记账凭证按其反映的经济业务内容不同,可分为专用记账凭证和通用记账凭证。专用记账凭证是专门用于记录某类经济业务的记账凭证,按其所反映的经济业务是否与货币资金收付有关,分为收款凭证、付款凭证和转账凭证。

收款凭证是指用于记录库存现金和银行存款收入业务的记账凭证。它是根据有关库存现金和银行存款收入业务的原始凭证填制的,又可分为现金收款凭证和银行存款收款凭证。收款凭证左上角列示借方科目,并按收款的性质填写"库存现金"或"银行存款",表内列示贷方科目。其一般格式和填制方法如表2-12所示。

付款凭证是指用于记录库存现金和银行存款付出业务的记账凭证。它是根据有关库存现金及银行存款付出业务的原始凭证填制的,又可分为现金付款凭证和银行存款付款凭证。付款凭证左上角列示贷方科目,并按付款的性质填写"库存现金"或"银行存款",表内则列示借方科目。其一般格式和填制方法如表2-13所示。

需要注意的是,在填制专用记账凭证时,由于涉及库存现金和银行存款之间相互划转的业务,即从银行提取库存现金或将库存现金存入银行的业务,均既可填制收款凭证又可填制付款凭证,因此,为了避免重复记账,只填制收款凭证和付款凭证的其中一种,一般只填制付款凭证。

转账凭证是指用于记录不涉及库存现金和银行存款收付业务的记账凭证。它是根据库存现金和银行存款收付业务以外的原始凭证填制的记账凭证。转账凭证不设表头科目,某项经济业务所涉及的全部会计科目及其发生额按照先借后贷的顺序在凭证内列示。其一般格式和填制方法如表2-14所示。

通用记账凭证是指适合于所有经济业务的记账凭证。采用通用记账凭证的企业,各种经济业务均采用统一格式的通用记账凭证。通用记账凭证的基本格式与专用记账凭证的转

账凭证格式相同,如表 2-15 所示。

(2)记账凭证按其填制的方式不同,可分为复式记账凭证和单式记账凭证。

复式记账凭证是指将一项经济业务所涉及的应借、应贷的会计科目及其金额,均集中填列在一张凭证中的记账凭证。在经济业务涉及的会计科目较多,一张记账凭证填列不下的情况下,填列在两张或两张以上的记账凭证中。复式记账凭证可以集中反映一项经济业务的账户对应关系,便于了解经济业务的全貌,减少记账凭证的数量,但不便于汇总计算每一账户的发生额以及会计人员分工记账。单式记账凭证是指将每张记账凭证只填列一项经济业务所涉及的一个会计科目及其金额的记账凭证。单式记账凭证的优缺点与复式记账凭证相反。

企业通常采用复式记账凭证填制方式,前面所述的记账凭证均属于复式记账凭证。企业也可根据实际的业务和管理要求等情况,采用单式记账凭证填制方式。

请思考:会计凭证是如何分类的?

4. 记账凭证的填制要求。为了保证记账凭证填制的规范性和正确性,会计人员在填制记账凭证时应遵守以下要求:

(1)必须依据审核无误的原始凭证或原始凭证汇总表填制。

(2)不得将不同类型的经济业务合并填列在一张记账凭证内,以避免账户对应关系不清。

(3)记账凭证中的收款凭证和付款凭证的日期应当是货币资金收付的日期,转账凭证的日期可填写收到原始凭证的日期或填制转账凭证的日期。

(4)记账凭证应当连续编号(通常按月编号),以备查核。如果使用通用记账凭证,可以按经济业务发生的先后顺序编号,即采用顺序编号法。如果使用收付转专用记账凭证,可以采用分类字号编号法,即将不同类型的记账凭证用"×字"予以区别,再将同类的记账凭证按照经济业务发生的先后顺序予以连续编号,如"收字第×号""付字第×号""转字第×号"。一笔经济业务需要填制多张记账凭证时,可以采用分数编号法。例如,第 8 笔经济业务的会计分录需要填制两张记账凭证,这两张记账凭证的编号可分别为 $8\frac{1}{2}$ 和 $8\frac{2}{2}$。全月最后一张记账凭证的编号旁,注明"全"字,以避免凭证散失。

(5)"摘要"栏应简要说明经济业务的内容。

(6)会计分录的编制要正确,科目名称要规范,明细科目应填列齐全,借(贷)方金额栏中的数字应与所附的原始凭证或原始凭证汇总表中的金额相等。有关金额的书写要求与原始凭证相同。

(7)除结账和更正错账的记账凭证可以不附原始凭证外,其余每张记账凭证后必须附有原始凭证,并注明所附的原始凭证的张数,以便日后复核和查阅。

(8)记账凭证填制时如果发生错误,应当重新填制。

(9) 填制完会计分录后,记账凭证如果还有空行,应自最后一笔金额下面的空行处至合计数上的空行处画斜线注销,以防虚加内容。

(10) 记账凭证填制完毕,有关人员应签名盖章,以明确责任。

(11) 实行会计电算化的企业,机制记账凭证的填制要求与手工记账凭证相同。

5. 记账凭证的填制方法。下面以例 2-2 中大华洗染公司 20×2 年 3 月发生的部分经济业务为例,列示收款凭证、付款凭证、转账凭证以及通用记账凭证的填列方法。

(1) 收款凭证的填制方法。

【例 2-3】大华洗染公司 10 日从银行借入短期借款 80 000 元,款项存入银行。

此笔经济业务的发生,银行存款增加了 80 000 元,在采用专用记账凭证形式下,应将其填入银行存款收款凭证中。其填列如表 2-12 所示。

表 2-12 收款凭证

借方科目:银行存款　　　　　20×2 年 3 月 10 日　　　　　银收字第 1 号

摘要	贷方总账科目	明细科目	√	金额									
				千	百	十	万	千	百	十	元	角	分
从银行借入款项	短期借款	××银行					8	0	0	0	0	0	0
合计							8	0	0	0	0	0	0

附单据 × 张

财务主管　　　　　记账　　　　　出纳　　　　　审核　　　　　制单

(2) 付款凭证的填制方法。

【例 2-4】7 日,以银行存款购入洗衣设备,支付价款 68 000 元。

此笔经济业务的发生,银行存款减少了 68 000 元,在采用专用记账凭证形式下,应将其填入银行存款付款凭证中。其填列如表 2-13 所示。

(3) 转账凭证的填制方法。

【例 2-5】2 日,从 A 工厂购入洗涤用材料 15 000 元,货款未付。

此笔经济业务没有涉及库存现金和银行存款的收付,因此,在采用专用记账凭证形式下,应将其填入转账凭证中。其填列如表 2-14 所示。

表 2-13 付款凭证

贷方科目：银行存款　　　　　　　20×2 年 3 月 7 日　　　　　　　银付字第 2 号

摘要	借方总账科目	明细科目	√	金额								
				千	百	十	万	千	百	十	元	角	分
购买洗衣设备	固定资产	洗衣设备					6	8	0	0	0	0	0
合计							6	8	0	0	0	0	0

财务主管　　　　　记账　　　　　出纳　　　　　审核　　　　　制单

附单据 × 张

表 2-14 转账凭证

20×2 年 3 月 2 日　　　　　　　转字第 1 号

摘要	总账科目	明细科目	√	借方金额									√	贷方金额								
				千	百	十	万	千	百	十	元	角	分		千	百	十	万	千	百	十	元	角	分
购入洗涤材料	原材料	洗涤材料					1	5	0	0	0	0	0											
	应付账款	A 工厂																1	5	0	0	0	0	0
合计							1	5	0	0	0	0	0					1	5	0	0	0	0	0

财务主管　　　　　记账　　　　　出纳　　　　　审核　　　　　制单

附单据 × 张

(4) 通用记账凭证的填制方法。

【例 2-6】31 日，结算本月应付职工薪酬 16 000 元。其中，管理人员工资 6 000 元，销售人员工资 10 000 元。

如果大华洗染公司采用通用记账凭证形式，则所有经济业务均填入同一种格式的通用记账凭证中。将本例的经济业务填入通用记账凭证中，如表 2-15 所示。

表 2-15　记账凭证

20×2 年 3 月 31 日　　　　　　　　　　　　　　　　第 10 号

摘要	总账科目	明细科目	√	借方金额										√	贷方金额									
				千	百	十	万	千	百	十	元	角	分		千	百	十	万	千	百	十	元	角	分
分配工资费用	管理费用	职工薪酬						6	0	0	0	0	0											
	销售费用	职工薪酬						1	0	0	0	0	0											
	应付职工薪酬	工资															1	6	0	0	0	0	0	0
合计							1	6	0	0	0	0	0				1	6	0	0	0	0	0	0

财务主管　　　　　　记账　　　　　　出纳　　　　　　审核　　　　　　制单

6. 记账凭证的审核。在登记账簿之前，会计人员对于记账凭证应严格审核。除应对原始凭证进行必要的复核外，对于记账凭证，还应审核其填制是否正确和符合规定的要求，审核的内容主要包括：

(1) 记录的内容是否真实。审核记账凭证是否附有原始凭证，记账凭证所记录的内容是否真实、与所附原始凭证的内容是否相符。

(2) 编制的会计分录是否正确。审核记账凭证中应借应贷账户的名称、金额及其对应关系是否正确无误。

(3) 项目填列是否齐全。审核记账凭证中有关项目的填列是否规范和齐全。

(4) 手续是否完备。审核有关人员是否签字盖章等。

只有经过审核无误的记账凭证，才能作为登记账簿的依据。

(四) 会计凭证的传递和保管

1. 会计凭证的传递。会计凭证的传递是指会计凭证从取得或填制时起至归档时止，在单位内部有关部门和人员之间的传递程序和传递时间。各单位会计凭证的传递程序应当科学、合理。科学、合理地组织会计凭证传递，对于提高会计核算效率、强化经营管理责任制、正确组织会计核算，具有重要的意义。所以，企业应为每种会计凭证规定传递程序和在各环节的停留时间。

2. 会计凭证的保管。会计凭证的保管是指会计凭证记账后的整理、装订、归档和存查工作。会计凭证与后文将要介绍的会计账簿和会计报告是企业重要的会计档案，是记录和反映单位经济业务的重要史料和证据。

根据《会计档案管理办法》，会计档案的保管期限（指最低保管期限）分为永久、定期两类，定期保管期限一般分为10年和30年，其中会计凭证的最低保管期限为30年。会计档案的保管期限，从会计年度终了后的第一天算起。

企业应按照《会计档案管理办法》的规定，加强会计档案的管理，遵守以下规定：单位的会计机构或会计人员所属机构（统称单位会计管理机构）应按照归档范围和归档要求，负责定期将应当归档的会计资料整理立卷，编制会计档案保管清册；各单位当年形成的会计档案，在会计年度终了后，可由单位会计管理机构临时保管一年（临时保管会计档案最长不超过三年），出纳人员不得兼管会计档案，期满之后，编制会计档案移交清册，移交单位档案管理机构保管；电子会计档案移交时应当将电子会计档案及其元数据一并移交，单位档案管理机构接收电子会计档案时，应当对电子会计档案的准确性、完整性、可用性、安全性进行检测，符合要求的才能接收；各单位保存的会计档案一般不得借出，确因工作需要且根据国家有关规定必须借出的，应当严格按照规定办理相关手续；会计档案的最低保管期限除会计凭证为30年外，会计账簿和会计档案移交清册均为30年，月度、季度和半年度财务报告保管期限为10年，年度财务报告永久保存。

保管期满经批准销毁会计档案时，单位档案管理机构负责组织会计档案销毁工作，并与会计管理机构共同派员监销。监销人在会计档案销毁前，应当按照会计档案销毁清册所列内容进行清点核对；在会计档案销毁后，应当在会计档案销毁清册上签名或盖章。电子会计档案的销毁还应当符合国家有关电子档案的规定，并由单位档案管理机构、会计管理机构和信息系统管理机构共同派员监销。需要注意，保管期满但未结清的债权债务会计凭证和涉及其他未了事项的会计凭证不得销毁，纸质会计档案应当单独抽出立卷，电子会计档案单独转存，保管到未了事项完结时为止。

二、会计账簿

(一) 账簿的意义

会计账簿（以下简称"账簿"）是指依据审核无误的会计凭证，全面、连续、系统地登记各项经济业务的簿籍。簿籍是账簿的外表形式，在账簿中按规定的会计科目开设的账户及其记录规则是账簿的内容，通常所说的记账就是指在账簿中按账户进行登记。没有账簿，账户不能独立存在，账簿和账户的关系是形式与内容的关系。

经济业务发生后，虽然通过填制和审核会计凭证，可以反映和监督每项经济业务的发生和完成情况，但由于每张凭证一般只能反映单项经济业务，经济业务越多，会计凭证的数量也就越多，数量多且只能提供分散会计核算资料的会计凭证不能全面、连续、系统地反映企业在一定时期内某类经济业务以及全部经济业务情况，难以及时地获取经营管理所需要的会计信息，所以，为了及时、完整、系统地为企业的经营管理提供会计核算资料，需要将分散在会计凭证上的大量核算资料进行集中和归类整理，这就需要设置和登记会计账簿。

设置和登记账簿是会计核算的专门方法之一，在会计核算中具有重要意义：它是连接会计凭证与财务报表的中间环节；是记载、储存、分类、汇总、分析和检查会计信息的工具；是编制财务报表的主要依据。

> **请思考**:记账凭证与账簿记录的内容是否一致？为什么在填制记账凭证后还要设置和登记账簿？

(二)账簿的种类

企业的账簿可按用途、外表形式和账页格式等不同的标准进行分类。

1. 账簿按用途不同,可分为序时账簿、分类账簿和辅助账簿。

(1)序时账簿。序时账簿(又称日记账)是指按照经济业务发生的时间先后顺序,逐日逐笔登记经济业务的会计账簿。日记账按照记录的内容不同,可分为普通日记账和特种日记账两种。

普通日记账是用来登记全部经济业务发生情况的日记账,通常将每日发生的经济业务,按业务发生的先后顺序,编制会计分录记入账簿中,亦称分录簿。

特种日记账是用来记录某一类(通常为比较重要的经济业务类别)经济业务发生情况的日记账。目前,我国企事业单位设置的特种日记账主要有现金日记账(格式参见表2-16)和银行存款日记账(格式参见表2-17)。按规定,为了加强货币资金的日常管理,每个企业都必须设置"现金日记账"和"银行存款日记账"。

(2)分类账簿。分类账簿(简称分类账)是指对发生的经济业务按照会计账户进行分类登记的账簿。分类账簿按其反映内容的详细程度不同,分为总分类账簿和明细分类账簿。总分类账簿简称总账,是指根据总分类科目开设的,提供经济业务总括资料的分类账簿;明细分类账簿简称明细账,是指根据总分类科目所属明细科目开设的,提供经济业务较为详细资料的分类账簿。

(3)辅助账簿。辅助账簿(又称备查账簿)是指对在日记账和分类账中未记录或记录不全的经济业务进行补充登记的账簿。例如,租入固定资产备查簿等。与序时账和分类账不同,辅助账簿不是企业必须设置的账簿,它只是对某些经济业务的内容提供必要的参考资料,企业可以根据自身的实际情况设置。

2. 账簿按其外表形式不同,可分为订本式账簿、活页式账簿和卡片式账簿。

(1)订本式账簿。订本式账簿(简称订本账)是指在启用前就把编有序号的若干账页固定装订成册的账簿。采用订本账的优点是可以避免账页散失,防止账页被抽换,比较安全。其缺点是要为每个账户预留若干空白账页,不能根据实际业务量的多少而相应增减,在预留账页不够的情况下,会影响账户记录的连续性。此外,同一账簿在同一时间内只能由一人登记,不便于会计人员分工记账。订本账一般适用于具有统驭性的重要账簿,如总分类账、现金日记账和银行存款日记账。

(2)活页式账簿。活页式账簿(简称活页账)是指在启用前和使用过程中不将账页装订成册,而将其放置在活页账夹里的账簿。采用活页账的优点是可以根据实际需要随时增减账页,便于同时分工记账。其缺点是如果管理不善,账页容易散失和被抽换。活页账簿在记录完毕或更换新账时(通常在一个会计年度结束时),应装订成册,并对各账页连续编号,予以妥善保管。活页账一般适用于明细分类账。

(3)卡片式账簿。卡片式账簿(简称卡片账)是指将一定数量的卡片式账页存放于专设的卡片箱中,并可以根据需要随时增添账页的账簿。卡片式账簿的优缺点与活页式账簿基本相同。卡片账在使用时应在卡片上连续编号,加盖有关人员的印章,置放在卡片箱内,由专人保管。卡片账主要适用于账页记录内容比较复杂、不经常变动的财产明细账,如固定资产明细账。

3. 账簿按其账页格式不同,可分为三栏式账簿、数量金额式账簿和多栏式账簿。

(1)三栏式账簿。三栏式账簿是指账页设有借方、贷方和余额三个栏目的账簿。按照账页中是否设置"对方科目"栏又分为设"对方科目"栏的三栏式账簿和不设"对方科目"栏的三栏式账簿。三栏式账簿适用性较广,如现金日记账(格式参见表2-16)、银行存款日记账(格式参见表2-17)、总分类账(格式参见表2-18)、债权债务明细账等。

(2)数量金额式账簿。数量金额式账簿是指在账页的"借方""贷方""余额"内,都分设数量、单价和金额三个小栏,以提供财产物资的数量和金额两种指标,其一般的账页格式参见表2-19。

(3)多栏式账簿。多栏式账簿是指在账页的"借方"和"贷方"两个栏目下按需要分设若干专栏的账簿。多栏式账簿通常适用于收入、成本、费用明细账,其一般格式参见表2-20。

(三)账簿的基本内容和登记规则

1. 账簿的基本内容。各种会计账簿记录的经济业务不同,格式可以多种多样,但一般都应具备以下基本内容:

(1)封面。启用会计账簿时,应当在账簿封面上写明账簿名称,如总分类账、现金日记账等。

(2)扉页。在账簿扉页上应当附启用表,内容包括:启用日期、账簿页数、记账人员和会计机构负责人、会计主管人员姓名,并加盖名章和单位公章。记账人员或者会计机构负责人、会计主管人员调动工作时,应当注明交接日期、接办人员或者监交人员姓名,并由交接双方人员签名或者盖章。

(3)账页。账页是会计账簿的主体,因反映经济业务的内容不同,存在着不同格式,但都应当包括下列基本要素:①账户名称(总分类科目、明细科目);②登记账簿的日期栏;③记账凭证的种类和号数栏;④摘要栏(所记录经济业务内容的简要说明);⑤金额栏(记录经济业务的增减变动额和余额);⑥账户的总页次和分户页次。

2. 账簿的登记规则。会计人员应严格遵守《会计基础工作规范》等有关规定,正确规范地进行账簿登记。登记账簿应遵守以下基本规则:

(1)必须以审核无误的会计凭证为依据逐日逐笔或定期汇总登记。各种账簿的具体登记时间和方法将在后面具体介绍。

(2)除下列情况可以用红色墨水记账外,其余一律用蓝黑墨水或碳素墨水钢笔书写,不得使用圆珠笔(银行的复写账簿除外)或者铅笔书写:①冲销错误记录;②在不设借贷等栏的多栏式账页中登记减少数;③在未印明余额方向的三栏式账户余额栏内登记负数余额;④其他按国家规定可以用红字登记的会计记录。

(3)会计凭证的日期、编号、业务内容摘要、金额和其他有关资料应逐项记入账内,做到数字准确、摘要清楚、登记及时、字迹工整;登记完毕后,在记账凭证上签名或盖章,并注明记入账簿的页次,或用"√"表示已经过账,防止重复登记或漏登记。

(4)账簿中书写的文字和数字上面要留有适当的空格,一般占格距的1/2,以便在发生记账错误时有改错的空间。

(5)各种账簿应按页次顺序连续登记,不得跳行、隔页。如果发现跳行、隔页,应当将空行、空页划线注销,或者注明"此行空白""此页空白"字样,并由记账人员签名或者盖章。

(6)凡需要结出余额的账户,结出余额后,应当在"借或贷"等栏内写明"借"或者"贷"等字样。没有余额的账户,应当在"借或贷"等栏内写"平"字,并在"余额"栏"元"位处用"0"表示。

(7)账簿记录发生错误,不准涂改、挖补、刮擦、用药水消除字迹或重新抄写,必须按规定的错账更正方法进行更正:如果属于纯粹的账簿记录错误,应采用划线更正法进行更正,即将错误的文字或者数字(错误的数字应全部划红线更正而不得只更正其中的错误数字)划红线注销,原有字迹必须仍可辨认,然后在划线上方填写正确的文字或者数字,并由记账人员在更正处盖章;如果是记账凭证错误导致的账簿记录错误,不能采用在账簿中划线更正的方法,而应采用红字更正法或补充登记法(具体做法略)先对记账凭证中的错误予以更正,并按更正的记账凭证登记账簿。

(8)每一账页登记完毕结转下页时,应当结出本页合计数及余额,写在本页最后一行和下页第一行有关栏内,并在摘要栏内注明"过次页"和"承前页"字样;也可将本页合计数及金额只写在下页第一行有关栏内,并在摘要栏内注明"承前页"字样。

对需要结计本月发生额的账户,结计"过次页"的本页合计数应当为自本月初起至本页末止的发生额合计数;对需要结计本年累计发生额的账户,结计"过次页"的本页合计数应当为自年初起至本页末止的累计数;对既不需要结计本月发生额也不需要结计本年累计发生额的账户,可以只将每页末的余额结转次页。

(9)实行会计电算化的单位,总账和明细账应当定期打印。用计算机打印的会计账簿必须连续编号,经审核无误后装订成册,并由记账人员和会计机构负责人、会计主管人员签字或者盖章。发生收款和付款业务的,在输入收款凭证和付款凭证的当天必须打印出现金日记账和银行存款日记账,并将现金日记账的账面余额与库存现金的实有数相核对。

(四)账簿的设置和登记方法

企业可根据各自的规模和业务量大小、经济活动特点以及经营管理的需要,合理设置一定种类和数量的会计账簿并正确登记。通常要设置日记账、总账和必要的明细账。

1.日记账的设置和登记方法。为了加强货币资金的管理,企业应设置现金和银行存款设置日记账,对库存现金和银行存款的收入、付出和结存情况进行序时登记。

现金日记账和银行存款日记账的账页格式基本相同(只是银行存款日记账中设有结算凭证种类和号数栏,以便于与银行对账),通常采取借方、贷方及余额三栏式格式。"借方""贷方""余额"栏分别用来登记库存现金和银行存款的收入数、支出数和结余数。三栏式日记账设有"对方科目"栏,以反映库存现金和银行存款业务的对应关系。银行存款日记账应按企业在银行开立的账户和币种分别设置,每个银行设置一本日记账。

现金日记账由出纳人员根据审核无误后的现金收款凭证、现金付款凭证和银行存款付款凭证(指从银行提取库存现金的业务)逐日逐笔按顺序登记。每日终了,应分别计算出本日库存现金收入、支出的合计数,结出当日的余额,并与实际库存现金数进行核对,做到账款相符。月份终了,"现金日记账"的余额必须与"库存现金"总账的余额核对相符。

银行存款日记账由出纳员根据审核无误后的银行收款凭证、银行付款凭证和现金付款凭证(指将现金存入银行的业务),按业务发生的先后顺序,逐日逐笔登记入账,每日结出账面余额,月末计算本月收入合计数、支出合计数和期末余额,做到日清月结。"银行存款日记账"应定期与"银行对账单"核对,月份终了,"银行存款日记账"的余额必须与"银行存款"总账余额核对相符。

上述两种日记账的具体格式和登记方法分别如表 2-16 和表 2-17 所示(承例 2-2,仍以大华洗染公司的经济业务为例,以下总账和明细账的登记也是以大华洗染公司的经济业务为例)。

表 2-16　现金日记账　　　　　　　单位:元

20×2 年		凭证		摘要	对方科目	借方	贷方	余额
月	日	字	号					
3	1			月初余额				8 000
	4	银付	1	提取现金	银行存款	3 000		11 000
	4			本日合计		3 000	0	11 000
				……				
	31			本月合计		3 300	2 000	9 300

表 2-17　银行存款日记账　　　　　　　单位:元

20×2 年		凭证		摘要	结算凭证		对方科目	借方	贷方	余额
月	日	字	号		种类	号数				
3	1			月初余额						71 200
	4	银付	1	提取现金	(略)	(略)	库存现金		3 000	68 200
	4			本日合计				0	3 000	68 200
				……						
				本月合计				174 200	92 800	152 600

2. 总分类账的设置和登记方法。总分类账是根据总分类账户开设账页,用来登记全部经济业务,提供总括核算资料的分类账簿。任何企业都要设置总分类账,其账页格式一般为"借方""贷方""余额"三栏式。

总分类账由会计人员登记,登记的依据和方法取决于所采用的账务处理程序(亦称会计核算组织程序)。账务处理程序是指会计凭证、会计账簿和会计报表相结合的方式。企业规模不同、业务量有多有少,在账务处理程序上也会呈现出差异性,但基本程序是一致的。各种账务处理程序的主要区别在于登记总账的依据和方法不同。规模小、业务量少的单位可以直接根据记账凭证逐笔进行登记;规模大、业务量多的单位通常是把各种记账凭证采用一定的方法进行汇总,根据汇总后的结果进行登记。

按登记总账的依据和方法不同,常见的账务处理程序有记账凭证账务处理程序(如图 2-11 所示)、科目汇总表账务处理程序和汇总记账凭证账务处理程序等。

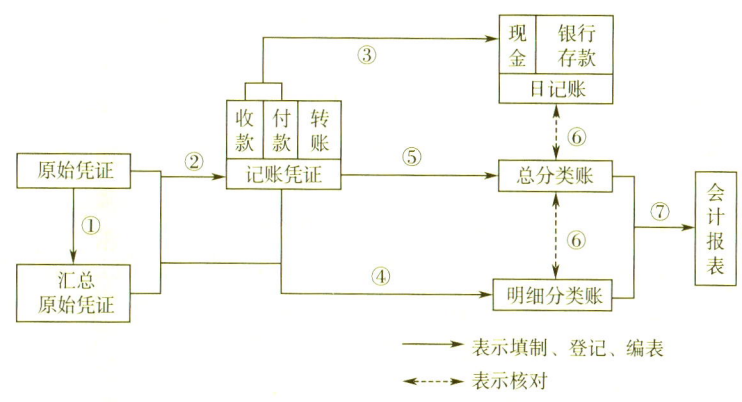

图 2-11 记账凭证账务处理程序的一般步骤

图示说明:
①根据原始凭证编制汇总原始凭证。
②根据原始凭证或汇总原始凭证填制记账凭证。
③根据收款凭证、付款凭证逐笔登记现金日记账和银行存款日记账。
④根据原始凭证、汇总原始凭证和记账凭证登记各种明细账。
⑤根据记账凭证逐笔登记总分类账。
⑥期末,将现金日记账、银行存款日记账和明细分类账的余额与有关总分类账的余额核对相符。
⑦期末,根据总分类账和明细分类账的记录编制会计报表。

每月终了,记账人员应将当月已完成的经济业务全部登记入账,并结出总账各账户的本期发生额和期末余额,为编制财务报表提供依据。总分类的一般格式和登记方法如表 2-18 所示。

表 2-18　总分类账

会计科目：原材料　　　　　　　　　　　　　　　　　　　　　　　　　　　第×页

20×2年		凭证		摘要	借方	贷方	借或贷	余额
月	日	字	号					
3	1			月初余额			借	120 000
	2			购料	15 000		借	135 000
	31			结转领用成本		25 000	借	110 000
	31			本月合计	15 000	25 000		110 000

3. 明细分类账的设置和登记方法。明细分类账是根据明细分类账户开设账页，用来提供某一总分类账户明细核算资料的分类账簿。它由会计人员根据记账凭证并参考原始凭证或原始凭证汇总表进行登记。明细账的账页格式取决于企业管理的要求和所记录的经济内容，主要有以下三种：

(1) 三栏式明细分类账。其结构和总分类账相同，适用于只要求进行金额核算，不要求进行数量核算的账户，如"应收账款""应付账款"等债权债务结算类账户。其一般格式及登记方法如表 2-18 所示。

(2) 数量金额式明细分类账。在账簿分类处已经介绍，数量金额式账页的格式是在三栏式的基础上，将借方(收入)、贷方(发出)、余额(结存)各栏分别设数量、单价和金额栏。这种账页格式适用于既要求进行金额核算又要求进行数量核算的财产物资类账户的明细核算，如"原材料""库存商品"等账户。其一般格式及登记方法如表 2-19 所示(假定大华洗染公司期初结存的原材料均为 A 洗涤材料，且 A 材料期初结存、本月购进和本月发出的单价均为 100 元，计量单位为升)。

表 2-19　原材料明细账

类别　　　　　　　　　名称　　　　　　　　　　　　　　　　　　　　编号
规格　　　　　　　　　　　　　　　　　　　　　　　　　　　　　　　仓库

20×2年		凭证		摘要	借方			贷方			余额		
					数量	单价	金额	数量	单价	金额	数量	单价	金额
月	日	字	号		(升)	(元/升)	(元)	(升)	(元/升)	(元)	(升)	(元/升)	(元)
3	1			月初余额							1 200	100	120 000
	2	转	1	购进	150	100	15 000				1 350	100	135 000
	31	转	4	结转领用成本				250	100	25 000	1 100	100	110 000
	31			本月合计	150		15 000	250		25 000	1 100		110 000

(3)多栏式明细分类账。在账簿分类处已介绍了多栏式明细分类账的账页格式设置,多栏式明细分类账按其所记录的经济业务内容不同,又有借方多栏式、贷方多栏式、借方贷方多栏式之分。借方多栏式主要适用于费用、成本等账户的明细核算,如"管理费用""生产成本""制造费用"等账户,其一般格式及登记方法如表2-20所示;贷方多栏式主要适用于收入类账户的明细核算;借方贷方多栏式主要适用于"应交税费——应交增值税"等账户的明细核算。

表2-20　管理费用明细账　　　　　　　　　　　　　　　　　单位:元

20×2年		凭证		摘要	借方					贷方	余额
月	日	字	号		办公费	差旅费	职工薪酬	……	合计		
3	22	银付	5	支付办公费	1 600				1 600		
	26	转	2	报销差旅费		1 700			1 700		
	31	转	3	分配职工薪酬费用			6 000		6 000		
	31			本月合计	1 600	1 700	6 000		9 300	9 300	0

说明:假定大华洗染公司按月结转损益,月末将当月发生的管理费用合计数转入"本年利润"账户后,结转后上述账户无余额。

4. 总分类账与明细分类账的关系及其平行登记。

(1)总分类账与明细分类账的关系。如前所述,总分类账户提供总括核算资料,明细分类账户提供总分类账户所记录内容的具体核算资料,因此,两者既有内在联系又有区别。

两者的内在联系主要表现在:①所记录的经济业务内容相同;②登记账簿的依据相同。

两者的区别主要表现在:①所反映的经济内容详细程度不同;②作用不同,总分类账提供的总括核算资料对明细分类账起着统驭和控制作用,明细分类账提供的详细核算资料对总分类账起着补充和说明的作用。

需要说明的是:总分类账与明细分类账各自具有的作用从另一角度看也是两者内在联系的体现。

(2)总分类账与明细分类账的平行登记。基于总分类账与明细分类账的上述关系,对两者必须采用平行登记的方法进行记录。

平行登记是指对于所发生的经济业务,依据会计凭证,以相等的金额,一方面记入有关的总分类账,另一方面记入该总分类账所属的明细分类账的登账方法。其登记要点如下:

①同期间。同一项经济业务应该在同一会计期间内,既要记入有关的总分类账,又要记入其所属的明细分类账。具体记入总分类账和明细分类账的日期因总账登记的时间不同可能不一致,但必须在同一会计期间内完成,以便期末对账。

②同依据。尽管登记总分类账与登记明细分类账的直接依据不一定相同,但原始依据

相同,即都是反映同一经济业务的原始凭证。

③同方向。将经济业务记入总分类账及其所属明细分类账时,记账方向必须一致。

注意,这里所述的记账方向是指经济业务的增减变动方向。绝大多数情况下,记入总分类账户的借(贷)方向与记入其所属明细账户的借(贷)方向一致,但在有些情况下,尽管记入总分类账与记入明细分类账中所反映的增减变动方向相同,记入的借(贷)方向却相反。对此,本书不做深入涉及。

④等金额。将每项经济业务记入某一总分类账的金额,必须等于记入该总分类账户所属的各明细账户的金额之和。

根据上述平行登记的规则,总分类账与明细分类账二者之间必然形成下面的数量关系,用公式表示如下:

$$总分类账的期初余额 = 其所属明细分类账的期初余额合计数$$

$$总分类账的本期借(或贷)方发生额 = 其所属明细分类账的本期借(或贷)方发生额合计数$$

$$总分类账的期末余额 = 其所属明细分类账的期末余额合计数$$

下面以"应收账款"账户为例,说明总分类账和明细分类账的平行登记。

【例 2-7】顺风修理公司 20×2 年 3 月 1 日应收账款的总账和明细账余额如下:

"应收账款"总账为 93 000 元,其所属明细分类账为:甲公司 51 000 元,乙公司 42 000 元。

3 月份发生的应收账款业务(假设不考虑增值税)和编制的会计分录如下:

(1) 6 日,为甲公司提供修理服务,款项 37 500 元尚未收取。

借:应收账款——甲公司　　　　　　　　　　　　　　　　37 500
　　贷:主营业务收入　　　　　　　　　　　　　　　　　　　37 500

(2) 12 日,收回乙公司归还的前欠货款 42 000 元,存入银行。

借:银行存款　　　　　　　　　　　　　　　　　　　　　42 000
　　贷:应收账款——乙公司　　　　　　　　　　　　　　　　42 000

(3) 19 日,向乙公司提供修理服务,货款 22 500 元尚未收取。

借:应收账款——乙公司　　　　　　　　　　　　　　　　22 500
　　贷:主营业务收入　　　　　　　　　　　　　　　　　　　22 500

(4) 28 日,收回甲公司归还的前欠货款 51 000 元,存入银行。

借:银行存款　　　　　　　　　　　　　　　　　　　　　51 000
　　贷:应收账款——甲公司　　　　　　　　　　　　　　　　51 000

根据上述会计分录,平行登记"应收账款"总账及其所属明细分类账的结果如表 2-21、表 2-22 和表 2-23 所示。

表 2-21 总分类账

账户名称：应收账款

20×2年		凭证		摘要	借	贷	借或贷	余额
月	日	字	号					
3	1			月初余额			借	93 000
	6	转	(略,下同)	提供修理服务	37 500		借	130 500
	12	银收		收回欠款		42 000	借	88 500
	19	转		提供修理服务	22 500		借	111 000
	28	银收		收回欠款		51 000	借	60 000
	31			本月合计	60 000	93 000	借	60 000

表 2-22 应收账款明细账

账户名称：甲公司

20×2年		凭证		摘要	借	贷	借或贷	余额
月	日	字	号					
3	1			月初余额			借	51 000
	6	转		提供修理服务	37 500		借	88 500
	28	银收		收回欠款		51 000	借	37 500
	31			本月合计	37 500	51 000	借	37 500

表 2-23 应收账款明细账

账户名称：乙公司

20×2年		凭证		摘要	借	贷	借或贷	余额
月	日	字	号					
3	1			月初余额			借	42 000
	12	银收		收回欠款		42 000	平	0
	19	转		提供修理服务	22 500		借	22 500
	31			本月合计	22 500	42 000	借	22 500

(五)对账和结账

1. 对账。对账是指核对账簿记录是否正确的一项工作。企业应当定期做好账簿的核对工作,及时发现和更正账簿记录中的错误,保证账证相符、账账相符、账实相符,为编制财务报表提供真实可靠的数据。对账的主要内容包括：

(1) 账证核对。账证核对是指核对会计账簿记录与记账凭证及其所附原始凭证的时间、凭证字号、内容、金额是否一致，记账方向是否相符。

(2) 账账核对。账账核对是指核对不同会计账簿之间的账簿记录是否相符，包括：①总分类账的借方金额合计与贷方金额合计相核对。总分类账各账户借方发生额合计数应与贷方发生额合计数核对相符，借方余额合计数应与贷方余额合计数核对相符。②总分类账与其所属明细账相核对。总分类账各账户的本期借(贷)方发生额和余额，应与其所属明细账户本期借(贷)方发生额和余额的合计数核对相符。③总分类账与序时账相核对。总分类账中"库存现金"和"银行存款"账户的余额，应与现金日记账与银行存款日记账的余额核对相符。④明细账之间相核对。会计部门的财产物资明细账与财产物资保管和使用部门的有关明细账期末余额应核对相符。

(3) 账实核对。账实核对是指核对会计账簿记录与财产物资等实有数额是否相符，包括：①现金日记账账面余额与现金实际库存数相核对。②银行存款日记账的账面余额定期与银行对账单相核对。③各种财产物资明细账的账面余额与财产物资的实有数额相核对。④各种应收、应付款明细账的账面余额与有关债务、债权单位或者个人核对等。

在实际工作中，账实核对一般通过财产清查进行。财产清查是指对各项财产进行实地盘点或核对，确定其实际结存数额，并与账面结存数相核对，查明账存数与实存数是否相符的一种会计专门方法。财产清查的方法有实地盘点法、函询法、对账单法等。库存现金以及存货、固定资产等实物资产一般采用实地盘点法，即对财产物资逐一清点数量或用计量仪器确定其实存数；应收(付)款项一般采取向对方单位或个人发函询证的方法进行核对；对账单法则是对银行存款清查所采用的方法。

财产清查结束后，如果账存数与实存数不一致，应根据有关凭证调整账簿记录，使其与实际数一致；同时，将盘盈数(实存数大于账存数之差)或盘亏数(实存数小于账存数之差)，记入"待处理财产损溢"账户，查明原因，按权限报经批准后再予以处理。

"待处理财产损溢"账户属于资产类账户，反映企业在财产清查过程中查明的各种财产盘盈、盘亏和毁损的价值。其借方登记发生的待处理盘亏和毁损数以及经批准处理的盘盈数，贷方登记发生的待处理盘盈数以及经批准处理的盘亏和毁损数。该账户可按盘盈、盘亏的资产种类和项目进行明细核算。

按规定，企业的各项财产损溢，均应查明原因，在期末结账前处理完毕，处理后"待处理财产损溢"账户应无余额。

下面以库存现金为例，介绍企业库存现金发生盘盈(又称溢余或长款)和盘亏(又称短缺或短款)的核算。银行存款的清查方法参见后文。存货、固定资产等发生盘盈、盘亏和毁损的核算将在本书第九章介绍。

企业对于在清查中发现的库存现金溢余，应借记"库存现金"账户，贷记"待处理财产损溢"账户；经批准处理时，应借记"待处理财产损溢"账户，贷记"其他应付款"(指应付给有关单位或个人的溢余数)账户、"营业外收入"(指无法查明原因的溢余数)账户。对于在清查中发现的库存现金短缺,应借记"待处理财产损溢"账户,贷记"库存现金"账户;经批准处理时,应借记"其他应收款"(指应由责任人或保险公司赔偿的部分等)账户、"管理费用"(指无法查明原因的短缺部分)账户。

【例2-8】甲企业在库存现金清查中,发现库存现金短缺200元。经查明属于出纳员张某的责任,应由该出纳员赔款。根据有关凭证,应编制会计分录如下。

(1)发生短款时:
借:待处理财产损溢——待处理流动资产损溢　　　　　　　　　200
　　贷:库存现金　　　　　　　　　　　　　　　　　　　　　　200
(2)查明原因后经批准处理时:
借:其他应收款——张某　　　　　　　　　　　　　　　　　　200
　　贷:待处理财产损溢——待处理流动资产损溢　　　　　　　　200

请思考:假定上例为库存现金溢余200元,且无法查明原因,则应如何编制会计分录?

企业对银行存款的清查采取与银行对账的方法进行。企业应定期(每月至少一次)将银行存款日记账与银行对账单(即开户银行对开户企业在银行资金流转情况的记录)进行核对,以检查银行存款账目的正确性。

在与对账单核对之前,企业首先要检查自身银行存款日记账的正确性和完整性,然后再与银行对账单逐笔核对增减发生额和余额以及结算凭证的种类和号数。对于双方一致的记录,可同时在"银行存款日记账"和"银行对账单"上作出"√"标记(称为勾对),表示核对相符。在同一时期内双方账面的余额应一致,如不一致,除可能存在一方或双方记账错误外,还可能存在未达账项。

企业自身的记账错误,应及时更正;对于银行的记账错误,应通知银行予以更正。

未达账项是指企业与银行之间由于收付款结算凭证的传递和入账时间不一致,所出现的一方已经入账,另一方因未收到凭证而尚未入账的款项。未达账项一般有以下四种:

(1)企业已经收款记账,而银行尚未收款记账的款项。例如,企业收到其他单位交来的转账支票送存银行并已入账,而银行尚未办妥转账收款手续而没有入账。

(2)企业已经付款记账,而银行尚未付款记账的款项。例如,企业开出转账支票并已入账,而持票人尚未到银行办理转账手续。

(3)银行已经收款记账,而企业尚未收款记账的款项。例如,企业委托银行代收的款项银行已入账,而企业尚未接到入账通知。

(4)银行已经付款记账,而企业尚未付款记账的款项。例如,银行已划出企业的借款利息,而企业尚未接到划转通知。

对于未达账项,企业应予以调节,以检查双方账项是否相符。调节未达账项的方法很多,一般采用"余额调节法"。

余额调节法(亦称补记式余额调节法),是指在企业和银行双方账面余额的基础上,各自加上对方已收账而本方尚未入账的款项,减去对方已付账而本方尚未付账的款项,从而检查双方余额是否一致的一种调节方法。其调节通过编制"银行存款余额调节表"(见表2-24)进行。银行存款余额调节表只是用来核对企业和银行存款的记账有无错误,不能作为更改账面记录的原始凭证。

【例2-9】20×2年3月31日,某企业银行存款日记账的余额为145 260元,银行对账单的余额为174 620元。双方余额不一致,经核对有以下未达账项:

(1)3月30日,该企业收到支票一张并已入账,金额为2 600元,银行因未接到支票尚未收账。

(2)3月30日,该企业签发转账支票支付所购进材料的货款19 200元并已入账,银行因未接到支票尚未付账。

(3)3月31日,银行收到该企业托收款15 600元并已入账,该企业因未接到收款通知未入账。

(4)3月31日,银行代付本月水电费2 840元并已入账,该企业尚未接到划款通知未入账。

根据以上未达账项,该企业编制"银行存款余额调节表"如表2-24所示。

表2-24 银行存款余额调节表　　　　　　　　　　　　　单位:元

项目	金额	项目	金额
银行存款日记账余额	145 260	银行对账单余额	174 620
加:银行已收账而企业尚未收账的款项	15 600	加:企业已收账而银行尚未收账的款项	2 600
减:银行已付账而企业尚未付账的款项	2 840	减:企业已付账而银行尚未付账的款项	19 200
调节后余额	158 020	调节后余额	158 020

企业在调节未达账项后,如果银行存款日记账余额与银行对账单余额相等,表明企业和银行双方的账面记录相符;如果双方余额不等,则表明企业或银行或双方的账簿记录有错误,对此,财会部门应及时与银行联系,查明差错及其原因,及时予以更正。

2. 结账。结账是指会计期末在将本期所发生的经济业务全部登记入账的基础上,将账簿记录结算清楚。企业在进行期末结账前,应查明在本会计期间内发生的各项经济业务是否已经全部登记入账,若有遗漏应及时补记。结账应在每一会计期间结束时进行,不能提前或延至下期。定期结算账簿记录,总结某一会计期间的经济活动情况,是编制财务报表的前提条件,对于实现会计目标和考核经营成果具有重要意义。

结账通常包括两方面内容:一是结清各损益类账户,即将损益类账户的本期发生额,通过结账分录,转入"本年利润"账户,据以计算本期利润;二是结出各资产、负债、所有者权益账户的本期发生额和期末余额。损益类账户因在会计期末结账后余额为零,因而又被称为"虚账户""临时账户";相应地,期末通常有余额的资产、负债、所有者权益账户,被称为"实账户""永久性账户"。

虚账户的具体结账方法将在第九章介绍。实账户在实际工作中一般采用画线方法进行结账。结账时,应当结出每个账户的期末余额。需要结出当月发生额的,应在摘要栏内注明"本月合计"字样,并在下面通栏划单红线。需要结出本年累计发生额的,应在摘要栏内注明"本年累计"字样,并在下面通栏划单红线;12月末的"本年累计"就是全年累计发生额,全年累计发生额下面应通栏划双红线。年度终了结账时,各总账账户均应结出全年发生额和年末余额。

年度终了,应把各账户的余额结转到下一会计年度,并在摘要栏注明"结转下年"字样;在下一会计年度新建有关会计账簿的第一行余额栏内填写上年结转的余额,并在摘要栏注明"上年结转"字样。

(六)账簿的更换和保管

通常情况下账簿应该每年更换一次,在新会计年度建账时进行。新建有关会计账簿的第一行余额栏内应填写上年结转的余额,并在摘要栏注明"上年结转"字样。但变动较小的明细账,如固定资产明细账,可以连续使用,不必每年更换;备查账簿可以连续使用。

账簿是企业重要的会计档案。为了保证账簿的安全,企业应该严格加强对账簿的管理,相关管理办法已在会计凭证保管处一并介绍,此处不再赘述。按规定,账簿的最低保管期限为30年,保管期满后,方可按有关规定进行销毁。

第四节 会计报告

一、会计报告的种类及意义

(一)会计报告的种类

会计报告是会计核算和监督的最终结果体现,是传递会计信息的主要工具。企业的会计报告包括财务会计报告和管理会计报告两大类。财务会计报告又称财务报告,是指企业对外提供的反映企业某一特定日期的财务状况和某一会计期间的经营成果、现金流量等会计信息的文件;管理会计报告是指为了内部管理需要或特定目的编制的会计报告,如企业编制的成本管理报告就属于内部会计报告。企业对外报送的会计报告应当根据统一的格式和要求编制,单位内部使用的会计报告可自行规定格式和要求。

(二)会计报告的意义

无论是财务会计报告还是管理会计报告,都具有重要的意义。

企业的投资者、债权人等外部会计信息使用者通过财务报告提供的信息,能够了解企业当前的财务状况、经营成果和现金流量等情况,预测企业未来的发展趋势,从而做出合理的经济决策。伴随着我国改革开放的深入和市场经济体制的完善,财务报告的作用日益重要,它是企业向财务报告使用者提供决策有用信息的媒介和渠道,是沟通投资者、债权人等使用者与企业管理层之间信息的桥梁和纽带。

企业的内部管理者通过管理会计报告提供的信息,能够了解企业的战略、预算、成本、营运、投融资、绩效、风险等内部管理情况,更好地加强企业的管理。管理会计报告是基于企业内部管理的需要而编制的,由于各个企业经济活动的特点和经营管理的具体要求不尽相同,管理会计报告的种类和具体内容也会相应存在差异,在格式和内容上没有统一的规范,对此本书不予介绍。下面就企业对外报送的财务报告做简要说明(主要介绍其构成),以使读者对财务报告的总体框架有初步认识。

二、财务报告的构成

财务报告应当系统、全面、综合地反映企业的生产经营状况,包括某一时点的财务状况和某一期间的经营成果与现金流量等信息,以使信息使用者了解企业的全貌。财务报告不应是零星的或者不完整的信息,而应当是一个系统的文件。作为系统文件,其核心内容是财务报表,除财务报表外,还包括其他应当在财务报告中披露的相关信息和资料。其中,财务报表由会计报表本身及其附注两部分构成:会计报表至少应当包括资产负债表、利润表、现金流量表、所有者权益变动表等报表,附注是财务报表的重要组成部分。

会计报表的详细内容将在第十一章中介绍,下面仅做简要的概述,以方便读者对会计报表有初步的了解,为第二篇的学习奠定基础。

(一)资产负债表

资产负债表是反映企业在某一特定日期(通常为期末)财务状况的会计报表。编制资产负债表的目的是如实反映企业的资产、负债和所有者权益金额及其结构情况,从而有助于使用者评价企业资产的质量以及长短期偿债能力等。资产负债表由资产、负债和所有者权益三个部分构成,表头为编制单位、日期和金额单位。其结构(简化)如表2-25所示。

表 2-25 资产负债表(简化)

编制单位:　　　　　　　　　　　　　年　月　日　　　　　　　　　　　　单位:元

资产	期末余额	期初余额	负债及所有者权益	期末余额	期初余额
流动资产:			流动负债:		
货币资金			短期借款		
交易性金融资产			应付票据		
应收票据			应付账款		
应收账款			预收款项		

续表

资产	期末余额	期初余额	负债及所有者权益	期末余额	期初余额
预付款项			应付职工薪酬		
其他应收款			应交税费		
存货			其他应付款		
……			……		
流动资产合计			流动负债合计		
非流动资产：			非流动负债：		
债权投资			长期借款		
长期股权投资			应付债券		
固定资产			……		
在建工程			所有者权益(或股东权益)：		
使用权资产			实收资本		
无形资产			资本公积		
开发支出			盈余公积		
长期待摊费用			未分配利润		
……			……		
非流动资产合计			所有者权益合计		
资产总计			负债及所有者权益总计		

(二) 利润表

利润表是反映企业在一定会计期间的经营成果的会计报表。编制利润表的目的是如实反映企业实现的收入、发生的费用以及应当计入当期利润的利得和损失等金额及其结构情况，从而有助于使用者分析评价企业的利润构成与质量及盈利能力。利润表的表头由编制单位、编制期间和金额单位构成，利润表(简化)的结构如表 2-26 所示。

表 2-26 利润表(简化)

编制单位： 　　　　　　　　　　　年　　月　　　　　　　　　　　　单位：元

项　目	本期金额	上期金额
一、营业收入		
减：营业成本		

续表

项　目	本期金额	上期金额
税金及附加		
销售费用		
管理费用		
研发费用		
财务费用		
……		
二、营业利润（亏损以"-"号填列）		
加：营业外收入		
减：营业外支出		
三、利润总额（亏损总额以"-"号填列）		
减：所得税费用		
四、净利润（净亏损以"-"号填列）		

（三）现金流量表

现金流量表是反映企业在一定会计期间的现金和现金等价物流入和流出的会计报表。编制现金流量表的目的是如实反映企业各项活动的现金流入、流出情况，从而有助于使用者评价企业生产经营过程尤其是经营活动中形成的现金流量和资金周转情况。

（四）所有者权益变动表

所有者权益变动表是反映企业构成所有者权益的各组成部分当期增减变动情况的报表。编制所有者权益变动表的目的是全面反映企业一定时期所有者权益变动的情况，从而有助于报表使用者理解所有者权益增减变动的原因。

（五）附注

附注是对在会计报表中列示项目所做的进一步说明，以及对未能在会计报表中列示项目的说明等。编制附注的目的是通过对财务报表本身做补充说明，以更加全面、系统地反映企业财务状况、经营成果和现金流量情况，从而向使用者提供更为有用的决策信息，帮助其做出更加科学合理的决策。附注由若干附表和有关项目的文字性说明组成。企业对于在会计报表中无法反映的、与使用者决策相关的非财务信息，如企业承担社会责任的相关信息，可采用文字说明形式加以披露。

本章小结

会计核算的基本程序包括确认、计量、记录和报告四个环节。会计确认包括初始确认和再确认,会计确认必须满足规定的条件。会计要素有历史成本、重置成本、可变现净值、现值和公允价值五种计量属性,一般采用历史成本计量属性。

会计等式是指会计要素之间的数量关系式。企业的经济业务可概括为四种类型,任何经济业务的发生均不会破坏会计等式的平衡关系。

会计科目是指对会计对象的具体内容进行分类核算的项目。会计科目按经济内容可分为资产类、负债类、所有者权益类、成本类、损益类等;按所提供信息的详细程度可分为总分类科目和明细分类科目。

账户是指根据会计科目在账簿中开设的,用于分类、系统、连续地记录经济业务的载体。账户与会计科目既有联系,又有区别。账户中记录的金额分为发生额和余额,发生额有增加发生额和减少发生额,余额按照表示时间的不同分为期初余额和期末余额。账户的分类与会计科目分类相同。

记账方法分为单式记账法和复式记账法,复式记账法是指对发生的每一项经济业务,都以相等的金额,在相互联系的两个或两个以上的账户中进行登记的记账方法。借贷记账法是复式记账法的一种,"借""贷"作为记账符号,用以表示记账的方向。借贷记账法下账户的左方为"借方",右方为"贷方",账户借方登记资产、成本、费用的增加或负债、所有者权益、收入的减少,账户贷方按相反方向记录增加数和减少数。借贷记账法的记账规则是"有借必有贷,借贷必相等"。借贷记账法下账户之间形成应借、应贷的对应关系,形成对应关系的账户称为对应账户。会计分录是指对发生的经济业务列示应借、应贷账户及其金额的记录,分为简单会计分录和复合会计分录,不同类型的经济业务不可以合并编制多借多贷的会计分录。试算平衡是指根据会计等式和记账规则,检查一定时期内所有账户的记录正确与否的一种验证方法,包括发生额试算平衡和余额试算平衡。

会计凭证、会计账簿和会计报告是会计信息的主要载体,也是企业重要的会计档案,企业应妥善保管。会计凭证是指记录经济业务、明确经济责任的书面证明,也是登记账簿的依据。按其填制的程序和用途不同,会计凭证分为原始凭证和记账凭证。在实际工作中,会计分录填写在记账凭证上。原始凭证和记账凭证按照不同的分类标准可以有多种分类。

设置和登记账簿能够将分散在会计凭证上的大量核算资料进行集中和归类整理。账簿按不同的分类标准有不同的分类,其中,按用途不同,可分为序时账簿、分类账簿和辅助账簿;分类账簿按其反映内容的详细程度不同,分为总分类账簿和明细分类账簿。企业应合理设置一定种类和数量的会计账簿并正确登记。总分类账与明细分类账分别提供总括核算资

料和具体核算资料,对两者必须采用平行登记的方法进行记录。为了保证账证相符、账账相符和账实相符,企业应定期对账,其中账实核对一般通过财产清查方法进行。会计期末企业在将本期所发生的经济业务全部登记入账的基础上,应及时结账。

会计报告是会计核算和监督的最终结果体现,是传递会计信息的主要工具。企业的会计报告包括财务会计报告和管理会计报告两大类。

本章关键词汇

会计确认	Accounting Confirmation
会计计量	Accounting Measurement
会计记录	Accounting Records
会计报告	Accounting Report
会计等式	Accounting Equation
经济业务类型	Economic Business Type
会计科目	Accounting Subject
会计账户	Accounting Account
复式记账	Double Entry Bookkeeping
借贷记账法	Debit-credit Bookkeeping
会计凭证	Accounting Document
原始凭证	Original Voucher
记账凭证	Accounting Voucher
会计账簿	Accounting Books
总分类账	General Ledger
明细分类账	Subsidiary Ledger
日记账	Journal Ledger
平行登记	Parallel Recording

思考题

1. 什么是会计确认?各会计要素确认的条件分别是什么?
2. 什么是会计计量?会计要素的计量属性有哪几个?如何应用?

3. 如何理解会计等式？其表达形式有哪几种？

4. 经济业务有哪几种类型？每种类型的经济业务发生后是否会影响会计等式的平衡关系，为什么？请举例说明。

5. 什么是会计科目？会计科目是如何分类的？

6. 什么是账户？账户与科目之间有何联系与区别？

7. 什么是复式记账法？复式记账法有何特点？

8. 什么是借贷记账法？如何理解借贷记账法的"借""贷"二字含义？

9. 借贷记账法下不同性质的账户各具有什么样的结构？

10. 如何理解借贷记账法的记账规则？

11. 什么是会计分录？如何编制会计分录？

12. 什么是借贷记账法的试算平衡？如何进行试算平衡？

13. 什么是会计凭证？它有哪些作用？原始凭证和记账凭证各自是如何分类的？

14. 什么是会计账簿？设置和登记账簿有何意义？账簿是如何分类的？

15. 总分类账与明细分类账具有怎样的关系？如何理解平行登记？

16. 什么是对账？对账的具体内容包括哪些？

17. 企业的库存现金发生长短款应如何核算？

18. 什么是结账？定期结账有何意义？

19. 企业的会计报告分为哪两类？各有何意义？

20. 会计核算方法有哪几种？会计核算的基本程序与会计核算方法之间有何联系？

练习题

一、单项选择题

1. ( )是指确定某一项目、交易或事项，是否、何时以及列作哪项会计要素加以记录并列入财务报表的过程。

A. 会计确认   B. 会计计量   C. 会计科目   D. 会计职能

2. 下列( )属于基本会计等式。

A. 全部账户本期借方金额合计＝全部账户本期贷方金额合计

B. 资产＝负债+所有者权益+(收入－费用)

C. 资产＝负债+所有者权益

D. 资产＝负债+权益

3. 以银行存款偿还应付账款，引起该企业( )。

A. 资产项目和权益项目同金额增加

B. 资产项目和权益项目同金额减少
C. 资产项目之间有增有减,增减金额相等
D. 权益项目之间有增有减,增减金额相等

4. 下列经济业务中,不会引起会计等式两边总金额发生变化的是(　　)。
　A. 接受货币资金投资存入银行　　　　B. 购买材料,款未付
　C. 以银行存款上交税款　　　　　　　D. 收回应收账款存入银行

5. 会计科目是(　　)的名称。
　A. 会计要素　　　B. 账户　　　C. 账簿　　　D. 会计报表

6. (　　)是根据会计科目在账簿中开设的,用于分类、系统、连续地记录经济业务的载体。
　A. 账簿　　　B. 账户　　　C. 会计科目　　　D. 会计要素

7. 在运用借贷记账法时,在账户中记录经济业务所引起的会计要素增减变动的规律是(　　)。
　A. 会计分录　　　B. 账户对应关系　　　C. 记账规则　　　D. 对应账户

8. 下列关于复合会计分录形式表达错误的是(　　)。
　A. 一借多贷的会计分录　　　　　　　B. 一贷多借的会计分录
　C. 同一笔业务多借多贷的会计分录　　D. 多笔业务合并编制的多借多贷的会计分录

9. (　　)是指对某项经济业务应借、应贷账户的名称及其金额的记录。
　A. 会计分录　　　B. 记账规则　　　C. 会计科目　　　D. 账户

10. 在实际工作中,会计分录一般填写在(　　)上。
　A. 原始凭证　　　B. 记账凭证　　　C. 账簿　　　D. 账页

11. 某企业某月初资产总额为1 560 000元,本月收回应收账款60 000元存入银行,接受某公司投资100 000元货币资金,用银行存款偿还应付账款20 000元,则该企业月末的资产总额应为(　　)元。
　A. 1 720 000　　　B. 1 700 000　　　C. 1 640 000　　　D. 1 660 000

12. 发生额试算平衡是根据(　　)确定的。
　A. 会计等式　　　　　　　　　　B. 借贷记账法的记账符号
　C. 借贷记账法的记账规则　　　　D. 经济业务的类型

13. 某企业某月"银行存款"账户的月初余额为50 000元,本月借方发生额为35 000元,本月贷方发生额为32 500元。则该账户的月末余额为(　　)元。
　A. 52 500　　　B. 47 500　　　C. 85 000　　　D. 17 500

14. 将会计凭证分为原始凭证和记账凭证两大类的依据是(　　)。
　A. 凭证填制的时间　　　　　　　B. 凭证填制的方法
　C. 凭证填制的程序和用途　　　　D. 凭证反映的经济内容

15. 多栏式明细账适用于下列(　　)账户的明细核算。

A. 债权债务类　　　B. 财产物资类　　　C. 实收资本　　　D. 成本费用类

二、多项选择题

1. 下列计量属性中,与历史成本相对应的计量属性有(　　)。
   A. 重置成本　　　B. 可变现净值　　　C. 公允价值　　　D. 现值
2. 会计等式是(　　)的基础。
   A. 成本计算　　　B. 设置账户　　　C. 复式记账　　　D. 编制资产负债表
3. 经济业务的类型包括(　　)。
   A. 引起资产和权益项目同时增加,增加金额相等的业务
   B. 引起资产和权益项目同时减少,减少金额相等的业务
   C. 引起资产内部项目有增有减,增减金额相等的业务
   D. 引起权益项目有增有减,增减金额相等的业务
4. 下列经济业务中,会引起资产和权益同时发生增减变动的有(　　)。
   A. 生产产品领用材料　　　　　　B. 用银行存款交纳应交税费
   C. 借入款项存入银行　　　　　　D. 从银行提取库存现金
5. 账户的左右两方,哪方记增加额,哪方记减少额,取决于(　　)。
   A. 账户的级别　　　B. 账簿的名称　　　C. 记账方法　　　D. 账户记录的经济内容
6. 复式记账法与单式记账法相比较,具有(　　)特点。
   A. 利于简化记账工作
   B. 可以全面、系统地反映经济活动的过程和结果
   C. 可以有效地防止记账中的差错
   D. 出现差错,比较容易核对查找
7. 在借贷记账法下,账户的贷方登记(　　)。
   A. 资产的减少　　　B. 权益的增加　　　C. 成本费用的增加　　D. 收入的增加
8. 借贷记账法下,期末结账以后,一般有余额的账户有(　　)。
   A. 资产类账户　　　B. 权益类账户　　　C. 收入类账户　　　D. 费用类账户
9. 在借贷记账法下,总分类账户试算平衡表中的平衡关系有(　　)。
   A. 所有账户期初借方余额合计=所有账户期初贷方余额合计
   B. 所有账户本期借方发生额合计=所有账户本期贷方发生额合计
   C. 所有账户期末借方余额合计=所有账户期末贷方余额合计
   D. 每个账户借方发生额(或余额)=每个账户贷方发生额(或余额)
10. 下列错误中,不能通过试算平衡发现的有(　　)。
    A. 某项经济业务应借应贷金额不等
    B. 漏记某项经济业务
    C. 借贷双方发生差错的金额正好相等
    D. 应借应贷方向颠倒

11. 原始凭证按其取得的来源不同,可分为( )。
   A. 一次凭证   B. 累计凭证   C. 外来原始凭证   D. 自制原始凭证
12. 专用记账凭证按其所反映的经济业务是否与货币资金收付有关,可分为( )。
   A. 收款凭证   B. 累计凭证   C. 付款凭证   D. 转账凭证
13. 明细分类账簿的账页格式主要有( )。
   A. 三栏式   B. 多栏式   C. 卡片式   D. 数量金额式
14. 总分类账户与其所属的明细分类账户平行登记的要点为( )。
   A. 依据相同   B. 期间相同   C. 金额相等   D. 方向一致
15. 下列属于账账核对的内容有( )。
   A. 总分类账各账户的借方金额合计数与贷方金额合计数核对
   B. 总分类账各账户金额与其所属的明细分类账金额之和核对
   C. 账簿记录与会计凭证核对
   D. 财产物资明细账的账面余额与财产物资的实有数额核对

三、判断题

1. 企业将一项资源确认为资产,首先要符合资产的定义,同时还应满足以下两个条件:一是与该资源有关的经济利益很可能流出企业;二是该资源的成本或价值能够可靠地计量。( )
2. 在试算平衡表上,虽然实现了期初余额、本期发生额和期末余额三栏的各自借贷相等关系,但仍然不能保证账户记录完全正确。( )
3. 会计科目按其提供会计信息的详细程度分为总分类科目、权益类科目、成本类科目和明细分类科目。( )
4. 记账规则既是记账的依据,也是对账的依据。( )
5. 记账凭证既是记录经济业务发生和完成情况的书面证明,也是登记账簿的依据。( )
6. 账簿按其用途不同,可分为序时账、分类账和多栏式账;各种账务处理程序的主要差异在于序时账是逐笔登记还是汇总登记。( )
7. 根据总账与明细账的平行登记要求,每项经济业务必须在同一天登入总账及其所属的明细账中。( )
8. 账实核对一般通过财产清查进行,清查各项财产时应当采用实地盘点法。对于在清查中发现的溢余或短缺,应查明原因,按权限报经批准后再予以处理。( )
9. 无法查明原因的库存现金短缺,经批准应计入营业外支出。( )
10. 管理会计报告属于企业的内部会计报告,财务会计报告属于企业的对外会计报告。( )

四、核算题

1.【目的】熟练掌握会计等式。

甲、乙、丙三个企业 20×2 年 4 月资产、负债和所有者权益的有关资料如下表。

单位:元

企业名称	资产	负债	所有者权益
甲企业	( )	206 000	313 500
乙企业	492 500	124 000	( )
丙企业	393 000	( )	261 500

【要求】计算填列上述括号内的金额。

2.【目的】练习会计账户本期发生额和期末余额的计算。

某企业 20×2 年 3 月份"原材料"账户和"应付账款"账户的有关记录如下。

原材料   单位:元

日期	凭证号	摘要	借方	贷方	借或贷	余额
略	略	略			借	260 000
				(A)	借	172 000
			(B)		借	175 400
				79 000	借	(C)

应付账款   单位:元

日期	凭证号	摘要	借方	贷方	借或贷	余额
略	略	略			贷	180 000
			(D)		贷	97 000
				21 000	贷	(E)
				(F)	贷	135 000

【要求】计算填列上述两个账户中括号内的金额。

3.【目的】熟练掌握账户中所记录的四个金额之间的关系。

某企业 20×2 年 5 月份部分账户的有关资料如下表所示。

账户名称	期初余额	本期借方发生额	本期贷方发生额	期末余额
库存现金	8 000	4 000	(A)	9 500
固定资产	480 000	96 000	5 000	(B)

续表

账户名称	期初余额	本期借方发生额	本期贷方发生额	期末余额
短期借款	140 000	(C)	50 000	130 000
应收账款	(D)	104 000	86 000	36 000
应交税费	9 600	9 600	12 500	(E)
实收资本	300 000	(F)	0	300 000

【要求】计算填列上表括号内的金额。

4.【目的】了解和掌握经济业务类型、会计等式、会计分录和会计凭证。

某企业20×2年4月份发生的部分经济业务如下(假定不考虑相关税费):

(1)接受投资人投入货币资金300 000元,款项已通过银行收取。

(2)从银行取得长期借款50 000元,存入银行。

(3)以银行存款购入设备一台,价值60 000元。

(4)从银行提取现金15 000元,以备零用。

(5)用银行存款20 000元偿还短期借款。

(6)已到期的应付票据30 000元因无力支付转为应付账款。

(7)购进材料20 000元,材料已入库,货款未付。

(8)以银行存款购入办公用品950元。

(9)职工王某出差借款3 000元,以银行存款支付。

(10)王某出差回来报销差旅费3 500元,补付王某款项500元转入其个人银行账户。

【要求】根据上述经济业务:

(1)分析经济业务发生引起会计要素的增减变动以及对会计等式的影响。

(2)编制会计分录。

(3)说明应填制的专用记账凭证种类(假定该企业采用收、付、转专用记账凭证形式)。

5.【目的】练习借贷记账法的应用。

【资料】甲企业20×2年1月1日总分类账户余额表和1月份发生的经济业务如下。

总分类账户余额表
20×2年1月1日
单位:元

会计账户	借方余额	贷方余额
银行存款	60 000	
应收账款	100 000	
原材料	80 000	

续表

会计账户	借方余额	贷方余额
短期借款		80 000
应付账款		60 000
实收资本		100 000
合计	240 000	240 000

1月份发生以下经济业务(假定不考虑相关税费)：
(1)收回应收账款80 000元,存入银行。
(2)用银行存款40 000元购入原材料,原材料已验收入库。
(3)用银行存款偿还短期借款60 000元。
(4)签发三个月到期的商业汇票20 000元,抵付上月所欠货款。
(5)收到投资人追加投资100 000元存入银行(假定全部为实收资本)。
(6)购入原材料,货款60 000元,原材料已验收入库,货款尚未支付。
【要求】根据上述资料：
(1)开设总分类账户,并登记20×2年1月1日的期初余额；
(2)编制会计分录；
(3)根据会计分录登账；
(4)结出各账户的本月发生额和月末余额；
(5)编制本月"发生额及余额试算平衡表"。
6.【目的】练习总账和明细账的平行登记。
20×2年4月1日,某企业"原材料"和"应付账款"总账及明细账的余额如下。

原材料

名称	数量	单价	明细账余额(元)	总账余额(元)
A材料	4 000件	20元/件	80 000	
B材料	1 600千克	4元/千克	6 400	
				86 400

应付账款

账户名称	明细账余额(元)	总账余额(元)
甲公司	10 000	
乙公司	12 000	
		22 000

该企业4月份发生下列经济业务(假定不考虑税费):

(1)5日,分别从甲、乙公司购进A、B材料,有关资料见下表,材料已入库,货款未付。

名称	数量	单价	金额(元)	供应单位
A材料	6 000件	20元/件	120 000	甲公司
B材料	2 000千克	4元/千克	8 000	乙公司

(2)17日,分别以银行存款50 000元和12 000元偿还所欠甲公司和乙公司的购货款。

(3)20日,生产车间领用A、B材料,有关资料见下表。

名称	数量	单价	金额(元)
A材料	8 000件	20元/件	160 000
B材料	2 400千克	4元/千克	9 600

(4)24日,购入A、B材料,有关资料见下表,材料已验收入库,货款未付。

名称	数量	单价	金额(元)	供应单位
A材料	7 000件	20元/件	140 000	甲公司
B材料	6 000千克	4元/千克	24 000	乙公司

(5)28日,分别以银行存款20 000元和4 000元偿还所欠甲公司和乙公司的购货款。

【要求】根据上述资料:
(1)开设"原材料"和"应付账款"总分类账和明细分类账。
(2)编制上述经济业务的会计分录。
(3)平行登记"原材料"和"应付账款"总分类账和明细分类账,并结出各账户的本期发生额和期末余额。
(4)编制原材料和应付账款明细账试算表,并与总分类账余额核对是否相符。

进一步思考

依据《中华人民共和国会计法》,针对人民群众长期反映的药价虚高顽疾,财政部会同国家医保局于2019年对77家医药企业实施会计信息质量检查。经查,部分医药企业在会计信息质量方面存在问题,具体情况如下:

1. 北京诚诺美迪科技有限公司。检查发现,该公司销售人员2018年使用无关人员的机票、发票报销冲账并套取资金,涉及金额91.51万元。

2. 赛诺菲(北京)制药有限公司。检查发现,该公司2018年列支医学领域的学术研讨或经验交流会议费1.49亿元。经对部分会议参会人员进行延伸访谈,相关医生表示会议不真实或未参加会议,涉及金额93.82万元。

3. 长白山制药股份有限公司。检查发现,该公司存在以下问题:一是2018年虚增人员工资722.25万元,以多报销售人员出差天数的方式虚增差旅费2 162.43万元,以多报劳务派遣人员工作量的方式虚增劳务派遣费用508.20万元。二是2018年列支全国23家医疗机构临床费用2 660万元,以业务推广服务商提供的医疗机构门诊收费票据入账。经核对,上述入账的门诊收费票据与医疗机构实际使用的门诊收费票据的号码、公章等信息均不一致。

4. 通化玉圣药业有限公司。检查发现,该公司存在以下问题:一是2018年虚增人员工资483.30万元,以多报销售人员出差天数的方式虚增差旅费598.33万元,以多报劳务派遣人员工作量的方式虚增劳务派遣费用472.02万元。二是2018年列支福建业务推广费用,后附樟树市慧生信息咨询有限公司开具的发票为虚假发票,涉及金额170万元。三是2018年列支全国23家医疗机构临床费用1 370万元,以业务推广服务商提供的医疗机构门诊收费票据入账。经核对,上述门诊收费票据与医疗机构实际使用的门诊收费票据号码、公章等信息均不一致。

5. 江苏万邦医药营销有限公司。检查发现,该公司2018年支付个人代理商销售推广费用,凭证后附部分发票由与该公司无实质业务往来的第三方公司开具,涉及金额1.40亿元。

6. 江苏恒瑞医药股份有限公司。检查发现,该公司存在以下问题:一是2018年以非本公司发生的机票等报销专家讲课费、点评费、主持费,涉及金额108.80万元。二是2018年以非本公司发生的机票及过路费、咨询费、广告费等发票列支公司员工福利奖励支出,涉及金额214.91万元。三是所属连云港综合二办2018年以非本单位发生的过桥过路费发票报销办事处销售人员补贴、赠送客户礼品、学术活动餐费等费用,涉及金额96.19万元。

7. 上海信谊联合医药药材有限公司。检查发现,该公司存在以下问题:一是所属信谊医药事业部2018年虚增差旅费2 003.36万元,以加油发票列支,但无法提供充值卡号明细、费用审批单等资料。抽查发现,部分发票为假发票。二是所属信谊联合事业部2018年在业务推广费中列支调研咨询费用的后附部分资料不实。经抽查,存在调研报告抄袭、咨询合同签订日期早于咨询公司成立日期、调研内容与合同约定不一致等问题,涉及金额631.62万元。

8. 上海上药新亚药业有限公司。检查发现,该公司存在以下问题:一是2018年列支会议费的后附部分资料不实,存在不同推广会议照片雷同,伪造会议地点、签到表,同一时间不同地点召开的会议的记录人为同一人等问题,涉及金额840.39万元。二是2018年列支市场调研费用的后附部分资料不实,存在调研报告为抄袭、不同地区市场分析报告雷同等问题,涉及金额1 318.32万元。三是2018年列支差旅费的后附部分资料不实,存在无出差人员外勤登记、审批表、交通费,部分会议签到表空白,不同会议照片相同或签到表相同等问题,涉及金额1 239.40万元。

9. 上海信谊天一药业有限公司。检查发现,该公司2018年列支学术活动费的后附部分资料不实,部分学术会议存在邀请函无具体的参会对象、交通食宿安排信息和详细议程资料,所列会议地址为无效地址,会议签到表无实名签字等问题,涉及金额565.72万元。

10. 山东信谊制药有限公司。检查发现,该公司2018年列支兼职业务员费用、办公租赁费用,凭证后附为加油发票、运输发票,涉及金额1 137.30万元。

11. 福建古田药业有限公司。检查发现,该公司2017年至2019年6月30日以业务推广费名义支付福建医统天下健康创业园有限公司3 134.10万元,后者扣除税金后通过莆田市秀屿区笏石东进医药信息咨询部等26家供应商账户,将2 957.29万元资金转回到福建古田药业有限公司员工控制的3个个人银行账户。

12. 山东步长制药股份有限公司。检查发现,该公司以咨询费、市场推广费名义向医药推广公司支付资金,再由医药推广公司转付给该公司的代理商,涉及金额5 122.39万元。

13. 默克雪兰诺有限公司。检查发现,该公司会计科目根据境外母公司统一的代码设置,以英文列示,未使用中文。

14. 江苏豪森药业集团有限公司。检查发现,该公司存在以下问题:一是2018年列支咨询评审费、广告宣传费,后附部分发票经查询国家税务总局全国增值税发票查验平台,结果为"查无此票"或"不一致",涉及金额1.29亿元。二是2018年虚列27家信息咨询服务部的咨询评审费1 600万元。三是2018年列支会议费的后附部分资料不实,涉及金额274.06万元。四是2018年虚增办公用品费481.71万元,后附发票显示购买产品为笔、本子等,经查,实际并未购买。

15. 礼来(上海)管理有限公司。检查发现,该公司使用电子计算机进行会计核算,未按照国家统一会计制度的规定设置总账、明细账等会计账簿。

16. 广东一力医药有限公司。检查发现,该公司存在以下问题:一是2018年以广告费、市场推广费的名义分别支付化州市创意广告部及罗定市阳阳商品信息咨询服务部27.44万元、72万元,后者收到款项后,又转回广东一力医药有限公司职工及职工家属个人账户。二是以咨询调研费名义支付广州市在然企业管理服务有限责任公司46.60万元,但未能提供与调研相关的协议、资金支付凭证等资料。

17. 一力制药(罗定)有限公司。检查发现,该公司2018年以市场推广费的名义支付给罗定市阳阳商品信息咨询服务部36万元,后者收到款项后,又转给一力制药(罗定)有限公司职工的新药推广客户个人账户,该公司无法提供上述业务所对应的协议或证明材料。

18. 深圳华润三九医药贸易有限公司。检查发现,该公司存在以下问题:一是2018年列支视频拍摄项目制作费不实,涉及金额1 323.70万元。二是2018年列支物流监管项目费不实,涉及金额320.20万元。三是该公司本部及广东片区2018年列支会议费不实,涉及金额 8 848.12 万元。四是该公司本部及广东片区 2018 年列支调研费不实,涉及金额 5 952.17 万元。

19. 云南龙海天然植物药业有限公司。检查发现,该公司通过多报业务推广员人数的方式,虚增销售费用 124.44 万元。

(资料来源:中华人民共和国财政部官网)

思考题:
(1)财政部开展医药企业会计信息质量检查,对于深入贯彻习近平总书记关于坚持和完善党和国家监督体系重要指示精神,有什么重要意义?
(2)上述企业普遍存在着使用虚假发票、票据套取资金体外使用,虚构业务事项或利用医药推广公司套取资金。如何保证原始凭证的真实性与合法性?
(3)上述有的企业存在会计科目和账簿设置不规范的违规行为。如何科学规范地设置会计科目和会计账簿?
(4)被处罚的 19 家医药企业有 7 家为上市公司。上市公司会计信息不真实,有哪些危害?
(5)对财政部依法做出的行政处罚,你有哪些更深层次的思考?

阅读资料

[1]《企业会计准则:基本准则》(财政部 2014 年 7 月 23 日公布,中华人民共和国财政部令第 76 号)。

[2]中华人民共和国财政部.企业会计准则:应用指南(2006)[M].北京:中国财政经济出版社,2006.(附录 会计科目和主要账务处理)。

[3]《会计基础工作规范》(根据 2019 年 3 月 14 日《财政部关于修改〈代理记账管理办法〉等 2 部部门规章的决定》修改并施行,中华人民共和国财政部令第 98 号)。

[4]《会计档案管理办法》(2015 年 12 月 11 日中华人民共和国财政部、国家档案局令第 79 号发布,自 2016 年 1 月 1 日起施行)。

[5]《关于修订 2019 年度一般企业财务报表格式的通知》(财政部 2019 年 4 月 30 日发布)。

[6]中华人民共和国财政部:http://www.mof.gov.cn/.

第三章

会计循环与会计信息系统

导论

客观、连续、全面、系统地反映企业在一定期间内所发生的经济业务的信息是会计工作的基本功能。"会计假设"认为企业是持续经营、周而复始的,在整个存续期间,将不断发生各种经营业务。会计的基本任务便是将这些经营业务按照某种规则(会计规则)进行记录、分类、汇总和报告,向信息使用者提供有用的会计信息。因此,会计工作也是周而复始、不断循环地一直开展下去。这种周而复始进行的会计工作被称为会计循环。

对会计循环规律的认识,可以从一般会计循环和计算机会计循环两个角度入手。建议从会计循环的流程原理上理解计算机会计循环与手工会计循环的异同,掌握该循环对会计信息产生、转换和利用的相关知识,并理解会计信息系统从中发挥的作用。

内容结构

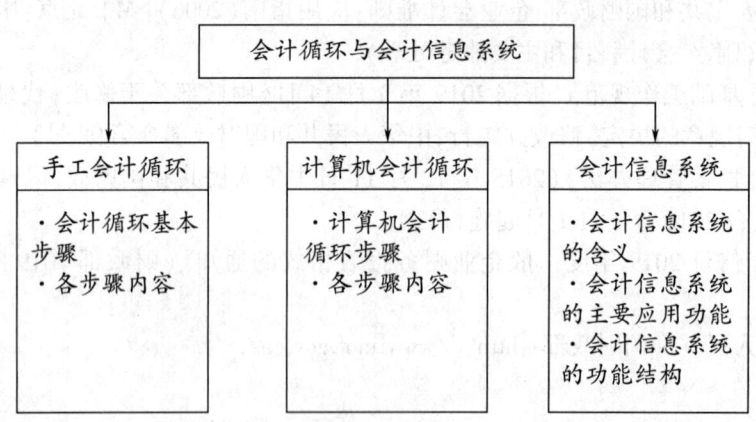

第三章 会计循环与会计信息系统

第一节 手工会计循环[①]

一、会计循环基本步骤

会计工作具有周期性,每一会计期间的工作,都是从分析经济业务、填制会计分录开始,至编制财务报告止,这一周而复始、连续不断的过程就是会计循环。一般来讲,一个完整的会计循环应当包括以下基本步骤,如表 3-1 所示。

表 3-1 手工会计循环的步骤及其内容

在会计期中	步骤 1	识别所需记录的会计事项(分析经济业务) 目标:收集信息。通常以与交易或事件相关的原始凭证形式收集。
	步骤 2	填制记账凭证 目标:识别、评估、序时记录交易对公司产生的经济影响。记录形式应有利于将其转到账户中去。
	步骤 3	从记账凭证过到分类账 目标:将记账凭证中的信息转到分类账中。分类账中存储了各账户的信息。
在会计期末	步骤 4	编制调整前试算平衡表 目标:提供一个便捷的列表来检查借贷平衡,并以此作为编制记账凭证调整分录的起点。
	步骤 5	编制期末账项调整分录并过账 目标:记录应计的、递延到期的、估计的以及其他通常未由原始凭证记录的事项。
	步骤 6	编制调整后试算平衡表 目标:检查借贷平衡,并简化财务报表的编制。
	步骤 7	编制结账分录并过账 目标:结清临时性账户并将本年利润转入留存收益。
	步骤 8	编制结账后试算平衡表 目标:在结账后进行试算平衡。
在下一个会计期间的期初	步骤 9	编制财务报表 目标:将汇总的会计信息提供给外部使用者。 进入下一个会计循环

---

① 此标题内容主要摘自 Anita S. Hollander, Eric L. Denna, Owen Cherrington 著,杨州南等译. 现代会计信息系统. 北京:经济科学出版社,1999:第 79-90 页。

二、各步骤内容

(一) 识别所需记录的会计事项

本步骤的目的是识别哪些业务事件是会计事项,并收集与会计事项有关的经济数据。会计事项是指那些导致企业的会计要素发生增减变动的业务事件,包括以下几类。

1. 报告公司与外部当事人之间资产与债务的交易。交易可能是互惠的资产与债务转移,也可能不是。在互惠的资产与债务转移中,公司既转让也接收资产(例如,销售商品)。在非互惠的资产与债务转移中,公司要么转让资产要么接收资产(例如,接受捐赠),或者要么转让非资产要么接收非资产(例如,分派或接收股票股利)。通常要求在日记账中对这种交易做记录。

2. 与外部当事人无关,发生在公司内部且影响公司的资产或债务的事件。固定资产折旧的计提、无形资产的摊销和将存货用于生产都是这方面的例子。通常也要求在日记账中对这类事件做记录。

3. 超越公司控制范围的经济或环境事件。资产或负债的市值变动和偶然损失都属于这类事件。在日记账中只需要对这类事件中的某些事件做记录。

在会计循环中一般忽略其他非会计事项的业务事件,也就是说,会计工作人员没有在会计记录中记载这类事件的数据。那些难于从会计角度计量的会计事项没有从会计分录中反映,但在财务报表的附注中给予说明。会计事项通常伴随着由非会计人员提供的原始凭证。在手工信息处理环境中,原始凭证通常是纸质的,用以记录会计事项的数据:当事人、日期、金额以及事项的其他方面。销售发票、运费单和现金收据都是原始凭证。人们对这些原始凭证顺序编号,以确定各项会计事项。有些事项(例如,应计利息)不能仅由一个会计事项或原始凭证说明。记录这类事项需要参照那些说明资产交易的基础契约或其他原始凭证。原始凭证既用于交易的初次记录,也在法律程序和财务报表审计中用来追踪和核实交易。

(二) 填制记账凭证

本步骤的目的是计量会计事项的经济影响。在这个步骤中,用会计准则来指导会计计量、确认与分类,根据会计事项编制会计分录,填制记账凭证或分录簿。

(三) 过账

将会计事项数据从记账凭证或分录簿过入分类账的过程称之为过账。过账将记账凭证中序时记录的数据按账户分类,记入分类账。

按照会计法规的规定,企业必须设置的账簿包括序时账和分类账(详细内容参考第二章相关内容)。前面已经介绍,序时账是按照经济业务的先后顺序逐日逐笔登记经济业务的会计账簿。为了加强对货币收支的管理,现金日记账和银行存款日记账是企业必备的账簿,有关收、付款业务要在这两个日记账中进行登记。

(四) 编制调整前试算平衡表

会计期末,在所有会计事项都入账后,编制调整前试算平衡表。调整前试算平衡表是总分类账账户及其余额的列表。

调整前试算平衡表提供了一个便捷的手段来检查账户余额的借贷平衡。调整前试算平衡表是编制调整分录、结账分录和转回分录的起点。编制试算平衡表时，先对控制账户的余额和其下属各明细账户余额进行对账，然后将对账后的控制账户余额反映在调整前试算平衡表中。

如果借贷不平衡，就必须找出错误所在并予以纠正。然而，借贷平衡并不意味着账户就没有错误。例如，未过账的分录、错误分类的账户和错误的分录金额都不会破坏借贷平衡。

(五) 编制期末账项调整分录并过账

本步骤期末账项调整的目的是使会计信息恰当地反映一定期间的经营成果和一定日期的财务状况。

前面已经提到，企业持续正常的生产经营活动实际上是一个绵延不断、循环往复的过程。为了及时地提供会计信息，必须进行会计分期核算，这就使得有些收入和费用在相邻的会计期间存在部分重叠和交错。划分清楚收入、费用在本期和非本期的界限是正确计算本期经营成果的基本前提。对收支期和归属期不一致的收入和费用，在会计处理上有两种核算基础可供选择，一是权责发生制，二是收付实现制。权责发生制对收入和费用按归属期划分，只要属于本期的收入和费用，不论其款项是否收付，均作为本期收入和费用处理；收付实现制对收入和费用按照收付期划分，只要是本期收到款项的收入、支付款项的费用均作为本期的收入和费用处理，而不论其是否应归属本期。由于收付实现制违背了配比原则的要求，影响了各期损益计算的正确性和可比性，所以企业会计核算应以权责发生制为基础。这就需要对有关收入、费用等账户进行必要的调整。调整那些收支期与归属期不一致的收入和费用，主要包括应计项目、递延项目和成本分配项目三种类型。

1. 应计项目的调整。应计项目是由于收入或费用的归属期先于其款项收支期所引起的，包括应计收入和应计费用两种。

(1) 应计收入，又称应收收入。它的发生是由于该项收入已经获得并加以确认，但其款项尚未收讫，所以在会计期末应编制调整分录：一方面登记收入增加，贷记收入类账户；另一方面登记债权增加，借记有关应收项目账户。

【例 3-1】20×2 年 12 月甲洗衣公司提供洗衣服务，洗衣款 2 000 元尚未收到。

对于甲洗衣公司，虽然款项尚未收到，但洗衣服务(劳务)已经提供，符合收入的确认标准，期末应编制调整分录如下：

借：应收账款　　　　　　　　　　　　　　　　　　　　　　　　2 000
　　贷：主营业务收入　　　　　　　　　　　　　　　　　　　　　2 000

这笔分录一方面确认了一笔应列入本期的收入，另一方面也确认了一项应列入期末资产负债表的资产。

(2) 应计费用，又称预提费用，是指归属期在前、实际支付在后的费用，是一种负债性的应付未付费用。该类费用由于未在本期支付，在日常核算中未登记入账，但它能使本期受益,应确认为当期费用,在期末通过调整分录入账。

【例3-2】甲洗衣公司所借短期借款100 000元,根据借款利率估算,20×2年12月应负担利息1 000元。

根据银行规定,借款利息按季结算,但洗衣公司自借款之日起开始受益,因此每一个月均要记录该笔费用。具体方法是:每个季度前两个月应负担借款利息,一方面确认本期承担的费用,借记"财务费用"账户;另一方面因有关款项尚未支付,确认为相应的负债,贷记"应付利息"账户。甲洗衣公司应编制调整分录如下:

借:财务费用   1 000
  贷:应付利息   1 000

2. 递延项目的调整。递延项目是由于收入或费用的收付先于其归属期所引起的,包括递延收入和递延费用。

(1) 递延收入,又称预收收入,是指本期款项已经收妥入账,但尚未向付款人提供商品、劳务或财产物资使用权,应尽的义务尚未全部完成,所以它不属于本期收入,是一种负债,待完成应尽的义务之后,才能由预收款项转为收入。在计算本期收入时,应对该部分预收收入进行调整。递延收入主要有两种:预售销货款和预收租金。现以预收租金举例说明。

【例3-3】20×2年12月,B企业向甲洗衣公司出租房屋预收了两年的租金120 000元,并存入银行。

对于B企业,由于预收的租金是转让两年的房屋使用权的报酬,而本期仅转让了一个月的房屋使用权,所以只有这一个月的租金可确认为本期收入,其余租金虽已收取了款项,但应作为递延收入,通过"预收账款"账户确认为负债入账。

B企业在收款时,应编制如下会计分录:

借:银行存款   120 000
  贷:预收账款   120 000

待月末调整账项时应编制如下会计分录:

借:预收账款   5 000
  贷:其他业务收入   5 000

(2) 递延费用,又称待摊费用,是指本期已付款入账,但应由本期和以后各期分别负担的费用。递延费用虽然在本期支付了款项,但它并未使本期受益或未完全受益,所以也就不能计入或完全计入本期有关费用,否则不合理,而应计入"长期待摊费用"账户,待以后在其受益期间分期摊销,再编制调整分录;计入有关费用账户。

【例3-4】承例3-3,甲洗衣公司20×2年12月初预付两年的房屋租金120 000元,当年末分摊当月应负担的租金费用。

由于甲洗衣公司12月初预付两年的房屋租金120 000元时,已经编制如下会计分录:

借:长期待摊费用   120 000
  贷:银行存款   120 000

本年度实际使用房屋一个月,应负担租金费用 5 000 元(120 000/24),作为当期管理费用,故编制如下调整分录:

借:管理费用　　　　　　　　　　　　　　　　　　　　　　　　　5 000
　贷:长期待摊费用　　　　　　　　　　　　　　　　　　　　　　　　5 000

3. 成本分配项目的调整。成本分配项目调整是指会计期末将与取得当期收入有关的资产成本,按一定估计的金额摊配为费用。典型的成本分配项目主要有计提折旧、无形资产摊销等。会计期末,企业除了要对应计项目、递延项目进行账外调整外,还应为有关成本分配项目编制调整分录。下面以计提固定资产折旧为例加以说明。

企业取得诸如房屋、机器设备等资产时,由于是为了在经营活动中长期使用,不能将发生的支出计入取得当期,而应作为固定资产的取得成本。固定资产在使用期间,由于磨损和陈旧要不断地发生成本损耗,这些损耗的成本应按某种估计的结果,作为折旧费用分配到其实质取得收益的各个会计期间。

【例3-5】假设甲洗衣公司所购入的洗衣设备 180 000 元,20×2 年 12 月应计提折旧 3 000 元。则该月末应编制调整分录如下:

借:管理费用　　　　　　　　　　　　　　　　　　　　　　　　　3 000
　贷:累计折旧　　　　　　　　　　　　　　　　　　　　　　　　　3 000

(六)编制调整后试算平衡表

在进行月末账项调整并将调整分录登记有关账户之后,为了保证调整分录过账后会计记录的正确性,还应编制调整后试算平衡表。编制调整后试算平衡表的目的是在综合考虑所有调整分录后验证借贷平衡。调整后试算平衡表的编制方法与调整前试算平衡表的编制方法相同。

(七)编制结账分录并过账

结账分录将暂记账户(例如损益类账户)的余额结转为零。暂记账户亦称临时账户或虚账户,是指结账后期末余额为零的账户。结账分录在会计期末记入普通日记账并过入对应的分类账账户。永久性账户期末余额成为下一个会计期资产、负债和所有者权益的期初余额。永久性账户亦称实账户,是指期末结账后一般有余额的账户。"利润分配——未分配利润"账户是结账过程中所涉及的唯一永久性账户。

(八)编制结账后试算平衡表

这个步骤是为了在结账后检查借贷平衡,因为随着账户数目和过账工作量的增加,出错的概率也上升。结账后试算平衡表的编制方法亦与调整前试算表的编制方法相同。在该表中,留存收益账户是唯一的余额与调整后试算平衡表中数值不同的账户。

(九)编制财务报表

财务会计的主要目标是为决策者提供有用的信息。财务报表是会计循环的本期结束标志。财务报表可基于任意长的一个时间段编制。常见的财务报表有资产负债表、利润表、现金流量表和所有者权益变动表等。

> 请思考：会计循环的各步骤中哪些步骤分别属于会计确认、计量、记录和报告的功能？

第二节　计算机会计循环

一、计算机会计循环步骤

计算机会计循环即计算机环境下会计工作的具体循环过程。所谓计算机环境，是指在企业管理活动中大量应用信息技术而形成的管理信息化环境。在该环境下，虽然会计循环的基本原理并没有发生根本变化，但由于使用了计算机这种具有庞大存储容量、高速运算能力和代替人工进行会计核算的系统，极大地扩展了会计信息系统的数据处理和信息生成能力。相对于手工会计处理系统，计算机会计信息系统能够接收和存储更大容量和更多类别的业务资料，会计软件系统可以更为快速与可靠地执行既定的会计处理步骤，同时，更为快捷和灵活多样地输出会计信息。计算机会计信息系统可以把会计人员从繁琐的手工账务处理中解脱出来，使其把更多的时间和精力用到对会计资料和信息的分析和利用上，重点放到经营决策上。计算机环境下会计循环的过程如图3-1所示。

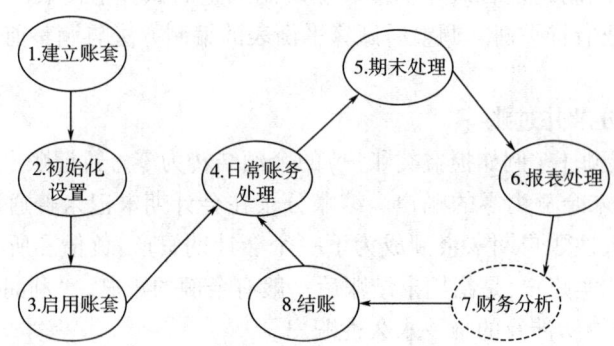

图3-1　计算机环境下的会计循环过程

二、各步骤内容

（一）建立账套

在计算机环境下使用计算机及会计软件系统进行会计业务处理，首先要创建一个会计核算的环境，这就像手工会计核算工作时要有必要的纸质的证、账、表等一样，只不过，在计算机环境下所建立的会计账套是计算机数据库文件，以后的会计资料都将以数据文件的形式存储在计算机中，计算机账套的建立为下一步的会计核算准备了基础条件。

(二) 初始化设置

步骤一已经为会计核算准备好了一套"空白"的账套，"初始化设置"主要是把传统会计核算资料录入计算机中，以保证会计核算能够在原有的基础上，在计算机环境下正确、连续、顺利地进行。需要录入的资料主要包括：核算单位的基本信息、会计科目代码、各账户的余额及累计发生额，及一些主要的会计核算政策等。

(三) 启用账套

初始化设置完成后，经过必要的完整性、平衡性检查无误后，就可启用账套进入计算机环境下的会计核算工作，以后的会计工作则循环往复地在该账套内进行。

(四) 日常账务处理

日常账务处理工作主要从其他子系统，例如工资管理、固定资产核算、采购与应付、销售与应收等子系统中获取数据，转换为记账凭证，或者直接输入记账凭证，然后通过凭证修改、凭证审核、过账、账簿查询等功能，形成过程数据，为生成会计报表做准备。

(五) 期末处理

期末处理主要包括以下三步：

1. 执行自动转账。通常情况下可利用自动转账功能做一些借款利息、固定资产大修理费用、摊销待摊费用、摊销无形资产等费用结转的业务处理。

2. 期末调汇。本功能主要用于对外币核算的账户在期末自动计算汇兑损益、生成汇兑损益转账凭证及期末汇率调整。

3. 结转本期损益。此功能将所有损益类账户的本期发生额全部自动转入本年利润账户，自动生成结转损益的记账凭证。要求将所有的凭证都过账后再执行此功能，否则结转的损益数可能不正确。

(六) 报表处理

在记账凭证过账后，报表就可以按照事先定义好的取数公式自动生成。此功能提供报表自定义功能，可以按照用户的需要生成与会计业务有关的各类报表。

(七) 财务分析

一般的计算机会计软件系统还提供了最基本的比率分析、结构分析、趋势分析等功能，用户可以选用。

(八) 结账

在本期所有业务及记账凭证和调整凭证都已过账后，就可以执行结账功能。结账功能主要是结出各个账户的本期发生额、累计发生额及余额等数据，并为下一会计循环工作做好准备，一旦结账，一切数据不能再修改。此功能执行完毕后，会计核算进入下一期，重复步骤四开始新的一个会计循环期。

请思考：计算机会计循环与传统会计循环的区别和联系是什么？

第三节 会计信息系统[①]

计算机环境下,许多大中型企业建立了自己的会计信息系统(Accounting Information System,AIS)。会计信息系统的引入和应用,实现了会计核算和管理工作的自动化、智能化和知识化,极大地提高了会计工作的效率,保证了会计信息的真实性和及时性,为企业决策人员的管理活动提供了强有力的信息资源。

一、会计信息系统的含义

会计信息系统是指为了完成会计目标而构建的,由会计人员、会计软件、信息工具和运行规则组成的人机交互系统。其主要功能是根据会计工作规则而进行会计信息和辅助信息的采集、存储、转换、检索、排序、处理、分析、传递和反馈等工作,为企业组织的管理决策服务。会计软件是会计信息系统的核心部件。[②]

(一)会计信息系统的目标是实现会计目标

在现代企业组织内建立起来的会计信息系统,其目标主要分为两个方面,一是核算目标,即对外提供受托责任等信息;二是管理目标,即为企业管理、投资决策、市场反应等管理活动提供信息服务。该会计目标是企业战略目标的一部分,借助信息工具实现传统会计"心有余而力不足"的决策支持和管理辅助功能,尤其在大数据、云计算、区块链等技术普遍应用的当今时代,更是如此。

(二)会计信息系统是一个人机交互系统

在计算机技术日益发达的今天,许多会计功能,尤其是核算功能已经做到自动化、智能化,例如用友软件提出的"零核算",其实就是会计核算的高度自动化。但是,这并不等于会计信息系统可以没有人的参与,恰恰相反,人的作用在现代信息系统中更加关键,在会计系统的控制、信息资源利用、系统的开发和维护等环节中会计人员起到不可替代的作用。

(三)会计信息系统的有力工具是信息技术

信息工具由会计信息系统的运行平台、会计应用软件和会计数据库文件等要素构成。运行平台是指为会计工作提供运行环境的技术基础,包括计算机、网络、通信等硬件设施和操作系统、辅助软件等系统软件。会计应用软件包括会计核算软件、管理软件、程序文档、设计文档、使用说明、操作记录和相关的数据文件等。会计数据库文件对会计信息系统的正常

[①] 这里所提到的会计信息系统是计算机环境下的现代会计信息系统,因为传统手工会计也是一个信息系统,在没有特别指明的情况下,本文指的是前者。

[②] 目前可以提供会计软件的公司很多,如国内的用友公司、金蝶公司,国外的德国SAP公司、美国甲骨文公司等。

运转非常重要,是为信息系统提供数据存储的一类软件,会计信息系统一旦开始运行,将产生大量的中间数据和结果数据,例如凭证数据、总账数据、明细账数据、报表数据、余额数据、发生额数据等,均属于数据库文件要存储的内容,对于像ERP这样的大型信息系统,每天产生的数据非常巨大,如果没有得力的数据库文件做辅助,会计系统是无法运转的。

二、会计信息系统的主要应用功能

如前所述,会计信息系统从企业活动的各个环节和部门接收数据和信息,经过加工处理后为生产和经营服务,为外部信息用户服务,为其他子系统提供信息输出。因此,会计信息系统的功能是非常丰富的。

(一)生成会计报告

一个组织的会计信息系统可以生成内外部会计报告。不同的会计报告可以满足不同的使用者,例如所得税申报表可以满足税务机关的需要;资产负债表、利润表等可以满足企业外部投资者的需要;库存表、生产日报表、成本明细表等可以满足内部管理的需要;产量统计表、绩效统计表可以满足企业员工查询工作量的需要;清产核资表、固定资产统计表等可以满足国有资产管理部门的需要。

由于上述报表的格式和内容对于多数机构来讲是相对固定的,软件供应商在设计时可以固化这些格式或提供一个接口,以便用户能快速得到所需要的报表。

(二)处理日常事务

会计信息系统是企业管理的工具,属于信息系统的后台系统部分,管理者进行日常管理所需要的与会计有关的信息都要通过该系统提供,如处理客户订单、提供商品信息、开具发票、记录往来账目、收取现金等。会计信息系统能够处理大量重复的交易和事项,为各级管理部门提供需要的信息。

(三)进行结构化和非结构化决策

所谓结构化决策是指流程固定、经常发生的,所需信息比较单一和重复的,能够事先制定流程的决策过程。大部分日常决策活动或较低层次的管理活动均属于这一类。与此对应的是非结构化决策,即不是经常发生的、所依赖的信息综合性较强、决策流程不太固定的决策活动。企业高层的决策活动一般属于该类非结构化决策活动。现代会计信息系统中存储的海量的经济信息可以随时为管理人员提供所需的详细信息和综合信息。对于非结构化所需要的企业外部信息,会计信息系统可以通过集成其他子系统,为决策活动提供支持。

(四)进行计划与控制

信息系统可以随时为管理当局的计划和控制活动提供支持。在会计信息系统中实现与全面预算管理系统的对接,可以随时将责任中心的实际数据与预算标准进行比较;对于预算和计划内的项目,由于已经授权,按照固定流程正常办理;对于特殊的或预算外项目,则通过超标预警、自动锁定、例外授权或预算储备等功能进行控制。在销售、采购过程中,利用POS结算系统、终端扫描系统等手段,可以随时获取海量的交易信息,通过信息系统的数据挖掘功能，为管理当局提供组织日常运行的完整信息流，做到实时监控、及时调整、精准计划和科学决策。

（五）促进内控系统的建立和运行

依据我国《企业内部控制基本规范》，企业应从以下五个要素建立与实施有效的内部控制，即内部环境、风险评估、控制活动、信息与沟通、内部监督。通过会计信息系统，可以为管理控制和会计控制活动提供组织运行的过程信息，使得资金流、物流和信息流"三流"同步协调，将组织风险控制在可控范围之内。

三、会计信息系统的功能结构

上述处理流程反映了企业组织内部会计信息系统各子系统以及与外部系统之间的数据交换走向和规律，下面从功能发挥的角度讨论会计信息系统应该具备的一般功能。

（一）会计信息系统的目标

企业会计信息系统的目标是为企业内部和外部信息使用者提供核算信息和管理决策支持信息，包括会计信息和非会计信息。上述总目标可以分解为如下子目标：

1. 及时、准确、可靠地采集和录入经济事项信息，以便为各种核算和管理积累所需要的数据。
2. 正确有效地完成被确认的会计事项的核算工作。
3. 及时、准确、完整地提供组织所需要的会计信息，如凭证、账簿、报表等的查询和输出。
4. 为企业管理当局提供管理活动所需要的信息支持。
5. 扩充会计核算和会计管理职能范围，为企业管理提供集成化信息支撑。

上述具体目标（或称为功能）决定了会计信息系统的重要功能是完成各项业务核算和管理，提供各级管理决策者需要的会计信息。

（二）会计信息系统的主要功能模块

会计信息系统是完成会计核算和管理功能的独立系统，它随时保持与其他管理子系统的信息交换和功能协同，实现管理信息的沟通与共享。在会计信息处理实务中，通常会对各项不同的业务设置相应的功能来完成核算和管理工作。工业企业、商贸企业及其他类型企业的会计信息系统在会计核算方面的功能基本一致，在管理和辅助决策方面表现出的差异较大（这主要与企业对会计信息系统的需求各异有关），因此表现出的会计信息系统的功能结构可能是不一样的。图3-2是一般企业会计信息系统的功能模块结构。

1. 总账处理模块子系统。总账处理模块子系统也可以称作总账处理子系统，负责完成全部经济业务的总分类核算，生成日记账、总分类账、明细账，同时处理生成各类账户的中间结果，为编制和生成各类财务报表、会计管理报表以及财务分析等准备数据。
2. 工资核算模块子系统。工资核算模块子系统也可以称作工资核算子系统，主要对工资项目的各项数据进行核算，包括在职员工、离退休人员、临时员工、借调或其他员工的工资薪酬等项目的分类和汇总。该模块的处理环节包括增加员工、减少员工、工资固定项目、工

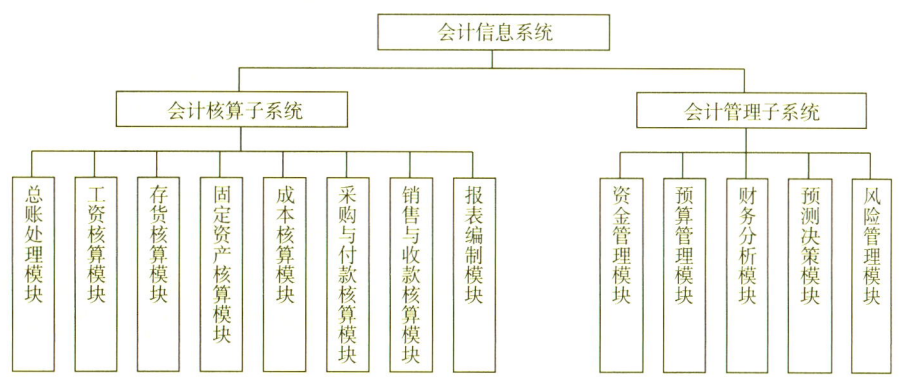

图 3-2 会计信息系统功能结构图示

资变动项目、工资条工资表打印、工资费用分配、个人所得税计提、工资信息趋势和规律分析等。在大型系统中，该模块往往与人力资源管理、薪酬考核系统等进行集成，完成工资核算和管理的全部流程。

3. 存货核算模块子系统。存货核算模块子系统也可以称作存货核算子系统，主要对企业组织的存货状态、收发结存、货款支付等进行核算，同时编制材料费用分配转账凭证、自动计算和分配材料成本差异等。该模块和销售与收款模块、采购与付款模块共同构成进销存管理模式的主要框架，完成整个企业的原材料、物料的动态反映和监控。

4. 固定资产核算模块子系统。固定资产核算模块子系统也可以称作固定资产核算子系统，主要对企业的固定资产的增减、移动、调拨、盘存等行为进行反映。该模块的主要环节是制作并管理固定资产信息卡片，进行固定资产增加减少的变动核算、折旧的计提和分配、固定资产整体结构和状态等信息分析，为固定资产管理决策提供依据。

5. 成本核算模块子系统。成本核算模块子系统也可以称作成本核算子系统，主要完成各种成本费用的归集和分配，计算产品的单位成本和总成本，同时进行各种成本计算报表的生成和输出。有些成本核算模块具有管理分析功能，可以为管理部门提供成本的预测、分析、控制和决策功能。成本的核算方法与企业的经营性质和生产工艺息息相关，因此成本核算子系统的开发往往由各个单位自己组织或软件公司根据用户的需求进行定制，只有这样才能更有针对性地对成本信息进行有效管理。

6. 采购与付款核算模块子系统。该子系统主要完成企业或部门的采购订单的处理、入库核算、应付账款记录与支付核算。如果与存货模块实现了集成，可以完成企业采购整个流程的核算和管理。

7. 销售与收款核算模块子系统。该子系统主要完成企业或部门的销售订单的处理、出库核算、应收账款记录与收取核算。如果与存货模块实现了集成，可以完成企业销售整个流程的核算和管理。

8. 报表编制模块子系统。该模块子系统可以定义常用的会计报表和财务分析表,同时可以根据用户的需求定义各类管理报表。该系统如果实现了与上述核算子系统的集成,通过自定义取数函数,可以根据会计核算数据自动生成资产负债表、利润表、现金流量表以及各种内部管理报表,同时可以提供各种表格的查询,有的报表系统与 Excel 等实现互转,方便用户使用。

9. 资金管理模块子系统。该系统目前逐渐受到许多企业的重视,应用范围日益广泛。在使用过程中,资金管理子系统主要完成企业或部门的资金账户设置、资金增减管理、资金信息查询等功能,同时进行资金余缺管理、内部调拨使用、资金风险管理等功能。在企业集团中,资金集中管理、收支两条线管理、模拟内部银行等管理方法都是可以选择的有效手段。

10. 预算管理模块子系统。该系主要完成企业财务预算和业务预算等管理功能,包括预算目标的制定、预算指标的分解与下达、预算执行和监督、预算绩效考评等功能。该功能如果与其他责任中心子系统或核算模块集成,可以实现预算管理的全面控制。

11. 财务分析模块子系统。该子系统主要根据上述各个子系统提供的数据进行财务分析,包括财务结构、经营趋势、风险预警,并将分析结果呈报给管理当局,从而达到辅助决策的目的。

12. 预测决策模块子系统。该子系统主要是基于管理功能而设计开发的,包括综合利用会计信息系统产生的信息和其他子系统输出的相关信息,包括市场信息、行业信息、宏观信息等,对投资活动、市场前景、企业发展、资金投放、项目开发等进行预测,在此基础上进行方案的选择和优化,实现管理型会计信息系统的功能。

13. 风险管理模块子系统。该系统主要完成企业经营过程中存在的财务风险和经营风险的管理和控制,主要包括风险因素识别、风险模拟、风险评价、风险应对等功能。从风险管理的流程出发,利用企业内外信息和风险管理模型,对企业经营的诸多不确定性采取事先防范的策略,达到降低损失的目的。

随着会计管理理论的不断发展及其在企业会计实务中的不断应用,人们越来越意识到会计管理的重要性,对会计信息系统提出了更高的要求,它不仅能够满足会计核算的需要,还应该满足会计管理的需要,即在经济活动的全过程进行事前预测、事中控制、事后分析,为企业管理和决策提供支持,因此,会计信息系统的组成结构处在一个不断丰富和完善发展的过程之中。

> **请思考**:会计信息系统所包含的会计核算子系统与会计管理子系统之间是什么样的关系?信息是如何传递的?

本章小结

会计工作是在企业经营过程中周而复始的循环型工作,人们习惯上将该过程称为会计循环。一个会计循环包括以下基本步骤:分析经济业务、填制记账凭证、从记账凭证过到分类账、编制调整前试算平衡表、编制期末账项调整分录并过账、编制调整后试算平衡表、编制结账分录并过账、编制结账后试算平衡表、编制财务报表。在计算机环境下上述步骤仍然适用,但应根据计算机的特点做一些形式上的调整,该循环包括建立账套、初始化设置、启用账套、日常账务处理、期末处理、报表处理、财务分析、结账八大步骤。

本章还有一个主要内容,即会计信息系统。广义上的会计信息系统既包括传统的手工会计信息系统,也包括计算机会计信息系统,这里介绍的是应用愈加广泛的计算机会计信息系统。会计信息系统的推广和应用有利于会计工作由核算向管理的角色转换,有利于提高会计信息的及时性和准确性,为企业管理决策服务。会计信息系统一般包括会计核算子系统和会计管理子系统两大部分。

本章关键词汇

会计循环	Accounting Cycle
会计事项	Accounting Matters
过账	Transform Accounting
计算机会计	Accounts Computer
账套	Accounting Set
系统初始化	System Initialization
会计信息系统	Accounting Information System
总账系统	General Ledger System
报表管理系统	Report Management System
会计核算子系统	Accounting Subsystem
会计管理子系统	Accounting Management Subsystem

思考题

1. 试比较一般会计循环与计算机会计循环的异同点。
2. 会计循环包括哪几个步骤？各有何作用和特点？
3. 计算机会计循环的主要步骤和内容有哪些？
4. 什么是会计信息系统？该系统包括哪些功能？
5. 应用现代会计信息系统的意义体现在哪些方面？
6. 如何控制现代会计信息系统？

练习题

一、单项选择题

1. 会计循环的起点是(　　)。
   A. 记录经济事项　　　　　　B. 编制会计凭证
   C. 识别会计事项　　　　　　D. 填制账簿信息
2. 以会计分录的方式记录经济事项的会计工作是(　　)。
   A. 记录经济事项　　　　　　B. 编制会计凭证
   C. 过账　　　　　　　　　　D. 填制账簿信息
3. (　　)是总分类账账户及其余额的列表。
   A. 编制财务报表　　　　　　B. 记录现金日记账
   C. 登记往来账簿信息　　　　D. 调整前试算平衡表
4. 会计信息系统是一个(　　)类型的系统。
   A. 单纯的软件系统　　　　　B. 与其他系统无关的独立系统
   C. "人机"综合系统　　　　　D. 手工信息系统
5. 基于企业外部和内部会计信息使用者的不同需求,会计信息系统可以分为(　　)。
   A. 财务及报表处理系统　　　B. 应收账款及应付账款系统
   C. 采购付款循环及销售收款循环　　D. 财务会计系统和管理会计系统
6. 对新用户来讲,计算机会计循环的第一步是(　　)。
   A. 建立账套　　　　　　　　B. 计量业务

C. 记录凭证 D. 报告信息

7. ( )功能主要是把手工会计核算资料录入计算机中,以保证会计核算能够在原有的基础上,在计算机环境下,正确、连续、顺利地进行。

A. 启用账套 B. 初始化设置
C. 记录凭证 D. 期末处理

8. 财务结构分析、经营趋势预测、风险预警提示等功能一般在( )模块中提供。

A. 财务分析 B. 总账核算
C. 报表处理 D. 系统设置

9. 会计信息系统所处理的主要是( )。

A. 企业中实物资产的运动 B. 企业中资金运动的数据记录
C. 账务及报表处理 D. 应收账款及应付账款

10. 将会计事项数据从( )过入( )的过程称为过账。

A. 记账凭证,分类账 B. 分类账,记账凭证
C. 分类账,总账 D. 总账,分类账

二、多项选择题

1. 一般会计循环的前三个步骤包括( )。

A. 分析经济业务 B. 制作记账凭证
C. 过账 D. 试算平衡

2. 以下论述属于会计信息系统的目标是( )。

A. 及时、准确、可靠地采集和录入经济事项信息
B. 正确、有效地完成被确认的会计事项的核算工作
C. 为企业管理当局提供管理或动所需要的信息支持
D. 扩充会计核算和会计管理职能范围,为企业管理提供集成化信息支撑

3. 计算机会计信息系统的优点有( )。

A. 能够接收和存储更大容量和更多类别的业务资料
B. 会计软件系统可以更为快速与可靠地执行既定的会计处理步骤
C. 更为快捷和灵活多样地输出会计信息
D. 可以把会计人员从繁琐的手工账务处理中解脱出来

4. 在手工会计循环中,会计事项是指那些导致企业的资产、负债或所有者权益变动的业务事件,包括( )。

A. 报告公司与外部当事人之间资产与债务的交易
B. 与外部当事人无关,发生在公司内部且影响公司的资产或债务的事件
C. 超越公司控制范围的经济或环境事件
D. 发生在公司外部的交易与事项

5. 为了加强货币收支管理,企业应设置( )。

A. 现金日记账　　　　　　　B. 银行存款日记账
C. 销售台账　　　　　　　　D. 采购明细账

三、判断题

1. 企业持续正常的生产经营活动,实际上是一个绵延不断、循环往复的过程。(　　)
2. 会计循环是会计信息系统设计和运行的主要依据。(　　)
3. 会计事项是指那些导致企业的会计要素发生增减变动的业务事件。(　　)
4. 计算机环境下会计系统的账实核对、对账工作基本不存在。(　　)
5. 会计信息系统包括会计核算系统和会计管理系统两部分。(　　)
6. 原始凭证既用于交易的初次记录,也在法律程序和财务报表审计中用来追踪和核实交易。(　　)
7. 为了加强对货币收支的管理,现金日记账和银行存款日记账可由企业任选一种进行登记。(　　)
8. 一般会计循环的规律在计算机环境下仍然适用。(　　)
9. 计算机环境下的会计循环均由建立新账套开始。(　　)
10. 划分清楚收入和费用在本期和非本期的界限是正确计算本期经营成果的前提。(　　)

四、分析题

目的:熟悉会计信息系统核算功能的循环步骤。

资料:将手工会计工作移植到计算机上,会大大提高工作效率和准确度,但这种移植不是简单照搬,需要对传统的会计工作步骤(或称为流程)进行重新安排,下面是某个电算化会计软件使用中的若干分段操作步骤:
(1)结账;(2)报表公式定义;(3)凭证制作;(4)凭证审核;(5)凭证种类设置;(6)科目设置;(7)报表生成;(8)年初余额试算平衡;(9)自动转账分录设置;(10)报表格式定义;(11)装入期初余额;(12)装入期初未达账项;(13)货币汇率设置;(14)设置核算账套。

要求:请结合所学知识或参考相关操作手册,将其按照操作的先后步骤排序,并讨论说明这样做的理由。

进一步思考

有人认为在信息化时代到来之际,会计人员与非会计人员的知识在不断融合:会计人员需要掌握更多的企业管理知识来提升自身价值和发展空间,非会计人员需要准确理解企业的财务信息和处理规则,以便做出科学决策。而这种融合只有在以信息技术为基础的集成系统平台下才能实现。

思考题:

(1) 请谈谈你对上述问题的理解。

(2) 当大多数会计核算工作由计算机系统替代后,传统会计人员是否失业了?应如何重塑会计职业发展空间?

阅读资料

[1] 用友软件公司:http://www.yonyou.com/.

[2] 金蝶软件公司:http://www.bjkingdee.net/.

第二篇

企业生产经营活动的会计确认、计量与记录

第四章

筹资活动的核算

导论

　　本章至第十章以制造业为例,阐述企业生产经营活动以及所形成财务成果的确认、计量和记录。企业要独立进行生产经营活动,必须拥有一定数量的经营资金,作为从事生产经营活动的必要条件。资金筹集是企业生产经营活动的起点,任何资金都有来源渠道和筹集方式。企业接受国家、其他单位、个人等投资者投入的资金称为投入资本;通过银行借款、发行债券等负债方式借入的资金形成企业的负债。本章即介绍企业接受投入资金(权益筹资)和采用负债方式筹集资金(负债筹资)的核算。

内容结构

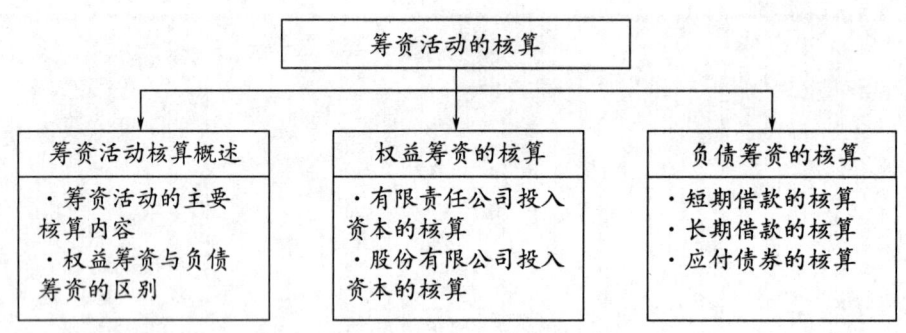

第一节 筹资活动核算概述

一、筹资活动的主要核算内容

企业开展经营活动,首先要有足够的经营资金;扩大再生产经营规模,也需要追加投资。企业能不能通过一定的筹资渠道,采取一定的筹资方式,筹集到经营所需要的资金,对于其生存和发展至关重要。

筹资是指企业通过吸收直接投资、发行股票、银行借款、发行债券、利用商业信用等方式获取所需资金的行为。其中:银行借款按其偿还时间的长短,分为短期借款和长期借款。利用商业信用方式获取资金是指企业在经营过程中产生的借入资金,如赊购材料等而占用的另一企业资金,属于企业间接借入的资金,形成应付账款、长期应付款等负债项目(对于这类间接借入的资金,本书将其并入相关经营业务中介绍,不单独阐述)。

企业筹资应遵循规模适当、筹措及时、来源合理、方式经济和结构优化的原则。即:要合理确定资金的需要量,把握筹措资金的恰当时机,认真选择筹资的来源,力求降低资金成本,优化资金总额中不同资金来源(主要是借入资金和自有资金)的构成比例。筹资决策中要考虑资金成本、财务风险、资金期限、偿还方式、限制条件等。资金成本是企业选择资金来源、拟订筹资方案的基本依据,因其直接关系到企业的经济效益,所以是筹资决策时要考虑的首要因素。资金成本包括筹资费用和用资费用,本质上是企业的一种机会成本。前者是指企业在筹措资金过程中为获取资金而支付的费用,如借款手续费和证券发行费等;后者是指企业在生产经营中因使用资金而支付的费用,如股利和利息等。

企业筹集资金按照资金的来源渠道不同,可分为权益性筹资(即以接受投资的方式进行的筹资)和负债性筹资,分别简称为权益筹资和负债筹资。前者包括吸收直接投资、发行普通股股票等;后者包括银行借款和发行债券等。按照所筹集资金使用期限的长短,可分为短期资金筹集和长期资金筹集,其长短期通常以一年为标准区分。相对于短期资金筹集,长期资金筹集具有筹集金额大、偿还期限长等特点。吸收直接投资、发行股票、长期借款和发行长期债券都属于长期资金的筹集,尤其是吸收直接投资和发行股票所形成的投入资本更是企业长期稳定拥有的资金,一定数额的投入资本也是企业取得债务资金的保证。

上述的吸收直接投资、发行普通股股票以及长短期借款和发行债券的核算,构成了企业筹资活动的主要核算内容。

二、权益筹资与负债筹资的区别

筹资按其资金来源渠道分类是基本分类,同一渠道的资金可采用不同的筹资方式取得。

尽管来源于同一渠道的资金外在的筹集方式(即企业取得资金的具体形式)不尽相同,但都具有内在的共性。权益筹资与负债筹资的主要区别如下。

(一)承担责任的对象不同

权益筹资是企业对投资人承担的经济责任,而负债筹资是企业对债权人承担的经济责任。投资人既可以参与企业的经营管理,又可以享有企业利润的分配,但在企业发生亏损的情况下,负有承担亏损的义务;债权人只享有收回债务本金和利息的权利,无权参与企业的经营管理和利润的分配,相应地也没有承担亏损的义务。

(二)偿还期限不同

权益筹资所筹集的资金在企业的存续期内可供企业长期支配使用,具有永久性,没有固定的到期日,除非发生减资、清算,否则不需要偿还;负债筹资所筹集的资金则要按约定时间偿还。

(三)资金成本不同

权益筹资的资金成本通常较高,一方面,权益筹资中的普通股发行成本较高,另一方面,因为投资者投资于普通股的风险较高,所以相应地也会要求较高的投资报酬,而且这种投资报酬从缴纳所得税后的净利润中支付;负债筹资的发行费用相对较低,且企业债券利息中的费用化部分是在缴纳所得税前支付的,具有抵税作用,可以降低资金成本。

(四)筹资风险不同

权益筹资(指发行普通股筹资)没有固定的股利负担,企业是否分派股利以及分派多少可根据公司盈利情况、现金流量和经营需要等确定,在盈利较少或虽有盈利但资金不足以及有更好的投资机会时,可以少分派或不分派现金股利,筹资风险相对较小;负债筹资按合同约定还本付息是刚性的,无论企业盈利和现金流量情况如何,都必须履行,在企业资金紧缺的情况下,固定的利息支出会成为企业的一项沉重的财务负担,甚至有可能会导致其破产,筹资风险相对较大。

(五)对控制权的保障不同

权益筹资因投资人有参与企业经营管理的权利,可能会分散控制权;负债筹资因债权人没有参与企业经营管理的权利,企业所有者的控制权不会被削弱。

综上所述,权益筹资与负债筹资各有利弊,企业应根据具体情况选择或结合使用。权益筹资有利于提高企业的信誉,增强企业的抗风险能力;负债筹资因其按事先约定的利率支付利息,当负债的资金利润率高于负债资金成本率时,高出部分全部归投资者所有,因而可增加投资者所得的盈余,起到财务杠杆的作用。

第二节 权益筹资的核算

企业采用权益筹资方式筹集的资金称为投入资本。投入资本是指所有者投入企业的资本,包括实收资本(股本)和企业在接受投资人投资过程中形成的资本溢价或股本溢价。其中,前者为企业在工商行政管理部门的注册资本(即资本金),是企业经营的"本钱"。资本金在性质上属于企业的主权资金,具有盈利性目的。不同类型的企业由于在设立等方面具有不同特征,故而在投入资本的核算上也不尽相同。

企业的组织形式有公司制和非公司制两种。依据《中华人民共和国公司法》(以下简称《公司法》),公司是企业法人,有独立的法人财产,享有法人财产权,以其全部财产对公司的债务承担责任。我国《公司法》中所指的公司,包括有限责任公司和股份有限公司。有限责任公司的股东以其认缴的出资额为限对公司承担责任;股份有限公司的股东以其认购的股份为限对公司承担责任。公司股东依法享有资产收益、参与重大决策和选择管理者等权利。

独资企业和合伙企业均属于非公司制企业。依据《中华人民共和国个人独资企业法》,独资企业是指由一个自然人投资,财产为投资人个人所有,投资人以其个人财产对企业债务承担无限责任的经营实体。在法律上,独资企业的行为视为业主个人的行为,企业的财产、风险和收益也是个人的财产、风险和收益,不需要缴纳企业所得税。依据《中华人民共和国合伙企业法》,合伙企业是指自然人、法人和其他组织在中国境内设立的普通合伙企业和有限合伙企业。普通合伙企业由普通合伙人组成,合伙人对合伙企业债务承担无限连带责任;有限合伙企业由普通合伙人和有限合伙人组成,普通合伙人对合伙企业债务承担无限连带责任,有限合伙人以其认缴的出资额为限对合伙企业债务承担责任。

本章主要介绍公司制企业接受投资的核算。公司的投入资本按其投资主体的不同,分为国家资本、法人资本、个人资本等;按其投资形式的不同,分为以货币投资和以非货币财产投资,其中非货币财产投资包括实物投资和无形资产投资。有限责任公司接受投资人投入的资本金称为实收资本,股份有限公司接受投资人投入的资本金称为股本。

下面分别介绍有限责任公司和股份有限公司投入资本的核算。

一、有限责任公司投入资本的核算

有限责任公司是指由两个以上股东共同出资,股东以其认缴的出资额为限对公司承担责任,公司以其全部资产对公司债务承担责任的法人组织。

(一)有限责任公司的设立和投入资本的有关规定

有限责任公司所设立的公司,必须在公司名称中标明有限责任公司或者有限公司字样。有限责任公司由50个以下股东出资设立,股东应当按期足额缴纳公司章程中规定的各自所认缴的出资额①。股东可以用货币出资,也可以用实物、知识产权、土地使用权等能够用货币估价并可以依法转让的非货币财产作价出资,但法律、行政法规规定不得作为出资的财产除外。对作为出资的非货币财产应当评估作价,核实财产,不得高估或者低估作价。法律、行政法规对评估作价有规定的,从其规定。股东以货币出资的,应当将货币出资足额存入有限

---

① 股东按照实缴的出资比例分取红利。

责任公司在银行开设的账户;以非货币财产出资的,应当依法办理其财产权的转移手续。股东认足公司章程规定的出资后,由全体股东指定的代表或者共同委托的代理人向公司登记机关报送公司登记申请书、公司章程等文件,申请设立登记。

有限责任公司成立后,应当向股东签发出资证明书,载明公司注册资本、股东的姓名或者名称、缴纳的出资额和出资日期等内容,并置备股东名册,记载股东的姓名或者名称及住所、股东的出资额等事项。

(二)有限责任公司初创时投入资本的核算

企业在初创时,各投资者按照合同、协议或公司章程投入企业的资本,一般应全部记入"实收资本"账户,企业的实收资本等于其注册资本。投资者投入的资本,除符合增资条件经有关部门批准增资以及按照法定程序经批准减少注册资本情况外,其余情况一律不得随意变动。

"实收资本"账户属于所有者权益类账户,反映企业接受投资者投入的实收资本。其贷方登记接受投资者投入的资本(按其在注册资本中所占的份额)以及资本公积转增资本数,借方登记企业依法定程序批准减少的注册资本数等(通常没有发生额),期末贷方余额反映企业的实收资本总额。该账户可以按投资者设置明细账进行明细核算。

> 请思考:"实收资本"账户为什么通常没有借方发生额?

企业收到所有者投入的资本后,应根据有关凭证,分别不同的出资方式进行会计处理。

企业接受投资者以现金资产(包括人民币现金和外币现金①)投资后,增加了银行存款的金额,同时增加了资本,所以应当按照实际收到的金额,借记"银行存款"账户,贷记表现投资者对企业投资状况的"实收资本"账户。

企业接受投资者以非现金资产投资时,应按投资合同或协议约定价值(不公允的除外)确定非现金资产的价值和在注册资本中应享有的份额,借记"原材料""固定资产""无形资产"等账户,贷记"实收资本"账户。在投资合同或协议约定价值不公允的情况下,接受投资的非现金资产应按其公允价值入账。增值税一般纳税企业接受材料物资和固定资产等投资,取得增值税专用发票,按规定进项税额可以抵扣的,还应借记"应交税费——应交增值税(进项税额)"账户。增值税的有关内容将在本书第五章中专门介绍,有关"原材料""固定资产""无形资产"等账户的使用也将在第五章中讲述。

【例4-1】20×2年3月1日,投资者甲、乙、丙、丁共同投资设立时代有限责任公司,注册资本总额为500 000元。按照合同约定:甲投资者投入200 000元货币资金,乙投资者投入一台新设备,丙投资者投入一项专利权,丁投资者投入一批原材料。投资合同约定的乙、丙、丁投资者投入的设备、专利权和原材料价值分别为150 000元、100 000元和50 000元。假定投资合同约定的非现金资产价值是公允的,且不考虑相关税费。该公司在收到上述投资

---

① 企业接受外币资本投资时,应按收到投资额当日的即期汇率将外币折合成记账本位币入账。

时,根据有关凭证,应编制会计分录如下:

借:银行存款 200 000
　　原材料 50 000
　　固定资产 150 000
　　无形资产 100 000
　　贷:实收资本——甲 200 000
　　　　　　　——乙 150 000
　　　　　　　——丙 100 000
　　　　　　　——丁 50 000

上例的会计处理表达的是:

其一,由于接受投资,企业增加了相应的资产,包括银行存款、原材料、固定资产、无形资产,而这些投资是按照所有投资者共同接受的方式(合同约定)投入的,且原材料、固定资产、无形资产三项非货币资产的价值是公允的(这直接影响到企业资产和投资额的合理计量)。

其二,由于接受投资,企业增加了所有者权益,通过贷记"实收资本"账户予以反映。

对投资者而言,对企业投资的多少,决定了其各自在企业中的权益(包括决策权、分配权、资产求索权等)的大小,"实收资本"账户的详细记录,能够表现每个投资者的投资额,衡量各个投资人的权益。从这个意义上说,会计提供了投资者保护的基础数据,是投资者权益的重要保障。

对企业外部的利益相关者而言,通过"实收资本"账户和财务报表上的"实收资本"项目,可以了解企业产权和投资人的构成,这是利益相关者做出相关决策的重要参考之一。

(三)有限责任公司创立后投入资本的核算

有限责任公司在创立之后接受投资者投资,通常投资者需要按照多于注册资本的数额出资,从而会产生资本溢价。资本溢价是指有限责任公司投资者缴纳的出资额大于其按约定比例计算的在注册资本中所占份额的差额。

资本溢价产生的主要原因在于:

一是资金具有时间价值,原投资者和新投资者在前后不同时期投入的名义上等量的资金所含的实际价值量并不相等;且同样数额的资本,出资时间不同,对企业的影响程度也不同,出资时间越早,对企业的影响就越大。

二是企业初创时要经过筹建、试营业、寻觅和开辟市场等一系列过程,且风险大;创立后的正常经营期间的资本利润率,一般高于初创阶段的资本利润率,而这较高的获利能力则源于企业创办之初必要的垫支资本。

三是企业的盈余公积和未分配利润属于原投资者经营所得,而新投资者加入后与原投资者共享这部分积累。

基于以上原因,新投资者通常要付出大于原投资者的出资额,才能获得与原投资者相同的投资比例。

企业收到投资者投入的资产,应当按实际收到的金额或确定的价值,借记"银行存款""原材料""库存商品""固定资产""无形资产"等账户;按其在注册资本中所占份额,贷记"实收资本"账户,按其借贷方差额(即资本溢价),贷记"资本公积——资本溢价"账户。

"资本公积"账户属于所有者权益类账户,反映企业收到投资者的出资额超出其在注册资本(或股本)中所占份额的部分以及直接计入所有者权益的利得和损失。其贷方登记资本公积的增加数,借方登记转增资本等的资本公积减少数,期末贷方余额反映企业实际拥有的资本公积。该账户可设置"资本溢价(或股本溢价)""其他资本公积"明细账进行明细核算。

资本公积源于投资人投入(但不构成实收资本),或源于特定业务直接形成。资本公积可以用于转增资本,也可以按规定弥补亏损。转增资本是指按各投资者在注册资本中所占投资比例计算的金额,分别转增各投资者的投资金额。在转增资本前,它是全体所有者共同享有的积累资金,不归属于某个投资者所有。在将资本公积转增投资人的资本数额时,应借记"资本公积"账户,贷记"实收资本"账户。

企业通过"实收资本"账户和"资本公积"账户,可以了解企业收到的投资者投入资本的情况。

【例4-2】甲、乙投资者各出资500 000元组建宏达有限责任公司,经过两年的发展,已拥有一定的留存收益。为了扩大公司的经营规模,决定吸收有意参与公司投资的丙投资者加入。经协商,丙投资者实际出资600 000元货币资金,取得该公司1/3的股份,所投入的货币资金已存入银行。丙投资者投资后,该公司的注册资本增加为1 500 000元,甲、乙、丙投资者各占1/3股份。宏达有限责任公司在收到丙投资者的投资时,应编制会计分录如下:

借:银行存款　　　　　　　　　　　　　　　　　　　　　　600 000
　　贷:实收资本——丙投资者　　　　　　　　　　　　　　　500 000
　　　　资本公积——资本溢价　　　　　　　　　　　　　　　100 000

从该例中可以看到,"实收资本"账户和"资本公积"账户尽管都表现了投资者向企业投入的资本,但却反映了不同的内容,传递出不同的信息:投资者丙向企业投资后,企业的"实收资本"账户只能按照约定的在注册资本中所占份额(1/3)增记,其超出投资比例多投入的资金,为所有投资者共有,需记入"资本公积"账户。这样,"实收资本"账户就表现了各投资人在企业股份中应占有的份额,进而能够衡量各投资人拥有的权益。

二、股份有限公司投入资本的核算

股份有限公司是指全部资本分为等额股份,通过发行股票募集资本,股东以其认购的股份为限对公司承担责任,公司以其全部资产对公司的债务承担责任的法人组织。

(一)股份有限公司的设立方式及股份发行

1. 股份有限公司的设立方式。设立股份有限公司必须具备《公司法》规定的条件,必须在公司名称中标明股份有限公司或者股份公司字样。股份有限公司的设立,可以采取发起设立或者募集设立的方式。

(1) 发起设立。发起设立是指由发起人认购公司要发行的全部股份而设立公司。我国《公司法》规定:设立股份有限公司,应当有 2 人以上 200 人以下为发起人,其中须有半数以上的发起人在中国境内有住所,发起人承担股份有限公司的筹办事务,签订发起人协议,明确各自在公司设立过程中的权利和义务。

股份有限公司采取发起设立方式设立的,注册资本为在公司登记机关登记的全体发起人认购的股本总额。在发起人认购的股份缴足前,不得向他人募集股份。发起人的出资方式与有限责任公司相同,可以是货币资金,也可以是实物或无形资产。以发起设立方式设立股份有限公司的,发起人应当书面认足公司章程规定其认购的股份,并按规定缴纳出资。以非货币财产出资的,应当依法办理其财产权的转移手续。发起人不能按规定缴纳出资的,应按发起人协议承担违约责任。

(2) 募集设立。募集设立是指由发起人认购公司应发行股份的一部分,其余股份向社会公开募集或者向特定对象募集而设立公司。股份有限公司采取募集方式设立的,注册资本为在公司登记机关登记的实收股本总额。法律、行政法规以及国务院决定对股份有限公司注册资本实缴、注册资本最低限额另有规定的从其规定。以募集设立方式设立股份有限公司的,发起人认购的股份不得少于公司股份总数的 35%,但是,法律、行政法规另有规定的从其规定。

发起人向社会公开募集股份,必须公告招股说明书,并制作认股书,认股人按照所认购股数缴纳股款;应当由依法设立的证券公司承销,签订承销协议;应当同银行签订代收股款协议,代收股款的银行应当按照协议代收和保存股款,向缴纳股款的认股人出具收款单据,并负有向有关部门出具收款证明的义务。发行股份的股款缴足后,必须经依法设立的验资机构验资并出具证明。

无论是采取上述哪种设立方式,设立后的股份有限公司均应当将公司章程、股东名册、公司债券存根、股东大会会议记录、董事会会议记录、监事会会议记录、财务会计报告置备于本公司,以供股东查阅和对公司的经营提出建议或者质询。

2. 股份有限公司的股份发行。股份有限公司的资本划分为股份,每一股的金额相等,同种类的每一股份应当具有同等权利。公司的股份采取股票的形式。股票是公司签发的证明股东所持股份以及享有权利和承担义务的凭证。

(1) 股票的种类。公司发行的股票,可以为记名股票,也可以为无记名股票。记名股票是指在公司的股东名册上和股票上记载股东姓名或名称的股票,无记名股票是指不记载股东姓名或名称的股票。公司向发起人、法人发行的股票,应当为记名股票;发行无记名股票的,公司应当记载其股票数量、编号及发行日期。

按股东享有的权利和承担的义务,股票可分为普通股股票和优先股股票。普通股股票是指股份有限公司依法发行的代表股东享有平等权利和义务、股利不固定的股票。它是股份有限公司最基本的、标准的股份,不具有特别权利。持有普通股股者称为普通股股东。普通股股东享有的权利和承担的义务与有限责任公司的股东相同,均依法享有获得资产收益、参与重大决策和选择管理者等权利,并有权查阅公司章程等,对公司的经营提出建议或者质询。优先股是指在一般规定的普通种类股份之外,另行规定的其他种类股份,其股份持有人优先于普通股股东分配公司利润和剩余财产,但参与公司决策管理等权利受到限制。

公司发行的股票,除上述分类外,依据不同的分类标准,还有其他的分类。

(2)股票的销售方式。股票的销售方式有自销和委托承销两种。自销是指发行公司直接将股票销售给认购者;委托承销是指发行公司委托证券经营机构销售股票,这是公司销售股票普遍采用的方式。证券承销业务采取代销或者包销方式。证券代销是指证券公司代发行人发售证券,在承销期结束时,将未售出的证券全部退还给发行人的承销方式;证券包销是指证券公司将发行人的证券按照协议全部购入或者在承销期结束时将售后剩余证券全部自行购入的承销方式。

(3)股票的发行价格。股票的发行价格是指投资者认购股票时所支付的价格。股票的发行价格一般由发行公司根据股票面额、股市行情等因素决定,可能与票面金额一致,但通常不一致。以股票的面值(即票面额)为发行价格的,称为平价发行;以高于股票面值的金额为发行价格的,称为溢价发行;以低于股票面值的金额为发行价格的,称为折价发行。在溢价发行股票的情况下,发行公司获得的溢价作为股本溢价计入资本公积。股本溢价可能产生于股份有限公司成立之初,也可能产生于股份有限责任公司增资发行新股时。

我国《公司法》规定:股票发行价格,可以按票面金额,也可以超过票面金额,但不得低于票面金额,即不得折价发行股票。

(二)股份有限公司发行股票的核算

股份有限公司通过"股本"和"资本公积"账户反映接受投资者投入的股本和所产生的股本溢价。"股本"账户反映股东投入股份有限公司的股本,贷方登记已发行的股票面值,借方登记经批准核销的股票面值,期末贷方余额反映发行在外的股票面值。该账户可按投资人设置明细账进行明细核算。

"资本公积——股本溢价"账户,反映股份有限公司发行股票时实际收到的投资者出资额超出其在股本中所占份额的差额。股份有限公司在将股本溢价转增股本时,应借记"资本公积——股本溢价"账户,贷记"股本"账户。

> **请思考**:某上市公司某年度权益分配方案为:以公司现有总股本为基数,向全体股东每10股派1元人民币现金(含税),同时以资本公积向全体股东每10股转增8股。如何理解"转增"的含义?

股份有限公司在按面值发行股票的情况下,发行股票取得的收入,应全部作为股本处理,记入"股本"账户;发行股票发生的相关手续费、佣金等交易费用,直接冲减盈余公积和未分配利润。

在按溢价发行股票的情况下,发行股票取得的收入,等于股票面值的部分作为股本(每股面值×股份总数)记入"股本"账户;超过股票面值的溢价收入,作为股本溢价;发行股票发生的相关手续费、佣金等,应从溢价收入中抵扣,冲减股本溢价,溢价金额不足以抵扣的冲减盈余公积和未分配利润;企业应按股本溢价扣除手续费、佣金后的数额计入"资本公积"账户。

无论是按面值发行还是按溢价发行股票,均应按扣除发行费后实际收到的款项,借记"银行存款"账户,按面值贷记"股本"账户。

【例4-3】甲股份有限公司委托证券公司代理发行普通股20 000 000股,每股面值1元,每股发行价格为3元。该公司与证券公司约定,按发行收入的3%收取佣金,从发行收入中扣除。假定股票发行成功,甲公司已收到扣除发行费用后的股款,不考虑其他因素。甲公司发行股票的相关计算和编制的会计分录如下:

收到的发行净额 = 20 000 000×3×(1-3%) = 58 200 000(元)

应记入"资本公积"账户的金额 = 20 000 000×(3 - 1)-20 000 000×3×3% = 38 200 000(元)

借:银行存款　　　　　　　　　　　　　　　　　　　　58 200 000
　　贷:股本　　　　　　　　　　　　　　　　　　　　　20 000 000
　　　　资本公积——股本溢价　　　　　　　　　　　　38 200 000

如果本例的股票改为按面值发行,其他条件不变,假定盈余公积足够冲减发行费用,则编制会计分录如下:

借:银行存款　　　　　　　　　　　　　　　　　　　　19 400 000
　　盈余公积　　　　　　　　　　　　　　　　　　　　　 600 000
　　贷:股本　　　　　　　　　　　　　　　　　　　　　20 000 000

例4-3中,将溢价发行额记入"资本公积——股本溢价"而不记作"股本",其道理与有限责任公司对投资者超过其所占份额的投资额的处理是一样的。将发行费用冲减"资本公积——股本溢价"而不增加管理费用或不冲减股本,一是因为发行费用是为筹资活动所发生的,需与经营管理活动的费用区分开,不能记入管理费用;二是不因发生了发行费用而减少投资者的股本和改变各投资者在注册资本中所占份额,从而保证投资者的相应权益。

第三节　负债筹资的核算

企业采用从金融机构借款和发行债券的方式筹集的资金形成银行借款和应付债券,本节分别介绍银行借款(包括短期借款和长期借款)和应付债券的核算。

一、短期借款的核算

(一)短期借款概述

按照借款期限的不同,企业的借款分为短期借款和长期借款。短期借款是指企业向银行或其他金融机构等借入的期限在一年以下(含一年)的各种借款。它属于企业的流动负债,一般用于企业正常的生产经营流动资金需要。

短期借款按借款的目的和用途可分为生产周转借款、临时借款和结算借款等;按照借款方式可分为质押借款、抵押借款、保证借款和信用借款。

企业从金融机构借款,先应提出申请;金融机构审批后,双方签订借款合同,借款合同是规定借贷各方权利和义务的契约;依据借款合同,企业取得借款,并按期偿还借款。企业偿还借款的方式通常有:定期支付利息、到期一次性偿还本金;定期等额还本付息等。无论是哪种借款,借款企业均应向金融机构按借款合同的约定及时偿付借款的本金和利息。

短期借款的核算包括借入本金、计提和支付利息以及归还本金等核算内容。

(二)借入短期借款的核算

企业借入短期借款时,应按借款本金借记"银行存款"账户,贷记"短期借款"账户。

"短期借款"账户属于负债类账户,反映短期借款的增减变动和余额情况。其贷方登记取得的借款本金,借方登记偿还的借款本金,期末贷方余额反映尚未偿还的短期借款本金。该账户可按借款种类、贷款人和币种设置明细账进行明细核算。

(三)计提和支付短期借款利息的核算

短期借款利息的核算方法有两种:直接列支法和预提法。

1. 直接列支法。直接列支法是指在支付借款利息时,将所支付的借款利息直接计入支付当月财务费用①的方法。这种做法适用于数额不大、随本金一并支付或按月支付的短期借款利息。企业支付借款利息时,应借记"财务费用"账户,贷记"银行存款"账户。

"财务费用"账户属于损益类账户,反映企业为筹集生产经营所需资金等而发生的筹资费用,包括利息支出(减利息收入)、汇兑损益以及相关的手续费(如银行承兑汇票手续费)、企业发生的现金折扣和收到的现金折扣等。其借方登记发生的财务费用,贷方登记发生的应冲减财务费用的利息收入等金额。期末应将该账户的余额转入"本年利润"账户,结转后该账户无余额。其期末余额以及其他损益类账户期末余额转入"本年利润"账户的核算将在第九章中一并介绍。该账户可按费用项目进行明细核算。

"应付利息"账户属于负债类账户,反映企业按照合同约定应支付的利息,包括后文将要介绍的分期付息到期还本的长期借款及应付债券所应支付的利息。其贷方登记按照合同利率计算确定的应付未付利息,借方登记实际支付的利息,期末贷方余额反映企业应付未付的利息。该账户可按债权人设置明细账进行明细核算。

2. 预提法。预提法是指依据权责发生制,按月预提借款利息计入当期财务费用的方法。这种做法适用于按期(季度或半年)支付利息或利息在借款到期时连同本金一起归还并且数额较大的短期借款利息。

---

① 由于短期借款通常是为了满足正常生产经营的需要而发生的,因此,本章不考虑其利息也有可能资本化的情况,利息支出均计入财务费用。

企业在资产负债表日预提短期借款利息时,应按计算确定的短期借款利息,借记"财务费用"账户,贷记"应付利息"账户;实际支付借款利息时,按已预提的借款利息,借记"应付利息"账户,按照尚未预提的借款利息,借记"财务费用"账户,按照实际支付的利息款项,贷记"银行存款"账户。

(四)归还短期借款的核算

企业归还短期借款时,应编制与借入短期借款相反的会计分录,即借记"短期借款"账户,贷记"银行存款"账户。

下面举例说明短期借款的借入、计提和支付利息以及归还的核算。

【例4-4】大华公司于20×2年1月1日向银行借款900 000元,期限6个月,用于生产经营。该借款年利率4%,利息分月预提、按季支付,本金于借款到期时一次归还。根据上述资料,大华公司应编制会计分录如下。

(1)1月1日借入短期借款时:

借:银行存款　　　　　　　　　　　　　　　　　　　　　　900 000
　　贷:短期借款　　　　　　　　　　　　　　　　　　　　　　　900 000

(2)1月末预提当月借款利息3 000元(900 000×4%÷12)时:

借:财务费用　　　　　　　　　　　　　　　　　　　　　　　3 000
　　贷:应付利息　　　　　　　　　　　　　　　　　　　　　　　3 000

(3)2月末预提当月借款利息的会计分录与1月份相同。

(4)3月末支付本季度借款利息时:

借:应付利息　　　　　　　　　　　　　　　　　　　　　　　6 000
　　财务费用　　　　　　　　　　　　　　　　　　　　　　　3 000
　　贷:银行存款　　　　　　　　　　　　　　　　　　　　　　　9 000

第二季度的会计分录与第一季度相同。

(5)7月1日借款到期归还本金时:

借:短期借款　　　　　　　　　　　　　　　　　　　　　　900 000
　　贷:银行存款　　　　　　　　　　　　　　　　　　　　　　　900 000

例4-4中,第2笔、第3笔会计分录按照预提法处理银行借款利息,因为虽然第1月、第2月没有向银行支付利息,但这两个月使用了借款,应当承担相应的利息费用,故按照利息的归属期将其计入当期的财务费用。这样的处理体现了权责发生制的要求,能够更准确地反映各期的财务费用。

二、长期借款的核算

(一)长期借款概述

长期借款是指企业向银行或其他金融机构借入的期限在一年以上(不含一年)的借款。其一般用于固定资产的购建工程、改扩建工程、大修理工程以及满足长期流动资金占用的需要。它与应付债券、长期应付款等构成企业的非流动负债,是企业非流动负债的重要组成部分。

长期借款按照用途,可分为固定资产投资借款、更新改造借款、科技开发和新产品试制借款等;按有无担保,可分为信用借款和抵(质)押借款,前者是指不需要企业提供抵押品而凭其信用或担保人信誉借入的款项,后者是指企业以抵(质)押品如房屋、建筑物、机器设备、股票、债权等作为担保借入的款项。

企业应严格履行借款合同,加强对长期借款的管理,及时核算长期借款的借入、使用、利息的计提和支付以及按规定期限归还借款本金情况。

(二) 借款利息的资本化

企业采用银行借款和发行债券等方式筹集生产经营所需资金,在借款和债券的存续期间,每期末应依据权责发生制计提利息,所计提的借款利息和债券利息,应当依据《企业会计准则第17号——借款费用》的规定进行会计处理。

1. 借款费用的组成。借款费用是指企业因借入资金所付出的代价,包括借款利息、折价或者溢价的摊销、辅助费用以及因外币借款而发生的汇兑差额。其中,借款利息是指企业向银行或者其他金融机构等借入资金发生的利息、发行公司债券发生的利息以及为购建或者生产符合资本化条件的资产而发生的带息债务所承担的利息等;折价或者溢价的摊销,主要是指发行公司债券等所发生的折价或者溢价在每期的摊销金额(有关债券的折价或者溢价,将在后文应付债券处介绍);辅助费用是指企业在借款过程中发生的如手续费、佣金等费用;因外币借款而发生的汇兑差额,是指由汇率变动导致市场汇率与账面汇率出现差异,从而对外币借款本金及其利息的记账本位币金额所产生的影响金额。

2. 借款费用的确认原则。借款费用的确认主要解决的是将每期发生的借款费用资本化计入相关资产成本,还是将有关借款费用予以费用化计入当期损益(财务费用)的问题。其确认原则为:对于可直接归属于符合资本化条件的资产的购建或者生产的借款费用,应当予以资本化,计入相关资产成本;对于除此之外的其他借款费用,应当在发生时根据其发生额确认为财务费用,计入当期损益。

上述"符合资本化条件的资产",是指需要经过相当长时间的购建或者生产活动才能达到预定可使用或者可销售状态的固定资产、投资性房地产和存货等资产。其中,符合借款费用资本化条件的存货,主要包括房地产开发企业开发的用于对外出售的房地产开发产品、企业制造的用于对外出售的大型机器设备等,这类存货通常需要经过相当长时间的建造或者生产过程,才能达到预定可销售状态。"相当长时间",是指为资产的购建或者生产所必需的时间,通常为一年以上(含一年)。企业购入即可使用的资产,或者购入后需要安装但所需安装时间较短的资产,或者需要建造或者生产但所需建造或者生产时间较短的资产,均不属于符合资本化条件的资产。

3. 借款费用应予资本化的借款范围。借款费用应予资本化的借款范围既包括专门借款,也包括一般借款。

专门借款是指为购建或者生产某项符合资本化条件的资产而专门借入的款项。专门借款应当有明确的专门用途,即为购建或者生产某项符合资本化条件的资产而专门借入的款项,通常应当有标明专门用途的借款合同。

一般借款是指除专门借款之外的借款。一般借款在借入时,通常没有特指必须用于符合资本化条件的资产的购建或者生产。对于一般借款,只有在购建或者生产符合资本化条件的资产被占用时,才应将与该部分一般借款相关的借款费用资本化;否则,所发生的借款费用应当计入当期损益。

借款费用的资本化与费用化可如图4-1所示。

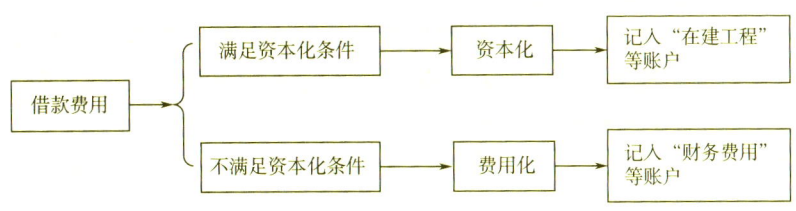

图 4-1 借款费用资本化与费用化图示

4. 借款费用资本化期间的确定。借款费用资本化期间,是指从借款费用开始资本化时点到停止资本化时点的期间,但借款费用暂停资本化的期间不包括在内。只有发生在资本化期间内的借款费用,才允许资本化。

(1)借款费用开始资本化时点的确定。借款费用只有在同时满足以下三个条件时,才能开始资本化:一是资产支出已经发生;二是借款费用已经发生;三是为使资产达到预定可使用或者可销售状态所必要的购建或者生产活动已经开始。只要其中的一个条件没有满足,借款费用就不能开始资本化。

①资产支出已经发生。资产支出包括为购建或者生产符合资本化条件的资产而以支付现金、转移非现金资产或者承担带息债务形式发生的支出。其中,"转移非现金资产"是指企业将自己的非现金资产直接用于符合资本化条件的资产的购建或者生产;"承担带息债务"是指企业为了购建或者生产符合资本化条件的资产所需用的物资等而承担的带息应付款项(如带息应付票据)。

②借款费用已经发生。借款费用已经发生是指企业已经发生了因购建或者生产符合资本化条件的资产而专门借入款项的借款费用或者占用了一般借款的借款费用。

③为使资产达到预定可使用或者可销售状态所必要的购建或者生产活动已经开始。这是指符合资本化条件的资产的实体建造或者生产工作已经开始,不包括仅仅持有资产但没有发生为改变资产形态而进行的实质上的建造或者生产活动。

(2)借款费用暂停资本化时间的确定。符合资本化条件的资产在购建或者生产过程中,发生非正常中断且中断时间连续超过3个月,应当暂停借款费用的资本化。该中断期间发生的借款费用,应当确认为费用,计入当期损益(财务费用);其他情况的中断符合资本化条件的借款费用,应当继续资本化。

非正常中断,通常是指由于企业在管理决策上的原因或其他不可预见的原因等所导致的中断。如:企业与施工方发生了质量纠纷;工程、生产用料没有及时供应;资金周转发生了困难;施工、生产发生了安全事故;发生了与资产购建或生产有关的劳动纠纷等。除此之外的中断,如工程建造期间必须停工一段时间进行的质量或安全检查、工程建造期间可预见的雨季或冰冻季节等原因导致的施工停顿,均属于正常中断。

(3)借款费用停止资本化时点的确定。当建造或者生产的符合资本化条件的资产达到预定可使用或者可销售状态时,借款费用应当停止资本化。

5. 借款费用资本化金额的确定。对借款费用的计量应当区分借款费用的不同组成部分进行。这里介绍借款利息资本化金额的确定,对于企业因外币专门借款而发生的汇兑差额资本化金额的确定,本书不做涉及。

企业在确定资本化期间内每一会计期间利息(包括折价或者溢价的摊销)资本化金额时,应当区别专门借款和一般借款进行。

为购建或者生产符合资本化条件的资产而借入专门借款的,应当以专门借款当期实际发生的利息费用,减去将尚未动用的借款资金存入银行取得的利息收入或进行暂时性投资取得的投资收益后的金额确定①。为购建或者生产符合资本化条件的资产而占用了一般借款的,一般借款利息资本化金额的计算应与资产支出挂钩,其具体计算本书不做涉及。

假定后文的长期借款和应付债券核算均不涉及一般借款,仅以专门借款为例,且不考虑专门借款闲置资金的投资收益因素,即利息费用为借款本金与借款利率的乘积。

(三)长期借款借入、计提和支付利息及归还的核算

1. 借入长期借款的核算。企业借入长期借款时,应当按照实际收到的金额,借记"银行存款"账户,贷记"长期借款——本金"账户。如果实际收到的借款金额与借款本金存在差额,还应借记"长期借款——利息调整"账户。

"长期借款"账户属于负债类账户,反映企业长期借款的借入和偿付情况。其贷方登记借入的长期借款,借方登记归还的长期借款,期末贷方余额反映企业尚未偿付的长期借款。该账户可按贷款单位和贷款种类设置明细账,分别"本金""利息调整"等明细账户进行明细核算。其中"利息调整"明细账核算企业长期借款本金与实际收到的借款数额之间的差额。

【例4-5】大华公司20×2年1月1日向建设银行借入资金800 000元,用于购置新设备,借款期限为3年,年利率为6%,借入款项存入银行。该借款到期一次还本、每年末计提利息、每年1月1日付息。大华公司借入款项时,应编制会计分录如下:

借:银行存款   800 000

---

① 专门借款利息资本化金额,以专门借款当期实际发生的利息费用,减去将尚未动用的专门借款资金存入银行取得的利息收入或进行暂时性投资取得的投资收益的金额确定。

贷:长期借款——本金　　　　　　　　　　　　　　　　　　　　　　　　　800 000

　　2. 计提和支付长期借款利息的核算。资产负债表日企业应按期计提长期借款利息。计提借款利息时,对于按实际利率计算确定的长期借款利息支出,根据前述借款费用的会计处理原则分别借记"在建工程""财务费用"①等账户,对于按合同利率计算确定的应付未付利息款,贷记"应付利息"②账户,按其差额,贷记"长期借款——利息调整"账户。实际利率与合同利率差异较小的,也可采用合同利率计算确定利息费用。为简便起见,本节的举例均假定长期借款的实际利率与合同利率差异较小,不考虑利息调整因素。

　　"在建工程"账户属于资产类账户,反映企业安装工程、建筑工程等在建工程发生的支出。其借方登记各项在建工程的实际支出,贷方登记转出的已达到预定可使用状态的工程成本以及其他应冲减工程成本的数额,期末借方余额反映企业尚未达到预定可使用状态的在建工程成本。该账户可以按"安装工程""建筑工程"以及单项工程等进行明细核算。

　　企业支付已计提的长期借款利息,与支付预提的短期借款利息相同,借记"应付利息"账户,贷记"银行存款"账户。

　　【例4-6】承例4-5,大华公司对于长期借款利息每年末计提,付息日支付。假定该长期借款利息支出均不满足资本化条件。根据资料,该公司的有关计算和账务处理如下:

$$\text{每年应计提的长期借款利息} = 800\,000 \times 6\% = 48\,000(\text{元})$$

　　各年末所计提的长期借款利息支出应全部费用化,计入财务费用中。20×2年12月31日、20×3年12月31日和20×4年12月31日,计提各年借款利息时:

　　借:财务费用　　　　　　　　　　　　　　　　　　　　　　　　　　　　48 000
　　　　贷:应付利息　　　　　　　　　　　　　　　　　　　　　　　　　　　　48 000

　　20×3年1月1日、20×4年1月1日和20×5年1月1日,支付各年借款利息时:

　　借:应付利息　　　　　　　　　　　　　　　　　　　　　　　　　　　　48 000
　　　　贷:银行存款　　　　　　　　　　　　　　　　　　　　　　　　　　　　48 000

　　3. 归还长期借款的核算。企业归还长期借款本金时,应按照归还的金额,借记"长期借款——本金"账户,贷记"银行存款"账户。如果最后一期利息的支付和本金归还一并进行,则可合并编制偿付本息的会计分录。

　　【例4-7】承例4-5,大华公司的长期借款到期,以银行存款归还本金。大华公司应编制会计分录如下:

　　借:长期借款——本金　　　　　　　　　　　　　　　　　　　　　　　　800 000
　　　　贷:银行存款　　　　　　　　　　　　　　　　　　　　　　　　　　　800 000

---

① 长期借款所筹资金用于研发无形资产、制造产品,其利息支出资本化金额应借记"研发支出""制造费用"账户,有关这两个账户的结构将分别在本书第五章和第六章介绍。

② 如果借款合同约定到期一次还本付息,计提的应付利息款则应计入"长期借款——应计利息"账户,对此本书不做涉及。

下面结合长期借款的使用(以用于固定资产建造为例),对长期借款的核算综合举例说明①。

【例4-8】大华公司为自营建造办公楼,20×2年1月1日借入期限为两年的专门借款750 000元,款项已存入银行。该借款合同年利率为5%,每年末计提利息,每年付息一次,付息日为1月1日,期满后一次归还本金。20×2年初和20×3年初,分别发生工程费用450 000元和300 000元,假定均以银行存款支付。该办公楼于20×3年9月30日达到预定可使用状态。假定办公楼达到预定可使用状态之前的全部借款利息均符合资本化条件。根据资料,大华公司的有关计算和编制的会计分录如下:

(1)20×2年1月1日,取得借款时:
借:银行存款　　　　　　　　　　　　　　　　　　　750 000
　　贷:长期借款——本金　　　　　　　　　　　　　　　750 000
(2)20×2年初支付工程款时:
借:在建工程　　　　　　　　　　　　　　　　　　　450 000
　　贷:银行存款　　　　　　　　　　　　　　　　　　　450 000
(3)20×2年12月31日,计提当年应计入工程成本的借款利息37 500元(750 000×5%)时:
借:在建工程　　　　　　　　　　　　　　　　　　　　37 500
　　贷:应付利息　　　　　　　　　　　　　　　　　　　　37 500
(4)20×3年1月1日支付借款利息时:
借:应付利息　　　　　　　　　　　　　　　　　　　　37 500
　　贷:银行存款　　　　　　　　　　　　　　　　　　　　37 500
(5)20×3年初支付工程款时:
借:在建工程　　　　　　　　　　　　　　　　　　　300 000
　　贷:银行存款　　　　　　　　　　　　　　　　　　　300 000
(6)20×3年9月30日,工程达到预定可使用状态,将20×3年1~9月的借款利息28 125元(750 000×5%÷12×9)计入工程成本时:
借:在建工程　　　　　　　　　　　　　　　　　　　　28 125
　　贷:应付利息　　　　　　　　　　　　　　　　　　　　28 125
同时,将已达到预定可使用状态的在建工程成本转入固定资产:
借:固定资产　　　　　　　　　　　　　　　　　　　815 625
　　贷:在建工程　　　　　　　　　　　　　　　　　　　815 625
(7)20×3年12月31日,计提20×3年10~12月应计入财务费用的借款利息9 375元(750 000×5%÷12×3)时:

---

① 读者可在学完第五章固定资产的相关内容后再对此例予以进一步理解和掌握。

借:财务费用 9 375
　　贷:应付利息 9 375
(8)20×4年1月1日支付借款利息和归还本金时:
借:长期借款——本金 750 000
　　应付利息 37 500
　　贷:银行存款 787 500

上例中,自建办公楼达到可使用状态前发生的借款利息符合资本化的条件,所以在办公楼达到可使用状态前发生的利息予以资本化处理,计入"在建工程"账户(第3笔和第6笔会计分录)。在建工程完工交付使用时,这两笔为建造办公楼而发生的利息费用转入固定资产(第6笔会计分录),形成固定资产成本的一部分,不应作为当期费用一次性地转入损益,而应作为办公楼收益(办公楼投入使用所带来的收益)的代价,在办公楼使用的过程中以折旧的方式逐期转入损益,这体现了会计收入与费用相配比的原则。

20×3年9月30日工程达到预定可使用状态后,该日期至20×3年12月31日发生的借款利息与办公楼的建造无关,所以不能再计入办公楼的成本,不再做资本化处理,而是直接记入当期损益(第7笔会计分录)。

资本化处理的借款利息和费用化处理的借款利息,转入损益的方式、时间不同,对各期损益会有不同的影响,这是采取不同借款利息处理方法的必然结果。

三、应付债券的核算

企业发行债券是不同于银行借款的一种长期负债筹资方式,需要单独反映。企业发行一年期以上的长期债券,构成了企业的非流动负债,形成应付债券。企业发行债券后,从债券持有人(购买人)处取得了借款,同时成为其债务人,具有按期偿还款项和支付利息的义务。

(一)债券概述

债券是指发行人(债务人)为筹集资金而依照法定程序发行,约定在一定期限内向债权人还本付息的有价证券。债券按发行主体的不同可以分为政府债券、金融债券和公司债券,这里主要介绍公司债券的核算。公司发行长期债券的目的通常是为了满足企业长期资金的需求,如建设大型项目而筹集大笔长期资金。

企业发行的债券按照不同的分类标准,有不同的分类。

(1)按是否记名分类,可分为记名债券和不记名债券。公司发行公司债券应当置备公司债券存根簿。记名债券和无记名债券的区别在于是否在公司债券存根簿上载明债券持有人的姓名或者名称及住所。

(2)按是否有抵押担保分类,可分为有抵押担保债券和无抵押担保债券。抵押担保债券是指以发行企业的特定资产作为抵押财产而发行的债券,抵押财产可以是不动产,也可以是动产、有价证券;无抵押担保债券(又称信用债券)是指凭借企业信用而发行的债券。

(3) 按能否转换为普通股分类,可分为可转换债券和不可转换债券(一般公司债券)。可转换债券是指债权人可将所持有的公司债券按规定的条件转换为该公司普通股股票的债券;反之,则为不可转换债券。债券一经转换,债券持有者即从公司的债权人转为公司的股东。

(4) 按本金偿还方式,可分为到期一次还本债券和分期还本债券等。到期一次还本债券是指债券到期时一次偿还本金,分期还本债券则是指在债券存续期间内按期分批偿还本金。

综合本息的偿付方式看,我国企业发行的债券通常分为到期一次还本付息和分期付息到期还本两种。

(二) 债券的基本要素和发行价格

1. 债券的基本要素。债券的基本要素包括:票面价值、票面利率和债券期限。票面价值简称面值,是指发行企业在债券到期日支付给债权人的金额;票面利率亦称名义利率,是指债券上标明的发行企业向债权人支付利息的利率;债券期限是指债券从发行日至到期日之间的时间。

2. 债券的发行价格。债券发行企业向债权人出售债券的价格称为发行价格。它是企业所要偿付的债券面值和债券利息折合成的现值金额,可按公式计算求得①,具体计算本书不做涉及。公司债券的发行方式有平价、溢价和折价三种。

假设其他条件不变的情况下,当债券的票面利率等于同期银行存款利率时,按等于债券面值的价格发行,称为平价发行;当债券的票面利率高于同期银行存款利率时,按超过债券面值的价格发行,称为溢价发行;当债券的票面利率低于同期银行存款利率时,按低于债券面值的价格发行,称为折价发行。

债券溢价是企业因以后各期多付利息而事先得到的补偿,债券折价则是企业因以后各期少付利息而预先给投资者的补偿,两者实质上都是对债券票面利息的调整;在整个债券存续期间内债券的溢折价应予以摊销,这种摊销实质是对发行债券的企业各期利息费用的一种调整。

企业应付债券的核算包括发行债券、期末计息和付息、到期偿还等核算内容。

(三) 发行债券的核算

企业发行债券,应按照实际收到的金额(发行价格扣除发行费用后的金额),借记"银行存款"等账户,按照债券票面金额,贷记"应付债券——面值"账户。实际收到金额与债券票面金额存在差额的,还应借记或贷记"应付债券——利息调整"账户。

"应付债券"账户属于负债类账户,反映企业为筹集长期资金而发行债券的本金或本金和利息。其贷方登记发行债券的票面金额和计提的到期一次付息债券的利息,借方登记偿付的债券本金和到期一次付息债券的利息,期末贷方余额反映企业尚未偿付的长期债券本金或本金和利息。该账户可按"面值""利息调整""应计利息"等明细账户进行明细核算。

---

① 债券发行价格=面值×复利现值系数+面值×票面利率×年金现值系数。

其中,"利息调整"明细账户核算企业发行债券实际收到的金额与债券票面金额之间的差额;"应计利息"明细账户核算企业按债券面值和票面利率计算的利息。

企业应设置"企业债券备查簿",详细登记企业债券的票面金额、债券票面利率、还本付息的期限与方式、发行总额、发行日期和编号、委托代售单位、转换股份等资料。到期兑付企业债券时,应在备查簿中予以注销。

【例4-9】大华公司20×2年1月1日经批准按面值发行3年期、到期一次还本、每半年付息、面值为2 000 000元的债券,该债券票面年利率为5%,假定不考虑发行费用以及实际利率与票面利率的差异,收到发行款2 000 000元存入银行。发行债券所筹资金用于建造固定资产,工程于第二年年末达到预定可使用状态,假定在此之前的债券利息均满足资本化条件。该公司发行债券时,根据有关凭证应编制会计分录如下:

  借:银行存款   2 000 000
    贷:应付债券——面值   2 000 000

(四)期末计息和付息(指分期付息债券)的核算

企业债券期末计息、付息和到期偿还的核算,应区分债券是到期一次还本付息还是分期付息。无论是到期一次还本付息债券,还是分期付息债券,企业均应在会计期末计算确定债券的利息费用,并按前述借款费用的处理原则将其计入当期的财务费用或在建工程等。

按规定,资产负债表日企业应按实际利率计算确定债券利息费用,采用实际利率法对利息调整金额进行摊销。实际利率与票面利率差异较小的,也可采用票面利率计算确定利息费用。为简便起见,这里假定实际利率与票面利率差异较小,按票面利率计算确定利息费用,不考虑利息调整因素。

企业在按票面利率计算确定利息费用计提应付债券利息时,对于分期付息、一次还本的债券,应借记"在建工程""财务费用"[①]等账户,贷记"应付利息"账户;对于一次还本付息的债券,因计算确定的应付未付利息期限在一年以上,属于非流动负债性质,故应增加应付债券的账面价值,借记"在建工程""财务费用"等账户,贷记"应付债券——应计利息"账户。

实际利率法是指按照应付债券的实际利率计算其摊余成本和各期利息费用的方法。实际利率是将应付债券在债券存续期间的未来现金流量,折现为该债券当前账面价值所使用的利率;债券的期末摊余成本是其期初摊余成本加上当期按实际利率确定的利息费用减去当期现金流出(如利息支出)后的余额,具体计算可参见表4-1。

资产负债表日企业在采用实际利率法计算各期利息费用、计提应付债券利息时,应按摊余成本和实际利率计算确定的债券利息费用,借记"在建工程""财务费用""制造费用""研发支出"等账户;按票面利率计算确定的应付未付利息,贷记"应付利息(指分期付息、一次还本的债券)"或"应付债券——应计利息(指到期一次还本付息的债券)"账户;按其差额,

---

① 与长期借款费用资本化记入的账户相同,应付债券利息资本化的金额也有可能借记"研发支出""制造费用"账户。

借记或贷记"应付债券——利息调整"账户。

由于应付债券与债权投资分别站在债券发行方与购买方的角度,因此,读者可参照本书第八章中债权投资的实际利率法,对应理解应付债券的实际利率法。

在债券存续期间,每期支付一次还本、分期付息的债券利息时,应借记"应付利息"账户,贷记"银行存款"账户。

【例4-10】承例4-9,大华公司在债券存续期间,每半年末计提利息和支付利息。有关计算和编制的会计分录如下:

$$每半年应计利息 = 2\,000\,000 \times 5\% \div 2 = 50\,000(元)$$

20×2年6月30日、20×2年12月31日、20×3年6月30日和20×3年12月31日,每半年末计提债券利息时:

借:在建工程　　　　　　　　　　　　　　　　　　　50 000
　　贷:应付利息　　　　　　　　　　　　　　　　　　50 000

20×4年6月30日计提债券利息时:

借:财务费用　　　　　　　　　　　　　　　　　　　50 000
　　贷:应付利息　　　　　　　　　　　　　　　　　　50 000

以银行存款支付半年利息时:

借:应付利息　　　　　　　　　　　　　　　　　　　50 000
　　贷:银行存款　　　　　　　　　　　　　　　　　　50 000

如果大华公司发行的债券为到期一次还本付息,每半年计息,则前4期每期末计提债券利息时,应编制如下会计分录:

借:在建工程　　　　　　　　　　　　　　　　　　　50 000
　　贷:应付债券——应计利息　　　　　　　　　　　　50 000

20×4年6月30日计提债券利息时:

借:财务费用　　　　　　　　　　　　　　　　　　　50 000
　　贷:应付债券——应计利息　　　　　　　　　　　　50 000

请思考:到期一次付息债券和分期付息债券在债券存续期间期末计息时,核算有何异同?

(五)债券到期偿还的核算

无论债券是平价、溢价还是折价发行,债券到期时的会计分录相同,因为债券的溢折价在债券到期时已经摊销调整完毕。

对于一次还本付息的债券,企业应在债券到期支付本息时,借记"应付债券——面值、应计利息"账户,贷记"银行存款"账户。对于一次还本、分期付息的债券,企业在债券到期归还本金时,应借记"应付债券——面值"账户,贷记"银行存款"账户;企业也可将最后一期支付利息和到期偿还本金合并编制会计分录。

【例4-11】承例4-9,20×4年12月31日大华公司发行的债券到期,以银行存款偿付本金和最后一期债券利息。

该公司偿付债券本息时,假定最后一期利息费用直接计入当期财务费用,编制会计分录如下:

借:应付债券——面值　　　　　　　　　　　　　　　2 000 000
　　财务费用　　　　　　　　　　　　　　　　　　　　50 000
　贷:银行存款　　　　　　　　　　　　　　　　　　　　　　2 050 000

如果大华公司发行的债券为到期一次还本付息,则在债券到期时应支付的利息总额为300 000元。该公司以银行存款偿付债券本息时,应编制会计分录如下(也可分别编制还本和付息的分录):

借:应付债券——面值　　　　　　　　　　　　　　　2 000 000
　　　　　　——应计利息　　　　　　　　　　　　　　300 000
　贷:银行存款　　　　　　　　　　　　　　　　　　　　　　2 300 000

下面举例说明溢价发行债券的核算。

【例4-12】甲公司20×2年12月31日经批准发行5年期一次还本、分期付息、面值总额为5 000 000元的公司债券。该债券利息于每年12月31日支付,票面年利率为6%。假定债券利息均满足资本化条件,发行时的市场利率为5%,经计算该批债券的实际发行价格为5 216 350元,甲公司收到发行款存入银行。

甲公司根据上述资料,采用实际利率法计算摊余成本、各期利息费用和利息调整摊销额,如表4-1所示。

表4-1　利息费用计算表　　　　　　　　　　　　　　　　单位:元

付息日期	支付利息 (1)=面值×票面利率	利息费用 (2)=(4)×实际利率	利息调整 (3)=(1)-(2)	应付债券摊余成本 (4)=上期(4)-(3)
20×2-12-31				5 216 350.00
20×3-12-31	300 000	260 817.50	39182.50	5 177167.50
20×4-12-31	300 000	258 858.38	41141.62	5 136025.88
20×5-12-31	300 000	256801.29	43198.71	5 092827.17
20×6-12-31	300 000	254 641.36	45358.64	5 047 468.53
20×7-12-31	300 000	252 531.47*	47 468.53	5 000 000.00
合计	1 500 000	1 283 650.00	216 350.00	—

*最后一期利息费用考虑尾数调整,倒挤求得。

甲公司根据相关资料,编制会计分录如下:

(1)20×2年12月31日发行债券时:

```
借:银行存款                                    5 216 350
    贷:应付债券——面值                          5 000 000
              ——利息调整                        216 350
```

(2) 20×3年12月31日计提利息费用和支付利息时:

```
借:在建工程                                    260 817.5
   应付债券——利息调整                           39 182.5
    贷:应付利息                                 300 000
借:应付利息                                     300 000
    贷:银行存款                                 300 000
```

20×4年、20×5年和20×6年,这三年年末确认利息费用和支付利息的会计分录,与20×3年的区别仅在于金额不同。

(3) 20×7年12月31日归还债券本金及支付最后一期利息时:

```
借:在建工程                                    252 531.47
   应付债券——面值                              5 000 000
            ——利息调整                         47 468.53
    贷:银行存款                                 5 300 000
```

> **请思考:**如果上例债券的市场利率高于票面利率,经计算债券的实际发行价格小于其面值(即为折价发行),则利息费用计算表的编制及各年会计分录与上述溢价发行债券有哪些区别?

本章小结

筹资是指通过吸收直接投资、发行股票、银行借款、发行债券等方式获取资金的行为。企业的筹资,按照其来源渠道分类,可分为权益筹资与负债筹资,二者在承担责任的对象、偿还期限、资金成本、筹资风险和对控制权的保障方面均有不同。

投入资本包括实收资本(股本)和资本公积,不同组织类型的企业,在投入资本的核算上不尽相同。有限责任公司和股份有限公司分别通过"实收资本"和"股本"账户,反映接受投资人投入的资本在注册资本总额中所占的份额,并设置"资本公积——资本溢价(或股本溢价)"账户,反映收到投资者的出资额超出其在注册资本中所占份额的差额。

借款费用是指企业因借入资金而付出的代价,企业对每期发生的借款(包括专门借款和一般借款)费用,应按规定予以资本化计入相关资产的成本或费用化计入当期损益(财务费用)。短期借款、长期借款和应付债券的核算内容均包括收到所筹集的款项、期末计提利息以及偿付本息的核算,其本金分别通过"短期借款""长期借款""应付债券"账户予以反映;每期末企业计提的银行借款和分期付息债券的应付利息款均通过"应付利息"账户反映,计提的到期一次还本付息债券的应付利息款则通过"应付债券——应计利息"账户反映;短期借款所计提的利息费用一般计入当期损益(财务费用),长期借款和应付债券所计提的利息费用在所购建的资产达到预定可使用状态前发生的、应当资本化的部分记入"在建工程"等账户,其他的借款利息费用记入"财务费用"账户;企业在长短期借款和应付债券到期时,应按规定归还本金或还本付息。

本章关键词汇

权益筹资	Equity Financing
负债筹资	Debt Financing
投入资本	Invested Capital
实收资本	Contributed Capital
股本	Capital Stock
资本溢价	Capital Premium
股本溢价	Share Premium
资本公积	Capital Reserve
借款费用	Borrowing Cost
资本化	Capitalization
费用化	Expensing
财务费用	Financial Expenses
短期借款	Short Term Loan
长期借款	Long Term Loan
应付债券	Bond Payable

思考题

1. 权益筹资与负债筹资有何异同?各有哪些优缺点?
2. 实收资本与资本公积有何联系和区别?
3. 有限责任公司和股份有限公司在投入资本的核算方面有何不同?

4. 什么是资本溢价？为什么会产生资本溢价？

5. 股份有限公司股票的发行价格与面值之间具有怎样的关系？

6. 股票发行费用如何处理？企业按面值发行股票与按溢价发行股票，在会计核算上有何不同？

7. 借款费用由哪几部分组成？企业每期发生的借款费用资本化与费用化的确认原则是什么？

8. 借款费用应予资本化的借款是否仅指专门借款？借款费用可予资本化的资产有哪些？

9. 按规定，只有发生在借款费用资本化期间的借款费用才允许资本化，如何确定借款费用的资本化期间？

10. 长期借款与短期借款在核算上有何异同？

11. 债券的发行价格与其面值之间具有怎样的关系？为什么会产生债券的溢折价？

12. 应付债券的核算包括哪些内容？到期一次还本付息债券与分期付息债券在核算上有何不同？

练习题

一、单项选择题

1. 有限责任公司投资者缴纳的出资额大于其按约定比例计算的在注册资本中所占份额的部分，应计入（　　）账户。
   A. 实收资本　　　　B. 营业外收入　　　　C. 盈余公积　　　　D. 资本公积

2. 股本溢价产生于下列哪种组织类型的企业（　　）。
   A. 独资企业　　　　　　　　　　　　　B. 合伙企业
   C. 股份有限责任公司　　　　　　　　　D. 有限责任公司

3. 甲股份有限公司经批准发行普通股 1 000 万股，每股面值 1 元，每股发行价格 4 元，支付手续费等费用 200 万元。该公司发行普通股应计入"股本"账户的金额为（　　）万元。
   A. 4 000　　　　B. 3 000　　　　C. 3 800　　　　D. 1 000

4. 乙股份有限公司委托证券公司发行普通股，股票面值总额为 2 000 万元，发行价格总额为 8 000 万元，发行费用按发行价格总额的 4% 计算（不考虑其他因素），收到扣除发行费用后的发行款存入银行。则该公司此笔业务应记入"资本公积"账户的金额为（　　）万元。
   A. 5 680　　　　B. 2 000　　　　C. 5 760　　　　D. 6 000

5. 下列各项中，不属于借款辅助费用的是（　　）。
   A. 短期借款手续费　　　　　　　　　　B. 发行股票手续费

C. 发行债券手续费 D. 长期借款手续费

6. 下列不属于借款费用允许开始资本化条件的是(　　)。

　A. 资产支出已经发生

　B. 借款费用已经发生

　C. 持有资产但没有发生为改变资产形态而进行的实质上的建造或者生产活动

　D. 为使资产达到预定可使用或者可销售状态所必要的购建或者生产活动已经开始

7. A 企业从银行借入 500 万元,于 20×2 年 2 月 1 日采用出包方式开工兴建一幢办公楼。20×3 年 10 月 8 日工程全部完工达到合同要求,10 月 31 日工程验收合格,11 月 20 日办理工程竣工结算,11 月 25 日完成全部资产移交手续,12 月 6 日办公楼正式投入使用。该工程停止资本化的日期为(　　)。

　A. 20×3 年 10 月 8 日　　　　　　　　B. 20×3 年 10 月 31 日

　C. 20×3 年 11 月 20 日　　　　　　　　D. 20×3 年 12 月 6 日

8. 短期借款利息核算不会涉及的账户是(　　)。

　A. 银行存款　　B. 应付利息　　C. 财务费用　　D. 短期借款

9. B 企业 20×2 年 11 月 1 日为建造厂房借入 3 年期专门借款 1 500 万元,年利率为 7%,款项已存入银行。至 20×2 年 12 月 31 日,建筑用地地面上原建筑物尚未开始拆迁。B 企业 20×2 年就上述长期借款应予以资本化的利息金额为(　　)万元。

　A. 17.5　　　　B. 0　　　　C. 9.5　　　　D. 8

10. A 企业 20×2 年 7 月 1 日,按面值发行 5 年期、到期一次还本付息、年利率 6%、面值总额为 2 500 万元的债券。假定票面利率与实际利率一致,不考虑相关税费。20×3 年 12 月 31 日,A 企业"应付债券"账户的账面余额为(　　)万元。

　A. 2 575　　　　B. 2 500　　　　C. 2 725　　　　D. 2 800

二、多项选择题

1. 权益筹资与负债筹资在以下(　　)方面存在不同。

　A. 承担责任的对象　　　　　　　　B. 筹资风险

　C. 偿还期限　　　　　　　　　　　D. 对控制权的保障

2. 投入资本包括(　　)。

　A. 实收资本　　　　　　　　　　　B. 股本

　C. 未分配利润　　　　　　　　　　D. 资本溢价或股本溢价

3. 企业吸收投资者出资时,下列账户的余额可能发生变化的有(　　)。

　A. 固定资产　　B. 实收资本　　C. 资本公积　　D. 应付债券

4. 下列事项中,可能引起资本公积变动的有(　　)。

　A. 以资本公积转增资本

　B. 有限责任公司成立之后接受投资者出资

　C. 平价发行权益性证券与其直接相关的手续费、佣金等交易费用

D. 溢价发行权益性证券与其直接相关的手续费、佣金等交易费用

5. 下列属于借款费用的有（　　）。
   A. 发行股票的佣金　　　　　　　　　B. 发行公司债券的手续费
   C. 发行公司债券发生的折价　　　　　D. 外币借款发生的汇兑差额

6. 下列应暂停借款费用资本化的情况有（　　）。
   A. 由于可预测的气候影响而造成连续超过3个月的固定资产建造中断
   B. 由于工程质量纠纷造成连续超过3个月的固定资产建造中断
   C. 由于资金周转困难造成连续超过3个月的固定资产建造中断
   D. 由于安全事故造成连续超过3个月的固定资产建造中断

7. 下列各项中，不应确认为财务费用的有（　　）。
   A. 发行股票的手续费　　　　　　　　B. 支付的银行承兑汇票手续费
   C. 发行股票的佣金　　　　　　　　　D. 资本化的借款利息支出

8. 长期借款发生的利息支出，可能借记的账户有（　　）。
   A. 销售费用　　B. 资本公积　　C. 在建工程　　D. 财务费用

9. 企业发行债券按期计提利息时，可能涉及的账户有（　　）。
   A. 应付利息　　B. 在建工程　　C. 应付债券　　D. 财务费用

10. 企业如果将应予费用化的借款利息进行资本化处理，会导致（　　）。
    A. 虚增资产　　B. 虚减资产　　C. 虚增利润　　D. 虚减利润

三、判断题

1. 权益筹资不仅在资金成本方面通常高于负债筹资，而且在筹资风险方面也高于负债筹资。（　　）
2. 有限责任公司在创立之后接受投资者出资时，通常会产生资本溢价。（　　）
3. 资本公积反映的是企业收到投资者出资额超出其在注册资本或股本中所占份额的部分及直接计入当期损益的利得和损失。（　　）
4. 企业接受非现金资产投资，在投资合同或协议约定的价值公允的情况下，应按投资合同或协议约定的价值入账，在投资合同或协议约定的价值不公允的情况下，应按公允价值入账。（　　）
5. 实收资本按其投资形式的不同，分为国家资本、法人资本、个人资本等。（　　）
6. 企业短期借款的利息，应当采用预提方式，不能在支付时直接计入当月财务费用。（　　）
7. 借款费用应予以资本化的借款范围既包括专门借款，也包括一般借款。（　　）
8. 乙公司为建造厂房于20×2年1月1日借入800万元借款，借款期限3年，年利率为6%，当日购买工程物资50万元，20×2年3月1日开工建造。20×2年7月1日由于工程施工发生了安全事故，导致工程中断，直到20×2年11月1日才复工。20×3年12月31日所建造的厂房达到预定可使用状态。则乙公司20×2年该项借款的资本化期间为20×2年1

月1日至20×2年12月31日。（　　）

9. 企业长期借款所发生的利息支出，应在实际支付时计入在建工程或当期损益。（　　）

10. 企业计提应付债券利息时，会引起负债总额发生变化。（　　）

四、核算题

1.【目的】练习有限责任公司创立后投入资本的核算。

某公司由A、B、C三方各出资150万元设立，设立时注册资本为450万元。经营两年后，留存收益为80万元，此时，投资者D欲加入该公司。经协商，D投资者以银行存款100万元和一项非专利技术投资，在该公司注册资本总额中享有25%的份额。该项非专利技术的合同约定价值为120万元。假定合同约定价值是公允的，不考虑其他因素。D投资者投资后，该公司的注册资本变更为600万元。

【要求】编制该公司接受D投资者出资时的会计分录（"实收资本"和"资本公积"账户均要求写出明细账户，以下各题需要进行明细核算的均要求写出明细账户）。

2.【目的】练习股份有限公司投入资本的核算。

某股份有限公司委托证券公司发行股票10 000 000股，每股面值1元，每股发行价格7元。证券公司代理发行的费用560 000元从发行收入中扣除。假定该股份公司已收到扣除发行费用后的股款存入银行。

【要求】编制该股份有限公司发行股票的会计分录。

3.【目的】练习短期借款的核算。

某公司某年7月1日从银行借入120 000元借款，用于补充生产经营所需资金。该借款期限为6个月，年利率为4.5%，本金到期后一次归还，利息分月预提，季末支付。

【要求】编制该企业从取得借款到归还借款的全部会计分录。

4.【目的】练习长期借款的核算。

某公司于20×2年7月1日从银行借入资金200万元，借款期限为2年，年利率为5%，利息自20×3年开始于每年1月1日和7月1日支付，到期时归还本金及最后半年利息。所借款项已存入银行，每半年末计提借款利息。该公司用该借款于当日购买需要安装的设备一台，假定设备于20×2年12月31日安装完毕，达到预定可使用状态，且在此之前的借款利息均满足资本化条件。

【要求】编制该公司取得借款、计提利息、支付利息和到期归还借款的会计分录。

5.【目的】练习到期一次还本付息的应付债券的核算。

甲公司经批准于20×2年1月1日起平价发行3年期、面值为100元的债券4万张，收到发行价款所筹资金全部用于新生产线建设。该债券年利率为6%，每半年计息一次，债券到期后一次支付本金和利息。生产线于20×2年6月末达到预定可使用状态，在此以前的债券利息均满足资本化条件。假定不考虑发行费用。

【要求】编制甲公司从债券发行至债券到期的全部会计分录。

6.【目的】练习分期付息的应付债券的核算。

【资料】假定第5题中甲公司的债券为每半年付息,付息日为每年1月1日和7月1日,债券到期时偿还本金和最后一次利息,其他资料相同。

【要求】编制甲公司从债券发行至债券到期的全部会计分录。

进一步思考

2019年4月30日凯迪生态环境科技股份有限公司(简称凯迪生态)收到《中国证券监督管理委员会调查通知书》。因公司相关行为涉嫌信息披露违法违规,根据《中华人民共和国证券法》(简称《证券法》)的有关规定,中国证监会决定对凯迪生态进行立案调查。

2019年10月31日,凯迪生态收到中国证监会下发的《中国证券监督管理委员会行政处罚及市场禁入事先告知书》,依法对凯迪生态做出行政处罚。经查明,凯迪生态涉嫌六大信息披露违法事实,其中之一是借款费用资本化会计处理不当,导致2015年至2017年年度报告存在虚假记载。

经查,2015年1月1日至2017年12月31日期间,凯迪生态部分借款费用资本化的在建电厂存在停建情形。2015年、2016年、2017年,凯迪生态分别有75家、36家、34家在建电厂建设发生非正常中断且中断时间连续超过3个月。经测算(按照账面实际资本化金额乘以停建月数占全年总月数的比例计算),2015年、2016年、2017年凯迪生态上述电厂建设中断期间借款费用资本化金额分别为150 253 821.08元、272 808 639.77元、209 114 154.48元。

依据《企业会计准则第17号——借款费用》第四条、第五条、第十一条的规定及凯迪生态会计政策,符合资本化条件的资产在购建或者生产过程中发生非正常中断,且中断时间连续超过3个月的,应当暂停借款费用的资本化。在中断期间发生的借款费用应当确认为费用,计入当期损益,直至资产的购建或者生产活动重新开始。凯迪生态并未按照《企业会计准则第17号——借款费用》相关规定,暂停上述停建电厂的借款费用资本化的会计处理,导致2015年、2016年、2017年财务报告存在虚增在建工程、虚减财务费用、虚增利润总额的情形。其中,2015年度虚增在建工程、虚减财务费用、虚增利润总额150 253 821.08元,2016年度虚增在建工程、虚减财务费用、虚增利润总额272 808 639.77元,2017年度虚增在建工程、虚减财务费用、虚增利润总额209 114 154.48元。

凯迪生态上述借款费用资本化会计处理不当,导致相关年度报告存在虚假记载的行为,违反了《证券法》第六十三条的规定,构成了《证券法》第一百九十三条第一款所述"披露的信息有虚假记载"的情形。

思考题:

(1)凯迪生态借款费用资本化处理不当,对于证券市场和投资者会产生什么样的影响?

(2)企业如何保证信息披露真实准确和完整,没有虚假记载、误导性陈述或重大遗漏?

阅读资料

[1]中华人民共和国财政部.企业会计准则(2006).北京:经济科学出版社,2006(企业会计准则第17号——借款费用).

[2]中华人民共和国财政部.企业会计准则——应用指南(2006).北京:中国财政经济出版社,2006.(附录 会计科目和主要账务处理).

[3]财政部会计司编写组.企业会计准则讲解(2010).北京:人民出版社,2010.(第十八章 借款费用).

[4]《中华人民共和国公司法》(根据2018年10月26日第十三届全国人民代表大会常务委员会第六次会议《关于修改〈中华人民共和国公司法〉的决定》第四次修正).

[5]《中华人民共和国证券法》(由中华人民共和国第十三届全国人民代表大会常务委员会第十五次会议于2019年12月28日修订通过,自2020年3月1日起施行).

第五章

供应活动的核算

导论

  企业进行产品生产,需要用所筹资金采购原材料、购置机器设备、建造厂房等,还可能需要外购和研究开发无形资产。那么,如何确定所取得的原材料、固定资产和无形资产的成本?企业生产经营的每个阶段都存在成本计算问题,成本计算的主要内容有哪些?原材料是存货的重要组成部分,什么是存货?存货包括哪些内容?如何对存货进行初始计量?固定资产和无形资产分别具有哪些特征?各自如何确认?外购资产所支付的增值税是计入购进成本还是计入进项税额用于抵扣销项税额?企业研发无形资产,研究与开发费用是资本化还是费用化?对于外购的原材料、固定资产和无形资产以及研究与开发支出如何进行账务处理?这些问题便是本章所要阐述的主要内容。

内容结构

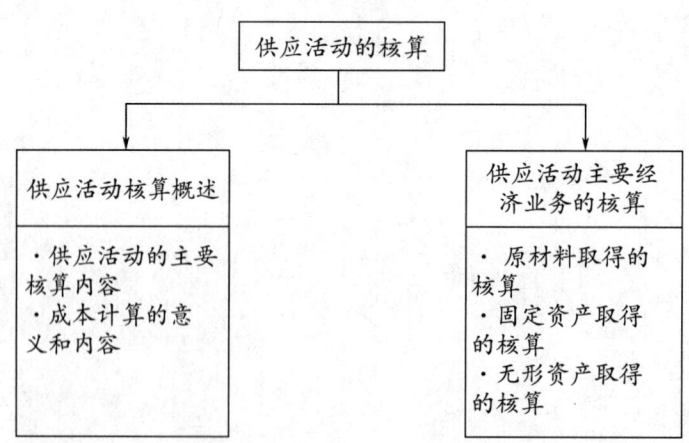

第一节 供应活动核算概述

一、供应活动的主要核算内容

制造企业在开始生产经营活动之前,必然要购买一定品种与数量的原材料及机器设备,作为生产经营活动中不可缺少的劳动对象和劳动手段,为生产经营活动做物质准备,还可能建造固定资产以及外购和研究开发无形资产。

企业购进资产,通常要与供货单位签订购销合同,并按购销合同的规定办理购货款项的结算。购货款可能在资产购进时便以银行存款支付,也可能赊购形成应付账款。购进过程中会产生运杂费、装卸费、保险费等购进费用,对此,应区分受益的对象,直接计入或分配计入所购进资产的成本中。资产运达企业后,仓库或使用部门应认真验收,并妥善保管和使用。对于需要安装才能使用的固定资产,还需要经过或长或短的安装过程,安装过程中会发生原材料、职工薪酬等安装费用。

企业内部自行组织研究开发无形资产,在研究与开发过程中,必然会消耗原材料、发生人工费用等其他研究与开发支出。

以上外购各项资产购进费用的分摊、取得成本的确定、款项的结算以及研究开发费用的会计处理,便是本章所要介绍的主要内容。为了正确地核算上述内容,本章还将介绍其他相关内容,包括:存货的定义、内容、分类和确认;增值税的有关内容;固定资产及无形资产的定义、特征和确认;从接受投资等其他来源渠道取得的存货、固定资产和无形资产的成本确定方法。为了使读者对于存货有较为全面的了解,本章在存货概述处一并介绍了存货的盘存制度。

在供应阶段,确定所取得的各项资产成本是一项非常重要的内容。为此,需要采用成本计算的专门方法,正确计算各项资产的取得成本。企业生产经营的不同阶段,均有成本计算问题:供应阶段要计算原材料的采购成本、固定资产的购进和建造成本、无形资产的购进和研究开发成本等;生产阶段要计算产品的生产成本;销售阶段要计算销售产品的成本。下面概述成本计算的概念、意义和主要内容。

二、成本计算的意义和内容

(一)成本计算及其意义

成本计算是指企业在生产经营过程中,按照一定对象归集和分配各项费用支出,以确定各对象总成本和单位成本的一种会计核算方法。

通过成本计算,可以反映和控制企业费用的支出水平,考核企业成本计划的完成情况,还可以为企业进行成本预测和分析以及经营决策等提供重要的依据。

(二) 成本计算的内容

尽管企业生产经营活动所处的阶段不同,成本计算对象多种多样,但成本计算在内容上具有一定的共性。其内容主要包括:

1. 明确成本计算对象。成本通常是指对象化的费用,明确成本计算对象是成本计算的前提。成本计算对象是指费用归集的对象。例如:在供应过程,成本计算对象通常就是各种材料、各项固定资产和无形资产;在生产过程,成本计算对象根据企业生产类型和管理要求的不同,可以是生产的各种产品,也可以是生产产品的批别或产品的生产步骤。

2. 划分成本项目。成本项目即构成总成本的各个项目。企业生产经营过程中发生的耗费是多种多样的,为了便于归集各项费用,正确计算成本,满足成本管理对明细数据的需要,将成本费用按一定的标准划分为若干成本项目,按成本项目归集费用并计算成本。例如,计算材料采购成本可设置买价和采购费用等成本项目。

3. 确定成本计算期。成本计算期即计算成本的时间长度。不同成本计算对象的成本计算期有差异:有的按月计算成本,其成本计算期为月,如产品成本的计算期通常为一个月;有的在资产建造或研发完成时计算成本,这种情况下成本的计算期便是从资产的建造、研发开始至达到预定可使用状态的全部期间;对于外购的各项资产,如果直接交付使用,在购进当时即计算其购进成本。

4. 合理地归集和分配费用。无论是计算哪种成本,关键在于正确地归集和分配各项费用。成本计算过程实质上就是费用的归集和分配过程。有些费用发生后即能够确定其应归属的某一成本计算对象;而有些费用的发生则与若干个成本计算对象有关,对于这类共同性的费用,需采用一定的分配标准,分配计入有关的成本计算对象中。

5. 按成本计算对象开设并登记明细账,编制成本计算单。各成本计算对象明细账可按成本项目设置专栏,用来归集应计入成本计算对象的各项费用。为了全面地反映成本计算对象的总成本和单位成本,企业还可以根据各成本计算对象明细账编制成本计算单。例如:在供应阶段开设原材料明细账,编制材料采购成本计算单;在生产阶段开设产品成本明细账,编制产品成本计算单。

需要说明的是:企业在供应阶段外购的资产,其外购成本的计算通常并不需要涉及上述所有内容,直接依据会计准则的规定确定即可。上述成本计算的内容在生产阶段计算产品成本时体现得最为充分。

> **请思考:** 如果成本计算不准确,会产生哪些影响?

第二节 供应活动主要经济业务的核算

一、原材料取得的核算

原材料属于存货的一个重要组成部分。为了使读者对存货有整体性认识并对原材料以外的其他存货也有所了解,下面首先对存货的相关内容进行概述。

(一)存货概述

1. 存货的概念。存货是指企业在日常活动中持有以备出售的产成品或商品、处在生产过程中的在产品、在生产过程或提供劳务过程中耗用的材料、物料等。存货有别于固定资产等非流动资产的最基本特征是:持有存货的最终目的是为了出售。有些存货可供直接出售,如企业的产成品、商品等;有些需经过进一步加工后才能出售,如原材料、在产品等。

2. 存货的内容。企业的存货通常包括下列内容:

(1)原材料,指企业在生产过程中经加工改变其形态或性质并构成产品主要实体的各种原料及主要材料、辅助材料、外购半成品(外购件)、修理用备件(备品备件)、包装材料、燃料等。应当注意:为建造固定资产等各项工程而储备的各种材料,虽然也属于材料,但因为是用于建造固定资产等各项工程,不符合存货的定义,故不能作为企业的存货进行核算。

(2)在产品,指企业正在制造但尚未完工的产品,包括正在各个生产工序加工的产品以及已加工完毕但尚未检验或已检验但尚未办理入库手续的产品。

(3)半成品,指经过一定生产过程并已检验合格交付半成品仓库保管,但尚未制造完工成为产成品,仍需进一步加工的中间产品。

(4)产成品,指制造企业已经完成全部生产过程并验收入库,可以按照合同规定的条件送交订货单位或者可以作为商品对外销售的产品。企业接受外来原材料加工制造的代制品和为外单位加工修理的代修品,在制造和修理完成验收入库后,应视同企业的产成品。

(5)商品,指商品流通企业外购或委托加工完成验收入库用于销售的各种商品。

(6)周转材料,指企业能够多次使用但不符合固定资产定义的材料,如包装物和低值易耗品。其中:包装物是指为了包装本企业商品而储备的各种包装容器,如桶、箱、瓶、坛、袋等;低值易耗品是指不符合固定资产确认条件的各种用具物品,如工具、管理用具、玻璃器皿、劳动保护用品以及在经营过程中周转使用的容器等。

不同行业的企业,其存货的范围有所不同。例如:商品流通企业存货的主要组成部分是各种商品;制造业企业存货的内容最广泛,包括各种原材料、在产品、半成品和产成品等。

3. 存货的分类。按照不同的分类标准,对存货可以有不同的分类。

(1)按经济内容分类,存货可分为上述的原材料、在产品、半成品、产成品、商品、周转材料等。

(2) 按存放地点分类，存货可以分为在库存货、在用存货、在售存货、在途存货、在制存货、在修存货、寄存存货、委托代销存货、出租或出借的存货等。

(3) 按来源渠道分类，存货可以分为外购存货、自制存货、委托加工存货、投资者投入存货、盘盈存货等。

4. 存货的确认。存货作为一项资产，其确认条件与其他资产的确认条件相同，即在符合存货定义的基础上，同时满足以下两个条件才能确认：一是相关的经济利益很可能流入企业；二是成本能够可靠地计量。

5. 存货的初始计量。企业取得存货应当按照成本进行初始计量。存货成本包括采购成本、加工成本和其他成本。

其中，其他成本是指除采购成本、加工成本以外的，使存货达到目前场所和状态所发生的其他支出。例如：企业设计产品发生的设计费用通常计入当期损益，但是为特定客户设计产品所发生的、可直接确定的设计费用应当计入存货的成本；符合要求的借款费用按规定也应当计入存货成本。

存货有外购、加工、接受投资、盘盈等不同的取得方式，不同取得方式下成本的确定方法不同。

(1) 外购存货的成本。外购存货的成本即存货的采购成本，指企业的存货从采购到入库前所发生的支出，包括购买价款、相关税费、运输费、装卸费、保险费以及其他可归属于存货采购成本的费用，可归纳为购买价款、计入成本的采购费用和计入成本的相关税费三个组成部分。

① 存货的购买价款，指企业购入材料或商品的发票账单上列明的价款，不包括按规定可以抵扣的增值税额。买价是外购存货成本的主要组成部分。一般情况下，企业应根据进货发票注明的货款金额确认购货价款。如果有进货数量折扣，买价则按扣除数量折扣后的金额确定。

进货折扣有进货数量折扣和进货现金折扣两种。进货数量折扣是指企业购货数量达到供货方规定可享受价格优惠的数量后所享受的价格折扣，这种价格在发票上已经予以减除，因此不包括在买价中。进货现金折扣则是指企业因在供货方规定的可享受价格优惠的付款期内付款所享受的价格折扣，如供货方规定付款条件为 2/10, N/30，则表明购货方在 10 天内付款可获得 2% 的折扣，超过 10 天付款不享受折扣。与销货方的现金折扣相对应，购货方对于这种现金折扣按规定采用总价法核算，购货时"应付账款"账户按应付的总金额入账，若在折扣期内付款，所享受的现金折扣直接冲减当期的财务费用，而不冲减存货的买价。

② 存货的相关税费。存货的相关税费是指企业购买、自制或委托加工存货发生的进口关税、消费税、资源税和不能抵扣的增值税进项税额等应计入存货采购成本的税费。因为增值税是广泛征收的一种税，企业的购销活动均涉及，因此，下面简要介绍增值税的有关内容。

增值税是以商品(含货物、加工修理修配劳务、服务、无形资产或不动产，统称商品)在流转过程中产生的增值额作为计税依据而征收的一种流转税。依据增值税相关法规,在我国境内销售货物、加工修理修配劳务、销售服务、无形资产、不动产以及进口货物的单位和个人,为增值税的纳税人。其中,"货物"是指有形动产,"服务"是指提供交通运输服务、建筑服务、邮政服务、电信服务、金融服务、现代服务、生活服务。

增值税的纳税义务人(包括单位和个人)依据年应税销售额标准和会计核算的健全程度,分为一般纳税人和小规模纳税人。增值税一般纳税人是指应税行为的年应征增值税销售额超过财政部和国家税务总局规定标准的纳税人;年应税销售额未超过规定标准的纳税人,会计核算健全,能够提供准确税务资料的,也可以登记成为一般纳税人。小规模纳税人是指年应税销售额未超过财政部和国家税务总局规定标准,且会计核算不健全,不能够提供准确税务资料的增值税纳税义务人。

根据《中华人民共和国增值税暂行条例实施细则》规定,不经常发生应税行为以及年应税销售额超过规定标准但不经常发生应税行为的企业,可选择按照小规模纳税人纳税。根据《增值税一般纳税人登记管理办法》,增值税纳税人年应税销售额超过财政部、国家税务总局规定的小规模纳税人标准的,除按照政策规定选择按照小规模纳税人纳税的,应当向其机构所在地主管税务机关办理一般纳税人登记手续;年应税销售额未超过规定标准的纳税人,会计核算健全(指能够按照国家统一的会计制度规定设置账簿,根据合法、有效凭证进行核算),能够提供准确税务资料的,可以向主管税务机关办理一般纳税人登记。

增值税一般纳税企业销售货物、劳务、服务、无形资产、不动产,销售额为纳税人发生应税销售行为收取的全部价款和价外费用,但是不包括收取的销项税额。纳税人购进货物、劳务、服务、无形资产、不动产支付或者负担的增值税额,为进项税额,进项税额可以从销项税额中抵扣。目前增值税一般纳税企业适用的税率为13%、9%、6%、0%。一般纳税人销售货物、提供劳务、有形动产租赁服务或者进口货物,除适用优惠税率和零税率的外,其余税率均为13%。

增值税一般纳税人销售交通运输、邮政、基础电信、建筑、不动产租赁服务,销售不动产,转让土地使用权,税率为9%;销售或者进口粮食等农产品、食用植物油、食用盐、自来水、暖气、冷气、热水、煤气、石油液化气、天然气、二甲醚、沼气、居民用煤炭制品、图书、报纸、杂志、音像制品、电子出版物、饲料、化肥、农药、农机、农膜以及国务院规定的其他货物,税率为9%;纳税人销售服务、无形资产,税率为6%。

增值税一般纳税企业发生的应税行为适用一般计税方法计税,当期应交给税务部门的增值税,为当期销项税额抵扣当期进项税额后的余额。应纳税额计算公式为:

$$当期应交增值税额=当期销项税额-当期进项税额$$

当期销项税额小于当期进项税额不足抵扣时,其不足部分可以结转下期继续抵扣。

增值税一般纳税企业采用销售额和销项税额合并定价方法的,应按下列公式计算销售额:

$$销售额=含税销售额÷(1+税率)$$

按照规定,增值税一般纳税企业购进货物等,只有取得增值税扣税凭证,进项税额才准予从销项税额中抵扣。增值税扣税凭证是指增值税专用发票、海关进口增值税专用缴款书、农产品收购发票或销售发票以及运输费用(不包括装卸费、保险费等其他杂费)结算单据。

下列项目的进项税额不得从销项税额中抵扣:用于简易计税方法计税项目、免征增值税项目、集体福利或者个人消费的购进货物、劳务、服务、无形资产和不动产;非正常损失(因管理不善造成被盗、丢失、霉烂变质等的损失)的购进货物以及相关的劳务和交通运输服务;非正常损失的在产品、产成品所耗用的购进货物(不包括固定资产)、劳务和交通运输服务;国务院规定的其他项目。

增值税小规模纳税企业发生的应税行为适用简易计税方法计税。增值税小规模纳税企业购进商品,无论是否取得增值税专用发票,支付的增值税均不计入进项税额,不得由销项税额抵扣,而应计入相关成本费用;发生应税销售行为,按照销售额和征收率(一般为3%)计算应纳税额,并且不得抵扣进项税额。小规模纳税企业应纳税额计算公式为:

$$应交增值税=销售额\times征收率$$

小规模纳税人销售货物或者应税劳务采用销售额和应纳税额合并定价方法的,按下列公式计算销售额:

$$销售额=含税销售额\div(1+征收率)$$

综上所述,按规定应计入外购存货成本的增值税包括:增值税小规模纳税企业采购货物支付的增值税,以及增值税一般纳税企业采购货物按规定不得抵扣销项税额的进项税额。

需要说明的是:后文只要没有特指,所举的企业均为增值税一般纳税企业,不考虑按运输费计算进项税额抵扣问题。

③其他可归属于存货采购成本的费用。企业在存货采购过程中发生的仓储费、包装费、运输途中的合理损耗、入库前的挑选整理费用等,这些费用凡是能分清负担对象的,应直接计入存货的采购成本;不能分清负担对象的,应选择合理的分配方法(可按所购存货的数量或采购价格比例进行分配),分配计入有关存货的采购成本。运输途中的合理损耗属于定额内损耗,因其计入采购成本,所以不影响存货的总成本,但影响存货的单位成本。

需要注意:以下费用不应计入存货成本而应根据不同情况进行会计处理:

其一,采购过程中发生的物资毁损、短缺等,除运输途中的合理损耗计入采购成本外,其他的不得计入存货采购成本,应区别不同情况进行会计处理:对于从供货单位、外部运输机构等收回的物资短缺赔款或其他赔款,应冲减所购物资的采购成本;对于因遭受意外灾害发生的损失和尚待查明原因的途中损耗,先作为待处理财产损溢进行核算,查明原因报经批准后再做处理。

其二,经营管理中发生的非正常消耗的直接材料、直接人工和制造费用。例如,由于自然灾害而发生的直接材料、直接人工和制造费用,应计入当期损益。

其三,外购存货入库后发生的仓储费用,应在发生时计入当期损益,但是在生产过程中为达到下一个生产阶段所必需的仓储费用应计入存货成本。例如,某种酒类产品生产企业为使生产的酒达到规定的产品质量标准而必须发生的仓储费用,应计入酒产品的成本,不应计入当期损益。

其四,不能归属于使存货达到目前场所和状态的其他支出,应在发生时计入当期损益。

商品流通企业在采购商品过程中发生的运输费、装卸费、保险费以及其他可归属于存货采购成本的费用等进货费用,原则上应计入所购商品的成本;也可以先进行归集,期末按照所购商品的存销情况进行分摊,对于已销售商品和未售商品的进货费用,分别计入主营业务成本和期末存货成本;进货费用金额较小的,可以在发生时直接计入当期销售费用。

(2) 通过进一步加工取得存货的成本。企业通过进一步加工取得的存货主要包括产成品、在产品、半成品、委托加工物资等,其成本由采购成本、加工成本以及可直接认定的产品设计费用等构成。对存货进一步加工的方式有委托外单位加工和自行加工两种。对于委托外单位加工的存货,应当以实际耗用的原材料或者半成品、加工费、运输费等费用以及按规定应计入成本的税金,作为实际成本。对于自行加工的存货,其成本包括投入的原材料或半成品、直接人工以及按照一定方法分配的制造费用。直接人工是指企业在生产产品过程中直接从事产品生产的工人的职工薪酬;制造费用则是指企业为生产产品和提供劳务而发生的各项间接计入生产成本的费用。对于间接费用,企业应按合理方法分配计入有关成本核算对象中,分配方法一经确定,不得随意变更。

(3) 接受投资者投入存货的成本。企业对于接受投资者投入的存货,若投资合同或协议约定的价值公允,按投资合同或协议约定的价值作为入账成本;若投资合同或协议约定的价值不公允,则应按所接受存货的公允价值作为入账成本。

(4) 盘盈存货的成本。企业对于在财产清查中发现的盘盈存货,应当按其重置成本作为入账价值。

6. 存货的盘存制度。存货是企业流动资产的重要组成部分,在企业生产经营过程中处于不断地被购买、耗用和销售之中,其价值随着实物的耗用而转移,并随着销售的实现而得到补偿。可见,为了满足生产经营的需要,企业必须储备一定数量的存货,并加强管理,使存货的数量始终保持在合理的规模上,以避免持有过多导致资金占压、过少又可能延误时机的现象发生。存货数量的盘存制度有永续盘存制和实地盘存制两种。

(1) 永续盘存制。永续盘存制又称账面盘存制,是指平时逐笔登记存货明细账中收入、发出和结存的数量,并随时结出账面结存数的一种盘存制度。企业采用永续盘存制,一方面可以随时反映存货的增减变动与结存情况,有利于加强对存货的核算与管理;另一方面,可以及时发现和解决存货短缺、毁损等现象,有利于保护存货的安全与完整。但与实地盘存制相比,采用这种方法,核算的工作量较大。采用永续盘存制,为了保证账实相符,对存货应定期进行全面盘点。

(2) 实地盘存制。实地盘存制又称定期盘存制,是指存货的明细账平时只登记存货的增加数,不登记减少数,会计期末通过对全部存货进行实地盘点,确定出期末存货的结存数量,然后分别乘以各项存货的单价,计算出期末存货的总金额,最后倒挤本期已耗用或已销售存

货成本的一种盘存制度,故其亦称"以存计耗"或"以存计销"。有关计算公式为:

期末存货成本＝期末结存数量×存货单价

本期耗用或销货成本＝期初存货成本＋本期购货成本－期末存货成本

采用实地盘存制,可以简化存货的日常核算工作。但由于平时领用存货不入账,因此,平时从账面上看不出存货的领用和结存情况。而且实地盘存制采用"以存计耗(销)",会将可能存在的存货损耗、差错、被盗窃等非正常的减少,计入本期存货的耗用或销售成本中,造成责任不清、成本不真实和损失浪费现象,不利于加强对存货的管理。这种盘存制度适用于品种多、价值低、收发频繁、自然损耗大、数量不稳定的存货,例如,鲜活商品等。

请思考: 永续盘存制与实地盘存制各自盘点的目的是什么?对于两种盘存制度,企业是任选一种,还是可以针对不同的存货结合使用?

【例5-1】新世纪公司对甲材料采用实地盘存制确定其数量。20×2年4月,甲材料月初结存和购入资料(领用情况略)如表5-1所示(单位:元)。

表5-1　原材料明细账

材料名称:甲材料　　计量单位:千克　　　　规格:　　　编号:

月	日	凭证及编号	摘要	收入			发出			结存		
				数量	单价	金额	数量	单价	金额	数量	单价	金额
4	1	(略)	月初结存							200	4.00	800
	8		购入	300	4.45	1 335						
	19		购入	200	4.43	886						
	23		购入	100	4.50	450						
	29		购入	300	4.52	1 356						
	30		本月合计	900		4 027	850		3 729.50	250	4.39	1 097.50

该公司4月30日对甲材料实地盘存的数量为250千克,假定采用月末一次加权平均法,以加权平均单价作为甲材料的月末结存单价,加权平均单价经计算为4.39元。则:

甲材料月末结存成本＝250×4.39＝1 097.50(元)

甲材料本月耗用成本＝800＋4 027－1 097.50＝3 729.50(元)

将上述甲材料的月末盘存数量和结存成本以及本月耗用成本,登记如表5-1所示。

下面主要介绍企业外购原材料的核算,企业外购其他存货的核算可比照外购原材料核算进行。

(二)外购原材料的核算

企业外购原材料,由于与供应方货款结算的时间与实物流转的时间通常会存在一定差异,因此实务中存在以下几种情况:收料和付款同时进行;先付款后收料;先收料后付款;采用预付货款方式购进原材料。无论是哪种情况,均要正确计算材料的采购成本。原材料采购成本的计算,是指将企业采购材料所支付的买价以及应计入采购成本的相关税费,按照购入材料的品种、类别进行归集,计算材料的采购总成本和单位成本。在实际工作中,原材料可以采用实际成本计价核算,也可以采用计划成本计价核算。原材料按实际成本计价核算时,日常的收发存均按实际成本计价。

1. 原材料按实际成本计价的核算。

(1)收料和付款同时进行情况下外购原材料的核算。这种情况是指企业采购原材料,支付货款(包括已开出承兑商业汇票,下同)和原材料验收入库工作在同一日完成。企业应在支付货款或开出承兑商业汇票、原材料验收入库后,根据发货票、银行结算凭证、运杂费单据和收料单等凭证,填制付款和收料的记账凭证,按发票账单等结算凭证确定的采购成本,借记"原材料"账户,根据取得的增值税专用发票上注明的增值税额,借记"应交税费——应交增值税(进项税额)"账户,按实际支付的款项或应付票据的面值,贷记"银行存款""库存现金""应付票据"等账户。

"原材料"账户属于资产类账户,反映企业库存的各种原材料实际成本。其借方登记企业从各种来源渠道取得并已验收入库的原材料的实际成本;贷方登记企业生产经营领用、出售、发出委托外单位加工、盘亏、毁损等实际成本;期末借方余额反映企业库存原材料的实际成本。该账户可按材料的保管地点(仓库),材料的类别、品种和规格等进行明细核算。包装物、低值易耗品不通过"原材料"账户核算,企业可设置"周转材料"账户或单独设置"包装物""低值易耗品"账户对其进行核算。企业购入、自行加工、委托外单位加工完成并已验收入库的周转材料,比照"原材料"账户的相关规定进行会计处理。

"应交税费——应交增值税"账户属于负债类账户,反映企业按税法规定计算应交的增值税。增值税一般纳税企业应当在"应交税费"账户下设置"应交增值税""未交增值税""预交增值税""简易计税"等明细账户。在"应交增值税"明细账中,设置"进项税额""已交税金"专栏,用来登记企业购进货物等支付的进项税额和本期实际已交纳的增值税;设置"销项税额""出口退税""进项税额转出"专栏,用来登记企业销售商品收取的销项税额、退还的增值税和按规定应从进项税额中转出的增值税;期末若为借方余额,反映企业尚未抵扣或多交纳的增值税,若为贷方余额,反映企业尚未交纳的增值税。

需要注意的是,与增值税一般纳税企业不同,小规模纳税企业不需要在"应交增值税"明细账中设置专栏,期末"应交税费——应交增值税"账户如果为借方余额,表示多交纳的增值税。

【例5-2】新世纪公司为增值税一般纳税企业,20×2年4月28日从甲工厂购进A材料一批,取得的增值税专用发票上记载的价款为32 000元,增值税为4 160元,价税款项均已通过银行转账支付。另以库存现金支付运杂费280元。A材料验收入库。该公司根据有关凭证,应编制会计分录如下:

借:原材料——A材料　　　　　　　　　　　　　　　　　　32 280

应交税费——应交增值税(进项税额)　　　　　　　　　　　　　　　4 160
　　　　贷:银行存款　　　　　　　　　　　　　　　　　　　　　　　　　36 160
　　　　　 库存现金　　　　　　　　　　　　　　　　　　　　　　　　　　 280

【例5-3】 新世纪公司20×2年4月15日购买A,B两种材料的数量分别为1 000千克和3 000千克,取得的增值税专用发票上列示的两种材料的价款分别为180 000元和240 000元,进项税额分别为23 400元和31 200元。另两种材料共同发生的运杂费为4 200元,运杂费按两种材料的重量比例分配。全部款项均已开出转账支票支付,两种材料均已验收入库。

本例首先应对两种材料共同发生的运杂费按重量比例进行分配,有关计算如下:

$$分配率 = 4\ 200 \div (1\ 000 + 3\ 000) = 1.05(元/千克)$$
$$A材料应分配的运杂费 = 1\ 000 \times 1.05 = 1\ 050(元)$$
$$B材料应分配的运杂费 = 3\ 000 \times 1.05 = 3\ 150(元)$$

该公司根据上述分配结果和增值税专用发票等有关凭证,应编制会计分录如下:

　　借:原材料——A材料　　　　　　　　　　　　　　　　　　　　　181 050
　　　　　　——B材料　　　　　　　　　　　　　　　　　　　　　　243 150
　　　应交税费——应交增值税(进项税额)　　　　　　　　　　　　　　54 600
　　　　贷:银行存款　　　　　　　　　　　　　　　　　　　　　　　478 800

A,B两种材料的实际采购成本计算如表5-2所示。

表5-2　材料采购成本计算单　　　　　　　　　　　　　　　　　　　单位:元

材料名称	单位	数量	单价	买价	运杂费(分配率:1.05)	总成本	单位成本
A	千克	1 000	180	180 000	1 050	181 050	181.05
B	千克	3 000	80	240 000	3 150	243 150	81.05
合计	—	4 000	—	420 000	4 200	424 200	—

会计人员在结转入库材料的采购成本时,除了根据会计分录,将各入库材料的实际采购总成本记入"原材料"账户外,还应根据表5-2分别登记A,B两种材料的明细账。

(2)先付款后收料情况下外购原材料的核算。这种情况是指货款已经支付或已开出承兑商业汇票,原材料尚未到达或尚未验收入库。对于在付款时尚未到达或尚未验收入库的原材料,企业应先将其记入"在途物资"账户。购进原材料付款时,应按确定的购进成本,借记"在途物资"账户,按增值税专用发票上列示的增值税,借记"应交税费——应交增值税(进项税额)"账户,按实际支付的款项,贷记"银行存款""应付票据"等账户。原材料验收入库后,应借记"原材料"账户,贷记"在途物资"账户。

"在途物资"账户属于资产类账户,反映企业货款已付尚未验收入库的材料、商品等物资的实际采购成本。其借方登记货款已付尚未验收入库物资的实际成本；贷方登记验收入库的在途物资实际成本；期末借方余额反映企业在途材料、商品等物资的采购成本。该账户可按供应单位和物资品种进行明细核算。

【例5-4】假定例5-2中新世纪公司从甲工厂购进A材料的款项均已支付，但材料尚未运到企业。则该公司根据有关凭证，应编制会计分录如下。

①付款当日：

借：在途物资——甲工厂　　　　　　　　　　　　　　　　　　32 280
　　应交税费——应交增值税（进项税额）　　　　　　　　　　　4 160
　　贷：银行存款　　　　　　　　　　　　　　　　　　　　　　36 160
　　　　库存现金　　　　　　　　　　　　　　　　　　　　　　　 280

②A材料运到验收入库时：

借：原材料——A材料　　　　　　　　　　　　　　　　　　　 32 280
　　贷：在途物资——甲工厂　　　　　　　　　　　　　　　　　32 280

（3）先收料后付款情况下外购原材料的核算。这种情况是指企业购入原材料，原材料已经到达并已验收入库，而货款尚未支付。对此，应区分以下两种未付款的情况分别进行会计处理：虽已接到发票账单等结算凭证，但暂时未付款；尚未接到发票账单等结算凭证而未付款。

①原材料入库且结算凭证已到，未付款。在此情况下，因双方的购销关系已经确立，形成了应付而未付供应方的款项，因此，企业应通过"应付账款"账户反映应付给供货方的款项。在原材料验收入库时，应借记"原材料"等账户，贷记"应付账款"账户；支付款项或开出承兑商业汇票抵付应付账款时，按实际支付金额借记"应付账款"账户，贷记"银行存款""应付票据"等账户。

"应付账款"账户属于负债类账户，反映企业因购买材料、商品和接受劳务等经营活动应付款项的发生、偿付和转销情况。其贷方登记应付账款的发生数，借方登记应付账款的偿付数、开出承兑商业汇票的抵付数以及转销的无法支付数，期末贷方余额反映企业尚未支付的应付账款余额。在预付账款也通过该账户核算的情况下，该账户的余额也可能在借方，其借方余额反映企业预付数大于应付数的差额，属于资产性质。该账户可按债权人进行明细核算。

会计实务中，在物资和发票账单同时到达的情况下，为了避免因验收时发现所购物资存在数量或质量问题而对入账的物资或应付账款金额改动，一般在购进的物资验收入库后，再确认应付账款。

企业转销确实无法支付的应付账款时（如因债权人撤销等原因），应按账面余额转作营业外收入，借记"应付账款"账户，贷记"营业外收入"账户。

【例5-5】假定例5-2中新世纪公司从甲工厂购进的A材料已到达并已验收入库，且收到银行转来的结算凭证，但暂未支付价税款项，其他资料不变。新世纪公司根据有关凭证，应编制会计分录如下。

将 A 材料验收入库时：

借：原材料——A 材料 32 280
　　应交税费——应交增值税（进项税额） 4 160
　　贷：应付账款——甲工厂 36 160
　　　　库存现金 280

实际支付 A 材料价税款项时：

借：应付账款——甲工厂 36 160
　　贷：银行存款 36 160

②原材料入库，结算凭证未到。这种情况下，一般几天之内即可收到结算凭证，因此，为了简化核算，可先不进行总分类核算，只在原材料明细账中登记收入数量，待结算凭证到达付款后，再做付款和收料的账务处理。但到月末，如果结算凭证仍未到达，为真实反映企业月末资产和负债的情况，应按暂估价（一般为合同价或计划价）入账，并在"应付账款"账户下设"暂估应付账款"明细账户。月末，按暂估价入账时，应借记"原材料"等账户，贷记"应付账款——暂估应付账款"账户；下月初做相反分录予以冲回；待发票账单到达后再按实际成本入账。

【例5-6】新世纪公司20×2年3月25日从某企业购进B材料，材料已验收入库，合同价格为50 000元，月末发票账单尚未到达，也无法确定其实际成本。假定20×2年4月3日该公司收到发票账单，取得的增值税专用发票上记载的货款为52 000元，增值税为6 760元，对方代垫包装费、保险费等3 500元，全部款项开出一张6个月期的银行承兑汇票支付。则：

3月25日，收料时先不编制会计分录。

3月31日，假定按合同价暂估入账，编制会计分录如下：

借：原材料——B 材料 50 000
　　贷：应付账款——暂估应付账款 50 000

4月1日，冲回上月末的暂估记录，编制会计分录如下：

借：应付账款——暂估应付账款 50 000
　　贷：原材料——B 材料 50 000

4月3日，收到发票账单开出银行承兑汇票时，编制会计分录如下：

借：原材料——B 材料 55 500
　　应交税费——应交增值税（进项税额） 6 760
　　贷：应付票据 62 260

"应付票据"账户属于负债类账户，反映企业购买材料、商品和接受劳务供应等开出、承兑的商业汇票，包括银行承兑汇票和商业承兑汇票。其贷方登记开出、承兑的商业汇票面值，借方登记支付的票款和无力支付时转入短期借款（指银行承兑汇票）、应付账款（指商业承兑汇票）等账户的金额，期末贷方余额反映企业尚未到期的商业汇票的票面金额。该账户可按债权人进行明细核算。由于商业汇票的付款期限自出票日起至到期日止,最长不得超过6个月,因此,会计上将其作为流动负债管理和核算,按开出、承兑的应付票据的面值入账。

企业应当设置"应付票据备查簿",详细登记商业汇票的种类、号数和出票日期、到期日、票面金额、交易合同号、收款人姓名或单位名称以及付款日期和金额等资料。应付票据到期结清时,在备查簿中应予注销。

(4) 采用预付货款方式外购原材料的核算。企业采用预付货款方式外购原材料,是指先按购货合同的规定预付一定的款项,待实际购进材料时再根据应付款多退少补。

对于按照合同规定预付的款项,企业应设置"预付账款"账户核算。该账户属于资产类账户,借方登记预付和补付的款项,贷方登记收到所购物资应支付的金额和退回多付款项的金额。期末借方余额,反映企业预付的款项;期末如为贷方余额,反映企业尚未补付的款项。该账户可按供货方进行明细核算。企业进行在建工程预付的工程价款以及按工程进度结算工程价款,也通过此账户核算。预付款项情况不多的企业,也可以不设置"预付账款"账户,将预付的款项直接记入"应付账款"账户核算。

企业预付款项时,应按照实际预付金额,借记"预付账款"账户,贷记"银行存款"账户;收到所购进的原材料,按应计入所购进原材料成本的金额,借记"原材料"等账户,按应支付的金额,贷记"预付账款"账户,涉及增值税进项税额的,还应进行相应的会计处理;当预付货款不足补付货款时,应按补付金额,借记"预付账款"账户,贷记"银行存款"等账户;收到退回多付的款项时,编制与补付货款相反的会计分录。

下面以增值税小规模纳税企业为例,说明采用预付货款方式购进原材料的核算。

【例5-7】某增值税小规模纳税企业从乙工厂购进C材料,根据购销合同向乙工厂预付货款20 000元,款项已通过银行转账支付。20天后,该企业收到所购买的C材料并已验收入库,验收时发现合理损耗300元。乙工厂开具的增值税专用发票上记载,该批C材料的货款为30 000元,增值税为3 900元。以银行存款补付差额款项。该企业根据有关凭证,应编制会计分录如下。

① 预付货款时:

借:预付账款——乙工厂　　　　　　　　　　　　　　　　　　20 000
　　贷:银行存款　　　　　　　　　　　　　　　　　　　　　　20 000

② C材料入库和补付货款时:

借:原材料——C材料　　　　　　　　　　　　　　　　　　　33 900
　　贷:预付账款——乙工厂　　　　　　　　　　　　　　　　　33 900

同时:

借:预付账款——乙工厂　　　　　　　　　　　　　　　　　　13 900
　　贷:银行存款　　　　　　　　　　　　　　　　　　　　　　13 900

请思考:若本例的企业为增值税一般纳税企业,其他资料不变,应如何编制会计分录?

企业对于外购原材料等物资在运输途中发生的非正常短缺与损耗,应通过"待处理财产损溢"账户核算,该账户的结构已在第二章中介绍。发生非正常短缺与损耗时,应借记"待处理财产损溢"账户,贷记"原材料""应交税费——应交增值税(进项税额转出)"(指按规定转出的原已计入进项税额中的购进材料所支付的增值税)"账户;查明原因按管理权限报经批准后处理时,按入库的残料价值借记"原材料"等账户,按应由保险公司或过失人的赔款借记"其他应收款"账户,按待处理财产损溢的余额贷记"待处理财产损溢"账户,按其借方差额即净损失借记"营业外支出"等账户。

除上述外购原材料外,企业自行加工取得的原材料,应通过"生产成本"账户核算其加工成本,有关"生产成本"账户的结构将在第六章中介绍。委托外单位加工的各种原材料,通过"委托加工物资"账户核算。该账户属于资产类账户,反映企业委托外单位加工的各种原材料、商品等物资的实际成本,借方登记发生的加工费等各种加工成本,贷方登记收回的加工物资和剩余物资的实际成本,期末借方余额反映委托外单位加工的尚未完成物资的实际成本。该账户可按加工合同、受托加工单位、加工物资的品种等进行明细核算。

企业接受投资者投资的原材料,应按确定的成本借记"原材料"账户,按取得的增值税专用发票上记载的增值税(指增值税一般纳税企业,若为小规模纳税企业,应将购进时支付的增值税计入原材料成本),借记"应交税费——应交增值税(进项税额)"账户;按投入资本在注册资本或股本中所占份额,贷记"实收资本"或"股本"账户;按上述账户借贷方的差额,即收到的投资者出资超过其在注册资本或股本中所占份额的部分,贷记"资本公积——资本溢价或股本溢价"账户。具体核算在第四章中已经介绍。

2. 原材料按计划成本计价的核算。为了简化日常原材料核算的工作量,在会计实务中,原材料收发业务较多且计划成本资料比较健全和准确的企业,可采用计划成本进行原材料收发的核算。原材料在采用计划成本核算的情况下,收发存均按计划成本计价;实际成本与计划成本之间的差异设置"材料成本差异"账户核算;月末将领用原材料的计划成本调整为实际成本。除特殊情况外,计划成本在年度内不得随意变更。

(1)账户设置。企业对原材料按计划成本计价,应设置"原材料""材料采购""材料成本差异"等账户核算原材料的收发存金额。

"原材料"账户核算原材料收入、发出和结存的计划成本。

"材料采购"账户属于资产类账户,反映企业采用计划成本进行材料日常核算所购入材料的采购成本。无论购进的原材料是否入库,购进原材料时均应通过该账户核算。其借方登记外购原材料的实际成本和转出的原材料成本节约差异,贷方登记入库原材料的计划成本和转出的原材料成本超支差异,期末借方余额反映企业在途原材料的采购成本。该账户可按供应单位和材料品种设置明细账进行明细核算。

"材料成本差异"账户反映企业采用计划成本进行材料(包括原材料和周转材料)日常核算的材料计划成本与实际成本的差异。该账户按经济内容分类属于资产类账户,按用途和结构分类属于"原材料""周转材料"等账户的备抵附加调整账户。其借方登记入库材料的成本超支差异和发出材料应负担的成本节约差异,贷方登记入库材料的成本节约差异以及发出材料应负担的成本超支差异。期末如为借方余额,反映企业库存材料等的实际成本大于计划成本的超支差异;如为贷方余额,则反映企业库存材料等的实际成本小于计划成本的节约差异。该账户可分别"原材料""周转材料"等账户设置"成本差异"明细账户进行明细核算。

(2) 外购原材料的核算。企业对于按计划成本计价的外购原材料,也应区分收料和付款的先后顺序,区别四种不同的情况进行核算,具体情况与实际成本计价相同,不再赘述。

企业在购入原材料时,首先应按照外购原材料的实际成本,借记"材料采购"账户,贷记有关账户;原材料验收入库时,按计划成本借记"原材料"账户,贷记"材料采购"账户,并按实际成本与计划成本的差额,结转入库材料的成本差异,如为超支差异,应借记"材料成本差异"账户,贷记"材料采购"账户,如为节约差异,则编制与结转超支差异相反的会计分录。

【例5-8】承例5-2,假定新世纪公司从甲工厂购进的A材料计划成本为30 000元,其他资料不变(货款为32 000元,增值税为4 160元,价税款项已通过银行转账支付,以库存现金支付运杂费280元,材料验收入库)。该公司根据有关凭证,应编制会计分录如下。

①购进原材料时:

借:材料采购——A材料　　　　　　　　　　　　　　　　　　　32 280
　　应交税费——应交增值税(进项税额)　　　　　　　　　　　　 4 160
　贷:银行存款　　　　　　　　　　　　　　　　　　　　　　　　36 160
　　库存现金　　　　　　　　　　　　　　　　　　　　　　　　　　280

材料验收入库时:

借:原材料——A材料　　　　　　　　　　　　　　　　　　　　30 000
　贷:材料采购——A材料　　　　　　　　　　　　　　　　　　　30 000

结转入库材料实际成本大于计划成本产生的超支差异时:

借:材料成本差异——原材料　　　　　　　　　　　　　　　　　 2 280
　贷:材料采购——A材料　　　　　　　　　　　　　　　　　　　 2 280

如果从甲工厂购进的A材料计划成本为33 000元,则在结转入库材料应负担的节约差异720元时,应编制如下会计分录:

借:材料采购——A材料　　　　　　　　　　　　　　　　　　　　　720
　贷:材料成本差异——原材料　　　　　　　　　　　　　　　　　　720

在购进原材料频繁的情况下,为了简化核算工作量,企业也可以在日常收料时只在"收料单"等单据中作登记,月末汇总后再一并结转当月入库原材料计划成本和入库材料的实际成本与计划成本的差异。

二、固定资产取得的核算

(一)固定资产概述

1. 固定资产的定义、特征和意义。固定资产是指同时具有下列特征的有形资产:①为生产商品、提供劳务、出租或经营管理而持有;②使用寿命超过一个会计年度。根据定义,固定资产主要具有以下两个特征:

第一,持有目的是为了生产商品、提供劳务、出租或经营管理。其中,"出租"的固定资产,是指出租的机器设备类固定资产,不包括以经营租赁方式出租的建筑物,后者属于投资性房地产。从此特征可见,企业持有固定资产的目的不是用于直接出售,而是作为企业的劳动工具或手段。

第二,使用寿命超过一个会计年度。固定资产的使用寿命,通常是指企业使用固定资产的预计期间(如预计使用年限),但对于机器设备、运输设备等固定资产,其使用寿命往往以该固定资产所能生产产品或提供劳务的数量来表示(如预计行驶里程)。

> 请思考:与存货相比,固定资产具有哪些特征?

固定资产是企业赖以生存的重要物质基础,关系到企业生产经营的正常运行和发展。企业对其进行科学管理和正确核算,对于提高固定资产的使用效率、正确评估企业固定资产的整体情况、保护固定资产的安全完整、实现资产的保值增值、增强企业的综合竞争力,都具有重要意义。

2. 固定资产的分类。企业的固定资产种类繁多,包括房屋及建筑物、运输设备、机器设备、电子设备等。为了便于组织核算和加强管理,应对其进行科学的分类。企业可根据自身的管理需要和核算要求,采用不同的分类标准对固定资产进行不同的分类。常见的分类标准有经济用途标准和综合标准等。

(1)按经济用途分类,固定资产可分为生产经营用固定资产和非生产经营用固定资产。前者是指直接服务于生产经营过程的固定资产;后者是指不直接服务于生产经营过程的固定资产。这种分类,可用以分析和考核企业两大类固定资产的结构及其合理性,促使企业合理配置固定资产,充分发挥固定资产的效用。

(2)按经济用途和使用情况等综合标准分类,固定资产可分为:①生产经营用固定资产;②非生产经营用固定资产;③租出固定资产(指经营出租的机器设备);④不需用固定资产;⑤未使用固定资产等。

3. 固定资产的确认。固定资产在符合其定义的前提下,应当同时满足以下两个条件才能加以确认:一是与该固定资产有关的经济利益很可能流入企业,二是该固定资产的成本能够可靠地计量。企业在确认固定资产时应当注意:

(1)对于购置的环保设备和安全设备等资产,其使用虽不能直接为企业带来经济利益,但却有助于企业从相关资产中获得经济利益,或者将减少企业未来经济利益的流出,因此,对于这类设备,应将其确认为企业的固定资产。

(2)固定资产的各组成部分,如果各自具有不同使用寿命或者以不同方式为企业提供经济利益,因各组成部分实质上是以独立的方式为企业提供经济利益,故应当分别将各组成部分确认为单项固定资产。

4. 固定资产的初始计量。固定资产应当按照成本进行初始计量。固定资产的成本是指企业购建某项固定资产达到预定可使用状态前所发生的一切合理、必要的支出。这些支出既包括直接发生的价款、运杂费、包装费和安装成本等,也包括间接发生的,如应承担的借款利息、外币借款折算差额以及应分摊的其他间接费用。特殊行业的特定固定资产,其初始入账成本中还应考虑预计的弃置费用。

企业固定资产的取得方式很多,有外购、自行建造、接受投资、盘盈等,下面主要介绍企业外购固定资产的核算,其他方式取得固定资产的核算做简要介绍。

(二)外购固定资产的核算

1. 外购固定资产成本的确定。企业外购固定资产的成本包括:①购买价款;②相关税费;③使固定资产达到预定可使用状态前所发生的可归属于该项资产的运输费、装卸费、安装费和专业人员服务费等。

企业对于外购的固定资产应区分是否需要安装分别进行核算。

2. 外购不需要安装的固定资产的核算。企业外购不需要安装的固定资产,由于购入后即可发挥作用,因此,购入后便达到了预定可使用状态。企业对于购进不需要安装的固定资产,按应计入固定资产成本的金额,借记"固定资产"账户,按取得的增值税专用发票上注明的增值税额为进项税额(指增值税一般纳税企业),借记"应交税费——应交增值税(进项税额)"账户,按应支付的款项,贷记"银行存款"等账户。

"固定资产"账户属于资产类账户,反映企业所持有的固定资产原价(即初始取得成本,亦称原始价值、原值)的增加、减少和余额情况。企业购置计算机硬件所附带的、未单独计价的软件,也通过此账户核算。其借方登记增加的固定资产原价,贷方登记减少的固定资产原价,期末借方余额反映企业期末固定资产的账面原价。该账户可按固定资产的类别和项目进行明细核算。为了加强对固定资产的管理,企业可设置"固定资产登记簿"和"固定资产卡片",按固定资产类别、使用部门和每项固定资产进行明细分类核算。

【例5-9】新世纪公司(为增值税一般纳税企业)20×2年4月8日购入一台不需要安装即达到预定可使用状态的设备,取得的增值税专用发票上记载的设备价款为200 000元,增值税为26 000元,另支付包装费2 000元,款项均以银行存款支付。该公司应编制会计分录如下:

借:固定资产　　　　　　　　　　　　　　　　　　　　　　202 000
　　应交税费——应交增值税(进项税额)　　　　　　　　　 26 000
　　贷:银行存款　　　　　　　　　　　　　　　　　　　　　　228 000

3. 外购需要安装的固定资产的核算。企业购入的需要安装的固定资产,如果直接交付安装,应先记入"在建工程"账户。

企业对于购入的需要安装的固定资产,应按计入固定资产成本的金额,借记"在建工程"账户,涉及增值税进项税额的,借记"应交税费——应交增值税(进项税额)"账户,按应支付的款项,贷记"银行存款"等账户;安装过程中,发生的材料费用、职工薪酬等安装费用应计入在建工程成本,借记"在建工程"账户,贷记"银行存款"等账户;安装完毕达到预定可使用状态时,按其实际成本,借记"固定资产"账户,贷记"在建工程"账户。

【例 5-10】新世纪公司 20×2 年 4 月 1 日购入一台需要安装的机器设备,取得的增值税专用发票上记载的设备价款为 250 000 元,增值税进项税额为 32 500 元,支付的装卸费等购进费用为 2 800 元,款项已通过银行转账支付。安装设备过程中,以银行存款支付安装费用 19 640 元。假定不考虑其他相关税费。新世纪公司根据有关凭证,应编制会计分录如下。

(1)支付设备价款、增值税和购进费用时:

借:在建工程   252 800
    应交税费——应交增值税(进项税额)   32 500
  贷:银行存款   285 300

(2)支付安装费用时:

借:在建工程   19 640
  贷:银行存款   19 640

(3)设备安装完毕达到预定可使用状态结转成本时:

借:固定资产   272 440
  贷:在建工程   272 440

请思考:企业购入需要安装和不需要安装的固定资产,在核算上有何区别?

如果企业购入的需要安装的设备不是直接交付安装,则可先记入"工程物资"账户;交付安装时,再转入"在建工程"账户,借记"在建工程"账户,贷记"工程物资"账户。"工程物资"账户属于资产类账户,反映企业为在建工程准备的各种物资的成本,包括尚未安装的设备、工程用材料以及为生产准备的工器具等。其借方登记购入的为工程准备的物资成本,贷方登记领用的工程物资成本以及工程完工转作存货的剩余工程物资成本,期末借方余额反映企业工程物资的结余成本。该账户可按"专用设备""专用材料""工具器具"等进行明细核算。

在实际工作中,企业可能以一笔款项购入多项没有单独标价的资产。如果这些资产均符合固定资产的定义,并满足固定资产的确认条件,则应将各项资产单独确认为固定资产,并按各项固定资产公允价值的比例对总成本进行分配,分别确定各项固定资产的成本。如果以一笔款项购入的多项资产中还包括固定资产以外的其他资产,也应按类似的方法予以处理。

企业购买固定资产通常在正常信用条件期限内付款,但也会发生超过正常信用条件购买固定资产的情况。例如,采用分期付款方式购买资产,且在合同中规定的付款期限比较长,超过了正常信用条件。这样的购货合同实质上具有融资性质,因此,购入资产的成本不能按各期付款额之和确定,而应按各期付款额的现值之和确定。企业外购具有融资性质的固定资产,应按购买价款的现值,借记"固定资产"或"在建工程"账户,按应支付的金额,贷记"长期应付款"账户,按其差额,借记"未确认融资费用"账户。固定资产购买价款的现值,应按各期支付的购买价款选择恰当的折现率进行折现后的金额予以确定。折现率应是反映当前市场货币时间价值和延期付款债务特定风险的利率,实质上是供货企业的必要报酬率。各期实际支付的价款与购买价款的现值之间的差额,符合资本化条件的,应当计入固定资产成本,不符合资本化条件的部分应当在信用期间内确认为财务费用,计入当期损益。企业按期支付长期应付款时,应借记"长期应付款"账户,贷记"银行存款"账户;采用实际利率法分期摊销未确认融资费用时,应借记"财务费用""在建工程"等账户,贷记"未确认融资费用"账户。

"长期应付款"账户属于负债类账户,反映除长期借款和应付债券以外的其他各种长期应付款项,包括应付租入固定资产的租赁费、以分期付款方式购入固定资产等发生的应付款项等。其贷方登记长期应付款的发生数额,借方登记长期应付款的支付数额,期末贷方余额反映企业应付未付的长期应付款数额。该账户可按长期应付款的种类和债权人进行明细核算。

"未确认融资费用"账户反映企业分期计入利息费用的未确认融资费用。该账户按经济内容分类属于负债类账户,但在用途和结构上是"长期应付款"账户的抵减调整账户。其借方登记未确认融资费用的发生额,贷方登记按实际利率法分期摊销的未确认融资费用额,期末借方余额反映企业未确认融资费用的摊余价值。该账户可按债权人和长期应付款项目进行明细核算。

(三)其他方式取得固定资产的核算

1. 接受投资固定资产的核算。企业接受投资固定资产的核算已在第四章"投入资本的核算"处介绍,此处不再重复。

2. 自行建造固定资产的核算。企业自行建造固定资产的成本,由建造该项资产达到预定可使用状态前所发生的必要支出构成,包括工程用物资成本、人工成本、缴纳的相关税费、应予资本化的借款费用以及应分摊的间接费用等。企业自行建造固定资产的方式包括自营建造和出包建造两种,无论采用哪种方式,对所建工程都应当按照实际发生的支出确定其工程成本并单独核算。

(1) 自营方式建造固定资产。企业以自营方式建造固定资产,是指企业自行组织工程物资采购和自行组织施工人员从事工程施工。实务中企业较少采用自营方式建造固定资产,多数情况下采用出包方式,因此这里只对企业自营方式建造固定资产的核算做简要说明。企业自营建造固定资产所购入的工程物资,应通过"工程物资"账户核算;自营建造过程中发生的支出,通过"在建工程"账户核算;自营建造的固定资产达到预定可使用状态时,应借记"固定资产"账户,贷记"在建工程"账户。对于已达到预定可使用状态,但尚未办理竣工决算手续的固定资产,应按估计价值入账,待办理竣工决算、实际成本确定后再调整原来的暂估价。

(2)出包方式建造固定资产。出包方式建造固定资产是指企业通过招标方式将工程项目发包给建造承包商,与建造承包商签订建造合同,由建造承包商(即施工企业)组织工程项目施工。企业的新建、改建、扩建等建设项目,通常采用出包方式。企业采用出包方式建造固定资产,其成本由建造该项固定资产达到预定可使用状态前所发生的必要支出构成,包括发生的建筑工程支出、安装工程支出以及需分摊计入各固定资产价值的待摊支出。企业与建造承包商结算的工程价款作为工程成本,通过"在建工程"账户核算,工程的具体支出则主要由建造承包商核算。

3. 盘盈固定资产的核算。企业对于盘盈的固定资产,应作为重要的前期差错处理,在按管理权限报经批准处理前,先通过"以前年度损益调整"账户核算。盘盈固定资产时,按盘盈固定资产的重置成本确定其入账价值,借记"固定资产"账户,贷记"以前年度损益调整"。

三、无形资产取得的核算

(一)无形资产概述

随着我国社会主义市场经济的深入发展,知识创新的步伐不断加快,无形资产在企业资产中所占的比重越来越大,对于企业的运营和发展起着越来越重要的作用。

1. 无形资产的概念和特征。无形资产是指企业拥有或者控制的没有实物形态的可辨认非货币性资产。根据定义,无形资产具有以下四个基本特征:

(1)为企业拥有或控制。无形资产与其他资产一样,应具有为企业拥有或控制的特征。通常情况下,企业拥有或控制的无形资产,是指企业拥有该项无形资产的所有权,且该项无形资产能够为企业带来未来经济利益。但有些情况下企业虽不拥有某项无形资产的所有权,但有权获得该项无形资产产生的经济利益,同时又能约束其他人获得这些经济利益,说明企业控制了该项无形资产。

(2)不具有实物形态。无形资产通常表现为某种权利、某项技术或是某种获取超额利润的综合能力。例如,土地使用权、非专利技术等均不具有实物形态。

需要注意的是,某些无形资产的存在有赖于实物载体。例如,计算机软件需要存储在磁盘中。在确定类似这样同时包含无形和有形要素的资产是属于固定资产还是属于无形资产时,通常应以哪个要素更为重要作为判断依据。例如,在没有特定的计算机软件计算机就不能运行时,表明该软件是构成计算机硬件不可缺少的组成部分,应将该软件作为固定资产;反之,如果计算机软件不是相关硬件不可缺少的组成部分,应将该软件作为无形资产。

(3)具有可辨认性。符合下列三个条件之一的,应当认定资产具有可辨认性:一是能够从企业中分离或者划分出来,并且能够单独对外出售或转让等;二是产生于合同性的权利或其他法定权利,如一方通过与另一方签订特许权合同而获得的特许使用权;三是通过法律程序申请获得的商标权、专利权等。

企业内部产生的品牌、报刊名等类似项目的支出,因为不能与整个业务开发成本区分开来,因此,不应当确认为无形资产。

(4)属于非货币性资产。货币性资产是指企业持有的货币资金以及将以固定或可确定的金额收取的资产;非货币性资产则是指货币性资产以外的其他资产。由于无形资产没有发达的交易市场,一般不容易转化成现金,且在持有过程中为企业所能带来的未来经济利益具有不确定性,因此,属于非货币性资产。

> 请思考:上述无形资产的特征中,哪个特征是无形资产特有的?

2. 无形资产的内容。无形资产通常包括专利权、非专利技术、商标权、著作权、特许权、土地使用权等。

(1)专利权。专利权是指国家专利主管机关依法授予发明创造专利申请人,对其发明创造在法定期限内所享有的专有权利,包括发明专利权、实用新型专利权和外观设计专利权。

(2)非专利技术。非专利技术又称专有技术,是指不为外界所知、在生产经营活动中已采用了的、不享有法律保护的、可以带来经济效益的各种技术和诀窍。非专利技术一般包括工业专有技术、商业贸易专有技术、管理专有技术等。

(3)商标权。商标是用来辨认特定的商品或劳务的标记。商标权是指专门在某类指定的商品或产品上使用特定的名称或图案的权利。

(4)著作权。著作权又称版权,是指作者对其创作的文学、科学和艺术作品依法享有的某些特殊权利。著作权包括作品署名权、发表权、修改权和保护作品完整权等。

(5)特许权。特许权又称经营特许权、专营权,是指企业在某一地区经营或销售某种特定商品的权利,或是一家企业接受另一家企业使用其商标、商号、技术秘密等的权利。

> 请思考:列举几个常见的具有特许权的例子。

(6)土地使用权。土地使用权是指国家准许某企业在一定期间内对国有土地享有开发、利用和经营的权利。企业取得土地使用权主要有行政划拨、外购及接受投资者投资等取得方式。

3. 无形资产的确认。与存货和固定资产相同,无形资产应当在符合定义的前提下,同时满足以下条件时才能予以确认:一是与该无形资产相关的经济利益很可能流入企业;二是该无形资产的成本能够可靠地计量。对于无形资产来讲,第二个确认条件尤其重要。例如,企业与其签订了服务合同且合同规定在一定期限内不能为其他企业提供服务的高科技人才,因难以准确或合理辨认高科技人才的知识,也难以计量其为形成这些知识所发生的支出,不满足成本能够可靠计量的条件,故企业不能将为其服务的高科技人才作为无形资产确认。

4. 无形资产的初始计量。无形资产通常按实际成本计量,其实际成本为取得无形资产并使其达到预定用途而发生的全部支出。不同方式取得的无形资产,其入账成本的构成不尽相同。

企业除外购无形资产外,还可能接受投资、内部研究开发无形资产等。其中,接受投资者投入的无形资产,在第四章中已经介绍过,在投资合同或协议约定的价值公允的情况下,按投资合同或协议约定的价值入账,否则,按公允价值入账;企业外购和研究开发形成的无形资产,其成本的确定将在下面介绍。

(二) 外购无形资产的核算

1. 外购无形资产成本的确定。企业外购无形资产的成本包括:①购买价款;②相关税费;③直接归属于使该项资产达到预定用途所发生的其他支出,包括使无形资产达到预定用途所发生的专业服务费用、测试无形资产是否能够正常发挥作用的费用等。

下列两项不构成无形资产的成本:①为引入新产品进行宣传发生的广告费、管理费用及其他间接费用。②无形资产达到预定用途之后所发生的费用。例如,在形成预定经济规模之前发生的初始运作损失,应在发生时计入当期损益。

与固定资产相同,企业购入的无形资产超过正常信用条件延期付款,实质上具有融资性质的,应考虑货币时间价值,对入账成本采用现值计价,即无形资产的成本为购买价款的现值。

2. 外购无形资产的账务处理。企业购入无形资产,应按计入无形资产成本的金额,借记"无形资产"账户,涉及增值税进项税额的,借记"应交税费——应交增值税(进项税额)"账户,按应支付的款项贷记"银行存款"等账户。

"无形资产"账户属于资产类账户,反映企业持有的无形资产成本的增减变动和余额情况。其借方登记企业通过各种方式取得的无形资产成本,贷方登记企业处置以及当预期不能为企业带来经济利益时转销的账面余额,期末借方余额反映企业无形资产的成本。该账户可按无形资产项目进行明细核算。

【例5-11】新世纪公司20×2年4月18日购买一项专利权,买价为26 000元,发生相关费用500元,款项均以银行存款支付。假定不涉及增值税。该公司根据有关凭证,应编制会计分录如下:

借:无形资产——专利权 26 500
 贷:银行存款 26 500

(三) 内部研究开发支出的核算

企业内部自行研究开发的项目,应区分研究阶段与开发阶段分别进行核算。

1. 研究阶段与开发阶段的划分。

(1) 研究阶段。研究是指为获取新的技术和知识等而进行的有计划的调查和探索。研究阶段具有计划性和探索性的特点:计划性是指研究阶段建立在有计划的调查基础上,即研发项目已经过董事会或者相关管理层的批准,并着手收集相关资料、进行市场调查等;探索性是指研究阶段基本上属于探索性的,不会形成阶段性成果,是为进一步的开发活动进行资料及相关方面的准备。

(2) 开发阶段。开发是指在进行商业性生产或使用前,将研究成果或其他知识应用于某项计划或设计,以生产出新的或具有实质性改进的材料、装置、产品等。开发阶段的特点在于具有针对性和形成成果的可能性较大:前者指开发阶段建立在研究阶段基础上,因而,对项目的开发具有针对性;后者指进入开发阶段的研发项目往往形成成果的可能性比较大。

2. 研究阶段与开发阶段的支出资本化与费用化的规定。从上述研究阶段的特点可见,研究是否能在未来通过开发后形成成果具有很大的不确定性,因此,研究阶段的支出在发生时应当费用化,计入当期损益;开发阶段相对于研究阶段更进一步,且形成一项新产品或新技术的基本条件很大程度上已经具备,若企业能够证明开发阶段的支出满足无形资产的定义和确认条件,则可将发生的开发支出资本化,确认为无形资产的成本。

在开发阶段,有关支出必须在同时满足以下五个条件时方可将其资本化,确认为无形资产:

(1) 完成该无形资产以使其能够使用或出售在技术上具有可行性。

(2) 具有完成该无形资产并使用或出售的意图。

(3) 无形资产产生经济利益的方式包括:能够证明运用该无形资产生产的产品存在市场或无形资产自身存在市场,无形资产将在内部使用的,应当证明其有用性。

(4) 有足够的技术、财务资源和其他资源支持,以完成该无形资产的开发,并有能力使用或出售该无形资产。

(5) 归属于该无形资产开发阶段的支出能够可靠地计量。

综上所述,企业内部研究和开发无形资产发生的研究开发费用,属于研究阶段的支出应全部费用化,计入当期损益(管理费用);属于开发阶段的支出,符合资本化条件的予以资本化,不符合资本化条件的应予以费用化,计入当期损益(管理费用);若确实无法区分是研究阶段的支出还是开发阶段的支出,则应将发生的研发支出全部费用化,计入当期损益。

3. 内部开发的无形资产的计量。企业内部开发活动形成的无形资产,其成本由可直接归属于该资产的创造、生产并使该资产能够以管理层预定的方式运作的所有必要支出组成。可直接归属成本包括:开发该无形资产时耗费的材料、劳务成本、注册费等,在开发该无形资产过程中使用的其他专利权和特许权的摊销,按照借款费用的处理原则可以资本化的利息支出等。

应当注意:①企业内部开发无形资产的成本仅包括在满足资本化条件的时点至无形资产达到预定用途前发生的支出总和,对同一项无形资产在开发过程中达到资本化条件之前已经费用化计入损益的支出不再进行调整。②下列支出不应计入无形资产的开发成本:一是在开发无形资产过程中发生的除可直接归属于无形资产开发活动的其他销售费用、管理费用等间接费用;二是无形资产达到预定用途前发生的可辨认的无效和初始运作损失;三是为运行无形资产发生的培训支出等。

4. 内部研究开发费用的账务处理。

(1) 企业自行开发无形资产发生的研发支出,不满足资本化条件的,应借记"研发支出——费用化支出"账户,满足资本化条件的,借记"研发支出——资本化支出"账户,贷记"原材料""银行存款""应付职工薪酬"等账户;期末应将所归集的费用化支出金额转入管理费用,借记"管理费用"账户,贷记"研发支出——费用化支出"账户;研究开发项目达到预定用途形成无形资产的,应按"研发支出——资本化支出"账户的余额,借记"无形资产"账户,贷记"研发支出——资本化支出"账户。

"研发支出"账户属于成本类账户,反映企业研究与开发无形资产过程中发生的各项支出。其借方登记研发支出的发生额,贷方登记转入无形资产或管理费用的金额,期末借方余额反映企业正在进行中的研究开发项目满足资本化条件的支出。该账户可按研究开发项目,分别"费用化支出"和"资本化支出"进行明细核算。

(2)企业购买正在进行中的研究开发项目,应按确定的金额,借记"研发支出——资本化支出"账户,贷记"银行存款"等账户。

【例5-12】新世纪公司经董事会批准自行研究开发一项新产品非专利技术,截至20×2年末发生的研发支出合计为800 000元(为方便举例,对各项支出按合计数进行账务处理,下同),其中耗用的材料费为400 000元,应付的职工薪酬为100 000元,以银行存款支付的其他费用为300 000元。经测试,该项研发活动完成了研究阶段,自20×3年1月1日开始进入开发阶段。开发阶段以银行存款共支付开发费用560 000元,其中符合资本化条件的支出为360 000元。20×3年4月30日该项非专利技术达到预定用途。假定不考虑相关税费。该公司根据有关凭证,编制会计分录如下。

(1)研究阶段发生支出时:

借:研发支出——费用化支出		800 000
贷:原材料		400 000
应付职工薪酬		100 000
银行存款		300 000

(2)期末将研究阶段的支出予以费用化时:

借:管理费用		800 000
贷:研发支出——费用化支出		800 000

(3)开发阶段发生支出时:

借:研发支出——费用化支出		200 000
——资本化支出		360 000
贷:银行存款		560 000

(4)将开发阶段的支出分别予以费用化和资本化时:

借:管理费用		200 000
贷:研发支出——费用化支出		200 000
借:无形资产		360 000
贷:研发支出——资本化支出		360 000

本章小结

本章首先阐述了供应活动的主要核算内容。在此基础上概述了原材料所归属的存货的相关内容,包括存货的概念、内容、分类、确认、初始计量和盘存制度,其中对初始计量中涉及的增值税基于其重要性也专门进行了说明;在对存货概述后,介绍了外购存货核算设置的"原材料""应交税费""在途物资"等账户结构以及不同的收料和付款方式下外购存货的核算等。

对于企业取得的固定资产核算,同样是先概述固定资产的相关内容,包括固定资产的定义、特征、意义、分类、确认条件和初始计量;之后介绍了外购固定资产成本的确定、"固定资产"等账户的结构以及外购需要安装和不需要安装的固定资产核算等。

对于企业取得的无形资产核算亦如此,先概述无形资产的定义、特征、内容、确认和初始计量,之后一是介绍了外购无形资产的成本确定、账户设置和账务处理,二是介绍了企业内部研究开发费用的核算,包括研究与开发阶段的划分、研发费用的资本化与费用化规定、内部研发形成的无形资产的计量、"研发支出"账户的结构以及内部研发费用发生和结转的账务处理。

本章学习的重点:外购资产(存货、固定资产和无形资产)的成本确定和账务处理、内部研究开发支出资本化与费用化的区分和账务处理。

本章关键词汇

成本计算	Cost Counting
存货	Inventory
存货成本	Inventory Cost
增值税	Added-value Tax
原材料	Raw Material
在途物资	Materials in Transit
应交税费	Tax Payable
应付账款	Account Payable
应付票据	Notes Payable
预付账款	Advance Money

固定资产	Fixed Assets
在建工程	Construction in Process
研发支出	Research and Development Expenditure
无形资产	Intangible Assets

思考题

1. 供应活动的主要核算内容有哪些？
2. 成本计算包括哪些主要内容？正确进行成本计算有何重要意义？
3. 什么是存货？它包括哪些内容？如何对其进行分类？
4. 影响外购存货入账价值的因素主要有哪些？
5. 依据税法规定，企业外购存货和固定资产资产所支付的增值税，哪些可以抵扣销项税额，哪些不可以抵扣？
6. "原材料""在途物资""应交税费""应付票据""应付账款""预付账款""固定资产""无形资产""研发支出"等账户各核算什么内容？简述各账户的结构。
7. 在不同的收料和付款方式下，对外购原材料如何进行核算？
8. 什么是固定资产？其特征有哪些？企业对于固定资产可以怎样分类？
9. 什么是无形资产？相比有形资产，无形资产具有什么特征？通常包括哪些项目？
10. 存货、固定资产和无形资产各自的确认条件是什么？具有什么共同点？
11. 如何确定外购存货、固定资产和无形资产的成本？
12. 企业对外购固定资产和无形资产如何进行核算？
13. 企业内部研发无形资产，所发生的研发费用应如何界定是予以资本化还是予以费用化？内部开发形成的无形资产如何计量？
14. 企业如果混淆研发费用的资本化与费用化，会产生什么影响？

练习题

一、单项选择题

1. 成本计算的前提是（　　）。
   A. 编制成本计算单　　　　　　　　B. 合理地归集和分配费用
   C. 明确成本计算对象　　　　　　　D. 确定成本计算期

2. 存货区别于固定资产的最基本特征是( )。
   A. 存货是企业在日常活动中持有的   B. 确认存货需要满足条件
   C. 持有存货的最终目的是出售   D. 取得存货应当按成本进行初始计量
3. 某增值税一般纳税企业购入材料一批,增值税专用发票上标明的价款为 20 000 元,增值税为 2 600 元,另外支付的材料保险费为 1 500 元,入库前发生的挑选整理费用为 600 元。该批材料的采购成本为( )元。
   A. 20 000   B. 22 100   C. 22 600   D. 23 200
4. 某公司为增值税小规模纳税企业,购入甲材料 824 公斤,每公斤单价(含增值税)20 元,另外支付运杂费 1 400 元,运输途中发生合理损耗 24 公斤,入库前发生挑选整理费用 300 元。该批入库材料的实际单位成本为每公斤( )元。
   A. 22.13   B. 22.06   C. 21.48   D. 22.73
5. 某增值税一般纳税企业,购入一批材料,进货价格为 160 万元,增值税专用发票上记载的进项税额为 20.8 万元,购入过程中损耗 30%,其中合理损耗 5%,另外 25% 为非正常损耗,入库后仓储保管费用为 2 万元。该批材料的入账价值为( )万元。
   A. 120   B. 162   C. 135.6   D. 112
6. 下列不属于固定资产特征的是( )。
   A. 为生产商品而持有   B. 为出租而持有
   C. 为经营管理而持有   D. 为出售而持有
7. 某公司为增值税一般纳税人,购入需要安装的一台设备用于安装某生产线。该设备的购买价格为 500 万元,增值税专用发票上列示的增值税额为 65 万元,支付运输费和装卸费 5 万元。该生产线安装期间,发生安装费用 36 万元。假定该生产线达到预定可使用状态,则其入账价值为( )万元。
   A. 565   B. 570   C. 541   D. 606
8. 下列不属于无形资产特征的是( )。
   A. 为企业拥有或控制   B. 属于货币性资产
   C. 具有可辨认性   D. 不具有实物形态
9. 下列应计入无形资产成本的是( )。
   A. 开发无形资产时消耗的满足资本化条件的材料费
   B. 无形资产达到预定用途前发生的可辨认的初始运作损失
   C. 无形资产达到预定用途前发生的可辨认的无效损失
   D. 为运行无形资产发生的培训支出
10. 20×2 年 6 月 1 日,某公司开始研究开发一项新技术,当月共发生研发支出 400 万元,其中,费用化的金额 180 万元,符合资本化条件的金额 220 万元。6 月末,研发活动尚未完成。该企业 20×2 年 6 月应计入当期利润总额的研发支出为( )万元。
    A. 400   B. 180   C. 220   D. 0

二、多项选择题

1. 下列各项中属于存货的有(　　)。
   A. 包装物　　　　B. 低值易耗品　　　　C. 在产品　　　　D. 环保设备

2. 下列属于外购存货相关税费的有(　　)。
   A. 购进存货发生的进口关税
   B. 购进存货发生的消费税
   C. 小规模纳税企业购进存货发生的增值税
   D. 增值税一般纳税企业购进存货发生的不能抵扣的增值税

3. 下列应计入增值税一般纳税企业存货采购成本的有(　　)。
   A. 买价
   B. 增值税专用发票上列示的进项税额
   C. 入库前的挑选整理费用
   D. 采购过程中的超定额损耗

4. 下列项目中,应计入存货成本的有(　　)。
   A. 非正常消耗的直接材料、直接人工和制造费用
   B. 企业在采购商品过程中发生的运输费
   C. 在生产过程中为达到下一个生产阶段所必需的仓储费用
   D. 存货的加工成本

5. 企业采用预付账款方式购进材料,当预付账款时,可能借记的账户有(　　)。
   A. 预收账款　　　B. 预付账款　　　C. 应收账款　　　D. 应付账款

6. 下列可用于表示固定资产使用寿命的有(　　)。
   A. 预计使用年限
   B. 预计处置收入
   C. 预计生产产品的数量
   D. 预计行驶里程

7. 企业购入固定资产可能借记的账户有(　　)。
   A. 固定资产　　　B. 应交税费　　　C. 应付账款　　　D. 在建工程

8. 下列属于无形资产的有(　　)。
   A. 商标权
   B. 著作权
   C. 商誉
   D. 企业内部产生的品牌

9. 下列有关无形资产研发支出的表述正确的有(　　)。
   A. 企业内部研究开发项目研究阶段的支出,应计入无形资产成本
   B. 企业内部研究开发项目研究阶段的支出,应计入管理费用
   C. 企业内部研究开发项目开发阶段的支出,符合资本化条件的应予以资本化
   D. 符合资本化条件但尚未完成的开发费用,期末应保留在"研发支出"账户中

10. 某企业20×2年12月末资产负债表中"开发支出"项目的金额为0,则可能表示(　　)。
    A. 该企业当期没有无形资产的研发项目
    B. 该企业当期内部研究开发支出全部费用化,在利润表的管理费用中列示

C. 该企业当期内部研究开发支出全部费用化,在利润表的研发费用中列示
D. 该企业当期内部研究开发的资本化研发支出已结转确认为无形资产

三、判断题

1. 在企业生产经营的不同阶段均有成本计算问题,成本计算是指按照一定对象归集和分配各项费用支出,计算各对象的总成本和单位成本。(   )
2. 外购存货在运输途中发生的合理损耗不仅影响存货的总成本,而且影响存货的单位成本。(   )
3. "原材料"账户核算企业库存原材料以及已到达企业尚未验收入库原材料的实际成本。(   )
4. 企业购买原材料,如果月末原材料已到达并且已经验收入库,但发票账单未到,则月末暂不做账务处理,待下月发票账单等结算凭证到达时再进行账务处理。(   )
5. "应付票据"账户核算企业应付的商业汇票、银行汇票等各种汇票款项。(   )
6. "固定资产"账户的期末余额反映固定资产的原价。(   )
7. 能否为企业拥有或控制是无形资产区别于有形资产的重要特征之一。(   )
8. 企业外购无形资产的成本包括购买价款、相关税费、使无形资产达到预定用途所发生的专业服务费用,以及为引入新产品进行宣传发生的广告费、管理费用及其他间接费用。(   )
9. 如果确实无法区分研究阶段的支出和开发阶段的支出,应将其所发生的研发支出全部费用化。(   )
10. 企业内部研究开发项目研究阶段的支出,应在研发结束时计入管理费用。(   )

四、核算题

1.【目的】练习外购材料运杂费的分配和材料采购成本的计算等。

某增值税一般纳税企业购入 A、B 两种材料,有关单据列示:A、B 材料的重量分别为 1 800 千克和 2 200 千克,A、B 材料的买价分别为 30 000 元和 45 000 元,进项税额为 9 750 元,A、B 材料共同发生的运杂费为 3 500 元,按材料的重量比例分配。B 材料在运输途中发生合理损耗 50 千克,其余材料已验收入库,当日全部款项均以银行存款支付。

【要求】

(1)分别计算已入库 A、B 两种材料的采购总成本和单位成本。

(2)编制购进材料的会计分录("原材料"和"应交税费"账户写出明细账户,其中"应交税费"账户写明专栏名称,以下题目要求相同)。

2.【目的】练习按实际成本计价的原材料购进的核算。

某企业为增值税一般纳税人,适用的增值税税率为 13%。原材料采用实际成本计价核算,运输费不考虑增值税(以下题同)。20×2 年 6 月,与甲材料相关的资料如下:

(1)1 日,"原材料——甲材料"账户余额 300 000 元(共 30 000 公斤,其中含 5 月末验收入

库但因发票账单未到而以合同价 30 000 元暂估入账的甲材料 3 000 公斤)。

(2)6 日,收到 5 月末以暂估价入库甲材料的发票账单,货款 27 000 元,增值税额 3 510 元,对方代垫运输费 1 600 元,全部款项已通过银行汇出。

(3)9 日,以商业汇票结算方式购入甲材料 4 500 公斤,发票账单已收到,货款 49 500 元,增值税额 6 435 元,运输费用 1 300 元。材料尚未到达,全部款项开出一张 6 个月期的银行承兑汇票。

(4)14 日,收到 9 日采购的甲材料,验收时发现短少 50 公斤,经检查,确定为运输途中的合理损耗,甲材料验收入库。

(5)19 日,购入甲材料 7 500 公斤,增值税专用发票上列示的货款为 74 200 元,增值税额为 9 646 元,价税款暂欠。另开出支票支付运输费用 3 000 元,材料已验收入库。

(6)22 日,以银行存款预付给 A 工厂采购甲材料款 15 000 元。

(7)24 日,开出支票支付上月欠 B 工厂的购进甲材料款 6 400 元。

(8)30 日,收到 A 工厂发来的预付款的甲材料 2 000 公斤,增值税专用发票上列示的货款为 21 000 元,增值税额为 2 730 元,所欠款项以银行存款支付。

【要求】根据上述资料,编制该企业 6 月份与甲材料有关的会计分录。

3.【目的】练习按计划成本计价的原材料购进的核算。

某制造业企业为增值税一般纳税人,材料按计划成本计价核算。乙材料计划单位成本为每公斤 10 元。该企业 20×2 年 4 月份有关资料如下:

(1)"原材料"账户月初余额 60 000 元,"材料成本差异"账户月初贷方余额 750 元,"材料采购"账户月初借方余额 15 900 元(假定上述账户核算的均为乙材料)。

(2)4 月 5 日,企业上月已付款的乙材料 1 500 公斤到达并已验收入库。

(3)4 月 16 日,从外地 C 公司购入乙材料 9 000 公斤,增值税专用发票列示的材料价款为 88 500 元,增值税额 11 505 元,对方代垫运输费 1 000 元,企业已用银行存款支付上述款项,材料尚未到达。

(4)4 月 20 日,从 C 公司购入的乙材料到达,验收入库时发现短缺 60 公斤,经查明为途中定额内自然损耗。

【要求】根据上述业务编制相关的会计分录。

4.【目的】练习不需要的安装固定资产购进的核算。

某增值税一般纳税企业购入一台不需要安装的设备,取得的增值税专用发票上列示的价款为 85 000 元,增值税为 11 050 元,另发生运输费为 2 520 元,款项全部以银行存款付讫。

【要求】根据上述资料,编制购进设备的会计分录。

5.【目的】练习需要安装的固定资产购进的核算。

某增值税一般纳税企业购入一台需要安装的设备,取得的增值税专用发票上列示的价款为 270 000 元,增值税为 35 100 元,另发生运输费为 5 300 元,全部款项以银行存款支付。该设备购入后当即交付安装,安装过程中以银行存款支付安装费用为 26 800 元。安装完毕,该设备达到预定可使用状态。

【要求】根据上述资料编制有关会计分录。

6.【目的】练习无形资产取得的核算。

某公司20×2年无形资产的有关业务如下：

(1)1月初，自行研究开发一项专利技术，截至6月末，研发支出合计为300 000元，其中耗用的材料费为120 000元，应付职工薪酬费为130 000元，以银行存款支付的其他费用为50 000元。经测试该项研发活动完成了研究阶段，自20×2年7月1日开始进入开发阶段。开发阶段共以银行存款支付开发费用160 000元，假定其中符合资本化条件的支出为125 000元。20×2年10月31日开发活动结束，并按法律程序申请取得专利权，供企业行政管理部门使用。假定不考虑相关税费。

(2)11月6日购进一项非专利技术，买价80 000元，税率6%，增值税税额为4 800元，发生相关费用1 000元，款项均以银行存款支付。

【要求】

(1)编制发生研发支出的会计分录。

(2)编制结转费用化研发支出和形成专利权的会计分录。

(3)编制购买非专利技术的会计分录。

进一步思考

近年来，我国企业重视自主创新，研发投入强度(与营业收入之比)不断提高，自主创新能力不断增强。

2022年8月31日，国家统计局、科学技术部和财政部联合发布《2021年全国科技经费投入统计公报》。数据显示，2021年全国共投入研究与试验发展经费27 956.3亿元，比上年增加3 563.2亿元，增长14.6%，增速比上年加快4.4个百分点；研究与试验发展经费投入强度(与国内生产总值之比)为2.44%，比上年提高0.03个百分点。分活动类型看，全国基础研究经费1 817.0亿元，比上年增长23.9%；应用研究经费3 145.4亿元，增长14.1%；试验发展经费22 995.9亿元，增长14.0%；基础研究、应用研究和试验发展经费所占比重分别为6.5%、11.3%和82.3%。分活动主体看，各类企业研究与试验发展经费21 504.1亿元，比上年增长15.2%；政府属研究机构经费3 717.9亿元，增长9.1%；高等学校经费2 180.5亿元，增长15.8%；企业、政府属研究机构、高等学校经费所占比重分别为76.9%、13.3%和7.8%。

研究与试验发展经费是指报告期为实施研究与试验发展活动而实际发生的全部经费支出。研究与试验发展是指为增加知识存量以及设计已有知识的新应用而进行的创造性、系统性工作,包括基础研究、应用研究和试验发展三种类型。国际上通常采用研究与试验发展活动的规模和强度指标反映一国的科技实力和核心竞争力。

成立于1970年的H公司,是一家从事创新药、抗肿瘤药等药品研制及推广的上市医药公司,主营业务涉及药品研发、生产与销售,主要产品涵盖抗肿瘤药、手术麻醉类用药、特殊输液、造影剂、心血管药等众多领域,已经形成了较完善的产品布局,成为国内知名的抗肿瘤药、手术用药和影像介入产品的供应商。H公司将科技创新作为第一发展战略,在国内外多地建有研发中心或分支机构以及规模化和专业化的创新药研发团队,稳步推进研发创新。截至目前,该公司已有11个创新药获批上市,另有60多个创新药正在临床开发,拥有国内有效授权发明专利360项,多年连续入选中国医药工业百强企业,2021年蝉联中国医药研发产品线最佳工业企业榜首。

H公司将科技创新作为第一发展战略,近年来持续高强度投入研发,研发投入总额占营业收入比例逐年提升。自2016年起研发投入总额占营业收入比例超过10%。2016—2021年研发投入总额分别为1 184 348 307.16元、1 759 131 107.89元、2 670 480 600元、3 896 335 998.91元、4 988 958 232.35元和6 203 288 327.17元,研发投入总额占营业收入比例分别为10.68%、12.71%、15.33%、16.73%、17.99%和23.95%,显著高于同行业的平均占比水平。

2021年11月20日,H公司发布研发支出会计处理的变更公告:将此前研发支出全部费用化变更为将研发支出划分为研究阶段支出和开发阶段支出,公司根据研发项目的进展召开专家评估会,开发阶段支出经评估满足资本化条件时,计入开发支出,并在研究开发项目达到预定用途时,结转确认为无形资产;不满足资本化条件的开发阶段支出,计入当期损益。研究阶段的支出,在发生时计入当期损益。

医药行业是关系国计民生的重要产业,随着医药行业研发投入的逐步加大,自主研发药品数量的不断增加,我国医药行业在全球供应链中的地位不断提升,在国际竞争中优势明显。

(H公司的资料来源:H公司的官网和年度报告)

思考题:

(1)近年来,我国研发(R&D)经费投入总量稳定增长,增速全球领跑,企业研发投入的积极性和主动性普遍提高。企业为什么舍得在研发上投入?研发投入有什么重要意义?

(2)如何看待H公司对研发支出资本化与费用化的处理?合理确认企业研发支出的资本化与费用化有何重要意义?

(3)如何理解创新是引领发展的第一动力?

阅读资料

[1] 中华人民共和国财政部.企业会计准则(2006).北京:经济科学出版社,2006(企业会计准则第1号——存货;企业会计准则第2号——固定资产;企业会计准则第6号——无形资产).

[2] 中华人民共和国财政部.企业会计准则——应用指南(2006).北京:中国财政经济出版社,2006.(附录 会计科目和主要账务处理).

[3] 财政部会计司编写组.企业会计准则讲解(2010).北京:人民出版社,2010.(第二章 存货;第五章 固定资产;第七章 无形资产).

[4] 《中华人民共和国增值税暂行条例》(中华人民共和国国务院第191次常务会议通过修改,2017年11月19日中华人民共和国国务院令第691号公布).

第六章

生产活动的核算

导论

制造业企业在筹集到所需资金以及取得所需的原材料、固定资产等以后，进入产品生产过程。产品生产活动是制造业企业生产经营活动中非常重要而又较为复杂的活动，因为它不仅表现出原材料在产品制造过程中物质形态的不断变化，而且更重要的是在生产过程中会发生用途各异、复杂多样的一系列的费用及形成产品成本。因此，你可能希望知道生产过程都会发生哪些费用？核算这些费用应采取的原则是什么？产品成本核算的程序是什么？企业选择适用的成本计算方法应考虑的因素有哪些？如何计算当月完工产品总成本和月末在产品成本？学习本章内容以后，你就会得出答案。

内容结构

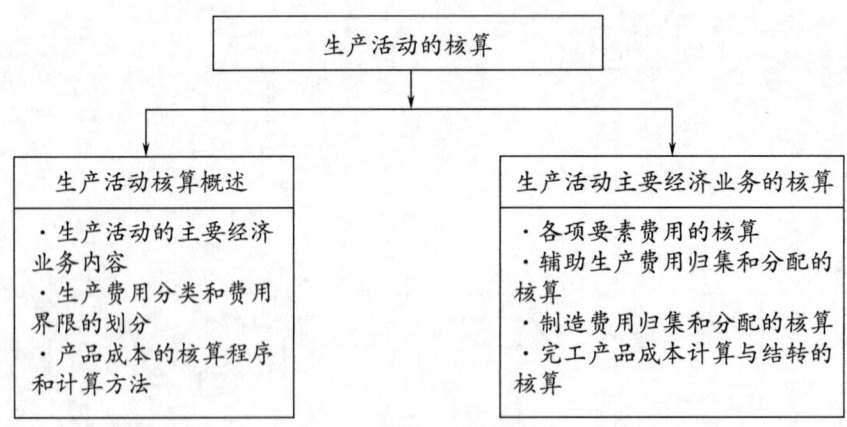

第一节 生产活动核算概述

一、生产活动的主要经济业务内容

制造企业自原材料投入开始、至产品完工入库为止的过程称为产品生产过程。在这一过程中既有劳动资料的耗费,又有劳动对象的耗费;既有物化劳动的耗费,又有活劳动的耗费,生产过程实际上就是劳动耗费的过程。在发生各种劳动耗费的同时生产出各种产品,因此,生产过程是劳动耗费和生产过程的统一。生产活动的主要耗费表现为以下内容:

一是劳动对象的耗费。产品生产活动的主要内容就是耗用诸如原料及主要材料、辅助材料、燃料、半成品、备用件等劳动对象,并将其加工成产品。劳动对象的耗费会形成产品生产成本、期间费用以及其他费用。

二是劳动资料的耗费。对劳动对象加工需要凭借一定的劳动资料才能得以进行,必将对诸如房屋、机械设备、运输工具等劳动资料形成损耗,例如折旧费、维护修理费等,其所发生的费用会形成产品成本、期间费用和其他费用。

三是活劳动的耗费。产品生产是需要通过劳动者利用劳动资料对加工对象进行加工,使其改变物质形态及使用价值,并创造产品及新价值。对劳动者形成的耗费,例如支付的职工薪酬同样会形成产品生产成本、期间费用和其他费用。

除发生上述耗费外,还会发生诸如办公费、水电费、借款利息、差旅费及通信费等其他费用,同样会形成产品生产成本、期间费用以及其他费用。

发生上述原材料费用、人工费用及其相关的一系列费用时,应按其经济用途进行核算。对于与产品生产有关的相关费用,应直接或间接计入一定种类、一定数量的产品中去,形成产品生产成本。

二、生产费用的分类和费用界限的划分

(一)生产费用的分类

产品的生产过程主要是各种费用的发生或耗费的过程,成本核算则是将发生的各项费用在成本计算对象之间进行归集和分配,最后确定完工产品成本。在产品生产过程中所发生的费用复杂多样,其经济用途也各不相同,因此要保证成本核算的真实性,就必须熟悉生产费用的分类,它是成本核算的基础。生产费用的分类主要有按照经济性质和经济用途分类两个方面。

1. 生产费用按经济性质分类。如前所述,生产经营过程的耗费,按照其经济性质划分,可以分为劳动资料方面的耗费、劳动对象方面的耗费和活劳动耗费三大类。在上述三大类

的基础上,可将费用进一步划分为若干要素,一般可分为以下几项:

(1)外购材料,是指企业为进行生产经营而耗用的从外单位购进的原料及主要材料、半成品、辅助材料、包装物、修理用备件和周转材料等。

(2)外购燃料,是指企业为进行生产经营而耗用的从外单位购进的各种固体、液体和气体燃料。

(3)外购动力,是指企业为进行生产经营而耗用的从外单位购进的各种动力,包括电力、热力等。

(4)职工薪酬,是指企业发生的各项职工薪酬。

(5)折旧费,是指企业按照规定的固定资产折旧计算方法提取的折旧费用。

(6)修理费,是指企业为维护固定资产正常使用而发生或计提的修理费用。

(7)利息支出,是指企业负债形成的利息支出减去利息收入后的净额。

(8)其他支出,是指不属于以上各要素的费用支出,如差旅费、财产保险费、租赁费、劳动保险费等。

按经济性质将生产费用划分为若干要素来进行核算,可以反映出企业在一定时期内都消耗了什么、各消耗了多少。此外,这种分类可以单独反映一定时期内原材料和燃料的实际支出,为企业掌握材料和燃料的流动量、核定企业流动资金定额和编制企业材料采购资金计划提供数据资料。

2. 生产费用按经济用途分类。制造业的各项费用支出,按经济用途的不同可分为生产性费用支出和非生产性费用支出。领用材料用于制造产品或车间、企业管理部门用于维修保养设备或其他用途的耗用,均属于生产性费用支出;领用材料用于基本建设或福利部门等的耗用,则为工程支出和非生产性支出。

另外,对于生产性费用支出,又可按其与产品的生产过程是否相关而划分为产品制造成本和期间费用。

(1)产品制造成本,是指与产品制造有关的费用。这些费用在生产过程中的用途不同,有些是属于生产过程的直接耗用,有些是组织和管理生产过程的耗用。因此,将这些费用按用途可进一步划分为以下几个成本项目:

①直接材料项目,是指直接用于产品生产并构成产品实体的原料、主要材料、半成品以及有助于产品形成的辅助材料。

②燃料和动力项目,是指直接用于产品生产的各种燃料和动力费用。

③直接人工项目,是指直接参加制造产品的生产工人的各种薪酬。

④制造费用项目,是指企业各个生产单位(分厂、车间)为组织和管理生产所发生的各种管理费用,以及机器设备的折旧费等。其主要内容包括分厂、车间管理人员的各种薪酬,固定资产折旧、办公费、水电费、机物料消耗、劳动保护费等。

上述成本项目,各企业可以根据本企业生产的特点和成本管理的要求做适当的调整。

(2)期间费用。如前所述,它是指企业在生产经营过程中发生的,不容易确定其归属于哪一种产品,但容易确定其发生期间和归属期间的费用。期间费用不计入产品制造成本,而是按照一定期间(月份、季度或年度)进行归集,直接计入当期损益。企业的期间费用包括管理费用、财务费用和销售费用。

按经济用途将生产性费用划分为产品制造成本和期间费用进行核算,可以反映出企业围绕着产品制造过程发生的各项费用是多少,企业为组织当期经营活动而发生的各项费用是多少,有助于考核产品消耗定额和费用预算的执行情况,从而分析费用支出是否合理、节约,促使企业更有效地加强对各项费用支出的控制,不断降低产品成本,提高企业经营管理水平。

生产费用按经济性质分类和按经济用途分类,二者既有联系又有区别。其联系表现在二者是在同一个生产经营过程中所发生的耗费。其区别在于按经济性质划分的若干费用要素,包括了制造企业发生的全部费用,如职工薪酬既包括了用于产品生产的职工薪酬,也包括不是用于产品生产的职工薪酬;而按经济用途划分,把企业发生的职工薪酬按用途划分,将生产工人的薪酬计入产品成本的"直接人工"账户,将车间管理人员的薪酬计入"制造费用"账户,将企业行政管理部门人员的薪酬则计入"管理费用"账户。此外,按费用要素反映的费用,是某一时期(月、季、年)内实际发生的费用,而按成本项目反映的产品成本,则是某一时期该种产品所负担的费用。

> 思考题:产品成本项目的设置应考虑哪些因素?

(二)费用界限的划分

由前面介绍可知,企业生产经营过程中发生的费用是多种多样的,其用途也各不相同,有些与生产产品直接相关,有些与生产产品间接相关,还有一些则属于非生产性费用支出,与生产产品无关。为了正确计算产品成本,就要加强对各项费用的审核,控制有关成本、费用开支的范围,严防乱挤、乱摊费用,人为扩大产品成本,也要防止故意少记、漏记费用,人为调节成本,虚增利润等情况出现,以保证产品成本和期间费用的真实性和正确性。企业进行成本核算应注意划清以下几个界限:

第一,某一时期发生的各项费用,只有和制造产品有关的费用才计入产品成本,其他费用则应按用途计入期间费用或其他项目。

第二,为了分析考核各期产品成本水平,企业应划清不同会计期间承担的产品成本费用的界限。应由本期产品负担的费用计入本期产品成本,否则应计入以后期间的产品成本中。

第三,为了分析考核各种产品成本水平,企业应分别计算各种产品的成本,对应计入本月产品成本的生产费用在各种产品之间进行划分。防止在各产品之间任意转换费用,以防止掩盖亏损、产品成本超支等的错误做法。

第四,某一时期投入生产的产品,并不一定在当期完工,而当期完工的产品,可能经过几期的加工,即某一时期完工产品的成本可能包括几个时期的生产费用。因此,产品成本的计算过程,是一个生产费用的归集和分配过程。要正确计算产品成本,首先应将本期发生的各项费用按用途进行分配,将应由本期产品成本负担的费用,按产品品种和成本项目进行归集;再将期初在产品生产费用,加上本期发生的生产费用,采用适当的方法在完工产品和在产品之间进行分配;最后计算出各种完工产品的成本。

三、产品成本的核算程序和计算方法

(一)产品成本核算程序

产品成本核算一般依照以下程序进行:

1. 对所发生的费用进行审核,分析这些费用是否符合规定的成本开支范围,并在此基础上确定应计入产品成本和不应计入产品成本的费用。
2. 将应由本期各种产品负担的费用,在各种产品之间按照成本项目进行分配和归集。
3. 有辅助生产车间的企业,将归集的辅助生产费用按受益对象进行分配。
4. 分配基本生产车间发生的制造费用。
5. 对于既有完工产品又有在产品的产品,应将月初在产品生产费用和本月生产费用在本月完工产品和月末在产品之间进行分配和归集,计算出完工产品的总成本和单位成本。

上述成本核算一般程序大致又可分为横向分配和纵向分配两个阶段:

横向分配阶段,是指将应计入本月产品成本的各种要素费用在各种产品之间,按照成本项目进行归集和分配;应列为本期期间费用的,确定其所属期间费用项目,计入当期损益。上述程序1至4项属于横向分配阶段。

纵向分配项目,是指经过上述横向分配阶段确定各种产品的本月产品生产费用以后,对既有完工产品又有月末在产品的产品,需将该种产品生产费用,分别按成本项目,采用适当的方法,在其完工产品和在产品之间进行归集和分配,计算本月完工产品成本和月末在产品的成本。

(二)产品成本计算方法的选择

一方面,由于产品成本是在生产过程中形成的,因此,生产的类型影响着成本计算的方法。另一方面,企业进行成本计算还要考虑到成本管理的要求。因此,要正确计算产品成本,必须根据企业不同的生产类型并结合管理上的要求,采用适当的成本计算方法。

1. 制造业企业的生产类型。制造业企业的生产类型是由生产的工艺特点和组织特点决定的。

(1)制造业企业的生产工艺过程特点。

①制造业企业单步骤生产,是指生产工艺过程不能间断或生产工作地点不便于分散进行的生产,如发电、采掘、铸件等生产。这类生产通常生产周期较短,只能由一个企业进行,而不能由几个企业协作进行。

②多步骤生产,是指生产工艺过程可以间断地分为若干个生产步骤,生产活动可以分散在不同的时间和不同的地点进行的生产,如纺织、冶金、机械制造等生产。多步骤生产可以在一个企业由几个车间进行,也可以由几个企业协作进行。

(2)制造业企业的生产组织特点。制造业企业的生产组织可以分为大量、成批生产和单件生产三类。

①大量生产。大量生产是指不断重复生产品种相同的产品。这类生产一般产量大、品种少,并且比较稳定,如冶金、采掘、饮料、造纸等生产。

②成批生产。成批生产是按照事先规定的产品的批别、数量进行的生产。这类生产一般产品品种较多,各种产品往往成批地重复生产并具有一定的重复性,如服装、鞋帽等产品的生产。成批生产按照产品批量的大小,可分为大批生产和小批生产。大批生产,由于产品批量较大,通常在一定时期内不断重复一种或几种产品,其性质接近于大量生产。小批生产的批量小,往往同时投产、同时完工,其性质接近于单件生产。

③单件生产。单件生产是指按照订货单位的要求,生产具有某种特殊性能、特殊规格的产品。这类生产一般产品品种多,并且较少重复生产,如重型机械、船舶和专用设备的生产。

2. 结合成本管理要求确定成本计算对象。不同的生产类型和管理要求会对成本计算方法产生不同的影响,主要表现在成本计算对象的确定上。

(1)在大量、大批生产情况下,企业连续不断地生产一种或若干种产品,因此在管理上要求按照产品的品种计算成本。

(2)在小批生产下,产品批量小,各批产品往往同时投产,同时完工,管理上要求按照产品的批别归集生产费用,计算各批产品的成本。

(3)在单件生产下,需要按照产品件别归集生产费用,计算单件产品的生产成本。单件生产也可以看成是最小批量的小批生产,因此按件计算产品成本也可以算作分批计算产品成本。

由以上看来,生产组织和管理要求对成本计算的影响是:大批、大量的生产要求按照产品的品种计算产品成本,小批、单件的生产要求按照产品的批别计算产品成本。

(4)在单步骤生产下,由于生产工艺不能间断,因此,不可能按照生产步骤计算产品成本,只要求按照产品的品种或批别计算产品成本。

(5)在多步骤生产下,生产工艺过程由若干个可以间断的、分散在不同地点的生产步骤组成,为加强对各步骤成本的管理,往往不仅要求按照产品的品种或批别计算成本,而且还要求按照生产步骤计算产品成本,以便加强各生产步骤的费用考核。如果企业的生产规模较小,管理上不要求分别生产步骤考核生产费用,也可以只按照产品的品种计算产品成本。

由以上看来,生产工艺特点和管理要求对成本计算方法的影响是:单步骤生产按照产品的品种计算成本;多步骤生产一般按照生产步骤计算成本,如果管理上不要求分步骤考核生产耗费,则可按产品的品种或批别计算成本。

综上所述,根据制造业企业的不同生产类型和管理的要求,成本计算的基本方法可归纳为三种:一是以产品品种为成本计算对象的品种法;二是以产品批别为成本计算对象的分批法;三是以产品及其所经过的生产步骤为成本计算对象的分步法。各种成本计算方法的适用范围见表6-1。

表6-1 成本计算方法与适用范围

成本计算方法	生产组织	生产工艺过程和管理要求
品种法	大量、大批生产	单步骤生产或管理上不要求分步骤计算产品成本的多步骤生产
分批法	小批、单件生产	单步骤生产或管理上不要求分步骤计算产品成本的多步骤生产
分步法	大量、大批生产	管理上要求分步骤计算成本的多步骤生产

在上述三种成本计算方法中,品种法是最基本的方法,其计算程序体现着成本计算的一般程序,因而,下文介绍品种法下产品成本的计算及相关的账务处理。

品种法是以产品的品种为成本计算对象,归集生产费用,计算产品成本的一种方法。在采用品种法计算产品成本的企业或车间,按照产品的品种开设成本计算单,按照成本项目设置专栏。采用品种法时,成本计算一般在月末进行。月末没有在产品或在产品数量较少,不需要计算在产品成本,各成本计算单上按照成本项目归集的全部生产费用,即为各种产品的产成品总成本。各种产成品的总成本除以各种产成品的产量,即为各种产品的单位成本。月末如果有在产品且数量较多,需要将成本计算单上归集的生产费用,采用适当的方法在完工产品和在产品之间进行分配,以便分配计算出当月产成品成本和月末在产品成本。其核算的基本步骤包括:各项要素费用的归集和分配;辅助生产费用的归集和分配;制造费用的归集和分配;生产费用在完工产品和在产品之间的分配等。

品种法、分批法和分步法是计算产品实际成本必不可少的方法,因而是产品成本计算的三种基本方法。除此之外,在产品的品种、规格繁多的制造业企业,为了简化成本计算,还采用着一种简便的产品成本计算方法——分类法;在实行定额管理的制造业企业中,还采用一种反映和监督生产费用及产品成本脱离定额的差异,加强生产费用和产品成本的定额管理以及成本控制的一种成本计算方法——定额法。分类法和定额法,从计算产品实际成本的角度来讲,不是必不可少的,因而称为辅助方法。

第二节 生产活动主要经济业务的核算

一、各项要素费用的核算

如前所述,要素费用主要是指材料费用、职工薪酬费用、固定资产折旧费用、无形资产摊销费用以及其他要素费用。

（一）材料费用的核算

1. 存货计价方法的种类及其意义。生产过程中耗用的原材料是企业存货的重要组成部分,其发出金额的计量应按照我国存货准则的规定。发出存货原则上应当按取得时的实际成本计价。但在现实经济活动中,存货处于流动状态,在一个会计期间内,同一种存货可以分不同批次购入而受产地、价格、运费等变动因素的影响,各次购入的单价或单位采购成本有所不同。如何对发出存货合理计价,不仅关系到期末存货的计价,而且对企业经营成果的确定也有直接影响。依据我国存货准则规定,企业可根据实际情况,采用先进先出法、加权平均法、移动平均法、个别计价法计算发出存货的实际成本。计价方法一经确定,不得随意变更。

采用不同的计价方法,会对企业的财务状况、损益情况产生不同影响,主要表现在以下两个方面：

第一,存货计价对损益的影响。期末存货如果计价过低,使得本期发出的存货成本计价过高,会导致当期的收益可能因此而相应减少;期末存货如果计价过高,使得本期发出的存货成本计价偏低,会导致当期的收益可能因此而相应增加;期初存货如果计价过低,使得本期发出的存货成本计价偏低,会导致当期的收益可能因此而相应增加;期初存货如果计价过高,使得本期发出的存货成本计价过高,会导致当期的收益可能因此而相应减少。

第二,对财务状况的影响。资产负债表有关项目的数额会因存货计价的不同而有所不同。下面仅介绍加权平均法的应用。

加权平均法,也称月末一次加权平均法。它是以月初存货成本数额加上本月收入存货成本数额,除以月初存货数量和本月收入存货数量之和,求得加权平均单位成本,从而确定本期发出存货成本和期末结存存货成本的方法。该种方法是以存货数量为权数计算加权平均单位成本的方法。计算公式为：

$$加权平均单位成本 = \frac{月初存货成本 + 本月收入存货成本}{月初存货数量 + 本月收入存货数量}$$

本期发出存货成本 = 本期发出存货数量 × 加权平均单价

期末结存存货成本 = 期末结存存货数量 × 加权平均单价

【例6-1】科华公司甲材料本月收发资料如下：期初结存1 000千克,成本为25 000元。本月购入3 000千克,成本为90 000元,本月发出材料共计2 500千克,期末结存1 500千克。根据上述资料,计算甲材料的加权平均单位成本和发出材料的实际成本：

加权平均单价 =（25 000+90 000）/（1 000+3 000）= 28.75(元/千克)

本月发出材料的实际成本 = 2 500×28.75 = 71 875(元)

2. 领用材料的账务处理。企业领用材料发生的材料费用通过"生产成本""制造费用""管理费用""销售费用"等账户进行核算。

"生产成本"账户用于反映企业生产各种产品、自制材料、自制工具等发生的各项耗费。该账户借方登记企业所发生的各项生产耗费,贷方登记企业完工转出的各种自制材料、自制工具等的成本,期末余额一般在借方,表示期末尚未加工完成的各项在产品成本。该账户应按不同的成本核算对象设置明细账并按成本项目分别归集各成本核算对象所发生的生产耗费,计算各成本核算对象的总成本、单位成本和期末在产品成本。该账户的期末借方余额不仅反映尚未完工在产品的成本,而且作为企业存货的组成部分,对企业资产负债表日的资产以及偿债能力产生影响。

"制造费用"账户用于反映企业生产车间为生产产品和提供劳务而发生的各项间接耗费。凡不能直接记入"生产成本"账户的各种间接耗费,应先在"制造费用"账户中归集,期末,再全部分配计入有关的成本核算对象。该账户借方登记间接耗费的发生额,贷方登记已分配计入有关成本核算对象的分配额。"制造费用"账户月末一般无余额。该账户应按不同的车间、部门设置明细账并按成本项目分别归集制造费用。

"管理费用"账户用于反映企业行政管理部门为组织和管理整个生产经营活动而发生的各种管理费用,包括企业在筹建期间发生的开办费,董事会和行政管理部门在企业经营管理中发生的,或者应当由企业统一负担的公司经费(包括企业行政管理部门职工工资及福利费、办公费和差旅费等)、工会经费、董事会费、聘请中介机构费、咨询费、诉讼费、业务招待费、技术转让费、研究费用、排污费等。该账户属于损益类,其借方登记企业发生的各项管理费用,贷方登记期末转入"本年利润"账户的数额,月末结转后该账户应无余额。为了具体核算管理费用的发生情况,应按费用的项目设置明细账户,进行明细分类核算。

企业领用材料,一方面应根据发出材料的实际成本,按照材料发出的经济用途分别计入有关账户,具体表现为:直接用于产品生产的材料费用,借记"生产成本"账户;车间管理部门耗用的材料费用,借记"制造费用"账户;企业行政管理部门耗用的材料费用,借记"管理费用"账户;专设销售机构耗用的材料费用,借记"销售费用"账户;建造工程耗用的材料费用,借记"在建工程"账户。另一方面,贷记"原材料"账户。

【例6-2】科华公司20×2年3月仓库发出下列材料(见表6-2)用于生产甲、乙两种产品和其他耗用。

表6-2 材料发出汇总表

用途	A材料		B材料		C材料		合计	
	数量(千克)	金额(元)	数量(千克)	金额(元)	数量(千克)	金额(元)	数量(千克)	金额(元)
生产产品耗用	2 500	10 000	4 000	20 000	5 000	30 000		60 000
甲产品	1 500	6 000	3 000	15 000	4 000	24 000		45 000
乙产品	1 000	4 000	1 000	5 000	1 000	6 000		15 000
车间一般耗用	400	1 600	1 400	7 000	2 000	12 000		20 600
企业管理部门耗用	200	800			320	1 920		2 720
销售机构耗用	300	1 200	400	2 000	280	1 680		4 880
合计	3 400	13 600	5 800	29 000	7 600	45 600		88 200

根据表6-2资料,编制会计分录如下:

借:生产成本——甲产品　　　　　　　　　　　　　　　　　　　　　45 000
　　　　　　——乙产品　　　　　　　　　　　　　　　　　　　　　15 000
　　制造费用　　　　　　　　　　　　　　　　　　　　　　　　　　20 600
　　管理费用　　　　　　　　　　　　　　　　　　　　　　　　　　 2 720
　　销售费用　　　　　　　　　　　　　　　　　　　　　　　　　　 4 880
　　贷:原材料　　　　　　　　　　　　　　　　　　　　　　　　　　88 200

上述会计分录,一方面反映原材料价值的减少,另一方面将耗用的材料费用依据领料的用途和部门,计入成本费用中。

(二)职工薪酬费用的核算

1. 职工薪酬的含义及范围。职工薪酬是指企业为获得职工提供的服务或解除劳动关系而给予的各种形式的报酬或补偿。主要包括:短期薪酬、离职后福利、辞退福利和其他长期职工福利。企业提供给职工配偶、子女、受赡养人等的福利也属于职工薪酬。

(1)短期薪酬。短期薪酬,是指企业在职工提供相关服务的年度报告期间结束后12个月内需要全部予以支付的职工薪酬。主要包括:职工工资、奖金、津贴和补贴等;职工福利费;医疗保险费等;住房公积金;工会经费及职工教育经费;短期带薪缺勤;短期利润分享计划;非货币性福利;其他短期薪酬。

(2)离职后福利。离职后福利,是指企业为获得职工提供的服务而在职工退休或与企业解除劳动关系后,提供的各种形式的报酬和福利,但不包括短期薪酬和辞退福利。离职后福利计划按其特征可以分为设定提存计划和设定受益计划。

(3)辞退福利。辞退福利,是指企业在职工劳动合同到期之前解除与职工的劳动关系,或者为鼓励职工自愿接受裁减而给予职工的补偿。主要包括以下两种情况:

一是在职工劳动合同尚未到期之前,无论职工本人是否愿意,企业决定解除与职工的劳动关系而给予的补偿。

二是在职工劳动合同尚未到期前,为鼓励职工自愿接受裁减而给予职工的补偿,职工有权利选择继续在职或接受补偿离职。

(4)其他长期职工福利。其他长期职工福利,是指除短期薪酬、离职后福利、辞退福利之外所有的职工薪酬,包括:长期带薪缺勤、其他长期服务福利、长期残疾福利、长期利润分享计划和长期奖金计划等。

2. 职工薪酬的确认与计量。

(1)职工薪酬的确认。企业应当在职工为其提供服务的会计期间,根据职工提供服务的受益对象,将应确认的职工薪酬包括货币性薪酬和非货币性福利,计入相关资产成本或当期费用,同时确认为应付职工薪酬负债。但因解除与职工的劳动关系给予的补偿除外,这部分薪酬计入当期管理费用。职工薪酬应以权责发生制为基础,在职工为企业提供服务的会计期间进行确认,而不是以实际支付期为准。这里主要说明短期货币性薪酬的确认和计量。

企业确认职工薪酬时,应借记"生产成本""制造费用""在建工程""研发支出""销售费用""管理费用"等账户,贷记"应付职工薪酬"账户。企业在具体确认应付职工薪酬时应分别按下列三种情况处理:第一种,由生产产品、提供劳务负担的职工薪酬,应计入产品成本或劳务成本;第二种,由在建工程、无形资产开发成本负担的职工薪酬,应计入固定资产或无形资产的成本;第三种,上述两项之外的其他职工薪酬,应计入当期损益。

(2)职工薪酬的计量。企业在确认货币性职工薪酬金额时,对于国家或经批准的企业年金计划规定了计提基础和计提比例的项目,比如各类社会保险和住房公积金,应按照国务院、所在地政府或企业年金计划规定的计提标准计量应付职工薪酬(社会保险费、住房公积金),并同时将其计入成本费用;对于工会经费和职工教育经费,企业应当分别按照职工工资总额的2%和8%作为计提标准计量应付职工薪酬(工会经费、职工教育经费)义务,并同时将其计入成本费用。

企业在确认应付职工薪酬金额时,对于国家没有明确规定计提基础和计提比例的,应当根据历史经验数据和自身实际情况,合理预计当期应付职工薪酬,并将其计入成本费用。

(3)职工薪酬核算的账户设置和账务处理。

①核算的账户设置。"应付职工薪酬"账户核算企业应付给职工的各种薪酬,反映和监督企业与职工薪酬的结算情况。该账户属于负债类,贷方登记月份内实际发生的应付职工的薪酬数额,借方登记每月实际支付给职工的薪酬数额。月末如果有余额,表示应付数和实际发放数之间的差额,若为贷方余额,表示本月应付薪酬数额大于实际发放薪酬的数额,是应付未付的职工薪酬,是企业的债务;若为借方余额,表示本月实际发放的数额大于应付的数额,是企业多支付的职工薪酬。这种差额的形成主要是由于计算应付职工薪酬与实发职工薪酬时所依据的职工出勤的日数不同引起的,应付职工薪酬一般按本月考勤计算,但是实发职工薪酬一般按照上月份的考勤计算,由于计算出勤的月份不同,就会出现出勤日数的差异。如果企业实发职工薪酬和应付职工薪酬是按照同一月份的出勤计算,则该账户无余额。该账户下还应按照"工资""职工福利""社会保险""住房公积金"等职工薪酬项目设置明细账进行明细核算。

②职工薪酬的账务处理。企业支付职工薪酬时,应按实际发放的工资、福利费、社会保险费和住房公积金,以及支付工会经费或教育经费的金额,借记"应付职工薪酬(工资、职工福利、社会保险费、住房公积金,工会经费、教育经费)"账户,贷记"银行存款"账户。

企业从应付职工薪酬中扣除个人负担的社会保险费、住房公积金、个人所得税以及收回的赔款等各种款项时,应借记"应付职工薪酬(工资)"账户,贷记"其他应付款""应交税费——应交个人所得税""其他应收款"等账户。

期末分配职工薪酬时,对于基本生产车间生产工人的各种薪酬,应借记"生产成本"账户;对于生产车间管理人员的各种薪酬,应借记"制造费用"账户;对于企业行政管理部门人员的各种薪酬,应借记"管理费用"账户;对于设有独立销售机构人员的各种薪酬,应借记

"销售费用"账户;对于进行固定资产新建工程、改扩建工程、安装工程人员的各种薪酬,借记"在建工程"账户;对于企业从事其他销售、技术转让、固定资产出租、运输等其他业务部门人员的各种薪酬,应借记"其他业务成本"账户等;对于研究开发人员的职工薪酬,应借记"研发支出"账户。按照应付职工薪酬总额,贷记"应付职工薪酬(工资、职工福利、社会保险费、住房公积金、工会经费、教育经费)"账户。

【例6-3】科华公司20×2年3月份公司工资结算汇总表如表6-3所示。

表6-3 工资结算汇总表 单位:元

车间部门		应付工资	代扣款			实发工资
			社会保险费	个人所得税	小计	
基本生产车间工人	甲产品	60 000	4 800	3 000	7 800	52 200
	乙产品	80 000	6 400	3 600	10 000	70 000
车间管理人员		20 000	1 600	1 000	2 600	17 400
设备安装人员		16 000	1 280	800	2 080	13 920
销售机构人员		24 000	1 960	1 200	3 160	20 840
企业管理人员		50 000	4 000	2 300	6 300	43 700
其他业务人员		18 000	1 440	700	2 140	15 860
合 计		268 000	21 480	12 600	34 080	233 920

根据以上资料编制会计分录如下:
(1)实际支付工资时:
借:应付职工薪酬——工资　　　　　　　　　　　　　　　　233 920
　　贷:银行存款　　　　　　　　　　　　　　　　　　　　　233 920
(2)结转从应付职工薪酬中扣还的各种款项时:
借:应付职工薪酬——工资　　　　　　　　　　　　　　　　34 080
　　贷:其他应付款　　　　　　　　　　　　　　　　　　　　21 480
　　　　应交税费——应交个人所得税　　　　　　　　　　　　12 600
(3)企业转付各种代扣款时:
借:其他应付款　　　　　　　　　　　　　　　　　　　　　21 480
　　应交税费——应交个人所得税　　　　　　　　　　　　　　12 600
　　贷:银行存款　　　　　　　　　　　　　　　　　　　　　34 080
(4)月末将本月的工资费用进行分配时:
借:生产成本——甲产品　　　　　　　　　　　　　　　　　　60 000

——乙产品	80 000
制造费用	20 000
在建工程	16 000
销售费用	24 000
管理费用	50 000
其他业务成本	18 000
贷:应付职工薪酬——工资	268 000

通过上述会计分录,能够提供企业生产经营过程中人员薪酬费用的会计信息,为企业的成本预测和成本费用计划执行情况的分析提供依据。

(三)固定资产折旧费用的核算

1. 固定资产折旧的含义。固定资产折旧是指在固定资产的使用寿命内,按照确定的方法对应计折旧额进行系统分摊。

"应计折旧额",是指应当计提折旧的固定资产的原值扣除其预计净残值后的余额。已计提减值准备的固定资产,还应扣除已经计提的固定资产减值准备。

"固定资产使用寿命",这是在考虑不同因素影响下所预计的固定资产经济使用寿命。它可以用不同的方式来表示,如年、月、机器的运转小时数、汽车的行驶公里数等。影响固定资产使用寿命的因素主要有有形损耗和无形损耗。固定资产使用寿命直接影响各期折旧额的计算,因此,企业要求结合具体情况,合理确定固定资产使用寿命。

"预计净残值",是指假定固定资产预计使用寿命已满并处于使用寿命终了时的预期状态,企业目前从该项资产处置中获得的扣除预计处置费用后的金额。

固定资产取得成本(即原始价值)、固定资产使用寿命、预计净残值和固定资产减值准备(固定资产已计提的减值准备的累计金额)是影响固定资产折旧的主要因素。

2. 固定资产折旧的意义。固定资产在使用过程中会逐渐发生损耗。固定资产损耗分为有形损耗和无形损耗。有形损耗是指固定资产由于使用和自然力的影响而引起使用价值和价值的损失;无形损耗是指固定资产由于科学技术进步而引起价值上的损失。企业正确计提固定资产折旧,不仅能够客观反映固定资产在使用过程中所发生的损耗和确定固定资产净值,实现固定资产自身的价值补偿和实物更新,而且能够把固定资产的成本合理地摊入各受益的会计期间,实现收入和费用的合理配比。

3. 固定资产折旧额的计算方法。会计上计算折旧额的方法很多,有年限平均法、工作量法、加速折旧法等。由于固定资产折旧方法的选用直接影响到企业成本费用的计算以及财务状况和经营成果,因此,对固定资产折旧方法的选用,应当科学、合理。折旧方法一经确定,不得随意变更;如需变更,应在会计报表附注中予以说明。

(1)使用年限法,又称直线法。这是指按照固定资产应提折旧的总额和预计使用年限平均计算折旧额的一种方法。固定资产的应提折旧总额是指固定资产的原始价值减去预计净残值后的余额。其计算公式为:

$$固定资产年折旧额=\frac{固定资产原值-(预计清理收入-预计清理费用)}{预计使用年限}$$

$$固定资产月折旧额 = 固定资产年折旧额÷12$$

为了反映固定资产折旧的平均速度和简化计算,在实际工作中,一般按照折旧率计算折旧额,即用固定资产原值乘以固定资产折旧率求得固定资产折旧额。固定资产折旧率是一定时期内固定资产折旧额与原值的比率。其计算公式如下:

$$固定资产年折旧率=\frac{固定资产年折旧额}{固定资产原值}$$

或:

$$固定资产年折旧率=\frac{1-固定资产净残值率}{预计使用年限}$$

$$固定资产月折旧率=固定资产年折旧率÷12$$

$$固定资产月折旧额=固定资产原值×固定资产月折旧率$$

固定资产折旧率分为个别或单项折旧率、分类折旧率和综合折旧率。固定资产个别折旧率,是指某项固定资产在一定期间的折旧额与该项固定资产原值的比率,它是按单项固定资产计算的折旧率。固定资产分类折旧率,是指固定资产分类折旧额与该类固定资产原值的比率。采用这种方法,应先把性质、结构和使用年限较接近的固定资产归纳为一类,再按类计算平均折旧率。固定资产综合折旧率,是指某一期间企业全部固定资产折旧总额与全部固定资产原值的比率。

按上述三种折旧率计算折旧额时,采用个别折旧率计算的折旧额比较准确,且能随时查明每项固定资产的净值,但若固定资产种类繁多、数量较大,采用此法计算折旧额的工作量较大;采用综合折旧率计算折旧额,能减轻工作量,但计算结果又不够准确;采用分类折旧率计算折旧额,由于各类固定资产的原值和使用年限比较接近,所以,比采用综合折旧率计算出来的折旧额准确,同时又比采用个别折旧率计算折旧额的工作量小。

采用年限平均法计算折旧额,比较直观和简便,是会计实务中应用最广泛的一种方法。但年限平均法只注重资产的使用期限,而忽视资产的使用情况,无论物质磨损程度如何,都为它计提同样的折旧费用,这显然是不合理的。

(2)工作量法。这是指按照固定资产在预计使用期限内可完成的工作总量(如运输车辆行驶的总里程数、机器工作的总时数或总工作台班数)计算每期应提折旧额的一种方法。其计算公式如下:

$$每单位工作量折旧额=\frac{固定资产原值×(1-预计净残值率)}{预计可完成的工作总量}$$

$$某项固定资产月折旧额=该项固定资产当月实际完成的工作量×每单位工作量折旧额$$

工作量法适用于磨损程度和它们的工作时间或完成的工作量关系密切,并且使用又不均衡的运输车辆、机器设备等。工作量法实际上也是直线法,只不过是按固定资产所完成的工作总量来计算每期的折旧额。工作量法的优点和年限平均法一样，而且采用此法计算出来的折旧额，更接近其损耗的价值，能使各期计提的折旧额与固定资产的使用程度成正比例关系，体现了收入与费用配比的原则。但这种方法将有形损耗看作是引起固定资产折旧的唯一因素，忽视了无形损耗对固定资产的影响。另外，要准确预计固定资产在其使用期间的预计总工作量也比较困难。

（3）加速折旧法，又称递减法或快速折旧法。这是指在固定资产使用前期多提折旧额，后期少提折旧额的一种方法。采用加速折旧法的主要理论依据有四个。一是固定资产的使用成本主要包括折旧费用和修理维护费用两项。一般来说，修理维护费用会随着资产的老化而逐年增加，为了使固定资产的使用成本在使用年限内大致保持均衡，计提的折旧费用就应逐年递减。二是固定资产在使用初期功能较高，因而能为企业提供较多的收益，而在使用后期，随着资产的老化会大大影响企业收益的获得。为了使收益与费用相配比，就应在早期多提折旧，而在使用后期少提折旧。三是由于科学技术的进步和发展，固定资产（主要是机器设备等）的无形损耗越来越快，为了降低无形损耗的风险，也应采用加速折旧法。四是采用加速折旧法与采用年限平均法计提折旧的总额是相等的，只是在固定资产使用早期多提、后期少提。加速折旧法的具体计算方法有多种，目前我国主要采用双倍余额递减法和年数总和法。

①双倍余额递减法。这是在不考虑固定资产净残值的情况下，根据每期固定资产的账面净值和双倍直线法折旧率计算固定资产折旧额的一种方法。其计算公式为：

固定资产年折旧率 = 2/固定资产使用年限

固定资产月折旧率 = 固定资产年折旧率÷12

固定资产月折旧额 = 每月月初固定资产账面净值×月折旧率

如果在某一折旧年度内，按双倍余额递减法计算的折旧额小于按某年年限平均法计算的折旧额，应从该年起改用年限平均法计提折旧。通常运用下列公式进行判断：

$$当年按双倍余额递减法计算的折旧额 < \frac{账面净值 - 预计净残值}{剩余使用年限}$$

会计实务中一般在折旧年限的最后两年改按年限平均法，即将固定资产净值扣除残值后，在最后两年内平均计算折旧额。

【例6-4】科华公司有设备一台，原值400 000元，预计使用5年，预计净残值10 000元，采用双倍余额递减法，计算各年折旧额如表6-4所示。

表6-4 折旧额计算表

年度	年初固定资产账面净值	年折旧率	年折旧额	累计折旧额	年末固定资产账面净值
1	400 000	2/5 = 40%	160 000	160 000	240 000
2	240 000	40%	96 000	256 000	144 000
3	144 000	40%	57 600	313 600	86 400

续表

年度	年初固定资产账面净值	年折旧率	年折旧额	累计折旧额	年末固定资产账面净值
4	86 400		38 200	351 800	48 200
5	48 200		38 200	390 000	10 000

表6-4中从第四年开始按双倍余额递减法计算的年折旧额为:86 400×40%＝34 560(元)。其小于按年限平均法计算的年折旧额:(86 400－10 000)÷2＝38 200(元)。所以改为年限平均法计算第四、五年的折旧额。

②年数总和法。这是指以固定资产的应提折旧额乘以一个每年递减的折旧率计算每年折旧额的一种方法。各年的折旧率,是以年数总和为基础,按从计算年份起尚可使用年数占年数总和的比例计算求得。由于尚可使用年数是递减的,由此而计算的折旧率也呈递减趋势,所以,年数总和法实际是一种变率递减法或递减折旧率法。计算公式如下:

年折旧率 ＝ 尚可使用年数÷年数总和×100%

年数总和 ＝ 折旧年限×(折旧年限＋1)÷2

年折旧额 ＝(固定资产原价－预计净残值)×年折旧率

月折旧额 ＝ 年折旧额÷12

【例6-5】依上述例6-4资料,企业采用年数总和法计提折旧,各年折旧额的计算如表6-5所示。

表6-5　折旧额计算表

年度	应计折旧额	年折旧率	年折旧额	累计折旧额	固定资产净值
1	390 000	5/15	130 000	130 000	270 000
2	390 000	4/15	104 000	234 000	166 000
3	390 000	3/15	78 000	312 000	88 000
4	390 000	2/15	52 000	364 000	36 000
5	390 000	1/15	26 000	390 000	10 000

注:表中的年数总和＝5×(5＋1)÷2＝15。

4. 固定资产计提折旧的范围。企业的所有固定资产中除下列情况外,均应计提折旧:一是已提足折旧仍继续使用的固定资产;二是按规定单独作价作为固定资产入账的土地。具体表现为:根据有关规定,应计提折旧的固定资产包括:房屋和建筑物、机器设备、仪器仪表、运输车辆、工具器具、季节性停用或修理停用的设备;以经营租赁方式租出的固定资产;使用权资产。不提折旧的固定资产包括:已提足折旧仍继续使用的固定资产;未提足折旧提前报废的固定资产;经营方式租入的固定资产;破产、关停企业的固定资产;按规定单独作价作为固定资产入账的土地。

企业应当按月计提折旧。当月增加的固定资产,当月不计提折旧;当月减少的固定资产,当月照提折旧。

5. 固定资产计提折旧的账务处理。固定资产折旧的核算通过"累计折旧"账户进行。

"累计折旧"账户,属于资产类账户,是"固定资产"账户的备抵调整账户。该账户贷方登记各期计提的折旧额,借方登记因各种原因而注销的固定资产已提折旧额;期末贷方余额反映企业提取的固定资产折旧累计数。该账户可按固定资产类别或项目进行明细分类核算。该账户在反映固定资产损耗的同时,通过对固定资产原始价值的调整,反映固定资产的实际价值,反映企业固定资产新旧程度和实际生产规模和技术能力。

企业按月计提固定资产折旧时,应按固定资产使用部门将折旧费分别计入成本费用账户,具体表现为:对基本生产车间的固定资产计提折旧,应借记"制造费用"账户;对行政管理部门的固定资产计提折旧,应借记"管理费用"账户;对销售机构的固定资产计提折旧,应借记"销售费用"账户;对专门用于对外出租的固定资产计提折旧,应借记"其他业务成本"账户;同时贷记"累计折旧"账户。

【例6-6】科华公司20×2年3月计提固定资产折旧共计50 000元,其中:生产车间的固定资产计提折旧30 000元,行政管理部门的固定资产计提折旧12 000元,专设销售机构的固定资产计提折旧4 000元,出租的固定资产计提折旧4 000元。该企业编制会计分录如下:

借:制造费用　　　　　　　　　　　　　　　　　　　　30 000
　　管理费用　　　　　　　　　　　　　　　　　　　　12 000
　　销售费用　　　　　　　　　　　　　　　　　　　　 4 000
　　其他业务成本　　　　　　　　　　　　　　　　　　 4 000
　　贷:累计折旧　　　　　　　　　　　　　　　　　　50 000

上述会计分录,"累计折旧"账户的金额,会因企业采用折旧方法的不同发生增减变化,将会影响企业固定资产净值以及产品成本和企业损益。

(四) 无形资产摊销费用的核算

1. 无形资产摊销的意义。无形资产摊销是指对使用寿命有限的无形资产,在其使用寿命内采用系统合理的摊销方法对应摊销金额进行摊销。所谓应摊销金额,是指无形资产的成本减去预计残值之后的金额。对于已计提减值准备的无形资产,还应减去已计提的无形资产减值准备。

通过无形资产摊销,不仅能够客观反映无形资产在使用过程中所发生的损耗和确定无形资产净值,实现无形资产自身的价值补偿,而且能够把无形资产的成本合理地摊入各受益的会计期间,实现收入与费用的正确配比。

2. 无形资产使用寿命的判断。企业应当在取得无形资产时,分析判断其使用寿命是有限的还是不确定的。

(1)使用寿命有限的无形资产。会计实务中无形资产使用寿命的确定,主要表现为:对于源自合同性权力或其他法定权利取得的无形资产,其使用寿命不应超过合同性权力或其他法定权利的期限。对于没有明确的合同或法律规定的无形资产,企业应当聘请相关专家进行论证或与同行业情况进行比较或根据企业的历史经验等综合进行分析,从而确定无形资产为企业带来未来经济利益的期限。

需要注意的是:企业至少应当于每年年度终了,对无形资产的使用寿命进行复核,如果有证据表明无形资产的使用寿命不同于以前的估计,由于合同的续约或无形资产应用条件的改善,延长了无形资产的使用寿命,则对于使用寿命有限的无形资产应改变其摊销年限,并按照《企业会计准则第28号——会计政策、会计估计变更和差错更正》进行处理。

(2)使用寿命不确定的无形资产。企业取得无形资产时不能随意判断为使用寿命不确定的无形资产,对于没有明确的合同或法律规定的无形资产,企业应当综合各方面情况,如聘请相关专家进行论证或与同行业的情况进行比较以及企业历史经验等,来确定无形资产为企业带来未来经济利益的期限。如果经过这些努力确实无法合理确定无形资产为企业带来经济利益的期限,再将其作为使用寿命不确定的无形资产。

企业至少应当于每年年度终了,对于使用寿命不确定的无形资产进行复核,如果有证据表明其使用年限是有限的,应当按照会计估计变更处理,并按照无形资产准则中关于使用寿命有限的无形资产的处理原则进行处理。

按照无形资产准则规定,使用寿命不确定的无形资产在持有期限内不进行摊销。但应当在每个会计期间进行减值测试,需要计提减值准备的,相应计提有关的减值准备。

3. 使用寿命有限的无形资产摊销的核算。

(1)无形资产摊销期和残值的确定。企业摊销无形资产,其摊销期应为自无形资产可供使用进行(即达到预定用途)时起,至不再作为无形资产确认时止。无形资产残值一般为零,但如果有第三方承诺在无形资产使用寿命结束时购买该项无形资产,或可以根据活跃市场得到残值信息,并且该市场在无形资产使用寿命结束时很可能存在,企业可以预计无形资产的残值。

(2)无形资产摊销方法。无形资产摊销方法主要由直线法、生产总量法等。摊销方法的选择应依据从资产中获取的预期未来经济利益的预计消耗方式来选择,并一致地运用于不同会计期间,例如受技术陈旧因素影响较大的专利权和专有技术等无形资产,可采用类似固定资产加速折旧法方法进行摊销;有特定产量限制的特许经营权或专利权,则应采用产量法进行摊销;如果无法可靠确定预期实现方式的无形资产,应采用直线法进行摊销。直线法、生产总量法与固定资产的年限平均法、工作量法的计算原理相同。

(3)无形资产摊销的账务处理。企业应设置"累计摊销"账户,用来反映企业对使用寿命有限的无形资产计提的累计摊销额。该账户属于资产类,是"无形资产"账户的备抵调整账户。其贷方登记各期计提的摊销额,借方登记因处置无形资产而注销的累计摊销额;期末贷方余额反映企业提取的无形资产累计摊销数。该账户可按无形资产项目、类别进行明细分类核算。该账户在反映无形资产损耗的同时,通过对无形资产原始价值的调整,反映无形资产的实际价值。

无形资产摊销一般按月进行,企业摊销自用的无形资产时,一般应计入当期损益,借记"管理费用"账户,贷记"累计摊销"账户;摊销出租的无形资产时,应按其摊销金额,借记"其他业务成本"账户,贷记"累计摊销"账户。如果企业某项无形资产包含的经济利益,是通过其所生产的产品或其他资产实现的,则其摊销金额应计入相关资产的成本,借记"制造费用"等账户,贷记"累计摊销"账户。

【例6-7】科华公司20×2年3月份,分别以1 200 000元、600 000元购买一项专利权和商标权,专利权合同规定受益年限为8年,商标权估计使用寿命为10年,另外该公司将自行研发完成的一项非专利技术出租给甲公司,其成本为3 000 000元,租赁期限为10年。科华公司购入的专利权用于产品生产。假设该公司无形资产不考虑残值因素,采用直线法摊销。

科华公司当月无形资产摊销额计算如下:

专利权摊销额=1 200 000÷8÷12=12 500(元)

商标权摊销额=600 000÷10÷12=5 000(元)

非专利技术摊销额=3 000 000÷10÷12=25 000(元)

计提无形资产摊销的会计分录如下:

借:制造费用　　　　　　　　　　　　　　　　　　　　12 500
　　管理费用　　　　　　　　　　　　　　　　　　　　 5 000
　　其他业务成本　　　　　　　　　　　　　　　　　　25 000
　贷:累计摊销　　　　　　　　　　　　　　　　　　　42 500

上述会计分录中,"累计摊销"账户的金额,会因企业采用摊销方法的不同发生增减变化,将影响企业的无形资产实际价值、产品成本的计量以及企业损益的确定。

(五)其他要素费用的核算

1. 长期待摊费用的核算。长期待摊费用是指企业已经支出,但摊销期限在一年以上(不含一年)的各项费用,包括经营租入固定资产改良支出等。

为了反映和监督长期待摊费用的发生、摊销和余额情况,企业应设置"长期待摊费用"账户。该账户的借方登记企业发生的各项长期待摊费用数额,贷方登记各期摊销的长期待摊费用数额;期末借方余额,反映尚未摊销的长期待摊费用数额。

企业经营租入固定资产的改良支出,是指能增加该项固定资产的效用或延展其使用寿命的改装、翻修、改建等支出。改良支出通常金额较大、受益期较长,不能作为当期费用处理,而应作为长期待摊费用在租赁有效期内分期摊销,记入"制造费用"或"管理费用"账户。

【例6-8】科华公司20×2年3月份经营租入一幢仓库,租期为10年。该公司租入后,对其进行装修,共计支付装修费2 400 000元,装修完成后作为行政办公用房。该公司编制的会计分录如下:

(1)支付装修费时:

借:长期待摊费用 2 400 000
　　贷:银行存款 2 400 000
(2)每月进行摊销时:
借:管理费用 20 000
　　贷:长期待摊费用 20 000

2. 其他费用的核算。其他费用主要是指上述材料费用、薪酬费用、折旧费等主要费用以外的支出,如邮电费、通信费、利息费、办公费、差旅费、水电费等各项费用。这些费用在日常发生时,可按照费用的用途、发生地点或车间部门,依据有关凭证分别记入"生产成本""制造费用""管理费用""销售费用""财务费用"等账户。

【例6-9】科华公司20×2年3月以银行存款支付水电费用20 000元,其中,基本生产车间管理用电10 000元,行政管理部门用电8 000元,销售机构用电2 000元。该公司支付电费时应编制如下会计分录:

借:制造费用 10 000
　　管理费用 8 000
　　销售费用 2 000
　　贷:银行存款 20 000

> **请思考**:发生与产品生产有关的费用时,计入"生产成本"还是计入"制造费用"账户取决于什么因素?

二、辅助生产费用归集和分配的核算

辅助生产费用是指辅助生产车间发生的费用。辅助生产车间,主要是指向基本生产车间和管理部门提供服务的辅助性的生产单位,例如机修车间、供气车间等。经过上述基本步骤的归集和分配,辅助生产车间所发生的生产费用已经归集在"辅助生产"账户及其明细账中相关成本项目。辅助生产费用月末应按提供劳务的数量,在各受益对象之间进行分配。辅助生产费用分配的方法通常有交互分配法、计划成本分配法、代数分配法、顺序分配法等。为了简化核算这里只说明计划成本分配法的内容。

采用计划成本分配法分配辅助生产车间发生的费用,首先应将该辅助生车间的生产费用,按经济用途在其他辅助生产车间、基本生产车间及其管理部门之间,按实际耗用数量和计划单位成本计算分配;然后计算分配额与实际费用之间的成本差异,按其比例在各受益对象分配或者全部计入管理费用。

按实际耗用数量和计划单位成本分配费用时,借记"基本生产车间""制造费用""管理费用"等账户,贷记"辅助生产——××车间"。月末将辅助生产成本差异合计,若为超支额,借记"管理费用"账户,贷记"辅助生产——××车间";若为节约额,编制相反的会计分录。相关举例参见下文的"品种法举例"。

三、制造费用的归集和分配的核算

（一）制造费用归集的核算

制造费用主要是指基本生产车间为组织和管理生产而发生的应该记入产品成本，但没有专设成本项目的各项生产费用。基本生产车间的制造费用主要归集以下几方面的费用：

1. 间接用于产品生产的各种费用。例如，机物料消耗，辅助工人工资及福利费等薪酬；车间生产用房屋及建筑物的折旧费、租赁费和保险费；车间生产用的照明费、取暖费、运输费、劳动保护费，以及季节性停工和生产用固定资产修理期间的停工损失等。

2. 直接用于产品生产，但管理上不要求或核算上不便于单独核算，因而没有专设成本项目的各项费用。例如，机器设备的折旧费、修理费、生产工具摊销等各项费用。

3. 基本生产车间为组织和管理生产而发生的费用。例如，车间管理人员的工资及福利费等薪酬；车间管理用房屋及建筑物的折旧费、修理费；车间管理用具的摊销；车间管理用的照明费、水费、取暖费、办公费等。

制造费用的归集，通过"制造费用"总账以及按车间设置的"制造费用"明细账（参见表6-22）进行，账内按照费用项目设专栏或专行，分别反映各车间或部门各项制造费用的支出情况。经过前述各项费用的分配，基本生产车间发生的制造费用已在"制造费用"账户及明细账的借方归集完毕。

（二）制造费用分配的核算

制造费用归集完毕后，为了正确计算产品生产成本，必须合理地分配制造费用。在基本生产车间只生产一种产品的情况下，其归集的制造费用属于直接计入费用，应直接计入该种产品的生产成本；在生产多种产品情况下，则属于间接计入费用，应采用适当的分配方法，分配计入各产品的生产成本中。基本生产车间的制造费用分配方法主要有生产工时比例法、生产工人工资比例法、机器工时比例法和按年度计划分配率分配法。这里主要介绍生产工人工资比例法。

生产工人工资比例法，是按照计入产品成本的生产工人的实际工资的比例分配制造费用的方法。由于工资分配表中有现成的生产工人工资的资料，因此采用此方法核算工作比较简单。该分配方法的计算公式如下：

$$制造费用分配率 = \frac{制造费用总额}{生产工人工资总额}$$

$$某种产品应分配的制造费用 = 该种产品生产工人的工资额 \times 制造费用分配率$$

【例6-10】 承例6-2、例6-3、例6-6、例6-7和例6-9的资料，科华公司20×2年3月份生产甲、乙两种产品，有关资料如表6-6所示。该公司采用生产工人工资比例法分配制造费用。

表 6-6

产品名称	直接材料	生产工人工资	制造费用	合计
甲	45 000	60 000		
乙	15 000	80 000		
合计	60 000	140 000	93 100	233 100

制造费用分配过程如下：

制造费用分配率=93 100÷(60 000+80 000)=0.665
甲产品应分配的制造费用=60 000×0.665=39 900(元)
乙产品应分配的制造费用=80 000×0.665=53 200(元)

制造费用的分配一般通过编制制造费用分配表(见表 6-7)进行,以此作为记账的依据。

表 6-7 制造费用分配表

产品名称	分配标准(生产工人工资)	分配率	分配金额(元)
甲	60 000		39 900
乙	80 000		53 200
合计	140 000	0.665	93 100

根据表 6-7 的分配结果,编制分配制造费用的会计分录如下：

借：生产成本——甲　　　　　　　　　　　　　　　　39 900
　　　　　　——乙　　　　　　　　　　　　　　　　53 200
　贷：制造费用　　　　　　　　　　　　　　　　　　　　　93 100

制造费用的分配,直接会影响到企业产品成本金额的计量,在实务中,企业应根据实际情况合理选择制造费用的分配方法,以保证企业产品成本信息的真实性和可靠性。

四、完工产品成本计算和结转的核算

(一)生产费用在完工产品与在产品之间的分配方法

企业在生产过程中发生的生产费用,经过在各种产品之间进行分配和归集以后,应计入本月各种产品成本的生产费用,均已集中反映在"生产成本"账户及其所属各种产品成本明细账中。为了计算产品成本,还需要加上月初在产品成本,然后将其在本月完工产品和月末在产品之间进行分配,计算出本月产成品成本。月末,如果某产品已经全部完工,计入该种产品成本的全部生产费用,就是本月完工产品的成本;如果某产品全部没有完工,计入该种产品的全部生产费用就是月末在产品成本;如果某产品月末既有完工产品,又有在产品,那么该种产品本月发生的生产费用加月初在产品的生产费用,需要采用适当的分配方法，在本月完工产品与月末在产品之间进行分配，分别计算出完工产品成本和月末在产品成本。月初在产品费用、本月生产费用、本月完工产品成本和月末在产品成本的关系，可用下列公式表示：

$$月初在产品费用+本月生产费用=本月完工产品成本+月末在产品成本$$

或：

$$月初在产品费用+本月生产费用-月末在产品成本=本月完工产品成本$$

完工产品和月末在产品之间分配费用，是成本计算中重要而复杂的问题。企业应根据在产品数量的多少、各月在产品的数量变化的大小、各项费用比重的大小，以及定额管理基础的好坏等具体条件，选择合理又较简便的分配方法。常用的分配方法主要有：①不计算在产品成本法；②在产品成本按年初固定数计算法；③在产品按所耗原材料费用计算法；④在产品按完工产品成本计算法；⑤约当产量法；⑥在产品按定额成本计算法；⑦定额比例法。下面以约当产量法为例说明生产费用在完工产品与在产品之间的分配。

约当产量是指根据期末在产品的投料和加工程度，将在产品按一定标准折合成相当于完工产品的数量。约当产量法，就是将期初在产品成本和本期发生的生产费用的总和，按完工产品数量和期末在产品约当产量的比例进行分配，以计算本期完工产品成本和期末在产品成本的一种方法。这种方法适用于月末在产品数量较大，各月末在产品数量变化也较大，且产品成本中原材料费用与工资及福利费等加工费用的比重相差不多的产品。约当产量法的一般计算程序如下：

$$在产品约当产量=在产品数量×加工程度$$

$$某项费用分配率=\frac{月初在产品该项费用+本月该项费用}{本月完工产量+在产品约当产量}$$

$$完工产品应负担的该项费用=完工产品产量×该项费用分配率$$

$$在产品应负担的该项费用=在产品约当产量×该项费用分配率$$

上式某项费用分配率的计算公式中，在产品约当产量的含义是不同的。因为在生产过程中，随着工艺加工过程的进行和产品的逐渐形成，耗费于产品生产的各项费用也随之逐步累积。在产品耗用各项生产费用的程度，分别与各种不同的因素成比例关系。例如：耗用材料费用的多少与投料程度成比例关系，耗用工资费用和制造费用的多少与产品的加工程度成比例关系。因此，要分别成本项目计算在产品的约当产量。直接材料费用分配率计算所依据的在产品约当产量应按照投料程度来确定，而加工费用（工资、制造费用）分配率计算所依据的在产品约当产量，是按照在产品加工程度来确定的。

需要注意的是，在运用上述公式分配直接材料费用时，如果原材料是在生产开始时一次投入，在产品不需要折合成约当产量。

【例6-11】甲产品本月完工48件。在产品20件，其中10件已投入原材料60%，已加工40%；另10件原材料已投足，已加工80%。

在产品按投料程度计算的约当产量：

$$10×60\%+10×100\%=16(件)$$

在产品按加工程度计算的约当产量：

10×40% + 10×80% = 12(件)

甲产品成本计算单见表6-8。表中燃料和动力与工资、制造费用采用相同的标准分配。

表6-8

项目	月初在产品费用(元)	本月费用(元)	合计(元)	分配率	完工产品成本		在产品成本	
					数量	金额	数量	金额
	①	②	③	④=③/(⑤+⑦)	⑤	⑥=⑤×④	⑦	⑧=⑦×④
直接材料	5 200	7 600	12 800	200	48	9 600	16	3 200
燃料和动力	1 000	1 400	2 400	40	48	1 920	12	480
直接人工	2 200	6 200	8 400	140	48	6 720	12	1 680
制造费用	2 600	4 600	7 200	120	48	5 760	12	1 440
合计	11 000	19 800	30 800			24 000		6 800

请思考：采用约当产量法分配直接材料费用和直接人工费用时，应注意什么？

(二)完工产品成本计算及结转的账务处理

完工产品是指完成全部加工过程并经检验合格，达到规定的技术指标，办理入库手续，可作为商品对外销售的产品。经过成本核算，确定由完工产品负担的费用，计算出完工产品的总成本和单位成本，将完工产品转入产成品库，并通过"库存商品"账户进行核算。

为了正确组织产成品收发的核算，企业应设置"库存商品"账户。该账户借方登记验收入库的产成品的实际成本或计划成本，贷方登记发出产成品的实际成本或计划成本，借方余额反映库存产成品的实际成本或计划成本。该账户按产成品的种类、品种和规格设置明细账。

若产成品按实际成本计价核算，日常明细账只根据产成品入库、出库的单据登记收发数量。月末，根据计算出的完工产品实际成本登记本月入库产品的金额。企业计算出各种完工产品的成本后，可将各成本计算单中的完工产品成本汇总，编制产成品成本汇总表，将本月完工产品成本从"生产成本"账户转入"库存商品"账户。

【例6-12】科华公司20×2年3月份生产甲、乙两种产品。月末甲产品全部加工完成，并已完工入库，乙产品没有完工产品。依据例6-10的资料，甲产品成本资料如表6-9所示。

表6-9 产成品成本汇总表   金额:元

产品名称	直接材料	直接人工	制造费用	合计
甲	45 000	60 000	39 900	144 900
合计	45 000	60 000	39 900	144 900

根据产成品汇总表,编制结转完工产品成本的会计分录:
  借:库存商品——甲产品   144 900
    贷:生产成本——甲产品   144 900

确定完工产品成本,除正确核算本期发生的各项费用及其正确划分是否计入产品成本的费用界限外,对于期末既有完工产品又有在产品的情况,应依据企业产品生产的特点和定额管理完善情况等,合理选择生产费用在完工产品和在产品的分配方法,以保证产品成本计算的准确性,从而为企业开展成本分析和控制提供真实可靠的信息资料。

品种法核算举例

京海公司下设一个基本生产车间,大量生产A、B两种产品,其生产工艺属于单步骤生产,采用品种法计算产品成本。该公司还设有供电和机修两个辅助生产车间,为基本生产车间和企业管理部门提供供电和机修劳务。

该厂采用品种法计算产品成本,设置基本生产成本明细账,并按产品品种开设A、B产品成本计算单(见表6-17和表6-18)。

该厂成本计算程序如下:

1. 根据各项生产费用的原始凭证及有关资料编制各种费用分配表。
(1)材料费用的分配,有关资料见表6-10。

表6-10 材料费用分配表
20×2年5月   单位:元

应借账户			原材料	辅助材料	燃料	合计
总账及二级账	明细账	成本费用项目				
生产成本	基本生产成本	A	直接材料	166 000	4 840		170 840
		B	直接材料	144 000	3 360		147 360
		小计		310 000	8 200		318 200
	辅助生产成本	供电	燃料		1 600	24 000	25 600
		机修	材料	13 200	2 400		15 600
		小计		13 200	4 000	24 000	41 200
制造费用		基本车间	物料消耗	7 400	3 600		11 000
管理费用			劳动保护费		4 200		4 200
合计				330 600	20 000	24 000	374 600

根据材料费用分配表,编制会计分录如下:
  借:生产成本——基本生产成本——A   170 840
                        ——B   147 360

				25 600
	——辅助生产成本——供电			25 600
	——机修			15 600
制造费用				11 000
管理费用				4 200
贷:原材料				374 600

（2）职工薪酬的分配,有关资料见表6-11。

表6-11　职工薪酬分配表

20×2年5月

<table>
<tr><th colspan="3">应借账户</th><th rowspan="2">分配标准</th><th>工资
（分配率2.0）
（元）</th><th>福利费
（分配率0.28）
（元）</th></tr>
<tr><th colspan="2">总账及二级账</th><th>明细账</th><th>成本费用项目</th></tr>
<tr><td rowspan="6">生产成本</td><td rowspan="3">基本生产成本</td><td>A</td><td>直接人工</td><td>56 000</td><td>112 000</td><td>15 680</td></tr>
<tr><td>B</td><td>直接人工</td><td>40 000</td><td>80 000</td><td>11 200</td></tr>
<tr><td colspan="2">小计</td><td>96 000</td><td>192 000</td><td>26 880</td></tr>
<tr><td rowspan="3">辅助生产成本</td><td>供电</td><td>工资及福利</td><td></td><td>12 000</td><td>1 680</td></tr>
<tr><td>机修</td><td>工资及福利</td><td></td><td>8 000</td><td>1 120</td></tr>
<tr><td colspan="2">小计</td><td></td><td>20 000</td><td>2 800</td></tr>
<tr><td colspan="2">制造费用</td><td>基本车间</td><td>工资及福利</td><td></td><td>16 000</td><td>2 240</td></tr>
<tr><td colspan="2">管理费用</td><td></td><td>工资及福利</td><td></td><td>24 000</td><td>3 360</td></tr>
<tr><td colspan="4">合　　计</td><td>252 000</td><td>35 280</td></tr>
</table>

根据职工薪酬费用分配表,编制会计分录如下:

借:生产成本——基本生产成本——A	112 000
——B	80 000
——辅助生产成本——供电	12 000
——机修	8 000
制造费用	16 000
管理费用	24 000
贷:应付职工薪酬——工资	252 000
借:生产成本——基本生产成本——A	15 680
——B	11 200
——辅助生产成本——供电	1 680
——机修	1 120

		制造费用		2 240
		管理费用		3 360
		贷:应付职工薪酬——职工福利		35 280

(3) 固定资产折旧费的分配,有关资料见表6-12。

表6-12 固定资产折旧费分配表

20×2年5月

应借账户			折旧额
总账及二级账	明细账	成本费用项目	(元)
生产成本	辅助生产成本	供电	折旧费	7 200
		机修	折旧费	5 600
		小计		12 800
制造费用		基本车间	折旧费	14 160
管理费用			折旧费	17 280
合　　计				44 240

根据折旧费用分配表,编制会计分录如下:

借:生产成本——辅助生产成本——供电	7 200
——机修	5 600
制造费用	14 160
管理费用	17 280
贷:累计折旧	44 240

(4) 其他费用分配,有关资料见表6-13。

表6-13 其他费用分配表

20×2年5月

应借账户			应贷账户		
总账及二级账	明细账	成本费用项目	周转材料	银行存款	库存现金
生产成本	辅助生产成本	供电	低值易耗品摊销	1 820		
			其他		560	320
		机修	低值易耗品摊销	1 120		
			其他		740	1 040
		小　计		2 940	1 300	1 360

续表

		应借账户		应贷账户	
制造费用	基本车间	低值易耗品摊销	940		
		其他		3 460	620
管理费用		办公费		10 560	3 480
		差旅费			3 740
合　　计			3 880	15 320	9 200

根据其他费用分配表，编制会计分录如下：

借：生产成本——辅助生产成本——供电　　　　　　　　　1 820
　　　　　　　　　　　　　　　——机修　　　　　　　　　1 120
　　制造费用　　　　　　　　　　　　　　　　　　　　　　940
　贷：周转材料　　　　　　　　　　　　　　　　　　　　　3 880
借：生产成本——辅助生产成本——供电　　　　　　　　　　560
　　　　　　　　　　　　　　　——机修　　　　　　　　　　740
　　制造费用　　　　　　　　　　　　　　　　　　　　　3 460
　　管理费用　　　　　　　　　　　　　　　　　　　　　10 560
　贷：银行存款　　　　　　　　　　　　　　　　　　　　15 320
借：生产成本——辅助生产成本——供电　　　　　　　　　　320
　　　　　　　　　　　　　　　——机修　　　　　　　　　1 040
　　制造费用　　　　　　　　　　　　　　　　　　　　　　620
　　管理费用　　　　　　　　　　　　　　　　　　　　　7 220
　贷：库存现金　　　　　　　　　　　　　　　　　　　　　9 200

2. 分配辅助生产费用。根据"辅助生产成本"二级账所属明细账归集的供电车间和机修车间本月的生产费用（见表6-20和表6-21），采用计划成本在各受益单位之间进行分配。分配表如表6-14、表6-15所示。

表6-14　辅助费用分配表

20×2年5月

项　目	供电车间		机修车间	
	数量 （千瓦小时）	金额 （元）	数量 （小时）	金额 （元）
待分配的费用		49 180		33 220
加：转入的费用		3 000		2 600

续表

项　目		供电车间		机修车间	
		数量 (千瓦小时)	金额 (元)	数量 (小时)	金额 (元)
实际费用合计			52 180		35 820
计划单位成本			0.26		3.00
应借账户	生产成本——辅助生产——供电			1 000	3 000
	——机修	10 000	2 600		
	生产成本——基本生产成本	170 000	44 200		
	制造费用	8 000	2 080	6 400	19 200
	管理费用	12 000	3 120	4 800	14 400
	计划成本合计	200 000	52 000	12 200	36 600
	辅助生产成本差异		+180		-780

根据辅助生产费用分配表和基本生产车间动力费用分配表,编制会计分录如下:

借:生产成本——基本生产成本——A　　　　　　　　　25 760
　　　　　　　　　　　　　　　——B　　　　　　　　　18 440
　　　　　——辅助生产成本——供电　　　　　　　　　　3 000
　　　　　　　　　　　　　　——机修　　　　　　　　　2 600
　　制造费用　　　　　　　　　　　　　　　　　　　　 21 280
　　管理费用　　　　　　　　　　　　　　　　　　　　 17 520
　贷:生产成本——辅助生产成本——供电　　　　　　　　52 000
　　　　　　　　　　　　　　　——机修　　　　　　　　36 600

借:管理费用　　　　　　　　　　　　　　　　　　　　　 600
　贷:生产成本——辅助生产成本——供电　　　　　　　　　180
　　　　　　　　　　　　　　　——机修　　　　　　　　　780

表 6-15　基本生产车间动力费用分配表
20×2 年 5 月

应借账户		分配标准	分配金额(元)
总账及二级账	明细账	(工时)	(分配率 0.46)
生产成本	基本生产成本 A	56 000	25 760
	B	40 000	18 440
合　计			44 200

3. 分配制造费用。根据"制造费用"明细账(见表6-22)所归集的费用,按产品的生产工时在A、B两种产品之间进行分配,如表6-16所示。

表6-16 制造费用分配表

20×2年5月

应借账户		分配标准	分配金额(元)
总账及二级账	明细账	(工时)	(分配率0.726)
生产成本	基本生产成本	A	56 000	40 656
		B	40 000	29 044
合　计		96 000	69 700

根据制造费用分配表,编制会计分录如下:
　　借:生产成本——基本生产成本——A　　　　　　　　　　40 656
　　　　　　　　　　　　　　　　——B　　　　　　　　　　29 044
　　　贷:制造费用　　　　　　　　　　　　　　　　　　　　69 700

4. 计算完工产品成本和月末在产品成本。A产品本月完工1 600件,月末在产品400件,完工率50%,材料在生产开始一次投入,按约当产量法分配费用,产品成本计算单见表6-17。B产品本月1 200件全部完工,产品成本计算单如表6-18所示。

表6-17 产品成本计算单　　　　　　　完工产量:1 600件

产品名称:A　　　　　20×2年5月　　　　　月末在产品:400件

摘　要	成　本　项　目				合　计
	直接材料	燃料和动力	直接人工	制造费用	
月初在产品成本(元)	35 160	3 040	5 160	4 704	48 064
本月生产费用(元)	170 840	25 760	127 680	40 656	364 936
合计(元)	206 000	28 800	132 840	45 360	413 000
月末在产品成本(元)	41 200	3 200	14 760	5 040	64 200
产成品总成本(元)	164 800	25 600	118 080	40 320	348 800
产成品单位成本(元)	103	16	73	25	218

表6-18 产品成本计算单　　　　　　　完工产量:1 200件

产品名称:B　　　　　20×2年5月　　　　　月末在产品:0件

摘　要	成　本　项　目				合　计
	直接材料	燃料和动力	直接人工	制造费用	
月初在产品成本(元)	23 040	4 360	6 000	3 356	36 756

续表

摘 要	成 本 项 目				合计
	直接材料	燃料和动力	直接人工	制造费用	
本月生产费用(元)	147 360	18 440	91 200	29 044	286 044
合计(元)	170 400	22 800	97 200	32 400	322 800
月末在产品成本(元)					
产成品总成本(元)	170 400	22 800	97 200	32 400	322 800
产成品单位成本(元)	142	19	81	27	269

5. 根据产品成本计算单,编制产成品成本汇总表,如表6-19所示,并编制结转入库产品成本的会计分录。

表6-19 产成品成本汇总表

20×2年5月

产品名称	成 本 项 目				合计（元）
	直接材料	燃料和动力	直接人工	制造费用	
A产品	164 800	25 600	118 080	40 320	348 800
B产品	170 400	22 800	97 200	32 400	322 800
合计	335 200	48 400	215 280	72 720	671 600

根据产成品成本汇总表,编制会计分录如下:

借:库存商品——A　　　　　　　　　　　　　　　348 800
　　　　　　——B　　　　　　　　　　　　　　　322 800
　贷:生产成本——基本生产成本——A　　　　　　348 800
　　　　　　　　　　　　　　——B　　　　　　322 800

表6-20 辅助生产成本明细账

20×2年5月　　　　　　　　　　　　　　　供电车间

	摘 要	辅料	燃料	职工薪酬	折旧费	低值易耗品摊销	修理费	其他	合计	转出	余额
略	材料费用分配表	1 600	24 000						25 600		25 600
	职工薪酬分配表			13 680					13 680		39 280
	折旧费用分配表				7 200				7 200		46 480
	其他费用分配表					1 820		880	2 700		49 180

续表

	摘 要	辅料	燃料	职工薪酬	折旧费	低值易耗品摊销	修理费	其他	合计	转出	余额
略	辅助费用分配表						3 000		3 000		52 180
	辅助费用分配表									52 000	180
	辅助费用分配表									180	0

表 6-21 辅助生产成本明细账

20×2 年 5 月　　　　　　　　　　　　　　　　　机修车间

	摘 要	材料	职工薪酬	折旧费	低值易耗品摊销	水电费	其他	合计	转出	余额
略	材料费用分配表	15 600						15 600		15 600
	职工薪酬分配表		9 120					9 120		24 720
	折旧费用分配表			5 600				5 600		30 320
	其他费用分配表				1 120		1 780	2 900		33 220
	辅助费用分配表					2 600		2 600		35 820
	辅助费用分配表								36 600	780
	辅助费用分配表								780	0

表 6-22 制造费用明细账

20×2 年 5 月　　　　　　　　　　　　　　　　　基本车间

	摘 要	物料消耗	职工薪酬	折旧费	低值易耗品摊销	水电费	修理费	其他	合计	转出	余额
略	材料费用分配表	11 000							11 000		11 000
	职工薪酬分配表		18 240						18 240		29 240
	折旧费用分配表			14 160					14 160		43 400
	其他费用分配表				940			4 080	5 020		48 420
	辅助费用分配表					2 080	19 200		21 280		69 700
	辅助费用分配表									69 700	

本章小结

产品生产是制造业企业生产经营活动的中心环节,产品成本计算是会计核算的重要内容。产品成本计算就是按照一定的成本计算对象归集、分配生产费用的过程。为了保证成本计算的真实性,首先应对生产费用进行正确、合理的分类,生产费用按经济用途分类是产品成本计算的基础;其次,应正确划分各种费用界限;最后,应按照一定的程序、采用合理的分配方法,将生产过程中发生的各项费用在各成本计算对象、完工产品与在产品之间进行归集和分配,确定产品总成本和单位成本。

正确计算产品成本,就要合理选择成本计算方法,企业的生产类型和成本管理要求是选择成本计算方法的重要因素。熟悉各种成本计算方法的适用范围、核算程序是保证产品成本计算真实可靠的重要内容,品种法是成本计算方法中的基本方法。本章主要是在品种法的基础上,对材料费用、职工薪酬、折旧费、摊销费用等费用要素的归集和分配,以及生产费用在完工产品与在产品之间分配方法等内容进行说明。

本章关键词汇

生产费用	Production Cost
生产费用分类	Classification of Production Expenses
成本项目	Cost Item
直接材料	Direct Material
职工薪酬	Staff Salary
生产类型	Types of Manufacturing
成本计算对象	Cost Calculation Object
直接费用	Direct Expense
间接费用	Overhead
累计折旧	Accumulated Depreciation
累计摊销	Accumulated Amortization
约当产量法	Equivalent Production Method
制造费用分配	Burden Apportionment
完工产品成本结转	Finished Product Cost

产品成本计算单　　　　　　　　Product Cost Calculation Sheet

思考题

1. 说明费用按经济内容分类,为什么还要按其经济用途进行分类?
2. 本期生产费用与本期产品成本之间有何联系和区别?
3. 企业产品成本项目的设置应考虑哪些因素?
4. 如何保证企业产品成本信息的可靠性?
5. 决定成本计算方法选择的主要因素是什么?
6. 发生与产品生产有关的费用时,记入"生产成本"账户应考虑的因素是什么?
7. 为什么企业发出存货的计价方法一经确定,不得随意变更?
8. 简要说明职工薪酬的分类。
9. 说明固定资产折旧的含义,计提折旧时为什么通过"累计折旧"账户核算?
10. 简要说明无形资产摊销的有关会计处理规定。
11. 简要说明"制造费用"账户借方所归集费用的主要内容。
12. 简要说明采用约当产量法分配成本项目中各项费用时,应注意的问题是什么?

练习题

一、单项选择题

1. 下列项目中,不属于产品生产成本项目的是(　　)。
   A. 直接材料　　　B. 直接人工　　　C. 折旧费　　　D. 制造费用
2. 生产车间制造产品的固定资产计提折旧,应记入(　　)账户。
   A. 生产成本　　　B. 制造费用　　　C. 管理费用　　　D. 销售费用
3. 车间为生产产品所发生的未专设成本项目的直接费用,应记入(　　)账户。
   A. 制造费用　　　B. 生产成本　　　C. 管理费用　　　D. 生产费用
4. 下列费用中,属于按经济用途分类的是(　　)
   A. 直接人工　　　B. 外购材料　　　C. 职工工资　　　D. 折旧费
5. 下列材料费用发生时,应直接计入"生产成本"账户的是(　　)
   A. 车间管理部门消耗的原材料费用　　　B. 车间制造产品消耗的原材料费用
   C. 行政管理部门消耗的原材料费用　　　D. 专设的销售机构消耗的原材料费用

6. 计算产品成本时,按照权责发生制核算基础确定费用,主要是确定( )
   A. 是否计入产品成本的费用　　　　　B. 本期产品应负担的费用
   C. 本期应负担的费用　　　　　　　　D. 完工产品成本和在产品成本
7. 生产类型特点和成本管理要求对产品成本计算方法的影响,主要表现在( )的确定上。
   A. 成本计算日期确定　　　　　　　　B. 成本计算对象
   C. 制造费用的分配方法　　　　　　　D. 完工产品与在产品之间分配费用的方法
8. 企业生产分为单步骤生产和多步骤生产,其分类是按( )划分的。
   A. 生产类型　　B. 生产工艺　　C. 生产组织　　D. 成本管理要求
9. 下列项目发生时,应记入"生产成本"账户的是( )。
   A. 车间管理部门消耗的原材料　　　　B. 销售人员的薪酬
   C. 生产产品耗用的原材料　　　　　　D. 行政管理人员的薪酬
10. 企业基本车间管理部门计提职工福利,应借记( )账户。
    A. 管理费用　　B. 生产成本　　C. 制造费用　　D. 销售费用
11. 企业为生产车间工人负担的社会保险费和住房公积金,计提时应借记( )账户。
    A. 制造费用　　B. 应付职工薪酬　　C. 生产成本　　D. 其他应付款
12. 下列内容中,不应计提固定资产折旧的是( )。
    A. 闲置中固定资产　　　　　　　　　B. 出租的固定资产
    C. 使用权资产　　　　　　　　　　　D. 提足折旧继续使用的固定资产
13. 期末基本生产车间摊销无形资产时,应借记( )账户。
    A. 管理费用　　B. 制造费用　　C. 生产成本　　D. 销售费用
14. 期末分配制造费用时,可采用下列的( )分配方法。
    A. 生产工时比例法　　　　　　　　　B. 定额比例法
    C. 约当产量法　　　　　　　　　　　D. 工作量法
15. 企业摊销用于出租的无形资产时,应借记( )账户。
    A. 管理费用　　B. 生产成本　　C. 制造费用　　D. 其他业务成本
16. 企业分配车间管理人员的薪酬时,应借记的账户是( )。
    A. 其他业务成本　　B. 应付职工薪酬　　C. 制造费用　　D. 管理费用
17. 分配研发无形资产人员的薪酬时,应借记的账户是( )。
    A. 生产成本　　B. 管理费用　　C. 无形资产　　D. 研发支出
18. 采用约当产量法时,按投料程度确定的约当产量用于下列( )成本项目的分配。
    A. 直接材料项目　　B. 制造费用项目　　C. 直接人工项目　　D. 燃料动力项目

二、多项选择题

1. 生产费用按经济性质分类,可表现为( )方面的耗费。
   A. 劳动资料　　　　　　　　　　　　B. 生产性费用支出

C. 劳动对象 D. 活劳动

2. 企业选择成本计算方法时,应考虑的因素是( )。
   A. 生产工艺的特点 B. 生产组织的特点
   C. 生产的产品品种 D. 成本管理的要求

3. 选择完工产品与在产品之间费用分配方法时,应考虑的因素是( )。
   A. 在产品数量的多少 B. 各月在产品数量变化的大小
   C. 各项费用在产品成本中所占比重的大小 D. 定额管理基础的好坏

4. 受生产特点和管理要求的影响,在成本计算基本方法中有下述几种不同的成本计算对象( )。
   A. 产品品种 B. 产品批别 C. 产品类别 D. 产品生产步骤

5. 企业发生应计入产品成本的各项费用,可能借记的账户有( )。
   A. 管理费用 B. 生产成本 C. 制造费用 D. 销售费用

6. 下列各项费用中,应记入"制造费用"账户的是( )。
   A. 车间管理部门发生的各项费用
   B. 行政管理部门发生的各项费用
   C. 直接用于产品生产,但未专设成本项目的各项费用
   D. 销售机构发生的费用

7. 存货发出采用不同的计价方法,将对( )产生影响。
   A. 当期损益 B. 期末资产 C. 当期所得税 D. 产品生产成本

8. 下列各项中,属于职工薪酬的有( )。
   A. 职工工资 B. 工会经费 C. 非货币性福利 D. 退休人员的退休费

9. 影响固定资产折旧的因素主要有( )。
   A. 原值 B. 固定资产净残值
   C. 固定资产使用年限 D. 固定资产减值准备

10. 无形资产摊销的方法主要有( )。
    A. 直线法 B. 生产总量法 C. 年数总和法 D. 双倍余额递减法

11. 期末对使用年限确定的无形资产摊销时,可借记的账户是( )。
    A. 生产成本 B. 其他业务成本 C. 制造费用 D. 管理费用

12. 下列费用属于按照经济用途分类的是( )。
    A. 制造费用 B. 直接材料 C. 外购材料 D. 直接人工

13. 下列费用分配方法中,可作为制造费用分配方法的是( )。
    A. 定额比例法 B. 约当产量法
    C. 生产工人工资比例法 D. 生产工时比例法

14. 采用约当产量法,按照加工程度确定的约当产量,可用于分配下列成本( )成本项目。

A. 直接材料　　　B. 直接燃料和动力　　C. 直接人工　　　D. 制造费用

15. 品种法主要适用于(　　)。

A. 大量大批生产　　B. 多步骤生产　　C. 单步骤生产　　D. 小批量生产

三、判断题

1. 企业产品成本核算是以生产费用按其经济用途分类为基础的。(　　)

2. 在不单设燃料和动力成本项目情况下,企业产品成本是为生产一定种类、一定数量的产品所发生的直接材料、直接人工和制造费用的总和。(　　)

3. 为正确划分各种产品之间的费用界限,应以收付发生制为基础。(　　)

4. 产品生产过程中发生的各项间接费用和期间费用,均应先归集,月末再采用一定的方法分配计入各种产品的成本。(　　)

5. 企业产品生产按生产工艺划分主要分为单步骤生产和多步骤生产。(　　)

6. 影响产品成本计算方法的主要因素是成本管理的要求。(　　)

7. 已提足折旧继续使用的固定资产不提折旧,未提足折旧提前报废的固定资产应补提折旧。(　　)

8. 企业期末应对使用的全部无形资产进行摊销。(　　)

9. 生产工时比例法、约当产量法以及定额比例法是生产费用在完工产品与在产品之间的分配方法。(　　)

10. 为了准确计算各种产品的生产成本,企业应按产品品种设置生产成本明细账。(　　)

11. 本期完工产品成本,即本期生产该产品发生的各项费用之和。(　　)

12. 不同的成本计算方法,主要体现在各项费用归集的方法和原则不同。(　　)

13. 如果企业生产是多步骤生产,则成本计算方法必须采用分步法。(　　)

14. 产品生产如果按小批量生产方式,则应采用分批法计算产品成本。(　　)

15. 企业采用的存货发出计价方法,可根据客观需要随时进行调整。(　　)

四、核算题

1.【目的】练习薪酬费用分配及其核算。

【资料】华康公司20×2年3月份生产甲、乙、丙三种产品,分别耗用实际生产工时:甲产品48 000小时,乙产品62 000小时,丙产品10 000小时。本月各部门应分配的工资费用为:基本生产车间生产工人的薪酬为45 000元;车间管理人员薪酬为7 000元;行政管理部门人员薪酬为4 000元;专设销售机构人员薪酬4 000元。

【要求】(1)按实际生产工时比例计算甲、乙、丙三种产品分别负担的薪酬费用。

(2)编制本月分配薪酬费用的会计分录。

2.【目的】练习职工薪酬的核算。

【资料】大通股份有限公司20×2年3月份应付职工薪酬总额为400 000元,其中,代扣住房公积金1 000元、代扣个人所得税4 000元,实际发放薪酬395 000元。月末分配本月职工薪酬,其中,生产工人薪酬为240 000元,车间管理人员薪酬为80 000元,行政管理人员薪酬为70 000元,销售人员薪酬为10 000元。

【要求】编制职工薪酬发放以及分配等相关的会计分录。

3.【目的】练习固定资产折旧的计算。

【资料】大通股份有限公司的一项固定资产原始价值为1 000 000元,预计使用年限为20年,预计净残值为40 000元。

【要求】采用"平均年限法"计算该项固定资产的年折旧额、年折旧率、月折旧率和月折旧额,并编制计提折旧的会计分录。

4.【目的】练习约当产量法分配产品生产费用。

【资料】大通股份有限公司20×2年3月份生产的甲产品,本月完工1 500件,月末在产品300件,在产品完工程度60%。月初在产品和本月原材料费用共计90 000元,工资及福利费为42 000元,制造费用为26 880元。原材料是在生产开始时一次投入,工资及福利费等加工费用按照完工产品数量和月末在产品约当产量的比例分配。

【要求】(1)计算月末在产品的约当产量。

(2)采用约当产量法分别计算出完工产品和月末在产品负担的各项费用并列出主要计算过程。

(3)计算本月完工产品成本和月末在产品成本。

5.【目的】练习生产费用核算及完工产品成本的计算。

【资料】大通股份有限公司20×2年1月份发生下列生产活动:

(1)本月领用材料一批,共计140 000元。其中,生产甲产品耗用60 000元,乙产品耗用40 000元,车间一般耗用20 000元,行政管理部门耗用4 000元,基建工程耗用16 000元。

(2)以银行存款6 000元支付行政管理部门的办公费用。

(3)以库存现金2 000元支付生产车间管理部门的差旅费。

(4)以银行存款发放本月职工薪酬100 000元。

(5)提取固定资产折旧费40 000元,其中,生产车间折旧费24 000元,行政管理部门折旧费12 000元,出租的固定资产折旧费4 000元。

(6)计提无形资产摊销费20 000元,其中,用于产品生产无形资产摊销14 000元,管理部门的无形资产摊销费6 000元。

(7)月末分配职工薪酬:其中,生产甲产品工人薪酬为30 000元,生产乙产品工人薪酬为20 000元。车间管理人员薪酬20 000元,行政管理人员薪酬16 000元,销售人员薪酬14 000元。

(8)期末摊销车间租入固定资产改良支出10 000元。

(9)将本月发生制造费用分配计入甲、乙两种产品,采用生产工人薪酬比例分配。

(10)月末,本月生产甲产品1 000件全部完工入库,计算并结转甲产品的实际生成本。

【要求】根据上述资料,编制会计分录。

6.【目的】练习京科公司生产费用的核算及完工产品成本的计算。

【资料】京科公司20×2年1月份生产甲、乙两种产品,该公司产品成本设置"直接材料""直接人工""制造费用"三个成本项目。本月发生的经济业务如下:

(1) 本月生产车间制造甲、乙产品共同消耗A材料一批,共计45 000元。按甲、乙两种产品4:1的比例分摊。

(2) 车间一般物料消耗15 000元。

(3) 本月分配职工薪酬总额120 000元,其中,生产甲产品的职工薪酬为30 000元,乙产品的职工薪酬为24 000元,车间管理人员薪酬为15 000元,行政管理人员薪酬为45 000元,基本建设人员薪酬为6 000元。

(4) 本期计提固定资产折旧共计18 000元,其中:制造产品的固定资产计提折旧4 500元,车间房屋建筑物计提折旧12 000元,行政管理部门计提折旧1 500元。

(5) 本期制造产品消耗外购动力和燃料费用共计9 000元。

(6) 本期无形资产摊销额共计15 000元,其中,用于制造产品的无形资产摊销12 000元。

(7) 按甲、乙产品的职工薪酬的比例分配制造费用。

(8) 期末甲、乙产品全部完工入库。

【要求】(1) 逐项分析发生上述各项费用时,应直接记入"生产成本"的金额,应在"制造费用"账户归集的金额。

(2) 计算确定甲、乙产品负担的制造费用。

(3) 计算甲、乙产品的完工产品成本。

五、分析题

1. 海克公司有关存货发出计价方法处理的分析

海克公司是一家制造企业,主要生产甲、乙两种产品,该企业存货采用实际成本作为计价基础。产品成本主要设置"直接材料""直接人工""制造费用"成本项目。该企业对20×2年4月份发生的经济业务进行如下处理:

(1) 本月份企业将存货发出的计价方法由月末一次加权平均法改为先进先出法。改变存货发出计价方法的原因主要是:20×1年制造甲、乙产品所耗用的原材料价格上涨过快,为了降低产品成本,提高产品市场竞争力,因此,适时改变存货发出计价方法,并通过测算,仅采取这一措施,将使产品成本降低5%。

(2) 本期耗用原材料费用共计300 000元,其中,制造产品耗用180 000元,车间一般耗用90 000元,行政管理部门耗用21 000元,销售机构耗用9 000元。企业编制会计分录如下:

借:生产成本　　　　　　　　　　　　　　　　　　　　270 000
　　管理费用　　　　　　　　　　　　　　　　　　　　 21 000

销售费用　　　　　　　　　　　　　　　　　　　　　　　　9 000
　　　　贷：原材料　　　　　　　　　　　　　　　　　　　　　　　300 000
　（3）本期制造甲、乙产品过程中，耗用外购电力费共计9 000元，并以银行存款支付。编制会计分录如下：
　　　借：生产成本　　　　　　　　　　　　　　　　　　　　　　　9 000
　　　　贷：银行存款　　　　　　　　　　　　　　　　　　　　　　　9 000
　（4）本期应付职工工资总额180 000元，其中，生产工人的工资为120 000元，代扣房租6 000元；车间管理人员的工资为30 000元，代扣医药费4 500元；行政管理人员的工资为24 000元，代扣个人所得税1 500元；销售人员工资为6 000元，月末分配职工工资编制如下会计分录：
　　　借：生产成本　　　　　　　　　　　　　　　　　　　　　　114 000
　　　　制造费用　　　　　　　　　　　　　　　　　　　　　　　25 500
　　　　管理费用　　　　　　　　　　　　　　　　　　　　　　　22 500
　　　　销售费用　　　　　　　　　　　　　　　　　　　　　　　 6 000
　　　　贷：应付职工薪酬——职工工资　　　　　　　　　　　　　168 000
　（5）本期计提固定资产折旧共计60 000元，其中，制造产品使用的机械设备计提折旧为45 000元，行政管理部门的房屋建筑物计提折旧为9 000元，用于出租的固定资产计提折旧为6 000元。编制的会计分录如下：
　　　借：生产成本　　　　　　　　　　　　　　　　　　　　　　 45 000
　　　　管理费用　　　　　　　　　　　　　　　　　　　　　　　 9 000
　　　　其他业务成本　　　　　　　　　　　　　　　　　　　　　 6 000
　　　　贷：累计折旧　　　　　　　　　　　　　　　　　　　　　 60 000
　要求：分析上述各项费用账务处理中的不妥之处，你认为应如何进行会计处理？

2. 海克公司约当产量法应用的分析

　　小王到海克公司财务科进行毕业实习，财务科交给小王本公司20×2年4月份甲产品的有关成本资料，主要内容是：本月生产甲产品，月末完工2 400件，在产品600件（在产品加工程度为20%）。原材料在生产加工时一次性投入；甲产品月初及本月原材料费用共计为126 000元，职工薪酬共计为63 000元，制造费用共计100 800元。采用约当产量法分配计算完工产品和在产品成本。小王依据上述资料对甲产品完工及在产品成本计算如下：

$$甲产品在产品约当产量 = 600 \times 20\% = 120(件)$$

　（1）计算原材料分配率

$$原材料分配率 = 126 000 \div (2 400 + 120) = 50(元/件)$$
$$完工产品负担的原材料费用 = 2 400 \times 50 = 120 000(元)$$

月末在产品负担的原材料费用＝120×50＝6 000(元)

(2)计算职工薪酬分配率

职工薪酬分配率＝63 000÷(2 400+120)＝25(元/件)

完工产品负担的职工薪酬＝2 400×25＝60 000(元)

月末在产品负担的职工薪酬＝120×25＝3 000(元)

(3)计算制造费用分配率

制造费用分配率＝100 800÷(2 400+120)＝40(元/件)

完工产品负担的制造费用＝2 400×40＝96 000(元)

月末在产品负担的制造费用＝120×40＝4 800(元)

完工产品成本＝120 000+60 000+96 000＝276 000(元)

月末在产品成本＝6 000+3 000+4 800＝13 800(元)

小王将成本计算结果交给财务主管,主管说"约当产量法核算程序是正确的,但具体分配细节有错误,甲产品成本计算是错误的。"你认为小王错在哪儿？应当如何计算甲产品成本？

进一步思考

产品成本的计算的真实、可靠对企业经营成果确认、成本控制和考核以及国家宏观政策的制定具有重要的作用。但在实务中,某些企业为达到上市、提高业绩等目的,肆意财务造假,其中,少计成本和费用成为主要财务造假手段之一。

新大地公司始建于2004年,于2008年变更为广东新大地生物科技股份有限公司,是国家级高新技术企业。公司主营业务是油茶及其深加工产品的研发、生产和销售,公司的主导产品是精炼山茶油、茶皂素天然洗涤用品。产品获得QS认证、绿色食品认证、质量管理体系认证、HACCP认证、有机产品认证。2012年6月,新大地被举报涉嫌造假上市,该公司除虚增收入、虚增资产等财务造假手段以外,其成本计算也存在着蹊跷。

该公司产品成本主要包括直接材料、直接人工和制造费用三个成本项目。下面以2011年相关资料为例加以说明：

(1)新大地当年油茶籽采购价格8 573元/吨,按照24%出油率计算,当年油茶籽榨取毛油的直接材料成本为35 721元/吨。如果采用茶饼浸出毛油的方法,当年的茶饼的采购价格为2 044元/吨,按照5%的出油率计算,当年茶饼提取毛油的直接材料成本为40 833元/吨。但并不包括将毛油进行脱水、脱酸、去除杂质提炼为精炼油的发生的相关成本费用。

(2)依据该公司招股说明书资料,该公司精炼茶油的销售价格为52 684元/吨,毛利率为36.19%,通过计算该公司当年的营业成本为33 618元/吨。

(3)该公司在2010年建成年产能9 000吨有机肥的生产线,并实现当年销售。依据其招股说明书资料,生产有机肥过程中需要消耗茶粕且最低标准为45%,但在其有机肥的成本计算中,茶粕的耗用量只有2.53%。

请思考:

(1)依据上述资料,该公司有关成本计算过程中存在什么问题?

(2)你认为为了保证产品成本信息真实可靠,企业应坚持的核心价值是什么?遵守的职业操守是什么?

(3)企业产品成本信息真实可靠将会给企业和国家带来的积极影响是什么?

阅读资料

[1]中华人民共和国财政部.企业会计准则(2006).北京:经济科学出版社,2006(企业会计准则第1号——存货;企业会计准则第2号——固定资产;企业会计准则第6号——无形资产).

[2]《企业会计准则第9号——职工薪酬》(财政部2014年1月30日印发).

[3]王国生,于鹏.中级财务会计.北京:首都经济贸易大学出版社,2017.(第四章 存货;第九章 流动负债).

第七章

销售活动的核算

导论

产品完工入库以后,就要想方设法将产品销售出去。销售活动是企业非常重要的经济活动,是企业实现收入的前提,实现利润的"源泉"。本章主要介绍了收入的定义、收入中涉及的核心概念、确认和计量收入的五步法模型,以及确认收入的同时相关合同成本的确认与核算。此外,还介绍了销售过程中涉及的相关税金的会计处理。

内容结构

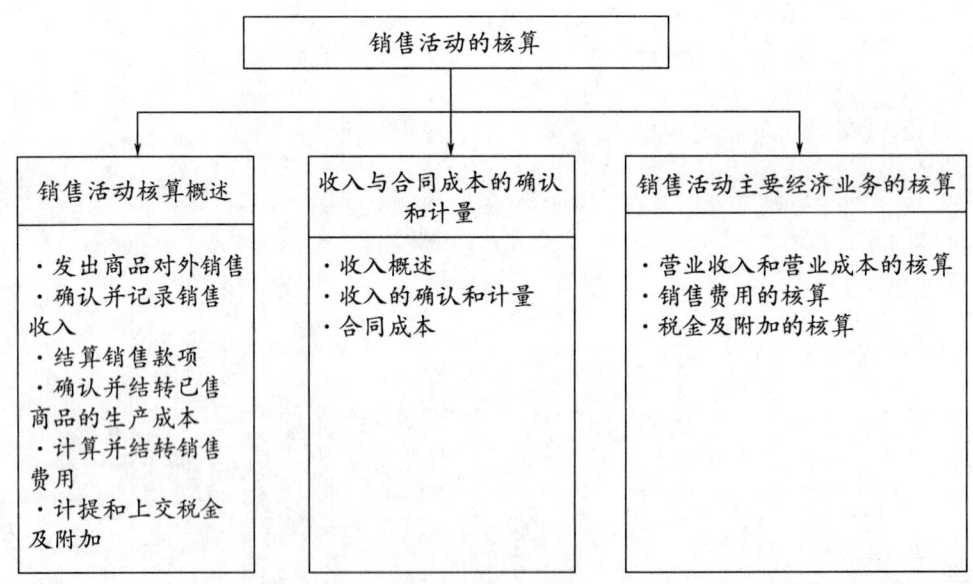

第一节 销售活动核算概述

销售是企业经营循环的最终环节,它使得之前企业运营各个环节所做的努力最终获得补偿,因此,销售业务在企业的整个经营过程中处于非常重要的地位。产品制造企业从产成品验收入库开始到销售给购买方为止的过程称为销售过程。这一过程是产品价值和使用价值的实现过程,即制造企业通过交换,将制造的产品及时销售出去,按产品的销售价格向购买方办理结算,收回销货款,取得销售收入。在产品销售过程中,企业为取得一定数量的销售收入,必须售出相应数量的产品,而为制造这些产品所耗费的材料、职工薪酬等生产成本称为产品销售成本。此外,企业为了推销产品还会发生包装费、运输费、广告费等销售费用。这些耗费与组织当期销售有关,故作为期间费用,抵减当期销售收入。企业在取得销售收入时,应按国家税法规定的税率和实现的销售收入计算产品销售税金。销售过程中的经济业务及其会计核算内容主要表现在以下几方面。

一、发出商品对外销售

企业的生产经营活动最终是为了创造利润,而利润的实现离不开销售,只有将生产出的产品销售出去,才能实现销售收入,完成企业从成品(或商品)向货币的转化过程,从而开始新的经营循环。因此,企业应加强市场调查研究,及时了解市场的产品需求和变化,使企业的产品不断适应市场的需求和变化,并采取有效的销售政策,加强销售各环节的管理措施,及时将产品销售出去。

二、确认并记录销售收入

企业将产品销售出去后,应按产品销售价格确认和记录销售收入。销售收入作为影响利润指标的重要因素,越来越受到企业和投资者等众多信息使用者的重视。企业应按销售收入确认的条件和计量的原则合理确认、计量收入。收入的实现,不仅使企业以前的各项耗费得以收回从而可以转入下一个经营循环,而且关系到缴纳税款的时间和金额。

三、结算销售款项

企业在销售产品过程中,除了现销商品以外,还会采用赊销方式进行销售,与购货方结算款项,及时结算应收账款、应收票据等。企业在销售商品时,应针对不同的客户,制定合理信用标准、信用条件以及具有激励功能的收账政策,加强对日常应收款项的动态分析和管理,尽快收回款项,减小损失,提高企业销售工作的质量。

四、确定并结转已售商品的生产成本

企业为了取得一定量的销售收入,就必须要付出一定数量的产品,这就要求企业正确计算并结转已售产品的生产成本,即销售成本。根据收入和费用配比原则,企业实现销售收入后,应同时结转与收入相配比的成本。企业存货在按实际成本计价的情况下,销售成本应按一定的计价方法确定的实际单位成本和销售产品的数量计算确定。销售成本的合理确定,不仅关系到正确衡量在生产过程中耗费的补偿尺度,而且关系到企业利润的确定。

五、计算并结转销售费用

企业在销售商品过程中,还会发生与销售商品有关的一系列费用,如产品的包装费、运费、广告费及专设销售机构经费等,这些费用称销售费用。销售费用是一项期间费用,应当按月进行归集,月末全部计入当期损益。

六、计提和上交税金及附加

企业销售商品过程中除核算增值税以外,还应按规定计算并结转诸如消费税、资源税等销售税金。销售税金是根据销售收入和规定的税率计算确定的,企业应当按照税法的规定正确计算销售税金并及时上交。销售税金是价内税,按月进行归集,期末全部计入当期损益。

除上述的销售商品外,在企业销售活动中,通常还会发生提供劳务(劳务销售)以及原材料销售等其他业务收支的核算。对此,企业均应正确地核算其各项收入、成本、费用以及税金及附加等。

第二节 收入与合同成本的确认和计量

一、收入概述

(一)收入的定义和特征

根据企业会计准则的规定,收入是指企业在日常活动中形成的、会导致所有者权益增加的、与所有者投入资本无关的经济利益的总流入。其中,日常活动,是指企业为完成其经营目标所从事的经常性活动,以及与之相关的其他活动。

收入主要具有以下特征:

1. 收入从企业的日常活动中产生。收入有广义和狭义之分,通常会计上所定义的收入是一种狭义的收入,即在日常活动中形成的,而不包括非日常活动形成的收入。例如制造业

企业制造并销售产品、商品流通企业销售商品、商业银行对外贷款、租赁公司出租资产、建筑企业提供建造服务等,均属于企业的日常活动。有些活动尽管并不是经常发生,但是这些活动与企业的经营目标相关,或与企业的经常性活动相关,那么也属于收入,如制造业企业出售原材料,该活动虽然不是经常发生的,但因与日常活动有关,也属于收入。有些交易或事项虽然也能为企业带来经济利益,但由于不属于企业的日常活动,只是偶发的交易所形成的收益,因此其流入的经济利益不属于收入,如企业出售固定资产、无形资产等的净收益。

2. 收入可能表现为企业资产的增加或负债的减少,或者二者兼而有之。收入为企业带来经济利益的形式多种多样,既可能表现为资产的增加,也可能表现为负债的减少,还可能表现为二者的组合。

3. 收入会导致企业所有者权益的增加。企业取得收入,无论表现为资产的增加还是负债的减少,最终必然导致所有者权益的增加。但是,收入与相关的成本、费用相配比后,既可能增加所有者权益,也可能减少所有者权益。由于收入是经济利益的总流入,所以,从收入本身来说,收入会导致所有者权益的增加。不会导致所有者权益增加的经济利益流入不应确认为收入,如企业从银行借入款项所导致的经济利益增加,应当确认为一项负债。

4. 收入只包括本企业经济利益的总流入。企业为第三方或者客户代收的款项,如增值税、代收利息等,一方面增加企业的资产,另一方面增加企业的负债,不增加企业的所有者权益,因此,不能作为本企业的收入。

5. 收入不包括所有者向企业投入资本导致的经济利益流入。收入只包括企业自身活动获得的经济利益流入,而不包括所有者向企业投入资本导致的经济利益流入。企业所有者向企业投入资本,一方面增加企业的资产,另一方面直接增加所有者权益,不是企业自身经营活动获得的,不能作为本企业的收入。

(二)收入的分类

按照企业经营业务的主次,收入可分为主营业务收入和其他业务收入。其中,主营业务收入是企业为完成其经营目标而从事的经常性活动实现的收入,如工商企业的销售产品(商品)收入、金融企业的贷款和办理结算取得的收入等。其他业务收入是企业从事主营业务以外的其他日常活动中获得的收入,如制造业企业销售材料收入、提供非工业性劳务收入等。

请思考:企业将闲置的固定资产出售能否确认收入?

二、收入的确认和计量

企业确认收入的方式应当反映其向客户转让商品或提供服务的模式,收入的金额应当反映企业因转让这些商品或提供这些服务而与其有权收取的对价金额。企业确认的收入,应当向财务报表使用者提供与客户之间的合同产生的收入及现金流量的性质、金额、时间分布和不确定性等相关的有用信息。企业应基于与客户之间的合同来确认收入。所谓客户,是指与企业订立合同以向该企业购买其日常活动产出的商品或服务(以下简称"商品")并支付对价的一方。如果合同对方与企业订立合同的目的是共同参与一项活动(如合作开发一项资产),合同对方和企业一起分担或分享该活动产生的风险或利益,而不是获取企业日常活动产出的商品(或服务),则该合同对方不是企业的客户。

根据新的收入准则,收入确认和计量大致分为五步:第一步,识别与客户订立的合同;第二步,识别合同中的单项履约义务;第三步,确定交易价格;第四步,将交易价格分摊至各单项履约义务;第五步,履行各单项履约义务时确认收入。其中,第一步、第二步和第五步主要与收入的确认有关,第三步和第四步主要与收入的计量有关。

(一)识别与客户订立的合同

合同,是指双方或多方之间订立有法律约束力的权利义务的协议。合同可以体现为多种形式,包括书面形式、口头形式以及其他形式,如隐含于商业惯例或企业以往的习惯做法等。

企业应当在履行了合同中的履约义务,即在客户取得相关商品控制权时确认收入。当客户能够主导相关商品的使用并从中获得几乎全部经济利益时,或是有能力阻止其他方主导该商品的使用并从中获得经济利益,则认为客户取得了相关商品的控制权。

企业确认收入,首先应当识别与客户订立的合同,当合同同时满足下列五个条件时,企业应当在履行了合同中的履约义务,即在客户取得相关商品控制权时确认收入:

(1)合同各方已批准该合同并承诺将履行各自义务。
(2)该合同明确了合同各方与所转让商品相关的权利和义务。
(3)该合同有明确的与所转让商品相关的支付条款。
(4)该合同具有商业实质,即履行该合同将改变企业未来现金流量的风险、时间分布或金额。
(5)企业因向客户转让商品而有权取得的对价很可能收回。

合同需要具有商业实质,对于没有商业实质的非货币性资产交换,无论何时均不应确认收入。在评估企业因向客户转让商品而有权取得的对价是否很可能收回时,仅应考虑客户到期支付对价的能力和意图,即客户的信用风险。如果对价本身是可变的,例如企业向客户提供的价格折让,则不属于客户的信用风险,应当在估计交易价格时进行考虑。

企业应当在合同开始日评估合同是否同时满足上述五个条件,如果满足,那么在企业履行了履约义务时,即客户取得商品或服务的控制权时确认收入。如果不满足,企业应当将已收取的对价作为负债进行会计处理,计入"合同负债",不确认收入。只有当企业不再负有向客户转让商品或提供服务的剩余义务,且已向客户收取的对价无须退回时,才能将已收取的对价确认为收入,由"合同负债"转入收入。

对合同是否满足上述五个条件,要进行持续评估。企业与客户之间的合同在开始日即满足上述五个条件的合同,企业在后续期间无须对其进行重新评估,除非有迹象表明相关事实和情况发生重大变化,例如,客户的信用风险发生变化。如果在合同开始日不满足上述五个条件的,企业应当在后续期间对其进行持续评估直至满足上述条件时按规定进行收入确认。

对于合同的判断,要根据实质重于形式的原则。有时,企业与同一客户(或该客户的关联方)同时订立或在相近时间内先后订立的两份或多份合同,从经济实质上可以视为一份合同,这时就可以对这些合同进行合并。具体来说,当上述合同满足下列条件之一时,应当合并为一份合同进行会计处理:

(1)该两份或多份合同基于同一商业目的而订立并构成一揽子交易。

(2)该两份或多份合同中的一份合同的对价金额取决于其他合同的定价或履行情况。

(3)该两份或多份合同中所承诺的商品(或每份合同中所承诺的部分商品)构成了一个单项履约义务。

合同变更是指经合同各方批准对原有合同范围或价格做出的变更。合同变更可能会出现三种不同的情形:

第一,合同变更部分作为单独合同。合同变更增加了可明确区分的商品及合同价款,且新增合同价款反映了新增商品单独售价的,合同变更部分作为单独合同。这种情况不影响原合同的处理。

第二,合同变更作为原合同终止及新合同订立。合同变更不属于上述第一种情况,且在合同变更日已转让的商品或服务与未转让的商品或服务可以明确区分的,视为原合同终止,同时将原合同未履约部分与合同变更部分合并为新合同进行会计处理。

第三,合同变更部分作为原合同的组成部分。合同变更不属于上述第一种情况,且在合同变更日已转让的商品或服务与未转让的商品或服务不可明确区分的,应当将该合同变更部分作为原合同的组成部分。

(二)识别合同中的单项履约义务

在合同开始日,企业要对合同进行评估,识别该合同所包含的各单项履约义务,并确定各单项履约义务是在某一时段内履行,还是在某一时点履行,然后,在履行了各单项履约义务时分别确认收入。

履约义务,是指合同中企业向客户转让可明确区分商品的承诺。履约义务既包括合同中明确的承诺,也包括由于企业已公开宣布的政策、特定声明或以往的习惯做法等导致合同订立时客户合理预期企业将履行的承诺。

例如企业向客户销售软件,根据企业以往的习惯做法,企业会向客户提供免费的升级服务。那么,如果企业的这种习惯做法使得客户形成合理预期,即预期企业将提供软件升级服务,那么这项服务将构成单项履约义务。

企业为履行合同而应开展的初始活动,通常不构成履约义务,除非该活动向客户转让了承诺的商品。实务中,企业可能会为订立合同而开展一些行政管理性质的准备工作,这些准备工作并未向客户转让任何承诺的商品,不构成单项履约义务。

下列两种情况下,企业应当将向客户转让商品的承诺作为单项履约义务:

1. 企业向客户转让可明确区分商品(或者商品的组合)的承诺。实务中,企业向客户承诺的商品可能包括企业为销售而生产的产品、为转售而购进的商品或使用某商品的权利(如机票等)、向客户提供的各种服务、随时准备向客户提供商品或提供随时可供客户使用的服务(如随时准备为客户提供软件更新服务等)、授权使用许可、可购买额外商品的选择权等。

企业向客户承诺的商品同时满足下列两项条件的,应当作为可明确区分商品:

(1)客户能够从该商品本身或从该商品与其他易于获得资源一起使用中受益,即该商品本身能够明确区分。当客户能够使用、消耗或以高于残值的价格出售商品,或者以能够产生经济利益的其他方式持有商品时,表明客户能够从该商品本身获益。此外,对于某些商品而言,客户可能需要将其与其他易于获得的资源一起使用才能从中获益。

(2)企业向客户转让该商品的承诺与合同中其他承诺可单独区分,即转让该商品的承诺在合同中是可明确区分的。

反之,下列情形通常表明企业向客户转让商品的承诺与合同中其他承诺不可单独区分:

(1)企业需提供重大的服务以将该商品与合同中承诺的其他商品整合成合同约定的组合产出转让给客户。也就是说,企业以该商品作为投入,生产或向客户交付其所要求的组合产出。例如建筑公司为客户建造办公楼,尽管建筑公司提供的单项商品可能包括砖头、水泥、人工等,但需提供重大服务将这些单项商品进行整合,以形成组合产出(办公楼)转让给客户,因此该合同中的砖头、水泥、人工等商品彼此之间不能单独区分。

(2)该商品将对合同中承诺的其他商品予以重大修改或定制。这表明每一项商品将被整合在一起,作为投入以生产合同约定的组合产出,因此各项商品不能单独区分。

(3)该商品与合同中承诺的其他商品具有高度关联性。即合同中承诺的每一单项商品均受到其他商品的重大影响,无法通过单独交付其中的某一单项商品而履行其合同承诺,因而这些商品在合同层面是不能单独区分的。

> **请思考**:甲公司与客户签订合同,向客户销售一款软件,提供软件安装服务,并且在两年内向客户提供不定期的软件升级和技术支持服务。甲公司通常也会单独销售该软件、提供安装服务、软件升级服务和技术支持服务。甲公司提供的安装服务通常也可由其他方执行,且不会对软件做出重大修改。甲公司销售的该软件无须升级和技术支持服务也能正常使用。请问合同中有哪些单项履约义务?

如果企业向客户销售商品的同时,约定企业要将商品运送至客户指定的地点,此时需要根据相关商品的控制权转移时点来判断该运输活动是否构成单项履约义务。通常情况下,控制权转移给客户之前发生的运输活动不构成单项履约义务,只是企业为了履行合同而从事的活动;反正,控制权转移给客户之后发生的运输活动可能构成单项履约义务。

2. 企业向客户转让一系列实质相同且转让模式相同的、可明确区分商品的承诺。转让模式相同,是指每一项可明确区分的商品或服务均满足在某一时段内履行履约义务的条件,且采用相同方法确定其履约进度。例如,为期一年的保洁服务合同、大量定制相同的部件等,可以将这一系列商品或服务作为单项履约义务。

(三)确定交易价格

交易价格,是指企业因向客户转让商品而预期有权收取的对价金额。企业代第三方收取的款项以及企业预期将退还给客户的款项,应当作为负债处理,不计入交易价格,例如,增值税、代理人代主要责任人收取的款项、预计发生退货的部分对应的合同价款等。合同标价不一定代表交易价格,企业应当根据合同条款,并结合以往的习惯做法确定交易价格,例如企业通常会在合同标价的基础上打折销售。

在确定交易价格时,企业应当考虑可变对价、合同中存在的重大融资成分、非现金对价以及应付客户对价等因素的影响。

1. 可变对价。企业与客户的合同中约定的对价金额可能是固定的,也可能因折扣、价格折让、返利、退款、奖励积分、激励措施等因素而变化。此外,企业有权收取的对价金额,还可能根据一项或多项或有事项的发生而有所不同,也属于可变对价的情形。例如,企业出售商品允许客户退货时,企业有权收取的对价金额取决于客户是否退货,是一个或有事项,因此该合同的交易价格是可变的。

【例7-1】甲公司为客户建造一栋厂房,合同约定的价款为100万元,但是如果甲公司不能在合同签订之日起的120天内竣工,则须支付10万元罚款,该罚款从合同价款中扣除。

分析:该合同的对价金额实际由两部分组成,即90万元的固定价格以及10万元的可变对价。

如果合同中存在可变对价,企业应当对计入交易价格的可变对价进行估计。企业应当按照期望值或最可能发生金额确定可变对价的最佳估计数。期望值是按照各种可能发生的对价金额及相关概率计算确定的金额。最可能发生金额是一系列可能发生的对价金额中最可能发生的单一金额,即合同最可能产生的单一结果。当企业拥有大量具有类似特征的合同时,应当按照期望值估计可变对价。当合同仅有两个可能结果时,应按照最可能发生金额估计可变对价。

在估计可变对价时,应使得包含可变对价的交易价格,不超过在相关不确定性消除时累计已确认的收入极可能不会发生重大转回的金额。其中,"极可能"是一个比较高的门槛,其发生概率应远高于"很可能"(可能性超过50%),但不要求达到"基本确定"(可能性超过95%)。其目的是为了避免因为一些不确定因素发生而将之前已经确认的收入冲回。对于满足上述条件的可变对价的金额,才可以计入交易价格。

2. 合同中存在重大融资成分。当企业将商品的控制权转移给客户的时间与客户实际付款的时间不一致时,如企业以赊销方式销售商品,或者要求客户支付预付款等,如果各方约定的付款时间为客户或企业就转让商品的交易提供了重大融资利益,则说明合同中包含了重大融资成分,企业在确定交易价格时,应当对已承诺的对价金额做出调整,以剔除货币时间价值的影响。

合同中存在重大融资成分的,企业应当按照假定客户在取得商品控制权时即以现金支付而需支付的金额(即现销价格)确定交易价格。通常,如果企业在销售相同商品时,不同的付款时间会导致销售价格有所差别,则表明各方知晓合同中包含了融资成分。但是如果合同承诺的对价与商品现销价格之间的差额是由于融资以外的其他原因所致,如向客户提供质保金等,则不属于重大融资成分。此外,企业将承诺的商品转让给客户与客户支付相关款项之间的预计时间间隔和相应的市场现行利率二者共同影响,可能表明合同存在重大融资成分。但是,客户就商品支付了预付款,且可以自行决定这些商品的转让时间的,不属于含有重大融资成分。例如,企业向客户出售其发行的储值卡,客户可以随时到该企业持卡购物。再如,企业向客户授予奖励积分,客户可以随时到该企业兑换这些积分。

企业在确定重大融资成分的金额时,应使用将合同对价的名义金额折现为商品现销价格的折现率。该折现率一经确定,不得因后续市场利率或客户信用风险等情况的变化而变更。企业确定的交易价格与合同承诺的对价金额之间的差额,应当在合同期间内采用实际利率法摊销。

为简化处理,在合同开始时,如果预计客户付款与客户取得商品控制权的时间间隔不超过一年的,可以不考虑融资成分的影响。

3. 非现金对价。当企业因转让商品而有权向客户收取的对价是非现金形式时,如实物资产、无形资产、股权、客户提供的广告服务等,企业通常应当按照非现金对价在合同开始日的公允价值确定交易价格。非现金对价的公允价值不能合理估计的,企业应当参照其承诺向客户转让商品的单独售价间接确定交易价格。

4. 应付客户对价。企业在向客户转让商品的同时,需要向客户或第三方支付对价的,应当将该应付对价冲减交易价格,但应付客户对价是为了向客户取得其他可明确区分商品的除外。这里的第三方通常指向企业的客户购买本企业商品的一方,即处于企业分销链上的"客户的客户"。

【例7-2】甲公司与乙公司签订合同,将其生产的日用品销售给乙公司。乙公司经营大型连锁超市。合同约定,乙公司承诺的采购数量为20 000件。甲公司须在合同开始日向乙公司支付5 000元(不含税金额),该款项不可退还,用于补偿乙公司为放置甲公司的产品而对货架和其他商品的陈设所做出的调整。

分析:甲公司向乙公司支付款项并未从乙公司取得可明确区分的商品(或服务),这是因为甲公司并未取得对乙公司货架的控制权。因此,甲公司将该笔付款冲减交易价格。

(四)将交易价格分摊至各单项履约义务

当合同中包含两项或多项履约义务时,需要将交易价格分摊至各单项履约义务,以使企业分摊至各单项履约义务(或可明确区分的商品)的交易价格能够反映其因向客户转让相关商品而预期有权收取的对价金额。企业应当在合同开始日,按照各单项履约义务所承诺商品的单独售价的相对比例,将交易价格分摊至各单项履约义务。

当客户购买的一组商品中所包含的各单项商品的单独售价之和高于合同交易价格时,表明客户因购买该组商品而取得了合同折扣。其中,合同中各单项履约义务所承诺商品的单独售价之和高于合同交易价格的金额,即是合同折扣。企业应当在各单项履约义务之间按比例分摊合同折扣。有确凿证据表明合同折扣仅与合同中一项或多项(而非全部)履约义务相关的,企业应当将该合同折扣分摊至相关的一项或多项履约义务。

同时满足下列三项条件时,企业应当将合同折扣全部分摊至合同中的一项或多项(而非全部)履约义务:

(1)企业经常将该合同中的各项可明确区分商品单独销售或者以组合的方式单独销售;

(2)企业也经常将其中部分可明确区分的商品以组合的方式按折扣价格单独销售;

(3)上述第(2)项中的折扣与该合同中的折扣基本相同,且针对每一组合中的商品的分析为将该合同的整体折扣归属于某一项或多项履约义务提供了可观察的证据。

如果合同中包含可变对价的,企业应当按照分摊交易价格的一般原则,将其分摊至合同中的各单项履约义务。只有当合同同时满足下列两项条件时,企业应当将可变对价及其后续变动额全部分摊至与之相关的某项履约义务,或者构成单项履约义务的一系列可明确区分商品中的某项商品:一是可变对价的条款专门针对企业为履行该项履约义务或转让该项可明确区分商品所做的努力或所导致的特定结果;二是这样分摊可以如实反映企业因向客户转让商品而预计有权取得的对价。

合同开始日之后,由于相关不确定性的消除或环境的其他变化等原因,交易价格可能发生变化。交易价格发生后续变动的,企业应当按照在合同开始时所采用的基础将交易价格的后续变动分摊至合同中的履约义务。企业不得因合同开始日后单独售价的变动而重新分摊交易价格。

(五)履行每一单项履约义务时确认收入

企业应当在履行了合同中的履约义务,即在客户取得相关商品控制权时确认收入。取得相关商品控制权,是指能够主导该商品的使用并从中获得几乎全部经济利益。取得商品控制权包括下列三项要素:

一是能力。企业只有在客户拥有现时权利,能够主导该商品的使用并从中获得几乎全部经济利益时,才能确认收入。如果客户只能在未来的某一期间主导该商品的使用并从中获益,表明其尚未取得该商品的控制权,此时企业不应确认收入。

二是主导该商品的使用。客户在其活动中有权使用该商品,或者能够允许或阻止其他方使用该商品,表明客户有能力主导该商品的使用。

三是能够获得几乎全部的经济利益。商品的经济利益,是指该商品的潜在现金流量,既包括现金流入的增加,也包括现金流出的减少。客户可以通过使用、消耗、出售、处置、交换、抵押等方式获得商品的经济利益。

企业将商品的控制权转移给客户,该转移可能在某一时段内(即履行履约义务的过程中)发生,也可能在某一时点(即履约义务完成时)发生。对于在某一时段内履行的履约义务,企业应当选取恰当的方法来确定履约进度;对于在某一时点履行的履约义务,企业应当综合分析控制权转移的迹象,判断其转移时点。

1. 某一时段内履行的履约义务。满足下列条件之一的,属于在某一时段内履行履约义

务,相关收入应当在该履约义务履行的期间内确认:

(1)客户在企业履约的同时即取得并消耗企业履约所带来的经济利益。企业在履约过程中是持续地向客户转移企业履约所带来的经济利益,该履约义务属于在某一时段内履行的履约义务,企业应当在履行履约义务的期间确认收入。在进行判断时,可以假定企业履约过程中更换为其他企业继续履行剩余履约义务,如果继续履行合同的企业实质上无须重新执行企业累计已完成的工作,表明客户在企业履约的同时即取得并消耗了企业履约所带来的经济利益。例如保洁服务、运输服务等。

(2)客户能够控制企业履约过程中在建的商品。企业在履约过程中的在建商品包括在产品、在建工程、尚未完成的开发项目、正在进行的服务等。由于客户控制了在建的商品,客户在企业提供商品的过程中获得其利益,所以该履约义务属于在某一时间段内履行的履约义务。

例如,甲企业与客户签订合同,在客户拥有的土地上按照客户的设计要求为其建造房屋。建造过程中客户有权修改厂房设计,并与甲企业重新协商设计变更后的合同价款。客户每月末按当月工程进度向甲企业支付工程款。如果客户终止合同,已完成建造部分的厂房归客户所有。上述这些条件表明客户在厂房建造过程中就能够控制该在建的厂房,因此这一建造服务属于在某一时段内履行的履约义务。

(3)企业履约过程中所产出的商品具有不可替代用途,且该企业在整个合同期间内有权就累计至今已完成的履约部分收取款项。

具有不可替代用途,是指因合同限制或实际可行性限制,企业不能轻易地将商品用于其他用途。有时,企业产出的商品是为客户定制的,不能被轻易地用于其他用途(如销售给其他客户),这就表明该商品具有不可替代用途。在判断商品是否具有不可替代用途时,应考虑合同中是否存在实质性的限制条款,限制企业将商品用于其他用途。还应考虑实际可行性限制,即虽然合同中没有限制条款,但如果企业将商品用作其他用途,将导致企业遭受重大经济损失,说明将该商品用作其他用途实际上受到限制,也表明商品具有不可替代用途。此外,企业应当依据最终转移给客户的商品的特征来判断商品是否具有不可替代用途,而不是根据生产过程中的商品的特征来判断。

有权就累计至今已完成的履约部分收取款项,是指在由于客户或其他方原因终止合同的情况下,企业有权就累计至今已完成的履约部分收取能够补偿其已发生成本和合理利润的款项,并且该权利具有法律约束力。这里的合同终止必须是由于客户或其他方而非企业自身的原因所致,在整个合同期间内的任一时点,企业均拥有此项权利。企业有权收取的该款项应当大致相当于累计至今已经转移给客户的商品的售价,及应当能够补偿企业已经发生的成本和合理的利润。

【例7-3】甲公司是一家造船企业,与乙公司签订了一份船舶建造合同,按照乙公司的具体要求设计和建造船舶。甲公司如果想把该船舶出售给其他客户,需要发生重大的改造成本。双方约定,如果乙公司单方面解约,乙公司需向甲公司支付相当于合同总价30%的违约金,且建造中的船舶归甲公司所有。请思考:甲公司为乙公司设计和建造船舶是某一时段内的履约义务吗?

分析:该船舶是按照乙公司的具体要求设计和建造船舶,且甲公司需要发生重大的改造成本才能将该船舶出售给其他客户,说明该船舶具有不可替代用途。但是,如果乙公司单方面解约,仅需向甲公司支付相当于合同总价30%的违约金,表明甲公司无法在整个合同期间内都有权就累计至今已完成的履约部分收取能够补偿其已发生成本和合理利润的款项。因此,甲公司为乙公司设计和建造船舶不属于在某一时段内的履约义务。

对于在某一时段内履行的履约义务,企业应当在该段时间内按照履约进度确认收入,但是履约进度不能合理确定的除外。企业应考虑商品的性质,采用产出法或投入法确定恰当的履约进度。在确定履约进度时,应当扣除那些控制权尚未转移给客户的商品和服务。企业按照履约进度确认收入时,通常应当在资产负债表日按照合同的交易价格总额乘以履约进度扣除以前会计期间累计已确认的收入后的金额,确认为当期收入。

(1)产出法。产出法是根据已转移给客户的商品对于客户的价值确定履约进度的方法,通常可采用实际测量的完工进度、评估已实现的结果、已达到的里程碑、时间进度、已完工或交付的产品等产出指标确定履约进度。在选择产出指标时,该指标应当能够计量控制权已转移给客户的商品,否则不应采用产出法。

【例7-4】甲公司与客户签订合同,为该客户拥有的一条铁路更换100根铁轨,合同价格为10万元(不含税价)。截至2×19年12月31日,甲公司更换铁轨60根,剩余部分预计在2×20年3月31日之前完成。该合同仅包含一项履约义务,且满足在某一时段内履行的条件。

分析:甲公司提供的更换铁轨的服务属于在某一时段内履行的履约义务,按照已完成的工作量确定履约进度。因此,截至2×19年12月31日,该合同的履约进度为60%(60/100),甲公司应确认的收入为6万元(10×60%)。

(2)投入法。投入法是根据企业履行履约义务的投入确定履约进度的方法,通常可采用投入的材料数量、花费的人工工时或机器工时、发生的成本和时间进度等投入指标确定履约进度。如果这些工作或投入是在整个履约期间内平均发生的,也可以按照直线法确认收入。例如,健身俱乐部为会员提供未来一年内没有次数限制的健身服务,那么该履约义务就属于在某一时段内履行的履约义务,并且与客户健身的次数无关,该义务随着时间的流逝被履行,因此应按照直线法确认收入。

采用投入法时,通常应按照累计实际发生的成本占预计总成本的比例(即成本法)确定履约进度,累计实际发生的成本包括企业向客户转移商品过程中所发生的直接成本和间接成本。但是,如果已发生的成本不能反映企业履约进度,或是与企业履约进度不成比例的,要对已发生成本进行适当调整。例如,企业因生产效率低下等原因导致的非正常消耗,不应包括在累计实际发生的成本中。

企业对于每一项履约义务,只能采用一种方法确定其履约进度,并加以一贯使用;对于类似情况下的类似履约义务,应当采用相同的方法确定履约进度。在每一资产负债表日,企业应当对履约进度进行重新估计,当客观环境发生变化时,企业也需要重新评估履约进度是否发生变化,如果变化,应当作为会计估计变更进行会计处理。

对于在某一时段内履行的履约义务,只有当其履约进度能够合理确定时,才应当按照履约进度确认收入。如果履约进度不能合理确定,如不能取得确定履约进度的可靠的信息时,企业已经发生的成本预计能够得到补偿的,应当按照已经发生的成本金额确认收入,直到履约进度能够合理确定为止。

2. 在某一时点履行的履约义务。对于不属于在某一时段内履行的履约义务,即不满足上述三个条件中任意一个的,就属于在某一时点履行的履约义务。企业应当在客户取得相关商品控制权时点确认收入。在判断客户是否已经取得相关商品控制权时,应考虑以下迹象:

(1)企业就该商品享有现时收款权利,即客户就该商品负有现时付款义务。

(2)企业已将该商品的法定所有权转移给客户,即客户已拥有该商品的法定所有权。但是,如果企业仅仅是为了确保到期收回货款而保留商品的法定所有权,那么这通常不影响客户取得该商品的控制权。

(3)企业已将该商品实物转移给客户,即客户已占有该商品实物。但是,客户占有了某项商品实物并不意味着就一定取得了该商品的控制权,反之亦然。

例如,委托代销安排。这一安排是指委托方和受托方签订代销合同或协议,委托受托方向终端客户销售商品。此时企业应判断在向受托方转移商品时,受托方是否获得了对该商品的控制权,如果没有,则企业不应在此时确认收入,通常应当在受托方售出商品时确认销售商品收入。受托方应当在商品销售后,按合同或协议约定的方法计算确定的手续费确认收入。

再例如,售后代管商品安排。这一安排是指根据企业与客户签订的合同,企业已经就销售的商品向客户收款或取得了收款权力,但是直到在未来某一时点将该商品交付给客户之前,企业仍然继续持有该商品实物的安排。此时,尽管企业仍然持有商品实物,但是,当客户已经取得了对该商品的控制权时,即使客户暂不行使实物占用的权利,依然表明企业不再控制该商品,而只是向客户提供了代管服务。例如,客户可能会因为缺乏仓储空间或由于生产进度延迟而与销售方订立此类合同。

(4)企业已将该商品所有权上的主要风险和报酬转移给客户,即客户已取得该商品所有权上的主要风险和报酬。

(5)客户已接受该商品。例如,企业销售给客户的商品已经通过了客户的验收,可能表明客户已经取得了该商品的控制权。如果企业能够客观地确定其已经按照合同约定的标准和条件将商品的控制权转移给客户,那么客户验收可能只是一项例行程序,并不影响企业判断客户取得商品控制权的时点。相反,如果企业无法客观地确定其向客户转让的商品是否符合合同规定的条件,那么在客户验收之前,企业不能认为已经将该商品的控制权转移给了客户,企业应当在客户完成验收并接受该商品时才能确认收入。此外,如果企业将商品发送给客户供其试用或者测评,且客户并未承诺在试用期结束前支付任何对价,则在客户接受该商品或者在试用期结束之前,该商品的控制权并未转移给客户。

三、合同成本

(一)合同履约成本

企业为履行合同可能会发生各种成本,企业应当对这些成本进行分析,对于不属于其他企业会计准则(例如,《企业会计准则第1号——存货》《企业会计准则第4号——固定资产》《企业会计准则第6号——无形资产》等)规范范围,且同时满足下列三项条件的,应当作为合同履约成本确认为一项资产。

(1)该成本与一份当期或预期取得的合同直接相关。与合同直接相关的成本包括直接人工、直接材料、制造费用、明确由客户承担的成本以及仅因该合同而发生的其他成本。

(2)该成本增加了企业未来用于履行(包括继续履行)履约义务的资源。

(3)该成本预期能够收回。

企业为履行合同发生的下列支出,应当在发生时计入损益:一是管理费用,除非这些费用明确由客户承担;二是非正常消耗的直接材料、直接人工和制造费用(或类似费用),这些支出为履行合同发生但未反映在合同价格中;三是与履约义务中已履行(包括已全部履行或部分履行)部分相关的支出,即该支出与企业过去的履约活动相关;四是无法区分是与未履行还是与已履行(或已部分履行)履约义务相关的支出。

通常情况下,企业应设置"合同履约成本"账户,用于反映企业为履行合同所发生的、不属于其他企业会计准则规范范围内且符合资本化条件的成本。企业发生上述合同履约成本时,借记本账户,贷记"银行存款""应付职工薪酬""原材料"等账户。对合同履约成本进行摊销时,借记"主营业务成本""其他业务成本"等账户,贷记本账户。涉及增值税的,还应进行相应的处理。

(二)合同取得成本

企业为取得合同发生的增量成本预期能够收回的,应当作为合同取得成本确认为一项资产。增量成本,是指企业不取得合同就不会发生的成本,如销售佣金等。为简化实务操作,该资产摊销期限不超过一年的,可以在发生时计入当期损益。企业为取得合同发生的、除预期能够收回的增量成本之外的其他支出,例如,无论是否取得合同均会发生的差旅费、投标费、为准备投标材料发生的相关费用等,应当在发生时计入当期损益,除非这些支出明确由客户承担。企业因现有合同续约或发生合同变更需要支付的额外佣金,也属于为取得合同发生的增量成本。

【例7-5】甲公司是一家房地产开发企业,2×19年12月1日,甲公司委托乙公司代理销售其开发的B小区商品房,并按照乙公司销售额的2%向其支付佣金。截至2×19年12月31日,乙公司成功销售B小区商品房20套,购房款总额为5 000万元,甲公司应向乙方支付佣金100万元。此外,甲公司的销售部门也指派了2名员工配合该小区的销售工作,这两名员工仅领取固定的工资,并不享有任何销售提成或佣金。

分析:甲公司向乙方支付的佣金属于为取得合同发生的增量成本,如果预计能够收回,应确认为一项资产。甲公司指派的2名员工的固定工资属于为取得合同发生,但并非是增量成本,应当于发生时计入当期损益。

通常情况下,企业应设置"合同取得成本"账户,用于反映企业为取得合同发生且预计能够收回的增量成本。企业发生上述合同取得成本时,借记本账户,贷记"银行存款""应付账款""其他应付款"等账户;对合同取得成本进行摊销时,借记"销售费用"账户,贷记本账户。涉及增值税的,还应进行相应的处理。

(三)摊销和减值

1. 摊销。对于与合同履约成本和合同取得成本有关的企业资产,即与合同成本有关的资产,应当采用与该资产相关的商品收入确认相同的基础(在履约义务履行的时点或按照履约义务的履约进度)进行摊销,计入当期损益。

有时,合同取得成本与合同中的多项履约义务相关,一种方式是按照分摊交易价格的比例将该资产分摊至每项履约义务,然后再以与该履约义务的收入确认相同的基础进行摊销。另一种方式是,考虑合同中包含的所有履约义务,采用恰当的方法确定合同的完成情况,即,应当最能反映该资产随相关商品的转移而被"耗用"的情况,并以此为基础对该资产进行摊销。两种方式下的结果应近似。

合同履约成本的摊销额计入主营业务成本或其他业务成本,合同取得成本的摊销额计入销售费用。

2. 减值。与合同成本有关的资产,即合同履约成本或合同取得成本,其账面价值高于下列第一项减去第二项的差额的,超出部分应当计提减值准备,并确认为资产减值损失:一是企业因转让相关商品预期能够取得的剩余对价;二是为转让该相关商品估计将要发生的成本,估计将要发生的成本主要包括直接人工、直接材料、制造费用(或类似费用)、明确由客户承担的成本以及仅因该合同而发生的其他成本等。

在确定与合同成本有关的资产的减值损失时,应当首先对按照其他相关会计准则确认的、与合同有关的其他资产(例如固定资产、无形资产等)确定减值损失;然后,再按照上述要求确定与合同成本有关的资产的减值损失。

第三节 销售活动主要经济业务的核算

一、营业收入和营业成本的核算

营业收入包括主营业务收入和其他业务收入,营业成本包括主营业务成本和其他业务成本。下面分别介绍主营业务收入(成本)和其他业务收入(成本)的核算。

(一)主营业务收入和主营业务成本的核算

制造企业的主营业务主要是指商品(即产品)销售业务,下面主要介绍销售商品的核算。为了反映销售商品的收入、成本以及应交税费的情况,企业应设置"主营业务收入""主营业务成本""应交税费"等账户。

"主营业务收入"账户用来反映和监督企业销售产品、提供劳务等主营业务的收入。该账户属于损益类账户,其贷方登记企业销售产品等所取得的收入,借方登记销售退回和销售折让时应冲减本期的销售收入以及期末转入"本年利润"账户的本月发生额。期末结转后,该账户无余额。该账户应按照产品品种或劳务类别设置明细账,进行明细分类核算。

"主营业务成本"账户用来反映和监督企业销售产品、提供劳务等主营业务时应结转的成本。该账户属于损益类账户,其借方登记从"库存商品"等账户结转的实际成本,贷方登记月末转入"本年利润"账户的本月发生额。月末结转后,该账户无余额。该账户按照产品的品种或劳务的类别设置明细账,进行明细分类核算。

"应交税费——应交增值税(销项税额)"账户用来反映和监督企业销售产品、提供应税劳务等应向购货方或接受应税劳务方收取的增值税。根据我国增值税的有关规定,一般纳税企业销售商品过程中除向购货方收取货款以外,还应向其收取一定数额的增值税,即增值税销项税额。增值税销项税额应按不含税的销售额乘以增值税税率计算确定。如果企业销售商品采用销售额和增值税合并确定销售额,应按公式"销售额=含税销售额÷(1+税率)"将含税销售额还原为不含税销售额,并按不含税的销售额计算销项税额。

企业应结合销售商品和货款结算的不同方式对销售收入和销售成本进行核算。

1. 通常情况下销售商品的核算。企业应当按照分摊至各单项履约义务的交易价格计量收入。

(1)交款提货方式下销售商品的核算。交款提货方式销售是指企业销售商品的同时收到销售款项。销售商品时,企业应按实际收到的款项,借记"银行存款"等账户,按实现的收入,贷记"主营业务收入"账户,按确定的增值税销项税额,贷记"应交税费——应交增值税(销项税额)"账户。期末结转已售商品的销售成本时,借记"主营业务成本"账户,贷记"库存商品"账户。

【例7-6】华安公司20×2年10月销售产品一批,增值税专用发票上注明产品不含税价款为200 000元,增值税为26 000元,款项已收到并已存入银行,发票账单已交付给对方,对方已提货。该批商品成本为180 000元。该公司编制的会计分录如下:

销售商品时:

借:银行存款　　　　　　　　　　　　　　　　　　　　　　226 000
　　贷:主营业务收入　　　　　　　　　　　　　　　　　　200 000
　　　　应交税费——应交增值税(销项税额)　　　　　　　 26 000

结转已售商品生产成本时:

借:主营业务成本　　　　　　　　　　　　　　　　　　　　　　　　180 000
　　贷:库存商品　　　　　　　　　　　　　　　　　　　　　　　　　180 000

（2）销售商品形成应收账款的核算。销售商品形成应收账款即赊销。应收账款是因企业销售商品或提供劳务等形成的债权,应按实际发生额确定。其入账价值包括:销售货物或提供劳务的价款、增值税以及代垫的运杂费等。为了反映应收账款的增减变动以及结存情况,企业应设置"应收账款"账户。该账户借方登记应收账款的增加,贷方登记应收账款的收回及确认的坏账损失,期末借方余额,反映企业尚未收回的应收账款。

企业对于销售商品或材料等发生的应收账款,应借记"应收账款"账户,按实现的收入,贷记"主营业务收入"账户,按应收取的增值税销项税额,贷记"应交税费——应交增值税（销项税额）"账户。企业收回应收账款时,应借记"银行存款"账户,贷记"应收账款"账户。若企业收到商业汇票抵还应收账款时,应借记"应收票据"账户,贷记"应收账款"账户。

（3）采用商业汇票结算方式销售商品的核算。采用商业汇票结算方式销售商品,是指企业将商品销售给购货方后,收到对方签发并承兑的商业汇票所形成的短期债权,会计上称为应收票据。应收票据是指企业因销售商品、提供劳务等而持有的,尚未到期兑现的商业汇票。商业汇票是一种由出票人签发的,委托付款人在指定日期无条件支付款项给收款人或持票人的票据。商业汇票按承兑人不同,分为商业承兑汇票和银行承兑汇票。商业汇票最长期限不超过6个月,因其期限较短,所以应收票据一般按其面值计价。

企业采用商业汇票结算方式销售商品,应设置"应收票据"账户核算。该账户借方登记收到的商业汇票的面值,贷方登记到期收回、贴现的商业汇票的面值。其期末借方余额,反映尚未收回的应收票据的面值。

①应收票据取得的核算。企业销售商品、提供劳务等收到开出、承兑的商业汇票时,按应收票据的面值,借记"应收票据"账户,按实现的收入,贷记"主营业务收入"账户,按增值税销项税额,贷记"应交税费——应交增值税（销项税额）"账户。如果企业收到的是债务人抵偿前欠应收账款的商业汇票时,按抵偿的金额,借记"应收票据"账户,贷记"应收账款"账户。

【例7-7】华安公司20×2年10月销售产品一批,价款50 000元,适用的增值税税率为13%,产品发出,收到60天到期的商业承兑汇票一张。华安公司销售商品收到商业汇票时应编制如下会计分录:

借:应收票据　　　　　　　　　　　　　　　　　　　　　　　　　　56 500
　　贷:主营业务收入　　　　　　　　　　　　　　　　　　　　　　　50 000
　　　　应交税费——应交增值税（销项税额）　　　　　　　　　　　　6 500

②收回商业汇票款的核算。商业汇票到期,企业收回票据款时,应按票据的面值,借记"银行存款"账户,贷记"应收票据"账户。若应收票据到期,承兑人拒付或无力付款时,应借记"应收账款"账户,贷记"应收票据"账户。

【例7-8】承上例,60天到期,华安公司收回票款时,编制会计分录如下:

借：银行存款　　　　　　　　　　　　　　　　　　　　　　　　　　56 500
　　贷：应收票据　　　　　　　　　　　　　　　　　　　　　　　　　56 500

③应收票据贴现的核算。应收票据贴现是指持票人将未到期的商业汇票转让给银行，并贴付一定的贴现利息以向银行兑取现款的一种经济业务，其通常属于一种融通资金的行为。票据贴现的有关计算公式如下：

$$贴现利息 = 票据面值 \times 贴现利率 \times 贴现期限$$

$$贴现所得额 = 票据面值 - 贴现利息$$

式中，贴现期限是指从票据贴现的次日起至到期日的时间。

应收票据贴现分为不附追索权和附追索权两种情况。不附追索权贴现，是指企业将未到期的商业汇票贴现给银行等金融机构，根据与金融机构之间的协议，在所贴现的应收票据到期无法收回时，银行等金融机构不能够向贴现企业进行追偿。此种贴现实质上是应收票据的出售。企业持未到期的商业汇票向银行贴现时，应按实际收到的金额，借记"银行存款"账户，按贴现利息，借记"财务费用"账户；按票据的面值，贷记"应收票据"账户。

附追索权贴现，是指当企业所贴现的商业汇票到期无法收回款项时，银行等金融机构有权向贴现企业进行追偿，或按协议约定企业有义务按约定金额自银行等金融机构回购。此种贴现实质上是以应收票据为质押取得借款。

【例7-9】华安公司销售产品一批，收到60天到期、面值为56 500元的商业承兑汇票一张，该票据持有20天后向银行办理贴现，贴现率为8%，企业与银行协议约定贴现的应收票据不附追索权。

要求：计算贴现所得额，编制贴现的会计分录。

$$贴现利息 = 56\ 500 \times 8\% \times 40 \div 360 \approx 502(元)$$

$$贴现所得额 = 56\ 500 - 502 = 55\ 998(元)$$

借：银行存款　　　　　　　　　　　　　　　　　　　　　　　　　　55 998
　　财务费用　　　　　　　　　　　　　　　　　　　　　　　　　　　502
　　贷：应收票据　　　　　　　　　　　　　　　　　　　　　　　　　56 500

2. 销售商品涉及商业折扣、现金折扣的核算。

（1）商业折扣，指销货企业为了鼓励客户多购商品而在商品价格上给予的折扣，是企业最常用的促销手段。由于商业折扣一般是在商品交易发生时已确定，只是确定商品实际价格的一种手段，无须在购销双方账上予以反映，因此，商业折扣不影响销售商品收入和应收账款的计量。如果发生商业折扣，应当按照扣除商业折扣后的实际销售额确定收入。

（2）现金折扣，指债权人为鼓励债务人在规定的期限内付款，而向债务人提供的债务扣除。其通常发生在以赊销方式销售商品及提供劳务的交易中，并与债务人达成协议，债务人在不同时限内付款可以享受不同比例的折扣。现金折扣通常用符号"折扣率/付款期"来表示。如果发生现金折扣，应当按照扣除现金折扣前的金额确认收入金额，即应收账款入账价值采用总价法处理，将扣除现金折扣前的金额（总价）作为实际售价，据以确定应收账款的入账价值。对实际收款时所发生的现金折扣作为企业的理财费用,计入当期的财务费用。

【例7-10】华安公司在20×2年9月1日销售一批商品,增值税发票上注明售价50 000元,增值税额6 500元。该公司为了早日收回货款,在合同中承诺给予购货方的现金折扣条件是:2/10,1/20,n/30。假定计算现金折扣时以不含税售价为依据,该销售商品收入符合确认条件,华安公司的有关会计处理如下:

①20×2年9月1日按总价法确认收入。

借:应收账款　　　　　　　　　　　　　　　　　　　　　　　　56 500
　　贷:主营业务收入　　　　　　　　　　　　　　　　　　　　　50 000
　　　　应交税费——应交增值税(销项税额)　　　　　　　　　　 6 500

②如果华安公司于9月9日收到款项,则购货方按售价50 000元的2%享受1 000元(50 000×2%)的现金折扣,实际收款55 500元(56 500-1 000)。

借:银行存款　　　　　　　　　　　　　　　　　　　　　　　　55 500
　　财务费用　　　　　　　　　　　　　　　　　　　　　　　　 1 000
　　贷:应收账款　　　　　　　　　　　　　　　　　　　　　　　56 500

③如果华安公司于9月15日收到款项,则应享受的现金折扣为500元(50 000×1%),实际收款56 000元。

借:银行存款　　　　　　　　　　　　　　　　　　　　　　　　56 000
　　财务费用　　　　　　　　　　　　　　　　　　　　　　　　　 500
　　贷:应收账款　　　　　　　　　　　　　　　　　　　　　　　56 500

④如果华安公司于9月30日收到款项,则应按全额收款。

借:银行存款　　　　　　　　　　　　　　　　　　　　　　　　56 500
　　贷:应收账款　　　　　　　　　　　　　　　　　　　　　　　56 500

3. 销售折让的核算。销售折让是指企业因销售出的商品质量存在问题而在价格上给予对方的减让。销售折让一般在实际发生时冲减当期销售收入,同时减少银行存款或应收账款。

【例7-11】20×2年9月1日,华安公司销售一批商品给乙企业,增值税发票上注明售价为100 000元,增值税额为13 000元。货到后,买方发现商品质量不合格,要求在价格上给予5%的折让。经查明,乙企业提出的销售折让要求符合原合同的约定,20×2年9月20日,华安公司同意折让并办妥了有关手续。20×2年9月30日收到折让后的款项。假定此前华安公司已确认该批商品的销售收入。华安公司应编制如下会计分录:

20×2年9月1日确认销售收入:

借:应收账款——乙企业　　　　　　　　　　　　　　　　　　113 000
　　贷:主营业务收入　　　　　　　　　　　　　　　　　　　　100 000
　　　　应交税费——应交增值税(销项税额)　　　　　　　　　 13 000

20×2年9月20日发生销售折让:

借:主营业务收入 5 000
　　应交税费——应交增值税(销项税额) 650
　贷:应收账款——乙企业 5 650

20×2年9月30日实际收到款项:
借:银行存款 107 350
　贷:应收账款——乙企业 107 350

4. 附有销售退回条款的销售的核算。企业将商品转让给客户之后,可能会因为各种原因允许客户选择退货。附有销售退回条款的销售,是指客户依照有关合同有权退货的销售方式。客户选择退货时,可能有权要求返还其已经支付的全部或部分对价、抵减其对企业已经产生或将会产生的欠款或者要求换取其他商品。

客户取得商品控制权之前退回该商品不属于销售退回。企业在允许客户退货的期间内随时准备接受退货的承诺,并不构成单独的履约义务,但是会影响收入确认的金额,企业确认的交易价格不应包含预期将会被退回的商品的对价金额。

企业应当在客户取得相关商品控制权时,按照因向客户转让商品而预期有权收取的对价金额,即不包含预期因销售退回将退还的金额确认收入,按照预期因销售退回将退还的金额确认负债。同时,按照预期将退回商品转让时的账面价值,扣除收回该商品预计发生的成本(包括退回商品的价值减损)后的余额,确认一项资产,按照所转让商品转让时的账面价值,扣除上述资产成本的净额结转成本。

客户以一项商品换取类型、质量、状况及价格均相同的另一项商品,不应当被视为退货。客户将质量有瑕疵的商品退回以换取正常的商品,按照附有质量保证条款的销售进行处理。

企业应设置"应收退货成本"账户,并在"预计负债"账户下设置"应付退货款"二级账户。

【例7-12】20×2年9月1日,甲公司向乙公司销售100张餐桌,每张餐桌的价格为1 000元,成本为750元。乙公司有权在收到餐桌的30天内退货。甲公司预计的退货率为10%,预计发生的退货成本为每张餐桌50元。假设不考虑增值税。

分析:由于该销售附有销售退回条款,在客户取得餐桌的控制权时,应当按照扣除预期发生退回的商品的价款确认收入。即应当在客户取得相关商品控制权时,按照因向客户转让商品而预期有权收取的对价金额,即不包含预期因销售退回将退还的金额确认收入。

(1)确认收入的金额并编制分录:

$$1\ 000 \times 100 \times (1 - 10\%) = 90\ 000(元)$$

借:应收账款 100 000
　贷:主营业务收入 90 000
　　预计负债——应付退货款 10 000

同时结转成本,将预计退回商品的账面价值扣除预计发生的退货成本,即700元(750-50),确认为一项资产"应收退货成本"。将所转让商品的账面价值与该"应收退货成本"的差额,结转主营业务成本。

借:主营业务成本 68 000
  应收退货成本 7 000
  贷:库存商品 75 000

(2)假设20×2年9月20日,甲公司收到货款。

借:银行存款 100 000
  贷:应收账款 100 000

(3)假设20×2年9月28日,乙公司退回8张餐桌,退货款已经支付。

借:库存商品 5 600
  主营业务成本 1 400
  贷:应收退货成本 7 000
借:预计负债——应付退货款 10 000
  贷:银行存款 8 000
    主营业务收入 2 000

5. 附有质量保证条款的销售的核算。企业在向客户销售商品时,根据合同约定、法律规定或本企业以往的习惯做法等,可能会为所销售的商品提供质量保证。其中,有一些质量保证是为了向客户保证所销售的商品符合既定标准,即保证类质量保证;另一些质量保证是在向客户保证所销售的商品符合既定标准之外提供了一项单独的服务,即服务类质量保证。

对于客户能够选择单独购买质量保证的,表明该质量保证构成单项履约义务,对于客户虽然不能选择单独购买质量保证,但是如果该质量保证在向客户保证所销售的商品符合既定标准之外提供了一项单独服务的,也应当作为单项履约义务。对于作为单项履约义务的质量保证,应当将部分交易价格分摊至该单项履约义务进行处理。对于不能作为单项履约义务的质量保证,应当按照或有事项的有关规定进行会计处理。

企业提供的质量保证同时包含保证类质量保证和服务类质量保证的,应当分别对其进行会计处理,无法合理区分的,应当将这两类质量保证一起作为一项单独的履约义务进行会计处理。

6. 销售商品不符合收入确认条件的核算。若销售商品不符合收入确认条件,则不应确认收入,也不应结转相应的成本。已经发出的商品,通过"发出商品"账户核算。

【例7-13】20×2年10月8日,华安公司向甲公司销售一批商品,采用托收承付结算方式进行结算。该批商品的成本为80 000元,增值税发票上注明售价为120 000元,增值税额为15 600元。华安公司在销售商品时得知甲公司正陷入财务危机,但为了减少存货积压,同时也为了维持与甲公司良好的商业关系,该公司将商品销售给了甲公司。该批商品已经发出,并已向银行办理了托收手续。假定华安公司销售该批商品的纳税义务已经发生。

分析:由于甲公司存在资金支付困难,因而华安公司在货款回收方面存在较大的不确定性,不能满足销售商品收入的确认条件,该公司在销售时不能确认收入。为此,华安公司应将已发出的商品成本转入"发出商品"账户。华安公司编制的相关会计分录如下。

(1) 20×2 年 10 月 8 日发出商品：

借：发出商品　　　　　　　　　　　　　　　　　　　　　　　80 000
　　贷：库存商品　　　　　　　　　　　　　　　　　　　　　　　　80 000

(2) 将增值税发票上注明的增值税额转入应收账款：

借：应收账款——应收销项税额　　　　　　　　　　　　　　　15 600
　　贷：应交税费——应交增值税(销项税额)　　　　　　　　　　　15 600

(注：如果销售该商品的纳税义务尚未发生，则不做这笔分录，待纳税义务发生时再做应交增值税的分录)

(3) 假定 20×2 年 11 月 25 日甲公司摆脱财务危机，并承诺近期付款。华安公司则予以确认收入，同时结转成本。

借：应收账款——甲公司　　　　　　　　　　　　　　　　　　120 000
　　贷：主营业务收入　　　　　　　　　　　　　　　　　　　　　120 000
借：主营业务成本　　　　　　　　　　　　　　　　　　　　　　80 000
　　贷：发出商品　　　　　　　　　　　　　　　　　　　　　　　　80 000

(4) 假定 20×2 年 12 月 5 日收到款项：

借：银行存款　　　　　　　　　　　　　　　　　　　　　　　135 600
　　贷：应收账款　　　　　　　　　　　　　　　　　　　　　　　135 600

7. 采用预收款方式销售商品的核算。企业在向客户转让商品之前，客户已经支付了合同对价或企业已经取得了无条件收取合同对价权利的，企业应当在客户实际支付款项与到期应支付款项孰早的时点，按照已收或应收的金额，借记"银行存款""应收账款""应收票据"等账户，贷记"合同负债"账户。企业向客户转让相关商品时，借记"合同负债"账户，贷记"主营业务收入""其他业务收入"等账户。涉及增值税的，还应进行相应处理。

【例 7-14】华安公司 20×2 年 10 月向甲企业销售 A 产品 300 件，增值税专用发票上注明售价 30 000 元，增值税 3 900 元。华安公司在向甲企业转让 A 产品之前，预收合同对价 30 000 元。华安公司应编制如下会计分录。

(1) 预收款项时：

借：银行存款　　　　　　　　　　　　　　　　　　　　　　　30 000
　　贷：合同负债　　　　　　　　　　　　　　　　　　　　　　　30 000

(2) 交货时：

借：合同负债　　　　　　　　　　　　　　　　　　　　　　　33 900
　　贷：主营业务收入　　　　　　　　　　　　　　　　　　　　　30 000
　　　　应交税费——应交增值税(销项税额)　　　　　　　　　　　3 900

(二) 其他业务收入和其他业务成本的核算

1. 其他业务收入和其他业务成本的内容。其他业务收入是指企业主营业务活动以外的其他经营活动实现的收入,主要包括出租固定资产、出租无形资产即对外转让无形资产使用权、出租包装物和商品以及销售不需用原材料等实现的收入。因其也是企业日常活动所发生的,故属于收入的范畴。其他业务收入的确认原则和计量方法与主营业务收入相同。

其他业务成本,是指企业主营业务活动以外的其他经营活动所发生的成本,主要包括销售材料成本、出租固定资产的折旧额、出租无形资产的摊销额、出租包装物的成本或摊销额等。

2. 其他业务收入和其他业务成本的和账务处理。企业应设置"其他业务收入"和"其他业务成本"账户对其他业务收入和其他业务成本进行账务处理。

"其他业务收入"账户属于损益类账户,用来核算和监督企业除主营业务活动外的其他经营活动实现的收入。该账户贷方登记企业确认的其他业务收入,借方登记转入"本年利润"账户的数额;期末结转后本账户无余额。"其他业务收入"账户按照其他业务的类别设置明细分类账户,进行明细分类核算。

"其他业务成本"账户属于损益类账户,用来核算和监督企业除主营业务活动外的其他营业活动所发生的支出,包括材料销售成本等。该账户借方登记企业发生的其他业务成本数;贷方登记结转"本年利润"账户的数额。期末结转后本账户应无余额。"其他业务成本"账户应按照其他业务的种类设置明细分类账户,进行明细分类核算。

企业对于实现的其他业务收入,应按收到或应收的款项,借记"银行存款""应收账款"等账户;按应确认的其他业务收入,贷记"其他业务收入"账户,按增值税专用发票上注明的增值税,贷记"应交税费——应交增值税(销项税额)"账户。

企业对于发生的其他业务成本,应按照已售材料的成本、出租固定资产的折旧额、出租无形资产的摊销额,借记"其他业务成本"账户,贷记"原材料""累计折旧""累计摊销"等账户。

【例7-15】20×2年10月10日,华安公司销售一批超储积压材料,增值税专用发票上注明售价为40 000元,增值税额为5 200元。以银行存款支付代垫运费500元,材料成本为28 000元,该公司已向银行办妥托收手续。该项销售符合收入确认条件。该公司应编制如下会计分录。

(1) 20×2年10月10日销售材料:

借:应收账款　　　　　　　　　　　　　　　　　　　　　　　45 700
　　贷:其他业务收入　　　　　　　　　　　　　　　　　　　　40 000
　　　　应交税费——应交增值税(销项税额)　　　　　　　　　5 200
　　　　银行存款　　　　　　　　　　　　　　　　　　　　　　　500

(2) 月末结转已售材料成本:

借:其他业务成本　　　　　　　　　　　　　　　　　　　　　28 000
　　贷:原材料　　　　　　　　　　　　　　　　　　　　　　　28 000

【例7-16】20×2年10月8日,华安公司将一项专利权的使用权转让给甲公司,合同规定每月使用费为 10 000 元,当月使用费已收妥并存入银行,另外按合同规定以银行存款支付转让咨询费 2 000 元,每月专利权摊销 1 000 元。华安公司编制如下会计分录。

每月收到专利权的使用费时:

借:银行存款 10 000
　　贷:其他业务收入 10 000

支付咨询费时:

借:其他业务成本 2 000
　　贷:银行存款 2 000

每月摊销时:

借:其他业务成本 1 000
　　贷:累计摊销 1 000

【例 7-17】20×2 年 9 月 12 日,华安公司将一台机器设备出租给甲公司,租期 6 个月,每月租金 1 000 元,企业已收到当月租金并存入银行。该项固定资产每月计提折旧 400 元。华安公司编制如下会计分录。

每月收取租金时:

借:银行存款 1 000
　　贷:其他业务收入 1 000

每月计提折旧费时:

借:其他业务成本 400
　　贷:累计折旧 400

二、销售费用的核算

(一)销售费用的内容

销售费用是指企业在销售商品和材料、提供劳务的过程中发生的各项费用,包括保险费、包装费、运输费、装卸费、展览费、广告费以及为销售本企业商品专设的销售机构(含销售网点、售后服务网点等)的费用,包括职工薪酬、业务费、折旧费等经营费用。

(二)销售费用的账务处理

企业应设置"销售费用"账户进行核算。该账户属于损益类账户,其借方登记发生的各种销售费用,贷方登记月末转入"本年利润"账户的数额,月末结转后,本账户应无余额。该账户应按销售费用项目设置明细账,进行明细分类核算。

企业对于在销售商品过程中发生的包装费、保险费、展览费、广告费、运输费、装卸费等费用,应借记"销售费用"账户,贷记"库存现金""银行存款"等账户。对于发生的为销售本企业商品而专设的销售机构的职工薪酬、业务费、折旧费等销售费用,借记"销售费用"账户,贷记"应付职工薪酬""银行存款""累计折旧"等账户。

期末,将"销售费用"账户余额转入"本年利润"账户时,借记"本年利润"账户,贷记"销售费用"账户。

【例 7-18】20×2 年 12 月,华安公司发生的销售费用及其账务处理如下:

(1)开出转账支票,支付运输费、装卸费、广告费等共计 8 000 元。

借:销售费用　　　　　　　　　　　　　　　　　　　　　　　　8 000
　　贷:银行存款　　　　　　　　　　　　　　　　　　　　　　　　8 000

(2)根据发料凭证汇总表,产品销售领用包装材料 2 000 元。

借:销售费用　　　　　　　　　　　　　　　　　　　　　　　　2 000
　　贷:原材料　　　　　　　　　　　　　　　　　　　　　　　　　2 000

(3)结转本月专设销售机构的职工工资及福利费 6 000 元,其中:工资 5 500 元,福利费 500 元。

借:销售费用　　　　　　　　　　　　　　　　　　　　　　　　6 000
　　贷:应付职工薪酬——职工工资　　　　　　　　　　　　　　　5 500
　　　　　　　　　　——职工福利　　　　　　　　　　　　　　　　500

(4)月末结转销售费用 16 000 元。

借:本年利润　　　　　　　　　　　　　　　　　　　　　　　　16 000
　　贷:销售费用　　　　　　　　　　　　　　　　　　　　　　　16 000

三、税金及附加的核算

企业按税法规定应缴纳的税费主要有:增值税、消费税、所得税、城市维护建设税、资源税、教育费附加等。① 上述税费中,增值税、所得税可参见有关章节的阐述,因其不属于税金及附加,故此处不予介绍。这里主要说明消费税、城市维护建设税等价内征收的税费。企业应设置"税金及附加"等账户核算各项税金及附加。

企业计提各项税金及附加时,应借记"税金及附加"账户,贷记"应交税费"账户;期末转入"本年利润"账户时,应借记"本年利润"账户,贷记"税金及附加"账户;实际上交各项税金及附加时,应借记"应交税费"账户,贷记"银行存款"账户。

"税金及附加"账户核算企业经营活动(包括主营活动和附营活动)发生的消费税、城市维护建设税、资源税和教育费附加等相关税费。其借方登记本期发生的相关税费,贷方登记期末转入"本年利润"账户的相关税费,期末结转后,该账户应无余额。

(一)消费税的核算

1. 消费税的计算。消费税是指在我国境内生产、委托加工和进口应税消费品的单位和个人,按其流转额缴纳的一种税。消费税是为了调节消费结构,正确引导消费方向,在普遍

---

① 我国自 2012 年 1 月 1 日起启动了营业税改征增值税(简称"营改增")的试点税制改革,将以前缴纳营业税的应税项目改成缴纳增值税。营业税是对在我国境内提供应税劳务、转让无形资产或销售不动产的单位和个人,就其所取得的营业额征收的一种税。增值税只对产品或服务的增值部分纳税。到 2016 年 5 月 1 日,我国全面推开"营改增"试点,覆盖了所有行业,营业税在我国正式退出历史舞台。

征收增值税的基础上,对香烟、酒类、高级化妆品、金银首饰、小轿车、摩托车等部分消费品再征收的一种税。消费税采用从价定率或从量定额征收的方法计算应纳税额。

采用从价定率方法计算应纳消费税额的公式为:

$$应纳消费税额 = 销售额(不含增值税) \times 适用的税率$$

采用从量定额方法计算应纳消费税额的公式为:

$$应纳消费税额 = 销售数量 \times 单位税额$$

2. 计提和上交消费税的账务处理。为了核算应交消费税及其缴纳情况,企业应设置"应交税费——应交消费税"账户。企业将生产的产品直接对外销售,按照计算的应缴纳的消费税,借记"税金及附加"账户,贷记"应交税费——应交消费税"账户;实际缴纳消费税时,借记"应交税费——应交消费税"账户,贷记"银行存款"账户。

【例7-19】华安公司20×2年9月份销售10辆摩托车,每辆不含税售价为50 000元,货款尚未收到。摩托车每辆成本为40 000元。摩托车适用的增值税税率为13%,适用的消费税税率为10%。华安公司应编制如下会计分录。

销售商品时:

借:应收账款　　　　　　　　　　　　　　　　　　　　　　　565 000
　贷:主营业务收入　　　　　　　　　　　　　　　　　　　　　500 000
　　　应交税费——应交增值税(销项税额)　　　　　　　　　　65 000

计算应交消费税时:

借:税金及附加　　　　　　　　　　　　　　　　　　　　　　　50 000
　贷:应交税费——应交消费税　　　　　　　　　　　　　　　　50 000

结转已售商品成本时:

借:主营业务成本　　　　　　　　　　　　　　　　　　　　　　400 000
　贷:库存商品　　　　　　　　　　　　　　　　　　　　　　　400 000

(二)城市维护建设税的核算

1. 城市维护建设税的计算。城市维护建设税是以增值税、消费税为计税依据征收的一种税。其纳税人为缴纳增值税、消费税的单位和个人,税率因纳税人所在地不同,从1%~7%不等。计算公式如下:

$$应纳城市维护建设税 = (应交增值税 + 应交消费税) \times 适用税率$$

2. 计提和上交城市维护建设税的账务处理。为了核算应交城市维护建设税及其缴纳情况,应设置"应交税费——应交城市维护建设税"账户。企业根据应缴纳的增值税和消费税以及规定的税率,计算出应缴纳的城市维护建设税,应借记"税金及附加"等账户,贷记"应交税费——应交城市维护建设税"账户;实际缴纳城市维护建设税时,借记"应交税费——应交城市维护建设税"账户,贷记"银行存款"账户。

【例7-20】华安公司20×2年10月份,应交增值税为800 000元,应交消费税为200 000元。该公司适用的城市维护建设税率为7%。该公司的有关计算及编制的会计分录如下:

应交城市维护建设税＝(800 000＋200 000)×7%＝70 000(元)

计算应交的城市维护建设税时：

借：税金及附加　　　　　　　　　　　　　　　　　　　　　70 000
　　贷：应交税费——应交城市维护建设税　　　　　　　　　　　　70 000

实际上交城市维护建设税时：

借：应交税费——应交城市维护建设税　　　　　　　　　　　　70 000
　　贷：银行存款　　　　　　　　　　　　　　　　　　　　　　70 000

(三) 教育费附加的核算

1. 教育附加费的计算。教育费附加是为了发展教育事业而向企业征收的附加费用。应交教育费附加的计算方法与应交城市维护建设税的计算方法相同，即按应交增值税、应交消费税的一定比例计算缴纳。

2. 计提和上交教育费附加的账务处理。为了核算应交教育费附加及其缴纳情况，应设置"应交税费——应交教育费附加"账户。企业计算出应交教育费附加时，应借记"税金及附加"账户，贷记"应交税费——应交教育费附加"账户；实际缴纳教育附加时，应借记"应交税费——应交教育费附加"账户，贷记"银行存款"账户。

【例7-21】华安公司20×2年6月按税法规定计算20×2年第二季度应缴纳的教育费附加200 000元。该企业应编制会计分录如下：

计算应交的教育费附加时：

借：税金及附加　　　　　　　　　　　　　　　　　　　　　200 000
　　贷：应交税费——应交教育费附加　　　　　　　　　　　　　200 000

实际上交教育费附加时：

借：应交税费——应交教育费附加　　　　　　　　　　　　　200 000
　　贷：银行存款　　　　　　　　　　　　　　　　　　　　　200 000

> 请思考：增值税和消费税在性质上有什么不同？

本章小结

销售活动是企业生产经营的重要活动，是实现收入、形成经营成果的关键环节。收入是企业在日常活动中形成的、会导致所有者权益增加的、与所有者投入资本无关的经济利益的总流入。

企业应基于与客户之间的合同来确认收入。企业应当在履行了合同中的履约义务，即在客户取得相关商品控制权时确认收入。当客户能够主导相关商品的使用并从中获得几乎全部经济利益时,则认为客户取得了相关商品的控制权。

在合同开始日,企业应当对合同进行评估,识别该合同所包含的各单项履约义务,并确定各单项履约义务是在某一时段内履行,还是在某一时点履行,然后,在履行了各单项履约义务时分别确认收入。

履约义务是指合同中企业向客户转让可明确区分商品的承诺。履约义务既包括合同中明确的承诺,也包括由于企业已公开宣布的政策、特定声明或以往的习惯做法等导致合同订立时客户合理预期企业将履行的承诺。

在进行销售收入的核算时,应明确主营业务收入和其他业务收入及其相关成本之间的区别,并结合不同的销售方式进行相应的账务处理。

企业应当按照分摊至各单项履约义务的交易价格计量收入。

销售商品如果发生商业折扣,应当按照扣除商业折扣后的金额确定收入金额。如果发生现金折扣,应当按照扣除现金折扣前的金额确认收入金额,现金折扣在实际发生时计入当期损益。

销售活动不仅会实现销售收入,还会形成诸如应收账款、应收票据等货币性资产,此外还会发生运费、装卸费、广告费等销售费用,以及按税法规定形成应交的消费税、城市维护建设税等销售税金。对这些内容的正确核算,不仅能够正确反映企业资产,更重要的是能够正确反映企业实现的损益。

本章关键词汇

收入	Revenue
营业收入	Operating Revenue
主营业务收入	Prime Operating Revenue
其他业务收入	Other Operating Revenue
合同	Contract
履约义务	Performance Obligation
商品控制权	Control of an Asset
某一时段	Over Time
某一时点	At a Point in Time
营业成本	Operating Costs
主营业务成本	Prime Operating Costs
其他业务成本	Other Operating Costs
商业折扣	Trade Discounts

现金折扣	Cash Discounts
销售折让	Sale Allowance
销售退回	Sale Return
应收账款	Accounts Receivable
应收票据	Notes Receivable
合同负债	Contract Liability
增值税	Value Added Tax
消费税	Consumption Duty

思考题

1. 说明收入的概念及特征。
2. 说明收入确认的条件。
3. 简要说明什么是履约义务。
4. 在某一时段履行义务和在某一时点履行义务分别应怎样确认收入?
5. 销售商品如何计量其收入金额?
6. 在存在商业折扣、现金折扣条件下应收账款应如何计价?
7. 销售附有销售退回条款的商品应如何进行核算?
8. 说明其他业务收入和其他业务成本确认的范围。
9. 简要说明消费税的计算方法及其账务处理。
10. 简要说明税金及附加的核算内容及其账务处理。

练习题

一、单项选择题

1. 下列各项中,符合收入会计要素定义,可以确认收入的是(　　)
   A. 出售无形资产的收益　　　　B. 出售原材料的收入
   C. 出售固定资产的收益　　　　D. 接受捐赠收入
2. 企业销售商品时代垫的运费应记入(　　)账户
   A. 应收账款　　B. 预付账款　　C. 企业应收款　　D. 销售费用
3. 企业因销售商品和提供劳务等,应向购货单位或接受劳务单位收取的款项是

( )。
　　A. 应收账款　　　　B. 应收票据　　　　C. 其他应收款　　　　D. 预付账款
4. 在有商业折扣的情况下,企业应收账款的入账金额应为( )。
　　A. 折扣前售价　　　B. 实际售价　　　　C. 商品价目单所列售价　D. 计划售价
5. 在有现金折扣的情况下,我国目前采用( )确认应收账款的入账金额。
　　A. 总和法　　　　　B. 净额法　　　　　C. 总价法　　　　　D. 净价法
6. 销售企业在采用总价法入账的情况下,发生的现金折扣应当作为( )处理。
　　A. 营业收入　　　　B. 销售费用　　　　C. 财务费用　　　　D. 管理费用
7. 某企业 20×2 年 5 月 10 日销售产品一批,销售收入为 20 000 元,规定的现金折扣条件为 2/10,1/20,n/30,适用的增值税税率为 13%,假定增值税不允许折扣,则企业 5 月 26 日收到该笔款项时,应给予客户的现金折扣为( )元。
　　A. 0　　　　　　　 B. 200　　　　　　　C. 468　　　　　　　D. 234
8. 企业销售商品发生的销售折让应在实际发生时( )。
　　A. 直接增加销售收入　　　　　　　　B. 直接冲减销售成本
　　C. 直接增加销售成本　　　　　　　　D. 直接冲减销售收入
9. 某企业销售 A 产品 1 000 件,每件售价 50 元(不含增值税),适用的增值税税率为 13%,企业为购货方提供的商业折扣为 10%,其代垫运杂费 200 元。该企业在这项交易中应确认的收入金额为( )元。
　　A. 45 000　　　　　B. 50 000　　　　　C. 52 650　　　　　D. 45 200
10. 在下列各项税费中,应在利润表中的"税金及附加"项目反映的是( )。
　　A. 增值税　　　　　B. 城市维护建设税　　C. 所得税　　　　　D. 房产税

二、多项选择题
1. 按我国会计准则规定,下列项目中不应确认收入的有( )
　　A. 固定资产出售收入　　　　　　　　B. 销售商品代垫运杂费
　　C. 销售商品收取的增值税　　　　　　D. 销售商品的收入
2. 企业缴纳的下列税金中,可能通过"税金及附加"账户核算的有( )
　　A. 所得税　　　　　B. 消费税　　　　　C. 资源税　　　　　D. 教育附加费
3. 制造业企业在下列各项收入中,不属于主营业务收入的是( )。
　　A. 让渡无形资产使用权的收入　　　　B. 销售材料的收入
　　C. 提供运输劳务取得的收入　　　　　D. 固定资产出租收入
4. 收入的特征表现为( )。
　　A. 收入可能表现为所有者权益增加　　B. 收入是日常活动中产生
　　C. 收入可能表现为资产的增加　　　　D. 收入表现为所收取的全部款项
5. 对于在某一时段内履行的履约义务,应采用什么方法确认收入( )。
　　A. 产出法　　　　　B. 加成法　　　　　C. 投入法　　　　　D. 余值法

6. 企业在客户取得相关商品控制权时确认收入,需要合同同时满足哪些条件(   )。
   A. 合同各方已批准该合同并承诺将履行各自义务
   B. 该合同明确了合同各方与所转让商品或提供劳务相关的权利和义务
   C. 该合同有明确的与所转让商品相关的支付条款以及具有商业性质
   D. 企业因向客户转让商品而有权取得的对价很可能收回
7. 下列项目中,属于其他业务成本核算的内容有(   )。
   A. 销售产品的成本   B. 出租固定资产计提的折旧费
   C. 销售材料的成本   D. 出租无形资产的摊销额费
8. 企业采用商业汇票方式销售商品时,应作为应收票据入账价值的有(   )。
   A. 应收取商品的价款   B. 应收取的增值税
   C. 发生的商业折扣   D. 代垫的商品运杂费
9. 下列属于制造业企业销售费用的有(   )。
   A. 广告费用   B. 专设销售机构的业务费
   C. 销售产品的包装费   D. 董事会会费
10. 下列税金中,应通过"税金及附加"账户核算的有(   )。
    A. 增值税   B. 消费税   C. 城建税   D. 教育费附加

三、判断题

1. 收入是指企业在日常活动中形成的、会导致所有者权益增加的经济利益的总流入。(   )
2. 收入按经营业务的主次可划分为主营业务收入和其他业务收入两类。(   )
3. 企业对于到期不能收回的应收票据,应作为企业一项损失处理。(   )
4. 在有商业折扣的情况下,企业应将给予的商业折扣作为企业的一项销售费用。(   )
5. 在有现金折扣的情况下,应收账款应以扣除现金折扣前的金额作为入账价值。(   )
6. 企业应当在履行了合同规定的所有单项履约义务时,再确认收入。(   )
7. 如果合同对方与企业订立合同的目的是共同参与一项活动,合同对方和企业一起分担或分享该活动产生的风险或利益,而不是获取企业日常活动产出的商品(或服务),则该合同对方不是企业的客户。(   )
8. 企业将商品发出后,如果不能确认收入,应将发出商品的成本,转入"发出商品"账户的借方。(   )
9. 企业销售小轿车、摩托车等消费品应缴纳的消费税,应借记"税金及附加"账户。(   )
10. 企业对于应缴纳的消费税、增值税以及资源税,应在期末全部计入当期损益,通过收入得到补偿。(   )

四、核算题

1.【目的】练习应收账款总价法的核算。

甲企业销售产品一批,共计 100 000 元(不含增值税),规定的现金折扣条件为 2/10,n/30,适用的增值税税率为 13%。产品已交付,甲企业在 8 日内收到货款(按不含增值税折扣)。

【要求】按总价法编制有关业务的会计分录。

2.【目的】练习应收票据的核算。

甲企业 20×2 年 6 月 1 日销售产品一批,收到 90 天到期、面值为 67 800 元(其中增值税 7 800 元)的银行承兑汇票一张。

【要求】编制收到票据以及票据到期收到款项的会计分录。

3.【目的】练习应收票据贴现的核算。

甲企业收到 90 天到期、面值为 113 000 元的商业承兑汇票一张,用以抵偿上月应收账款。该汇票持有 30 天后,甲企业向银行办理贴现,并与银行约定不附追索权,银行贴现率为 8%。

【要求】计算贴现所得额并编制收到票据和票据贴现的会计分录。

4.【目的】练习商业折扣和现金折扣的核算。

甲企业销售超储积压的原材料 5 000 千克,每千克售价 200 元(不含增值税),适用的增值税税率为 13%,每千克销售成本为 150 元。企业为购货方提供的商业折扣为 10%,现金折扣条件为 2/10,1/20,n/30,计算现金折扣时不考虑增值税。该企业已收到购货方在销售实现后的第 20 天所支付的货款。

【要求】编制上述业务的会计分录。

5.【目的】练习营业收入和消费税的核算。

甲企业生产 A、B 两种产品。A 产品单位成本 80 元,单价 100 元;B 产品单位成本 60 元,单价 80 元。这两种产品适用的增值税税率均为 13%,B 产品需缴纳消费税,适用的消费税税率为 5%。20×2 年 8 月发生下列业务:

(1)15 日,发往乙企业 A 产品 400 件,B 产品 600 件,代垫运杂费 2 500 元,已向银行办妥托收手续,预计款项可在 10 日内全部收回。

(2)20 日,银行转来承付通知,收到乙企业承付的货款和代垫运杂费。

【要求】编制上述经济业务的会计分录。

五、分析题

何时确认房地产销售收入?

商品销售收入的确认是一项非常重要的会计职业判断。由于收入的确认与会计分期、当期经营成果密切相关,因此,"是否确认""何时确认"是商品销售收入确认中非常关键的职业判断点。

对于房地产行业而言,作为商品的房地产有着不同于一般商品的诸多特殊性:建造过程较长、工程竣工决算周期较长、销售方式和结算方式多样等。这些特殊性进一步加大了房地产行业中确认商品销售收入职业判断的难度。根据我国《企业会计准则第14号——收入》的相关规定,基于谨慎性原则,房地产企业的收入确认一般应同时满足如下几个条件:

第一,房屋竣工并验收合格,说明商品是合格的。

第二,完成了工程竣工结算,此时商品的成本能够可靠地计量。

第三,签订售房合同及收取房款,说明房款收入已能够可靠计量且已经或能够流入企业。

第四,房屋办理了移交手续交付业主使用,说明与房屋所有权相联系的风险和报酬及房屋的管理权和控制权均已转移。

下面举例说明。

A、B、C分别为三家房地产开发企业,均为上市公司。三家公司在2023年年度财务报告中有关房地产销售收入的确认原则披露如下:

A公司:

在房产完工并验收合格,签订了销售合同,取得了买方付款证明并交付使用时确认销售收入的实现。买方接到书面交房通知,无正当理由拒绝接收的,于书面交房通知确定的交付使用时限结束后即确认收入的实现。

B公司:

房地产开发产品在满足以下条件时确认收入:

(1)买卖双方签订销售合同并在国土部门备案。

(2)房地产开发产品已竣工并验收合格。

(3)公司收到客户的全部购房款或取得收取全部购房款权利(如银行同意发放按揭款的书面承诺函)。

(4)办理了交房手续,或者可以根据购房合同约定的条件视同客户接收时。

C公司:

当同时满足收入的一般确认条件以及下述条件时确认销售商品收入:

房地产销售在房产完工并验收合格,达到了销售合同约定的交付条件,取得了买方按销售合同约定交付房产的付款证明时(通常收到销售合同首期款及已确认余下房款的付款安排)确认销售收入的实现。

要求:根据上述资料分析:

(1)有关确认收入的时点:A、B公司选择在办理交房手续、交付使用时;C公司选择在房产竣工验收合格、取得付款证明时。你认为此时商品所有权上的主要风险和报酬是否已经转移?

(2)根据上述三家公司的相关披露,你认为他们在确认房地产销售收入时,是否考虑了

"相关的已发生或将发生的成本能够可靠地计量"这一条件?

（3）如果上述三家公司对开发的房地产还进行物业管理，对于房地产销售收入的确认会有什么影响？为什么？

进一步思考

财政部2020年7月31日发布了对瑞幸咖啡公司（Luckin Coffee Inc.）会计信息质量的检查结果，指出自2019年4月起至2019年末，瑞幸咖啡公司通过虚构商品券业务增加交易额22.46亿元，虚增收入21.19亿元（占对外披露收入51.5亿元的41.16%），虚增成本费用12.11亿元，虚增利润9.08亿元。下一步，财政部将依法对瑞幸咖啡境内主要运营主体财务造假问题给予行政处罚。

除了瑞幸咖啡以外，獐子岛连续多年收入造假，上演扇贝6年4次"大逃亡"事件。2020年6月24日，证监会发布消息，对獐子岛信息披露违法违规案做出行政处罚及市场禁入决定。证监会表示，在2014年、2015年已连续两年亏损的情况下，獐子岛客观上利用海底库存及采捕情况难发现、难调查、难核实的特点，不以实际采捕海域为依据进行成本结转，导致财务报告严重失真，2016年通过少记录成本、营业外支出的方法将利润由亏损披露为盈利，2017年将以前年度已采捕海域列入核销海域或减值海域，夸大亏损幅度。此外，獐子岛还涉及《年终盘点报告》和《核销公告》披露不真实、秋测披露不真实、不及时披露业绩变化情况等多项违法事实，违法情节特别严重，严重扰乱证券市场秩序、严重损害投资者利益，社会影响极其恶劣。证监会对獐子岛公司给予警告，并处以60万元罚款，对15名责任人员处以3万元至30万元不等罚款，对4名主要责任人采取5年至终身市场禁入。

思考题：

（1）一直以来，收入造假都是财务舞弊的重灾区。收入造假屡禁不止、愈演愈烈的根源，在于违背了对社会规范的遵守以及诚实守信的会计职业道德。请结合自身体会和认识，思考我们应该如何理解社会规范对个人、社会的价值和意义，提高道德修养，增强法制意识，推动社会文明进步。

（2）诚信是一个会计人员安身立命之本，是企业的无形资产，践行诚信，需要树立诚信意识，珍惜个人的诚信记录。请结合自身感受，思考提升会计人员诚信意识的方法和途径。

阅读资料

[1]《企业会计准则第 14 号——收入》(财政部 2017 年 7 月 5 日印发,财会〔2017〕22 号).

[2]财政部会计司编写组.《企业会计准则第 14 号——收入》应用指南,2018.

[3]王国生,于鹏.中级财务会计.北京:首都经济贸易大学出版社,2017.(第十章 损益).

第八章

投资活动的核算

导论

对外投资是现代企业非常重要的一项经济活动。投资有利于企业资源的充分利用,促进社会资源的合理流动和配置。如果你想进行短期的股票投资或基金投资,交易性金融资产成本是如何确定的?处置时如何确定投资损益?如果想进行长期债券投资,债券投资成本如何确定?如何确定各期实际投资收益?如果你想做企业的长期股东,长期股权投资成本如何确定?应当采用何种方法进行核算?相信学完本章内容后,你就会拥有作为一个投资者应具备的相关会计知识。

内容结构

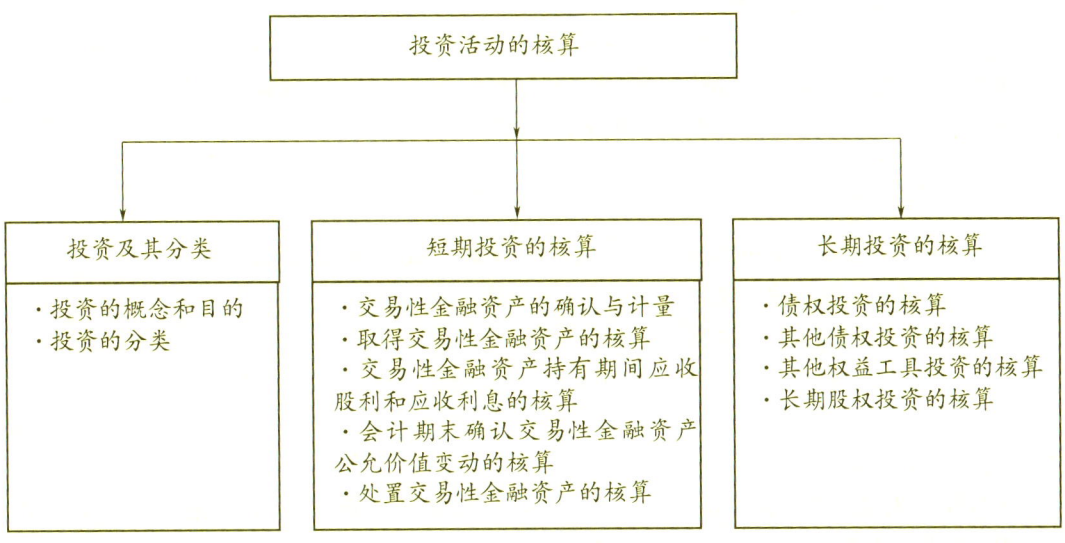

第一节 投资及其分类

一、投资的概念和目的

投资是企业最基本的经济活动。投资有广义和狭义之分。广义投资是指企业以收回更多的现金为目的而发生的活动,如对外进行的金融性投资,对内进行的购置固定资产、无形资产的投资。狭义投资是指对外投资,是指企业为了通过分配来增加财富,或为了谋求其他利益,将其拥有或控制的资产让渡给其他单位所获取收益的活动。本章主要涉及的是对外投资。企业对外投资出于不同的经营需要,其目的主要包括:

(一)有效地利用闲置资金以取得较高收益

企业在日常经营过程中,往往会出现资金暂时闲置的状态,企业可以将这些处于暂时闲置状态的资金投资于可以随时变现的股票、债券或基金等有价证券,借以获取比银行存款利息更高的收益。

(二)为企业扩大经营规模准备条件

如果企业准备在将来扩大其经营规模,可以将当前经营中的货币性资产投资于有价证券,以为今后扩大生产经营规模积累资金;将土地使用权或房屋投资于其他企业,等待将来某一时期扩大经营规模时使用。

(三)影响或控制其他企业

为保证本企业生产经营持续、稳步的发展,企业可以购买并长期持有其客户和供应商发行的股票,成为对方企业的股东,通过参与被投资方的相关活动而享有可变回报,并且有能力运用对被投资方的权力影响其回报金额。

二、投资的分类

企业对外投资按照不同标准,可分为不同的类别。具体表现为三大内容。

(一)按照投资的对象分类

按投资的对象可分为股权投资和债权投资。

1. 股权投资。股权投资包括股票投资和其他股权投资。

(1)股票投资是指企业以购买股票的方式进行的对外投资。股份有限公司将其全部股本分成若干等额股份,并以股票的形式发行,投资企业认购股票成为股份公司的股东。

(2)其他股权投资是指除购买股票方式外所取得的股权投资。例如,企业以货币资金、实物资产、无形资产等直接对被投资单位投资,拥有被投资单位一定的股权份额。

2. 债权投资。债权投资是指企业以购买债券等形式进行的投资。投资企业购买债券是为了获取固定的利息。

(二)按照投资期限长短分类

按投资期限可分为短期投资和长期投资。

1. 短期投资。短期投资是为赚取价差为目的购买有活跃市场报价的股票投资、债券投资、基金投资等。其特点是能够随时变现,持有时间不准备超过一年。作为短期投资必须具备以下两个条件:一是能够随时变现,即在需要资金时能够及时地将有价证券转让出去。即能够在公开市场交易,又有明确的市价。二是准备随时变现。即投资者投资的意向是在一年内变现、不打算长期持有,即持有投资作为剩余资金的存放形式,又保持其流动性和获利性。

2. 长期投资。长期投资是指不能随时变现或不准备随时变现,持有时间在一年以上的有价证券以及超过一年的其他投资。与短期投资相比,长期投资不仅期限长,变现能力差,而且投资的目的也不一样。长期投资与短期投资的区别主要有以下几方面:

(1)投资的目的不同。长期投资的目的或为特定用途积累资金(如为归还长期借款、购买固定资产而积累资金);或为扩大经营规模而准备条件(如为了扩展经营规模而购置暂不需用的土地和房屋等);或为影响或控制其他企业,实现纵向联合,即通过对原材料供应企业或产品经销商的长期投资,控制这些相关企业的业务,参与其经营决策,以配合本企业的生产经营活动;或实施多元化经营战略,通过向与本企业生产经营活动无关的行业投资,以分散经营风险。而短期投资是为了利用生产经营过程中暂时闲置的资金以获得一定的收益,这在季节性生产企业中尤为重要,即运用这种暂时闲置的资金,投资于极易变现的有价证券,以期获得高于正常银行利息的投资收益。

(2)投资回收期不同。长期投资的投资目的决定了其投资回收期在一年以上或一个营业周期以上。而短期投资只是为了暂时持有,一旦需要资金或者出现更有利的投资机会,企业随时可以将其转化为货币资金,所以,短期投资的回收期在一年以内或一个营业周期以内。

(3)投资的变现能力不同。长期投资的变现能力较差。短期投资具有较强的变现能力,能够在需要时随时抛售出去,如果投资为非公开发行的有价证券,且无交易市场或交易受限制,则不能作为短期投资。

(三)按投资的信息列报要求分类

1. 交易性金融资产。交易性金融资产是指企业以赚取差价为目的持有的有活跃市场报价的股票投资、债券投资、基金投资等金融资产。

2. 债权投资,指以摊余成本计量的金融资产,包括不以出售为目的的债券投资和其他债权投资(如:企业委托银行或非银行的金融机构贷给指定单位的款项)。

3. 其他债权投资,指以公允价值计量且其变动计入其他综合收益的金融资产。如债券投资、债券型基金投资等。

4. 长期股权投资,指企业持有的对子公司、联营企业及合营企业的投资。

5. 其他权益工具投资,包括企业购入不具有控制、共同控制以及重大影响的,同时指定为公允价值计量且其变动计入其他综合收益的金融资产的股权投资;以及购入非交易性归类为权益工具的各种金融工具投资(如优先股、永续债等)。

第二节 短期投资的核算

如前所述,企业进行短期投资的目的主要为了赚取买卖价差,通常是购买股票、债券和基金。依据企业会计准则规定,企业以赚取差价为目的从市场上购入的股票、债券、基金应作为交易性金融资产核算。交易性金融资产是金融资产的一个组成部分,企业在取得金融资产时,应当根据其管理金融资产的业务模式和金融资产的合同现金流量特征,将金融资产划分为以下三类:一是以摊余成本计量的金融资产;二是以公允价值计量且其变动计入其他综合收益的金融资产;三是以公允价值计量且其变动计入当期损益的金融资产。交易性金融资产归属于第三类金融资产,本节说明交易性金融资产的核算。

一、交易性金融资产的确认与计量

(一)交易性金融资产的确认

交易性金融资产主要是指企业为了近期内出售而持有的金融资产,包括股票、债券、基金等。如果满足下列条件之一,就可确认为交易性金融资产:

1. 取得金融资产的目的主要是为了近期内出售,如企业以赚取差价为目的的,从二级市场上购入股票、债券、基金等。

2. 属于进行集中管理的可辨认金融工具组合的一部分,且有客观证据表明企业近期采用短期获利方式对该组合进行集中管理。在这种情况下,即使组合中有某个组成项目持有的时期稍长也不受影响。

3. 属于衍生工具,包括远期合同、期货合同、互换和期权,以及具有远期合同、期货合同、互换和期权中一种或一种以上特征的工具,但不包括被指定为有效套期工具的衍生工具、属于财务担保合同的衍生工具、与在活跃市场中没有报价且其公允价值不能可靠计量的权益工具投资挂钩并须通过交付该权益结算的衍生工具。

(二)交易性金融资产的计量

交易性金融资产的计量分为初始计量和后续计量两部分。

1. 初始计量。企业应当按公允价值对交易性金融资产进行初始计量,相关交易费用应当直接计入当期损益。

2. 后续计量。企业后续计量交易性金融资产时,亦应当按其公允价值计量。公允价值变动形成的利得或损失,应当计入当期损益。

(三)交易性金融资产重分类

由于交易性金融资产属于以公允价值计量且其变动计入当期损益的金融资产。根据《企业会计准则第22号——金融工具确认和计量》,以公允价值计量且其变动计入当期损益的金融资产进行重分类时,应按下列规定进行处理:

(1)企业将一项以公允价值计量且其变动计入当期损益的金融资产重分类为以摊余成本计量的金融资产的,应当以其在重分类日的公允价值作为新的账面余额。

(2)企业将一项以公允价值计量且其变动计入当期损益的金融资产重分类为以公允价值计量且其变动计入其他综合收益的金融资产的,应当继续以公允价值计量该金融资产。

(四)交易性金融资产核算设置的账户

为了反映交易性金融资产的取得、公允价值变动、现金股利或利息收入、处置等业务,企业应当设置"交易性金融资产""公允价值变动损益""投资收益"等账户。

"交易性金融资产"账户反映企业为交易目的所持有的债券投资、股票投资、基金投资等交易性金融资产的公允价值。企业持有的直接指定为以公允价值计量且其变动计入当期损益的金融资产也在"交易性金融资产"账户核算。"交易性金融资产"账户的借方登记交易性金融资产的取得成本以及资产负债表日其公允价值高于账面余额的差额等;贷方登记资产负债表日其公允价值低于账面余额的差额,以及企业出售交易性金融资产时结转的成本。其账户期末借方余额反映其公允价值。企业应当按照交易性金融资产的类别和品种,分别设置"成本""公允价值变动"等明细账户进行核算。

"公允价值变动损益"账户反映企业交易性金融资产等公允价值变动而形成的应计入当期损益的利得或损失。其贷方登记资产负债表日企业持有的交易性金融资产等的公允价值高于账面余额的差额;借方登记资产负债表日企业持有的交易性金融资产等的公允价值低于账面余额的差额。

"投资收益"账户反映企业持有交易性金融资产等期间取得的投资收益,以及处置交易性金融资产等实现的投资收益或发生的投资损失。其贷方登记企业出售交易性金融资产等实现的投资收益;借方登记企业出售交易性金融资产等发生的投资损失。期末应将本账户余额转入"本年利润"账户,结转后应无余额。该账户可按投资项目进行明细核算。

"应收股利"账户反映企业应收取的现金股利和应收取的其他单位的利润。其借方登记应收股利或利润的增加额;贷方登记实际收到的股利或利润;期末借方余额,反映尚未收到的现金股利或利润。该账户应按被投资单位设置明细账,进行明细分类核算。

"应收利息"账户反映企业所投资的交易性金融资产、债券投资、其他债权投资等应收取的利息,但不包括企业购入的一次还本付息的债权投资在持有期间取得的利息。其借方登记应收利息的增加额;贷方登记实际收到的利息;期末借方余额,反映企业尚未收到的利息。该账户可按借款人或被投资单位设置明细账,进行明细分类核算。

二、取得交易性金融资产核算

(一)交易性金融资产取得成本的确定

企业取得交易性金融资产时,应按其公允价值确定为交易性金融资产的成本。在确定成本时,应注意以下问题:

1. 如果支付的价款(或公允价值)中,包含已宣派但尚未发放的现金股利或已到付息期但尚未发放的债券利息时,应单独通过"应收股利""应收利息"账户核算,不作为交易性金融资产的成本。

2. 取得交易性金融资产时发生的交易费用,不计入交易性金融资产的成本,直接冲减投资收益。

3. 如取得的分期付息或一次还本付息的债券,未到付息期的利息不需要单独核算,计入交易性金融资产的成本。

> **思考题**:支付价款中的已宣派但尚未发放的现金股利为什么不计入投资成本?

(二)交易性金融资产取得的账务处理

企业购买股票、债券、基金等取得交易性金融资产时,按其公允价值,借记"交易性金融资产——××类别(成本)"账户;按发生的交易费用,借记"投资收益"账户;按已宣告但尚未发放的现金股利或已到付息期但尚未领取的利息,借记"应收股利"或"应收利息"账户;按实际支付的金额,贷记"银行存款""其他货币资金"等账户。

【例8-1】腾科股份有限公司于20×2年6月10日宣告分派现金股利,每10股派2元,6月15日在册的股东均可享有,并定于6月25日至30日发放。华讯股份有限公司于20×2年6月12日购入腾科股份有限公司股票500 000股,每股市价15元,并将其划分为交易性金融资产。另支付交易费用30 000元。华讯股份有限公司应编制如下会计分录:

借:交易性金融资产——股票投资——成本　　　7 400 000
　　应收股利　　　　　　　　　　　　　　　　　100 000
　　投资收益　　　　　　　　　　　　　　　　　 30 000
　　贷:银行存款　　　　　　　　　　　　　　　7 530 000

【例8-2】华讯股份有限公司20×2年1月1日以1 200 000元的价格购入京通公司20×1年1月1日发行的三年期债券,其债券按年付息到期收回本金,票面利率为4%。该债券面值为1 000 000元,另支付交易费用15 000元。华讯股份有限公司将其划分为交易性金融资产,应编制如下会计分录:

借:交易性金融资产——债券投资——成本　　　1 160 000
　　应收利息　　　　　　　　　　　　　　　　　 40 000
　　投资收益　　　　　　　　　　　　　　　　　 15 000
　　贷:银行存款　　　　　　　　　　　　　　　1 215 000

上例中,取得投资时发生的已宣派尚未发放的现金股利和利息不计入投资成本而作为债权项目出于以下考虑:虽然支付的价款中包含已宣派但尚未发放的现金股利和尚未支付的利息,由于这部分股利和利息,会在较短时间内收回,从投资的性质来看这部分现金股利和利息不属于投资范畴,属于企业暂付的资金性质,所以将其作为企业债权项目处理。

三、交易性金融资产持有期间应收股利和应收利息的核算

企业持有交易性金融资产期间收到现金股利和利息核算时,应注意区别以下两种情况:

(1)持有期间收到现金股利和利息,如果属于初始投资时垫付资金的收回,应冲减"应收股利"或"应收利息"账户,不确认投资收益。借记"银行存款"账户,贷记"应收股利"或"应收利息"账户。

(2)持有期间被投资单位宣派现金股利或确认应收债券取得利息收入时,应在股利宣告日或计息日,确认为本期投资收益。借记"应收股利"或"应收利息"账户,贷记"投资收益"账户。实际收到股利或利息时,借记"银行存款"账户,贷记"应收股利"或"应收利息"账户。

【例8-3】承例8-1资料,华讯股份有限公司20×2年6月25日收到腾科股份有限公司发放的现金股利100 000元。华讯股份有限公司应编制如下会计分录:

借:银行存款　　　　　　　　　　　　　　　　　　　　　　　　　100 000
　　贷:应收股利　　　　　　　　　　　　　　　　　　　　　　　　　100 000

【例8-4】承例8-2资料,华讯股份有限公司20×2年2月1日收到京通公司发放的20×1年的债券利息40 000元。华讯股份有限公司应编制如下会计分录:

借:银行存款　　　　　　　　　　　　　　　　　　　　　　　　　40 000
　　贷:应收利息　　　　　　　　　　　　　　　　　　　　　　　　　40 000

上例中,企业收到的现金股利和利息,属于投资时暂付的资金的收回,应冲减企业的债权,不同于企业投资期间取得的投资报酬。

【例8-5】承例8-1资料,假设腾科股份有限公司20×3年6月10日宣派现金股利,每10股派4元,7月1日至10日发放。华讯股份有限公司应编制如下会计分录。

确认投资收益时:

借:应收股利　　　　　　　　　　　　　　　　　　　　　　　　　200 000
　　贷:投资收益　　　　　　　　　　　　　　　　　　　　　　　　　200 000

实际收到现金股利时:

借:银行存款　　　　　　　　　　　　　　　　　　　　　　　　　200 000
　　贷:应收股利　　　　　　　　　　　　　　　　　　　　　　　　　200 000

上例中,企业收到的现金股利,属于投资期间赚得的投资报酬,在宣派日计入投资收益。

四、会计期末确认交易性金融资产公允价值变动的核算

资产负债表日,企业对于交易性金融资产应当按照公允价值计量,公允价值与账面余额

之间的差额计入当期损益。在资产负债表日应按照交易性金融资产公允价值与其账面余额的差额借记或贷记"交易性金融资产——公允价值变动"账户,贷记或借记"公允价值变动损益"账户。

【例8-6】承例8-1资料,假设20×2年12月31日,华讯股份有限公司购入的股票的市价为7 600 000元;20×3年6月30日,该企业购入的股票的市价为7 450 000元。华讯股份有限公司应编制如下会计分录。

(1) 20×2年12月31日确认该股票公允价值变动收益200 000元(7 600 000 - 7 400 000)时:

借:交易性金融资产——公允价值变动　　　　　　　　　　200 000
　贷:公允价值变动损益　　　　　　　　　　　　　　　　　　200 000

(2) 20×3年6月30日,确认该股票公允价值变动损失150 000元(7 600 000 - 7 450 000)时:

借:公允价值变动损益　　　　　　　　　　　　　　　　　　150 000
　贷:交易性金融资产——公允价值变动　　　　　　　　　　150 000

上例中,企业期末交易性金融资产的公允价值的增减变化,分别确定其增加额或减少额,计入公允价值变动损益,因其属于未实现的损益,不计入投资收益。

五、处置交易性金融资产的核算

企业出售交易性金融资产时,应当将所出售的交易性金融资产的公允价值与其账面价值之间的差额确认为投资收益,同时调整公允价值变动损益。

企业应按实际收到的金额(售价扣除税费的部分),借记"银行存款"等账户,按该项交易性金融资产的成本,贷记"交易性金融资产"账户(成本),按该项交易性金融资产的公允价值变动额,贷记或借记"交易性金融资产"账户(公允价值变动),按其差额,贷记或借记"投资收益"账户。

【例8-7】承例8-1、例8-6。华讯股份有限公司20×3年6月30日"交易性金融资产——成本"账户余额7 400 000元,"交易性金融资产——公允价值变动"账户借方余额50 000元,"公允价值变动损益"账户贷方余额50 000元。企业20×3年7月5日,以每股18元价格将该金融资产全部出售,并发生交易费用20 000元。华讯股份有限公司应编制如下会计分录:

借:银行存款　　　　　　　　　　　　　　　　　　　　　8 980 000
　贷:交易性金融资产——股票投资——成本　　　　　　　　7 400 000
　　　　　　　　　　　　　　——公允价值变动　　　　　　　　50 000
　　投资收益　　　　　　　　　　　　　　　　　　　　　　1 530 000

本例中,企业处置时确定的损益属于实现的利得或损失,应计入投资收益。

> **请思考**:处置交易性金融资产时,应如何确定投资收益?

第三节 长期投资的核算

一、债权投资的核算

(一) 债权投资的确认与计量

1. 债权投资的确认。债权投资是指到期日固定、回收金额固定或可确定,且企业有明确意图和能力持有至到期的非衍生金融资产,主要包括购入的债券和贷出的款项。如企业从二级市场上购入的固定利率国债等。该种投资具有以下特征:一是企业管理该项金融资产的业务模式是以收取合同现金流量为目标;二是相关合同规定,在特定日期产生的现金流量仅为对本金和以未偿付本金金额为基础的利息的支付。依据《企业会计准则第22号——金融工具确认和计量》对该类金融资产的分类,划分为以摊余成本计量的金融资产。

2. 债权投资的计量。企业购入债权投资时,由于受债券票面利率、市场利率、债券期限等因素的影响,使企业购入债券支付的价格与其面值不一定相同。债券的发行价格是指债券的面值按实际利率计算的复利现值与债券按票面利率计算的各期应收利息按实际利率计算年金现值的总和。企业购入债权投资所支付的价格主要有以下三种:

(1) 面值购入。当债券的票面利率与市场利率相等时,通过计算企业购入债券所支付的价格就会与其债券面值相同,即按面值购入,或称平价购入。

(2) 溢价购入。当债券的票面利率高于实际利率时,由于企业每期会按高于实际利率水平收取利息收入,企业会以高于债券面值的价格购入债券。超过债券面值的部分,为债券溢价。债券溢价,对于投资企业来说,是为以后多得利息而预先付出的代价,其实质是为平衡债券投资人的利息收入和债券发行人的利息费用,对利息收入或利息费用的抵减调整。

(3) 折价购入。当债券的票面利率低于实际利率时,由于企业每期会按低于实际利率水平收取利息收入,企业会以低于债券面值的价格购入债券。低于债券面值的部分,为债券折价。债券折价,对于投资企业来说,是为以后少得利息而预先得到的补偿。其实质是为平衡债券投资人的利息收入和债券发行人的利息费用,对其利息收入或利息费用的附加调整。

企业购入指定为以摊余成本计量的债券,无论以什么价格购入,均应按取得时的公允价值和相关交易费用之和作为其初始投资成本。实际支付价款中包含的已到付息期但尚未领取的债券利息,不计入债券的初始投资成本,应作为短期应收项目处理。

债权投资在持有期间应当以摊余成本进行后续计量。持有期间企业应当对债权投资按照摊余成本和实际利率计算确认利息收入,计入投资收益。所谓摊余成本是指初始成本扣除已偿还的本金、加上或减去累计折价或溢价摊销额以及扣除已发生的减值损失后的金额。实际利率应当在取得债权投资时确定,在该项投资预期存续期间或适用的更短期间内保持不变;实际利率与票面利率差别较小的,也可按票面利率计算利息收入计入投资收益。

(二)债权投资核算设置的账户

为了反映债权投资的取得、收益、处置情况,企业应设置"债权投资"账户,并设置"面值""利息调整""应计利息"等明细账,进行明细分类核算。

1. "债权投资——面值"账户,反映企业以摊余成本计量债权投资的账面余额。借方登记购入债券的面值;贷方登记到期收回债券的面值。期末借方余额,反映尚未到期债券的面值。债券到期收回后,该明细账户无余额。

2. "债权投资——利息调整"账户,反映债权投资过程中所形成的溢折价及其摊销情况。借方登记形成的溢价或各期摊销的折价额;贷方登记形成的折价或各期摊销的溢价额。该账户的期末借方余额,表示尚未摊销的溢价;贷方余额,表示尚未摊销的折价。债券到期收回时,该明细账户无余额。企业投资时发生的相关税费,按准则规定应计入投资成本,具体记入"债权投资——利息调整"明细账。

3. "债权投资——应计利息"账户,反映企业购入到期还本付息债券的应计利息情况。借方登记购入时产生的发行日至投资日应计利息以及期末应收未收的利息金额;贷方登记到期收回全部利息的金额。该账户期末借方余额,反映尚未收回的应计利息金额。债券到期收回后,该明细账户无余额。需要说明的是:企业如果购入分期付息、到期还本的债券,对于各期应收的利息,应通过"应收利息"账户核算,不通过"债权投资——应计利息"账户核算。

(三)债权投资的重分类

由于债权投资属于以摊余成本计量的金融资产,根据《企业会计准则第22号——金融工具确认和计量》,对以摊余成本计量的金融资产进行重分类时,应按下列规定进行处理:

(1)企业将一项以摊余成本计量的金融资产重分类为以公允价值计量且其变动计入当期损益的金融资产的,应当按照该资产在重分类日的公允价值进行计量。原账面价值与公允价值之间的差额计入当期损益。

(2)企业将一项以摊余成本计量的金融资产重分类为以公允价值计量且其变动计入其他综合收益的金融资产的,应当按照该金融资产在重分类日的公允价值进行计量。原账面价值与公允价值之间的差额计入其他综合收益。该金融资产重分类不影响其实际利率和预期信用损失的计量。

(四)债权投资的账务处理

1. 平价购入债权投资的账务处理。

(1)取得债权投资。企业平价购入债权投资时,应按购入债券的面值,借记"债权投资——面值"账户,按实际支付的全部价款,贷记"银行存款"账户。如果债券是在发行日之后认购的,购买债券所支付的款项中往往含有截至购买日的应计利息,这部分应计利息需要根据所购债券付息方式的不同,分别予以反映。如果购入到期还本付息的债券,其应计利息通过"债权投资——应计利息"账户核算;如果购入分期付息、到期还本的债券,其应计利息应通过"应收利息"账户核算,收到债券利息时,冲减应收利息。

【例8-8】中科公司20×2年1月1日购入甲公司该年度1月1日发行的3年期、债券面值为1 000 000元、债券票面年利率为6%、到期还本付息的债券,并将其划分为以摊余成本计量的金融资产。中科公司按面值购入,实际支付价款为1 000 000元,假定不考虑相关税费,中科公司购进债权时,编制会计分录如下:

  借:债权投资——面值   1 000 000
    贷:银行存款   1 000 000

(2)债权投资各期末计息。企业购入债权投资,由于持续期较长,为正确计算各期的利润,应当以权责发生制为确认基础,对属于当期的(月、季、年)债券投资应计利息,无论是否收到均应计入当期损益,作为当期投资收益处理。

企业按面值购入债券,按票面利率确认各期的投资收益,各期应根据债券面值和票面利率计算各期利息收入,并确认为投资收益。

①对于到期还本付息的债权投资,各期计息时,应按确定的利息金额,借记"债权投资——应计利息"账户,贷记"投资收益"账户。

②对于分期付息,到期还本的债权投资,各期计息时,应按确定的利息金额,借记"应收利息"账户,贷记"投资收益"账户。实际收到利息时,借记"银行存款"账户,贷记"应收利息"账户。

【例8-9】依据例8-8资料,中科公司各年年末计息时,编制的会计分录如下:

  借:债权投资——应计利息   60 000
    贷:投资收益   60 000

(3)收回债权投资。债券到期后,投资企业应按照债券发行单位支付利息方式的不同,分别核算收回的债券本金和应收利息。

①到期还本付息方式下,投资企业在债券到期时收到本金和全部利息,借记"银行存款"账户,贷记"债权投资——面值"账户、"债权投资——应计利息"账户。

②分期付息、到期还本方式下,由于利息已于每期收讫,因此只需核销"债权投资——面值"账户。借记"银行存款"账户,贷记"债权投资——面值"账户。

【例8-10】假定中科公司20×2年1月1日购入甲公司的3年期债券到期,收到甲公司偿付的债券本息共计1 180 000元。中科公司收到债券本息款时应编制会计分录如下:

  借:银行存款   1 180 000
    贷:债权投资——面值   1 000 000
        ——应计利息   180 000

2. 溢价购入债权投资的账务处理。

(1) 取得债权投资。企业溢价购入债权投资所形成的溢价,是为以后多得利息预先付出的代价。债权溢价的计算公式如下:

$$债权投资溢价 = (债券投资成本 - 应计利息) - 债券面值$$
$$= 债权投资初始摊余成本 - 债券面值$$

式中,为准确反映溢价,应将投资时计入投资成本中的应计利息予以剔除。

企业溢价购入债券,应按照债券的面值,借记"债权投资——面值"账户,若有发行日至投资日的应计利息,按确定的金额,借记"债权投资——应计利息"账户,按实际支付的价款,贷记"银行存款"账户,按其差额,借记"债权投资——利息调整"账户。

【例 8-11】依据例 8-8 资料,假定中科公司支付的价款为 1 055 500 元,实际利率为 4%。该公司购入债券时应编制如下会计分录:

借:债权投资——面值　　　　　　　　　　　　　　　　1 000 000
　　　　　　——利息调整　　　　　　　　　　　　　　　　55 500
　　贷:银行存款　　　　　　　　　　　　　　　　　　　1 055 500

(2) 债权投资各期末债券计息和溢价摊销。企业溢价购入债券时,对于所形成的溢价,应在债券存续期间分期进行摊销。摊销债券溢价的方法有直线法和实际利率法两种。

① 直线摊销法,是指将债券溢价按债券存续期间平均摊销的一种方法。其特点是:按债券存续期间将债券溢价分成等份,从各期利息收入中平均摊销。经过摊销,投资企业各期获得的实际投资收益相同。各期实际投资收益按下列公式确定:

$$各期实际投资收益 = 各期票面利息收入 - 各期溢价摊销额$$

② 实际利率摊销法,是指先将债权投资的实际利率乘以每期期初债券账面净值(或摊余成本)以确定当期实际利息收益,再将按照实际利率计算的各期利息收益与该期票面利息收入相抵,其差额即为各该期债券溢价的摊销额。其特点是:各期债券溢价摊销数额不等,每期实际利息收益随着长期投资账面价值的逐期递减而逐期降低。各期实际投资收益以及各期溢价摊销额按下列公式确定:

$$各期实际投资收益 = 各期期初债券账面价值(摊余成本) \times 债券实际利率$$
$$各期溢价摊销额 = 各期票面利息收入 - 各期实际投资收益$$

我国现行会计准则规定,利息调整(溢折价)采用实际利率法摊销。

采用实际利率法摊销时,企业对于所购入的一次还本付息的债券投资,应于资产负债表日按票面利率计算确定的应收未收利息,借记"债权投资——应计利息"账户,按债权投资摊余成本和实际利率计算确定的利息收入,贷记"投资收益"账户,按其差额,贷记"债权投资——利息调整"账户。对于分期付息、一次还本的债券投资,应按票面利率计算确定的应收未收利息,借记"应收利息"账户,按债权投资摊余成本和实际利率计算确定的利息收入,贷记"投资收益"账户,按其差额,贷记"债权投资——利息调整"账户。

【例 8-12】依据例 8-8、例 8-11 的资料,实际利率法下中科公司各年溢价摊销的计算过程如表 8-1 所示。

表 8-1　债券溢价摊销表　　　　　　　　　　　　　　　　　　　　单位:元

计息日期	票面利息收入	投资收益	各期溢价摊销额	债权投资账面价值（摊余成本）
	(1)=1 000 000×6%	(2)=每期期初摊余成本×4%	(3)=(1)-(2)	(4)=每期期初摊余成本-(3)
20×2-1-1				1 055 500
20×2-12-31	60 000	42 220	17 780	1 037 720
20×3-12-31	60 000	41 509	18 491	1 019 229
20×4-12-31	60 000	40 771(尾差2)	19 229	1 000 000
合计	180 000	124 500	55 500	—

中科公司在债券存续期内,确定各年利息收入时,以20×2年12月31日为例,应编制如下会计分录:

借:债权投资——应计利息　　　　　　　　　　　　　　　60 000
　　贷:债权投资——利息调整　　　　　　　　　　　　　　17 780
　　　　投资收益　　　　　　　　　　　　　　　　　　　　42 220

其他年度的账务处理依此类推。

从表8-1可见,通过溢价摊销,债券溢价作为各期利息收入的扣除数摊入各个期间,调整了各期投资收益,并使债券投资账面价值(摊余成本)逐期减少,直至等于其票面价值。

(3)收回债权投资。企业溢价购入债权投资,在债券到期收回时,由于溢价已在其存续期间摊销完毕,因此只需进行收回本息的核算。收回投资的账务处理与平价购入债权收回相同。

3. 折价购入债权投资的账务处理。

(1)取得债权投资。企业折价购入债权投资所形成的折价,是为以后少得利息预先得到的补偿。其计算公式如下:

债权投资折价=债券面值-(债权投资成本-应计利息)
　　　　　　=债券面值-债权投资初始摊余成本

式中,为准确反映折价,应考虑投资时计入投资成本中的应计利息。

企业折价购入债券,应按照债券的面值,借记"债权投资——面值"账户,若有发行日至投资日的应计利息,按确定的金额,借记"债权投资——应计利息"账户,按实际支付的价款,贷记"银行存款"账户,按其差额,贷记"债权投资——利息调整"账户。

【例8-13】依据例8-8资料,假定中科公司支付的价款为948 420元,实际利率为8%。该公司购入债券时应编制如下会计分录:

借:债权投资——面值　　　　　　　　　　　　　　　　　1 000 000

贷：银行存款　　　　　　　　　　　　　　　　　　　　　　　　　948 420
　　债权投资——利息调整　　　　　　　　　　　　　　　　　　51 580

（2）债权投资各期末债券计息和折价摊销。债券折价摊销同样可采用直线法和实际利率法两种摊销方法。

采用实际利率法摊销时，对于所购入的一次还本付息的债券投资，应于资产负债表日按票面利率计算确定的应收未收利息，借记"债权投资——应计利息"账户，按债权投资摊余成本和实际利率计算确定的利息收入，贷记"投资收益"账户，按其差额，借记"债权投资——利息调整"账户。对于分期付息、一次还本的债券投资，应按票面利率计算确定的应收未收利息，借记"应收利息"账户，按债权投资摊余成本和实际利率计算确定的利息收入，贷记"投资收益"账户，按其差额，借记"债权投资——利息调整"账户。各期实际投资收益以及各期溢价摊销额按下列公式确定：

各期实际投资收益＝各期期初债券账面价值（摊余成本）×债券实际利率
各期折价摊销额＝各期实际投资收益-各期票面利息收入

【例8-14】依据例8-8、例8-13的资料，实际利率法下，中科公司各年折价摊销额的计算过程如表8-2所示。

表8-2　债券折价摊销表　　　　　　　　　　　　　　　　　　单位：元

计(付)息日期	票面利息收入 (1)=1 000 000×6%	投资收益 (2)=每期期初摊余成本×8%	各期折价摊销额 (3)=(2)-(1)	债权投资账面价值（摊余成本） (4)=每期期初摊余成本+(3)
20×2-1-1				948 420
20×2-12-31	60 000	75 874	15 874	964 294
20×3-12-31	60 000	77 144	17 144	981 438
20×4-12-31	60 000	78 562(尾差47)	18 562	1 000 000
合计	180 000	87 720	12 720	—

中科公司在债券存续期内，确定各年利息收入时，以20×2年12月31日为例，编制如下会计分录：

借：债权投资——应计利息　　　　　　　　　　　　　　　　　　60 000
　　　　　　——利息调整　　　　　　　　　　　　　　　　　　15 874
　　贷：投资收益　　　　　　　　　　　　　　　　　　　　　　75 874

其他年度的账务处理依据表8-2，逐年进行。

从表8-2可见，通过折价摊销，债券折价作为各期利息收入的附加数摊入各个期间，调整了各期投资收益,并使债券投资账面价值(摊余成本)逐期增加,直至其票面价值。

(3)收回债权投资。企业折价购入债权投资,在债券到期收回时,由于折价同样已在其存续期间摊销完毕,因此,只需进行收回本息的核算。收回投资的账务处理与平价购入债权投资到期收回相同。

4. 债权投资处置的账务处理。投资企业因需要资金或继续持有某种债券不能给企业带来经济利益时,会将持有的债券通过证券市场转让出去,以取得所需资金。出售债权投资时,应按实际收到的金额计入银行存款,核销债权投资的账面余额(含面值、利息调整、应计利息等明细项目),若提取了债权投资减值准备的,还应同时核销该账户的金额,根据已核销账户之间的差额,确认投资损益。

【例8-15】承例8-8、例8-9,假定中科公司认为继续持有甲公司债券已不能给公司带来经济利益,20×4年1月1日,公司决定将持有甲公司的债券全部转让。转让价格为1 200 000元,发生相关税费为15 000元,该项债权投资未计提减值准备。

中科公司处置债权投资的有关计算和账务处理如下:"债权投资——面值"账户借方余额为1 000 000元;"债权投资——应计利息"账户为120 000元。

转让净收入 = 1 200 000 - 15 000 = 1 185 000(元)

投资收益 = 1 185 000 - (1 000 000 - 120 000) = 65 000(元)

借:银行存款　　　　　　　　　　　　　　　　　　　1 185 000
　　贷:债权投资——面值　　　　　　　　　　　　　　1 000 000
　　　　　　　——应计利息　　　　　　　　　　　　　　120 000
　　　　投资收益　　　　　　　　　　　　　　　　　　　65 000

二、其他债权投资的核算

(一)其他债权投资的含义

其他债权投资是指初始确认时即被指定为以公允价值计量且变动计入其他综合收益的债权投资。该类金融资产具有下列特征:一是企业管理该项金融资产的业务模式既以收取合同现金流量为目标又以出售该金融资产为目标;二是相关合同规定,在特定日期产生的现金流量仅为对本金和以未偿付本金金额为基础的利息的支付,如企业购入的债券、债权性质的基金等。

(二)其他债权投资重分类

由于其他债权投资属于以公允价值计量且变动计入其他综合收益的金融资产,根据《企业会计准则第22号——金融工具确认和计量》,对以公允价值计量且变动计入其他综合收益的金融资产进行重分类时,应按下列规定进行处理:

(1)企业将一项以公允价值计量且其变动计入其他综合收益的金融资产重分类为以摊余成本计量的金融资产的,应当将之前计入其他综合收益的累计利得或损失转出,调整该金融资产在重分类日的公允价值,并以调整后的金额作为新的账面价值,即视同该金融资产一

直以摊余成本计量。该金融资产重分类不影响其实际利率和预期信用损失的计量。

（2）企业将一项以公允价值计量且其变动计入其他综合收益的金融资产重分类为以公允价值计量且其变动计入当期损益的金融资产的,应当继续以公允价值计量该金融资产。同时,企业应当将之前计入其他综合收益的累计利得或损失从其他综合收益转入当期损益。

（三）其他债权投资的会计处理

其他债权投资的核算应通过"其他债权投资"账户进行核算,并下设"成本""公允价值变动""利息调整"明细账户。

1. 企业取得其他债权投资时,应按债券的面值,借记"其他债权投资——成本"账户;按实际支付价款中包含的已到付息期但尚未领取的利息,借记"应收利息"账户;按实际支付的金额,贷记"银行存款"账户;若有差额,借记或贷记"其他债权投资——利息调整"账户。

2. 资产负债表日,企业持有的其他债权投资为分期付息、到期还本或到期还本付息债券投资的,应按确定的应收未收利息,借记"应收利息"或"其他债权投资——应计利息"账户,贷记"投资收益"账户,如有差额,借记或贷记"其他债权投资——利息调整"账户。

3. 资产负债表日,企业对于其他债权投资应当按照公允价值计量,公允价值高于账面余额之间的差额计入当期损益。借记"其他债权投资—公允价值变动"账户,贷记"其他综合收益"账户。如果其公允价值低于账面余额,则按其差额,编制相反的会计分录。

4. 出售其他债权投资时,应按实际收到的金额,借记"银行存款"账户,按其账面余额,贷记"其他债权投资——成本、公允价值变动、利息调整、应计利息"或"应收利息"账户,按应从所有者权益中转出的公允价值表变动的累计金额,借记或贷记"其他综合收益"账户,按其差额贷记或借记"投资收益"账户。

【例8-16】20×2年1月1日,A公司以1 200万元对价(含交易费用)从活跃市场上购入B公司发行的5年期债券,将其划分为以公允价值计量且变动计入其他综合收益的金融资产。该债券面值1 500万元,票面利率为4.72%,实际利率为10%,利息每年年末支付,本金到期支付。假定不考虑所得税、减值损失等因素。

其他资料如下：

（1）20×2年12月31日,该债券的公允价值为1 450万元；

（2）20×3年12月31日,该债券的公允价值为1 550万元；

（3）20×4年12月31日,该债券的公允价值为1 500万元；

（4）20×5年12月31日,该债券的公允价值为1 440万元；

（5）20×6年1月10日,甲公司将该债券售出,取得价款1 520万元。

要求:（1）编制A公司购入债券的会计分录。

（2）编制各年年末相关的会计分录。

（3）编制出售债券的会计分录。

分析:（1）20×2年1月1日,A公司购入债券：

借:其他债权投资——成本　　　　　　　　　　　　　　　　　15 000 000

贷:银行存款　　　　　　　　　　　　　　　　　　　　　　　　　　　12 000 000
　　　　其他债权投资——利息调整　　　　　　　　　　　　　　　　　　　3 000 000
其他债权投资的各期摊销的计算过程如表8-3所示。

表8-3　其他债权投资摊销表　　　　　　　　　　　　　　　　　单位:万元

日期	应收利息= 1 500×4.72% (1)	投资收益=本期期 初摊余成本×10% (2)	本期摊销额 (3)=(2)-(1)	期末摊余成本 (4)=期初 摊余成本+(3)	公允价值 (5)	本期公允价值变动额 (6)=(5)-上期末 公允价值-(3)
20×2-1-1				1 200	1 200	0
20×2-12-31	70.8	120	49.2	1 249.2	1 450	200.8
20×3-12-31	70.8	124.92	54.12	1 303.32	1 550	45.88
20×4-12-31	70.8	130.332	59.532	1 362.852	1 500	-109.532
20×5-12-31	70.8	136.285 2	65.485 2	1 428.337 2	1 442	-25.485 2
合计	283.2	603.2	228.337 2			11.662 8

依据表8-3中各年的计算结果编制如下会计分录。
(2)20×2年12月31日,确认实际利息:
借:应收利息——B公司　　　　　　　　　　　　　　　　　　　　　　　708 000
　　其他债权投资——利息调整　　　　　　　　　　　　　　　　　　　　492 000
　　贷:投资收益　　　　　　　　　　　　　　　　　　　　　　　　　1 200 000
同时,确认公允价值变动:
借:其他债权投资——公允价值变动　　　　　　　　　　　　　　　　　2 008 000
　　贷:其他综合收益——公允价值变动　　　　　　　　　　　　　　　2 008 000
收到利息时(以后每期均做如下分录,不再列出):
借:银行存款　　　　　　　　　　　　　　　　　　　　　　　　　　　　708 000
　　贷:应收利息——B公司　　　　　　　　　　　　　　　　　　　　　708 000
(3)20×3年12月31日,确认实际利息:
借:应收利息——B公司　　　　　　　　　　　　　　　　　　　　　　　708 000
　　其他债权投资——利息调整　　　　　　　　　　　　　　　　　　　　541 200
　　贷:投资收益　　　　　　　　　　　　　　　　　　　　　　　　　1 249 200
同时,确认公允价值变动:
借:其他债权投资——公允价值变动　　　　　　　　　　　　　　　　　　458 800
　　贷:其他综合收益——公允价值变动　　　　　　　　　　　　　　　　458 800

(4) 20×4 年 12 月 31 日,确认实际利息:

借:应收利息——B 公司　　　　　　　　　　　　　708 000
　　其他债权投资——利息调整　　　　　　　　　　595 320
　贷:投资收益　　　　　　　　　　　　　　　　　　　　1 303 320

同时,确认公允价值变动。

借:其他综合收益——公允价值变动　　　　　　　1 095 320
　贷:其他债权投资——公允价值变动　　　　　　　　　1 095 320

(5) 20×5 年 12 月 31 日,确认实际利息:

借:应收利息——B 公司　　　　　　　　　　　　　708 000
　　其他债权投资——利息调整　　　　　　　　　　654 852
　贷:投资收益　　　　　　　　　　　　　　　　　　　　1 362 852

同时确认公允价值变动:

借:其他综合收益——公允价值变动　　　　　　　1 254 852
　贷:其他债权投资——公允价值变动　　　　　　　　　1 254 852

(6) A 企业出售前其他债权投资相关资料如下:"其他债权投资——成本"账户借方余额为 15 000 000 元;"其他债权投资——公允价值变动"账户借方余额为 116 628 元;"其他债权投资——利息调整"账户贷方余额为 716 628 元。20×6 年 1 月 10 日,出售该债券,取得价款为 15 200 000 元。

借:银行存款　　　　　　　　　　　　　　　　　15 200 000
　　其他债权投资——利息调整　　　　　　　　　　716 628
　贷:其他债权投资——成本　　　　　　　　　　　　　15 000 000
　　　　　　　　　——公允价值变动　　　　　　　　　116 628
　　　投资收益　　　　　　　　　　　　　　　　　　　　800 000

同时,结转公允价值累计变动额:

借:其他综合收益——公允价值变动　　　　　　　116 628
　贷:投资收益　　　　　　　　　　　　　　　　　　　　116 628

三、其他权益工具投资的核算

其他权益工具投资是指企业购入不具有控制、共同控制以及重大影响,同时指定为公允价值计量且其变动计入其他综合收益的金融资产的股权投资,以及购入非交易性归类为权益工具的各种金融工具的投资(如优先股、永续债等)。

企业在购入股票时,对指定为以公允价值计量且变动计入其他综合收益的金融资产,其核算应通过"其他权益工具投资"账户进行核算,并下设"成本""公允价值变动"等明细账户。

(1)企业取得其他权益工具投资时,按其公允价值及交易费用之和,借记"其他权益工具投资——成本"账户;按与实际支付价款中包含已宣派但尚未领取的现金股利,借记"应收股利"账户;按实际支付的金额,贷记"银行存款"账户。

(2)资产负债表日,企业对于其他权益工具投资应当按照公允价值计量,公允价值高于账面余额之间的差额计入其他综合收益,借记"其他权益工具投资——公允价值变动"账户,贷记"其他综合收益"账户;公允价值低于账面余额的,按其差额,编制相反的会计分录。

(3)处置其他权益工具投资时,应按实际收到的金额,借记"银行存款"账户,按其账面余额,贷记"其他权益工具投资——成本、公允价值变动"账户,按应从其他综合收益中转出的公允价值变动的累计金额,转入留存收益,借记或贷记"其他综合收益"账户,按其差额贷记或借记"盈余公积""利润分配——未分配利润"账户。

【例8-17】20×2年4月26日,甲公司支付价款20 220 000元(含交易费用20 000元和已宣告但尚未发放的现金股利200 000元),购入乙公司发行的股票2 000 000股,占乙公司有表决权股份的3%,甲公司将其划分为公允价值计量且其变动计入其他综合收益的金融资产。甲企业按净利润的10%提取盈余公积。其他资料如下:

(1)20×2年5月6日,甲公司收到乙公司发放的现金股利200 000元。
(2)20×2年6月30日,该股票市价为每股9.8元。
(3)20×2年12月31日,甲公司仍持有该股票;当日该股票市价为每股10.2元。
(4)20×3年4月25日,乙公司宣告发放股利60 000 000元。
(5)20×3年5月4日,甲公司收到乙公司发放的现金股利。
(6)20×3年6月20日,甲公司以每股11元的价格将该股票全部转让。
假定不考虑其他因素的影响,甲公司的账务处理如下:
(1)20×2年4月26日,购入股票:

借:其他权益工具投资——成本　　　　　　　　　　　　　　　　20 020 000
　　应收股利　　　　　　　　　　　　　　　　　　　　　　　　　　200 000
　　贷:银行存款　　　　　　　　　　　　　　　　　　　　　　　20 220 000

(2)20×2年5月6日,收到现金股利:

借:银行存款　　　　　　　　　　　　　　　　　　　　　　　　　200 000
　　贷:应收股利　　　　　　　　　　　　　　　　　　　　　　　　200 000

(3)20×2年6月30日,确认股票的价格变动:

借:其他综合收益——公允价值变动　　　　　　　　　　　　　　　420 000
　　贷:其他权益工具投资——公允价值变动　　　　　　　　　　　　420 000

(4)20×2年12月31日,确认股票价格变动:

借:其他权益工具投资——公允价值变动　　　　　　　　　　　　　800 000
　　贷:其他综合收益——公允价值变动　　　　　　　　　　　　　　800 000

上例中的第(3)(4)笔会计分录,按相关准则规定属于公允价值变动计入其他综合收益的金融资产,待处置时将原计入其他综合收益的金额转入留存收益。

(5)20×3年4月25日,确认应收现金股利:

借:应收股利　　　　　　　　　　　　　　　　　　　　　　　　　1 800 000
　　贷:投资收益　　　　　　　　　　　　　　　　　　　　　　　　　1 800 000

(6)20×3年5月4日,收到现金股利:

借:银行存款　　　　　　　　　　　　　　　　　　　　　　　　　1 800 000
　　贷:应收股利　　　　　　　　　　　　　　　　　　　　　　　　　1 800 000

(7)20×3年6月20日,以每股11元的价格出售全部股票:

借:银行存款　　　　　　　　　　　　　　　　　　　　　　　　22 000 000
　　贷:其他权益工具投资——成本　　　　　　　　　　　　　　　　20 020 000
　　　　　　　　　　　——公允价值变动　　　　　　　　　　　　　　380 000
　　　　投资收益　　　　　　　　　　　　　　　　　　　　　　　　1 600 000

(8)20×3年6月20日,将计入其他综合收益的公允价值变动额,转入留存收益:

借:其他综合收益　　　　　　　　　　　　　　　　　　　　　　　　380 000
　　贷:盈余公积　　　　　　　　　　　　　　　　　　　　　　　　　　38 000
　　　　利润分配——未分配利润　　　　　　　　　　　　　　　　　　342 000

上例中的第(5)(6)笔会计分录,投资期间投资收益的认定与前述交易性金融资产处理相同。

上例中的第(7)(8)笔会计分录,与前述交易性金融资产处置时的主要区别在于:处置时,应将其公允价值变动计入"其他综合收益"账户的余额转出,计入留存收益,以反映该项投资综合收益的信息。

四、长期股权投资的核算

(一)长期股权投资的含义及分类

长期股权投资,是指企业投资的期限在一年以上的各种股权性质的投资,包括购入的股票和其他股权投资等。依据我国《企业会计准则第2号——长期股权投资》的规定,长期股权投资可分为以下三类:

1. 对子公司投资。对子公司投资是指企业持有的能够对被投资单位实施控制的权益性投资。所谓控制,是指投资方拥有对被投资方的权利,通过参与被投资方的相关活动而享有可变回报,并且有能力运用对被投资方的权利影响其回报金额。

2. 对合营企业投资。对合营企业投资是指企业持有的能够与其他合营方一同对被投资单位实施共同控制的权益性投资。所谓共同控制是指按照合同约定对某项经济活动所共有的控制,仅在与该项经济活动相关的重要财务和经营决策需要分享控制权的投资方一致同意时存在。

3. 对联营企业投资。对联营企业投资是指企业持有的能够对被投资单位施加重大影响的权益性投资。所谓重大影响是指对一个企业的财务和经营政策有参与决策的权力,但并不能够控制或者与其他方一起共同控制这些政策的制定。

(二)长期股权投资的初始计量

企业为获得一项长期股权投资而付出的代价,称为长期股权投资的"初始投资成本"。企业的长期股权投资有合并形成的,也有采用企业合并以外方式取得的,形成方式不同,其初始投资成本的确定方法也不完全相同。这里仅介绍企业合并以外方式取得的长期股权投资的核算。

1. 企业以支付现金方式取得长期股权投资。企业以支付现金方式取得的长期股权投资,应当按照实际支付的相关费用、税金及其他必要支出等购买价款计入长期股权投资成本。实际支付的价款中包含的已宣告但尚未领取的现金股利,作为应收项目单独核算,不计入长期股权投资成本。

【例8-18】20×2年4月1日,华讯股份有限公司在股票市场上购入京通公司的股票1 000 000股,买价为5 600 000元,发生相关税费50 000元,占京通公司股本总额的30%。华讯股份有限公司编制如下会计分录:

借:长期股权投资——成本　　　　　　　　　　　　　　　　　5 650 000
　　贷:银行存款　　　　　　　　　　　　　　　　　　　　　　5 650 000

上例中,与交易性金融资产成本确定内容不同,长期股权投资成本中包含所发生的相关税费,主要原因在于长期股权投资出于长期持有意图且有控制被投资单位的目的,发生的相关税费属于投资性质,所以应计入长期股权投资成本。

2. 企业以付出资产、承担负债的方式形成的长期股权投资。以付出资产、承担负债的方式形成长期股权投资,应当按照作为合并对价付出资产、承担负债的公允价值计入长期股权投资成本;按照合并对价资产、负债的账面价值,减少有关资产或增加相关负债,其公允价值与账面价值之间的差额作为营业外收入或营业外支出处理。若企业以付出库存商品作为合并对价取得股权的,应按库存商品的公允价值,反映主营业务收入,并同时结转相关的成本。企业取得长期股权投资发生的各项直接相关费用也应计入长期股权投资成本。

【例8-19】20×2年4月1日,华讯股份有限公司购入中科公司40%的股份。实际支付银行存款5 000 000元,付出库存商品一批,其公允价值为3 000 000元,成本为2 400 000元,投资日,中科公司所有者权益的账面价值为15 000 000元。假设不考虑相关税费,中远公司应编制如下会计分录:

借:长期股权投资——成本　　　　　　　　　　　　　　　　　8 000 000
　　贷:银行存款　　　　　　　　　　　　　　　　　　　　　　5 000 000
　　　　主营业务收入　　　　　　　　　　　　　　　　　　　　3 000 000

按发出商品的成本:

借:主营业务成本　　　　　　　　　　　　　　　　　　　　　2 400 000
　　贷:库存商品　　　　　　　　　　　　　　　　　　　　　　2 400 000

本例中,以库存商品作为合并对价取得投资,按规定应以库存商品的公允价值进行计量。实务中还应反映增值税销项税额的影响,长期股权投资成本应以库存商品的公允价值以及增值税销项税额为基础进行确定。

(三)长期股权投资的后续计量

长期股权投资在初始入账时是按投资成本计量的,但以后的账务处理则应根据投资企业所持股份占被投资单位股份总额比例高低,或对被投资单位影响力的大小而分别采用成本法或权益法。长期股权投资的核算,应通过"长期股权投资"账户进行。在权益法下,该账户根据长期股权投资核算方法分别设置"成本""损益调整"等明细账。

"长期股权投资——成本"明细账户,用来反映长期股权投资初始投资成本增减变动情况。借方登记取得长期股权投资时发生的初始投资成本,贷方登记收回长期股权投资的成本。期末借方余额,反映企业持有的长期股权投资成本。

"长期股权投资——损益调整"明细账户,用来反映权益法下长期股权投资账面价值增减变动情况,是"长期股权投资——成本"账户的调整账户。借方登记投资企业按比例调增账面价值的金额;贷方登记投资企业按比例调减账面价值的金额。期末借方余额,反映本期调增账面价值的净额;贷方余额,反映本期调减账面价值的净额。

1. 长期股权投资核算的成本法。

(1)成本法的适用范围。我国长期股权投资准则规定,成本法适用于投资企业能够对被投资单位实施控制的长期股权投资。在实务中,投资企业直接或间接拥有被投资单位50%以上的表决权资本,以及虽未达到50%以上,但具有实际控制权的长期股权投资应当采用成本法核算。

(2)成本法的核算。所谓成本法,是指长期股权投资以取得股权时的成本计价,除投资企业追加投资、收回投资等外,长期股权投资的账面价值一般保持不变。

成本法的基本内容为:

①初始投资或追加投资时,按照初始投资或追加投资时的投资成本作为长期股权投资的账面价值。

②被投资单位宣告分派的利润或现金股利,投资企业按应享有的部分,确认为当期投资收益。

③收到被投资单位分派的利润或现金股利时,冲减应收股利。

【例8-20】华讯股份有限公司20×2年1月1日购买京通股份有限公司发行的股票800 000股准备长期持有,从而拥有京通股份有限公司60%的股份。每股买入价为15元。另外,公司购买该股票时发生有关税费15 000元,款项已由银行存款支付。20×2年4月5日京通股份有限公司宣派现金股利每股2.5元,5月10日华讯公司收到现金股利。华讯公司应编制如下会计分录:

(1)初始投资时:

借:长期股权投资   12 015 000
  贷:银行存款   12 015 000

(2)20×2年4月5日宣派现金股利时：
借：应收股利　　　　　　　　　　　　　　　　　　　　　2 000 000
　　贷：投资收益　　　　　　　　　　　　　　　　　　　　　　　2 000 000
(3)实际收到现金股利时：
借：银行存款　　　　　　　　　　　　　　　　　　　　　2 000 000
　　贷：应收股利　　　　　　　　　　　　　　　　　　　　　　　2 000 000

2. 长期股权投资核算的权益法。

(1)权益法的适用范围。我国长期股权投资准则规定权益法适用于以下两种情况：一是企业对被投资单位具有共同控制的长期股权投资，即企业对其合营企业的长期股权投资；二是企业对被投资单位具有重大影响的长期股权投资，即企业对其联营企业的长期股权投资。实务中当投资企业拥有被投资企业20%～50%的表决权资本时，一般认为对被投资单位具有重大影响，另外，投资企业虽拥有被投资单位20%以下的表决权资本，但实际具有重大影响的，也应采用权益法核算。

(2)权益法的核算。所谓权益法，是指长期股权投资按照实际成本入账后，投资企业根据被投资单位所有者权益的变动，按其持有被投资单位股份的比例对长期股权投资做出相应调整的方法。被投资单位当期实现利润，投资企业按持股比例相应调增"长期股权投资"账户金额；被投资单位发生亏损，投资企业则按比例调减"长期股权投资"账户金额；被投资单位宣告发放利润或现金股利，投资企业也要调减"长期股权投资"账户金额。在权益法下，"长期股权投资"账户的账面价值已不是长期股权投资的原始成本，而是投资企业在被投资单位中应享有的相应份额。

权益法的要点及核算程序如下：

①初始投资成本的调整。长期股权投资的初始投资成本以及按照持股比例对投资的后续计量，应与享有被投资单位可辨认净资产公允价值的份额相一致。其中，可辨认净资产的公允价值是指被投资单位可辨认资产的公允价值减去负债及或有负债公允价值后的余额。

当长期股权投资的初始投资成本与投资时应享有被投资单位可辨认净资产公允价值份额不一致时，应根据其差额性质分别处理：长期股权投资的初始投资成本大于投资时应享有被投资单位可辨认净资产公允价值份额的，不调整已确认的初始投资成本；长期股权投资的初始投资成本小于投资时应享有被投资单位可辨认净资产公允价值份额的，应按其差额，借记"长期股权投资——成本"账户，贷记"营业外收入"账户。

②被投资单位实现净利润或发生亏损的处理。在权益法下，被投资单位当年实现的净利润或发生的净亏损均影响所有者权益变动，因此，长期股权投资的账面价值也需要做相应的调整。

属于被投资单位当年实现净利润而影响的所有者权益的变动，应根据被投资单位实现的净利润或经调整的净利润计算应享有的份额，借记"长期股权投资——损益调整"账户，贷记"投资收益"账户。

属于被投资单位当年发生净亏损而影响的所有者权益的变动,投资企业应当按照应分担的被投资单位实现的净亏损的份额,借记"投资收益"账户,贷记"长期股权投资——损益调整"账户。但应注意的是:调减应以长期股权投资账面价值减至零为限,超额亏损应分别冲减企业长期权益(通常为长期性的应收项目)或增加预计负债。以后期间实现净利润的,应按与上述顺序相反的顺序处理,减记已确认的预计负债的账面余额、恢复其他实质上构成被投资单位的长期权益及长期股权投资的账面价值,同时确认投资收益。

③被投资单位宣告分派利润或现金股利的处理。当被投资单位宣告分派利润或现金股利时,由于投资企业的长期股权投资已包含应享有被投资单位净资产的份额,而被投资单位分派利润或现金股利必然使净资产减少,因此,投资企业按持股比例计算应分得的利润或现金股利时,应借记"应收股利"账户,贷记"长期股权投资——损益调整"账户。收到被投资单位发放的股票股利,不做账务处理,但应在备查簿中登记。

【例8-21】华讯股份有限公司(以下简称"华讯公司")20×2年1月1日购入海达公司股票500 000股,所付全部价款为5 500 000元,占海达公司有表决权股份的40%,其初始投资成本与应享有海达公司所有者权益份额相等。20×2年海达公司发生亏损200 000元,20×3年末,海达公司实现净利润300 000元。20×4年4月5日,海达公司宣告分派现金股利,每股派发0.1元,同年5月2日收到现金股利。华讯公司应编制如下会计分录:

(1)20×2年1月1日,取得投资时:

借:长期股权投资——成本　　　　　　　　　　　　　　　5 500 000
　　贷:银行存款　　　　　　　　　　　　　　　　　　　　5 500 000

(2)20×2年海达公司发生亏损时:

借:投资收益　　　　　　　　　　　　　　　　　　　　　　80 000
　　贷:长期股权投资——损益调整　　　　　　　　　　　　　80 000

20×2年末,华讯公司"长期股权投资"账面价值为5 420 000元(5 500 000-80 000),不再反映其初始投资成本,但占被投资单位有表决权资本40%的份额不变。

(3)20×3年海达公司实现净利润时:

借:长期股权投资——损益调整　　　　　　　　　　　　　120 000
　　贷:投资收益　　　　　　　　　　　　　　　　　　　　120 000

(4)20×4年海达公司宣派现金股利时:

借:应收股利　　　　　　　　　　　　　　　　　　　　　　50 000
　　贷:长期股权投资——损益调整　　　　　　　　　　　　　50 000

(5)收到现金股利时:

借:银行存款　　　　　　　　　　　　　　　　　　　　　　50 000
　　贷:应收股利　　　　　　　　　　　　　　　　　　　　50 000

本例中,采用权益法进行长期股权投资的核算,由于要随着被投资单位所有者权益的变化调整长期股权投资的账面价值,期末,通过"长期股权投资——成本"明细账,既能反映长期股权投资初始成本,又能通过"长期股权投资——损益调整"等明细账反映长期股权投资账面价值的增减变化情况,这将有利于管理者掌握长期股权投资动态信息,并为企业投资决策提供可靠的信息来源。

(四)长期股权投资处置的核算

企业可能将长期持有的股权(如股票等)售出,以收回资金。处置长期股权投资时,按所收到的处置收入与长期股权投资账面价值的差额确认为当期投资损益。

企业处置长期股权投资时,应按实际取得的价款,借记"银行存款"等账户,如果长期股权投资计提了减值准备,还应按已计提的减值准备,借记"长期股权投资减值准备"账户,按股票投资的账面余额,贷记"长期股权投资"账户,按尚未领取的现金股利,贷记"应收股利"账户,按其差额,贷记或借记"投资收益"账户。

【例8-22】承例8-21资料,假定20×2年5月25日,华讯公司将长期持有的海达公司股票500 000股,以每股15元的价格全部出售,支付相关税费250 000元,取得转让股票净额7 250 000元存入银行。该长期股权投资账面余额为5 490 000元,其中成本为5 500 000元,损益调整为贷方余额10 000元。华讯公司应编制如下会计分录:

```
借:银行存款                                    7 250 000
   长期股权投资——损益调整                         10 000
  贷:长期股权投资——成本                          5 500 000
     投资收益                                  1 760 000
```

> 请思考:长期股权投资的成本法与权益法在核算上的区别主要表现在哪些方面?

本章小结

对外投资是企业充分利用企业资源,促进有限资源合理、优化配置的重要手段,是企业生产经营活动的重要内容。投资可从下列角度进行分类:①投资的对象;②投资的期限;③投资的列报要求。通过对投资的不同分类充分认识投资性质和目的,对发挥其在经济活动中的作用有着重要的意义。

通过本章的学习,明确不同的投资在投资成本确定、持有期间投资收益的确定等方面存在诸多不同,但从投资核算程序方面看存在着共同的内容,主要表现为:交易性金融资产、债权投资、其他债权投资以及长期股权投资,其核算均包括取得投资时成本的确定及账务处理、持有期间收到应收股利或利息及投资收益的核算、投资处置的核算等内容。认识不同投资在核算内容、方法及程序方面的区别与联系,有助于更好地理解和掌握投资的核算。

本章关键词汇

投资	Investment
交易性金融资产	Trading Financial Assets
应收股利	Dividends Receivable
应收利息	Interest Receivable
投资收益	Income from Investments
公允价值变动损益	Profit and Loss Arising from Fair Value Changes
债权投资	Debt Investment
其他债权投资	Other Debt Investment
其他权益工具投资	Other Equity Instrument Investment
初始投资成本	Initial Investment Cost
摊余成本	Amortized Cost
实际利率法	Real Interest Rate Method
控制	Control
共同控制	Common Control
重大影响	Substantial Influence
联营企业	Associated Enterprise
合营企业	Cooperative Enterprise

思考题

1. 简要说明投资的概念及其分类。
2. 如何确认交易性金融资产？其初始成本如何确定？
3. 交易性金融资产期末因公允价值上升，会计上如何处理？
4. 说明交易性金融资产重新分类为按摊余成本计量的金融资产时，会计处理的原则。
5. 简要说明"公允价值变动损益"账户的主要用途及其内容。
6. 什么是债权投资？如何确认？
7. 如何确认债权投资的初始成本？
8. 说明债权投资溢折价摊销的实质。

9. 说明溢折价摊销采用实际利率法如何确定各期实际投资收益和各期摊销额变化趋势。

10. 为什么会计准则要求溢折价采用实际利率法摊销？

11. 简要说明债权投资重新分类为以公允价值计量且变动计入其他综合收益的金融资产时，会计处理的原则。

12. 简要说明确定其他债权投资初始成本应考虑的因素。

13. 其他债权投资和其他权益工具投资在核算的业务范围上有何区别？

14. 处置其他债权投资时，如何确定其处置的投资收益？

15. 简要说明其他债权投资重新分类为以公允价值计量且变动计入当期损益的金融资产时，会计处理的原则。

16. 简要说明"控制""共同控制""重大影响"的含义。

17. 长期股权投资的初始成本有哪些内容构成？

18. 简要说明长期股权投资成本法和权益法的适用范围。

19. 什么是长期股权投资权益法？其核算要点有哪些？

20. 长期股权投资成本法和权益法在会计核算上的区别有哪些？

练习题

一、单项选择题

1. 企业进行交易性金融资产投资时，取得的分期付息债券，其实际支付的价款中包含的已到付息期尚未领取的利息，应记入的账户是（　　）。
   A. 交易性金融资产　　B. 应收利息　　C. 其他应收款　　D. 应收账款

2. 企业购入作为交易性金融资产投资的债券是到期还本付息的，其支付的全部价款中所含的自发行日起至购买日止的利息，应记入的账户是（　　）。
   A. 交易性金融资产　　B. 其他应收款　　C. 应收账款　　D. 应收利息

3. 企业购入作为交易性金融资产的股票，其投资成本是指（　　）。
   A. 股票的面值　　　　　　　　　B. 股票的公允价值
   C. 实际支付的价款　　　　　　　D. 实际支付的交易费用

4. 甲公司20×2年4月1日从证券市场上购入乙公司发行的股票400万股，将其划分为交易性金融资产，每股支付价款15元，其中含有已宣告但尚未发放的每股现金股利0.4元，另外支付相关费用30万元，甲公司交易性金融资产取得时的入账价值为（　　）万元。
   A. 6 000　　　　B. 6 030　　　　C. 5 840　　　　D. 5 875

5. 公司20×2年6月3日从证券市场上购入乙公司发行的股票40万股，将其划分为交易性金融资产,每股支付价款 4 元,其中含有已宣告但尚未发放的每股现金股利 0.2 元,另外支付相关费用 3 万元。20×2 年 6 月 30 日,其公允价值为 156 万元,甲公司年末应确认的公允价值变动损益为(   )万元。

  A. 损失 4   B. 收益 8   C. 损失 8   D. 收益 4

6. 关于交易性金融资产的计量,下列说法正确的是(   )。

  A. 应按取得该交易性金融资产的公允价值和交易费用之和作为初始确认金额

  B. 资产负债表日,企业应将交易性金融资产的公允价值变动计入当期所有者权益

  C. 按取得该交易性金融资产的公允价值作为初始金额确认,相关交易费用在发生时计入当期损益

  D. 处置交易性金融资产时,其公允价值与初始价值金额之间的差额应确认为公允价值变动损益

7. 交易性金融资产持有期间,被投资单位宣派现金股利,应贷记(   )账户。

  A. 投资收益   B. 交易性金融资产

  C. 应收股利   D. 公允价值变动损益

8. 某企业 20×2 年 3 月 31 日购入交易性金融资产,其成本为 100 万元,4 月末其公允价值为 110 万元,5 月末其公允价值为 95 万元,该企业在 20×2 年 5 月末"交易性金融资产"账户的账面价值(   )万元。

  A. 95   B. 100   C. 110   D. 105

9. 下列资产中,期末采用公允价值计量基础的是(   )。

  A. 存货   B. 长期股权投资

  C. 交易性金融资产   D. 应收账款

10. 甲企业 20×3 年 1 月 1 日从证券市场购买乙公司 20×2 年 1 月 1 日发行的面值为 2 000 万元,票面利率为 4% 的公司债券作为交易性金融资产,该债券到期还本付息,共支付价款 2 280 万元,其中包括手续费用 20 万元,该项交易性金融资产的成本为(   )万元。

  A. 2 300   B. 2 200   C. 2 260   D. 2 000

11. 企业处置交易性金融资产时,售价款 25 万元,其"交易性金融资产——成本"账户余额为 18 万元,"交易性金融资产——公允价值变动"账户贷方余额为 4 万元,"公允价值变动损益"账户借方余额为 4 万元,处置的投资收益是(   )万元。

  A. 7   B. 3   C. 11   D. 15

12. 期末甲企业持有的交易性金融的公允价值低于其账面价值时,应借记(   )账户。

  A. 公允价值变动损益   B. 交易性金融资产——公允价值变动

  C. 交易性金融资产——成本   D. 投资收益

13. 某企业 20×2 年 3 月 31 日购入交易性金融资产,其成本为 200 万元,4 月末其公允价值为 197 万元,5 月末其公允价值为 204 万元,该企业在 20×2 年 5 月末应调整交易性金融资产的价值为(   )万元。

A. 调减 4　　　　　B. 调增 3　　　　　C. 调增 7　　　　　D. 调增 4

14. 企业取得交易性金融资产后,收到被投资企业的现金股利属于投资过程中垫付的资金时,企业应贷记(　　)账户。

A. 应收账款　　　B. 应收利息　　　C. 投资收益　　　D. 应收股利

15. 企业溢价购入三年期的债券,其溢价实质表现为(　　)。

A. 企业以后多付利息而预先得到的补偿　　B. 企业以后少收利息而预先得到的补偿
C. 企业以后多收利息而预先付出的代价　　D. 企业以后少付利息而预先付出的代价

16. 企业取得公允价值计量且其变动计入其他综合收益的金融资产时,不应作为其初始投资成本的是(　　)。

A. 支付的价款　　　　　　　　　　B. 已宣派尚未收取的现金股利
C. 支付的相关税费　　　　　　　　D. 价款中包含的未到付息期的债券利息

17. 期末企业持有的其他债权投资的公允价值高于其账面价值时,应贷记的账户是(　　)。

A. 公允价值损益　　　　　　　　　B. 其他综合收益
C. 投资收益　　　　　　　　　　　D. 其他债权投资——公允价值变动

18. 企业持有非交易性的且归类为权益工具的各种金融工具,通过(　　)账户核算。

A. 交易性金融资产　　　　　　　　B. 长期股权投资
C. 其他权益工具　　　　　　　　　D. 其他权益工具投资

19. 某企业 20×2 年 1 月 1 日购入甲公司 40% 的有表决权的股份,实际支付价款 200 万元,当年甲公司经营获利 100 万元,发放现金股利 20 万元,20×2 年 12 月 31 日,企业的长期股权投资股票的账面价值为(　　)万元。

A. 200　　　　　B. 240　　　　　C. 220　　　　　D. 232

20. 企业进行长期股权投资时,投资企业对其他单位的投资占该单位有表决权资本总额 20% 或 20% 以上,或虽投资不足 20% 但具有重大影响的,通常采用的核算方法是(　　)。

A. 权益法　　　　　B. 成本法　　　　　C. 股权法　　　　　D. 平均成本法

二、多项选择题

1. 下列内容中,不应计入交易性金融资产初始成本的有(　　)。

A. 支付的价款　　　　　　　　　　B. 已宣派但尚未发放的现金股利
C. 已到付息期但尚未发放的利息　　D. 相关税费

2. 交易性金融资产持有期间,被投资单位宣派现金股利时,投资单位核算可能涉及的账户有(　　)。

A. 银行存款　　　B. 应收股利　　　C. 交易性金融资产　　D. 投资收益

3. 资产负债表日,交易性金融资产的公允价值上升,应进行的账务处理为(　　)。

A. 贷记"公允价价值变动损益"　　　B. 借记"交易性金融资产——成本"
C. 借记"交易性金融资产——公允价值变动"　D. 贷记"投资收益"

4. 下列项目中,可作为交易性金融资产的有( )。
   A. 以赚取差价为目的从二级市场购入的股票
   B. 以赚取差价为目的从二级市场购入的债券
   C. 以赚取差价为目的从二级市场购入的基金
   D. 到期日固定、收回金额固定或可确定,且有明确意图和能力持有到期的非衍生金融资产

5. 下列内容中,符合以公允价值计量且其变动计入当期损益的金融资产特征的是( )。
   A. 取得金融资产的目的是近期出售
   B. 管理该项金融资产的业务模式具有收取合同现金流量和出售该项金融资产的双重目标
   C. 管理该项金融资产的业务模式是以收取合同现金流量为目标
   D. 不以摊余成本计量的金融资产以及公允价值计量且其变动不计入其他综合收益的金融资产

6. 下列内容,不属于狭义投资内容的有( )。
   A. 建造固定资产   B. 购入专利权
   C. 购入不需要安装固定资产   D. 购买股票并准备长期持有

7. 企业持有的交易性金融期末其公允价值上涨,应通过( )账户核算。
   A. 交易性金融资产——成本   B. 投资收益
   C. 交易性金融资产——公允价值变动   D. 公允价值变动损益

8. 下列内容中,按照投资列报要求分类的有( )。
   A. 债权投资   B. 长期股权投资
   C. 交易性金融资产   D. 其他权益工具投资

9. 短期投资和长期投资主要区别有( )。
   A. 二者投资对象不同   B. 二者投资目的不同
   C. 二者投资的回收期不同   D. 二者投资的变现能力不同

10. 企业取得交易性金融资产时,可能应用的账户有( )。
    A. 交易性金融资产——成本   B. 交易性金融资产——公允价值变动
    C. 应收股利   D. 投资收益

11. 下列内容中,应计入交易性金融资产初始成本的有( )。
    A. 支付的价款   B. 已宣派但尚未发放的现金股利
    C. 未到付息期的利息   D. 相关税费

12. 交易性金融资产确认时,应满足的条件有( )。
    A. 持有时间准备超过一年   B. 有明确的市价
    C. 随时准备变现   D. 对被投资单位实施控制

13. 下列内容中,可作为确定交易性金融资产依据的有(　　)。
    A. 变现能力较强　　　　　　　　　　B. 有明确意图和能力持有到期的资产
    C. 不准备长期持有　　　　　　　　　D. 为了近期内出售而持有的
14. 下列内容中,符合交易性金融资产特点的有(　　)。
    A. 持有的期限在一年以内　　　　　　B. 利用暂时闲置资金以取得较高收益
    C. 回收期较短　　　　　　　　　　　D. 变现能力较强
15. 企业持有的交易性金融资产期末其公允价值下跌,应做(　　)会计核算。
    A. 借记"交易性金融资产——成本"账户
    B. 借记"投资收益"账户
    C. 贷记"交易性金融资产——公允价值变动"账户
    D. 借记"公允价值变动损益"账户
16. 企业持有的其他权益工具投资期末公允价值下跌,应做(　　)会计核算。
    A. 借记"其他债权投资——公允价值变动"账户
    B. 借记"其他综合收益"账户
    C. 贷记"其他权益工具投资——公允价值变动"账户
    D. 贷记"投资收益"账户
17. 下列关于其他债权投资的说法,正确的有(　　)。
    A. 取得其他债券投资发生的交易费用直接计入初始确认金额
    B. 其他债权投资为到期还本付息债券投资的,按票面利率计算利息应计入"应收利息"账户
    C. 其他债权投资的实际利息与应收利息的差额应冲减当期财务费用
    D. 其他债权投资公允价值变动形成的利得或损失,应直接计入所有者权益
18. 下列各项中,应确认为投资收益的有(　　)。
    A. 债权投资在持有期间按摊余成本和实际利率计算的利息收入
    B. 其他债权投资在持有期间按摊余成本和实际利率计算的利息收入
    C. 交易性金融资产在持有期间获取的现金股利
    D. 交易性金融资产期末公允价值大于其账面价值的差额
19. 以现金资产取得长期股权投资,其初始投资成本包括(　　)。
    A. 支付的价款　　　　　　　　　　　B. 应缴纳的相关税费
    C. 已宣派尚未发放的现金股利　　　　D. 支付的手续费及佣金
20. 采用权益法核算时,会引起长期股权投资账面价值发生增减变动的事项有(　　)。
    A. 收到股票股利　　　　　　　　　　B. 被投资企业宣告分派现金股利
    C. 被投资企业当年发生净亏损　　　　D. 被投资企业当年实现净利润

三、判断题

1. 交易性金融资产应当按照取得的公允价值作为其初始成本。(　　)

2. 交易性金融资产持有期间,被投资单位宣派现金股利时,投资单位不应确认为投资收益。(   )

3. 交易性金融资产初始成本不应包括相关税费以及未到付息期的债券利息。(   )

4. 期末交易性金融资产的账面价值,应通过"交易性金融资产——成本"账户余额和"交易性金融资产——公允价值变动"账户的余额相加或相减进行确定。(   )

5. 处置交易性金融资产时,应将"公允价值变动损益"账户的余额,转入"投资收益"账户。(   )

6. 资产负债表日,应将交易性金融资产公允价值变动的金额确认为当期投资收益。(   )

7. 处置交易性金融资产时,应按出售价款的净额,扣除"交易性金融资产——成本"以及"交易性金融资产——公允价值变动"明细账余额确定投资损益。(   )

8. 投资按照投资的对象分为交易性金融资产、债权投资等内容。(   )

9. 交易性金融资产持有期间,收到投资时垫付的资金,应冲减交易性金融资产成本。(   )

10. 取得交易性金融资产时,对已宣派但尚未发放的现金股利,应记入"应收股利"账户单独核算,不计入交易性金融资产的成本。(   )

11. 企业持有的交易性金融资产期末公允价值下降时,应按其变动的金额,调减交易性金融资产账面价值,同时冲减投资收益。(   )

12. 交易性金融资产处置时,其处置损益是指实际收到的价款与其账面价值的差额。(   )

13. 取得其他权益工具投资时,支付的交易费用,应记入"投资收益"账户单独核算,不计入其他权益工具投资的成本。(   )

14. 资产负债表日,应将其他债权投资公允价值变动的金额确认为当期投资收益。(   )

15. 其他债权投资在持有期间按摊余成本和实际利率计算的利息收入,应确认为投资收益。(   )

16. 债权投资在持有期间按债券面值和实际利率计算的利息收入,应确认为投资收益。(   )

17. 长期股权投资按照权益法核算时,被投资单位宣派现金股利,投资方应按所持有比例计算确认金额,冲减长期股权投资账面价值。(   )

四、核算题

1. 【目的】练习交易性金融资产核算

【资料】甲公司20×2年发生下列业务:

(1)20×2年5月15日购入乙公司发行的股票200万股,将其划定为交易性金融资产,支付价款11 720 000元,其中含100 000元的相关税费。

(2)20×2年6月25日,乙公司宣派现金股利,甲公司应得120 000元。

(3)20×2年6月30日,该股票市价为11.72元/股。

(4)20×2年7月5日,甲公司将持有的乙公司股票的全部出售,共收取款项14 000 000元。

【要求】(1)计算交易性金融资产的成本。

(2)计算20×2年6月30日因公允价值变动计入当期损益的金额。

(3)计算处置交易性金融资产时实现的投资收益的金额。

(4)计算该项交易性金融资产的投资收益净额。

(5)上述计算要列出相关计算过程。

2.【目的】练习交易性金融资产期末计量及其处置的核算

【资料】甲公司20×2年3月5日购入A公司发行的股票150 000股,支付价款840 000元,另外支付10 000元税费,将此项投资划分为可交易性金融资产。20×2年5月10日,宣派现金股利,甲公司应得15 000元。20×2年12月31日,该股票每股公允价值(市价)7.5元。20×3年1月2日,将持有的股票全部出售,取得价款900 000元。

【要求】编制有关会计分录。

3.【目的】练习平价购入债权投资的核算

【资料】甲企业于20×2年1月1日以1 000 000元的价格购入乙公司4年期、票面利率为5%、面值为1 000元的债券,并将其划分为以摊余成本计量的金融资产。债券利息于每年1月1日和7月1日付息。

【要求】编制购入债券、期末计息、收到利息及到期收回投资的会计分录。

4.【目的】练习溢价购入债权投资的核算

【资料】甲企业于20×2年7月1日以1 708 000元的价格购入乙公司4年期、票面利率为10%、面值为1 600 000元的债券,并将其划分为以摊余成本计量的金融资产。债券于每年1月1日和7月1日付利息。投资时实际利率为8%。溢价摊销采用实际利率法。

【要求】编制购入债券、收到利息、溢价摊销及收回投资的会计分录。

5.【目的】练习折价购入债权投资的核算

【资料】承习题(四)的资料,假设甲公司以1 496 800元的价格购入债券,投资时实际利率为12%。折价摊销采用实际利率法。

【要求】编制购入债券、收到利息、折价摊销及收回投资的会计分录。

6.【目的】练习其他权益工具投资的核算

【资料】甲公司于20×2年7月1日从二级市场购入股票2 000 000股,每股市价8元,手续费50 000元;初始确认时,该股票划分为以公允价值计量且变动计入其他综合收益的金融资产,甲企业按10%提取盈余公积。其他资料如下:

(1)20×2年12月31日仍持有该股票,该股票当时的市价为每股8.7元。

(2)20×3年6月30日,甲公司持有的股票当时的市价为每股8.5元。

(3)20×3年7月15日,甲公司将持有的股票以每股9元的价格全部出售,并支付相关费用25 000元,假定不考虑其他因素。

【要求】依据上述资料,编制购入、期末公允价值变动以及出售的相关会计分录。

7.【目的】练习其他债权投资的核算

【资料】20×2年1月1日A公司支付价款102 000元购入某公司发行的3年期公司债券,该公司债券的票面总金额为100 000元,票面利率5%,实际利率为4%,利息每年末支付,本金到期支付。A公司将该公司债券划分为以公允价值计量且变动计入其他综合收益的金融资产。20×2年12月31日,该债券的市场价格为100 800元。假定无交易费用和其他因素的影响。

【要求】依据上述资料,编制购入、年末计息以及年末调整的相关会计分录。

8.【目的】练习长期股权投资成本法及权益法的核算

【资料】甲企业20×2年1月1日购入乙公司股票600 000股,占乙公司有表决权资本的40%并打算长期持有,所付全部价款为7 500 000元,20×2年年末实现净利润5 700 000元,20×3年4月5日宣派现金股利,每股派发0.3元。

【要求】依据上述资料,编制有关会计分录。

9.【目的】练习分析各项投资业务并计算投资成本和投资收益

【资料】康达公司20×2年发生下列投资活动:

(1)1月1日以2 060万元价格购入通达公司发行的每半年付息的三年期债券,支付价款中含应付未付的债券利息,面值为2 000万元,年利率为4%,将其划分为交易性金融资产。

(2)1月1日公司以每股25元的价格,购入远程公司200万股普通股股票,占远程公司有表决权资本的60%。投资日远程公司可辨认净资产的公允价值为9 000万元。

(3)1月15日以每股20元价格购入华科公司200万股股票,并准备长期持有,占华科公司有表决权资本的10%。另支付相关税费25万元。

(4)2月6日以每股15元的价格,购入京海公司400万股普通股股票,将划分为交易性金融资产。其中,每股含有已宣派但尚未发放的现金股利0.4元,另支付相关税费15万元。

(5)3月31日华科公司宣派现金股利,每股0.35元,定于4月10日至20日发放。

(6)5月3日收到京海公司发放的现金股利160万元。

(7)7月31日收到通达公司发放的半年债券利息40万元。

(8)远程公司20×2年实现净利润200万元。

【要求】依据上述资料分析确定以下内容:

(1)确定康达公司上述投资活动的投资成本;

(2)确定康达公司20×2年的投资收益。

五、分析题

1. 中科公司长期股权投资成本法核算。

小王大学毕业后在中科公司财务科工作,中科公司20×2年发生的长期股权投资业务及

小王进行的会计处理如下(会计分录中的金额单位以万元表示):

(1)中科公司20×2年1月1日以2 500万元购进华远公司的股票400万股,另外支付相关交易费用25万元,占华远公司有表决权资本的55%。

借:长期股权投资——成本　　　　　　　　　　　　　　　2 500
　　投资收益　　　　　　　　　　　　　　　　　　　　　　25
　贷:银行存款　　　　　　　　　　　　　　　　　　　　　　　2 525

(2)20×2年3月5日华远公司宣派现金股利,每股派发0.4元。

借:应收股利　　　　　　　　　　　　　　　　　　　　　　160
　贷:长期股权投资　　　　　　　　　　　　　　　　　　　　　160

(3)20×2年华远公司实现每股净收益0.5元,20×3年4月5日华远公司宣派现金股利,每股派发0.35元。

借:应收股利　　　　　　　　　　　　　　　　　　　　　　140
　贷:投资收益　　　　　　　　　　　　　　　　　　　　　　　140

要求:分析上述会计处理中的错误之处,并予以更正。

2. 中科公司长期股权投资权益法核算。

中科公司为了保证公司自身长期稳定的发展,20×2年开始对自身企业发展至关重要的运通公司进行长期股权投资。相关业务及其会计处理如下:

(1)20×2年1月1日中科公司以5 000万元购进运通公司发行的普通股票400万股,并支付相关交易税费70万元,占运通公司有表决权资本的45%。投资日运通公司可辨认净资产的公允价值为10 000万元(会计分录中的金额单位以万元表示)。

借:长期股权投资——成本　　　　　　　　　　　　　　　5 070
　贷:银行存款　　　　　　　　　　　　　　　　　　　　　　5 070

(2)20×2年末运通公司发生亏损400万元。

借:投资收益　　　　　　　　　　　　　　　　　　　　　　180
　贷:长期股权投资——成本　　　　　　　　　　　　　　　　　180

(3)20×3年末运通公司实现净利润600万元。

借:长期股权投资——成本　　　　　　　　　　　　　　　270
　贷:投资收益　　　　　　　　　　　　　　　　　　　　　　270

(4)20×3年4月5日运通公司宣派现金股利,每10股派0.8元,5月1日至5月15日发放。

借:应收股利　　　　　　　　　　　　　　　　　　　　　　32
　贷:投资收益　　　　　　　　　　　　　　　　　　　　　　　32

收到股利时:

借:银行存款　　　　　　　　　　　　　　　　　　　　　　32
　贷:应收股利　　　　　　　　　　　　　　　　　　　　　　　32

要求：分析上述各项业务的会计处理出现的错误，说明应如何进行会计处理？

进一步思考

随着经济全球化以及我国"一带一路"建设的实施，企业对外投资成为主要经营活动之一，为提高企业资产的利用效果，从事跨行业、多种经营以规避企业经营风险发挥重要的作用。但在实务中，一些大股东利用不正当的关联交易行为占用资金，以此达到相应的目的，且手段呈现出隐蔽和多样化的趋势，使得监管机构难以实施有效监管。从目前的情况来看，我国上市公司大股东多以经营性资金占用、非经营性资金占用和股权担保贷款等方式对上市公司进行资金占用。这些违规行为不仅在利益上对债权人和中小股东造成伤害，同时也对市场经济的健康发展造成了严重影响。

康得新复合材料集团股份有限公司（以下简称"康得新"）成立于 2001 年，是深圳中小板上市公司。公司拥有新材料、智能显示、碳纤维三大板块，以及预涂材料、光电材料、智能显示、应用系统四个事业群。该公司拥有 26 家子公司，分支机构遍布全球 80 多个国家和地区。作为北京首批认定的高新技术企业，该公司在 2012 年、2013 年分别荣获中国中小板最具成长性上市公司和中国中小板上市公司价值五十强。预涂膜产品销售至 80 多个国家和地区，KDX 成为预涂膜领域国际知名品牌。2018 年 10 月 29 日及其之后证券监督管理部门对大股东占用康得新资金案件进行调查，引发康得新股价闪崩及市场震荡，康得新事件由此开始。2019 年 1 月 15 日，康得新发行的短期融资券不能按期偿还本息，导致"18 康得新 SCP001""18 康得新 SCP002"分别出现实质性违约，以此事件为引线，康得新事件持续发酵。证券监管部门直指康得新涉嫌连续四年财务造假、大股东违法挪用资金、证券虚假陈述，康得新事件彻底爆发。

作为康得新的第一大股东康得集团和实际控制人钟玉策划了下列交易：

（1）2014 年让康得集团与北京银行西单支行签订"现金管理协议"，将康得新的账户和康得集团设置成联动，将协议下子公司账户资金实时归集到康得集团北京银行西单支行 3 258 账户，这样，只要康得新账上有现金，就可以通过账户归集机制，悄无声息地将康得新所有的现金全部转走。而相关机构查询或审查的时候，还是显示应计金额。然而，康得新及其各子公司北京银行账户各年实际余额为 0。由此，康得新合并范围内的 5 个银行账户资金被归集到康得集团，实质上系康得新大股东康得集团非法占用了上市公司康得新资金。2014—2018 年，通过北京银行的资金归集功能，大股东康得集团非法占用康得新货币资金分别为 65.23 亿元、58.37 亿元、76.72 亿元、171.50 亿元和 159.31 亿元。

（2）康得新涉嫌在 2015—2018 年虚增收入、虚增营业成本、研发费用及销售费用，虚增利润总额达到 115 亿元。

2020年9月28日,依据2005年《中华人民共和国证券法》第一百九十三条第一款、第三款的规定,证监会拟决定进行处罚,包括对康得新复合材料集团股份有限公司责令改正,给予警告,并处以60万元罚款;对钟玉给予警告,并处以90万元罚款,其中对直接负责的主管人员罚款30万,对实际控制人罚款60万元。此外,证监会认为,钟玉作为康得新实际控制人、时任董事长,是康得新虚增利润的决策者、组织者,负责制定虚假业绩指标和协调各部门,负责安排配合虚假业务的供应商、客户及安排相应的资金,在康得新信息披露违法行为中居于核心地位,直接组织、策划、领导并实施了涉案违法行为,是最主要的决策者,其行为直接导致康得新相关信息披露违法行为的发生,情节特别严重。2019年7月5日星期五交易结束之后,由于康得新2015年至2018年连续四年净利润实际为负,触及相关重大违法强制退市情形,可能被实施重大违法强制退市,股票自7月8日起停牌。2019年12月17日苏州市人民检察院以未在年度报告中披露控股股东非经营性占用资金的关联交易情况,以及在年度报告中虚增利润总额,康得新公司涉嫌欺诈发行股票、债券罪,骗购外汇罪,钟玉、徐曙、王瑜等人涉嫌违规披露、不披露重要信息罪,欺诈发行股票、债券罪,骗购外汇罪等,依法向苏州市中级人民法院提起公诉。

思考题:

(1)从上述案例中,作为公司第一大股东应遵守的原则和职业操守是什么?

(2)为避免上述案件再次发生,企业应如何完善监督机制,避免给企业和投资者带来重大损失?

阅读资料

[1]《企业会计准则第22号——金融工具确认和计量》(财政部2017年3月31日印发).

[2]财政部会计司编写组.《企业会计准则第22号——金融工具确认和计量》应用指南2018.

[3]财政部会计资格评价中心.中级会计实务.北京:经济科学出版社,2022.(第四章 长期股权投资;第七章 金融资产)

第九章

财务成果的核算

导论

　　财务成果通常是指企业的利润或亏损,是反映一定时期企业经营好坏的一项综合指标。企业完成供、产、销一个生产经营循环后,要对该期间的财务成果进行核算。同时,对企业取得的盈利进行财务成果分配。会计如何反映企业财务成果形成与财务成果分配的过程?学完本章,你将获得答案。

内容结构

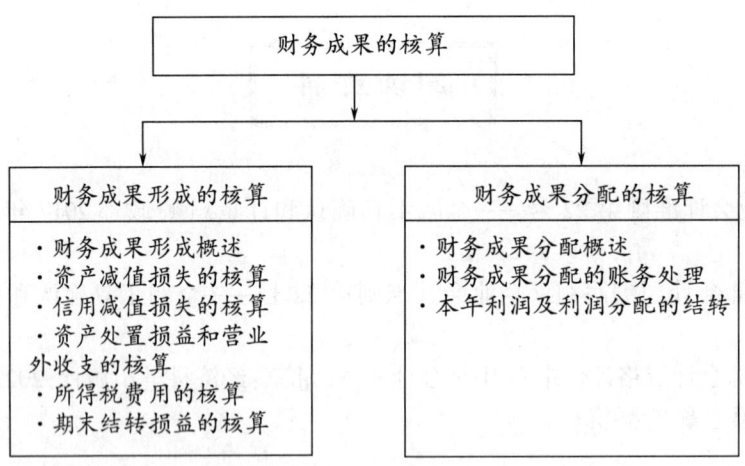

第一节　财务成果形成的核算

一、财务成果形成概述

财务成果通常是指企业在一定会计期间所实现的经营成果,即实现的利润或发生的亏损总额。利润是企业经济效益的综合反映,是会计应当提供的重要指标之一。

利润包括收入减去费用后的净额、直接计入当期损益的利得和损失等。其中:收入减去费用后的净额反映的是企业日常活动的经营业绩,直接计入当期损益的利得和损失反映的是企业非日常活动的业绩。按照企业利润形成的主要环节,可以把利润分成一些中间性利润指标,一般包括营业利润、利润总额和净利润三个层次。

(一)营业利润

企业营业利润的计算公式是:

营业利润=营业收入-营业成本-税金及附加-销售费用-管理费用-研发费用-财务费用-信用减值损失-资产减值损失+其他收益+公允价值变动收益(-公允价值变动损失)+投资收益(-投资损失)+资产处置收益(-资产处置损失)

式中:

营业收入是指企业经营业务所确认的收入总额,包括主营业务收入和其他业务收入。

营业成本是指企业经营业务所发生的实际成本总额,包括主营业务成本和其他业务成本。

研发费用是指企业进行研究与开发过程中发生的费用化支出,以及计入管理费用的自行开发无形资产的摊销。

信用减值损失是指企业计提的各项金融工具信用减值准备所确认的信用损失。

资产减值损失是指企业计提固定资产、无形资产、商誉、长期股权投资等资产减值准备所形成的损失。

其他收益是指计入其他收益的政府补助,以及其他与日常活动相关且计入其他收益的项目。

公允价值变动收益(损失)是指企业交易性金融资产等公允价值变动形成的应计入当期损益的利得(损失)。

投资收益(损失)是指企业以各种方式对外投资所取得的收益(发生的损失)。

资产处置收益(损失)反映企业出售划分为持有待售的非流动资产(金融工具、长期股权投资和投资性房地产除外)或处置组(子公司和业务除外)时确认的处置利得或损失,以及处置未划分为持有待售的固定资产、在建工程、生产性生物资产及无形资产而产生的处置利得或损失,还包括债务重组中因处置非流动资产产生的利得或损失和非货币性资产交换中换出非流动资产产生的利得或损失。

(二)利润总额

企业利润总额的计算公式是:

$$利润总额 = 营业利润 + 营业外收入 - 营业外支出$$

其中:营业外收入、营业外支出反映企业发生的与其经营活动无直接关系的各项利得和损失。营业外收入主要包括盘盈利得、捐赠利得等;营业外支出包括捐赠支出、非常损失、盘亏损失、非流动资产毁损报废损失等。

(三)净利润

利润总额扣除所得税即为企业当期的净利润,即:

$$净利润 = 利润总额 - 所得税费用$$

式中:所得税费用是指企业确认的应从当期利润总额中扣除的所得税费用。

在利润形成的各因素中,由于营业收入、营业成本、税金及附加、销售费用、管理费用、研发费用、财务费用、公允价值变动损益以及投资收益(投资损失)在前面章节已经做了介绍,因此,下面对资产减值损失、信用减值损失、营业外收入和营业外支出、资产处置损益以及所得税费用的核算做专门介绍。

二、资产减值损失的核算

资产的主要特征之一是它必须能够为企业带来经济利益的流入,如果资产不能够为企业带来经济利益或者带来的经济利益低于其账面价值,那么该资产就不能再予确认,或者不能再以原账面价值予以确认,否则将不符合资产的定义,也无法反映资产的实际价值,其结果会导致企业资产虚增和利润虚增,违反谨慎性的会计信息质量要求。因此,当企业资产预期收取的现金流量、预计可变现净值或估计可收回金额,低于其应收取的合同现金流量或账面价值时,即表明资产发生了减值,企业应当确认信用减值损失和资产减值损失,并减少资产的账面价值。

(一)存货发生减值损失的核算

资产负债表日,企业应当判断存货是否存在可能发生减值的迹象,如果存货存在减值迹象,企业应当对存货进行减值测试,估计其可变现净值,然后将所估计的可变现净值与其账面价值相比较,以确定存货是否发生减值即跌价,按照成本与可变现净值孰低对期末存货进行计量。存货成本高于其可变现净值的,应当计提存货跌价准备,计入当期损益。可变现净值,是指在日常生活中,存货的估计售价减去至完工时估计将要发生的成本、估计的销售费用以及相关税费后的金额。成本与可变现净值孰低计量的理论基础主要是使存货符合资产的定义。当存货的可变现净值跌至成本以下时,表明该存货会给企业带来的未来经济利益低于账面成本,因而应将这部分损失从资产价值中扣除,计入当期损益。否则,存货的可变现净值低于账面成本时,如果仍以其成本计量,就会出现虚计资产的现象。

企业通常应当按照单个存货项目计提存货跌价准备。对于数量繁多、单价较低的存货,可以按照存货类别计提存货跌价准备。

当存货存在下列情况之一时,应当计提存货跌价准备:

(1)市价持续下跌,并且在可预见的未来无回升的希望。

(2)企业使用该项原材料生产的产品的成本大于产品的销售价格。

(3)企业因产品更新换代,原有库存原材料已不适应新产品的需要,而该原材料的市场价格又低于其账面成本。

(4)因企业所提供的商品或劳务过时或消费者偏好改变而使市场的需求发生变化,导致市场价格逐渐下跌。

(5)其他足以证明该项存货实质上已经发生减值的情形。

当存在以下一项或若干项情况时,应当将存货账面价值全部转入当期损益:①已霉烂变质的存货;②过期且无转让价值的存货;③生产中已不再需要,并且已无使用价值和转让价值的存货;④其他足以证明已无使用价值和转让价值的存货。

按照存货准则规定,企业的存货在以前减记存货价值的影响因素已经消失的情况下,在原已计提的存货跌价准备金额内可以转回计提的存货跌价准备。

"资产减值损失"账户属于损益类账户,反映企业根据资产减值等准则计提各项资产减值准备所形成的损失。其借方登记确认的各项资产减值损失,贷方登记已计提存货跌价准备等的相关资产价值得以恢复时冲减的资产减值损失数,以及期末结转"本年利润"账户的数额,期末结转后本账户应无余额。该账户可按资产减值损失的项目进行明细核算。

"存货跌价准备"账户反映企业计提的存货跌价准备,资产负债表日存货发生减值的,按存货可变现净值低于成本的差额,借记"资产减值损失"账户,贷记本账户。已计提跌价准备的存货价值,以后又得以恢复,应在原已计提的存货跌价准备金额内,按恢复增加的金额,借记本账户,贷记"资产减值损失"账户。本账户期末贷方余额反映企业已计提但尚未转销的存货跌价准备。

【例9-1】20×2年6月30日,甲公司A原材料的账面成本为100 000元,由于本年以来A原材料的市场价格持续下跌,此时A原材料的可变现净值为95 000元,"存货跌价准备"期初余额为零。20×2年12月31日,甲公司A原材料的账面成本为仍为100 000元,预计可变现净值102 000元。

20×2年6月30日应编制如下会计分录:

借:资产减值损失——A材料　　　　　　　　　　　　5 000
　　贷:存货跌价准备——A材料　　　　　　　　　　　　　　5 000

20×2年12月31日应编制如下会计分录:

借:存货跌价准备——A材料　　　　　　　　　　　　5 000
　　贷:资产减值损失——A材料　　　　　　　　　　　　　　5 000

请思考:"存货跌价准备"账户在结构上与"坏账准备"账户有何异同?

(二) 金融资产外的非流动资产发生减值损失的核算

与存货计提跌价准备的原理相同,资产负债表日,当金融资产外的非流动资产存在减值迹象时,企业应对非流动资产进行减值测试,估计其可收回金额,如果非流动资产的估计可收回金额低于其账面价值,应当将非流动资产的账面价值减记至估计的可收回金额,减记的金额确认为资产减值损失,计入当期损益,同时计提减值准备。这样,企业当期确认的减值损失反映在利润表中,而计提的资产减值准备作为相关资产的备抵项目,反映于资产负债表中。资产可收回金额的估计,应当根据其公允价值减去处置费用后的净额与资产预计未来现金流量的现值两者之间较高者确定。

依据现行的资产减值准则规定,考虑到固定资产、无形资产等资产发生减值后,一方面价值回升的可能性比较小,通常属于永久性减值;另一方面从会计信息谨慎性要求考虑,为了避免确认资产重估增值和操纵利润,资产减值损失一经确认,在以后会计期间不得转回。以前期间计提的资产减值准备,在资产处置、出售、对外投资等时,才可予以转出。

下面以固定资产和无形资产为例,介绍金融资产外的非流动资产发生减值损失的账务处理。

企业的固定资产和无形资产发生减值的,应当根据所确认的资产减值金额,借记"资产减值损失"账户,贷记"固定资产减值准备""无形资产减值准备"账户。

"固定资产减值准备"账户反映企业计提的固定资产减值准备,其贷方登记当期计提的固定资产减值准备金额,借方登记按规定转出的固定资产减值准备金额,期末余额反映企业已计提的固定资产减值准备数额。

"无形资产减值准备"账户反映企业计提的无形资产减值准备,其贷方登记当期计提的无形资产减值准备金额,借方登记按规定转出的无形资产减值准备金额,期末余额反映企业已计提的无形资产减值准备数额。

【例9-2】远大公司的一台设备由于陈旧过时,预计可能会发生减值。20×2年末,账面价值为590 000元,经专业评估师的评估,该项固定资产预计可收回金额为520 000元。假定20×3年年末该设备预计可收回金额为550 000元。

本例中20×2年年末由于该项固定资产预计可收回金额低于其账面价值,因此该项固定资产实际上发生了减值,应当计提减值准备。计提减值准备时的会计分录为:

借:资产减值损失   70 000
  贷:固定资产减值准备   70 000

20×3年年末尽管设备价值回升,但是依据现行准则规定,不得转回已计提的减值准备,因此,不做减值转回的会计分录。

三、信用减值损失的核算

根据金融工具准则规定,当对金融资产预期未来现金流量具有不利影响的一项或多项事件发生时,该金融资产成为已发生信用减值的金融资产。企业不再合理预期金融资产合同现金流量能够全部或部分收回的,应当直接减记该金融资产的账面余额。下面以应收账款为例,介绍信用减值损失的账务处理。

企业应当以预期信用损失为基础,对应收账款进行减值会计处理并确认损失准备。预期信用损失,是指以发生违约的风险为权重的金融工具信用损失的加权平均值。对于金融资产,信用损失应为企业应收取的合同现金流量与预期收取的现金流量之间差额的现值。金融资产减值准备所形成的预期信用损失应通过"信用减值损失"账户核算。

企业应当设置"坏账准备"账户核算应收账款的坏账准备计提、转销等情况。其贷方登记当期计提的坏账准备金额,收回已转销的应收款项而恢复的坏账准备,借方登记实际发生的坏账损失金额和冲减的多计提的坏账准备金额,期末贷方余额,反映企业已计提但尚未转销的坏账准备余额。

企业提取坏账准备时,按照应计提的金额,借记"信用减值损失——坏账损失",贷记"坏账准备"账户。冲减多计提的坏账准备时,借记"坏账准备"账户,贷记"信用减值损失——坏账损失"。

【例9-3】20×2年12月31日,某公司应收账款余额为500 000元,该公司根据企业会计准则确定该应收账款发生信用减值损失,应计提坏账准备的金额为50 000元。该公司应编制如下会计分录。

20×2年12月31日计提坏账准备时:

借:信用减值损失——坏账损失　　　　　　　　　　　　　　50 000
　　贷:坏账准备　　　　　　　　　　　　　　　　　　　　　　50 000

四、资产处置损益和营业外收支的核算

(一)固定资产处置的核算

固定资产处置,包括固定资产的出售、转让、报废和毁损等。

企业出售、报废、毁损等原因清理的固定资产,应在"固定资产清理"账户核算。"固定资产清理"是资产类账户。借方登记转入清理固定资产的账面价值、清理过程中发生的各项支出、出售固定资产应交的税费以及结转固定资产的清理净收益;贷方登记出售固定资产的价款、残料变价收入以及结转固定资产的清理净损失。结转清理固定资产净收益或净损失后,该账户无余额。固定资产清理核算的基本程序如下:

(1)将出售、报废和毁损的固定资产转入清理,按清理固定资产的账面价值,借记"固定资产清理"账户,按已提的折旧,借记"累计折旧"账户,按已提的固定资产减值准备,借记"固定资产减值准备"账户,按固定资产原价,贷记"固定资产"账户。

(2)固定资产清理过程中发生的清理费用,按实际发生额借记"固定资产清理"账户,贷记"银行存款"等账户。

(3)企业收回出售固定资产的价款、报废固定资产的残料价值和变价收入等,按实际收到的出售价款及残料变价收入等,借记"银行存款""原材料"等账户,贷记"固定资产清理"

账户。

(4) 企业计算或收到的应由保险公司或过失人赔偿的报废、毁损固定资产的损失时,借记"其他应收款"或"银行存款"等账户,贷记"固定资产清理"账户。

(5) 结转固定资产清理损益时,因出售、转让等原因产生的固定资产处置利得或损失应计入"资产处置损益"账户。"资产处置损益"是损益类会计账户,反映企业出售固定资产、无形资产等而产生的处置利得或损失。产生处置净损失时,借记"资产处置损益"账户,贷记"固定资产清理"账户;如为净收益,借记"固定资产清理"账户,贷记"资产处置损益"账户。

对因已丧失使用功能或因自然灾害发生毁损等原因而报废清理产生的利得或损失,应计入"营业外收入"或"营业外支出"账户。属于生产经营期间正常报废清理产生的净损失,借记"营业外支出——处置非流动资产净损失"账户,贷记"固定资产清理"账户;属于生产经营期间由于自然灾害等非正常原因造成的净损失,借记"营业外支出——非常损失"账户,贷记"固定资产清理"账户。

"营业外收入"账户反映企业取得的营业外收入。其贷方登记企业取得的营业外收入数额,借方登记期末转入"本年利润"账户的数额,期末结转后本账户应无余额。本账户应当按照营业外收入的具体项目设置明细账,进行明细核算。

"营业外支出"账户属于损益类。其借方登记企业发生的营业外支出数额,贷方登记期末转入"本年利润"账户的数额,期末结转后本账户应无余额。本账户应当按照营业外支出的具体项目设置明细账,进行明细核算。

【例9-4】远大公司出售一座建筑物,原价3 000 000元,已使用6年,计提折旧370 000元,支付清理费用10 000元,增值税专用发票上注明售价为2 900 000元,增值税额为319 000元。编制会计分录如下:

(1) 将固定资产转入清理:

借:固定资产清理　　　　　　　　　　　　　　　　　　2 630 000
　　累计折旧　　　　　　　　　　　　　　　　　　　　　 370 000
　　贷:固定资产　　　　　　　　　　　　　　　　　　　3 000 000

(2) 支付清理费用:

借:固定资产清理　　　　　　　　　　　　　　　　　　　　10 000
　　贷:银行存款　　　　　　　　　　　　　　　　　　　　　10 000

(3) 收到价款:

借:银行存款　　　　　　　　　　　　　　　　　　　　3 219 000
　　贷:固定资产清理　　　　　　　　　　　　　　　　　2 900 000
　　　　应交税费——应交增值税(销项税额)　　　　　　　 319 000

(4) 结转固定资产清理后的净收益:

借:固定资产清理　　　　　　　　　　　　　　　　　　　 260 000
　　贷:资产处置损益　　　　　　　　　　　　　　　　　　 260 000

【例9-5】远大公司有旧机器一台,原值450 000元,已提折旧350 000元,已提的减值准备20 000元,经批准报废。在清理过程中,以银行存款支付清理费用12 000元,残料变价收入6 800元存入银行。编制会计分录如下:

(1)固定资产转入清理时:

借:固定资产清理　　　　　　　　　　　　　　　　　　　　　　　　80 000
　　累计折旧　　　　　　　　　　　　　　　　　　　　　　　　　　350 000
　　固定资产减值准备　　　　　　　　　　　　　　　　　　　　　　 20 000
　　贷:固定资产　　　　　　　　　　　　　　　　　　　　　　　　450 000

(2)支付清理费用:

借:固定资产清理　　　　　　　　　　　　　　　　　　　　　　　　12 000
　　贷:银行存款　　　　　　　　　　　　　　　　　　　　　　　　 12 000

(3)收到残料变价收入:

借:银行存款　　　　　　　　　　　　　　　　　　　　　　　　　　 6 800
　　贷:固定资产清理　　　　　　　　　　　　　　　　　　　　　　　6 800

(4)结转固定资产清理净损益:

借:营业外支出——处置非流动资产净损失　　　　　　　　　　　　　85 200
　　贷:固定资产清理　　　　　　　　　　　　　　　　　　　　　　 85 200

(二)无形资产处置的核算

1. 无形资产出售的核算。企业将无形资产出售,表明企业放弃无形资产的所有权。企业出售无形资产时,应将所取得的价款与该无形资产账面价值的差额计入当期损益。出售无形资产时,应按实际收到的金额,借记"银行存款"等账户,按已摊销的累计摊销额,借记"累计摊销"账户,原已计提减值准备,借记"无形资产减值准备"账户,按其账面余额,贷记"无形资产"账户,按其差额,贷记或借记"资产处置损益"账户。

【例9-6】远大公司将拥有的一项非专利技术出售,取得收入900 000元,增值税额45 000元。该非专利技术的账面余额为700 000元,累计摊销额为150 000元,已计提的减值准备为10 000元。编制会计分录如下:

借:银行存款　　　　　　　　　　　　　　　　　　　　　　　　　945 000
　　累计摊销　　　　　　　　　　　　　　　　　　　　　　　　　150 000
　　无形资产减值准备　　　　　　　　　　　　　　　　　　　　　 10 000
　　贷:无形资产　　　　　　　　　　　　　　　　　　　　　　　 700 000
　　　　资产处置损益　　　　　　　　　　　　　　　　　　　　　 360 000
　　　　应交税费——应交增值税(销项税额)　　　　　　　　　　　 45 000

2. 无形资产报废的核算。如果无形资产预期不能为企业带来未来经济利益,不再符合无形资产的定义,应将其转销。例如:某项无形资产已被其他新技术所替代,不能为企业带来经济利益;无形资产不再受到法律保护,且不能给企业带来经济利益等。

无形资产预期不能为企业带来经济利益的,应按已摊销的累计摊销额,借记"累计摊销"账户,原已计提减值准备的,借记"无形资产减值准备"账户,按其账面余额,贷记"无形资产"账户,按其差额,借记"营业外支出"账户。

【例9-7】远大公司的某项专利技术,其账面余额为600 000元,摊销期限为10年,采用直线法进行摊销,已摊销了5年,假定该项专利权的残值为0,计提的减值准备为130 000元,因其生产的产品出现滞销,且预计今后难以好转,故远大公司转销该项专利技术。假定不考虑其他相关因素,其账务处理如下:

借:累计摊销　　　　　　　　　　　　　　　　　　　　　　300 000
　　无形资产减值准备　　　　　　　　　　　　　　　　　　130 000
　　营业外支出　　　　　　　　　　　　　　　　　　　　　170 000
　　贷:无形资产——专利权　　　　　　　　　　　　　　　　600 000

请思考:固定资产处置与无形资产处置是如何处理的?

(三) 捐赠利得和捐赠支出、罚款利得和罚款支出的核算

企业对于发生的捐赠利得和罚款利得,应借记"银行存款""库存现金"等账户,贷记"营业外收入"账户;对于发生的捐赠支出和罚款支出,应借记"营业外支出"账户,贷记"库存现金""银行存款"等账户。

【例9-8】20×2年6月远大公司以银行存款支付税款滞纳金20 000元,应编制如下会计分录:

借:营业外支出　　　　　　　　　　　　　　　　　　　　　20 000
　　贷:银行存款　　　　　　　　　　　　　　　　　　　　20 000

(四) 盘盈利得和盘亏损失的核算

在财产清查中,发生盘盈或盘亏,企业应先按盘存数调账,做到账实相符,同时将盘盈或盘亏数计入"待处理财产损溢"账户;待查明原因,按权限报经批准后再予以处理。库存现金盘盈盘亏的核算,已在第二章介绍,这里不再赘述。

企业在财产清查中,发生盘盈的存货,通常是由企业日常收发计量或计算上的差错所造成的,按规定冲减管理费用。对于盘亏的存货应根据造成盘亏的原因,分别情况进行处理。属于定额内损耗以及存货日常收发计量上的差错,即正常损失,经批准后借记"管理费用"账户;对于应由过失人赔偿的部分,借记"其他应收款"账户;对于自然灾害等不可抗拒的原因而发生的存货损失,即非正常损失,应借记"营业外支出"账户。

企业在财产清查中,发生固定资产盘盈,作为前期差错处理。盘亏的固定资产,按盘亏固定资产的账面价值借记"待处理财产损溢"账户,按已计提的累计折旧,借记"累计折旧"账户,按已计提的减值准备,借记"固定资产减值准备"账户,按固定资产原价,贷记"固定资产"账户。按管理权限报经批准后处理时,按可收回的保险赔偿或过失人赔偿,借记"其他应收款"账户,其他净损失借记"营业外支出"账户。

【例9-9】企业财产清查时,发现短缺一台设备,该设备原价100 000元,已提折旧56 000元,已提减值准备5 000元。经批准处理,过失人赔偿2 000元,净损失转销。编制会计分录如下:

(1)盘亏固定资产时:

借:待处理财产损溢　　　　　　　　　　　　　　　　　　　　　39 000
　　累计折旧　　　　　　　　　　　　　　　　　　　　　　　　56 000
　　固定资产减值准备　　　　　　　　　　　　　　　　　　　　5 000
　贷:固定资产　　　　　　　　　　　　　　　　　　　　　　　　100 000

(2)经批准处理时:

借:其他应收款　　　　　　　　　　　　　　　　　　　　　　　2 000
　　营业外支出　　　　　　　　　　　　　　　　　　　　　　　37 000
　贷:待处理财产损溢　　　　　　　　　　　　　　　　　　　　　39 000

五、所得税费用的核算

(一)所得税的核算方法

我国所得税准则规定采用资产负债表债务法核算所得税。资产负债表债务法要求企业从资产负债表出发,通过资产或负债的计税基础与其账面价值的比较确定暂时性差异;然后根据暂时性差异与所得税税率,确认递延所得税负债或资产,并在此基础上确定每一个会计期间的所得税费用。

(二)资产、负债的计税基础及暂时性差异

1. 资产的计税基础。资产的计税基础,是指企业收回资产账面价值过程中,计算应纳税所得额时按照税法规定可以自应税经济利益中抵扣的金额,即某一项资产在未来期间计税时按照税法规定可以税前扣除的金额。

资产在初始确认时,其计税基础一般为取得成本,即企业为取得某项资产支付的成本在未来期间准予税前扣除的金额。在资产持续持有的过程中,其计税基础是指资产的取得成本减去以前期间按照税法规定已经税前扣除的金额后的余额,该余额代表的是按照税法规定,就涉及的资产在未来期间计税时仍然可以税前扣除的金额。如固定资产、无形资产等长期资产在某一资产负债表日的计税基础是指其成本扣除按照税法规定已在以前期间税前扣除的累计折旧额或累计摊销额后的金额。

2. 负债的计税基础。负债的计税基础,是指负债的账面价值减去未来期间计算应纳税所得额时按照税法规定可予抵扣的金额。用公式表示即:

负债的计税基础=账面价值−未来期间按照税法规定可予税前扣除的金额

负债的确认与偿还一般不会影响企业的损益,也不会影响其应纳税所得额,未来期间计算应纳税所得额时按照税法规定可予抵扣的金额为0,计税基础即为账面价值。例如企业的短期借款、应付账款等。但是,某些情况下,负债的确认可能会影响企业的损益,进而影响不

同期间的应纳税所得额,使得其计税基础与账面价值之间产生差额,如按照会计规定确认的某些预计负债。

3. 暂时性差异。暂时性差异是指资产、负债的账面价值与其计税基础不同产生的差异,是会计准则与税法在确认收入或费用的时间不同而产生的税前会计利润与应纳税所得额之间的差异。就长期来看,对于某项收入或费用均应计入税前会计利润和应纳税所得额,但是计入税前会计利润和应纳税所得额的会计期间不同。

根据暂时性差异对未来期间应纳税所得额的影响,分为应纳税暂时性差异和可抵扣暂时性差异。

(1)应纳税暂时性差异。应纳税暂时性差异,是指在确定未来收回资产或清偿负债期间的应纳税所得额时,将导致产生应税金额的暂时性差异,该差异在未来期间转回时,会增加转回期间的应纳税所得额。如企业获得的某项收益,在会计报表上确认为当期收益,但按照税法规定需待以后期间确认为应税所得。又如企业发生的某项费用或损失,在会计报表上于以后期间确认费用或损失,但按照税法规定可以从当期应税所得中扣减。上述两种情况都会使本期税前会计利润大于应纳税所得额,从而产生应纳税暂时性差异。在其产生当期,符合确认条件的情况下,应确认相关的递延所得税负债。

(2)可抵扣暂时性差异。可抵扣暂时性差异,是指在确定未来收回资产或清偿负债期间的应纳税所得额时,将导致产生可抵扣金额的暂时性差异。该差异在未来期间转回时会减少转回期间的应纳税所得额,减少未来期间的应交所得税。如企业发生的某项费用或损失,在会计报表上确认为当期费用或损失,但按照税法规定待以后期间从应纳税所得额中扣减。又如企业获得的某项收益,在会计报表上于以后期间确认收益,但按照税法规定需计入当期应纳税所得额。上述两种情况都会使当期税前会计利润小于应纳税所得额,从而产生可抵减暂时性差异。在其产生当期,符合确认条件的情况下,应确认相关的递延所得税资产。

(三)所得税费用的确认和计量

企业核算所得税,主要是为确定当期应交所得税以及利润表中应列示的所得税费用。在按照资产负债表债务法核算所得税的情况下,利润表中的所得税费用包括当期所得税和递延所得税两个组成部分,企业在计算确定了当期所得税和递延所得税后,两者之和(或之差)是利润表中的所得税费用。现阶段学习所得税费用核算时暂不考虑递延所得税部分。

当期所得税(即当期应交所得税)是指企业按照税法规定计算确定的针对当期发生的交易和事项,应交纳给税务部门的所得税金额。当期所得税应以适用的税收法规为基础计算确定。其计算公式为:

$$当期所得税 = 应纳税所得额 \times 适用的所得税税率$$

其中,应纳税所得额不同于税前会计利润,它是在企业税前会计利润的基础上调整确定。其计算公式为:

$$应纳税所得额 = 利润总额 + 纳税调整增加额 - 纳税调整减少额$$

纳税调整增加额主要包括两类:

（1）按会计准则允许作为费用、损失列支的项目，但按照税法规定不允许列支的项目，如税收滞纳金、罚金、行政罚款和被没收财物的损失、赞助支出、未经核定的准备金支出等。

（2）按会计准则允许作为费用、损失列支，但超过税法规定的列支标准金额，如超标的职工福利费、职工教育经费、工会经费、业务招待费、广告费和业务宣传费、公益性捐赠等。

纳税调整减少额主要包括不征税和准予免费的项目，如财政拨款、国债利息收入。

"所得税费用"账户反映企业按规定从本期损益中扣除的所得税。其借方登记企业应计入本期损益的所得税费用，贷方登记期末转入"本年利润"账户的所得税费用数额，期末结转后本账户应无余额。

【例9-10】 盛大公司20×2年利润总额为3 520 000元，计算利润时包括以下收入和支出：国债利息收入92 000元，赞助支出100 000元，行政罚款支出20 000元，适用的所得税税率为25%，假设不考虑递延所得税。则：

应纳税所得额 = 3 520 000 - 92 000 + 100 000 + 20 000 = 3 548 000（元）

当期应交所得税 = 3 548 000×25% = 887 000（元）

编制会计分录如下：

借：所得税费用　　　　　　　　　　　　　　　　　　　　　　　887 000
　　贷：应交税费——应交所得税　　　　　　　　　　　　　　　　　　887 000

六、期末结转损益的核算

（一）期末结转损益的方法

企业期末结转损益的方法有表结法和账结法。

1. 表结法。表结法是指企业在年终以外的各个会计期末，对本期利润和本年累计利润均通过"利润表"予以反映。表结法下，各损益类账户在1~11月份都会有期末余额，表示当年自年初至报告期止各损益类项目的累计发生额。到年终决算时，再将所有损益类账户余额结转至"本年利润"账户，结平各个损益类账户。采用表结法的优点是简化了利润结转的手续，不足之处是平时不能在账面上反映当年度已实现的利润或已发生的亏损。

2. 账结法。账结法是指在每月末均将各个损益类账户余额结转至"本年利润"账户，通过"本年利润"账户反映本期利润和本年累计利润。其具体做法是将损益类账户中的贷方余额转入"本年利润"账户的贷方，将损益类账户中的借方余额转入"本年利润"账户的借方，结转后，结平各个损益类账户。采用账结法的优点是能够通过"本年利润"账户反映当期实现的净利润（贷方余额）或已发生的净亏损（借方余额），不足之处是增加了结转利润的工作量。

（二）期末结转损益的账务处理

企业应设置"本年利润"账户，反映企业当期实现的净利润（或发生的净亏损）。期末将所有损益类账户的余额分别转入"本年利润"账户，其中损益类收入账户的余额转入"本年利润"账户的贷方，损益类费用账户的余额转入"本年利润"的借方。结转后所有损益类账户期末均没有余额，而"本年利润"账户既可能出现贷方余额，也可能出现借方余额。"本年利润"账户贷方余额表示年度内累计实现的净利润,借方余额表示年度内累计发生的亏损总额。

年度终了,应将"本年利润"账户的累计余额,转入"利润分配——未分配利润"账户,如为净利润,借记"本年利润"账户,贷记"利润分配——未分配利润"账户;如为净亏损,做相反的会计分录,结转后本账户应无余额。

【例9-11】远大公司20×2年12月31日损益类账户余额如表9-1所示(该企业年末一次结转损益类账户)。

表9-1 损益类账户余额表

账户名称	结账前余额(元)	
	借方	贷方
主营业务收入		6 000 000
主营业务成本	4 000 000	
销售费用	500 000	
税金及附加	80 000	
管理费用	385 000	
财务费用	200 000	
其他业务收入		700 000
其他业务成本	400 000	
投资收益		600 000
营业外收入		560 000
营业外支出	25 000	
所得税费用	567 500	

编制结转损益类账户的会计分录如下:
(1)结转各项收入、利得时:
借:主营业务收入　　　　　　　　　　　　　　　　　　　6 000 000
　　其他业务收入　　　　　　　　　　　　　　　　　　　　700 000
　　投资收益　　　　　　　　　　　　　　　　　　　　　　600 000
　　营业外收入　　　　　　　　　　　　　　　　　　　　　560 000
　　贷:本年利润　　　　　　　　　　　　　　　　　　　7 860 000
(2)结转各项费用、损失时:
借:本年利润　　　　　　　　　　　　　　　　　　　　6 157 500

贷：主营业务成本	4 000 000
销售费用	500 000
税金及附加	80 000
管理费用	385 000
财务费用	200 000
其他业务成本	400 000
营业外支出	25 000
所得税费用	567 500

第二节 财务成果分配的核算

一、财务成果分配概述

财务成果分配是指企业将本年实现的净利润和以前年度积累的未分配利润，按国家的有关规定、企业章程或企业投资人的决议，对各方利益人进行分配的过程。企业实现的利润按规定计算交纳所得税后，形成税后利润，即净利润。净利润首先用于弥补亏损（指税后弥补亏损），在弥补亏损后，一般应当按照如下顺序进行分配：①提取法定盈余公积。公司制企业的法定公积金应当按税后利润的10%计提，当提取的法定公积金达到公司注册资本金的50%时，可以不再计提。②提取任意盈余公积。企业可以自行确定一定的比例计提任意盈余公积金。③向投资者分配利润或股利。最后剩下的就是年终未分配利润。

二、财务成果分配的账务处理

企业应设置"利润分配"账户，核算企业利润的分配（或亏损的弥补）和历年利润分配（或亏损弥补）后的余额。为了能够清楚地反映企业用于分配的资金来源及企业净利润的流向，企业应当设置以下明细账户：①提取法定盈余公积；②提取任意盈余公积；③应付现金股利或利润；④转做股本的股利；⑤盈余公积补亏；⑥未分配利润。年末，除"利润分配——未分配利润"明细账户有余额外，其他所有明细账户均没有余额。"利润分配——未分配利润"明细账户期末若为贷方余额，反映历年累计未分配的利润额；期末若为借方余额，反映历年累计的未弥补亏损额。

（一）提取盈余公积的账务处理

盈余公积，是指企业按照规定从净利润中提取的各种积累资金，分为法定盈余公积和任意盈余公积。盈余公积主要可以用于企业扩大再生产，也可用于企业弥补亏损或转增资本。盈余公积的用途，并不是指其实际占用形态，提取盈余公积也并不是单独将这部分资金从企业资金周转过程中抽出。企业盈余公积的结存数,实际上只表现为企业所有者权益的组成部分,表明企业生产经营资金的一个来源。

1. 法定盈余公积。法定盈余公积,是指按照企业净利润和法定比例计提的盈余公积。企业计提法定盈余公积时,应借记"利润分配"账户,贷记"盈余公积——法定盈余公积"账户。

"盈余公积"账户反映企业从净利润中提取的盈余公积。其借方登记用于弥补亏损、转增资本金等转出的盈余公积,贷方登记在净利润中提取形成的盈余公积,期末贷方余额反映企业的盈余公积。本账户应当分别按"法定盈余公积""任意盈余公积"进行明细核算。

2. 任意盈余公积。企业在计提了法定盈余公积之后,还可以根据需要计提任意盈余公积。法定盈余公积和任意盈余公积的区别在于各自计提的依据不同:前者以国家的法律或行政规章为依据计提,后者由企业自行决定是否提取以及提取比例。

【例9-12】远大公司20×2年度实现税后利润1 702 500元,无以前年度未弥补亏损,按规定计提10%的法定盈余公积金,同时经全体股东同意按净利润的12%提取任意盈余公积金。会计处理如下:

应计提的法定盈余公积金 = 1 702 500×10% = 170 250(元)
应计提的任意盈余公积金 = 1 702 500×12% = 204 300(元)

借:利润分配——提取法定盈余公积   170 250
       ——提取任意盈余公积   204 300
  贷:盈余公积——法定盈余公积   170 250
       ——任意盈余公积   204 300

(二)应付股利的账务处理

股利是指股东从股份公司的净利润中所分得的投资报酬。股份有限公司在宣告分派股利时,董事会往往要规定股票转户的截止日期,并规定股利支付的起讫日期,股利只在分派股利期内向在册股东分发,所以,宣告分派股利时,必须明确以下几个重要日期:

1. 股利宣告日。董事会宣告发放股利的日期即为股利宣告日,向股东支付股利的义务就在这一天成立。

2. 股权登记日,即能否取得股利的日期界限。公司在宣告分派股利后通常有一段时间供股东过户登记,已登记的股票持有人才有权利收受公司分派的股利。

3. 股利发放日,即将股利正式发放给股东的日期。

股利按其分派的形式,可分为现金股利、财产股利和股票股利等。现金股利,是指股份有限公司以货币资金支付给股东的股利。用现金发放股利,是最常见的股利发放形式,宣告了现金股利,就要向股东分派现金。已宣告而尚未发放的股利,从宣告之日起,即为公司的一项流动负债,在股利发放完毕后,这项负债才得以解除。

股票股利,是指采用增发股票的方式向股东分派股利。发放股利时,公司根据股东持有的股份数,按一定比例发给股东。

股票股利与现金股利基本的区别是:股票股利不减少公司的所有者权益,资产及负债均不发生变化,仅仅是所有者权益内部各项目的转换;发放现金股利会导致公司的所有者权益及资产同时减少(已经发放现金股利)或所有者权益减少、负债增加(尚未实际发放现金股利)。

【例9-13】远大公司根据股东大会决议,20×2年度向投资者分配现金股利1 100 000元,分配股票股利200 000元。编制有关会计分录如下:

(1)应分配给投资者的现金股利:

借:利润分配——应付现金股利或利润 1 100 000
　　贷:应付股利 1 100 000

(2)应分配给投资者的股票股利,在办理增资手续后:

借:利润分配——转作股本的股利 200 000
　　贷:股本 200 000

(3)向投资者发放现金股利:

借:应付股利 1 100 000
　　贷:银行存款 1 100 000

"应付股利"账户反映企业向投资人分配的现金股利或利润情况,其借方登记实际支付给投资人的利润数额,贷方登记企业计算出的应支付给投资人的现金股利或利润数额,期末贷方余额反映应付未付给投资人的现金股利或利润数额。

三、本年利润及利润分配的结转

本年利润的结转是指年度终了企业应将全年实现的利润总额,由"本年利润"账户转入"利润分配——未分配利润"账户。若为盈利,借记"本年利润"账户,贷记"利润分配——未分配利润"账户,若为亏损,则做相反分录。

利润分配的结转是指根据利润分配方案进行利润分配后,将"利润分配"的明细账户(除未分配利润以外)余额全部转入"利润分配——未分配利润"账户内进行核算。结转后,若"利润分配——未分配利润"明细账户为借方余额,则为累计未弥补亏损,若为贷方余额,则为累计未分配的利润。

【例9-14】远大公司20×2年初未分配利润为3 000 000元,本年共实现净利润1 702 500元,提取法定盈余公积170 250元,提取任意盈余公积金204 300元,发放现金股利1 100 000元,股票股利200 000元。

要求:年终结转利润及已分配利润,并计算该公司的年末未分配利润数额。

年终结转本年利润时:

借:本年利润 1 702 500
　　贷:利润分配——未分配利润 1 702 500

年终结转已分配利润时：

借：利润分配——未分配利润　　　　　　　　　　　　　　　1 674 550
　　贷：利润分配——提取法定盈余公积　　　　　　　　　　　170 250
　　　　　　　　——提取任意盈余公积　　　　　　　　　　　204 300
　　　　　　　　——应付现金股利或利润　　　　　　　　　1 100 000
　　　　　　　　——转作股本的股利　　　　　　　　　　　　200 000

该公司的年末未分配利润为

　　　　3 000 000+1 702 500-1 674 550= 3 027 950(元)

本章小结

经营成果是指企业在一定会计期间所取得的利润。利润通常分为营业利润、利润总额和净利润三个层次。营业利润是指企业一定期间经营活动取得的利润；利润总额是指企业一定期间的营业利润与营业外收支净额的合计总额；净利润是指企业一定期间的利润总额减去所得税费用后的净额。资产减值损失是指企业计提各项资产减值准备所形成的损失。信用减值损失是指企业计提的各项金融工具信用减值准备所确认的信用损失。资产处置损益主要用来核算固定资产、无形资产、在建工程等因出售、转让等原因产生的处置利得或损失。营业外收入、营业外支出反映企业发生的与其经营活动无直接关系的各项利得和损失。企业核算所得税，主要是为确定当期应交所得税以及利润表中应确认的所得税费用。利润表中的所得税费用包括当期所得税和递延所得税两个组成部分。

会计期末企业应将所有损益类账户的余额分别转入"本年利润"账户。

企业当期实现的净利润，加上年初未分配利润(或减去年初未弥补亏损)后的余额，为可供分配的利润。可供分配的利润，一般按下列顺序分配：①提取法定盈余公积；②提取任意盈余公积；③向投资者分派利润或股利。

年度终了企业应将全年实现的利润总额，由"本年利润"账户转入"利润分配——未分配利润"账户。根据利润分配方案进行利润分配后再把"利润分配"账户下反映利润分配结果的各明细账户的余额全部转入"利润分配——未分配利润"账户内进行核算。结转后"利润分配——未分配利润"明细账户余额，反映企业历年累计未分配利润(或累计未弥补亏损)。

本章关键词汇

营业利润	Operational Income
利润总额	Total Profit
净利润	Net Profit
资产减值损失	Assets Devaluation
信用减值损失	Credit Impairment Loss
资产处置损益	Asset Disposal Gains and Losses
营业外收入	Non-operating Income
营业外支出	Non-operating Expenses
当期所得税	Current Income Tax
递延所得税	Deferred Income Tax
所得税费用	Income Tax Expense
盈余公积	Surplus Reserves
应付股利	Dividend Payable
本年利润	Profits for the Year
未分配利润	Undistributed Profits

思考题

1. 什么是利润？利润有哪些构成内容？
2. 如何认识利润指标的作用和局限性？
3. 为什么要确认信用减值损失和资产减值损失？
4. 应收款项和存货发生减值如何进行会计处理？
5. 固定资产、无形资产等资产发生减值时如何进行会计处理？为什么资产减值损失一经确认，在以后会计期间不得转回？
6. 营业外收入和营业外支出包括哪些主要内容？
7. 处置固定资产和无形资产如何进行会计处理？
8. 如何确定暂时性差异？应纳税暂时性差异与可抵扣暂时性差异两者有何区别？
9. 如何计算和结转净利润？对利润形成如何进行账务处理？

10. 比较分派现金股利和分派股票股利对企业产生的不同影响,分别如何进行会计处理?
11. 分析影响企业利润分配的因素有哪些?并说明利润分配的一般程序。

练习题

一、单项选择题

1. 期末,企业"无形资产"账户的账面价值高于其可收回金额,计提减值准备时,应( )。
   A. 借:营业外支出
      贷:无形资产减值准备
   B. 借:管理费用
      贷:无形资产减值准备
   C. 借:无形资产减值准备
      贷:营业外支出
   D. 借:资产减值损失
      贷:无形资产减值准备

2. 以下项目中不属于营业外收入的是( )。
   A. 确实无法支付的应付账款   B. 捐赠收入
   C. 罚款收入   D. 存货盘盈

3. "本年利润"账户属于所有者权益账户,经过处理后的最终结果是企业的( )。
   A. 利润总额   B. 净利润(或亏损)
   C. 营业利润(或亏损)   D. 主营业务利润(或亏损)

4. 企业进行年终利润及已分配利润结转后,可能有余额的账户是( )。
   A. 本年利润   B. 利润分配——未分配利润
   C. 利润分配——应付现金股利   D. 利润分配——提取盈余公积

5. 企业按规定提取的存货跌价损失,应计入( )。
   A. 管理费用   B. 财务费用   C. 资产减值损失   D. 营业外支出

6. 下列项目中不包括在营业利润中的是( )。
   A. 主营业务利润   B. 其他业务利润   C. 期间费用   D. 所得税费用

7. 下列( )资产减值损失一经确认,在以后会计期间不得转回。
   A. 原材料   B. 固定资产   C. 库存商品   D. 低值易耗品

8. 报废固定资产和无形资产时的净损失应计入( )账户中。

A. 管理费用　　　　B. 资产处置损益　　C. 营业外支出　　　D. 制造费用

9. 企业年末"固定资产"账户账面余额为600 000元,"固定资产减值准备"账户余额为20 000元,可收回价值金额为610 000元,年末固定资产减值准备的调整金额为(　　)元。

A. 冲减10 000　　B. 补提30 000　　C. 冲减20 000　　D. 不做调整

10. 企业宣告发放股票股利会引起(　　)。

A. 企业所有者权益减少　　　　　　B. 企业所有者权益内部结构发生变化
C. 企业发生现金流出　　　　　　　D. 企业对股东负债的增加

二、多项选择题

1. 下列项目中构成利润总额的因素有(　　)。

A. 营业利润　　　　　　　　　　　B. 所得税费用
C. 投资净收益　　　　　　　　　　D. 营业外收支净额

2. 以下项目中应列为营业外收入的有(　　)。

A. 捐赠收入　　　　　　　　　　　B. 现金盘盈利得
C. 销售材料收入　　　　　　　　　D. 罚款收入

3. 下列属于"利润分配"账户明细账户的有(　　)。

A. 提取任意盈余公积　　　　　　　B. 提取法定盈余公积
C. 应付现金股利或利润　　　　　　D. 未分配利润

4. 企业资产或负债的账面价值与计税基础之间的差异为暂时性差异,按其对未来期间计税金额的影响分为(　　)。

A. 应纳税暂时性差异　　　　　　　B. 可抵扣暂时性差异
C. 递延所得税资产　　　　　　　　D. 递延所得税负债

5. 下列各项中,应该计入营业外支出的是(　　)。

A. 支付的合同违约金　　　　　　　B. 发生的税收滞纳金
C. 向慈善机构支付的捐赠款　　　　D. 盘亏存货的一般经营损失

三、判断题

1. 企业计提应收账款信用减值损失时,可以借记"信用减值损失"账户,贷记"坏账准备"账户。(　　)

2. "利润分配——未分配利润"账户的年末贷方余额为历年积存的未分配利润。(　　)

3. 企业发生营业外支出,在相对应的会计期间,应当减少企业当期的营业利润。(　　)

4. 企业取得的各项罚款收入列入其他业务收入。(　　)

5. 企业确实无法收回的应收账款列入营业外支出。(　　)

6. 企业将根据应税暂时性差异计算的未来期间应交的所得税金额,确认为递延所得税负债。(   )

7. 所得税费用就是指企业当期应交给税务部门的所得税。(   )

8. 当存货账面价值低于其可变现净值时,应按二者差额计提存货跌价准备。(   )

9. 企业在进行利润分配时,应先提取法定盈余公积,再向投资者分配利润。(   )

10. 无论是采用账结法还是表结法结转损益,年末结转后各损益类账户均无余额。(   )

四、核算题

1.【目的】练习存货减值的核算。

某企业甲材料的成本为 85 000 元,20×2 年发生减值迹象进行减值测试。假定该批存货的成本没有变化,6 月 30 日的可变现净值为 84 000 元,12 月 31 日的可变现净值为 85 600 元。

【要求】根据上述资料编制相关的会计分录。

2.【目的】练习固定资产报废及固定资产减值的核算。

某企业 20×3 年度发生如下经济业务:

(1)因水灾袭击,企业一栋仓库发生倒塌,提前报废,其原值为 1 270 000 元,已提折旧 580 000 元。清理过程中,残料变价收入 15 000 元,已收存银行;另以银行存款支付清理费用 25 600 元。经保险公司理赔,得到保险金 500 000 元,已收存银行。

(2)企业 20×1 年 12 月 30 日购入大型设备一套,该设备原值为 1 200 000 元,预计使用寿命为 8 年,预计净残值为零,采用直线法计提折旧。自 20×3 年 10 月份以来,由于技术进步与其他原因的影响,该种设备的市价出现下滑。至 20×3 年末,该设备的预计可收回金额为 630 000 元。

【要求】根据上述资料编制相关业务的会计分录。

3.【目的】练习固定资产出售的核算。

某企业仓库一幢,经批准后予以出售,仓库原值为 1 090 000 元,已提折旧 563 000 元,以银行存款支付清理费用 22 500 元,售价 700 000 元,收到款项存入银行,假设不考虑相关税费。

【要求】根据上述资料编制会计分录。

4.【目的】练习管理费用和营业外收支的核算。

(1)企业出售设备一台,结转扣除清理费用后的净收益 16 000 元。

(2)企业收到外单位因违约而交来的赔款 2 000 元,已存入银行。

(3)企业赞助支出 15 000 元,以银行存款支付。

(4)捐赠给某企业机器一台,原值 150 000 元,已提折旧 40 000 元。

(5)通过银行支付电信局逾期罚款 1 000 元。

(6)在库存现金清查中,发现实存数大于账面余额 500 元,核查原因不明,经批准转作营业外收入。

(7)因意外事故,造成甲材料毁损,实际成本30 000元;按规定应由保险公司赔偿20 000元;毁损净损失经批准转销。

(8)转销无法查明原因的库存现金盘亏数300元。

(9)在存货清查中盘亏A材料200千克,单位成本80元,经批准应由过失人赔款3 200元,其余的作为一般经营损失处理;盘盈B材料50千克,单位成本30元,经查属于材料收发计量方面的错误。

(10)在固定资产清查中,发现短缺笔记本电脑一台,原价12 000元,已提折旧9 800元,报经批准转销。

【要求】根据以上经济业务,编制相关会计分录。

5.【目的】练习所得税的核算。

某企业20×2年利润总额为7 650 000元。计算利润总额时包括以下收入和支出:国债利息收入192 000元,赞助支出200 000元,行政罚款支出30 000元,所得税税率为25%。

【要求】计算当期应交的所得税,编制计提、结转和上交所得税的会计分录。

6.【目的】练习损益结转和所得税的核算。

某企业年终结账前有关损益类账户的年末余额如下表所示(该企业采用表结法年末一次结转损益类账户,单位:元)。

收益类账户	期末余额	支出类账户	期末余额
主营业务收入	900 000	主营业务成本	500 000
其他业务收入	170 000	其他业务成本	110 000
投资收益	15 000	税金及附加	36 000
营业外收入	60 000	销售费用	50 000
		管理费用	120 000
		财务费用	25 000
		营业外支出	90 000

(1)企业营业外支出中有1 500元为税款滞纳罚金。
(2)企业该年超标的职工福利费数额为3 500元。

【要求】

(1)将上述损益类账户年末余额结转"本年利润"账户。

(2)计算企业当年应纳所得税并编制有关所得税费用确认和结转"本年利润"账户的会计分录(该企业适用的所得税税率为25%,除上述资料外,假定无其他纳税调整项目)。

7.【目的】练习利润分配的核算。

宏达股份有限公司年初"利润分配——未分配利润"账户贷方余额1 500 000元,本年实现净利润 2 000 000 元。经股东大会决议利润分配方案如下：提取 10% 法定盈余公积，提取 5% 任意盈余公积，分配现金股利 600 000 元，分配股票股利 800 000 元。假定分配给股东的股票股利已办理增资手续。

【要求】编制年终结转本年利润、利润分配及结转的有关会计分录，并计算年末未分配利润数额。

进一步思考

锦浪科技于 2005 年 9 月由实际控制人王一鸣、王峻适、林伊蓓（后两者为王一鸣父母）发起设立，主营业务为光伏组串式并网逆变器，于 2019 年 3 月登陆深交所。2020 年 8 月 13 日该公司收到深交所半年报问询函，其中被询问到连续两年进行高比例现金分红的原因、合理性及必要性，是否存在通过现金分红向主要股东输送利益的情形，并被要求就上述问题做出书面说明。受此影响，8 月 14 日，锦浪科技当天股价应声跌停，收盘 96.9 元/股。

锦朗科技股份有限公司实际控制人王一鸣、王峻适、林伊蓓合计持有公司 58.65% 的股份，持股集中度较高。8 月 11 日，锦浪科技发布 2020 年半年报，上半年其实现营收 7.27 亿元，同比增长 76.63%；净利润 1.18 亿元，同比增长 281.87%。营收净利双双增长的同时，锦浪科技还披露了一份分红方案——拟每 10 股派发 10 元现金股利，共派发现金股利 1.38 亿元人民币（含税）。早在 2019 年半年报中，锦浪科技同样披露了每 10 股派发现金股利 10 元（含税）的分红方案，共派发现金股利约 8 000 万元（含税）。当时，锦浪科技净利润为 3 099 万元，同比下降 27.53%。可见，不管业绩增降，锦浪科技都进行了"高分红"。值得一提的是，2020 年 5 月 1 日锦浪科技披露了非公开发行股票预案，拟募集不超过 7.25 亿元用于年产 40 万台组串式并网及储能逆变器新建项目等。

为了响应证监会号召和回报投资者利益，提出分红是好事。但在分红之余公司又进行了定增募资，这让人不得不怀疑，这到底是有钱还是没钱？这种边融资边高分红的行为引起了深交所的关注。8 月 13 日，深交所向锦浪科技出具问询函，要求其说明筹划再融资方案的同时连续两年进行高比例现金分红的原因、合理性及必要性，是否存在通过现金分红向主要股东输送利益的情形。同时，说明此次筹划利润分配方案的具体过程，包括提议人、参与筹划人、内部审议及决策程序等，以及公司在信息保密方面所采取的措施。

8 月 21 日，锦浪科技在回复深交所问询函时表示，本次募集资金投入项目规模为 7.24 亿元，与本次拟实施的现金分红 1.38 亿元差距较大。并称，分红按照股东持有股权比例进行分配，不存在通过现金分红向主要股东输送利益的情形。

思考题：

（1）公司赚钱之后采取现金分红的形式将公司经营业绩与股东共享，这种回报股东的意识值得提倡吗？如何理解"饮水思源，不忘初心"。

（2）结合案例中锦浪科技边融资边高分红的行为，思考让社会主义核心价值观的种子在青少年心中生根发芽的重要意义。

（3）《关于进一步落实上市公司现金分红有关事项的通知》要求"上市公司制定利润分配政策尤其是现金分红政策时，应当履行必要的决策程序。董事会应当就股东回报事宜进行专项研究论证，详细说明规划安排的理由等情况。上市公司应当通过多种渠道充分听取独立董事以及中小股东的意见，做好现金分红事项的信息披露"。你对上述规定有何看法？

阅读资料

[1] 中华人民共和国财政部.企业会计准则应用指南（2022年版）[M].上海：立信会计出版社，2022.（企业会计准则第8号——资产减值应用指南；企业会计准则第18号——所得税应用指南）.

[2] 企业会计准则编审委员会.企业会计准则案例讲解（2022年版）[M].上海：立信会计出版社，2022.（第十八章 所得税）.

[3] 刘永泽.会计学[M].5版.大连：东北财经大学出版社，2016.（第十一章 收入与利润）.

第十章

企业生产经营活动的计算机会计处理及应用

导论

前面章节已经介绍,企业的日常业务活动可划分为筹资、投资、采购、生产和销售等不同环节,这些活动相互配合共同完成企业的生产经营目标。值得重视的是,现代信息技术的应用,改变了企业业务活动之间的信息传递模式和处理效率,也为会计信息的自动化处理提供了可能。

内容结构

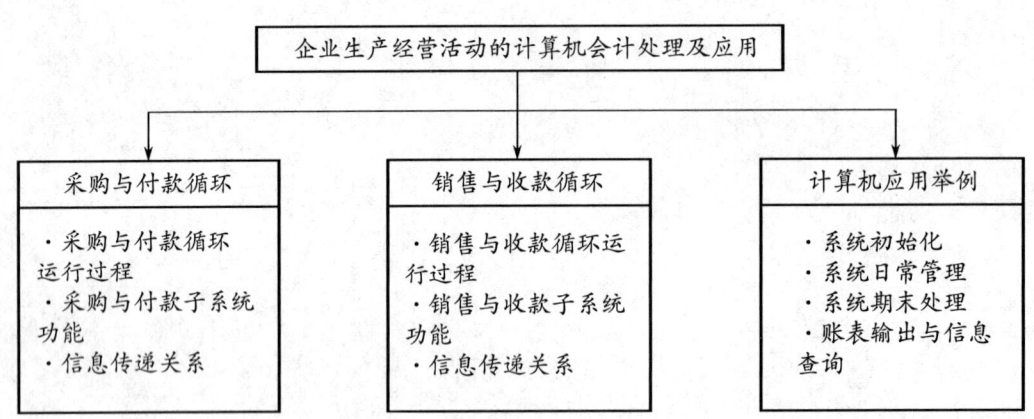

第一节 企业生产经营活动的计算机会计处理

在传统管理模式下,要将企业的资金流、物流和信息流协调起来为企业经营目标服务,必须建立庞大的组织架构来管理各个业务循环活动,但层次过多的企业组织必然导致"官僚化内耗"和市场反映效率的低下,因此,许多企业为了克服上述矛盾,纷纷借助信息化手段(如网络技术、计算机技术和通信技术)构建自己的管理信息系统。例如,中石化的 ERP 系统,京粮集团的 NC 系统。它们通过统一完整的管理信息系统(MIS)和各业务循环子系统,实现企业生产经营活动的信息传递与配合,达到"三流合一"的理想管理效果。由于筹资、投资、生产、销售等业务活动的内容在前面章节已经结合会计核算予以介绍,因此本章仅涉及采购与销售两个典型业务活动。在具体内容的安排上,本节以业务循环的形式加以介绍。

一、采购与付款循环

采购与付款循环是企业的核心业务,其用计算机系统代替传统管理的做法已比较普遍,目前常见的进销存管理信息系统中的采购与付款子系统即可完成此项功能。

(一)采购与付款循环的运行过程

采购与付款循环是采购商品和服务并为此付款的商业活动及其相关信息处理操作的一种循环(如图 10-1 所示),主要功能集中于原材料、产成品和服务等的取得,并把原材料、制成品统称为商品。在该子系统中,外部主要与供应商进行信息交换,在系统内部,与销售收入循环子系统、生产循环子系统、存货管理和企业各部门进行信息交换。采购从订单申请和确认开始,一旦商品和原料到达,该系统将处理本循环有关的客户信息、采购商品信息和付款信息等,并将上述信息传递到库存管理、物流管理、往来管理、安全保卫、生产制造等部门。其中的付款信息流向总账和报表系统,用于编制财务报告和各种管理报告。

采购和付款业务循环的主要目标,是使取得和维护存货和企业所需要的各种服务的总成本最小化。为了完成这一目标,管理者必须对以下问题作出决策:存货和供应能达到的最优水平是什么?如何选择质优价廉的供应商?存货的存放位置及模式?企业如何整合各部门的采购才能获得最优价格?有足够的资金可用于享有供应商提供的优惠折扣吗?如何管理向供应商的付款才能使现金流最优化?

管理者必须能够监控和评估支出循环过程的执行效率和效果。这就需要方便地存取关于支出循环中占用资源、影响这些资源的事件以及事件参与者的详细数据。此外,考虑到作出决策的有用性和相关性,这些数据必须准确、可靠、及时。

采购与付款循环中有两项基本业务活动:一是定购、接受并存储商品和服务;二是为商

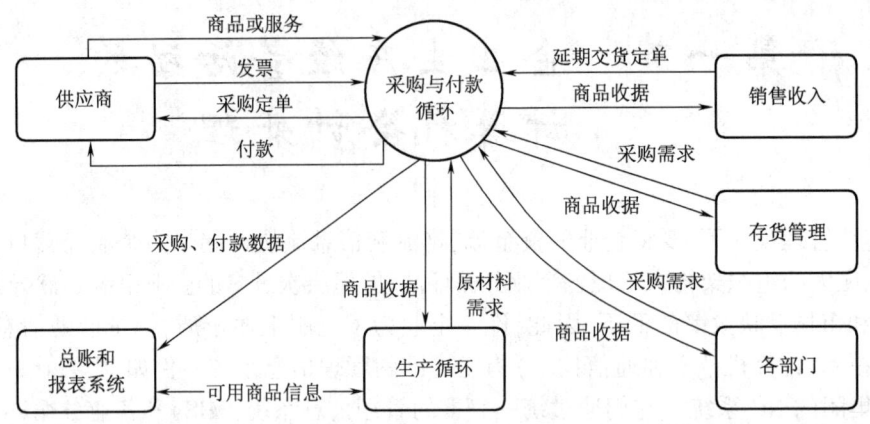

图 10-1 采购与付款循环同其他实体的循环关系图

品和服务付款。它们与下面将要介绍的销售与收款循环中执行的基本活动相对应。

(二)采购与付款业务子系统的功能和应用

采购与付款业务在计算机上的实现一般通过采购与付款管理子系统[①]。以金蝶公司 K3 软件为例,采购管理系统是其 ERP 系统的重要功能模块,它帮助企业对采购业务的全部流程进行管理,提供请购、订货、到货、入库、开票、采购结算的完整采购流程,用户可根据实际情况进行采购流程的定制,构建适合自己企业的采购业务管理平台。本系统适用于各类工业企业和商业批发、零售企业以及医药、物资供销、对外贸易、图书发行等商品流通企业的采购部门和采购核算财务部门。

如前所述,与采购管理系统同时存在并保持密切关系的其他子系统包括存货核算、库存管理、应付管理、销售管理和质量管理等子系统,它们之间的数据传递关系如图 10-2 所示。

采购管理的功能模块有多有少,对大型管理信息系统来讲,其管理功能丰富一些,包括从订单处理、验收入库到货款支付的所有环节;而对于中小型管理信息系统来讲,采购管理功能要少一些,主要包括采购业务必需的确认、处理和报告环节。

采购与付款业务子系统的应用,一般按照业务循环过程的先后逻辑关系,首先进行基本信息的设置和输入,在此基础上按照系统的提示和系统操作说明进行操作。

对于首次使用采购与付款系统的用户来讲,基本信息的设置和录入非常重要,恰当和充分的信息有利于后续功能的顺利实现,对保证采购管理信息被加工成财务信息后的真实性和合法性也较为关键。基本信息的设置也是该系统内部控制的一部分,应高度重视。基本信息设置的操作见本章第二节的内容。

[①] 一般来讲,在完善的信息化环境下,企业运行采购与付款管理子系统的同时,会计信息系统也同时运行进行会计核算,自动生成会计信息。关于会计核算与管理系统的详细内容请参考第三章内容。

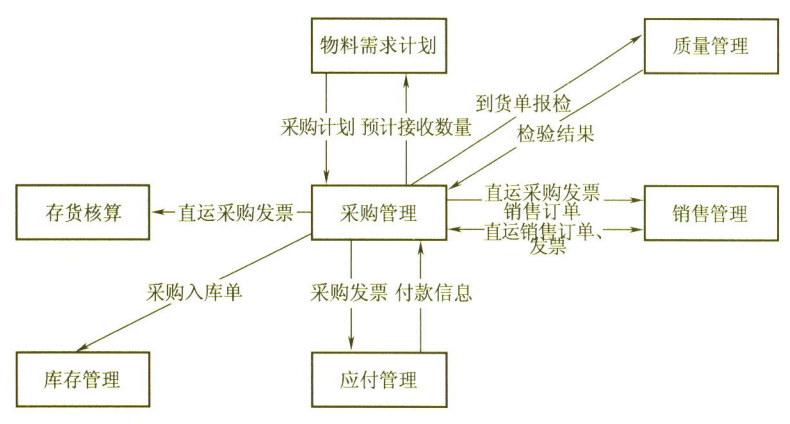

图 10-2 采购与付款管理系统同其他子系统的数据传递图

请思考：本节内容的图 10-1 与图 10-2 之间的关系如何理解？

二、销售与收款循环

销售与收款循环是跟采购与付款循环同样重要的企业核心业务，在管理信息化程度较高的企业，用计算机系统管理销售业务、收入业务的同样比较常见。目前常见的进销存管理信息系统中的销售与收款子系统即可完成此项功能。

(一) 销售与收款循环的运行过程

销售与收款循环是为客户提供产品和服务并收回现款过程中的商业活动及其相关信息处理操作的一种循环，其运行过程如图 10-3 所示。该系统对外与客户进行信息交换，对内将销售及客户的有关的商品、服务、往来账等信息交换给会计系统等其他循环。例如，采购和生产循环利用销售业务信息决定满足需要的采购和生产量，人力资源管理和工资部门利用销售信息计算工资和奖金，财务部门利用收入循环信息准备财务报告和业绩报告。该系统与其他子系统的关系如图 10-4 所示。

销售与收款子系统的目标是在合适的时间、地点，以合适的价格来提供合适的产品。为完成这个目标，管理者必须对以下问题作出决策：应该在什么范围内定制产品以满足客户的个性化需求？存货应该是多少，应该存放在什么位置？商品应该如何运输给客户？公司是自己执行运输职责还是委托给第三方专业物流？对于每件商品或服务，最合适的价格是多少？是否应该对客户赊销？对每个客户应该提供多少赊销额度？应该提供什么样的信用政策？如何能使客户付款形成最大的现金流？

另外，管理者必须监控和评价收入循环过程的效率和效果。这就需要方便地存取收入循环中各类资源的详细数据、影响这些资源的事件以及参与这些事件的经销商。而且，这些

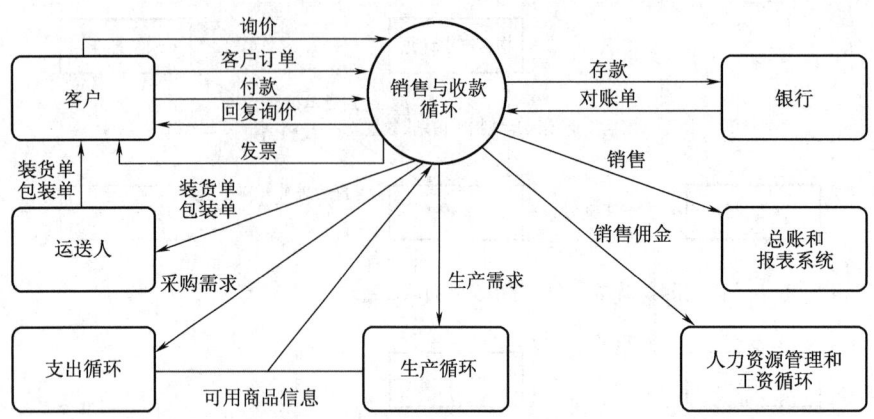

图 10-3 销售与收款循环同其他实体的循环关系图

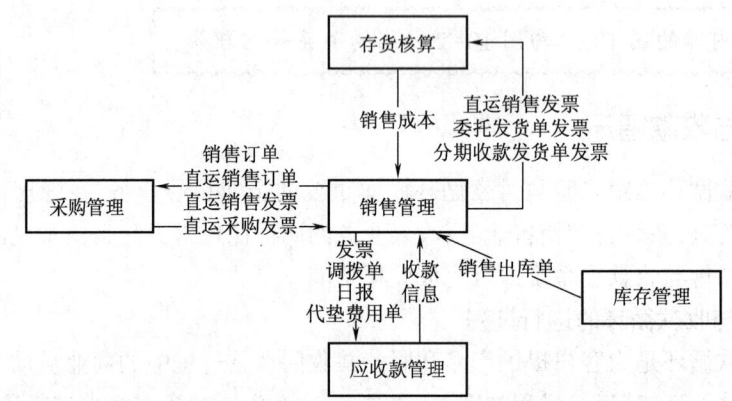

图 10-4 销售与收款管理子系统同其他子系统的数据传递关系图

数据必须是准确、可靠、及时的,以保证对决策的有用性和相关性。

(二)销售与收款循环的主要功能

以用友 ERP-U8 为例,该循环系统是计算机系统处理供应链管理信息的重要组成部分,它提供了报价、订货、发货、开票的完整销售流程,支持普通销售、委托代销、分期收款、直运、零售、销售调拨等多种类型的销售业务,并可对销售价格和信用进行实时监控。用户可根据实际情况对系统进行定制,构建自己的销售管理信息平台。

销售与收款循环子系统一般包括基本设置、销售管理和销售报表等主要功能。K3 系统是用户经常采用的管理信息系统,其销售与收款管理子系统是完成企业销售管理和收款管理的核心功能。其中的基本设置是用户对本系统的基础信息、单据显示格式和打印格式、期初单据录入、期初记账、销售管理系统的控制选项等项目进行的系统初始化工作。销售客户管理是系统将客户信息视为企业的重要资源而进行的一项管理功能,其管理的重点为重点客户的基本信息,是为客户提供专门服务的重要依据。销售业务管理主要从报价、订货、发货、开票等各个环节进行信息处理,该功能支持整个销售流程,包括普通销售、委托代销、托收承付、分期收款、批零直销、销售调拨等多种类型的销售业务。该功能与库存管理和采购系统进行集成,随时提供企业的生产、销售和运输等信息资料。与此同时,对销售价格和信用额度及销售风险进行实时监控。

收款管理与报告系统功能主要针对销售业务过程形成的往来账户、信用额度、销售信息报告等进行信息处理和输出,为管理层提供销售方面的建议或措施。

其他功能。有些子系统还包括销售分析与预测功能,提供针对市场竞争环境的产品和服务的销售信息和趋势,对年度或其他期间的销售业绩和市场状况进行分析,为有关决策提供信息和方案参考。

销售和收款业务子系统的应用,一般按照业务循环过程的先后逻辑关系,首先进行基本信息的设置和输入,在此基础上按照系统的提示和系统操作说明进行运行和操作。

对于首次使用采购与付款系统的用户来讲,基本信息的设置和录入非常重要,恰当和充分的信息有利于后续功能的顺利实现,对保证采购管理信息被加工成财务信息后的真实性和合法性也较为关键。基本信息的设置对销售活动的顺利进行、保护企业资产和提高竞争优势意义重大,也是该系统内部控制的一部分,应高度重视。基本信息设置的录入界面如图10-9所示。

> **请思考:** 图10-3与图10-4分别表示两种关系,试结合具体会计业务进行理解。

第二节 企业生产经营活动的计算机会计处理举例

一个完整的核算与管理系统的使用步骤一般包括:账套创建和设置、基础参数和资料输入、系统初始化设置、凭证模板设置、各子系统环境设置、模块接口设置、各模块具体应用等步骤。为了加深对企业经营活动处理过程的理解,掌握会计处理与业务处理在计算机环境下的具体功能,这里以金蝶软件公司的管理信息系统——K3为例①,简要介绍采购与付款业务、销售与收款业务的计算机处理过程②。

---

① 此处用例为深圳金蝶公司开发的 K3v10,本节内容仅仅为简单举例,如果需要掌握具体操作细节,请读者参考该系统操作手册,见网站 http://www.kingdee.com/。

② 参考杨周南、王海林等编写的《会计信息系统》,电子工业出版社,2006年版。

一、采购与付款子系统

K3 对采购与付款业务的处理主要通过采购管理子系统和应付款管理子系统来实现的,以下是二者的应用介绍。

(一)采购管理子系统的主要功能

采购管理子系统的主要功能包括基本设置、采购申请管理、采购验收管理及采购核算等各项功能,见图 10-5。

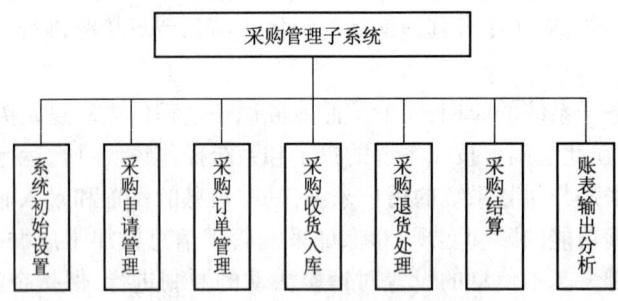

图 10-5　采购管理子系统的主要功能

(二)应付账款管理子系统的主要功能

应付账款管理子系统的主要功能包括基本设置、单据处理、票据管理、期末核算及报表数据等功能,见图 10-6。

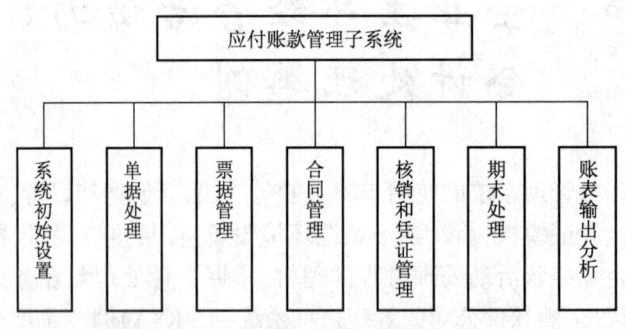

图 10-6　应付账款管理子系统的主要功能

(三)采购与付款管理子系统的应用举例

第一步,采购管理系统初始化。第一次使用采购管理系统时,一般要对系统所需环境和初始状态进行建立和设置,以便日常处理的顺利进行。K3 系统需要设置的参数一般可以分成核算参数和系统参数两大类。

核算参数设置包括启用年度和启用期间、核算方式、库存结余控制、库存更新控制等内容。

系统参数设置主要是定义业务操作的基本信息、操作原则和方法。

具体设置信息如图10-7所示。

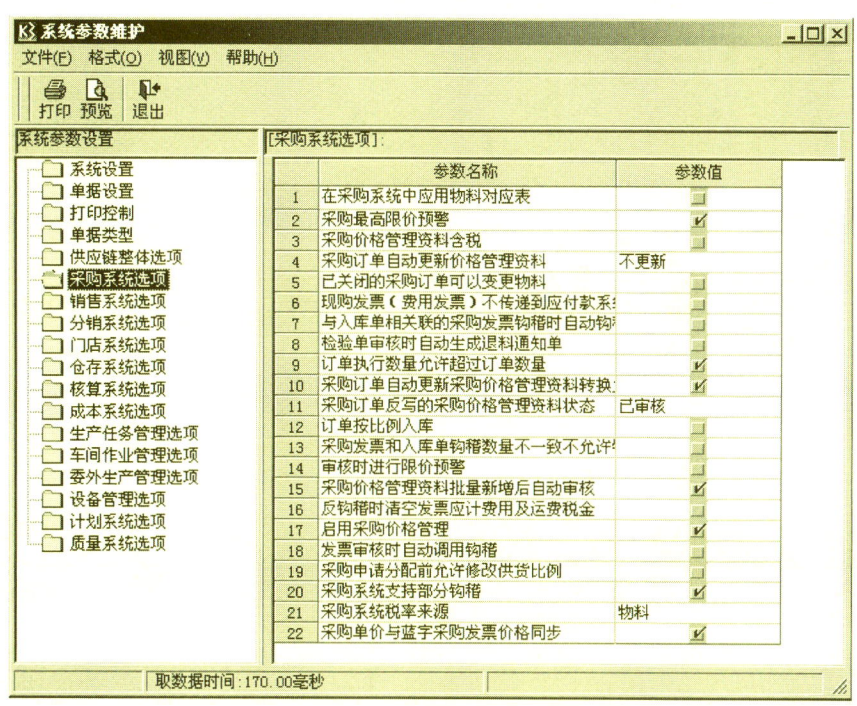

图10-7　采购管理子系统输入界面示意图

第二步,基础资料输入。需要输入的基础资料包括计量单位信息、供应商档案、物料档案、客户信息维护资料等。信息输入界面如图10-8所示。

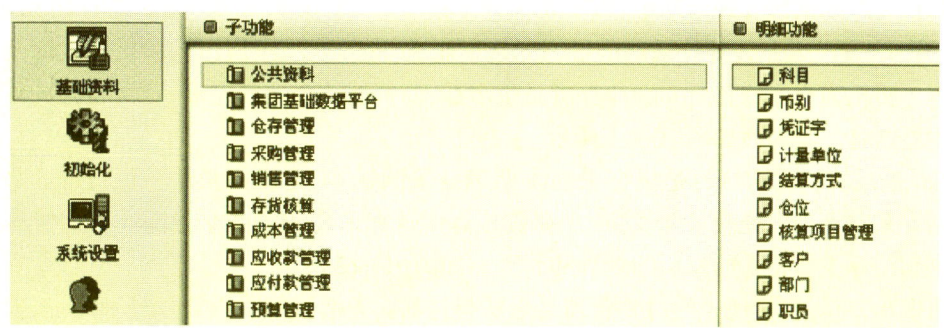

图10-8　基础资料输入界面示意图

第三步，采购业务活动的日常管理。其中包括：

1.采购申请管理。采购申请的一般业务操作功能包括新增、审核、关闭、作废、打印、引出、附件管理等多项功能。采购申请单的管理主要包括购货申请的合并处理、下推式关联生成采购订单和单据关联关系的连续查询。如图10-9所示。

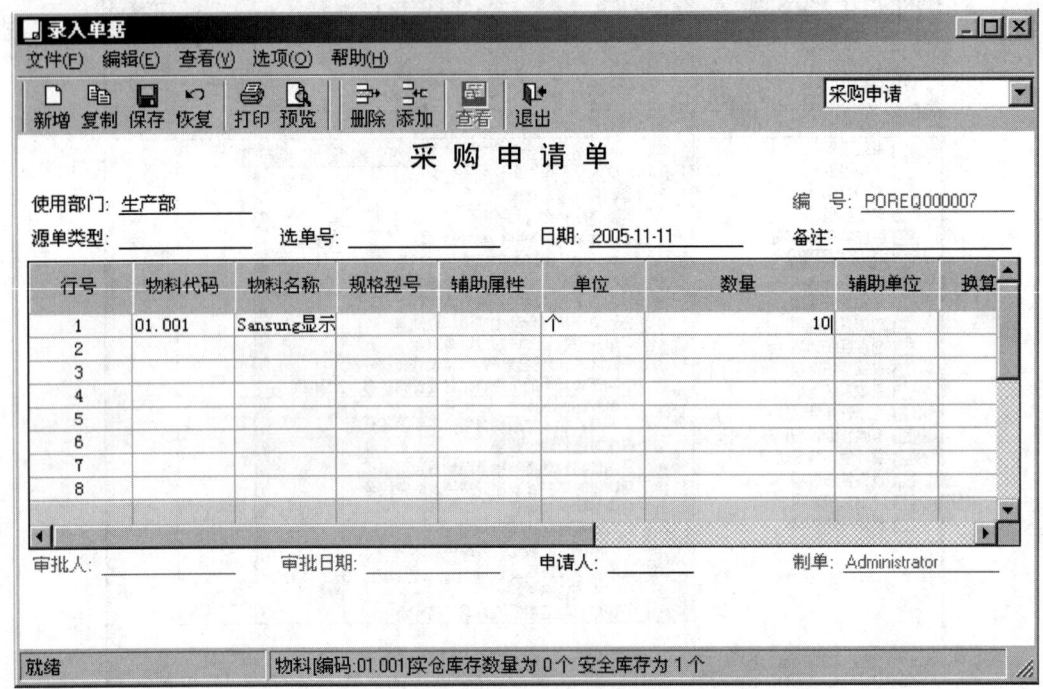

图10-9　单据输入查询界面示意图

2.采购订单管理。采购订单是购销双方共同签署、确认采购活动的文件，在"订单拉动"模式下的商业活动均是从订单开始的，而会计核算功能同样与订单的生效同步进行，因此，在计算机处理的采购管理活动中，该子系统处于核心地位。其输入界面如图10-10所示。

3.采购验收、入库处理。采购的货物到达企业后一般需要经过收货、验货和入库几个业务过程才转化为企业的存货。企业存货是生产型、商贸型等企业的主要资源，也是计算机处理的主要内容。其界面如图10-11所示。

4.采购结算。采购结算是根据采购发票确认采购成本、完成往来信息的过程。采购结算包括在采购管理中处理采购发票、在存货核算中计算采购成本两个过程。采购管理子系统的采购结算主要是采购发票的处理和管理。如图10-12所示。

第四步，应付款管理。应付款管理是采购与付款业务活动的重点管理环节之一，使用计算机处理此类事务可以提高管理的效率和准确度。操作该子系统同样包括初始化设置和日常管理两大部分。

第十章 企业生产经营活动的计算机会计处理及应用

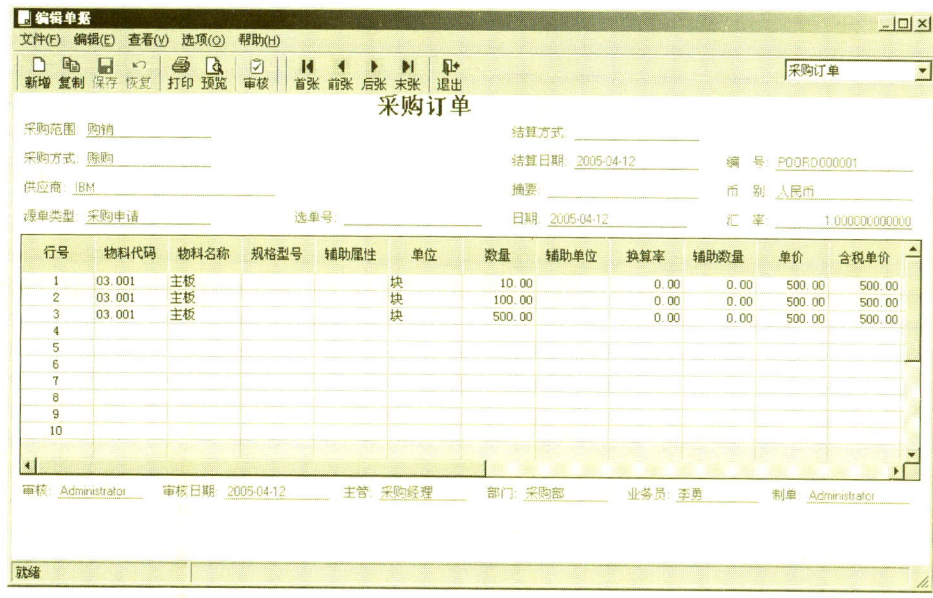

图 10-10 采购订单管理界面示意图

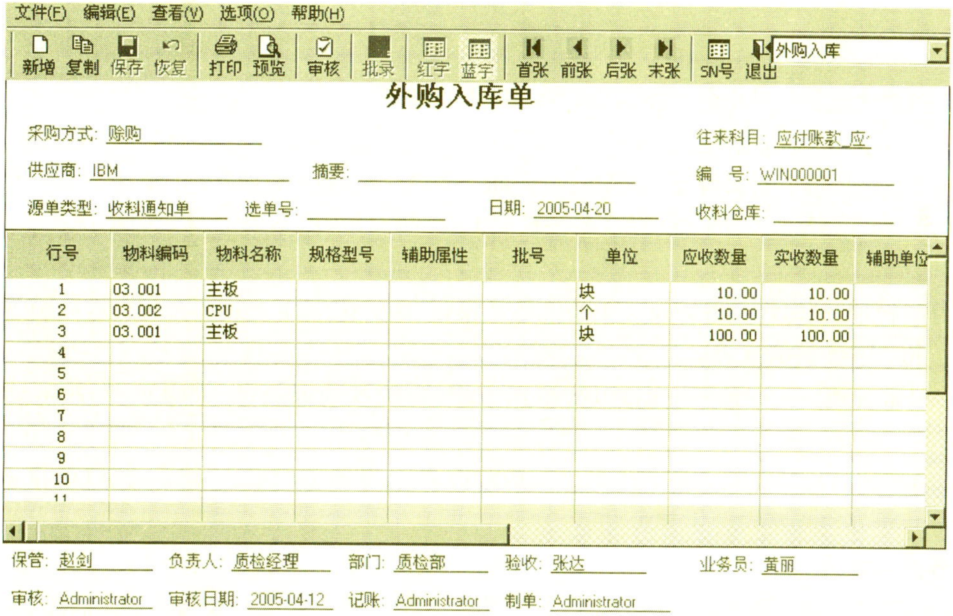

图 10-11 采购入库单管理界面示意图

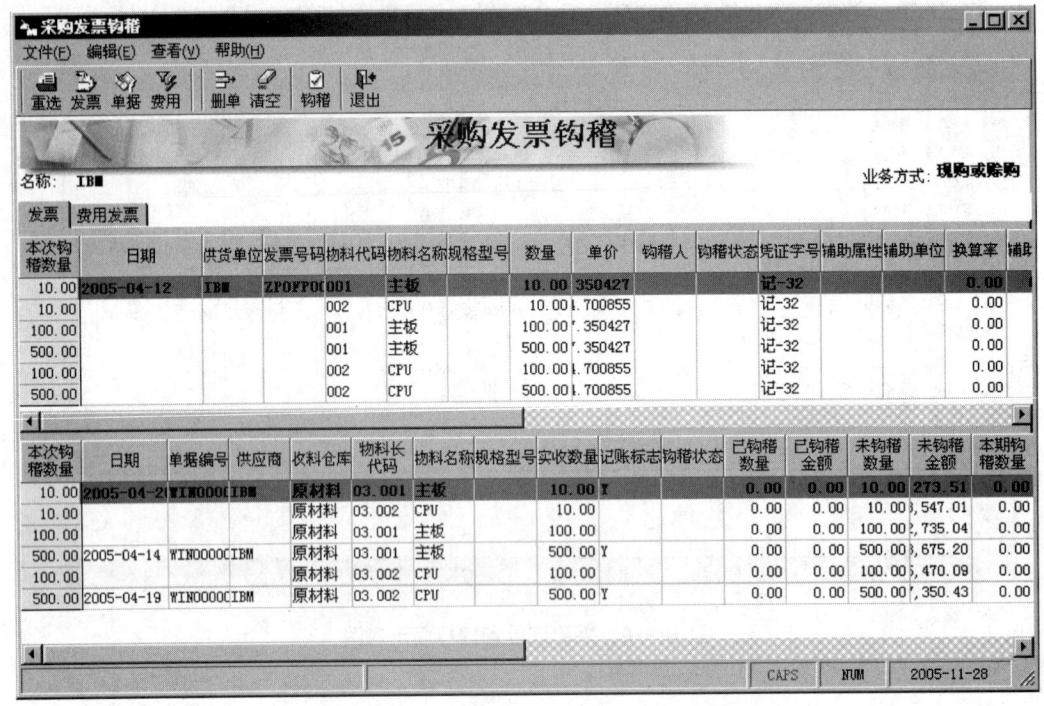

图 10-12　采购结算发票钩稽核对界面示意图

1. 初始化设置。其中包括参数设置和基础资料输入。

(1) 参数设置。参数设置主要在[系统设置]→[应付款管理]→[系统参数]中设置,包括公司信息、会计期间、科目设置、单据控制、合同控制、核销控制等系统常用的内容。

(2) 录入基础资料。主要是在[系统设置]→[基础资料]下对应付款的票据类型、合同类型、偿债等级、现金折扣、担保类型、应付单类型、付款单类型进行维护,以实现不同类型业务的分类管理;同时定义各种业务类型的凭证模板、维护供应商、物料、采购批量范围、币种、价格折扣等方面的信息。

2. 日常管理。其中包括单据处理、票据管理、核销和凭证处理、合同管理、期末处理等功能。

(1) 单据处理功能的主要工作内容包括采购发票、其他应付单、付款单、预付单和应付退款单等。单据处理是对以上单据的新增、修改、删除、审核、输出等操作。图10-13为新增单据的界面示意图。

(2) 票据管理。在采购与付款子系统中票据管理功能主要是对公司因采购商品、接受劳务等而付出的商业汇票进行的管理(包括银行承兑汇票和商业承兑汇票),记录票据详细信息、记录票据处理情况,包括票据新增、审核、付款、退票处理过程。

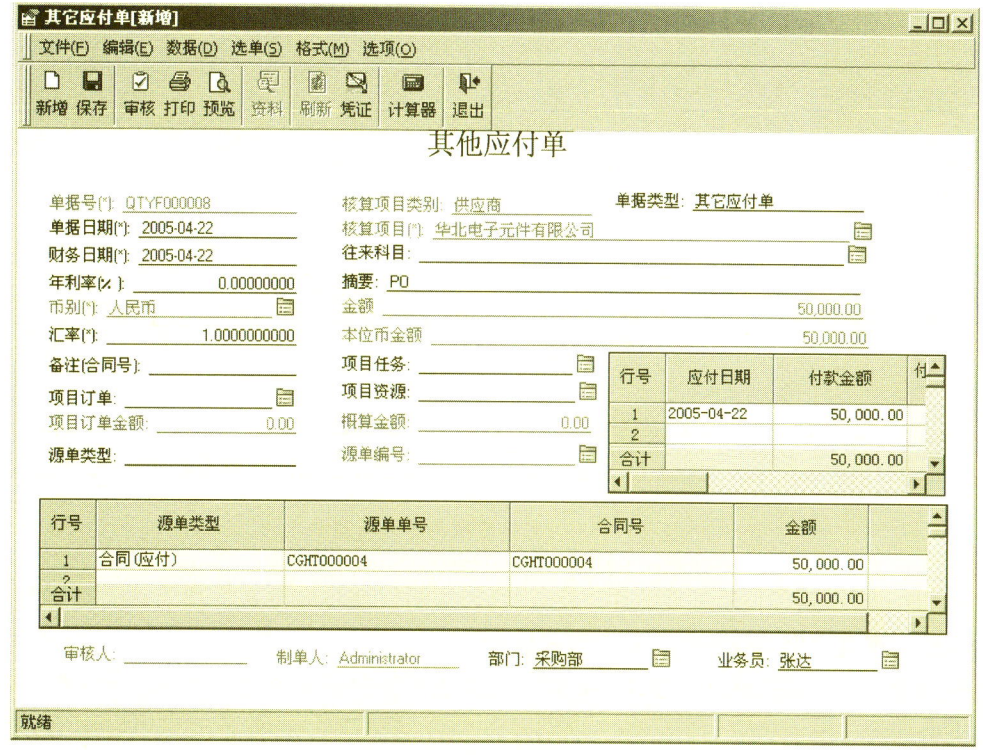

图 10-13　单据处理操作界面示意图

（3）核销和凭证处理。核销处理功能就是确定付款单与原始发票、应付单之间对应关系的操作，即指明每一次付款是支付哪几笔采购业务的款项。K3 系统提供了七种核销类型，三种核销方式。其中不同的核销类型可以和不同的核销方式进行组合。如图 10-14 所示。

为保证应付款管理系统与总账系统的数据保持一致，在应付款管理系统新增单据之后，必须通过凭证处理把单据生成凭证传入总账系统，即运行凭证处理功能。在应付款管理系统集中进行凭证处理时，可以分为采用凭证模板的处理方式与不采用凭证模板的处理方式两种。

当采用凭证模板生成记账凭证时，用户根据系统提示选择需要生成记账凭证的事务类型和单据范围后，系统就会依据［系统设置］→［基础资料］→［应付款管理］→［凭证模板］中定义的信息，完成借贷科目设置、金额计算等工作，生成记账凭证。

当不采用凭证模板生成记账凭证时，用户根据系统提示选择需要生成记账凭证的单据范围后，系统就会依据［系统设置］→［系统设置］→［应付款管理］→［系统参数］的"科目设置"中定义的信息，完成借贷科目设置、金额计算等工作，生成记账凭证。

第五步，账表管理与信息查询。在各类管理系统中，账表管理和信息查询均被赋予重要功能和关键地位，其主要原因是信息输出是管理决策的主要参考，是建立管理信息系统的重

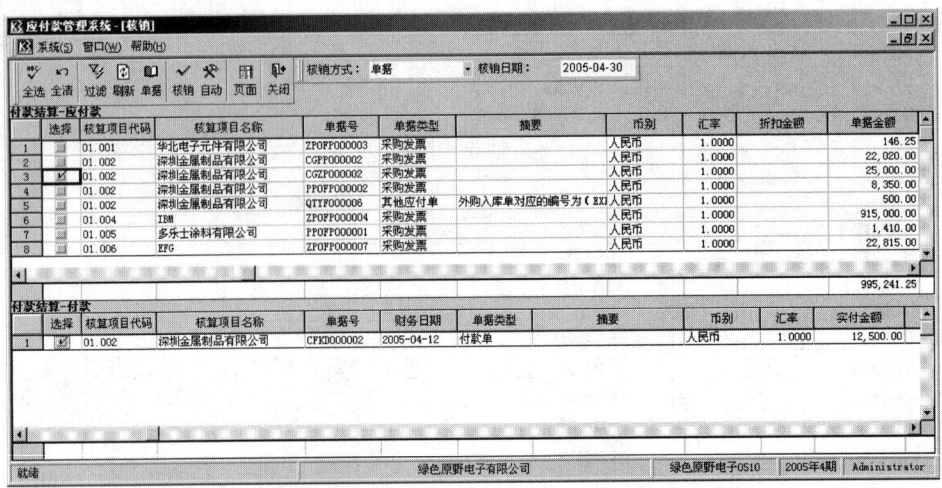

图 10-14 付款结算核销界面示意图

要目的,因此也受到客户的重点关注。K3系统的采购管理与应付款管理子系统的输出主要分为凭证的查询输出及各种账表的查询和输出。

采购管理与应付款管理子系统需要输出的账表可以分成业务报表和统计分析报表两大类。业务报表是系统针对用户已经实现的业务处理,将所取得的业务成果进行筛选、分析、处理形成的综合反映企业采购业务及应付账款情况的信息;分析报表是对采购流程中各项主要业务的处理结果和运作情况进行分析,并以表格的形式输出的信息。例如,应付款汇总表主要包括设定应付款汇总表查询条件,浏览查询应付款汇总表,检查、分析应付款汇总表,打印、预览应付款汇总表等四个步骤。如图10-15所示。

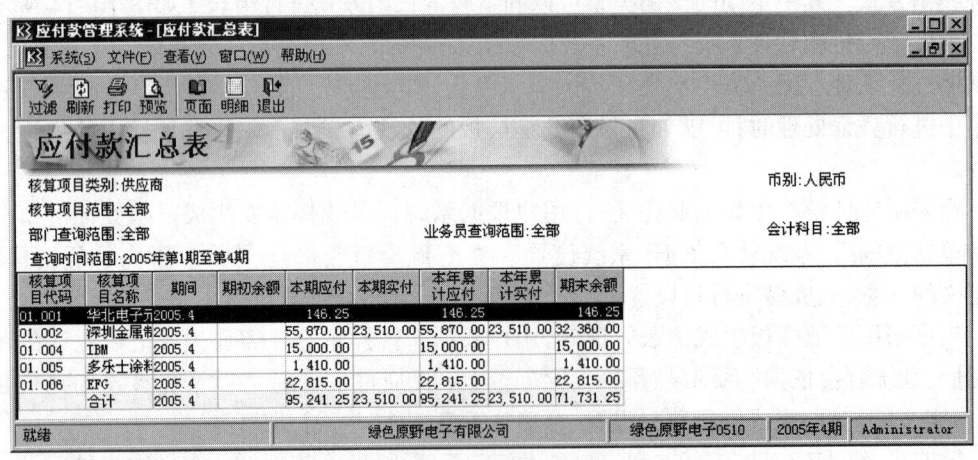

图 10-15 应付款汇总表查询输出界面示意图

二、销售与收款管理子系统

K3 对销售与收款业务的处理主要通过销售管理子系统和应收账款管理子系统来实现的,以下是二者的应用介绍。

(一)销售管理子系统的主要功能

销售管理子系统的主要功能包括系统初始设置、报价管理、销售订单管理、销售发货、出库管理、销售退货处理、销售结算、账表输出与分析等各项功能,图 10-16 所示。

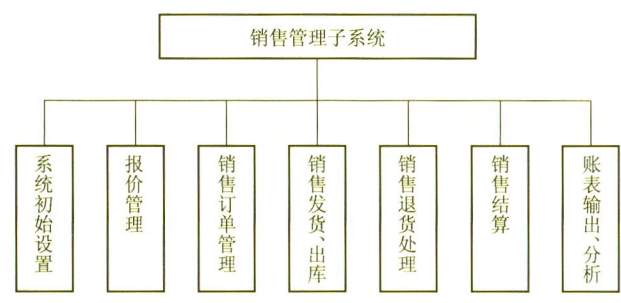

图 10-16　销售管理子系统的主要功能

(二)应收账款管理子系统的主要功能

应收账款管理子系统的主要功能包括初始设置、单据处理、票据管理、合同管理、销售及凭证管理、坏账处理、期末核算及报表输出等功能,如图 10-17 所示。

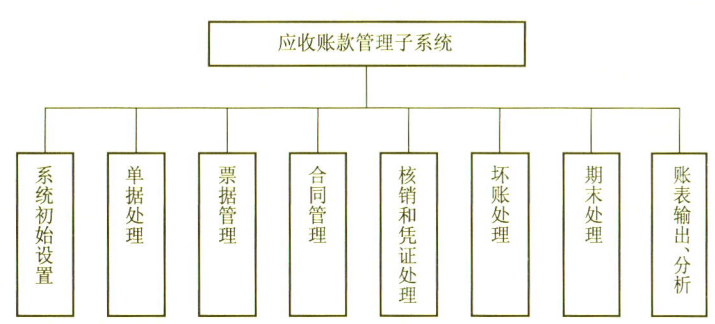

图 10-17　应收账款管理子系统的主要功能

(三)销售与收款管理子系统的应用举例

不同系统的操作处理步骤往往不尽相同,但功能及操作原理不会有大的出入,此处的介绍均以 K3 系统为例。

第一步,销售管理子系统初始化。销售管理子系统的初始化功能主要分为参数设置、基本信息设置、业务流程设置、期初数据输入、启动系统等几部分。参数设置是对数据基本处理原则和方法、业务操作的基本规则、业务流程规范等核心信息进行设置,以及为使系统正常运转和简化日常处理工作,预先定义系统涉及的一些信息。基本信息设置是将企业基础资料和管理资料进行整理、汇总后录入到系统中的过程。业务流程设置是由用户自定义业务处理的环节和相互关系,系统将根据用户的设置进行相关控制,从而满足企业特定业务流程需要。期初数据输入是输入系统启用期之前的业务数据。启动系统是结束初始化设置工作,正式进行日常处理的开始。

1.设置参数。参数设置是启动计算机处理系统的第一步,本子系统主要包括核算参数和系统参数两部分。其中:核算参数主要为会计核算服务;系统参数主要为销售业务的处理过程服务,如单据编码规则、单据类型、业务处理规则等。其操作界面如图10-18所示。

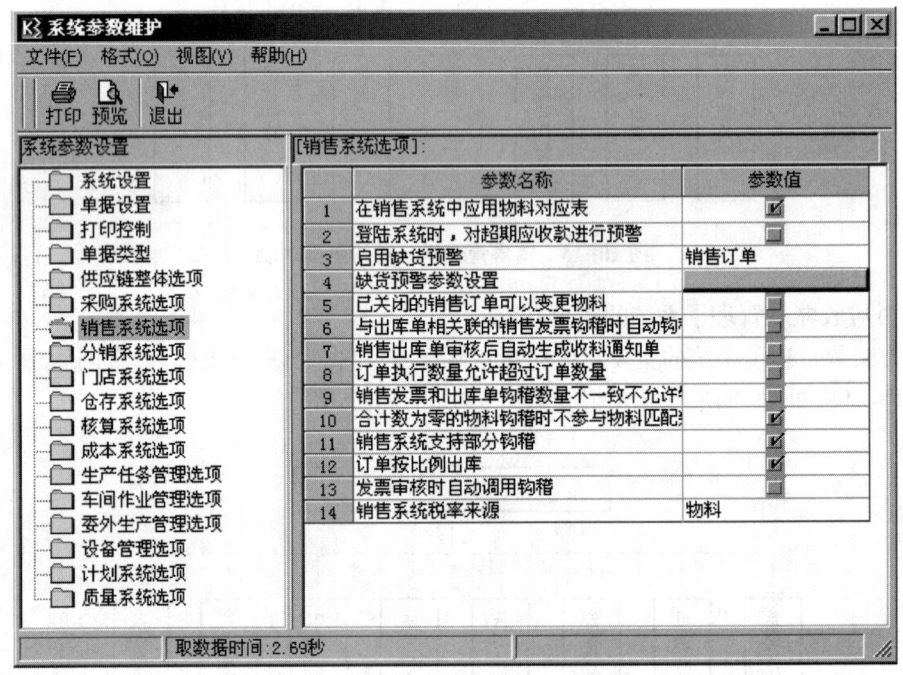

图 10-18 系统参数设置界面示意图

2.录入基础资料。该系统用到的基础资料主要包括客户资料、部门及职员信息、物料清单、价格和折扣资料、信用信息等。录入时,根据系统的操作提示进行操作即可。关于客户资料、价格及折扣资料、信息资料等界面如图 10-19 至图 10-21 所示。

3.输入期初数据。为了保证销售系统的正常运行,除了处理前面的参数及基础资料外,还要将系统启用时已经存在的业务信息输入到系统中,主要包括期初库存物料结余数量、成本以及未核销的销售出库单数据等。除此之外,还包括用户权限、业务流程重置等其他功能。

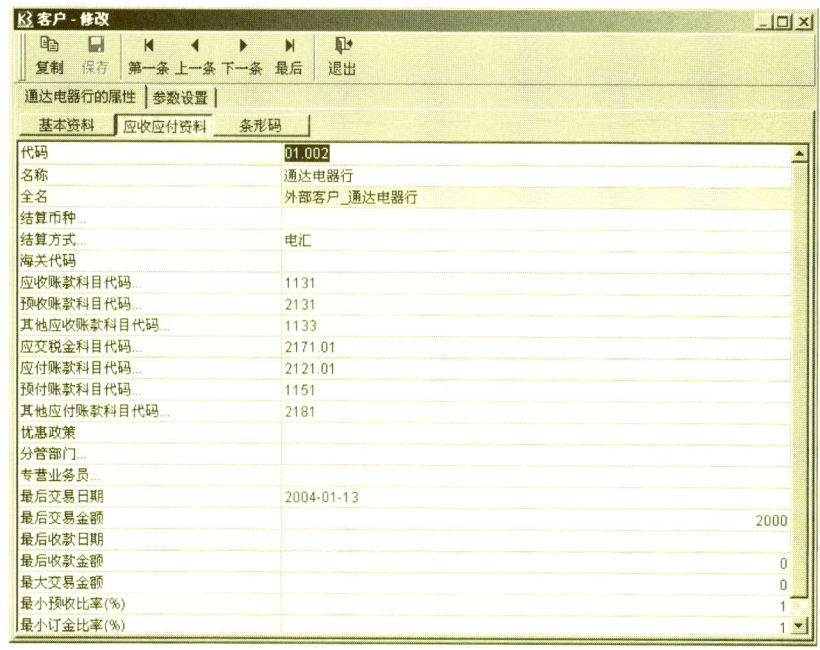

图 10-19　客户资料输入界面示意图

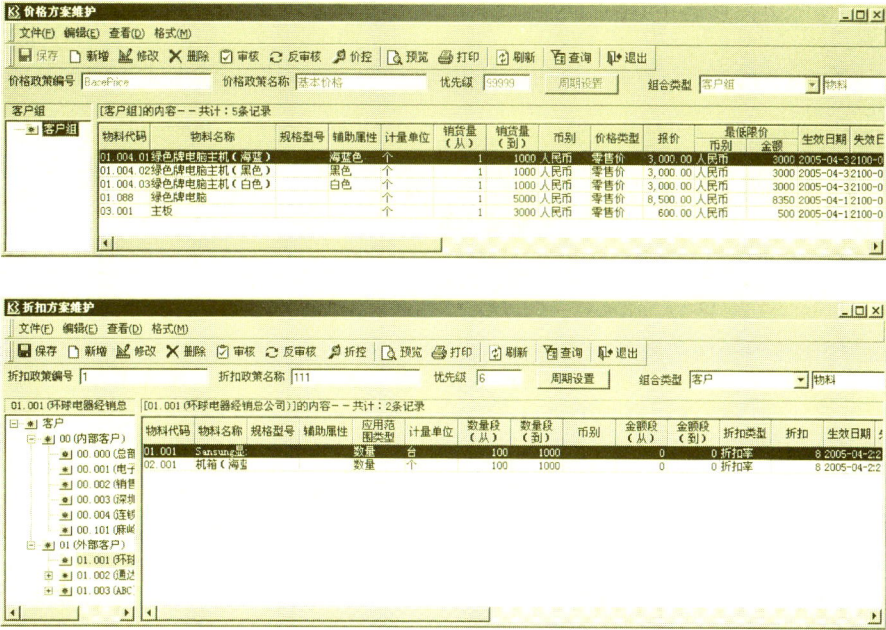

图 10-20　价格及折扣资料输入界面示意图

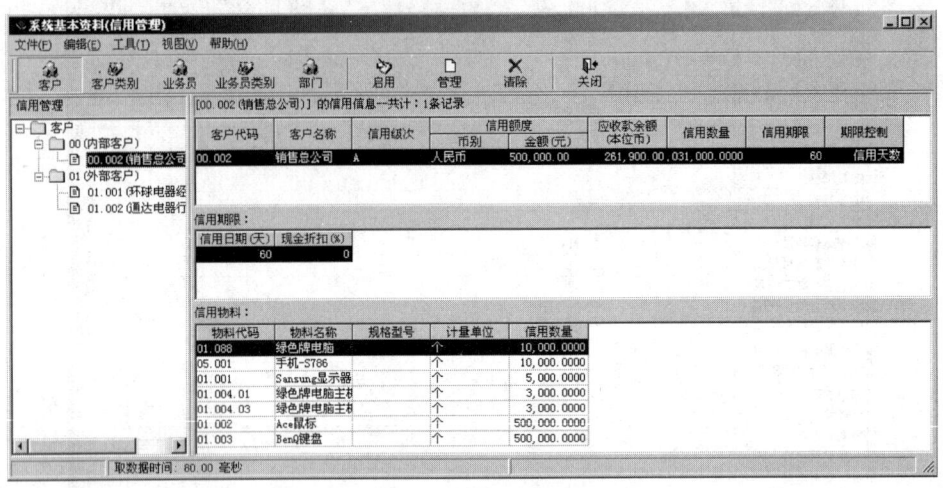

图 10-21　客户信用管理界面

第二步,销售管理子系统日常处理。销售管理子系统的日常业务处理主要包括销售报价管理、销售订单管理、销售发货处理、销售退货处理和销售结算。

1.销售报价管理。销售报价是销售部门根据企业销售政策、产品成本、目标利润率、以往价格资料等提出产品报价,经上级审核后,以销售报价单的形式提供给客户的过程。它为销售订单提供基本价格信息,是本系统的主要功能之一。其输入界面如图 10-22 所示。

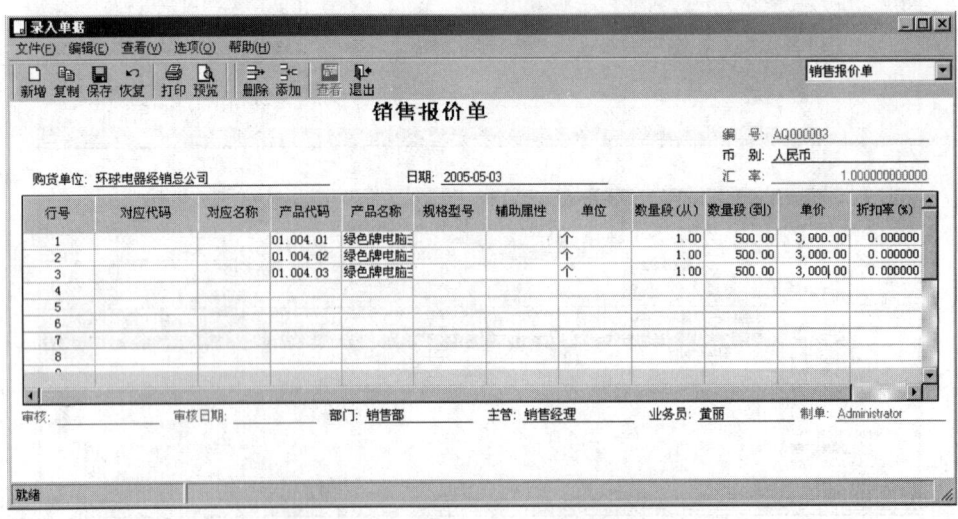

图 10-22　销售报价功能输入界面示意图

2.销售订单管理。销售订单是购销双方共同签署的、以此确认购销活动的文件。通过它可以直接向客户销货并可查询销售订单的发货情况和订单执行状况,它是销售业务中非常重要的管理方式,因而在销售系统中处于核心地位。销售订单的一般业务操作功能包括新增、审核、关闭、作废、打印、引出、附件管理等多项功能。其操作界面如图10-23所示。

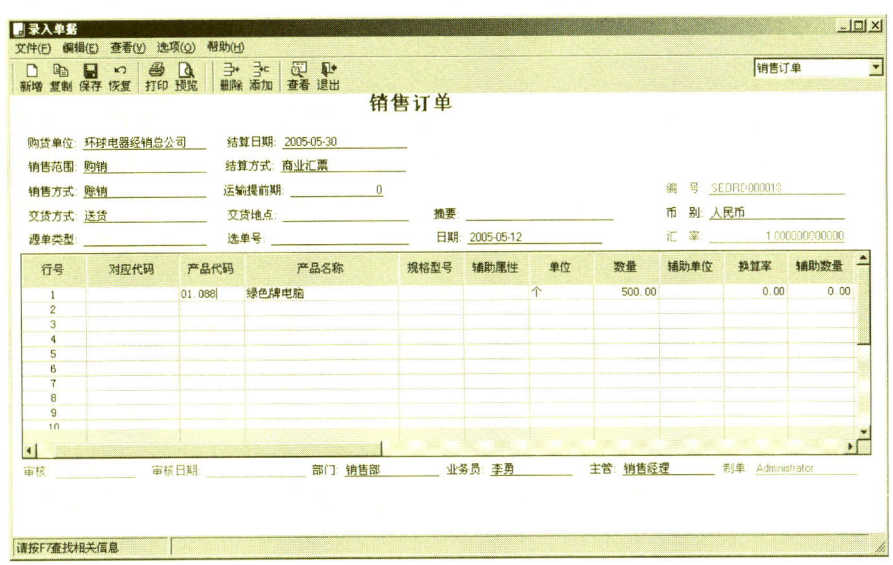

图10-23 销售订单输入界面示意图

3.销售发货、退货处理。销售发货处理涉及的单据主要有发货通知单和销售出库单。销售退货主要通过退货通知单的传递形式来实现的。

4.销售结算。销售结算是根据销售发票确认销售收入、销售成本、应交税费和应收账款的过程。销售结算包括在销售管理中处理销售发票、在存货核算中计算主营业务成本、在应收账款中确认应收款项等过程。销售管理子系统的销售结算主要是销售发票的管理。

第三步,应收款管理。应收款管理系统的操作同样包括系统初始化、日常管理、期末结算等功能。

1.单据处理。单据处理是对收款单、预收单、退款单、对账单等单据的新增、修改、删除、审核、输出等功能的操作。

2.票据管理。票据管理是对企业因销售商品、提供服务等而收到的商业汇票进行管理,包括银行承兑汇票和商业承兑汇票。要记录票据详细信息、记录票据处理情况,如新增、修改、删除及背书、转出、贴现、退票等操作。

3.核销和凭证处理。核销处理就是确定收款单与原始发票、应收单据之间对应关系的操作,即指明每一次收款是对应哪几笔销售业务。因为只有经过核销的应收单据才能真正作为收款处理;同时,核销日期也作为计算账龄、进行分析的重要依据。凭证处理是把单据生成凭证传入总账系统的过程。

4.合同管理。合同管理主要是对销售合同及其完成情况进行管理,即实现合同的新增、输出、统计分析等处理。处理时,每一份销售合同可以分成基本资料、合同明细、合同数量完成汇总情况、合同收款情况、担保资料几部分进行管理。

5.坏账处理。坏账处理包括坏账损失、坏账收回、坏账计提及生成坏账的相关凭证等。系统根据用户在初始设置中定义的坏账核算的会计科目以及定义并选择的计提坏账的方法,自动进行相应的处理。

6.期末处理。对于有外币业务的企业,在会计期末如有汇率变化,通常要进行期末调汇的业务处理。如果确认当月的各项处理已经结束,如所有单据进行了审核、核销处理,相关单据已生成了凭证,同时与总账等系统的数据资料已核对完毕,可以进行月末结账处理,结账后系统进入下一个会计期间。如果启用了销售管理子系统,则应保证销售管理子系统本月业务已经完成,应收账款管理子系统才能结账。

第四步,销售账表管理与相关信息查询。K3系统的销售与收款管理子系统的输出主要分为凭证的查询输出及各种账表的查询和输出。子系统需要输出的账表可以分成业务报表和统计分析报表两大类。业务报表是系统针对用户已经实现的业务处理,将所取得的业务成果进行筛选、分析、处理形成的综合反映企业采购业务及应付账款情况的信息;分析报表是对采购流程中各项主要业务的处理结果和运作情况进行分析,并以表格的形式输出的信息。

本章小结

企业生产经营活动的计算机处理与手工处理的原理是一样的,分为采购与付款活动(循环)、销售与收款循环,主要进行电子单据的传递与处理,生成与会计核算和业务决策相关的信息。同时本章还用一个K3的操作举例来说明这种处理过程。

本章关键词汇

管理信息系统	Manage Information System
企业资源计划	Enterprise Resource Planning
采购与付款循环	Purchase and Payment Cycle
销售与收款循环	Sales and Collection Cycle

信息系统模块	Information System Module
信息查询	Information Query

思考题

1. 典型制造业有哪些主要的经营管理流程？简述其作用及相互关系。
2. 计算机环境下采购与付款循环与其他实体或功能的信息传递关系如何？
3. 计算机环境下销售与收款循环与其他实体或功能的信息传递关系如何？
4. 采购管理子系统包括哪些功能模块？应付款管理子系统包括哪些模块？二者的操作步骤如何？
5. 销售管理子系统包括哪些功能模块？应收账款管理子系统包括哪些模块？二者的操作步骤如何？
6. 什么是系统初始化？销售管理系统的日常处理工作包括哪些内容？
7. 企业业务循环过程的数据是如何转换为会计信息的？计算机环境下的此类转换有何优势和特点？

练习题

一、单项选择题

1. 采购与付款循环的重要功能是( )。
   A. 财务报表处理　　　　　　B. 采购与付款信息的处理
   C. 原材料的实物保管　　　　D. 应付账款的处理
2. 企业对应收账款的详细管理一般应通过( )子系统来实现。
   A. 库存与材料管理子系统　　B. 往来账管理子系统
   C. 采购与付款管理子系统　　D. 财务会计系统和管理会计系统
3. 会计凭证类型、账簿格式等信息的输入一般在( )功能中执行。
   A. 凭证输入　　　　　　　　B. 账簿查询
   C. 期初余额录入　　　　　　D. 系统初始化
4. 销售和收款管理系统与总账系统的数据传递关系属于( )。
   A. 单向传递　　B. 双向传递　　C. 无传递关系　　D. 均可以
5. 物料清单属于( )系统的输出信息。

A.会计信息系统　　　　　　B.应付账款管理子系统
C.主生产计划系统　　　　　D.销售管理子系统

6.用户信用信息的管理一般通过(　　)功能来实现。
A.采购及付款管理子系统　　B.应收款管理系统
C.人力资源管理子系统　　　D.会计信息系统

7.确定收款单与原始发票、应收单之间对应关系的操作属于(　　)功能。
A.坏账处理　　B.票据管理　　C.单据管理　　D.核销处理

8.为保证应付款管理系统与总账系统的数据保持一致,在新增单据之后,必须运行(　　)功能。
A.核销　　　　B.总账登记　　C.凭证处理　　D.单据处理

9.采购业务循环一般是从(　　)开始。
A.生产计划实施　　　　　　B.订单申请和确认
C.凭证处理　　　　　　　　D.单据处理

10.销售与收款业务循环的起点一般是从(　　)开始。
A.客户询价及发出订单　　　B.收回货款
C.开具发票　　　　　　　　D.库存管理

二、多项选择题

1.目前常见的进销存管理信息系统中的(　　)主要用来完成采购与付款业务循环处理。
A.采购管理子系统　　　　　B.资金管理子系统
C.付款管理子系统　　　　　D.会计核算子系统

2.企业基本业务过程有(　　)。
A.获取/支付过程　　　　　 B.转换过程
C.价值增值过程　　　　　　D.销售/收款过程

3.采购与付款业务有两个子循环,它们是(　　)。
A.采购业务　　　　　　　　B.货币资金支出业务
C.转换业务　　　　　　　　D.资金供应业务

4.销售与收款循环主要包含的基本经营活动是(　　)。
A.销货　　　　　　　　　　B.应收账款处理
C.现金支出　　　　　　　　D.产品分类

5.采购管理系统及销售管理系统的操作步骤基本相同,主要包括(　　)。
A.系统初始化　　　　　　　B.期初余额输入
C.日常管理　　　　　　　　D.期末处理

三、判断题

1.企业的会计核算自成体系,与企业的业务管理过程没有直接联系。(　　)

2.计算机环境下的业务过程可以自动生成会计信息,提高了效率和及时性。（　）
3.销售与收款循环及采购与付款循环的起点均是从订单处理开始的。（　）
4.在计算机环境下业务循环和会计核算已经实现自动化,不需要人工控制。（　）
5.财务业务一体化是会计与业务融合的发展趋势。（　）

进一步思考

2019年4月,当时还被称为千亿白马股的康美药业爆出惊天大雷,惊煞A股众多投资者。4月30日,踩着2018年年报披露的截止时点,康美药业一口气发布了20多份公告。其中,一份《关于前期会计差错更正的公告》异常醒目,康美药业表示,通过自查,对2017年财务报表进行重述:2017年财报中的货币资金多计299.44亿元,营业收入多计88.98亿元,营业成本多计76.62亿元;另外未分配利润、经营性现金流等8项财务指标出现重大差错。

证监会依法对康美药业违法违规案做出行政处罚及市场禁入决定,决定对康美药业责令改正,给予警告,并处以60万元罚款,对21名责任人员处以90万元至10万元不等罚款,对6名主要责任人采取10年至终身证券市场禁入措施。相关中介机构涉嫌违法违规行为正在行政调查审理程序中。同时,证监会已将康美药业及相关人员涉嫌犯罪行为移送司法机关。

证监会最终认定,2016年至2018年期间,康美药业虚增巨额营业收入,通过伪造、变造大额定期存单等方式虚增货币资金,将不满足会计确认和计量条件的工程项目纳入报表,虚增固定资产等。同时,康美药业存在控股股东及其关联方非经营性占用资金情况。上述行为致使康美药业披露的相关年度报告存在虚假记载和重大遗漏。

康美药业有预谋、有组织,长期、系统地实施财务欺诈行为,践踏法治,对市场和投资者毫无敬畏之心,严重破坏资本市场健康生态。证监会发现案情涉及违法行为后,立即集中力量查办,持续公布执法进展,疫情期间通过多地远程视频会议方式召开听证会,听取当事人陈述申辩,并在坚持法治原则下从严、从重、从快惩处。

证监会重申,信息披露制度是资本市场健康发展的制度基石,依法诚信经营是最基本的市场纪律。一些上市企业无视法律和规则,实施财务造假等侵害投资者利益的恶劣行为,相关中介机构未履职尽责、勤勉从业,严重阻碍资本市场健康发展。对此,证监会将始终保持高压态势,用足用好法律赋予的职责,综合运用行政处罚、刑事追责、民事赔偿及诚信记录等追责体系,对财务造假等行为重拳出击。

随着新《证券法》颁布实施和资本市场改革的不断推进,财务造假等证券违法违规成本将大幅提升,行政处罚决定做出后,相关责任单位和人员也将面临投资者民事诉讼索赔,付出更高昂的代价。希望广大上市公司引以为戒,坚守诚信底线,相关中介机构归位尽责,共同助力市场健康发展。证监会也将继续加强投资者保护,提高上市公司质量,压实中介机构责任,精准监管执法,坚决净化市场环境,更好地发挥资本市场服务实体经济和投资者的功能。

如何避免此类造假案件重现,注册会计师(CPA)责无旁贷,首先应该树立诚信审慎的职业道德观念,从理念认识深处摒弃有违法律、政策、道德等各级规范的行为。

另外,在信息技术高速发展的当下,除了传统的审计手段之外,CPA可以尝试应用如下技术策略,对舞弊的蛛丝马迹早发现、早预防:

一是利用大数据分析监管业务,例如通过大数据分析康美药业的业务增速、现金流边际净流入、市场容量与销售规模的不匹配,就可能发现持续虚增业务的深层次造假。二是利用关联分析手段穿透报表,或可以发现该公司在拥有庞大的现金存款的情况下,仍然支付了高昂的借款利息,尽早锁定整合账户与基本账户的流动性陷阱等诸多不合常理的操作。三是利用大数据预警会计造假,例如其关联交易频率、单位万元净利润税负、固定资产增幅等指标与同类企业的财务指标差异较大,可据此预警舞弊的概率或敞口。四是利用内控系统接口收集审计证据,例如企业可建立与业务线平行而又定期交叉的内控体系,自动持续地收集舞弊证据,该收集节点应覆盖业务的全过程、经营的全板块,做到资金流、信息流和物流的无缝比对和实时预警。

(注:以上信息来自证监会网站和公司财报等。)

思考题:
借助信息技术助力防弊,康美舞弊案是否可早预防?

阅读资料

思爱普(SAP)中国公司:http://www.sap.com.cn。

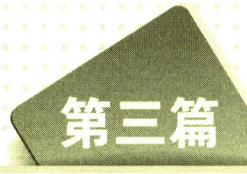

第三篇

财务报表与信息利用

第十一章

财务报表与分析

导论

通过学习前十章内容,我们知道企业各种经济活动及其成果已分门别类地记录在会计凭证和会计账簿中,但会计凭证和会计账簿提供的会计信息较为零散,要想全面、快捷地了解企业整体财务情况和经营成果等信息,需要有比会计凭证和会计账簿更为综合、概括和简洁的信息记录载体,这就是财务报告。财务报告是企业向外传递财务信息的主要手段,信息使用者通过阅读财务报告能基本掌握企业财务情况的全貌。财务报告包括财务报表、报表附注以及其他需要披露的相关信息和资料,其中财务报表是财务报告的核心组成部分。本教材第二章已初步介绍财务报告,本章主要讲解财务报告中的财务报表和报表附注相关内容及财务报表分析等问题,同时介绍财务报表的计算机处理。

内容结构

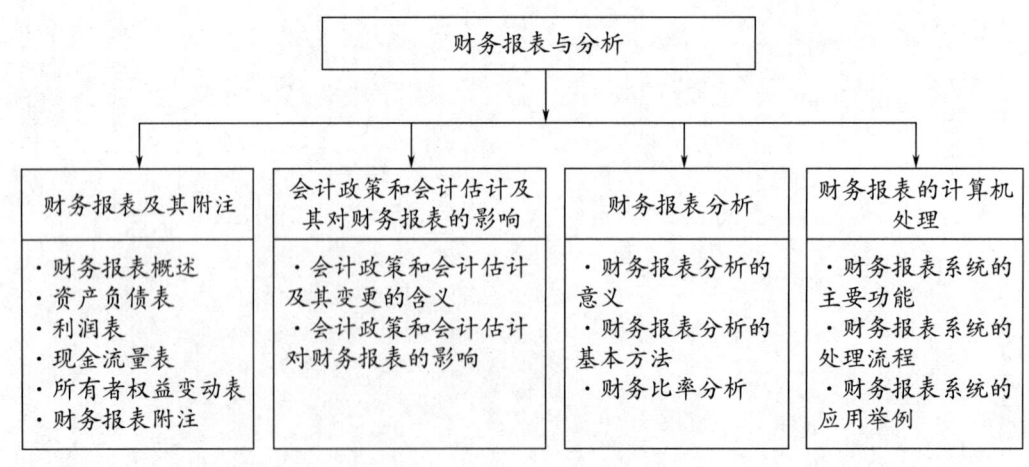

第一节 财务报表及其附注

一、财务报表概述

(一)财务报表的定义和组成

企业财务会计核算工作的信息载体主要包括会计凭证、会计账簿和财务报表(也称为会计报表、财务会计报表)。作为企业财务会计核算工作的最终产品,财务报表是对企业整体财务状况、经营成果和现金流量的结构性表述。一套完整的财务报表至少应当包括资产负债表、利润表、现金流量表和所有者权益(或股东权益,下同)变动表以及报表附注。

财务报表分别从财务状况、经营成果和现金流量等不同侧面反映企业的财务信息。资产负债表反映企业在某一特定日期所拥有的资产、需偿还的债务,以及股东(投资者)拥有的净资产情况。利润表反映企业在一定会计期间的经营成果即利润或亏损的情况,表明企业运用所拥有的经济资源获利的能力。现金流量表反映企业在一定会计期间现金和现金等价物流入和流出的情况。所有者权益变动表反映构成所有者权益的各组成部分在一定会计期间的增减变动情况。企业综合收益及利润分配情况是所有者权益变动的组成部分,与利润分配相关的信息已经在所有者权益变动表及其附注中反映,企业不需要再单独编制利润分配表。

财务报表附注是财务报表不可或缺的组成部分,是对在资产负债表、利润表、现金流量表和所有者权益变动表等报表中所列示项目的文字描述或明细资料,以及对未能在报表中列示的相关项目的解释和说明。

(二)财务报表的分类

财务报表按照不同的标准可以做若干分类。

1. 按报表反映的内容分类。财务报表按所反映内容不同分为:反映企业财务状况的报表,主要包括资产负债表和所有者权益变动表等;反映经营成果的报表,主要包括利润表等;反映资金变化的报表,主要指现金流量表。

2. 按报表编制主体范围分类。按报表的编制主体范围大小,财务报表分为个别财务报表和合并财务报表。个别财务报表指会计主体在自身会计核算的基础上对账簿记录进行加工而编制的只反映本企业自身情况的报表;合并财务报表指以母公司和子公司组成的企业集团为会计主体,根据母公司和所属子公司的财务报表,由母公司编制的综合反映企业集团的财务状况、经营成果和现金流量的财务报表。

3. 按报表编报期间分类。企业财务报表按报表编报期间分为中期财务报表和年度财务报表。报告期间基于一个会计年度的财务报表称为年度财务报表(简称年报);报告期间短于一个完整会计年度的财务报表统称为中期财务报表,其中包括每半年编制一次的财务报表(简称半年报)、每季度编制一次的报表(简称季报)和每月编制一次的月份报表(简称月报)。中期财务报告注重财务信息的及时性,要求能及时地反映企业的主要经营情况以便于信息使用者做出投资和信贷等经济决策,相关内容往往简明扼要。年报报表的种类和揭示的信息则最为可靠完整,可以全面反映企业在某一个会计期间的财务情况和经营活动。

(三)财务报表的编制和报送要求

我国企业财务会计报告的目标是向财务报告使用者提供与企业财务状况、经营成果和现金流量等有关的财务信息,反映企业管理层受托责任履行情况,以有助于财务报表使用者做出经济决策。为了完成这一目标,企业应当以持续经营为基础,根据实际发生的交易或事项,遵循各项具体会计准则的规定进行确认和计量,在此基础上编制财务报表。除现金流量表按照收付实现制原则编制外,其他报表都应按照权责发生制原则编制。

根据我国相关制度规定,企业财务报表对外报送的期限要求分别为:月报为月度终了后6天内(节假日顺延,下同);季报为季度终了后15天内;半年报为年度中期结束后60天内;年报为年度终了后4个月内。

二、资产负债表

(一)资产负债表的作用

资产负债表是反映企业在某一特定日期(如月末、季末、年末等)财务状况的报表。所谓财务状况,即企业的资产、负债、所有者权益及其结构。因此,资产负债表表明企业某一特定日期有关资产、负债、所有者权益及其结构或相互关系的信息。

资产负债表依据会计等式"资产=负债+所有者权益"编制,从资金占用形态和资金来源渠道两个方面反映企业财务状况的时点指标:一方面反映企业在某一特定日期所拥有的总资产规模及结构,即企业所拥有或控制的、能为企业带来未来经济利益的经济资源及其分布情况;另一方面反映企业这一特定日期的资金来源渠道,即负债和所有者权益情况,表明企业未来需要动用或提供多少资产或劳务来清偿债务、债务清偿的时点,以及企业投资者在企业总资产中所占的份额。

资产负债表提供了财务分析的基础资料。信息使用者通过阅读资产负债表,不仅可以了解企业的资产规模和结构、资金来源渠道和权益结构情况,还可以通过流动比率、速动比率和资产负债率等财务指标进一步获取企业长短期偿债能力等信息;此外,通过与其他报表数据结合,信息使用者还可以评价企业资产营运能力并预测企业发展前景。

(二)资产负债表的内容和格式

1. 资产负债表的内容与排列。根据资产负债表的性质,此报表应列示资产、负债和所有者权益(合称资产负债表要素)的重要项目。世界上各个国家和地区对这些项目的编报要求不完全一样。我国现行会计准则规定①,资产负债表中的资产类项目至少应当单独反映:货币资金、交易性金融资产、应收票据、应收账款、预付款项、存货、债权投资、长期应收款、长期股权投资、投资性房地产、固定资产、使用权资产、无形资产、开发支出、长期待摊费用、递延所得税资产等。负债类项目至少应当单独反映:短期借款、应付票据、应付账款、预收款项、应交税费、应付职工薪酬、长期借款、应付债券、长期应付款、预计负债、递延所得税负债等。所有者权益类项目至少应当单独反映:实收资本(或股本)、资本公积、其他综合收益、盈余公积和未分配利润等。

我国一般按照流动性强弱对资产负债表资产类、负债类和所有者权益类具体项目进行分类排列。资产的流动性体现为资产变现能力,由此资产类项目按其变现能力的强弱排列,首先列报流动资产,然后列报非流动资产。负债的流动性体现为负债需要偿还的时间先后顺序,由此负债类项目按需偿还的时间先后顺序排列,首先列报流动负债,然后列报非流动负债。所有者权益项目因在企业清算之前不需偿还,故往往列示于资产负债表的最后部分。这种分类排列可直观地将流动资产与流动负债相对比,便于信息使用者理解企业的短期偿债能力。

资产负债表项目除了按上述流动性顺序排列以外,一些国家和地区也有将报表项目按其重要性进行排列的做法,即在资产类项目中先列示固定资产,在负债类项目中先列示长期债务,或将所有者权益类项目列于负债类项目之前。

2. 资产负债表的结构与格式。资产负债表的结构主要有账户式和报告式。报告式资产负债表中资产类、负债类和所有者权益类项目垂直列示于表内。账户式资产负债表则分为左右两侧,资产类列示于表左侧,负债和所有者权益列示于表右侧,如T形账户的左右分列。根据"资产=负债+所有者权益"的会计等式,资产类项目的合计金额等于负债类和所有者权益类项目的合计金额,即资产负债表的左右两侧相等清晰体现了资产与权益之间的平衡关系。

我国企业资产负债表采用账户式结构,具体格式和内容排列如表11-1所示。

(三)资产负债表的编制方法

依据我国现行企业会计准则的规定,企业应提供比较财务报表,资产负债表各项目均需要填列"期末余额"和"上年年末余额"两栏。资产负债表中"上年年末余额"栏项目通常根据上年末资产负债表中"期末余额"栏相关项目金额直接填列。如果上年度资产负债表相关项目规定的名称和内容与本年度不一致,应当按照本年度规定对上年末资产负债表相关项目的名称和数据进行相应调整,然后再填入本表"年初余额"栏内。

---

① 为规范企业财务报表列报、提高会计信息质量,我国财政部依据企业在执行新会计准则和编制财务报告中产生的实际问题对一般企业财务报表的格式进行修订。财政部2019年5月10日发布的《关于修订印发2019年度一般企业财务报表格式的通知》(财会〔2019〕6号)规定:"企业对不存在相应业务的报表项目可结合本企业的实际情况进行必要删减,企业根据重要性原则并结合本企业的实际情况可以对确需单独列示的内容增加报表项目。"按照已执行新金融准则、新收入准则和新租赁准则的一般企业财务报表格式进行修订。

资产负债表中"期末余额"栏项目一般应根据企业资产、负债和所有者权益类相关账户的期末余额分析填列,具体填列方法主要有以下几种。

1. 根据相关总账账户的期末余额直接填列。资产负债表中一些项目根据相应总账账户期末余额直接填列,如"短期借款""应交税费""应付职工薪酬""实收资本(股本)""资本公积""盈余公积""其他综合收益"等项目。例如:"应交税费"项目,反映企业按照税法规定计算应缴纳的各种税费,应根据"应交税费"账户的期末贷方余额填列。

2. 根据若干相关总账账户的期末余额合计数填列。资产负债表部分项目根据若干相关总账账户的期末余额合计数填列,如"货币资金""其他应付款"等项目。

例如:"货币资金"项目反映企业期末持有的库存现金、银行存款和其他货币资金等总额,根据"库存现金""银行存款""其他货币资金"账户的期末余额合计数填列。

"其他应付款"项目,根据"应付利息""应付股利""其他应付款"账户的期末余额合计数填列。

3. 根据相关总账所属明细账户的期末余额直接填列。资产负债表一些项目根据相关总账所属明细账户的期末余额直接填列,如"开发支出""一年内到期的非流动资产""一年内到期的非流动负债""未分配利润"等项目。

例如:"开发支出"项目,根据"研发支出"账户所属的"资本化支出"明细账户的期末余额填列。"未分配利润"项目,年末根据"利润分配"账户所属的"未分配利润"明细账户的期末余额填列。

4. 根据相关总账账户和其所属明细账户的期末余额分析计算填列。资产负债表一些项目根据相关总账账户和其所属明细账户的期末余额分析计算填列,如"长期借款""应付债券"项目。

"长期借款"项目,反映企业向银行或其他金融机构借入的期限在一年以上(不含一年)的各项借款,应根据"长期借款"总账余额扣除"长期借款"账户所属明细账户中将于一年内到期部分后的余额计算填列。

5. 根据相关总账账户余额或余额合计数减去其备抵账户余额后的净额填列。资产负债表大部分项目根据相关总账账户余额减去其备抵账户余额后的账面价值填列,如"应收账款""其他应收款""预付款项""存货""固定资产""在建工程""无形资产""长期应付款"等项目。

例如:"应收账款"项目,反映资产负债表日以摊余成本计量的,企业因销售商品、提供服务等经营活动应收取的款项。该项目应根据"应收账款"账户的期末余额,减去"坏账准备"账户中相关坏账准备期末余额后的金额填列。

"其他应收款"项目,应根据"应收利息""应收股利""其他应收款"账户的期末余额合计数,减去"坏账准备"账户中相关坏账准备期末余额后的金额填列。

"预付款项"项目,根据"预付账款"和"应付账款"账户所属各明细账户的期末借方余额合计数,减去"坏账准备"账户有关预付款项计提的坏账准备期末余额后的金额填列。

"存货"项目,反映企业期末持有的各项存货的实际价值,应根据"原材料""库存商品""发出商品""周转材料"等账户的期末余额合计数,减去"存货跌价准备"账户期末余额后的金额填列。

"固定资产"项目,反映资产负债表日企业固定资产的期末账面价值和企业尚未清理完毕的固定资产清理净损益。该项目应根据"固定资产"账户的期末余额,减去"累计折旧""固定资产减值准备"账户的期末余额后的金额,以及"固定资产清理"账户的期末余额填列。

"在建工程"项目,反映资产负债表日企业尚未达到预定可使用状态的在建工程的期末账面价值和企业为在建工程准备的各种物资的期末账面价值。该项目应根据"在建工程"账户的期末余额减去"在建工程减值准备"账户的期末余额后的金额,以及"工程物资"账户的期末余额减去"工程物资减值准备"账户的期末余额后的金额填列。

"无形资产"项目,根据"无形资产"账户的期末余额,减去"累计摊销"和"无形资产减值准备"账户的期末余额后的金额填列。

6. 其他。"一年内到期的非流动资产"项目,根据非流动资产有关总账所属明细账户的余额分析填列。"一年内到期的非流动负债"项目,依据非流动负债有关总账所属明细账户的余额分析填列。

【例11-1】北京宝文公司20×2年12月31日简化资产负债表及20×3年年末余额表分别如表11-1和表11-2所示。假定企业持有的交易性金融资产均为流动资产;依据经验数据,企业应收项目中仅对应收账款需要计提坏账准备;无其他特殊事项。

根据相关资料编制北京宝文公司20×3年12月31日简化资产负债表,如表11-3所示。

表11-1 资产负债表

会企01表

编制单位:北京宝文公司　　　　　20×2年12月31日　　　　　　　单位:元

资产	行次	期末余额	上年年末余额(略)	负债和所有者权益(或股东权益)	行次	期末余额	上年年末余额(略)
流动资产:				流动负债:			
货币资金		1 406 300		短期借款		300 000	
交易性金融资产		15 000		交易性金融负债		0	
衍生金融资产		0		衍生金融负债		0	
应收票据		0		应付票据		100 000	
应收账款		545 100		应付账款		953 800	
预付款项		100 000		预收款项		0	

续表

资产	行次	期末余额	上年年末余额(略)	负债和所有者权益(或股东权益)	行次	期末余额	上年年末余额(略)
其他应收款		5 000		合同负债		0	
存货		2 580 000		应付职工薪酬		110 000	
合同资产		0		应交税费		36 600	
持有待售资产		0		其他应付款		51 000	
一年内到期的非流动资产		0		持有待售负债		0	
其他流动资产		100 000		一年内到期的非流动负债		1 000 000	
流动资产合计		4 751 400		其他流动负债		0	
				流动负债合计		2 651 400	
非流动资产：				非流动负债：			
债权投资		0		长期借款		600 000	
其他债权投资		0		应付债券		0	
长期应收款		0		其中:优先股		0	
长期股权投资		250 000		永续债		0	
其他权益工具投资		0		租赁负债		0	
其他非流动金融资产		0		长期应付款		0	
投资性房地产		0		预计负债		0	
固定资产		1 100 000		递延收益		0	
在建工程		1 500 000		递延所得税负债		0	
生产性生物资产		0		其他非流动负债		0	
油气资产		0		非流动负债合计		600 000	
使用权资产		0		负债合计		3 251 400	
无形资产		600 000		所有者权益(或股东权益):			
开发支出		0		实收资本(或股本)		5 000 000	

续表

资　产	行次	期末余额	上年年末余额(略)	负债和所有者权益(或股东权益)	行次	期末余额	上年年末余额(略)
商誉		0		其他权益工具		0	
长期待摊费用		0		其中:优先股		0	
递延所得税资产		0		永续债		0	
其他非流动资产		200 000		资本公积		0	
非流动资产合计		3 650 000		减:库存股		0	
				其他综合收益		0	
				盈余公积		100 000	
				未分配利润		50 000	
				所有者权益(或股东权益)合计		5 150 000	
资产总计		8 401 400		负债和所有者权益(或股东权益)总计		8 401 400	

表 11-2　账户余额表

20×3 年 12 月 31 日　　　　　　　　　　　　　　　　单位:元

账户名称	借方余额	账户名称	贷方余额
库存现金	2 000	短期借款	66 000
银行存款	776 135	应付票据	100 000
其他货币资金	7 300	应付账款	953 800
交易性金融资产	16 000	其他应付款	50 000
应收票据	66 000	应付职工薪酬	180 000
应收账款	600 000	应交税费	226 731
坏账准备	−1 800	应付利息	0
预付账款	100 000	应付股利	32 215.85
其他应收款	5 000	一年内到期的非流动负债	0
原材料	324 250	长期借款	1 160 000
周转材料	38 050	股本	5 000 000

续表

账户名称	借方余额	账户名称	贷方余额
库存商品	2 122 400	盈余公积	124 770.4
其他流动资产	100 000	利润分配(未分配利润)	190 717.75
长期股权投资	250 000		
固定资产	2 401 000		
累计折旧	-170 000		
固定资产减值准备	-30 000		
工程物资	300 000		
在建工程	428 000		
无形资产	600 000		
累计摊销	-60 000		
递延所得税资产	9 900		
其他非流动资产	200 000		
合计	8 084 235		8 084 235

请思考：如何理解我国资产负债表中各项目的排列顺序？

表11-3　资产负债表

会企01表

编制单位：北京宝文公司　　　　20×3年12月31日　　　　　　　　单位：元

资　产	行次	期末余额	上年年末余额	负债和所有者权益(或股东权益)	行次	期末余额	上年年末余额
流动资产：				流动负债：			
货币资金		785 435	1 406 300	短期借款		66 000	300 000
交易性金融资产		16 000	15 000	交易性金融负债		0	0
衍生金融资产		0	0	衍生金融资产		0	0
应收票据		66 000	0	应付票据		100 000	100 000
应收账款		598 200	545 100	应付账款		953 800	953 800

续表

资产	行次	期末余额	上年年末余额	负债和所有者权益(或股东权益)	行次	期末余额	上年年末余额
预付款项		100 000	100 000	预收款项		0	0
其他应收款		5 000	5 000	合同负债		0	0
存货		2 484 700	2 580 000	应付职工薪酬		180 000	110 000
合同资产		0	0	应交税费		226 731	36 600
持有待售资产		0	0	其他应付款		82 215.85	51 000
一年内到期的非流动资产		0	0	持有待售负债		0	0
其他流动资产		100 000	100 000	一年内到期的非流动负债		0	1 000 000
流动资产合计		4 155 335	4 751 400	其他流动负债		0	0
				流动负债合计		1 608 746.85	2 651 400
非流动资产:				非流动负债:			
债权投资		0	0	长期借款		1 160 000	600 000
其他债权投资		0	0	应付债券		0	0
长期应收款		0	0	其中:优先股		0	0
长期股权投资		250 000	250 000	永续债		0	0
其他权益工具投资		0	0	租赁负债		0	0
其他非流动金融资产		0	0	长期应付款		0	0
投资性房地产		0	0	预计负债		0	0
固定资产		2 201 000	1 100 000	递延收益		0	0
在建工程		728 000	1 500 000	递延所得税负债		0	0
生产性生物资产		0	0	其他非流动负债			
油气资产		0	0	非流动负债合计		1 160 000	600 000

续表

资产	行次	期末余额	上年年末余额	负债和所有者权益(或股东权益)	行次	期末余额	上年年末余额
使用权资产		0	0	负债合计		2 768 746.85	3 251 400
无形资产		540 000	600 000	所有者权益(或股东权益)			
开发支出		0	0	实收资本(或股本)		5 000 000	5 000 000
商誉		0	0	其他权益工具		0	0
长期待摊费用		0	0	其中:优先股		0	0
递延所得税资产		9 900	0	永续债		0	0
其他非流动资产		200 000	200 000	资本公积		0	0
非流动资产合计		3 928 900	3 650 000	减:库存股		0	0
				其他综合收益		0	0
				盈余公积		124 770.4	100 000
				未分配利润		190 717.75	50 000
				所有者权益(或股东权益)合计		5 315 488.15	5 150 000
资产总计		8 084 235	8 401 400	负债和所有者权益(或股东权益)总计		8 084 235	8 401 400

三、利润表

(一) 利润表的作用

利润表,又称为损益表,是反映企业在一定会计期间经营成果的财务报表。企业在某一会计期间的经营成果,通常表现为某会计期间企业赚取的全部收入与产生的全部费用相配比后形成的利润或亏损。为了正确合理地核算企业的利润或亏损,必须按照收入确认原则确定当期收入,并按照配比原则确定与之相应的费用,在此基础上编制利润表。

利润表反映了企业的经营成果,信息使用者能够通过阅读利润表来分析企业的获利能力,了解企业经营效果的好坏,衡量企业经营管理的成功程度和评价经营者的绩效。利润表所提供的利润或亏损的各项明细资料可用于信息使用者分析企业损益的形成原因,也有助于企业管理层做出合理的经营决策。同时通过分析企业若干会计期间利润表数据的变化，还可测定企业利润的发展变化趋势，预测企业未来的获利能力，这既有助于投资者做投资决策，也有助于债权人做出信贷决策。

(二) 利润表的内容和排列

根据我国会计准则要求，企业利润表至少应当披露的内容有：营业收入、营业成本、税金及附加、销售费用、管理费用、研发费用、财务费用、其他收益、投资收益、公允价值变动收益、信用减值损失、资产减值损失、资产处置收益、营业利润、营业外收入、营业外支出、利润总额、所得税费用，以及净利润等项目。

(三) 利润表的结构和格式

利润表的结构主要有单步式和多步式两种。单步式利润表将企业一定会计期间所有的收入项目列在一起，然后将当期所有的费用项目列在一起，两者相减得出企业当期净损益。多步式利润表则分若干步骤反映企业当期损益的形成。我国企业利润表采用多步式结构。多步式利润表的基本格式如表 11-5 所示，其主要步骤如下（前三步的计算公式已在第九章介绍）：

第一步，以营业收入为基础，减去营业成本、税金及附加、销售费用、管理费用、研发费用、财务费用、信用减值损失、资产减值损失，加上其他收益、投资收益（减去投资损失）、公允价值变动收益（减去公允价值变动损失）、信用减值损失、资产减值损失和资产处置收益（减去资产处置损失），计算出营业利润。

第二步，以营业利润为基础，加上营业外收入，减去营业外支出，计算出利润总额。

第三步，以利润总额为基础，减去所得税费用，计算净利润（或亏损）。

第四步，以净利润和其他综合收益为基础，计算综合收益总额。利润表在"净利润"项下列示"其他综合收益"项目和"综合收益总额"项目。"其他综合收益"项目反映企业根据企业会计准则规定未在当期损益中确认、直接计入所有者权益的各项利得和损失扣除所得税影响后的净额，如企业持有的其他债权投资公允价值变动的净额。"综合收益总额"项目反映企业净利润与其他综合收益的合计金额。

第五步，以净利润（亏损）为基础计算每股收益。普通股或潜在普通股已公开交易的企业，以及正处于公开发行普通股或潜在普通股过程中的企业，应在利润表中列示每股收益信息，包括基本每股收益和稀释每股收益。

(四) 利润表的编制

利润表各项目均需要填列"上期金额"和"本期金额"两栏。利润表中"上期金额"栏内各项目根据上期利润表"本期金额"栏内各项目的金额填列。如果上期利润表项目规定的名称和内容与本期不一致，则应按照本期相关规定对上期利润表中各项目的名称和金额进行调整后填列。利润表"本期金额"栏内各项数字，除"基本每股收益"和"稀释每股收益"依据公式计算以及利润项目根据本表相关项目计算外，一般应当根据相关总账和明细账户的发生额分析计算填列。

1. 根据账户发生额直接分析填列。

利润表中大部分项目可以根据相关账户发生额直接填列,如"税金及附加"项目反映企业经营业务应负担的消费税、城市维护建设税、资源税、土地增值税和教育费附加等,应根据"税金及附加"账户发生额分析填列。

"其他收益"项目,反映计入其他收益的政府补助,以及其他与日常活动相关且计入其他收益的项目。该项目应根据"其他收益"科目的发生额分析填列。

"信用减值损失"项目,反映企业按照要求计提的各项金融工具信用减值准备所确认的信用损失。该项目应根据"信用减值损失"科目的发生额分析填列。

"资产处置收益"项目,反映企业出售划分为持有待售的非流动资产(金融工具、长期股权投资和投资性房地产除外)或处置组(子公司和业务除外)时确认的处置利得或损失,以及处置未划分为持有待售的固定资产、在建工程、生产性生物资产及无形资产而产生的处置利得或损失。该项目应根据"资产处置损益"科目的发生额分析填列;如为处置损失,以"-"号填列。

"营业外收入"项目,反映企业发生的除营业利润以外的收益,主要包括与企业日常活动无关的政府补助、盘盈利得、捐赠利得等。该项目应根据"营业外收入"科目的发生额分析填列。

"营业外支出"项目,反映企业发生的除营业利润以外的支出,主要包括公益性捐赠支出、非常损失、盘亏损失、非流动资产毁损报废损失等。该项目应根据"营业外支出"科目的发生额分析填列。

2. 根据若干相关账户发生额的合计数填列。

例如:"营业收入"项目反映企业经营主要业务和其他业务所确认的收入总额,应根据"主营业务收入"和"其他业务收入"账户发生额合计数填列。

"营业成本"项目反映企业经营主要业务和其他业务发生的实际成本总额,应根据"主营业务成本"和"其他业务成本"账户发生额的合计数填列。

3. 根据相关总账所属明细账户的发生额分析填列。

例如:"研发费用"项目,反映企业进行研究与开发过程中发生的费用化支出,以及计入管理费用的自行开发无形资产的摊销。该项目根据"管理费用"科目下的"研究费用"明细科目的发生额,以及"管理费用"科目下的"无形资产摊销"明细科目的发生额分析填列。

"财务费用"项目下的"利息费用"项目,反映企业为筹集生产经营所需资金等而发生的应予费用化的利息支出。该项目根据"财务费用"科目的相关明细科目的发生额分析填列。"财务费用"项目下的"利息收入"项目,反映企业确认的利息收入,根据"财务费用"账户的相关明细账户的发生额分析填列。

【例11-2】北京宝文公司20×3年度有关损益类账户发生额资料如表11-4所示。

表 11-4 账户发生额表   单位:元

账户名称	借方发生额	贷方发生额
主营业务收入		1 250 000
主营业务成本	750 000	
税金及附加	2 000	
销售费用	20 000	
管理费用	157 100	
财务费用	41 500	
信用减值损失	1 800	
资产减值损失	29 100	
公允价值变动损益		1 000
投资收益		31 500
营业外收入		50 000
营业外支出	19 700	
所得税费用	112 596	

根据表 11-4 相关资料,编制该企业 20×3 年度利润表(20×3 年度利润表如表 11-5 所示)。

表 11-5 利润表

编制单位:北京宝文公司　　　　20×3 年度　　　　　　会企02表
单位:元

项　目	本期金额	上期金额(略)
一、营业收入	1 250 000	
减:营业成本	750 000	
税金及附加	2 000	
销售费用	20 000	
管理费用	157 100	
研发费用	0	
财务费用	41 500	
其中:利息费用		

续表

项　　目	本期金额	上期金额（略）
利息收入		
加：其他收益	0	
投资收益（损失以"-"号填列）	31 500	
其中：对联营企业和合营企业的投资收益	0	
净敞口套期收益（损失以"-"号填列）	0	
公允价值变动收益（损失以"-"号填列）	1 000	
资产减值损失（损失以"-"号填列）	1 800	
信用减值损失（损失以"-"号填列）	29 100	
资产处置收益（损失以"-"号填列）	0	
二、营业利润（亏损以"-"号填列）	281 000	
加：营业外收入	50 000	
减：营业外支出	19 700	
三、利润总额（亏损总额以"-"号填列）	311 300	
减：所得税费用	112 596	
四、净利润（净亏损以"-"号填列）	198 704	
（一）持续经营净利润（净亏损以"-"号填列）		
（二）终止经营净利润（净亏损以"-"号填列）		
五、其他综合收益的税后净额	0	
（一）不能重分类进损益的其他综合收益		
……		
（二）将重分类进损益的其他综合收益		
……		
六、综合收益总额	198 704	
七、每股收益		
（一）基本每股收益		
（二）稀释每股收益		

请思考：利润表中列报的净利润精确地表达了企业当期的盈利情况吗？

四、现金流量表

(一)现金流量表的作用

现金流量表是反映企业一定会计期间现金流入和流出情况以及现金余额情况的财务报表。企业为了维持正常经营和发展壮大,必须具有一定的获利能力和良好的财务状况,信息使用者可以通过阅读企业利润表和资产负债表了解相关信息。此外,现金流量情况对企业生存与发展也存在至关重要的作用,现金流是企业的"血液",无论债务偿付能力、现金股利分配能力和支付能力,还是企业今后的发展,均取决于企业能否及时地获取足够的现金和合理使用现金。在激烈的市场竞争中,现金取得与使用的重要性有时甚至超过获利能力,成为企业生死攸关的大事。信息使用者可以通过现金流量表来获取企业现金流量流入流出的金额大小、时点和不确定性程度等相关财务信息。

现金流量表的作用主要体现在以下几个方面:

(1)分析企业产生现金的能力。现金流量表分若干方面反映企业现金流入与流出情况,说明企业是如何取得现金以及如何使用现金,借此可以对企业产生现金的现实能力做出评价。同时,过去的现金流量与未来的现金流量相关,是未来现金流量的预示,由此通过现金流量表还可以预测企业创造未来现金流量的能力,并借以检查过去对现金流量预测的准确性。

(2)评价企业的财务状况与现金调整能力。将现金流量表提供的信息与其他报表信息相联系,可以评价企业净资产变动情况、财务结构(包括其资产流动性和偿债能力),以及企业为适应环境和机会变化而对其现金流量的金额和时点进行调整的能力。

(3)说明利润与现金流量的关系。依据会计准则规定,企业基于持续经营和会计分期假设、按照权责发生制来核算列报其在某一会计期间的经营成果,所以不可避免地会使某一期间的利润与现金净流量(按现金实际收到或付出反映)不一致。比如,企业有利润时可能没有相应的现金结存;反之发生了亏损可能却不缺少周转所需现金。因此,现金流量表通过将会计核算的权责发生制基础转化为收付实现制基础,能够表明企业利润与现金结余之间的差异及其原因,说明企业获利能力与现金净流量之间的关系。

(4)有助于提高会计信息的可比性。不同企业对同一经济交易或事项可能采用不同的会计处理方法,这会影响企业经营业绩的横向可比性。现金流量表从现金流量角度展现企业的状况,可一定程度地避免不同会计方法所造成的影响,提高不同企业经营业绩的可比性。

(二)现金流量表的内容

1. 现金流量表中"现金"的含义。编制现金流量表,首先应明确该表中"现金"的含义,即明确现金流量表的编制基础。现金流量表的"现金"指现金和现金等价物。其中:现金包括企业库存现金和活期存款;现金等价物则指期限短、流动性强、易于转换成已知金额的现金且价值变动风险很小的投资。一般来说,权益性投资被排除在现金等价物之外。所谓期限短,通常指某项投资自取得日起3个月或者更短的时间内到期。由此,现金流量表所表现的现金流量,也就是现金和现金等价物的流入和流出。但是,现金或者现金等价物之间的交易事项,如将库存现金转作活期存款、将活期存款转换为现金等价物等,不构成现金流量交易事项。

2. 现金流量的分类。按照企业业务活动的性质,现金流量表中企业一定会计期间产生的现金流量分为三类:经营活动产生的现金流量、投资活动产生的现金流量和筹资活动产生的现金流量。按活动分类来提供现金流量信息,有助于信息使用者评价这些活动对企业财务状况及现金的影响程度以及估量现金和现金等价物的金额,同时也有助于评价这些活动之间的相互关系。

(1)经营活动形成的现金流量。经营活动是指企业投资活动和筹资活动以外的所有交易和事项。来自经营活动的现金流量,主要由决定企业净损益的交易和其他有关事项所形成。按照我国现行会计准则的规定,经营活动所产生的现金流入主要包括:销售商品、提供劳务收到的现金,收到的税费返还等;经营活动所产生的现金流出主要包括:购买商品、接受劳务支付的现金,支付给职工以及为职工支付的现金,支付的各项税费等。

(2)投资活动形成的现金流量。投资活动是指企业长期资产的购建和不包括在现金等价物范围内的投资及其处置活动。投资活动的现金流量代表着企业为了获得未来收益和现金流量而转出资源的程度,以及以前资源转出带来的现金流入的信息。我国现行会计准则规定的投资活动所产生的现金流入主要包括:收回投资所收到的现金,取得投资收益所收到的现金,处置固定资产、无形资产和其他长期资产而收到的现金净额,处置子公司及其他营业单位所收到的现金净额等;投资活动所产生的现金流出主要包括:购建固定资产、无形资产和其他长期资产所支付的现金,投资所支付的现金,取得子公司及其他营业单位所支付的现金净额等。

(3)筹资活动形成的现金流量。筹资活动是指导致企业资本及债务规模和构成发生变动的活动。揭示筹资活动的现金流量,有助于预测企业资本的提供者对企业现金流量的要求权,以及企业为获得资本而付出的代价。我国现行会计准则规定的筹资活动所产生的现金流入主要包括:吸收投资所收到的现金,取得借款所收到的现金等;筹资活动所产生的现金流出主要包括:偿还债务所支付的现金,分配股利、利润或偿付利息所支付的现金等。

不同国家和地区对于现金流量的分类有着不尽相同的认识和规定,比如国际会计准则的现金流量表尽管也将现金流量分为经营活动、投资活动和筹资活动三类,但各类项目具体内容存在些许差异。

3. 现金流量额的表达。现金流量表中的现金流量一般以总额表示,既表现现金的流入,又表现现金的流出,而不是表现流入与流出的差额。这样,可以全面揭示企业现金流量的方向、规模和结构。

4. 现金流量表附注。现金流量表附注是对现金流量表内容的进一步说明,它所披露的信息与现金流量表本身所提供的信息同样重要。我国现行会计准则规定现金流量表附注需

要包括以下内容:

(1)将净利润调节为经营活动现金流量的信息。经营活动的现金流量除了按前述方法分项目表现其流入、流出外,还可以通过对净利润的调节来表现。对经营活动现金流量的这种表现方法,揭示了净利润与经营活动现金流量之间的差异及其形成原因,可用于说明净利润与经营活动现金流量的关系;同时也是对现金流量表中经营活动现金流量额的验证,即:将净利润调节为经营活动的现金流量额(表现在附注的"补充资料"部分)应当与现金流量表中的经营活动的现金流量额相等,二者之间存在勾稽关系,利用这一勾稽关系,可验证经营活动现金流量额的正确性。将净利润调节为经营活动现金流量的方法,也就是经营活动现金流量表达方式的间接法,具体内容见本节中关于间接法的讲述。

(2)以总额披露的当期取得或处置子公司以及其他经营单位的信息。以上提到,对取得和处置子公司及其他营业单位所产生的现金流量,在现金流量表中应以净额表示。由于这类活动对企业的影响重大,有必要使报告使用者更详细地了解这方面的情况,因此还应当在附注中以总额披露取得或处置子公司及其他营业单位的有关信息,这包括:取得或处置子公司以及其他经营单位的价格;取得或处置子公司以及其他经营单位的价格中以现金支付的部分;取得或处置子公司以及其他经营单位收到的现金;取得或处置子公司以及其他经营单位按照主要类别分类的非现金资产和负债等。

(3)不涉及当期现金收支,但影响企业财务状况或在未来可能影响企业现金流量的重大投资和筹资活动。有些投资和筹资活动虽然不涉及当期的现金收支,但会影响企业的财务状况,或可能在未来影响企业的现金流量,如债务转为资本、一年内到期的可转换公司债券、融资租入固定资产等。这类投资和筹资活动会明显地影响企业的财务状况,同样需要在附注中予以说明。

(4)现金和现金等价物的其他有关信息。这些信息包括:现金和现金等价物的构成及其在资产负债表中的相应金额;企业持有但不能由母公司或集团内其他子公司使用的大额现金和现金等价物金额等。

(三)现金流量表的编制方法

现金流量表按照收付实现制基础进行编制。根据对经营活动所形成的现金流量的不同表达方式,现金流量表的编制方法分为直接法和间接法两种。直接法是指通过现金收入和现金支出的主要类别,反映来自企业经营活动的现金流量。现金流量表补充资料中的"将净利润调节为经营活动的现金流量"实际是以间接法编制的经营活动的现金流量。间接法是以净利润为起算点,调整不涉及现金的收入、费用、营业外收支以及应收应付等项目的增减变动,据以计算并列示经营活动的现金流量。按间接法计算的经营活动的现金流量,有助于分析影响现金流量的原因以及从现金流量的角度分析企业净利润的质量。因此,我国现行会计准则要求企业按直接法编制现金流量表的同时,还应在补充资料中按间接法将净利润调节为经营活动的现金流量。我国现金流量表的格式如表11-6所示。

表 11-6　现金流量表

会企 03 表

编制单位:北京宝文公司　　　　20×3 年度　　　　　　　　单位:元

项　　目	本期金额	上期金额(略)
一、经营活动产生的现金流量:		
销售商品、提供劳务收到的现金	1 880 000	
收到的税费返还	—	
收到其他与经营活动有关的现金	—	
经营活动现金流入小计	1 880 000	
购买商品、接受劳务支付的现金	760 000	
支付给职工以及为职工支付的现金	160 000	
支付的各项税费	265 000	
支付其他与经营活动有关的现金	115 000	
经营活动现金流出小计	1 300 000	
经营活动产生的现金流量净额	580 000	
二、投资活动产生的现金流量:		
收回投资收到的现金	—	
取得投资收益收到的现金	10 000	
处置固定资产、无形资产和其他长期资产收回的现金净额	80 000	
处置子公司及其他营业单位收到的现金净额	—	
收到其他与投资活动有关的现金	—	
投资活动现金流入小计	90 000	
购建固定资产、无形资产和其他长期资产所支付的现金	205 000	
投资支付的现金	—	
取得子公司及其他营业单位支付的现金净额	—	
支付其他与投资活动有关的现金	—	
投资活动现金流出小计	205 000	
投资活动产生的现金流量净额	(115 000)	
三、筹资活动产生的现金流量:		

续表

项　　目	本期金额	上期金额(略)
吸收投资收到的现金	—	
取得借款收到的现金	35 000	
收到其他与筹资活动有关的现金	—	
筹资活动现金流入小计	35 000	
偿还债务支付的现金	60 000	
分配股利、利润和偿付利息支付的现金	275 000	
支付其他与筹资活动有关的现金	—	
筹资活动现金流出小计	335 000	
筹资活动产生的现金流量净额	(300 000)	
四、汇率变动对现金及现金等价物的影响	—	
五、现金及现金等价物净增加额	165 000	
加:期初现金及现金等价物余额	150 000	
六、期末现金及现金等价物余额	315 000	
补充资料	金　　额	
1. 将净利润调节为经营活动现金流量:		
净利润	500 000	
加:资产减值准备	—	
固定资产折旧、油气资产折耗、生产性生物资产折旧	105 000	
无形资产摊销	—	
长期待摊费用摊销	—	
处置固定资产、无形资产和其他长期资产的损失(收益以"-"号填列)	15 000	
固定资产报废损失(收益以"(-)"号填列)	—	
公允价值变动损失(收益以"-"号填列)	—	
财务费用(收益以"-"号填列)	25 000	
投资损失(收益以"-"号填列)	(10 000)	
递延所得税资产减少(增加以"-"号填列)	—	
递延所得税负债增加(减少以"-"号填列)	—	

续表

补充资料	金　额
存货的减少(增加以"-"号填列)	(20 000)
经营性应收项目的减少(增加以"-"号填列)	(25 000)
经营性应付项目的增加(减少以"-"号填列)	(10 000)
其他	—
经营活动产生的现金流量净额	580 000
2. 不涉及现金收支的重大投资和筹资活动：	
债务转为资本	—
一年内到期的可转换公司债券	—
融资租入固定资产	1 250 000
发行普通股交换设备	
3. 现金及现金等价物净变动情况：	
现金的期末余额	315 000
减：现金的期初余额	150 000
加：现金等价物的期末余额	—
减：现金等价物的期初余额	—
现金及现金等价物净增加额	165 000

注：表中的括号表示负数金额。

请思考：如何理解现金流量表的间接法？

五、所有者权益变动表

(一)所有者权益变动表的意义

所有者权益变动表是指反映构成所有者权益各组成部分当期增减变动情况的报表。所有者权益变动表应当全面反映一定时期所有者权益变动的情况，不仅包括所有者权益总量的增减变动，还包括所有者权益增减变动的重要结构性信息，特别是要反映直接计入所有者权益的利得和损失，以便报表使用者准确理解所有者权益增减变动的根源。

所有者权益变动表还能够在一定程度上体现企业的综合收益，反映了综合收益的构成及利润分配过程。综合收益的构成包括两部分：净利润和直接计入所有者权益的利得和损失。其中:净利润是企业已实现并已确认的收益;直接计入所有者权益的利得和损失则是企业未实现但根据会计准则的规定已确认的收益,如企业持有的其他债权投资的公允价值变动形成的计入所有者权益的收益等。

(二)所有者权益变动表的内容与格式

根据我国会计准则规定,所有者权益变动表至少应当单独列示如下信息:综合收益总额;会计政策变更和前期差错更正的累计影响金额;所有者投入和减少的资本和向所有者分配的利润;提取的盈余公积;实收资本(或股本)、其他权益工具、资本公积、其他综合收益、盈余公积、未分配利润的期初和期末余额及其调节情况。我国现行所有者权益变动表的格式如表11-7所示。

(三)所有者权益变动表的编制

所有者权益变动表各项目均需要填列"上年金额"和"本年金额"两栏。"上年金额"栏内各项目根据上期所有者权益变动表"本年金额"栏内各项目的金额填列。如果上期所有者权益变动表项目规定的名称和内容与本期不一致,则应对上期各项目的名称和金额按照本期相关规定进行调整后填列。所有者权益变动表中"本年金额"栏内各项数字一般应根据"实收资本(或股本)""资本公积""盈余公积""其他综合收益""利润分配""库存股"等账户的发生额分析填列。

【例11-3】依据北京宝文公司20×3年资产负债表(见表11-3)、有关账户余额表(见表11-2)和有关账户发生额表(见表11-4)的资料,另"利润分配"账户表明企业在20×3年提取盈余公积24 770.4元,向股东分配现金股利33 215.85元,编制该企业所有者权益变动表如表11-7所示。

> 请思考:如何理解财务报表之间的勾稽关系?

六、财务报表附注

(一)财务报表附注的概念与作用

财务报表附注是为了便于信息使用者理解财务报表内容而对财务报表的编制基础、编制依据、编制原则和方法,以及报表主要项目等所做的解释。企业之所以在编制了财务报表之外还要再做财务报表附注的说明,是因为很多情况只有通过报表附注的文字阐述和其他补充资料,才能使信息使用者对报表做出全面、准确的理解;一些以表格形式难以表达的内容,也需要在报表附注加以披露;企业还有一些必须向信息使用者提供的重要财务陈述,如企业经营的基本情况,对企业财务状况、财务成果和现金流量具有重大影响的事项的特殊说明等更需要在报表附注中表达。

财务会计报告发展变化的特点之一,是附注的作用日益重要,更加受到人们的重视。这些作用具体表现在以下几方面:

第一,财务报表附注能够说明企业所采用的会计政策和会计估计。所谓会计政策,是指

表 11-7 所有者权益(股东权益)变动表

编制单位:北京宝文公司　　　　20×3 年度　　　　会企 04 表　单位:元

项目	本年金额										上年金额(结构相同,略)
	实收资本(或股本)	其他权益工具			资本公积	减:库存股	其他综合收益	盈余公积	未分配利润	所有者权益合计	
		优先股	永续债	其他							
一、上年末余额	5 000 000				0	0		100 000	50 000	5 150 000	
加:会计政策变更											
前期差错更正											
其他											
二、本年初余额	5 000 000				0	0		100 000	50 000	5 150 000	
三、本年增减变动金额(减少以"-"号填列)									198 704	198 704	
(一)综合收益总额											
(二)所有者投入和减少资本											
1. 所有者投入的普通股											
2. 其他权益工具持有者投入资本											
3. 股份支付计入所有者权益的金额											
4. 其他											

续表

项　　目	本年金额							上年金额(结构相同,略)
	实收资本(或股本)	其他权益工具		资本公积	减:库存股	其他综合收益	盈余公积	未分配利润	所有者权益合计
		优先股	永续债 其他						
(三)利润分配									
1. 提取盈余公积							24 770.4	-24 770.4	0
2. 对所有者(或股东)的分配								-33 215.85	-33 215.85
3. 其他									
(四)所有者权益内部结转									
1. 资本公积转增资本(或股本)									
2. 盈余公积转增资本(或股本)									
3. 盈余公积弥补亏损									
4. 设定受益计划变动额结转留存收益									
5. 其他综合收益结转留存收益									
6. 其他									
四、本年年末余额	5 000 000			0	0		124 770.4	190 717.75	5 315 488.15

企业在会计确认、计量和报告中所采用的原则、基础和方法。会计估计是指企业对结果不确定的交易或事项以最近可利用的信息为基础所做的判断。企业采用某种会计政策和会计估计，就会形成与之相应的会计核算结果。不同时期、不同企业的财务报表存在差异，除了外界环境和企业经营管理的原因之外，很大程度上是因为企业采用了不同的会计政策和会计估计。对此，企业必须给予充分的说明，以使报表使用者能正确地理解财务报表，而对会计政策和会计估计的说明，通常以财务报表附注的形式完成。

第二，财务报表附注能够说明影响企业财务状况和经营成果的特殊事项。企业在经营中总会遇到某些有别于正常交易的事项，如与具有特殊关系的单位或个人之间的交易（关联方关系及其交易）、对未来可能产生较大影响的不确定事项（或有事项）、企业的改组（企业合并与分立）等。这些事项所带来的财务结果是正常交易情况下不会产生的，因而需要通过财务报表附注给予特别说明；否则，亦会对报表使用者产生不利影响。

第三，财务报表附注能够突出企业重大事项的信息。财务报表是对企业财务状况、经营成果的综合反映，涉及面广、数据多，有的报表使用者可能抓不住重点，也有的报表使用者不太关注企业与前期相比没有多大变化的一般性情况，而希望了解重大变化事项及其细节，如企业发生的重要资产转让、企业的合并与分立等。通过财务报表附注的说明可以帮助报表使用者了解哪些是应当引起注意的重要信息，满足他们这方面的要求。

第四，财务报表附注能够补充说明财务报表本身无法表达的情况。财务报表采用的是表格形式，而一些情况无法通过表格表达，或以表格形式表达起来过于复杂，如某些报表项目的详细说明以及上述提到的各种情况。在正式的财务报表之外以附注的形式对这些情况做单独说明，能够表达得很清楚，可以补充财务报表本身表达方式的不足。

（二）财务报表附注的内容

总体来看，世界各国和地区报表附注的内容接近，但不同国家和地区、不同时期的报表使用者的要求不尽相同，所以各国和地区的报表附注内容各有特定要求，从而表现出了每个国家和地区、每段时期财务报表附注之间的差异性。按照我国现行会计准则要求，企业财务报表附注主要应当披露以下内容。

1. 企业基本情况。包括：企业注册地、组织形式和总部地址；企业的业务性质和主要经营活动，如企业所处的行业、所提供的主要产品或服务、客户的性质、销售策略、监管环境的性质等；母公司以及集团最终母公司的名称；财务报告的批准报出者和财务报告批准报出日；营业期限有限的企业，还应当披露有关其营业期限的信息。

2. 财务报表的编制基础。如果违背了基本会计假设（会计主体、持续经营、会计分期、货币计量），必须予以披露，并说明原因。例如，本企业由于经营不善、连年亏损、目前已资不抵债，濒临破产边缘，因此在会计报表的编制上，不采用持续经营假设，而根据清算会计的原则编制。

3. 遵循企业会计准则的声明。企业应当声明编制的财务报表符合企业会计准则的要求，真实、完整地反映了企业的财务状况、经营成果和现金流量等有关信息，以此明确企业编制财务报表所依据的制度基础。如果企业编制的财务报表只是部分地遵循了企业会计准则,附注中不得做出这种表述。

4. 重要会计政策和会计估计。会计政策是企业在会计核算时所遵循的具体会计原则以及企业所采纳的具体会计处理方法。根据财务报表列报准则的规定,企业应当披露采用的重要会计政策和会计估计,不重要的会计政策和会计估计可以不披露。

重要会计政策的说明,是指企业在发生某项交易或事项选择不同的会计处理方法时,应当根据会计准则的规定从允许的会计处理方法中选择适合本企业特点的会计政策。为了有助于报表使用者理解,有必要对这些会计政策加以披露。比如,存货计价方法可以有先进先出法、加权平均法、个别计价法等。需要特别指出的是,说明会计政策时还需要披露下列两项内容:

(1)财务报表项目的计量基础。会计计量属性包括历史成本、重置成本、可变现净值、现值和公允价值,这直接显著影响报表使用者的分析,这项披露要求便于使用者了解企业财务报表中的项目是按何种计量基础予以计量的,如存货是按成本还是可变现净值计量等。

(2)会计政策的确定依据,主要是指企业在运用会计政策过程中所做的对报表中确认的项目金额最具影响的判断。例如,企业应当根据本企业的实际情况说明确定金融资产分类的判断标准等。这些判断对在报表中确认的项目金额具有重要影响。因此,这项披露要求有助于使用者理解企业选择和运用会计政策的背景,增加财务报表的可理解性。

重要会计估计的说明,是指在确定报表中确认的资产和负债的账面金额过程中,企业有时需要对不确定的未来事项在资产负债表日对这些资产和负债的影响加以估计。例如,固定资产可收回金额的计算需要根据其公允价值减去处置费用后的净额与预计未来现金流量的现值两者之间的较高者确定,在计算资产预计未来现金流量的现值时需要对未来现金流量进行预测,并选择适当的折现率,应当在附注中披露未来现金流量预测所采用的假设及其依据、所选择的折现率为什么是合理的,等等。

财务报表列报准则强调了对会计估计不确定因素的披露要求,企业应当披露会计估计中所采用的关键假设和不确定因素的确定依据,这些关键假设和不确定因素在下一会计期间内很可能导致对资产、负债账面价值进行重大调整。例如,为正在进行中的诉讼确定预计负债的最佳估计数等。这些假设的变动对这些资产和负债项目金额的确定影响很大,有可能会在下一个会计年度内做出重大调整。

5. 会计政策和会计估计变更以及差错更正的说明。会计政策和会计估计发生变更时,企业应当在会计报表附注中披露会计政策变更、会计估计变更以及重大会计差错更正的有关情况,包括所采取的会计处理方法的变更和会计估计变更的内容、变更原因及对财务状况和经营业绩的影响,以及重大会计差错的内容及更正金额。

6. 报表重要项目的说明。企业应当以文字和数字描述相结合,尽可能以列表形式披露报表重要项目的构成或当期增减变动情况。企业对报表重要项目的说明,一般应当按照资产负债表、利润表、现金流量表、所有者权益变动表的顺序及其项目列示的顺序进行披露,并

且报表重要项目的明细金额合计,应当与报表项目金额相衔接。

7. 其他需要说明的事项。这主要包括或有和承诺事项、资产负债表日后非调整事项、关联方关系及其交易等,具体的披露要求须遵循相关准则的规定。附注应披露企业关于承诺事项的明细资料、或有事项的明细资料、资产负债表日后事项中的非调整金额,以及其他重要事项的说明。这些重要事项的说明可能成为辨别企业会计报表反映其财务状况、经营成果和现金流量情况真实程度的重要线索。

(1)对于承诺或担保事项的说明。所谓承诺或担保事项,是指资产负债表日已存在,企业正在履行或准备履行的具有法律效力的重要财务承诺。例如投资合同、成套设备等重要物资采购合同、发包工程合同、租赁合同以及对外提供的各种担保和抵押等。这些事项有时候能直接影响企业的生存。

(2)或有事项的披露。所谓或有事项,是指报表日已经存在但有较大的不确定性,其最终的结果有赖于未来的各种因素决定的事项。如未决诉讼、已贴现票据可能发生追索、为其他企业的贷款担保等。

(3)资产负债表日后非调整事项。资产负债表日后非调整事项,是指在资产负债表日后才发生或存在的事项,它不影响资产负债表日的存在状况,不需对资产负债表日编制的会计报表进行调整,但由于事项重大,如不加以说明,会影响会计报表使用者对会计报表的理解,进而将影响报表使用者的决策。这方面应披露的信息有:每项重要的资产负债表日后非调整事项的性质、内容及其对财务状况和经营成果的影响,无法做出估计的,应当说明原因;资产负债表日后,企业利润分配方案中拟分配的以及经审议批准宣告发放的股利或利润。

(4)重要资产转让及其出售情况。针对重要资产转让及其出售等情况,企业也应该在附注中做适当披露。例如,阅读附注可知,企业将非常重要的某一生产线整体转让给了其他企业。报表使用者获知这一信息后,应考察其转让或出售的原因、资产转让或出售价格、该资产的公允价值,以及企业如何做后续补充来满足生产需求等。

(5)关注重大投资和融资活动的说明。针对重大投资和融资活动,企业也应该在附注中明确说明。

> 请思考:如何理解报表附注的重要性?

第二节 会计政策和会计估计及其对财务报表的影响

企业财务报表各项目列报的金额受诸多因素的影响,其中很重要的就是企业会计政策选择和会计估计。会计政策的选择和会计估计是企业财务信息揭示的基础;会计核算工作环节包括会计确认、会计计量、会计记录和会计报告,其中会计确认和会计计量是记录企业经济交易和事项以提供财务信息最基本的环节,而会计确认与会计计量无一不是以会计政策选择和会计估计为前提的,这些都是基于对会计原则、方法和程序的选择和运用。信息使用者应充分了解企业财务报表中各项目是采用怎样的会计政策和会计估计确定的,同时还要理解不同会计政策选择和会计估计如何对企业财务报表产生影响。

一、会计政策和会计估计及其变更的含义

如前所述,会计政策是指企业在会计核算时所遵循的具体会计原则以及企业所采用的具体会计处理方法;会计估计是指对结果不确定的交易或事项以近期可利用的信息为基础做出的判断。

会计政策变更是指企业对相同的交易或事项由原来采用的会计政策改用另一个会计政策的行为。例如,发出存货的计价方法由先进先出法变更为月末一次加权平均法;投资性房地产由成本模式改为公允价值计量模式等。

会计估计变更是指由于资产和负债的当前状况及预期经济利益和义务发生了变化,从而对资产或负债的账面价值进行调整。例如:会计期末存货可变现净值的确定;采用公允价值模式下的投资性房地产公允价值的确定;固定资产的预计使用寿命与预计净残值;使用寿命有限的无形资产的预计使用寿命与净残值;坏账准备的计提比例等。这些估计的变动属于会计估计变更。

本部分主要以企业资产类主要项目为例,来阐述会计政策选择和会计估计对资产负债表和利润表的影响。

二、会计政策和会计估计对财务报表的影响

(一)交易性金融资产公允价值变动的影响

企业持有的交易性金融资产在会计期末以公允价值计量,以其公允价值在资产负债表中"交易性金融资产"项目列报,其间形成的公允价值变动直接计入当期损益,也即列报于利润表中"公允价值变动收益"项目。

以表11-3北京宝文公司20×3年12月31日资产负债表数据为例,"交易性金融资产"项目期初余额为15 000元、期末余额为16 000元。假设该企业20×3年既未买进也未卖出交易性金融资产,那么该项目20×3年期末余额与期初余额产生1 000元差异的原因在于企业对其持有的交易性金融资产在两个不同时点的公允价值估计不同,即交易性金融资产在20×3年年末的公允价值比年初增加了1 000元。如同期表11-5所示该企业20×3年利润表反映该交易性金融资产产生的公允价值变动收益1 000元(即利润表中"公允价值变动收益"项目反映了该投资的公允价值变动所致的收益)。

如果企业估计交易性金融资产公允价值时依据了不同的资料和采用了其他的方法,其结果就可能会不同,报表中该项目的表达也就会不同。比如,企业依据的资料或采用的计量

方法不同于上例,估计交易性金融资产在20×3年12月31日公允价值为16 500元,比年初增加1 500元,则20×3年年度资产负债表中该项目金额为16 500元,利润表中"公允价值变动收益"项目为1 500元。而如果企业估计该交易性金融资产在20×3年年末的公允价值为15 000元,那么20×3年度资产负债表上该项目期末余额与期初相同,利润表中与该项交易性金融资产公允价值变动相关的收益额为零。

由此可见,企业持有的交易性金融资产在会计期末计量公允价值时的会计估计既影响了资产负债表中交易性金融资产项目数额的表达,也同时影响了利润表中公允价值变动收益项目数额的表达,进而对企业期末资产总额和当期利润总额产生影响。

(二)应收项目坏账准备计提方法的影响

资产负债表中"应收账款"项目根据应收账款账户的期末余额,减去相关坏账准备账户期末余额后的金额填列,该项目列报金额与其相关坏账准备期末余额密切相关。企业在实践中可以采用应收账款余额百分比法、账龄分析法和销货百分比法等不同方法计提坏账准备,而在不同方法下,当期计提坏账准备并确认减值损失的金额不同,坏账准备账户的期末余额也不相同,因此坏账准备计提方法的选择就影响了资产负债表中"应收账款"项目以及利润表中相关"信用减值损失"项目的表达。

例如,根据北京宝文公司20×3年12月31日相关资料(表11-2),该企业应收账款账户期末余额为借方600 000元,期末计提坏账准备前该账户无余额。企业采用如下方法得出报表数据:企业根据历史经验,应收票据往往期限短且客户资信情况良好,不存在减值迹象,无须计提坏账准备;应收账款采用应收账款余额百分比法计提坏账准备,且计提比例为3‰。由此在会计期末坏账准备账户应为贷方余额600 000×3‰=1 800(元)(本例计算结果保留整数元),资产负债表中"应收账款"项目金额为600 000-1 800=598 200(元)。因期末计提坏账准备前该账户无余额,资产负债表中的"应收账款"项目金额为598 200元,利润表中"信用减值损失"项目与此相关的金额应为1 800元。

如果该企业采用账龄分析法计提坏账准备,且假定1年以内账龄的应收账款坏账计提比例为5%,1~2年账龄的应收账款坏账计提比例为8%,2~3年账龄的应收账款坏账计提比例为10%,3年以上账龄的应收账款坏账计提比例为30%;20×3年12月31日该企业应收账款账龄如下:1年以内300 000元,1~2年150 000元,2~3年100 000元,3年以上50 000元。因此,该企业20×3年坏账准备期末贷方余额=300 000×5%+150 000×8%+100 000×10%+50 000×30%=52 000(元)。由此,20×3年12月31日企业资产负债表中"应收账款"项目金额应为600 000-52 000=548 000(元);因确认减值前的坏账准备账户期末无余额,本期计提相应减值损失金额应为52 000元,故利润表中"信用减值损失"项目与此相关的金额应为52 000元。

如果该企业采用销货百分比法计提坏账准备且计提比例为7%,假定20×3年企业赊销收入为100 000元,则20×3年坏账准备为100 000元×7%=7 000(元),那么该企业20×3年度利润表中"信用减值损失"项目与此相关的金额为7 000元;因期末计提坏账准备前该账户无余额,在本方法下,期末坏账准备账户应为贷方余额7 000元,由此20×3年12月31日资产负债表中"应收账款"项目的金额即为600 000-7 000=593 000(元)。

比较可见,同一企业仅由于会计人员采用不同方法计提坏账准备,在年末资产负债表中"应收账款"项目列示的金额分别为598 200元、548 000元和593 000元,利润表中"信用减值损失"项目中包含的相关金额分别为1 800元、52 000和7 000元,进而导致该企业资产负债表列报的资产总额和利润表列报的利润额也相应不同。

(三)存货发出计价方法和期末价值变动的影响

存货是企业流动资产中最为主要的组成部分。我国现行会计准则规定企业可以采用先进先出法、个别计价法和加权平均法(包括移动加权平均法、月末一次加权平均法)对发出存货进行计价。

存货计价方法的选择对财务报表存在影响。选择不同的存货发出计价方法,资产负债表中存货项目的期末余额就可能存在差异,进而影响资产总额。此外,选择不同的存货发出计价方法,企业当期销货成本可能发生变动,进而通过主营业务成本项目的金额影响利润表中利润的确定。

1. 存货发出计价方法的影响。举例说明如下:

【例11-4】假定北京宝文公司20×3年年初有存货12 000件,每件成本50元。20×3年度存货相关采购和发出业务情况如表11-8所示。

表11-8 北京宝文公司20×3年存货采购、发出情况一览表

日 期	事 项	数量(件)	单价(元)	总金额(元)
20×3年1月1日	年初	12 000	50	600 000
20×3年4月	购进	20 000	40	800 000
20×3年5月	发出	22 000		
20×3年7月	购进	15 000	20	300 000
20×3年9月	发出	20 000		
20×3年12月31日	年末	5 000		

(1)先进先出法下的存货发出成本计量。先进先出法假定先取得的存货应先发出,因此发出的存货要按先购入存货的价格计量。

按照这种方法,5月发出的22 000件中有12 000件要按期初(20×3年1月1日)存货的单价计量,剩余10 000件按4月购进的单价计量,由此企业5月发出的存货成本=12 000×50+10 000×40=1 000 000(元)。5月发出存货后,期初存货已经全部发出;4月购进的存货发出了10 000件,剩下10 000件,其成本为10 000×40=400 000(元)。9月发出20 000件存货,其中10 000件按照4月份购入存货的单价计,另1 000件按照7月购进存

货单价计,于是9月发出存货的成本=10 000×40+10 000×20=600 000(元)。全年发出存货金额为1 600 000(元)。由于先前购入的存货均已发出,年末留存5 000件存货应视为7月购入的,该批购入单价计,故其成本=5 000×20=100 000(元)。

(2)个别计价法下的企业发出存货成本计量。个别计价法指发出存货均按照其购入价格计量。

假定北京宝文公司5月发出的22 000件存货中有年初存货10 000件、4月购进的存货12 000件;9月发出的20 000件存货中有年初存货1 000件、4月购进的存货7 000件、7月购进的存货12 000件。于是,5月发出的22 000件存货成本=10 000×50+12 000×40=980 000(元);9月发出的20 000件存货成本=1 000×50+7 000×40+12 000×20=570 000(元)。发出存货总金额1 550 000元。年末企业留有年初存货1 000件,单价50元;4月购进的存货1 000件,单价40元;7月购进的存货3 000件,单价20元,因此期末余额=1 000×50+1 000×40+3 000×20=150 000(元)。

(3)移动加权平均法下发出存货成本计量。按照移动加权平均法,企业每次购入存货均需重新计算所有存货的加权平均单价,然后以加权平均单价来计量发出存货的成本。

上例中,4月购进存货的单价与期初存货的单价不同,就要计算加权平均单价:4月底存货总成本=期初存货成本+本月购进存货成本=12 000×50+20 000×40=1 400 000(元),4月底存货的加权平均单位成本=1 400 000÷(12 000+20 000)=43.75(元)。5月发出存货22 000件,其成本=22 000×43.75=962 500(元);当月剩余存货10 000件,其成本=100 00×43.75=437 500(元)。同理,7月底存货加权平均单位成本=(10 000×43.75+15 000×20)÷(10 000+15 000)=29.5(元);因此9月发出存货20 000件,其成本=20 000×29.5=590 000(元)。20×3年企业全年发出存货金额为1 552 500元。企业期末尚有存货5 000件,以9月剩余存货计量,其成本=5 000×29.5=147 500(元)。

(4)期末一次加权平均法下企业发出存货成本计量。在期末一次加权平均法下,企业平时只对收到存货的数量和成本进行记录,对发出存货不做记录,或只记录发出的数量、不记录发出存货的金额。期末结合存货盘存制度确认期末存货价格和当期发出存货价格。在会计期末,以当期全部进货成本与期初存货成本之和,除以当期全部进货数量与期初存货数量之和,一次性计算出存货的本期加权平均单位成本,再以此加权平均单位成本计算当期发出存货的成本和期末存货的成本。结合上例:20×3年企业存货加权平均单位成本=(12 000×50+20 000×40+15 000×20)÷(12 000+20 000+15 000)=36.17(元)。期末存货成本=(12 000×50+20 000×40+15 000×20)-1 519 140=180 860(元)。本年内发出存货成本=(22 000+20 000)×36.17=1 519 140(元)。

由本例可以看出:采用先进先出法核算,存货项目年末余额为100 000元,当期发出存货金额为1 600 000元;采用个别计价法核算,存货项目年末余额为150 000元,当期发出存货金额为1 550 000元;采用移动加权平均法核算,存货项目年末余额为147 500元,当期企业发出存货金额为1 552 500元;采用月末一次加权平均法核算,存货项目年末余额为180 860

元,当期发出存货金额为 1 519 140 元。采用不同的存货发出计价方法,存货项目余额与当期发出存货成本会有较大的差异。假设该企业发出存货均为对外销售且每件售价 80 元,且企业没有其他销售事项,则营业收入为 42 000×80＝3 360 000(元)。在采取四种发出存货计价方法下,企业营业利润分别为 1 760 000 元、1 810 000 元、1 807 500 元和 1 840 860 元。

由于采用的存货发出计价方法不同,导致了存货期末余额和销售成本的差异,对利润表中的"营业成本""营业利润""利润总额""所得税费用""净利润""每股收益"等项目都会有所影响。

2. 计提存货跌价准备对存货项目余额的影响。财务报表中与存货相关项目的列报金额也受到计提存货跌价准备的影响。存货期末余额还会受到存货期末价值变动的影响,即是否计提存货跌价准备、存货跌价准备计提多少,这些因素也会对资产负债表存货项目的期末余额以及利润表中的资产减值损失项目产生影响。

企业期末估计的存货售价、至完工时将要发生的成本、销售费用以及相关税费不同,直接决定了存货跌价准备是否计提以及计提金额的多少,对期末存货金额也有明显的影响。例如:假定存货 20×3 年年末账面价值为 100 万元。企业经分析后对存货售价、至完工时将要发生的成本、销售费用以及相关税费做出估计,确定存货的可变现净值为 80 万元。根据成本与可变现净值孰低法,其成本 100 万元大于可变现净值 80 万元,要计提 20 万元的存货跌价准备,存货年末金额则为 80 万元。与此同时,上述估计还导致利润表中"资产减值损失"项目的金额为 20 万元。如果企业经分析对存货售价、至完工时将要发生的成本、销售费用以及相关税费做估计后,确定其存货的可变现净值不是 80 万元而是 110 万元,资产负债表上存货项目将会是另一种表达;由于存货成本 100 万元小于其可变现净值 110 万元,因此企业不需计提存货跌价准备,存货年末金额仍为 100 万元,且利润表中"资产减值损失"项目也不会有与此有关的表达。

(四)固定资产折旧方法和资产减值准备的影响

固定资产计提折旧的不同方法、预计净残值的估计、期末减值准备的计提都会影响期末固定资产在资产负债表中的列报金额。

固定资产计提折旧有年限平均法、工作量法、双倍余额递减法、年数总和法等。直线法又称为平均年限法,是将固定资产的折旧均衡地分摊到各期的一种方法。工作量法是根据实际工作量计提折旧额。双倍余额递减法是在不考虑固定资产残值的情况下,根据每一期期初固定资产账面净值除以使用年限的双倍计算固定资产折旧。年数总和法也称为合计年限法,是将固定资产的原值减去净残值后的金额除以一个逐年递减的分数,来计算每年的折旧额,这个分数的分子代表固定资产尚可使用的年数,分母代表使用年数的逐年数字总和。这里仅以直线折旧法和快速折旧法中的双倍余额递减法为例说明不同折旧方法对财务报表的影响。

【例 11-5】北京宝文公司 20×2 年 12 月购进某项设备原价为 1 200 000 元,预计使用寿命为 5 年,预计净残值率为 4%;假设该公司没有对该机器设备计提减值准备。由于固定资产从取得月份的次月开始计提折旧,因此该项设备应从20×3年1月开始计提折旧。

(1)采用年限平均法计提的折旧额。

自20×3年开始每年计提的折旧额=(1 200 000-1 200 000×4%)÷5=230 400(元)

(2)采用双倍余额递减法计提的折旧额。

每年计提的折旧额为:

第一年(20×3年)应提的折旧额=1 200 000×(2÷5)=480 000(元)

第二年应提的折旧额=(1 200 000-480 000)×(2÷5)=288 000(元)

第三年应提的折旧额=(1 200 000-480 000-288 000)×(2÷5)=1 728 000(元)

第四年、第五年应提的折旧额=(1 200 000-480 000-288 000-172 800-1 200 000×4%)÷2=105 600(元)

如果不考虑固定资产变化等因素,采用直线法计提折旧,资产负债表中"固定资产"项目每年因提取折旧比上年减少230 400元;而采用双倍余额递减法计提折旧,资产负债表上的"固定资产"项目第1~5年因提取折旧比上年分别减少480 000元、288 000元、172 800元、105 600元和105 600元;计提折旧时在利润表中反映的相关损益类项目也受到相应影响。可见两种折旧方法下每年计提的折旧额有较大差额,对资产负债表中固定资产账面价值和利润表中相关损益金额都会产生较大影响。

此外,期末固定资产减值准备是否计提以及计提多少,同样会对资产负债表中固定资产项目和利润表中的相关损益产生影响。固定资产减值准备采用账面价值与可收回金额孰低法确定。可收回金额是企业根据实际情况自行估计的,其高低直接决定了固定资产减值准备是否计提以及计提多少,对期末固定资产净值有明显的影响。依据我国会计准则的规定,企业固定资产减值准备一旦计提,以后期间不得转回。资产减值损失一经确认,对以后会计期间减值资产的折旧金额也有影响。

例如:北京宝文公司固定资产账面价值为100万元,20×3年12月31日,企业预计其可收回金额为80万元(不考虑折旧的影响)。因可收回金额小于其账面价值,企业需计提固定资产减值准备20万元,故资产负债表中"固定资产"项目为80万元;利润表中"资产减值损失"项目也要增加20万元。如果企业估计固定资产期末可收回金额为110万元,因可收回金额大于其账面价值,无须对固定资产计提减值准备,故资产负债表中"固定资产"项目为100万元,利润表中"资产减值损失"项目亦不会反映固定资产的减值损失。

(五)无形资产摊销方法和资产减值准备的影响

无形资产摊销方法的选择也会对资产负债表中无形资产项目和利润表中相关项目的表达产生影响。无形资产的摊销可以采用直线法、生产总量法等。无形资产摊销的直线法,是将无形资产的摊销额均衡地分摊到无形资产各使用期;生产总量法(即工作量法)是根据实际工作量分摊无形资产的摊销额。下面举例说明不同摊销方法对财务报表相关项目表达的影响。

北京宝文公司以前不拥有无形资产,20×3年1月购入一项特许经营权,支付价款60万元,款项已支付,估计其使用寿命为5年,净残值为零。该公司没有对该项无形资产计提减值准备。如果采用直线法摊销,则 20×3 年无形资产应摊销额＝60÷5＝12(万元)。如果该项特许经营权用于产品生产的总产量限制为 5 万件,适合采用生产总量法摊销其价值,而 20×3 年的产品量为 2 万件,则当年应摊销金额＝60÷5×2＝24(万元)。该企业无形资产采用生产总量法摊销。比起采用直线法摊销,20×3 年多摊销 12 万元,对资产负债表中"无形资产"项目和利润表中相关损益项目产生影响。

同样,期末无形资产减值准备计提金额的不同,对资产负债表中无形资产项目、利润表中相关项目也会产生影响。

综上,不同会计政策选择和会计估计对资产负债表项目产生影响的同时,也影响企业利润表相关项目。企业在依据会计假设和会计原则核算企业经济业务以提供会计信息过程中,不可避免地需要会计人员运用自身职业判断来进行相应会计政策选择和会计估计,而不同的会计政策选择和会计估计会导致财务报表相关项目的金额不同。

> **请思考**:教材中为什么没有单独讲述会计政策的选择和会计估计对现金流量表的影响?

第三节 财务报表分析

一、财务报表分析的意义

企业财务报表主要以表格形式综合反映企业的财务状况、经营成果和现金流量等方面的会计信息。财务报表分析是指通过一定的方法,对财务报表及其相关资料所提供的数据进行科学分析,更深入地揭示企业生产经营状况,从而向企业利益相关者提供更有效的决策信息。

企业财务报表分析对企业内外部信息使用者都具有十分重要的意义。对企业外部利益相关者而言,通过分析目标企业财务报表能更深入地了解和评价企业财务状况和经营业绩,以做出更科学有效的经济决策。对企业自身内部管理层而言,通过财务报表分析可以了解企业各项计划方案实施的结果,发现生产经营管理中的薄弱环节,通过信息反馈和修正调整促使企业提高生产经营管理水平,以保证企业各项计划有效实施和最终战略目标的实现。

二、财务报表分析的基本方法

财务报表分析所采用的基本方法主要有比较分析法和因素分析法等。

(一)比较分析法

财务报表比较分析法主要有横向比较法和纵向比较法两种形式。

1. 横向比较法。横向比较法,是对企业同一时期(年度、季度或月度等)的各项财务指标及相关数据进行对比分析,通常是指对企业同一时期财务报表中的项目及相关资料进行对比分析,可进一步划分为结构分析法和比率分析法两种方法。

结构分析法,是把财务报表中各个项目的具体数据与总体数据进行比较,得出各个项目占总体的百分比,以此分析财务报表某个项目的具体构成。比如企业现金流量表分析中涉及的现金流入流出结构分析可以视为结构分析法的应用。现金流入结构分析分为总现金流入结构和三项主要活动(经营活动、投资活动和筹资活动)现金流入的内部结构分析。现金流出结构分析分为总流出结构和三项主要活动(经营活动、投资活动和筹资活动)现金流出的内部结构分析。

比率分析法,是对同一时期同一财务报表中的相关项目之间或同一时期不同财务报表相关项目之间的数据进行比较分析,以比率数值反映其间相互关系,以便据以评价企业的财务状况和经营业绩的分析方法。比如通过年度资产负债表中的资产与负债的对比,可以计算出资产负债率,用于考察企业负债程度和分析预测企业长期偿债能力;通过利润表中的净利润与资产负债表中的资产相比较可以考察资产净利率,用于评价企业资产管理能力等。

2. 纵向比较法。纵向比较法,是对企业不同时期的财务指标及相关数据进行对比分析。企业往往是在一个相当长的时期内持续经营,如果只分析一个时期内的财务报表,往往难以全面、连续地反映企业的财务状况和经营成果。信息使用者是对未来做出判断和决策,对若干时期的财务报表按时间序列进行比较分析,就能从动态上研究企业财务状况和经营成果等方面的特征和发展变化趋势。

不同时期的财务报表对比分析主要包括:比较不同时期报表项目的数值、比较不同时期结构百分比;比较不同时期财务比率。从比较的形式来看,可以计算绝对额的增减情况(增减额),也可以计算相对率的增减情况(增减变动率)。

采用比较分析法分析企业财务情况,可以采用上述同一企业在同一时期比较和不同时期比较,还可以与企业预算标准、行业标准和同行业先进水平等进行比较,以此对企业财务情况做出更全方位的判断。

(二)因素分析法

企业经济活动是一个有机整体的运动过程,每个指标的高低,都受到若干个因素的影响。因素分析法是依据影响因素与经济指标之间的关系,定量分析各个影响因素的变动对经济指标影响程度的一种方法。

在因素分析法中,经常使用的方法为连环替代法。连环替代法是依次以各因素的分析值替代标准值,测定各因素变动对财务指标的影响程度的一种方法。连环替代法的具体分析程序如下:首先,确定某一经济指标变动的各个影响因素;其次,分析确定各个影响因素与该经济指标的内在逻辑关系和数量关系;最后,按照各个影响因素的内在逻辑顺序将各个影响因素逐个替代,分别分析各个影响因素变动对该经济指标变动的影响程度(影响数值)。

运用因素替代法时,实际上是假定当一个因素变动时其他因素保持不变。因此,各因素排列与替代顺序对分析结果有着很大的影响。各因素应该按照内在逻辑关系依次排列,然后顺次进行替代,不可随意颠倒。

三、财务比率分析

财务比率分析是指通过财务报表中各个会计科目之间的内在联系,经简单运算得出特定意义的财务比率,并对这些财务比率进行比较的过程。通过财务比率分析,可以从偿债能力、获利能力和资产营运能力三方面对企业进行综合评价。

(一)偿债能力分析

1. 短期偿债能力分析。短期偿债能力是指企业以流动资产偿还流动负债的能力,它反映企业偿付到期短期债务的能力。企业的流动资产与流动负债的关系以及资产的变现速度是影响短期偿债能力的主要因素。企业流动资产按照变现速度或能力,依次包括了现金类资产、速动资产、流动资产等不同层次的内容。企业短期偿债能力分析主要采用比率分析法,有关指标主要包括流动比率、速动比率和现金比率。

(1)流动比率。流动比率是流动资产除以流动负债的比值,表示企业每元流动负债有多少流动资产作为偿还的保证,反映了企业的流动资产偿还流动负债的能力。流动比率如果过低,表明企业短期偿债风险较大;流动比率过高,表明企业虽然短期偿债能力较强,但在流动资产上占用资金过多,这会增加企业运营的机会成本。其计算公式为:

$$流动比率=\frac{流动资产}{流动负债}$$

(2)速动比率。速动比率是流动资产中的速动资产与流动负债的比率。速动资产指从流动资产中扣除存货后的余额。存货的变现能力较弱,有些甚至根本无法变现,因此在流动资产中扣除存货金额。计算速动资产有时还要在流动资产中扣除预付款项等没有变现能力的项目金额,以便更谨慎地反映企业动用资产偿还短期债务的能力。其计算公式为:

$$速动比率=\frac{速动资产}{流动负债}=\frac{流动资产-存货-预付款项等}{流动负债}$$

(3)现金比率。现金比率指企业现金类资产与流动负债之比,它是以更为谨慎的态度分析企业现时的偿债能力。因应收账款存在发生坏账的可能性,现金类资产通常表示为速动资产扣除应收账款后的余额。一般现金比率越高表明企业直接偿付债务的能力越强。但是在正常情况下,企业也没必要始终保持过多的现金类资产,否则会失去某些获利机会。其计算公式为:

$$现金比率=\frac{现金类资产}{流动负债}$$

2. 长期偿债能力分析。长期偿债能力是指企业偿还长期债务的能力,分析指标主要有资产负债率、产权比率等。

(1)资产负债率。资产负债率又称负债比率,是企业负债总额与资产总额的比率。其计算公式为:

$$资产负债率=\frac{负债总额}{资产总额}\times100\%$$

从债权人角度来看,负债比例较低为好。这是因为资产负债率越低,负债越少,企业偿债有保证,贷款不会有太大的风险。从股东的立场看,在企业投资报酬率高于借款利率时,负债比例较大为好,这是因为负债存在的杠杆作用,在较高利润率情况下,企业偿还相应借款利息后剩余收益均由股东享有,带给股东高额收益。从经营者的立场看,负债比率过高则企业还本付息的负担过重,债权人也可能因风险太大而拒绝继续提供贷款,使企业在扩张期可能面临资金链断裂的风险;而负债率过低会降低财务杠杆的放大效应,影响企业的收益。因此企业需要充分认识负债的利弊,保持适当的负债率。

(2)负债与所有者权益比率。负债与所有者权益比率亦称产权比率或债务股权比率,是指负债总额与所有者权益总额的比率。其计算公式为:

$$负债与所有者权益比率 = \frac{负债总额}{所有者权益总额} \times 100\%$$

产权比率既反映了企业财务结构的稳定状况,又表明了债权人投入的资本受到股东权益保障的程度。产权比率数值越高,财务风险越大。西方一些财务分析者认为,企业应把负债与所有者权益的比率维持在1∶1的水平上。

(二)获利能力分析

获利能力又称为盈利能力,是指企业赚取利润的能力。不论是投资人、债权人、潜在投资者还是企业经理人员,这些利益相关者都重视和关心企业的获利能力。反映获利能力的指标一般包括销售毛利率、销售净利率、资产净利率、净资产收益率、总资产收益率、每股收益和市盈率等。

1. 销售毛利率。销售毛利率是销售毛利占主营业务收入净额的百分比,其中销售毛利是主营业务收入与主营业务成本的差,它实际上是在不考虑税收因素条件下的企业盈利。其计算公式为:

$$销售毛利率 = \frac{销售毛利}{主营业务收入} \times 100\%$$

$$= \frac{主营业务收入 - 主营业务成本}{主营业务收入}$$

销售毛利率反映企业产品或商品销售的初始获利能力,该指标越高表示取得同样主营业务收入的主营业务成本越低,主营业务利润越高。

2. 销售净利润率。销售净利润率是净利润与主营业务收入净额相比的百分比。其计算公式为:

$$销售净利润 = \frac{净利润}{主营业务收入} \times 100\%$$

该指标反映每一元主营业务收入净额带来的净利润的多少,表示主营业务收入净额的收益水平。该指标考虑了税收因素,指标数值越高,说明企业经营活动的获利水平越高。

3. 资产净利率。资产净利率也称投资报酬率,反映每一元资产所取得的收益。资产净利率越高,表明企业资产的利用效率越好,获利能力越强。它是一个综合指标,受众多因素

(如产品价格、单位成本的高低、产品的产量和销售的数量、资金占有量的大小等)的影响。因而该指标又是企业综合分析的起点。其计算公式为:

$$资产净利率 = \frac{净利润}{平均资产总额} \times 100\%$$

$$= \frac{净利润}{(年初资产总额+年末资产总额) \div 2} \times 100\%$$

4. 净资产收益率。净资产收益率也称净值报酬率或权益报酬率,是净利润与平均净资产的比率。该指标从所有者角度分析企业获利水平大小,具有较强的综合性。其数值越高,表明企业所有者投资获得的收益越高。其计算公式为:

$$净资产收益率 = \frac{净利润}{平均净资产} \times 100\%$$

5. 总资产收益率。总资产收益率又称总资产报酬率,是企业息税前利润与总资产平均余额的比率,它反映了企业全部资产的获利能力。总资产收益率越高,企业的获利能力就越强。其计算公式如下:

$$总资产收益率 = \frac{息税前利润}{平均资产总额} \times 100\%$$

$$= \frac{息税前利润}{(年初资产总额+年末资产总额) \div 2} \times 100\%$$

6. 资本保值增值率。资本保值增值率是指企业年末所有者权益与年初所有者权益总额的比率。一般情况下,资本保值增值率大于1,表明所有者权益增加,企业增值能力较强。但在实际分析时应考虑企业利润分配、吸收权益资本及通货膨胀因素的影响。其计算公式为:

$$资本保值增值率 = \frac{年末所有者权益总额}{年初所有者权益总额}$$

(三)资产营运能力分析

企业资产营运能力也称为资产管理能力,资产营运能力分析是对企业资产利用和循环的效率进行的分析,主要用以衡量企业在资产管理方面的效率和资产运用能力,因此又称为资产管理比率或资产运营效率比率。营运能力强,资金周转速度快,就意味着企业偿债能力和获利能力高。反映企业资产营运能力的指标主要有以下几个:

1. 总资产周转率。总资产周转率是主营业务收入净额与平均资产总额的比值。该项指标反映资产总额的周转速度。周转越快,说明企业销售能力越强,全部资产的经营效率高,取得的收入多;该周转率低,说明全部资产的经营效率低,同样数额的资产取得的收入少。其计算公式为:

$$总资产周转率 = \frac{主营业务收入净额}{平均资产总额}$$

$$= \frac{主营业务收入净额}{(年初资产总额+年末资产总额) \div 2} \times 100\%$$

2. 固定资产周转率。固定资产周转率是企业主营业务收入净额与固定资产平均净值的比率,是衡量固定资产利用效率好坏的指标。固定资产周转率高,表明企业充分利用了固定资产,且企业固定资产投资结构合理,并能够充分发挥其效率。其计算公式为:

$$固定资产周转率=\frac{主营业务收入净额}{固定资产平均净值}$$

$$=\frac{主营业务收入净额}{(年初固定资产净值+年末固定资产净值)\div 2}$$

3. 流动资产周转率。流动资产周转率反映企业流动资产的周转速度,是主营业务收入净额与全部流动资产的平均余额的比值。流动资产周转率越高,说明流动资产的营运能力越强。其计算公式为:

$$流动资产周转率=\frac{主营业务收入净额}{平均流动资产总额}$$

$$=\frac{主营业务收入净额}{(年初流动资产+年末流动资产)\div 2}$$

4. 应收账款周转率。应收账款周转率是指年度内应收账款转为现金的速度,它说明应收账款流动的速度。应收账款周转率可用应收账款周转天数和平均次数表示。用时间表示的周转速度是应收账款周转天数,它表明企业从取得应收账款的权利到收回款项,转换为现金所需要的时间。一般应收账款周转率越高越好,应收账款周转率越高,周转天数越短,说明企业应收账款收回越快。其计算公式为:

$$应收账款周转率(次数)=\frac{主营业务收入净额}{平均应收账款数额}$$

$$应收账款周转天数=\frac{360}{应收账款周转率}$$

$$=\frac{平均应收账款\times 360}{主营业务收入净额}$$

式中:"平均应收账款"是资产负债表中"期初应收账款余额"与"期末应收账款余额"的平均数。

5. 存货周转率。存货周转率是用以衡量企业存货流动速度的指标,可用存货周转次数和周转天数表示。存货周转率反映了企业的营销能力。存货周转率高,说明企业存货存量适度,企业营运效率高。其计算公式为:

$$存货周转率(次数)=\frac{主营业务成本}{平均存货}$$

$$存货周转天数=\frac{360}{存货周转率}=\frac{平均存货\times 360}{主营业务成本}$$

式中:"平均存货"是资产负债表中"存货"项目的期初余额与期末余额的平均数。

(四)发展能力分析

企业发展能力,又称为企业的成长性,它是企业通过自身的生产经营活动,不断扩大积累而形成的发展潜力。在激烈竞争的市场中,企业要获得生存就必须求得不断发展。因而,在对企业财务状况与经营成果分析的基础上,应进一步对企业发展能力进行分析。对企业发展能力的分析,不仅要依据企业财务报表提供的资料,而且还要依据来源于企业其他方面的资料。

1. 销售增长率。销售增长率是企业本年主营业务收入(或主营业务收入净额)增长额与上年主营业务收入(或主营业务收入净额)的比率。该指标反映企业主营业务收入的增减变动情况,可用以评价企业发展状况和发展能力。若销售增长率为负值,表明本期销售下降。为消除主营业务收入短期异常波动对该指标产生影响,并反映企业较长时期的主营业务收入增长情况,可计算数年(一般计算 3 年)的销售收入平均增长率。其计算公式为:

$$销售增长率 = \frac{本年主营业务收入增长额}{上年主营业务收入额} \times 100\%$$

$$= \frac{本年主营业务收入 - 上年主营业务收入}{上年主营业务收入额} \times 100\%$$

2. 总资产增长率。总资产增长率是指本年总资产增长额与年初(即上年末)资产总额的比率,该指标是从企业资产总量扩张方面衡量企业的发展能力,表明企业规模增长水平对企业发展后劲的影响。该指标越高,表明企业一个经营周期内资产经营规模扩张速度越快。与销售增长率的原理相似,为削弱短期波动因素影响,可计算 3 年的平均资产增长率,以反映企业较长时期内的资产增长情况。其计算公式为:

$$总资产增长率 = \frac{本年总资产增长额}{年初资产总额} \times 100\%$$

3. 固定资产成新率。固定资产成新率是企业当期平均固定资产净值与平均固定资产原值的比率。该指标反映了企业所拥有的固定资产的新旧程度,体现了企业固定资产更新的快慢和持续发展的能力。该指标越高,表明企业固定资产比较新,对扩大再生产的准备比较充足,发展的可能性比较大。其计算公式为:

$$固定资产成新率 = \frac{平均固定资产净值}{平均固定资产原值} \times 100\%$$

4. 资本积累率。资本积累率是指企业本年所有者权益增长额与年初所有者权益的比率,反映了投资者投入企业资本的保全性和增长性。该指标越高,表明企业资本积累越多,企业资本保全性越强,应对风险、持续发展的能力越强。利用该指标进行分析时,应当注意企业权益筹资以及企业股利分配对该指标的影响。其计算公式为:

$$资本积累率 = \frac{本年所有者权益增长额}{年初所有者权益} \times 100\%$$

(五)现金流量分析

资产负债表和利润表均以权责发生制为基础编制,因此,依据其进行的分析结果具有一定的局限性。而对基于收付实现制编制的现金流量表的分析,在一定程度上可弥补资产负债表和利润表分析的不足。

1. 流动性分析。流动性是指资产转化为现金的能力。真正能用于偿还债务的是现金流量,现金流量和债务的比较可更好地反映企业偿还债务的能力。

(1) 现金与到期债务比。现金与到期债务比是指本期经营活动现金净流量与本期到期的债务比。现金与到期债务比的数值越高,说明企业的偿债能力越强。其计算公式为:

$$现金与到期债务比 = \frac{经营活动现金净流量}{本期到期的债务}$$

(2) 现金与流动负债比。现金与流动负债比的数值越高,说明企业的流动性越好,偿债能力越强。其计算公式为:

$$现金与流动负债比 = \frac{经营活动现金净流量}{流动负债}$$

(3) 现金与债务总额比。现金与债务总额比反映了企业用当年经营活动的现金净流量偿还全部债务的能力。该比例越高,企业承担债务的能力越强。其计算公式为:

$$现金债务总额比 = \frac{经营现金净流量}{债务总额}$$

2. 获取现金能力分析。获取现金的能力是指经营现金净流入和投入资源的比率。主要有以下一些指标:

(1) 销售与现金比率:

$$销售与现金比率 = \frac{经营活动现金净流量}{主营业务收入(含增值税)}$$

(2) 每股经营现金净流量(该指标反映企业分派现金股利的能力):

$$每股经营现金净流量 = \frac{经营现金净流量}{普通股股数}$$

(3) 全部资产现金回收率。全部资产现金回收率是经营现金净流量与全部资产的比值。该指标反映企业全部资产产生现金的能力,可与同行业平均水平或与本企业历史水平等进行比较分析。其计算公式为:

$$全部资产现金回收率 = \frac{经营活动现金净流量}{全部资产} \times 100\%$$

3. 财务弹性分析。财务弹性是指企业适应经济环境变化和利用投资机会的能力。因而财务弹性的衡量是用经营活动现金净流量与支付要求进行比较。

(1) 现金满足投资比率。该比率越大,说明现金自给率越高。该比率大于1,说明企业可以用经营获取的现金满足扩充所需资金;若小于1,则说明企业是靠外部融资来补充。计算公式为:

$$现金满足投资比率 = \frac{近5年经营活动现金净流量}{近5年资本支出、存货增加、现金股利之和}$$

(2) 现金股利保障倍数。该比例越大,说明支付现金股利的能力越强,也表示支付股利后有更多的剩余现金可做其他用途。其计算公式为:

$$现金股利保障倍数 = \frac{每股经营活动现金净流量}{每股现金股利}$$

(六) 上市公司财务比率分析常用财务指标

对于上市公司来说,由于其发行的股票有价格数据,其财务报表分析中还有一些特定指标。上市公司财务报表分析中常见的三个指标有每股收益、市盈率和股利增长率。

1. 每股收益。每股收益是指本年可用于普通股分配的净利润与年末普通股份总数的比值。每股收益主要用来衡量股份公司普通股股票的价值,每股收益越高,获利能力越强。其计算公式为:

$$每股收益=\frac{可用于普通股分配的净利润}{年末普通股份总数}$$

2. 市盈率。市盈率是普通股每股市价与每股收益之比。市盈率是通过上市公司股票价格间接反映上市公司的盈利能力。市盈率反映投资者对每元可用于分配的利润(或净利润)所愿意支付的价格。市盈率越高,表明投资者对公司的未来越看好。市盈率越高,风险也越大。其计算公式为:

$$市盈率(倍数)=\frac{普通股每股市价}{普通股每股收益}$$

3. 股利增长率。股利增长率是本年发放股利增长额与上年发放股利的比率,是反映上市公司发展能力的特殊指标。该指标反映公司发放股利的增长情况,公司发放股利增长比率越高,公司股票的价值就越大,反之公司股票的价值就越低。其计算公式为:

$$股利增长率=\frac{本年每股股利增长额}{上年每股股利}\times 100\%$$

> **请思考**:请结合北京宝文公司20×3年财务报表,分析其偿债能力、盈利能力和资产营运能力。

第四节 财务报表的计算机处理

随着互联网+、大数据、云计算等信息技术的应用以及类似财务共享中心、企业资源计划平台等新需求和新应用的普遍推广,计算机系统被广泛应用于各类企业当中,财务报告和决策支持方案的自动编制已经成为企业提高财务信息收集和发布效率及应用效果的重要手段,这使业务会计人员从繁琐的数据整理计算中解脱出来,有更多精力从事管理决策任务。

一、财务报表系统的主要功能

企业进行自动生成财务报表软件称为财务报表管理系统,它是会计信息系统的一个独立子系统,为企业内部各管理部门及外部和相关部门提供综合反映企业一定时期财务状况、经营成果和现金流量的财务信息。

财务报表管理系统既可编制对外报表,又可编制各种内部报表。它的主要任务是设计报表的格式和报表自动取数公式,从存储各类账户信息的总账系统或其他业务系统中取得有关财务信息,然后根据取数公式自动编制各种财务报表。

目前,规模较大企业绝大多数使用了功能完备的会计信息系统。这是一个自动完成会计工作的信息系统。作为会计信息系统完整子系统的财务报表系统,除了前面提到的功能外,一般还要包括报表审核、报表汇总、报表分析和报表输出等功能。例如,目前常用的,由用友公司开发的财务报表管理系统(UFO 财务报表管理系统,简称 UFO,下同)所拥有的功能包括:报表数据采集、报表格式编辑、报表数据处理、报表数据分析和报表输出等各种功能,如图 11-1 所示。

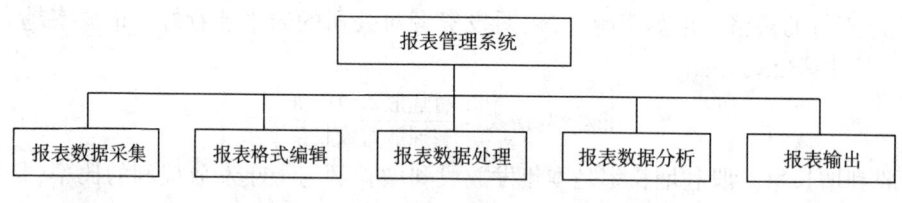

图 11-1 报表管理系统的功能结构

二、财务报表系统的处理流程

编制财务报表是每个会计期末最重要的工作之一,是一个会计期间工作完成的标志。在报表管理系统中,财务报表的数据来源一般有会计账簿、会计凭证、其他报表、其他业务子系统、人工直接输入等。

财务管理系统的处理流程是:利用事先定义的报表取数公式,从账簿、凭证和其他报表等文件中采集数据,经过分析、计算,填列在表格中,再将生成的报表数据输出(如查询和打印)。

报表编制数据处理流程图,如图 11-2 所示。

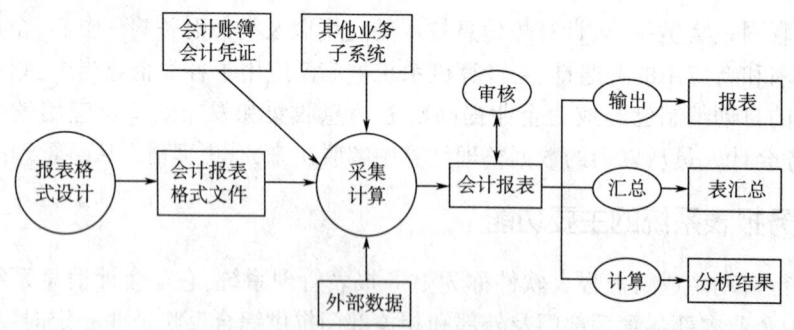

图 11-2 报表管理系统数据处理流程图

报表管理的工作过程一般分为报表的格式和公式设置、报表的数据生产与审核、报表输出与传递等过程,如图11-3所示。

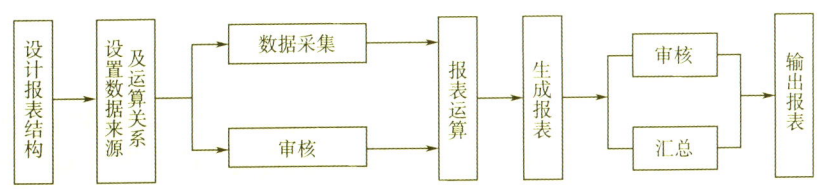

图11-3 报表管理系统的基本工作过程

以用友软件的UFO财务报表管理系统(子系统)为例,制作一张会计报表的流程是:①启动报表管理系统,建立报表;②设计报表的格式;③定义各类公式;④报表数据处理;⑤报表图形处理;⑥打印报表;⑦退出报表管理系统。

三、财务报表系统的应用举例

(一)财务报表定义与报表模板

1. 财务报表格式定义。报表的格式设计在格式状态下进行,格式对整个报表都有效。包括以下操作:

(1)设置表尺寸:定义报表的大小,即设定报表的行数和列数。

(2)定义组合单元:即把几个单元作为一个单元使用。

(3)画表格线。

(4)输入报表中的项目:包括表头、表体和表尾(关键字值除外)。在格式状态下定义的单元内容为默认表样型。定义为表样型的单元在数据状态下不允许被修改和删除。

(5)定义行高和列宽。

(6)设置单元风格:设置单元的字型、字体、字号、颜色、图案、折行显示等。

(7)设置单元属性:把需要输入数字的单元定为数值单元;把需要输入字符的单元定为字符单元。

(8)确定关键字在表页上的位置,如单位名称、年、月等。

2. 财务报表公式定义。报表公式的定义在格式状态下进行,包括三类公式:第一,计算公式用来定义报表数据之间的运算关系,可以实现报表系统从其他子系统中取数;第二,审核公式用于审核报表内或报表之间的勾稽关系是否正确;第三,舍位平衡公式用于报表数据进行进位或小数取整时调整数据,如将以"元"为单位的报表数据变成为以"万元"为单位的报表数据,且表中的平衡关系仍然成立。

企业常用的财务报表数据一般是来源于总账系统或报表系统本身,取自于报表的数据又可以分为从本表取数和从其他报表的表页取数。

3. 财务报表模板利用。通过报表格式定义和公式定义可以设置一个个性化的自定义报表。用友UFO还为用户提供了16个行业的各种标准财务报表格式。

利用报表模板可以迅速建立一张符合需要的财务报表。另外,对于一些本企业常用报表模板中没有提供的报表,在自定义完这些报表的格式和公式后,可以将其定义为报表模板,以后可以直接调用。

(二)财务报表数据处理

报表数据处理主要包括生成报表数据、审核报表数据和舍位平衡操作等工作。数据处理工作必须在数据状态下进行。处理时计算机会根据已定义的单元公式、审核公式和舍位平衡公式自动进行取数、审核及舍位等操作。

(三)财务报表输出

报表的输出包括报表的屏幕输出和打印输出,输出时可以针对报表格式输出,也可以针对某一特定表页输出。输出报表的频率、数量、使用者权限等均可以通过财务报表管理系统的相关功能进行设置。

(四)财务报表分析

财务报表数据生成之后,为了对报表数据进行直观的分析和了解,方便对数据的对比、趋势和结构分析,可以利用图形对数据进行分析显示。如用友 UFO 图表格式提供了直方图、圆饼图、折线图、面积图 4 种类型共 10 种格式的图表,以便帮助报表用户对财务数据和指标有一个合理的判断。

本章小结

财务报表是表格形式的财务会计报告,它是企业财务会计报告的主要部分,是企业向外传递会计信息的主要手段。一套完整的财务报表至少应当包括资产负债表、利润表、现金流量表、所有者权益(或股东权益,下同)变动表以及报表附注。报表之间存在勾稽关系。

资产负债表反映企业在某一特定日期所拥有的资产、需偿还的债务,以及股东(投资者)拥有的净资产情况。

利润表反映企业在一定会计期间的经营成果,即利润或亏损的情况,表明企业运用所拥有的资产的获利能力。

现金流量表反映企业在一定会计期间现金和现金等价物流入和流出的情况。利用现金流量表可以评价企业产生现金的能力,评价企业的财务状况与现金调整能力,提高会计信息的可比性,说明利润与现金流量的关系。现金流量表分经营活动现金流量、投资活动现金流量和筹资活动现金流量三类表现企业的现金事项。现金流量表的编制方法分为直接法和间接法两种。直接法通过现金收入和现金支出的主要类别,反映来自企业经营活动的现金流量。间接法以净利润为起算点,调整不涉及现金的收入、费用、营业外收支以及应收应付等项目的增减变动,据以计算并列示经营活动的现金流量。

所有者权益变动表反映构成所有者权益的各组成部分当期的增减变动情况。

报表附注是对在资产负债表、利润表、现金流量表和所有者权益变动表等报表中列示项目的文字描述或明细资料，以及对未能在这些报表中列示项目的说明。我国的企业报表附注主要应当披露企业的基本情况、财务报表的编制基础、遵循企业会计准则的声明、重要会计政策和会计估计、会计政策和会计估计变更以及差错更正的说明、报表重要项目的说明、所有权受到限制的资产、或有事项、债务重组、企业合并、资产负债表日后事项、分部报告、关联方关系及其交易。

财务报表各项目金额的确定，取决于企业所采用的会计政策和会计估计，不同的会计政策和会计估计，会有不同的结果。阅读财务报表需要了解企业财务报表的各个项目是采用怎样的会计政策和会计估计得出的，还要清楚不同的会计政策和会计估计会产生怎样不同的结果。否则，很容易误解企业的财务状况和经营成果。

会计政策和会计估计影响对财务报表的列报，比如交易性金融资产公允价值变动的影响、应收账款坏账准备计提方法的影响、存货发出计价方法和期末价值变动的影响、长期股权投资成本法和权益法的影响、固定资产折旧方法和资产减值准备的影响、无形资产摊销方法和资产减值的影响。

财务报表分析的方法主要有结构分析法和比较分析法。最常用的是比较分析法下的比率分析法，包括运用财务指标分析企业的偿债能力、获利能力、资产营运能力等方面的财务信息。

在信息化环境下，企业财务报表可以通过会计信息系统实现自动编制，编制财务报表的前提条件是总账系统或账务处理系统为财务报表的自动化提供会计数据。编制财务报表一般包括报表数据采集、报表格式编辑、取数公式编制、报表分析和报表输出等典型功能。

本章关键词汇

财务报告	Financial Report
财务报表	Financial Statement
报表附注	Notes to Financial Statements
资产负债表	Balance Sheet
利润表	Income Statement
现金流量表	Statement of Cash Flows
所有者权益变动表	Statement of Changes In Shareholders' Equity
会计政策	Accounting Policy
会计估计	Accounting Estimation

财务报表分析	Financial Statement Analysis
报表管理系统	Report Management System
报表格式编辑	Report Format Edit
报表取数公式	Report Take Number Formula
报表数据采集	Report Data Collection
报表输出	Report Output

思考题

1. 我国企业财务会计报告有哪些种类？你知道我国企业财务会计报告与世界上其他国家的企业财务会计报告有何差异吗？你认为这些差异会影响不同国家间财务会计信息的交流吗？

2. 分析资产负债表的格式，试说明我国资产负债表各项目为什么这样排列。

3. 资产负债表表现了现金的结存，利润表又表达了利润的形成，为什么还要单独编制现金流量表？

4. 如何理解现金流量表中影响现金流量的三大经济活动与资产负债表和利润表中相关项目的关系？

5. 需要在现金流量表上反映的不涉及现金变动的投资和筹资活动有哪些主要内容？

6. 为何有的企业经营亏损，但经营活动的现金流量为正数；有的企业盈利，其经营活动的现金流量却为负数？试举例说明。

7. 如何理解所有者权益变动表与其他财务报表之间的关系？

8. 本章中介绍了财务报表附注的主要内容，请设想若相关信息没有在报表附注中披露，会对信息使用者有什么影响？试举例说明。

9. 如何理解企业偿债能力与获利能力的关系？

10. 完成财务报表的自动编制一般包括哪几个步骤？

练习题

一、单项选择题

1. 企业在会计期末如需报告各种应付债券的构成，应在财务报告的（　　）中予以披露。

A. 资产负债表　　B. 利润表　　C. 现金流量表　　D. 资产负债表附注

2. 应付账款所属明细账户的借方余额一般应在资产负债表的(　　)项目中填列。

A. 应付账款　　B. 应收账款　　C. 预付账款　　D. 预收账款

3. 下列各报表中,反映企业在某一时点财务状况的财务报表是(　　)。

A. 利润表　　B. 利润分配表　　C. 资产负债表　　D. 现金流量表

4. 下列各项中,可以作为现金等价物编入现金流量表的是(　　)。

A. 计划持有 3 个月的股票投资　　B. 3 个月到期的债券投资
C. 应收账款　　D. 预付账款

5. 下列项目中,影响净利润的形成,但既不引起现金收支,又不属于经营活动的是(　　)。

A. 发生固定资产盘盈　　B. 支付应付账款
C. 支付财务费用　　D. 产生存货公允价值变动损益

6. 债权人关注的重点是(　　)。

A. 偿债能力　　B. 获利能力　　C. 营运周期　　D. 营运能力

7. 下列反映短期偿债能力指标的是(　　)。

A. 资产负债率　　B. 现金比率
C. 存货周转率　　D. 净资产收益率

8. 某企业 20×3 年 12 月 31 日"长期借款"账户的余额为 640 000 元,其中将于一年内到期的长期借款金额为 140 000 元,在该企业在年末资产负债表"长期借款"项目应填列(　　)元。

A. 780 000　　B. 140 000　　C. 500 000　　D. 640 000

9. 某企业 20×3 年 10 月份"原材料"账户期末余额为 100 000 元,"库存商品"账户期末余额为 120 000 元,"生产成本"账户期末余额为 30 000 元,"固定资产"账户期末余额为 200 000 元。则该企业年末资产负债表中存货项目应填列(　　)元。

A. 220 000　　B. 250 000　　C. 450 000　　D. 120 000

10. 企业年末"预付账款"科目明细账中若有贷方余额,应将其记入资产负债表中的(　　)项目。

A. 应收账款　　B. 预收账款　　C. 应付账款　　D. 其他应付款

二、多项选择题

1. 下列各项中,在资产负债表按照会计总账直接填列的项目有(　　)。

A. 固定资产　　B. 实收资本　　C. 短期借款　　D. 长期借款

2. 下列各项中,在利润表可以根据相关会计账户直接填列的有(　　)。

A. 销售费用　　B. 投资收益　　C. 营业利润　　D. 营业外收入

3. 下列各项中,会引起企业经营活动现金净流量变化的事项有(　　)。

A. 收到预收账款　　B. 发生应付职工薪酬

C. 用银行存款购入生产用原材料　　D. 向股东支付现金股利

4. 下列各项中,可能受到企业存货发出计价方法影响的财务报表项目有(　　)。
A. 资产负债表中的"存货"项目　　B. 利润表中的"营业成本"项目
C. 利润表中的"管理费用"项目　　D. 利润表中的"所得税费用"项目

5. 下列各项中,需要在报表附注中说明的会计政策与估计包括(　　)。
A. 存货的计价　　B. 收入的确认
C. 坏账损失的核算　　D. 无形资产的受益期

6. 下列财务报表中,属于动态报表的有(　　)。
A. 资产负债表　　B. 利润表　　C. 现金流量表　　D. 所有者权益变动表

7. 资产负债表中的"货币资金"项目,应根据(　　)科目期末余额的合计数填列。
A. 库存现金　　B. 委托贷款　　C. 银行存款　　D. 其他货币资金

8. 下列属于投资活动产生的现金流量的项目有(　　)。
A. 固定资产的购置与处置　　B. 支付在建工程人员工资
C. 债权性投资的利息收入　　D. 以现金购买办公用品

9. 下列各项中,应在现金流量表中披露的不涉及现金收支的重大投资和筹资活动的项目有(　　)。
A. 债务转为资本　　B. 一年内到期的可转换公司债券
C. 融资租入固定资产　　D. 以现金偿还债务

10. 下列各项中,影响企业营业利润的项目有(　　)。
A. 营业外收入　　B. 投资收益　　C. 营业外支出　　D. 资产减值损失

三、判断题

1. 为了全面反映企业财务状况,财务报告中所有项目的金额都应当单独披露。(　　)
2. 资产负债表的资产总额越高,表明企业的规模越大,其偿债能力也就越强。(　　)
3. 利润表反映了企业的经营成果,但不能表现企业的偿债能力。(　　)
4. 会计政策选择会影响企业财务报表相关项目的金额,但会计估计对财务报表项目的金额没有影响。(　　)
5. 资产负债表是表现企业某一日期情况的时点报表,所有者权益变动表是对资产负债表中"所有者权益"项目的进一步说明,所以该表也是静态报表。(　　)
6. 资产负债表中"预收账款"项目应直接根据该科目的总账余额填列。(　　)
7. 企业必须对外提供资产负债表、利润表、现金流量表和所有者权益变动表,财务报表附注不属于企业必须对外提供的资料。(　　)
8. 发行债券收到的现金属于筹资活动产生的现金流量。(　　)
9. 利润表中的营业收入反映的是主营业务收入和其他业务收入。(　　)
10. 一年内将要到期的长期借款仍列在资产负债表中的"长期负债"中。(　　)

四、会计报表编制题

【目的】练习资产负债表和利润表的编制。

【资料】A 企业编制 20×3 年年报中资产负债表和利润表所需的账项调整前试算表如下表所示。

账项调整前试算表　　　　　　　　　　　单位：元

项　　目	借　方	贷　方
库存现金	9 000	
应收账款	128 100	
坏账准备		4 125
库存商品	162 000	
固定资产	1 050 000	
累计折旧		138 750
长期待摊费用	12 000	
——预付租金	7 500	
——预付保险费	4 500	
应付账款		15 000
短期借款		30 000
实收资本		675 000
盈余公积		12 000
利润分配		2 025 000
主营业务收入		1 432 050
主营业务成本	58 275	
销售费用	58 275	
管理费用		
合　　计	1 917 200	1 917 200

该企业采取每月表结账不结模式，每年年末结账。该企业在 20×3 年相关调整事项如下：

（1）坏账准备按年末应收账款余额的 4% 计提。经确认，账项调整前的应收账款余额中有 2 250 元无法收回的坏账。

（2）长期待摊费用中的预付保险费应转入本期负担的金额为 3 600 元。

（3）长期待摊费用中的预付租金全部由本期负担。此外，期末尚有应付未付租金 3 000

元尚未入账。

(4) 固定资产折旧按原价的 8% 计提。

(5) 期末有应付未付的管理人员工资 24 000 元,应付未付利息 1 641 元。

(6) 所得税税率 25%,分别按本年净利润的 10% 计提法定盈余公积、任意盈余公积,按本年净利润的 40% 分派所有者利润。

【要求】根据以上资料,编制该企业年末账项调整业务的会计分录,并编制 20×3 年年度利润表和资产负债表。

进一步思考

财务报告包括财务报表、报表附注以及其他需要披露的相关信息和资料,是企业向外传递财务信息的主要手段,信息使用者通过阅读财务报告能基本掌握企业财务情况的全貌。财务报表应真实、公允地反映企业财务状况、经营成果和现金流量等相关方面信息,近年来,我国上市公司财务报表造假案例层出不穷,侵害了投资者的利益,并影响了资本市场的健康发展。

山东胜通集团股份有限公司(以下简称"胜通集团")成立于 1997 年 4 月 14 日,法人代表王秀生,注册资本 24 000 万元,经营领域涉及金属制品、新材料、化工和房地产四大板块,经营范围包括钢帘线、金属加工机械制品、玻璃钢制品、电器设备、金刚石及硬质合金复合片的加工、销售等业务。其因债券违约于 2019 年 3 月申请破产重整并牵扯出财务报表造假,于 2021 年 5 月被证监会实施处罚。

据同花顺资料显示,胜通集团于 2011 年到 2018 年间累计发行债券数额达 24 只,发行总额达 136.50 亿元。其中有 9 只债券违约,当前债券违约本金合计 55.5 亿元。在 2018 年 10 月公司资金链危机初露:10 月 18 日胜通集团宣布 3 只债券停牌,随后在 10 月 20 日宣布复牌,称债务兑付已有明确的安排;2018 年 10 月 26 日公司再度宣布停牌,停牌原因是存在重大事项对债券交易价格产生重大影响;随后公司在 10 月 30 日再度发布公告称,其为全资子公司胜通钢帘线担保的 1.39 亿元违约。

系列资金链危机事件和违约发生后,有媒体质疑公司财务造假。2018 年 12 月 24 日,胜通集团发布澄清公告,称公司不存在虚拟客户及虚增收入的情况,同时公司各主要资产均真实,符合公司自身产品的市场定位;各项存货均真实,不存在虚增存货情况。对于胜通集团涉及的多起司法诉讼,公告称标的额相对较小,在可控范围内。此后,胜通集团多次发布澄清公告,却无法掩盖公司债务爆雷的事实。2019 年 3 月,胜通集团申请破产重整。

2020 年 12 月胜通集团被证监会立案调查。2021 年 5 月,证监会查明公司存在财务造假。经查明,因融资需要,2013 年至 2017 年,在时任胜通集团董事长、法定代表人、实际控制人王秀生的决策并组织下,胜通集团以胜通钢帘线、山东胜通化工有限公司(以下称胜通化工,该公司于2013年停产)和山东胜通光学材料科技有限公司(以下称胜通光科)三家子公司为造假实体,通过复制真实账套后增加虚假记账凭证生成虚假账套及虚构购销业务等方式实施财务造假,胜通集团将虚假账套数据提供给审计机构。

此外,胜通集团还通过直接修改2016年度、2017年度经审计后的合并会计报表的方式虚增利润。胜通集团在审计机构中天运会计师事务所(特殊普通合伙)(以下称中天运)出具2016年度、2017年度的审计报告后,直接修改经审计后的胜通集团合并会计报表,在修改后的财务报表上加盖虚假的中天运印章后将报表对外披露。通过该方式,胜通集团2016年度虚减营业成本4.41亿元,导致虚增利润总额4.41亿元;2017年度虚减销售费用2.30亿元,虚增财务费用0.60亿元,共计虚减费用总额1.70亿元,导致虚增利润总额1.70亿元。

2013—2017年度,胜通集团通过虚构购销业务、编制虚假财务账套,以及直接修改审计报告的方式,共计虚增营业收入615.4亿元,共计虚增利润总额119.11亿元,扣除虚增利润后,胜通集团各年利润状况均为亏损。

2021年5月证监会查明胜通集团存在财务造假,对公司给予警告并处以60万元罚款;对公司实控人王秀生给予警告并处以90万元罚款,并对其采取终生市场禁入措施。

胜通集团百亿利润造假案同时导致中天运会计师事务所、国海证券和粤开证券三家中介机构被罚,罚没金额合计达4 303万元。证监会对为胜通集团2013—2017年度出具审计报告的中天运会计师事务所进行立案调查。由于中天运会计师事务所对胜通集团2013—2017年度审计年度财务报表时未勤勉尽责,证监会于2021年11月16日决定对中天运会计师事务所责令改正,没收业务收入并处以罚款。经查明,中天运在对胜通集团2013—2017年度财务报表审计时未勤勉尽责,如识别、评估重大错报风险因素方面存在缺陷,未对前五大供应商集中且同时为客户的异常情况保持职业怀疑并有效实施进一步审计程序。证监会指出,中天运连续5年出具含有虚假内容的审计报告,其违法行为主体及行为性质未发生变化,违法行为处于连续状态,应将其视为一个整体进行处罚。根据当事人违法行为的事实、性质、情节与社会危害程度,依据2005年《中华人民共和国证券法》第二百二十三条,对中天运会计师事务所(特殊普通合伙)责令改正,没收业务收入575万元,并处以1 150万元罚款;对胜通集团2013—2017年度财务报表审计报告签字的注册会计师杨锡刚、张友富给予警告,并分别处以10万元罚款,并对两位相关责任人分别采取5年证券市场禁入措施。

为胜通集团发行公司债券提供服务的粤开证券于2021年11月25日晚间发布公告称收到中国证监会行政处罚事先告知书,涉嫌为胜通集团发行公司债券提供服务未勤勉尽责。2022年1月7日,粤开证券收到中国证券监督管理委员会广东监管局警示函。广东证监局指出,粤开证券涉嫌为胜通集团发行公司债券提供服务提供服务存在未保持职业谨慎的情况;作为胜通集团非公开发行公司债券项目"17鲁胜01""18鲁胜01""18鲁胜02"的受托管理人,粤开证券在受托管理过程中存在未保持职业谨慎的情况,违反了《公司债券发行与交易管理办法》(证监会令第 113 号,以下简称《办法》)第七条、第四十九条、第五十二条的规定。中国证券监督管理委员会广东监管局按照《办法》第五十八条的规定,对公司予以警示,被证监会责令改正并给予警告,没收违法所得 660 万元,并处以 60 万元罚款。同时对三位相关责任人给予警告,并分别处以 20 万元罚款。

国海证券于 2021 年 12 月 2 日收到了证监会《行政处罚及市场禁入事先告知书》。证监会审理查明,2016 年 1 月 27 日国海证券与胜通集团签订《承销协议》,由国海证券担任胜通集团面向合格投资者公开发行公司债券"16 胜通 01""16 胜通 03""17 胜通 01"的主承销商。胜通集团上述行为导致胜通集团与国海证券合作的相关公司债券的募集说明书存在虚假记载。国海证券作为主承销商,出具的《核查意见》《核查报告》《承诺函》存在虚假记载。胜通集团五年内虚增利润超百亿元,而国海证券在为胜通集团发行债券提供服务时,涉嫌违反相关规定,拟被处罚款 60 万元,并没收违法所得 1 798 万元。国海证券时任项目负责人孙彦飞除被罚款外,拟被采取 5 年证券市场禁入措施。

(资料来源:证监会网站和相关网络)

请思考:
(1) 结合案例查阅相关资料,分析财务报表造假的手段有哪些?
(2) 信息使用者如何依据报表勾稽关系从财务视角读取和识别报表舞弊?
(3) 结合会计师的职业道德,分析如何从根源上保证企业财务信息的公允性?
(4) 从监管层面如何防范上市财务造假?怎样理解中介机构应承担的责任?

阅读资料

[1] 中华人民共和国财政部.企业会计准则(2006).北京:经济科学出版社,2006.(第 28 号、30 号和 31 号)

[2] 财政部会计司.企业会计准则讲解(2010).北京:人民出版社,2010.(第二十九章 会计政策、会计估计变更和差错更正;第三十一章 财务报表列报;第三十二章 现金流量表)

[3] 王国生,于鹏.中级财务会计.北京:首都经济贸易大学出版社,2017.(第十三章 财务报告)

[4] 中华人民共和国财政部:http://www.mof.gov.cn/index.htm.

[5] XBRL 中国:http://www.xbrl-cn.org/.

第十二章

会计决策与控制

导论

通过对本章的学习,应该树立如下观点,即在企业管理活动中,决策活动是非常重要的一环,如何在几个方案中找出符合企业目标的最佳方案是决策活动的最高追求。理解成本形态等基本概念,理解短期经营决策、会计控制及计算机辅助决策的主要内容;掌握会计决策的含义、分类、方法,会计控制活动的过程、手段,及如何应用EXCEL、用友软件系统等计算机技术实现会计的决策和控制。

内容结构

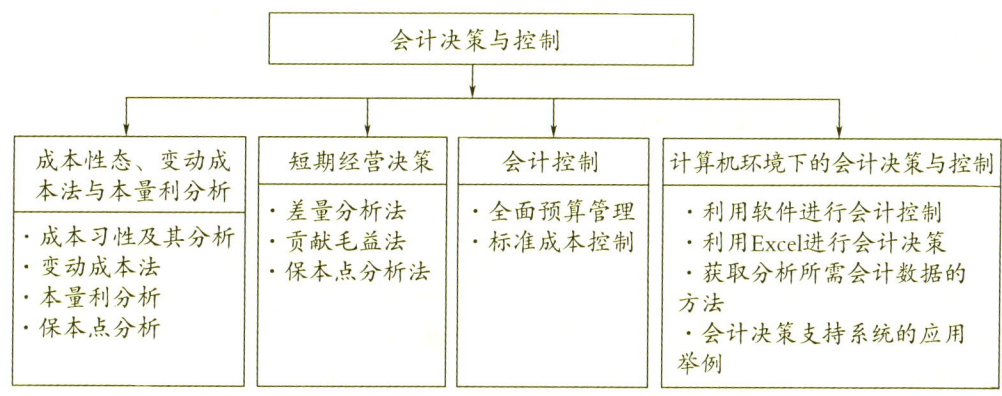

第一节 成本性态、变动成本法与本量利分析①

一、成本习性及其分析

企业进行决策活动之前往往要对各种成本信息等进行分析考察,以便做出科学决策,其中成本习性分析便是重要内容之一。

(一)成本习性定义

探讨成本习性问题是会计管理活动中进行针对性成本分析,进而做出恰当会计决策的先决条件。所谓成本习性(Cost Behavior),是指成本总额对业务量总数的依存关系,换句话说,是指成本对业务量变化而表现出来的特征。企业围绕经营目标而展开的一切活动都可称为"业务",对业务的量化表现就是"业务量"。业务量按产销关系分为生产量和销售量,按表现形式可以分为时间量、实物量和货币量。由于开展业务活动(生产和销售产品)不可避免地要消耗或使用各种资源,如设备、技术、材料、能源、时间、人力、现金支出等,而为一定目的(生产和销售产品)所消耗资源的货币表现就是成本。所以,成本和业务量之间存在着必然的联系,这种联系在数量方面的表现是:只要有业务量就会有成本;业务量大,成本高;业务量低,成本少。如果将业务量视为自变量,成本就是因变量,即业务量的函数。设业务量总数为 x,成本总额为 y,则成本总额对业务量总数的依存关系可以表达为:

$$y = f(x)$$

对成本水平与业务量规模之间的依存关系的分析,是企业进行经营决策活动的出发点。

(二)成本习性分析

企业根据不同的管理需要,用不同的标准来划分成本。常规的分类方法是根据成本发生的领域将其分为生产成本、销售成本和管理成本,再根据具体费用的性质和用途,将生产成本分为直接材料、直接人工、制造费用。但是,这种分类只能满足企业对外报告的需要,不能适应企业进行科学的决策分析和有效的成本控制的需要。因此,必须找出更合适的标准来划分成本,以适应企业自身管理的需要。目前,这个合适的标准就是成本习性。根据成本习性,可将成本划分为固定成本、变动成本和混合成本三大类。

1. 固定成本。固定成本是指总额在一定时期和一定业务量范围内不随业务量增减变动而变动的成本。注意,这里指的总额是一个相对概念,可以是某一项成本的总额,也可以是若干项成本的合计。总额固定不变,但单位固定成本(即每一业务量单位负担的固定成

---

① 杨世忠. 管理会计基础[M]. 北京:首都经济贸易大学出版社,2020.

本)是可变的,这种变化与业务量的增减变化成反比。例如,昌盛公司为了生产矿泉水而向某企业租用厂房,租期一年,每月租金 4 000 元。假设每月矿泉水产量为 x(吨),每月租金总额为 a(元),则每吨矿泉水的租金成本为 $\dfrac{a}{x}$(元),它们之间的关系如表 12-1 所示。

表 12-1

矿泉水产量(x 吨)	租金总额(a 元)	每吨矿泉水的租金成本($\dfrac{a}{x}$ 元)
5	4 000	800
10	4 000	400
15	4 000	266.67
20	4 000	200

根据表 12-1 的数据资料,可以将固定成本的两个重要特性更清楚地反映到图示上来,见图 12-1 和图 12-2。

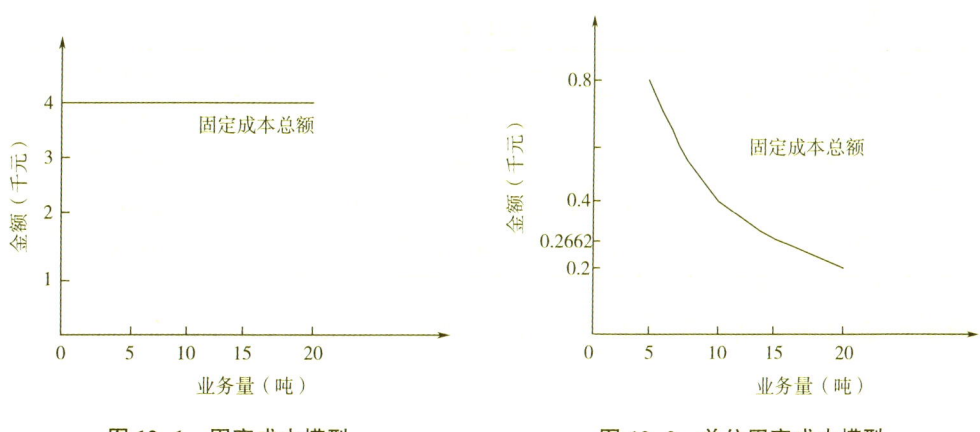

图 12-1 固定成本模型　　　　图 12-2 单位固定成本模型

根据企业管理部门对固定成本的可控程度,还可将固定成本进一步分为"约束性固定成本"与"酌量性固定成本"两类。

约束性固定成本是指企业管理部门在日常经营活动中很难控制并改变数额的固定成本。例如保险费、房屋租金、非工作量(小时)法计算的固定资产折旧费、取暖费、管理人员的基本工资等。这些固定成本是在企业的生产能力一经形成之后必然要发生的最低支出,即使生产中断也仍然要发生。由于约束性固定成本一般是由既定的生产能力所决定的,是维护企业正常生产经营所必不可少的成本,所以也称为"经营能力成本"。它最能够反映出固定成本的特性。

酌量性固定成本,是指企业管理部门在日常经营活动中可以控制并改变其数额的固定成本。例如研究开发费、广告费、业务招待费、职工培训费等。

划分约束性固定成本和酌量性固定成本,既可以为决策分析服务,也可以为成本控制服务。在决策分析过程中,约束性固定成本是不可改变的既成事实,评价方案的可行性只能在此前提下进行;酌量性固定成本则具有一定的弹性,可压缩和提高,能够依据决策所涉及的具体对象和具体情况来确定。在成本控制过程中,由于约束性固定成本总额不变,降低成本的途径只能是充分利用现有生产能力,降低单位产品的固定成本;酌量性固定成本,可以根据具体情况精打细算,编制出积极可行的费用预算,严格执行,节约开支。

2. 变动成本。变动成本是指总额在一定时期和一定业务量范围内,随业务量增减变动而成比例增减变动的成本。例如,构成产品实体的各种原材料、生产工人的计件工资、包装材料、按工作量(小时)法计算的固定资产折旧等。变动成本的总额因业务量的变动而变动,但是变动的比例不变,即单位变动成本(每一业务量单位负担的变动成本)不变。

例如,昌盛公司生产的矿泉水,每吨产品需要耗费各种原材料费用合计为 3 000 元。设每月矿泉水产量为 x 吨,每吨矿泉水的材料成本为 b 元,则每月矿泉水的材料总成本为 bx 元,相互之间的关系表 12-2 所示。

表 12-2

矿泉水产量(x 吨)	每吨矿泉水材料成本(b 元)	材料总成本(bx 元)
5	3 000	15 000
6	3 000	18 000
7	3 000	21 000
8	3 000	24 000

根据表 12-2 的数据制图,可以将变动成本的两个重要特性反映出来,见图 12-3 和图 12-4。

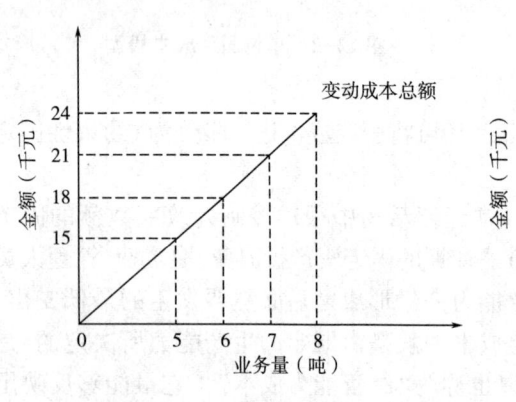

图 12-3 变动成本模型

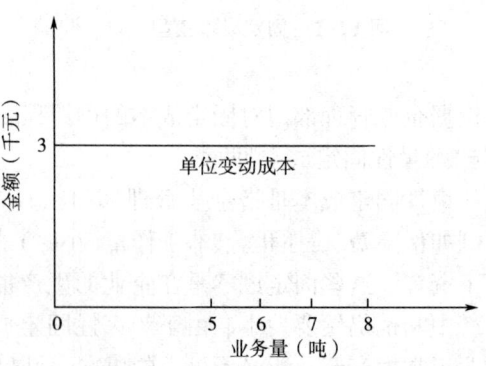

图 12-4 单位变动成本模型

了解变动成本的两个特性是至关重要的。一方面,它是决策分析中的前提条件,决策者只有根据单位变动成本不变这一点来确定有关方案的经济效益;另一方面,它指明了降低变动成本的途径,即设法降低产品的物耗量或物耗价格。

3. 混合成本。从成本习性来看,固定成本和变动成本只是两种极端的类型。在一定范围内前者与业务量无关,后者与业务量成正比例变化。实际上,大多数成本与业务量之间的关系介于两者之间。即:一方面,它们要随业务量的变化而变化,但另一方面,它们的变化又不能与业务量的变化保持着正比例关系,这就是混合成本。

从数量成本关系的角度来考察,混合成本还可进一步分为如下四种:

(1)半固定成本,亦称阶梯式变动成本。这种成本在一定的业务量范围内其发生额是固定的,当业务量增长到一定限度,其发生额就突然跳跃到一个新的水平,然后在业务量增长再超出一定范围情况下,它又再跳跃到一个更高的水平,如此重复下去。如检验人员的基本工资、基期设备维修费等,都具有这种性质。这种成本与业务量的关系见图12-5。

(2)半变动成本。这种成本通常有一个基数,与业务量的变化无关,这部分半变动成本相当于固定成本;在此基数之上的其余部分,随着业务量的增加,也成正比例增加,这部分半变动成本相当于变动成本。如水电费、电话费等,一般是由供应单位每月固定一个收费基数,不管企业使用量大小都必须支付,在此基础上再根据用量的大小乘以单价计算支付。半变动成本与业务量的关系参见图12-6。

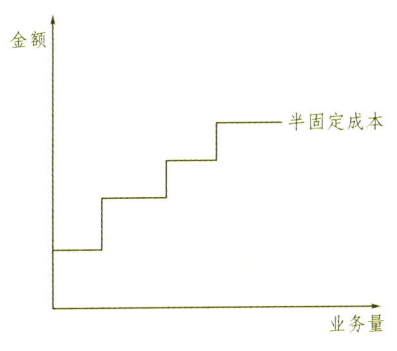

图12-5 半固定成本模型

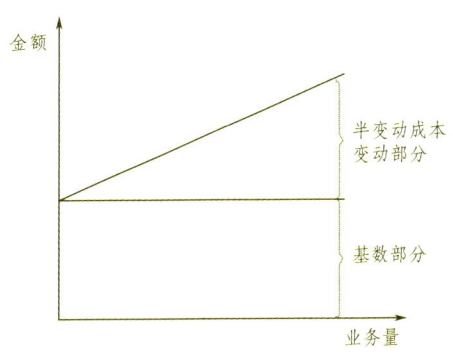

图12-6 半变动成本模型

(3)延期变动成本。这种成本在一定的业务量范围内有一个固定不变的基数,当业务量增长超出了这个范围,它就与业务量的增长成正比例变动。如职工的基本工资,在正常上班的情况下是不变的,当工作时间超出正常水准,要根据加班时间的长短成正比例地支付加班工资。

延期变动成本与业务量(即工作时间)的关系参见图12-7。

(4)曲线变动成本,亦称曲线成本。这种成本随业务量的增长而呈曲线增长。它与业务量的关系不是一种直线关系,而是非线性关系。曲线变动成本可以进一步分为递增型、递减型和分段型三种。

递增型曲线变动成本是指单位变动成本随业务量的增加而逐渐递增的变动成本。如累进计件工资等,它们与业务量的关系参见图12-8。

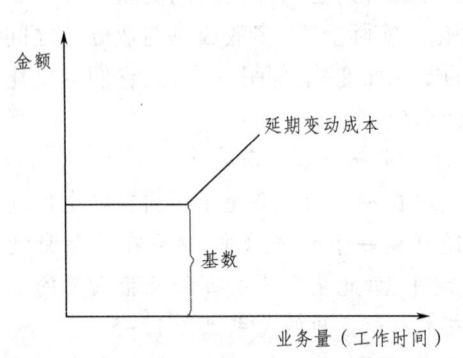

图12-7　延期变动成本模型

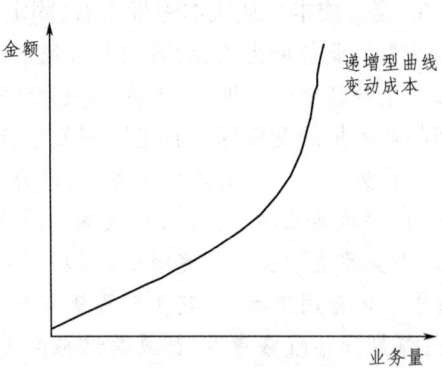

图12-8　曲线变动成本模型之一

递减型曲线变动成本是指单位变动成本随业务量的增加而逐渐递减的变动成本。如供货单位根据采购量的大小给予折扣的那部分原材料成本,它与业务量的关系参见图12-9。

分段型曲线变动成本是单位变动成本在一定业务量范围内稳定不变,当业务量增长超出该范围,向下(或向上)变动到一个新水平,然后又在一定业务量范围内稳定不变,待业务量增长再超出这个范围,又向下(或向上)变动到一个新水平。如原材料消耗,当企业生产经营的产品品种规格少、批量小时,对原材料不能充分利用,单位产品原材料消耗高;当企业生产经营的产品品种规格增加,批量扩大到一定程度,对原材料的利用便趋于充分与合理,单位产品的原材料消耗就可以降低;当企业生产经营的产品品种规格更多、批量更大到一定程度,随着生产和管理环节的增加,管理混乱和浪费现象很容易产生。当原材料消耗的增长速度超过产量的增长速度时,又使单位产品的原材料消耗上升。如图12-10所示。

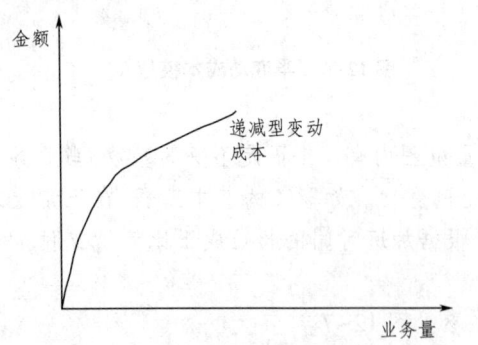

图12-9　曲线变动成本模型之二

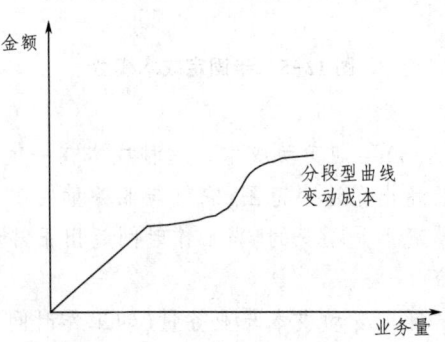

图12-10　曲线变动成本模型之三

混合成本与业务量之间的关系当然还不止以上四种类型,如果一一列举,并且用方程式来描述,会使问题复杂化。若要进行实际操作,以现阶段的条件,更为不便。简便的办法是用一个统一的直线方程近似地代替之。目前选用的直线方程是半变动成本模型。设 a 为固定成本部分,b 为单位变动成本(即变动成本对业务量变化的比例),半变动成本模型的方程式为:$Y=a+bX$。注意,用 $Y=a+bX$ 作为混合成本对业务量的依存关系的数学表达式,应该具备一定的前提条件,该条件就是相关范围。

相关范围是指使固定成本总额和单位变动成本保持不变的期间与业务量范围。超出这个范围[见图12-11(a)和12-11(b)],所有的成本都会呈现混合成本特性。例如,固定资产折旧在设备数量确定、折旧方法选用直线法的情况下是固定成本,如果业务量扩大超出设备的生产能力,要增添新的设备,固定资产折旧费用就会提高。所以,只有保住固定成本和变动成本的特性,才能使直线方程 $Y=a+bX$ 成立,因而也才能用其作为所有量本关系的代表。要做到这一点,可以无限缩小相关范围,因为在很小的期间和业务量范围内,任何成本项目都会呈现出固定成本或变动成本的特性。但是,在实际操作中这样做很困难,而且也没有必要。在通常情况下,只要不影响决策的结果,对固定成本和变动成本的划分不要求十分精确,$Y=a+bX$ 的量本关系模型与原型之间的差别就可以接受。因此,相关范围的时间限度通常确定为一年,业务量限度通常确定为现有设备的设计生产能力。在这样的范围内,除了一部分成本会呈现固定成本和变动成本特性以外,其余成本必然是混合成本。

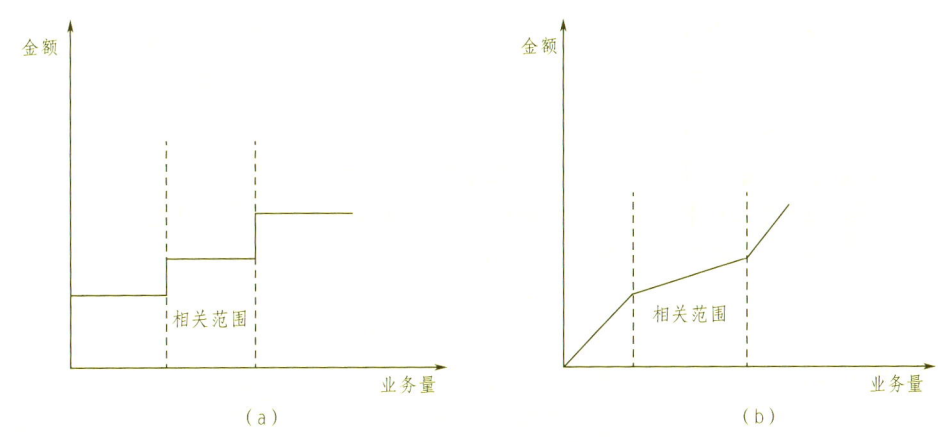

图 12-11 相关范围

为了全面掌握管理所需的成本信息,有必要用一定的方法,将混合成本分解为固定成本和变动成本,分别将两者纳入一般意义的固定成本和变动成本之中,以满足经营决策需要。分解混合成本的方法一般有高低点法、散布图法和回归直线法。这里以高低点法为例进行介绍。

所谓高低点法,就是将一定时期内最高业务量与最低业务量的混合成本之差,除以最高与最低业务量之差,据此推算固定成本总额和单位变动成本的一种混合成本分解方法。

设 b 为单位变动成本;a 为固定成本总额;Y 为混合成本;X 为业务量。混合成本的数学模型可用直线方程表示为:

$$Y=a+bX$$

上述公式中,a、b 的计算方法如下:

b=(最高业务量混合成本-最低业务量混合成本)÷(最高业务量-最低业务量)

a=最高业务量混合成本-单位变动成本×最高业务量

或:

a=最低业务量混合成本-单位变动成本×最低业务量

【例 12-1】某企业 1~6 月份设备维修费发生情况见表 12-3。

表 12-3

月　份	1	2	3	4	5	6
业务量(设备工时)	150	140	170	210	240	300
维修费(元)	880	800	950	1 040	1 440	1 400

要求:采用高低点法将维修费分解为固定成本和变动成本。

解析:首先,根据 1~6 月份维修费历史数据找出业务量最高和最低点的成本发生额:

业务量(设备工时)　　　　　　　　　　维修成本(元)

最高点　300　　　　　　　　　　　　　1 400

最低点　140　　　　　　　　　　　　　800

其次,分别确定单位变动成本和固定成本总额:

单位变动成本(b)=(1 400-800)元÷(300-140)小时=3.75 元/小时

固定成本总额(a)=(1 400-300×3.75)元=275 元

或:

固定成本总额(a)=(800-140×3.75)元=275 元

最后,将上述计算结果代入混合成本公式:

$$Y=275+3.75X$$

需要注意的是,选择高、低点的坐标应按业务量的高低为标准,而不是按成本高低为标准。该方法易于理解、应用简单,但其缺点是选择的高低点不一定有很强的代表性,结果往往不够准确,因此这种方法比较适用于成本变化趋势稳定的企业。

二、变动成本法

(一)变动成本法的概念

按照一般方法计算出的产品成本,既包括了变动性成本又包括了固定性制造费用,通常称之为完全成本,与之相对应的成本计算方法为完全成本法。在对企业生产经营活动进行规划与决策的过程中,还广泛应用变动成本法。

变动成本法是一种只计算变动成本的成本计算方法。采用变动成本法,产品成本只包括产品生产过程中发生的直接材料、直接人工和变动制造费用,而将固定制造费用和销售费用、管理费用等非生产性费用作为期间成本,在发生的当期全额从收入中扣除。其理由是:有关收入应与其费用相配比,只有直接材料、直接人工和变动制造费用与产品产量有关,这部分费用才构成产品成本,从而按产品销售量的比例把其中已销售产品的成本转作销售成本,与销售收入相配合。固定制造费用(如厂房、机器设备的折旧等)主要是为企业提供一定的生产经营条件和生产能力而发生的,这些生产经营条件及其生产能力一经形成,不论其实际应用能力如何,其相关费用照样发生,同产品的实际生产没有直接联系。因此,固定制造费用与产量无关,不应计入产品成本。但它与企业存续期相关,其数额随着时间的推移而逐渐消逝,应当作为期间成本(期间成本是指那些随着时间的推移而发生的、不计入产品成本的、一般也不受产量增减变动的影响,由当期损益负担的费用。它包括销售费用、管理费用、财务费用和变动成本法下的固定制造费用等)在成本发生的当期从销售收入中直接扣除。

(二)变动成本法与完全成本法的区别

变动成本法与完全成本法的差异主要表现在以下几个方面:

1. 成本类别的划分与产品成本包括的内容不同。完全成本法按照成本的经济用途将成本划分为产品成本、销售费用和管理费用;产品成本则是由直接材料、直接人工、变动性制造费用和固定性制造费用组成。变动成本法按照成本性态将成本分为固定成本和变动成本两大类;产品成本只包括直接材料、直接人工和变动制造费用,固定制造费用不计入产品成本。

两种成本计算方法对于成本类别的划分及包含内容的区别见表12-4。

表12-4 变动成本法与完全成本法的区别

成本计算方法	变动成本法	完全成本法
成本划分标准	按成本性态划分	按经济用途划分
成本类别	变动成本 { 变动生产成本 { 直接材料, 直接人工, 变动性制造费用 }, 变动销售费用, 变动管理费用 }; 固定成本 { 固定制造费用, 固定销售费用, 固定管理费用 } 期间成本	生产成本 { 直接材料, 直接人工, 制造费用 }; 非生产成本 { 销售费用, 管理费用 } 期间成本

续表

成本计算方法	变动成本法	完全成本法
成本划分标准	按成本性态划分	按经济用途划分
产品成本	变动生产成本 { 直接材料 / 直接人工 / 变动性制造费用 }	全部生产成本 { 直接材料 / 直接人工 / 全部制造费用 }

可见,完全成本法与变动成本法在产品成本组成上的差异,主要表现为对固定制造费用的处理不同。完全成本法将本期已销售产品中的固定制造费用转作本期销售成本,未销售部分产品所吸收的固定制造费用则递延到下期;变动成本法将本期发生的固定制造费用全额作为期间成本列入损益表,从当期销售收入中直接扣除。

2. 产成品与在产品存货的估价不同。采用完全成本法,由于它将全部生产成本在产成品和在产品之间进行分配,所以期末产成品和在产品存货中,不仅包括变动成本,而且还包含一部分固定生产成本。采用变动成本法计算产品成本,产成品和在产品成本中只包括变动生产成本,不包括固定性制造费用。所以,期末产成品和在产品存货金额必然低于采用完全成本法时的估价。

3. 盈亏计算方式不同。采用完全成本法,先将产品销售收入减去已售产品生产成本,得出中间指标(即销售毛利);再从中扣除销售费用、财务费用及管理费用,得出税前利润。盈亏计算可用下式表示:

销售收入−已售产品生产成本＝销售毛利

销售毛利−销售费用−财务费用−管理费用＝税前利润

采用变动成本法,产品成本仅包括变动生产成本。销售收入扣除变动生产成本,得出贡献毛益(制造部分),从中减去变动销售费用、变动财务费用及变动管理费用,得出最终贡献毛益;再从贡献毛益中扣减固定制造费用、固定销售费用、固定财务费用及固定管理费用,得出税前利润。其计算公式为:

销售收入−变动成本＝贡献毛益

贡献毛益−固定成本＝税前利润

式中:

变动成本＝变动生产成本＋变动销售费用＋变动财务费用＋变动管理费用

固定成本＝固定制造费用＋固定销售费用＋固定财务费用＋固定管理费用

4. 产销量不平衡时算出的税前利润有差别。由于完全成本法与变动成本法其产品成本包含的内容不同,对固定制造费用的处理也不一致,所以产销量不平衡时算出的税前利润就有差异。

(1)当本期生产量等于本期销售量时,企业期初、期末存货没有发生变动,完全成本法下计入产品销售成本中的固定制造费用与变动成本法下计入产品销售成本中的固定制造费用一致,所以完全成本法确定的税前利润等于变动成本法确定的税前利润。

(2)当本期生产量大于本期销售量时,意味着企业期末存货增加,采用完全成本法就会将一部分固定制造费用转为存货成本,使销售成本减少,增加当期利润;采用变动成本法,由于固定制造费用不计入产品成本,其发生额作为期间成本全部有当期销售收入抵减。完全成本法计算确定的产品销售成本小于变动成本法下的产品销售成本,所以按完全成本法计算的税前利润大于按变动成本法计算的税前利润。其利润差额可按下式计算:

利润差额=期末存货中的固定成本-期初存货中的固定成本

(3)当本期生产量小于本期销售量时,意味着企业不仅销售了当期生产的产品,而且销售了期初存货。这样,完全成本法下产品销售成本不仅包含当期发生的固定制造费用,而且还包含了上期结转的固定制造费用;采用变动成本法,产品成本不包含固定制造费用,固定制造费用全部从当期销售收入中扣除。完全成本法计算确定的产品销售成本大于变动成本法下的产品销售成本,所以完全成本法确定的税前利润小于变动成本法确定的税前利润。其利润差额可按下式计算:

利润差额=期初存货中的固定成本-期末存货中的固定成本

【例12-2】某企业只生产销售一种产品,三年中有关销量和成本的资料见表12-5,假定企业在销售过程中未涉及财务费用。

表12-5 某企业三年产品销量和成本资料

摘　要	第一年	第二年	第三年
期初存货(件)	0	0	0
产量(件)	200	200	120
销售量(件)	200	160	160
期末存货	0	40	0
单位销售价格(元/件)	1 000	1 000	1 000
生产成本(元)			
直接材料	70 000	70 000	42 000
直接人工	40 000	40 000	24 000
变动性制造费用	10 000	10 000	6 000
固定制造费用	30 000	30 000	30 000
销售费用(元)			
变动部分	10 000	8 000	8 000
固定部分	20 000	20 000	20 000
管理费用(元)			
变动部分	1 000	800	800
固定部分	2 000	2 000	2 000

根据上述资料,分别采用完全成本法与变动成本法计算税前利润,见表 12-6 和表 12-7。

表 12-6 收益表(完全成本法)

摘　要	第一年	第二年	第三年
一、销售收入	200 000	160 000	160 000
二、销售产品成本			
期初存货	0	0	30 000
本期生产成本	150 000	150 000	102 000
可供销售产品成本	150 000	150 000	132 000
减:期末存货	0	30 000	0
销售产品生产成本	150 000	120 000	132 000
三、销售毛利	50 000	40 000	28 000
减:销售费用	30 000	28 000	28 000
四、销售利润	20 000	12 000	0
减:管理费用	3 000	2 800	2 800
五、税前利润	17 000	9 200	(2 800)

表 12-7 收益表(变动成本法)

摘　要	第一年	第二年	第三年
一、销售收入	200 000	160 000	160 000
二、销售产品成本			
期初存货	0	0	24 000
本期生产成本	120 000	120 000	72 000
可供销售产品成本	120 000	120 000	96 000
减:期末存货	0	24 000	0
已销产品变动生产成本	120 000	96 000	96 000
变动销售费用	10 000	8 000	8 000
变动管理费用	1 000	8 000	8 000
变动成本合计	131 000	104 800	104 800
三、贡献毛益	69 000	55 200	55 200

续表

摘 要	第一年	第二年	第三年
四、固定成本			
固定制造费用	30 000	30 000	30 000
固定销售费用	20 000	20 000	20 000
固定管理费用	2 000	2 000	2 000
固定成本合计	52 000	52 000	52 000
五、税前利润	17 000	3 200	3 200

从表12-6和表12-7可以看出：第一年产量和销量相等，均为200件，两种方法计算出的税前利润相等，均为17 000元。这是因为在产销量相等的情况下，期初、期末库存量也相等；采用完全成本法时，本期的生产成本全部转作本期的销售成本，不存在固定制造费用随期末存货一同转入下期的问题，即固定制造费用全部当期扣除。因此，两种方法算出的税前利润相等。

第二年产品的产量200件大于销售量160件，使期末库存产成品增加40件。采用完全成本法时，由于产成品成本中包含固定制造费用，使期末库存产成品"吸收"了固定成本6 000元，引起本期销售成本减少6 000元，从而使其计算出的税前利润比变动成本法增加6 000元。

第三年产品的产量120件小于销售量160件，使期末库存产成品减少40件。采用完全成本法时，由于期初产成品成本中固定制造费用与本期产品生产成本一同计入本期产品销售成本，引起本期销售成本增加6 000元，从而使其计算出的税前利润比变动成本法减少6 000元。

现将两种成本计算方法计算的三年利润情况汇总列示于表12-8中。

表12-8 两种成本计算方法的三年利润情况汇总表　　金额单位：元

年份	产量（件）	销量（件）	税前利润			期初存货成本			期末存货成本		
			变动成本法	完全成本法	差额	变动成本法	完全成本法	差额	变动成本法	完全成本法	差额
第一年	200	200	17 000	17 000	0	0	0	0	0	0	0
第二年	200	160	3 200	9 200	6 000	0	0	0	24 000	30 000	6 000
第三年	120	160	3 200	2 800	6 000	24 000	30 000	6 000	0	0	0
合计	520	520	23 400	23 400	0						0

通过表12-8可以看出，当产销量不平衡时，两种成本计算法算出的税前利润不同。但

从较长时期看,如果各期产销量时多时少,各期产销量的差额可以抵消,两种方法算出的各期税前利润合计相等和基本相等。

三、本量利分析

所谓本量利分析(也可称为 CPV 分析),是对成本、业务量和利润三者之间的相互依存关系所进行的分析活动的总称。分析的作用在于预测产品(或企业)的保本销售量(额)和实现目标利润的目标销售量(额),规划目标利润,了解经营风险和盈利能力,提供决策依据和控制标准。本量利三种变量之间的关系可以用损益方程和贡献毛益方程来表达。

(一)损益方程

1. 损益方程的基本形式。设 p 为销售价格,x 为销售量,b 为单位变动成本,a 为固定成本,E 为税前利润。

$$税前利润 = 销售收入 - 销售成本$$
$$= 销售价格 \times 销售量 - 单位变动成本 \times 销售量 - 固定成本$$

即

$$E = px - bx - a$$

上述方程涉及五个变量。通常,给定其中的四个变量,便可以计算出另一个变量。

【例 12-3】某公司销售产品 500 件,每件产品的价格为 72 元,单位变动成本为 40 元/件,固定成本为 12 000 元,则:

$$税前利润(E) = 72 \times 500 - 40 \times 500 - 12\ 000 = 4\ 000(元)$$

2. 损益方程的变形。如果需要计算的不是等式左边的利润,而是等式右边的其他变量,则上述损益方程会有如下变形:

(1)预测销售价格:

$$销售价格 = \frac{固定成本 + 税前利润}{销售量} + 单位变动成本$$

即:

$$p = \frac{a + E}{x} + b$$

【例 12-4】某公司固定成本为 20 000 元,销售产品 600 件,单位变动成本为 20 元/件。若要保证实现利润 10 000 元,可以考虑的定价水平是多少?

【解】
$$销售价格 = \frac{20\ 000 + 10\ 000}{600} + 20 = 70(元/件)$$

该公司可以考虑的销售价格是 70 元/件。

(2)测算目标销售量/额:

$$目标销售量 = \frac{固定成本 + 目标利润}{销售价格 - 单位变动成本}$$

即:

$$x = \frac{a+E}{p-b}$$

【例12-5】例12-4中若销售价格只定为60元/件,要保证实现目标利润10 000元,销售量(额)应达到多少?

【解】
$$目标销售量 = \frac{20\ 000 + 10\ 000}{60 - 20} = 750(件)$$

$$目标销售额 = 750 \times 60 = 45\ 000(元)$$

(3)预测单位变动成本的控制目标:

$$单位变动成本 = 销售价格 - \frac{固定成本 + 目标利润}{销售量}$$

即:

$$b = p - \frac{a+E}{x}$$

【例12-6】若例12-4中,销售量为600件,销售价格为60元/件,固定成本和目标利润不变,要保证实现目标利润,预测单位变动成本应控制在什么水平?

【解】
$$单位变动成本 = 60 - \frac{20\ 000 + 10\ 000}{600} = 10(元/件)$$

(4)预测固定成本控制目标:

$$固定成本 = 销售收入 - 变动成本 - 目标利润$$

即:

$$a = px - bx - E$$

【例12-7】例12-5中,若单位变动成本降不下来,其余条件不变,测算保证实现目标利润的固定成本。

【解】　　固定成本 = 600×60 - 600×20 - 10 000 = 14 000(元)

3. 多种产品条件下的损益方程:

$$税前利润总额 = 各种产品销售收入合计 - 各种产品变动成本合计 - 固定成本总额$$

设 i 为产品品种; n 为产品品种总数,则

$$E = \sum_{i=1}^{n} p_i x_i - \sum_{i=1}^{n} b_i x_i - a$$

【例12-8】某企业经营A,B两者产品,固定成本为5 000元,A产品的售价为30元/件,单位变动成本为20元/件,销售量为200件;B产品的售价为48元/件,单位变动成本为24元/件,销售量为400件。要求计算税前利润。

【解】　　税前利润 = (200×30 + 400×48) - (200×20 + 400×24) - 5 000 = 6 600(元)

(二)贡献毛益方程

1. 贡献毛益方程的概念与表现形式。贡献毛益亦称"创利额""边际贡献""临界收益"等,是指销售收入减去变动成本后的余额。贡献毛益具有弥补固定成本和创造利润的特性。如果贡献毛益等于固定成本,企业不赢不亏;如果贡献毛益大于固定成本,企业盈利,盈利额

等于贡献毛益减去固定成本后的余额;如果贡献毛益大于零而小于固定成本,企业亏损,亏损额等于固定成本减去贡献毛益后的余额。

贡献毛益可以表现为:单位贡献毛益,用 cm 代表;贡献毛益总额,用 Tcm 代表;毛益贡献率,用 cmR 表示。

$$单位贡献毛益=销售单价-单位变动成本$$

即:
$$cm = p - b$$
$$贡献毛益总额=销售收入-变动成本$$

即:
$$Tcm = px - bx$$

$$贡献毛益率=\frac{单位贡献毛益}{销售单价}\times 100\%=\frac{贡献毛益总额}{销售收入}\times 100\%$$

即:
$$cmR = \frac{cm}{p} = \frac{Tcm}{px}$$

贡献毛益率表明每百元销售收入可以带来的贡献毛益。

2. 贡献毛益方程的基本形式:

$$税前利润=贡献毛益-固定成本$$

或:
$$税前利润=单位贡献毛益\times 销售量-固定成本$$

即:
$$E = Tcm - a = cm \cdot x - a$$

【例 12-9】华人公司销售甲产品,每件售价 50 元,单位变动成本为 30 元/件,销售 3 000 件,固定成本为 40 000 元。要求计算税前利润。

【解】　　税前利润=(50-30)×3 000-40 000=20 000(元)

3. 贡献毛益方程的变形。

(1)测算销售量:

$$销售量=\frac{贡献毛益总额}{单位贡献毛益}$$

即:
$$x = \frac{Tcm}{cm}$$

【例 12-10】华人公司销售甲产品,每件售价 50 元,单位变动成本为 30 元/件,税前利润 20 000 元,固定成本为 40 000 元。要求计算销售量。

【解】　　销售量=(20 000+40 000)÷(50-30)=3 000(件)

(2)测算销售价格:

$$销售价格=单位贡献毛益+单位变动成本=\frac{贡献毛益总额}{销售量}+\frac{变动成本总额}{销售量}$$

【例12-11】华人公司销售甲产品3 000件,该批产品的变动成本总额为90 000元,税前利润20 000元,固定成本为40 000元。要求计算销售价格。

【解】　　　　销售价格=(20 000+40 000)÷3 000+90 000÷3 000=50(元/件)

(3)测算固定成本:

$$固定成本 = 贡献毛益总额 - 税前利润$$

即:

$$a = Tcm - E$$

【例12-12】华人公司销售甲产品3 000件,该批产品的贡献毛益总额为60 000元,税前利润20 000元。要求计算固定成本。

【解】　　　　固定成本=60 000-20 000=40 000(元)

(4)测算单位变动成本:

$$单位变动成本 = 销售价格 - 单位贡献毛益 = \frac{销售收入}{销售量} - \frac{贡献毛益总额}{销售量}$$

即:

$$b = p - cm = \frac{px}{x} - \frac{Tcm}{cm}$$

【例12-13】华人公司销售甲产品3 000件,销售收入150 000元,贡献毛益总额为60 000元。要求计算单位变动成本。

　　　　　　单位变动成本=(150 000-60 000)÷3 000=30(元/件)

需要指出,上述损益方程和贡献毛益方程均未考虑销售税金及附加。在实际操作时,不考虑销售税金及附加是不妥的。因此,可将销售税金及附加视同变动销售费用处理,将其归入变动成本。

四、保本点分析

(一)保本点概念及确定条件

保本点又称"够本点""盈亏临界点""盈亏平衡点""损益两平点"等,是指能够达到不赢不亏状态的销售量或销售额。

保本点表现为保本销售量和保本销售额。保本销售量的计算单位与业务量一致,多为实物量或时间量;保本销售额一般用货币计量,如图12-12所示。

确定保本点应该具备如下前提条件:

1. 明确的销售价格。即销售收入与销售量之间的比例关系确定,且销售收入与销售量呈直线关系。

2. 明确的单位变动成本。即变动成本与销售量之间的比例关系确定,且变动成本与销售量之间的比例关系确定,变动成本与销售量呈直线关系。

3. 明确的固定成本总额。即成本线的起点高度不变。

4. 确定的产品或产品构成。

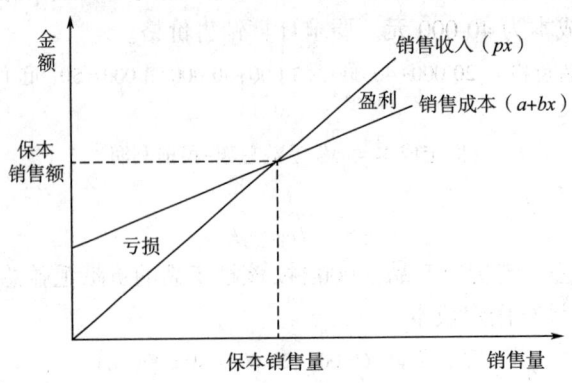

图 12-12 保本点示意图

5. 具备销售成本(包括生产领域、管理领域和销售领域的成本)信息,并按成本习性对其进行了划分。

6. 不考虑销售税金及附加(或将其计入销售成本)。

如果以上前提条件发生变化,保本点也会发生相应的变化。其变化结果,要么是发生位移;要么是在不同的销售量区域出现不同的保本点,即出现多个保本点。

(二)保本点测算

1. 单一产品条件下的保本点。单一产品条件下的保本点测算,可以利用损益方程或贡献毛益方程来进行。

(1)损益方程法。

$$税前利润 = 销售收入 - 变动成本 - 固定成本$$

即:

$$E = px - bx - a$$

所以,当税前利润为零($E=0$)时,得:

$$销售收入 - 变动成本 - 固定成本 = 0$$

即:

$$px - bx - a = 0$$

经移项得:

$$保本销售量 = \frac{固定成本}{销售价格 - 单位变动成本}$$

即:

$$x = \frac{a}{p-b}$$

$$保本销售额 = 销售价格 \times 保本销售量$$

【例 12-14】华龙公司准备经营甲产品,该产品的市场售价为 50 元/件,预计单位变动成本为 30 元/件,固定成本为 8 000 元。经理要求财务人员测算出达到保本点的销售额。

【解】
$$保本销售量 = \frac{8\ 000}{50 - 30} = 400(件)$$

$$保本销售额 = 50 \times 400 = 20\ 000(元)$$

(2)贡献毛益方程法。由公式知

$$E = cmx - a$$

所以,当 $E=0$ 时,得:

$$cmx - a = 0$$

经移项得:

$$x = \frac{a}{cm}$$

即:

$$保本销售量 = \frac{固定成本}{单位贡献毛益}$$

又因为:

$$cmR = \frac{Tcm}{px}$$

经移项得:

$$px = \frac{Tcm}{cmR}$$

所以,当 $E=0$ 时,得:

$$Tcm = a$$

将 a 代入得:

$$px = \frac{a}{cmR}$$

即:

$$保本销售额 = \frac{固定成本}{贡献毛益率}$$

【例 12-15】用例 12-14 华龙公司的数据测算保本点。

【解】
$$单位贡献毛益\ cm = 50 - 30 = 20(元)$$

$$单位贡献毛益率\ cmR = \frac{20}{50} \times 100\% = 40\%(或 = 1 - \frac{30}{50} = 0.4)$$

$$保本销售量 = \frac{8\ 000}{20} = 400(件)$$

$$保本销售额 = \frac{8\ 000}{40\%} = 20\ 000(元)$$

2. 多种产品组合条件的保本点。可以采用下列多种方法进行多种产品组合条件的保本点计算。

(1)按主要产品贡献毛益率测算。如果企业生产经营的多种产品中有一种是主要产品,其他产品的销售比重很小,或者其他产品的贡献毛益率与主要产品十分接近,为了简化计算,可用主要产品的贡献毛益率来计算综合保本销售额,然后,再根据各种产品的销售比重来测算各种产品的保本点。其计算公式如下:

$$综合保本销售额 = \frac{固定成本}{主要产品的贡献毛益率}$$

$$某产品销售比重 = \frac{该产品销售额}{全部产品销售额}$$

$$某产品保本销售额 = 综合保本销售额 \times 该产品销售比重$$

$$某产品保本销售量 = \frac{该产品保本销售额}{该产品销售价格}$$

【例12-16】某公司固定成本为5 600元,生产经营甲、乙、丙三种产品。有关资料及其计算结果见表12-9,计算三种产品的保本销售量。

表12-9

产品	甲	乙	丙	合计
销售单价	60元/台	80元/台	24元/件	
销售量	20(台)	45(台)	800(件)	
销售额(元)	1 200	3 600	19 200	24 000
销售比重单位	0.05	0.15	0.8	1
变动成本	45元/台	56元/台	17.28元/件	
单位贡献毛益	15元/台	24元/台	6.72元/件	
贡献毛益率	0.25	0.3	0.28	

【解】 综合保本销售额 = $\frac{5\ 600}{0.28}$ = 20 000(元)

甲产品保本销售额 = 20 000×0.05 = 1 000(元)

甲产品保本销售量 = $\frac{1\ 000}{60}$ ≈ 17(台)

乙产品保本销售额 = 20 000×0.15 = 3 000(元)

乙产品保本销售量 = $\frac{3\ 000}{80}$ ≈ 38(台)

丙产品保本销售额 = 20 000×0.8 = 16 000(元)

$$丙产品保本销售量 = \frac{16\,000}{24} \approx 667(件)$$

(2)加权平均法。这种方法是先计算各种产品的贡献毛益率,然后以各种产品的销售比重为权数计算加权平均贡献毛益率,再用加权平均贡献毛益率计算综合保本销售额,最后再分别计算各种产品的保本点。其计算公式如下:

$$加权平均贡献毛益率 = \sum 各种产品贡献毛益率 \times 该产品销售比重$$

$$综合保本销售额 = \frac{固定成本}{加权平均贡献毛益率}$$

各种产品的销售比重和保本点的计算同前。

【例 12-17】华夏公司全年固定成本为 44 000 元,该公司生产经营 A、B 两种产品。有关的资料及其计算结果见表 12-10。试计算 A、D 两种产品的保本销售量。

表 12-10

产品	A	B	合计
销售价格(元/件)	80	60	
销售量(件)	900	1 800	
销售额(元)	72 000	108 000	180 000
销售比重	40%	60%	100%
单位变动成本(元/件)	40	36	
单位贡献毛益(元/件)	40	24	
贡献毛益率	50%	40%	

【解】

$$加权平均贡献毛益率 = 50\% \times 40\% + 40\% \times 60\% = 44\%$$

$$综合保本销售额 = \frac{44\,000}{44\%} = 100\,000(元)$$

$$A\text{ 产品保本销售额} = 100\,000 \times 40\% = 40\,000(元)$$

$$A\text{ 产品保本销售量} = \frac{40\,000}{80} = 500(件)$$

$$B\text{ 产品保本销售额} = 100\,000 \times 60\% = 60\,000(元)$$

$$B\text{ 产品保本销售量} = \frac{60\,000}{60} = 1\,000(件)$$

第二节　短期经营决策

所谓决策,是指决策组织或人员按照一定的目标在若干可供选择的方案中,选择并决定采用最优方案的过程。按照决策事项影响的期间长短,可以将决策分为长期决策和短期决策。短期决策通常只涉及一年以内的一次性专门业务,并仅对该时期内收支盈亏产生影响而进行的决策。例如,开发何种新产品的决策,亏损产品应否停产转产的决策,零部件是自制还是外购的决策以及产品定价的决策。短期决策一般不涉及新的固定资产决策,因此也称之为短期经营决策。长期决策又称长期投资决策,是指为改变或扩大企业生产能力或服务能力而进行的决策。例如,对厂房、设备的改扩建,资源的开发与利用,现有产品的更新与换代以及新产品的研制等。长期决策项目一般需要投入大量资金,影响持续时间长,回收慢,投资风险较大。所以对长期项目的决策,又称为资本支出决策。

本节主要介绍短期经营决策。在短期经营决策分析中,进行决策分析所采用的方法较多,常用的主要有三种:差量分析法、贡献毛益法和本量利分析法。

一、差量分析法

(一)差量分析法的基本原理

在决策分析中,往往要将几个方案的成本与其相关收入进行对比,分清优劣,决定取舍。差量分析法就是通过对两个备选方案的差量收入与差量成本的比较,确定差量收益,从中选出最优方案的方法。其中,差量收入是两个备选方案预期收入之间的差额,而差量成本是这两个备选方案之间预期成本的差额。差量收入减去差量成本表现为差量收益或差量损失。

在进行差量分析时,如果两个备选方案的差量收入大于差量成本,前一个方案较优;如果差量收入小于差量成本,则后一个方案较优。如果有两个以上的备选方案,可两两进行比较分析,最终以能提供最大经济效益的方案为最优方案。

根据差量分析法的计算程序,可以进行某些生产决策的分析。例如,生产哪种产品的决策分析、新产品开发的决策分析、接受追加订货的决策分析、半成品或联产品加工或出售的决策分析等。

(二)决策分析举例

1. 是否接受特殊订货的决策分析。特殊订货,是指在企业尚有一定剩余生产能力可以利用的情况下而接受的临时订货。这种订货通常是大批量的、一次性的,其价格往往是正常销价的折扣数,有时甚至低于完全成本,因此,在完全成本法下特殊订货是不能接受的。但从管理会计角度出发,由于特殊订货可以有效地发挥剩余生产能力的作用,并且所追加的订货也不增加固定成本,因此,只要追加订货的客户按照高于变动成本的单价订货,企业接受追加订货的差量收入超过差量成本,特殊订货就可以接受。

【例 12-18】某企业本年计划生产甲产品 500 件,正常价格是 40 元/件,年初编制的成本计划见表 12-11。

表 12-11 成本计划表

成本项目	总成本(元)	单位成本(元/件)
直接材料	12 000	12
直接人工	6 000	6
变动性制造费用	2 000	2
固定性制造费用	5 000	5
销售及管理费用	2 500	2.5
合计	27 500	27.5

企业最大生产能力为 600 件,剩余生产能力无法转移。2 月份 A 公司要求向该企业追加订货 100 件甲产品,特殊定价为 25 元/件。

要求:应用差量分析法判断企业能否接受这批特殊订货。

【解】编制差量分析表,见表 12-12。

表 12-12 差量分析表 单位:元

摘 要	接受追加订货方案	不接受追加订货方案	差量
差量收入:			
接受追加订货方案	25×100=2 500		
不接受追加订货方案		0	2 500
差量成本:			
接受追加订货方案			
其中:变动成本	20×100=2 000		
不接受追加订货方案		0	2 000
接受追加方案的差量收益	500	0	500

由表 12-12 可见,企业应该接受追加订货方案,这样可使企业增加 500 元的收益。

2. 零部件是自制还是外购的决策分析。有时,企业进行生产活动需要的零部件既可以从市场购买,也可以自行制造。究竟采取哪一种方式取得所需要的零部件呢?这类决策也是企业经常遇到的问题。对于自制方案而言,其决策相关成本主要包括直接材料、直接人工和变动制造费用;而对于外购方案,其决策相关成本主要包括买价和订货、运输、装卸、保险等费用。

由于自制或外购决策所面临的情况较多,决策分析所采用的方法也不同。下面仅对差量分析法在其决策分析中的应用加以说明。

【例12-19】某公司每年需要甲零件500个,市场价格为60元/个。目前该公司有剩余生产能力可以制造甲零件。零件的单位变动成本为50元/个,其中,直接材料30元/个,直接人工10元/个。要求做出该零件是自制还是外购的决策。

【分析】该公司目前有剩余生产能力,并且剩余生产能力不加工甲零件也无其他用途,所以在决策分析时,固定制造费用是与决策无关的成本,不予考虑。又因为自制或外购的预期收入是相同的,只是两种方案的预期成本有差异。对此,可以运用差量分析法将两个备选方案的预期成本进行对比,以决定取舍。其分析过程见表12-13。

表12-13   单位:元

备选方案	自制方案	外购方案	差量成本
自制差量成本			
直接材料	500×30=15 000	0	
直接人工	500×10=5 000	0	
变动制造费用	500×10=5 000	0	
合计	25 000		25 000
外购差量成本	0	500×60=30 000	30 000
自制零件节约成本			5 000

由于自制方案可节约成本5 000元。因此,以自制方案为宜。

当企业决定零配件进行外购,而自制零配件的设备又可以出租时,设备的租金收入就构成了自制方案的机会成本。决策时,应将外购成本扣除租金收入再与自制变动成本进行比较,选择低者。

3. 半成品或联产品是否进一步加工的决策分析。有些企业生产的半成品或同一生产过程生产完成的联产品经分离后的主要产品,既可以直接出售,也可以进一步加工后再出售。究竟怎么处理才能给企业带来更大的利润呢?产品立即出售,其价格一般较低;而进一步加工后再出售,价格虽较高,但必须追加一定的变动成本甚至专属固定成本。在进行决策分析时,可以运用差量分析法,将进一步加工前后的差别收入与差别成本加以比较,以决定是否进一步加工。如果进一步加工前后的差别收入大于其差别成本,应进一步加工;否则,应该立即出售。

需要说明的是:对于进一步加工前所发生的成本,无论其是半成品的生产成本,还是联产品的分离前的联合成本,都是与决策无关的成本。

(1)半成品进一步加工或立即出售的决策分析。下面举例说明。

【例 12-20】某公司有一批半成品甲产品 500 件,完成初步加工后,可在市场上立即出售,也可以加工成乙产品后再出售。半成品甲产品每件成本 24 元,售价 30 元。若将甲产品进一步加工为乙产品,每件售价可提高到 35 元,但需要追加直接材料 2.50 元,直接人工 1 元,变动制造费用 0.5 元,不需要追加任何固定成本。要求做出该公司是进一步加工还是立即出售的决策。

【分析】由于企业当前的生产能力除满足半成品甲产品加工需要外,还有一定的剩余,可用于进一步加工成乙产品,并且加工成乙产品也不会引起固定制造费用的增长。所以,只要分析比较进一步加工阶段的成本和增加的收入,即可判明继续加工在经济上是否有利。其分析过程见表 12-14。

表 12-14   单位:元

摘　要	进一步加工方案	出售半成品方案	差量
差量收入			
进一步加工成乙产品	35×500=17 500		
出售甲半成品		30×500=15 000	2 500
差量成本			
进一步加工成乙产品	(2.5+0.5+1)×500=2 000		
出售甲产品		0	2 000
进一步加工成乙产品的差量收益	15 500	15 000	500

从以上分析可以看出,进一步加工成乙产品后出售比直接出售甲半产品多获得 500 元收益,所以应选择进一步加工方案。

(2)联产品进一步加工或分离后就出售的决策分析。有一些企业,特别是化工企业,在生产过程中对同一原材料进行加工,可以生产出几种主要产品。例如,原油经过提炼,可以炼出各种汽油、煤油和柴油等产品。这些产品称为联产品。产生的联产品,有的分离后立即出售;有的则继续加工后再出售,企业对此需要做出选择。

联产品分离前的成本,需要按其单位售价或有关技术系数比例进行分摊。如果联产品在分离后需要继续加工,其追加的变动成本和专属固定成本称为可分成本,由分离后继续加工的产品单独负担。联合成本是与决策无关的成本,不予以考虑;而可分成本是与决策相关的成本,决策时应予以考虑。进行决策分析时,应采纳进一步加工的方案;反之,应以分离后立即出售的方案为优。其决策分析过程可按下列式子确定:

①应进一步加工:

(进一步加工的销售收入-分离后的销售收入)>可分成本

②分离后立即出售：

(进一步加工的销售收入-分离后的销售收入)<可分成本

【例12-21】某公司生产A,B两种产品。两种产品均可在联产过程结束时直接出售,也可以继续加工后再出售。有关资料见表12-15。

表 12-15

产品	产量(件)	立即出售的单价（元/件）	继续加工的单位成本（元/件）	加工后出售的单价（元/件）
A	1 000	13	9	23
B	500	18	10	22

要求：根据上述资料，分析两种产品应在分离后立即出售还是继续加工后再销售更有利。

【解析】产品 A： [(23-13)×1 000]>(9×1 000)

产品 B： [(22-18)×500]<(10×500)

通过计算过程可以看出,产品 A 进一步加工后的预期收入增加了 10 000 元,而进一步加工所发生的成本为 9 000 元。可见预期增加的收入超过预期的可分成本,应进一步加工为宜。而产品 B 进一步加工的预期收入不足以弥补进一步加工的预期可分成本,所以应选择立即出售。

二、贡献毛益法

(一)贡献毛益法的基本原理

贡献毛益法也叫边际贡献法,是指通过比较各个方案贡献毛益的大小来确定最优方案的一种分析方法。运用贡献毛益法进行决策分析时,应以不同方案产品贡献毛益总额或每一机器工作小时用于生产不同产品所能提供的贡献毛益的多少,作为选择最优方案的依据。采用贡献毛益法可以进行生产何种新产品的决策分析、是否进行新产品开发的决策分析、是否接受追加订货的决策分析、亏损产品是否停产的决策分析等。

(二)决策分析举例

1. 开发何种新产品的决策分析。如果一个企业目前的生产能力未能充分利用,其剩余的生产能力既可以开发生产这种产品,也可以开发生产另外产品,但不可能同时生产多种产品时,企业就必须根据现有的资源条件,在两种或两种以上的产品之间做出正确的选择。

【例12-22】某企业原来只生产A产品,现有B、C两种新产品可以选择,但剩余生产能力有限,只允许其中之一投产。企业固定成本为5 000元。新、老产品的有关资料见表12-16。

表 12-16

产品名称	A 产品	B 产品	C 产品
产销量(个)		50	250
单位售价(元/个)	2.0	10.5	1.0
单位变动成本(元/个)	0.5	2.2	0.5
单位工时(小时/个)		10	2

要求:根据上述资料做出应选择生产哪种产品的决策。

【分析】由于无论选择投产 B 产品或 C 产品,固定成本都要发生,所以对于选择生产哪一种产品没有影响,可以将固定成本当作无关成本。利用贡献毛益法比较两个方案的贡献毛益总额或单位机器工作小时,择其大者为优。对上述资料进行加工整理的结果见表 12-17。

表 12-17

新产品名称	B 产品	C 产品
产销量(个)	50	250
单位售价(元/个)	10.5	1.0
单位变动成本(元/个)	2.2	0.5
贡献毛益总额	415	125
单位机器工时贡献毛益(元/工时)	0.83	0.25

以上计算结果表明,B 产品的贡献毛益总额或单位机器工时贡献毛益均大于 C 产品,故在现有的剩余生产能力条件下,应选择生产 B 产品。

2. 亏损产品停产转产的决策分析。在生产多种产品的企业里,由于某些产品质量较差、款式陈旧等原因,造成市场滞销、仓库积压,使其收入低于按完全成本法计算的产品成本,因而出现亏损。对于已经出现亏损的产品,是按照原有规模继续生产,还是停产和转产呢?并且有的亏损产品停产后无法转产,而有的亏损产品停产后具备生产其他产品的条件或采取其他途径去代替亏损产品。因此,对于亏损产品是否停产或转产,必须根据具体情况做出决策分析。

一般而言,只要亏损产品还能提供贡献毛益,企业又没有其他更好的途径去替代亏损产品,该种亏损产品就不应停产;如果企业能利用亏损产品腾出的生产能力转为生产其他产品或将其设备出租,转产后产品提供的贡献毛益或租金收入大于亏损产品提供的贡献毛益,则应停止亏损产品的生产。

【例 12-23】某公司本年度产销甲、乙、丙三种产品,有关资料见表 12-18。

表 12-18

产品名称	甲产品	乙产品	丙产品
销售量(件)	500	250	200
单价(元/件)	10.0	10.0	37.5
单位变动成本(元/件)	6	9	18
固定成本(元)	6 000(按各种产品的销售额比例分摊)		

根据表 12-18 的资料,利用贡献毛益法分析计算,可得表 12-19 中的有关数据。

表 12-19

产品名称	甲产品	乙产品	丙产品	合计
销售收入	5 000	2 500	7 500	15 000
变动成本	3 000	2 250	3 600	8 850
贡献毛益	2 000	250	3 900	6 150
固定成本	2 000	1 000	3 000	6 000
税前净利润(或净损失)	0	(750)	900	150

注:括号内表示负数,下同。

表 12-19 中,甲产品固定成本为:
$$5\ 000\times(6\ 000\div15\ 000)=2\ 000(元)$$
乙丙产品固定成本的计算方法依此类推。

根据上述资料可以看出,如果乙产品停产,其分摊的固定成本将转嫁给甲、丙产品,这样不仅不会增加企业的利润,反而还会引起利润的减少,甚至整个企业出现亏损。这可以通过表 12-20 加以说明。

表 12-20   单位:元

产品名称	甲产品	丙产品	合计
销售收入	5 000	7 500	12 500
变动成本	3 000	3 600	6 600
贡献毛益	2 000	3 900	5 900
固定成本	2 400	3 600	6 000
税前净利润(或净损失)	(400)	300	(100)

至于亏损产品是否转产的决策分析,只要转产的产品是利用亏损产品的生产能力,而不占用其他产品的生产能力,而且它所提供的贡献毛益总额大于原亏损所提供的贡献毛益总额,此项转产方案就是可行的;如果情况相反,则不应转产。

三、本量利分析法

(一) 本量利分析法的基本原理

根据前面章节的介绍,本量利分析法是进行预测保本点、预测利润、预测目标销售量(销售额)时常用的一种重要方法。这种方法同样可以应用于短期决策分析。在短期经营决策分析中采用本量利分析法,就是根据不同备选方案中各自的成本、业务量、利润之间的依存关系来确定最优的方案。例如,生产工艺及设备的选择,零部件自制与外购等方面的短期经营决策的分析等。

本量利分析法应用于经营决策分析,需要引入一个概念,即成本分界点。成本分界点是指两个备选方案的预期成本相等时对应的业务量。其计算公式推导过程为:

设:备选方案预期成本相等的业务量为 X 件,则

$$总成本(A方案) = 总成本(B方案)$$

$$固定成本总额(A) + 单位变动成本(A) \times 业务量(X) = 固定成本总额(B) + 单位变动成本(B) \times 业务量(X)$$

$$X = \frac{固定成本 B - 固定成本 A}{单位变动成本(A) - 单位变动成本(B)}$$

上述成本分界点,主要用于业务量不确定情况下的决策分析。

(二) 决策分析举例

1. 生产工艺选择的决策。一般情况下,企业的同一种产品可以采用不同类型的生产设备加工制造,而由于采用的生产设备不同,其加工成本相差较大。一般而言,普通的、较为简单的设备,加工产品所需的一次调整准备费用较少,但加工一件产品所需的加工费较多;而比较高级的专用设备,一次调整所需的调整准备费用较多,但加工一件产品所需的加工费用较少。就调整准备费用而言,其总额是相对固定不变的,一般不受加工批量大小的影响,但单位产品平均分摊的调整准备费用,随着每批加工数量的增减,呈反比例变动。就加工费用而言,单位产品的加工费用是相对不变的,而加工费用总额随着加工批量的增减而相应地发生变化。因此,当加工批量较小时,前一种工艺有利;加工批量较大时,后一种工艺较为适宜。对这类问题进行决策分析时,首先应找到不同生产工艺之间的"成本分界点",然后从各备选方案不同的单位成本项目(如加工费、工艺装备费等)中择其低者。

【例12-24】某企业生产甲产品,可以采用普通型车床、半自动化车床、自动化车床进行加工生产,不同设备的调整准备费用和每件产品的加工费用见表12-21。

表 12-21

摘要	每次调整准备费(固定成本总额,元)	单位产品加工费(单位变动成本,元/件)
普通型车床	10	0.90
半自动化车床	20	0.40
自动化车床	60	0.08

要求：做出生产该产品使用哪种设备成本最低的决策分析。

【解析】设 X_1 为普通型车床与半自动化车床的成本分界点；X_2 为半自动化车床与自动化车床的成本分界点；X_3 为自动化车床与普通型车床的成本分界点。则有：

$$X_1 = (12-20) \div (0.40-0.90) = 20 \text{ 件}$$
$$X_2 = (20-60) \div (0.08-0.40) = 125 \text{ 件}$$
$$X_3 = (12-60) \div (0.08-0.90) = 61 \text{ 件}$$

为了使结果更为明确、直观，可用图12-13表示。由图12-13可以看出：当该批零件的批量小于20件时，采用普通车床成本较低；当批量在20~125件之间时，采用半自动化车床较为有利；若批量超过125件时，则应采用自动化车床。如果半自动化车床因种种限制条件不能加工该批零件，加工批量在61件以内时，应采用普通车床；批量超过61件时，则采用自动化车床对其加工。

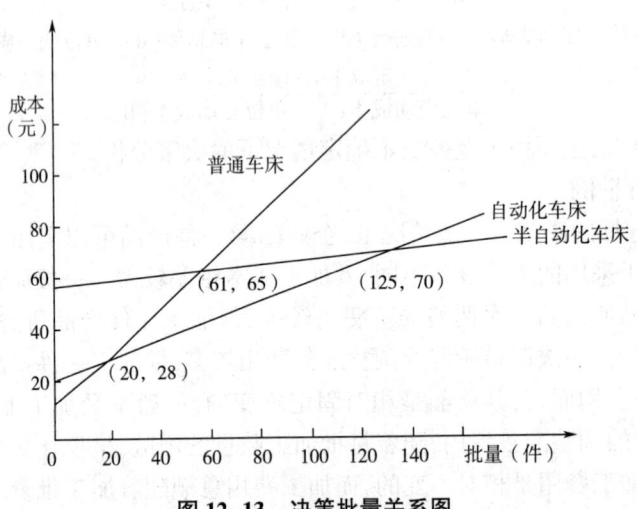

图 12-13　决策批量关系图

2. 零部件自制还是外购的决策。对此项决策除采用差量分析法外，还可以应用本量利分析法。由于所需零部件的数量对自制方案或外购方案均无差异，因而这类决策一般只需考虑自制方案与外购方案的成本高低。通过计算成本分界点，择其低者确定决策方案。

【例12-25】某企业需要甲零件，如果外购，可用40元/件的单价购入，如果自制，则其单位变动成本为20元/件，并需为此追加固定成本10 000元/年。要求：做出甲零件年需要量为多少时宜于自制的决策。

【解】设自制与外购方案成本分界点的年需要量为 X 件，则有：

$$40X = 20X + 10\,000$$
$$X = 500$$

求出的成本分界点见图12-14。

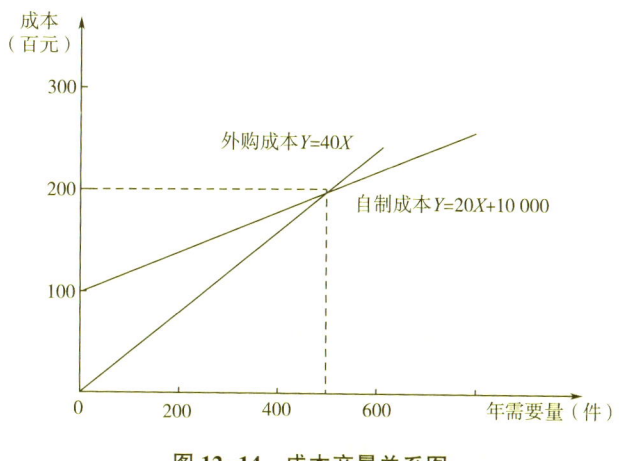

图 12-14 成本产量关系图

由图 12-14 可以看出:当零件的年需要量超过 500 件时,自制总成本低于外购成本,以自制为宜;若年需要量在 500 件以内,则以外购为宜。

第三节 会计控制

会计控制是企业内部控制的重要组成部分,是保证包括决策目标在内的管理目标得以实现的措施和手段,具体包括全面预算管理、标准成本管理、责任会计管理等内容。本节主要介绍全面预算管理、标准成本控制等具体控制手段。

一、全面预算管理

(一)全面预算管理的含义和分类

预算管理越来越受到企业管理者的重视,其主要原因之一是预算管理在企业控制活动中的重要作用。一般来讲,全面预算是指用数量形式集中而系统地反映企业未来一定期间的全部经济活动及其成果,或称之为"企业全部计划数量的说明",通常表现为一整套预计的财务报表及其附表。

全面预算可以按以下不同标准进行分类:

(1)按照是否考虑多种业务量水平,可将其分为固定预算(静态预算)和弹性预算(变动预算)。

(2)按照是否考虑不确定因素,可将其分为定值预算和概率预算。

(3)按照预算的编制基础,可将其分为现基预算(含增量预算和减量预算)和零基预算。

(4)按照预算期间的起止时间是否具有变动性,可将其分为定期预算和滚动预算。

(5)按照预算作用的长短,可将其分为一年以内的短期预算和一年以上的长期预算。

(6)按照预算的编制主体和范围来分,可将其分为由各职能部门编制的部门预算和由财务部门编制的综合预算。前者是对后者的合理分解,后者是对前者的集中、平衡和统一。

(7)按照预算的客体,即按照预算的经济内容来分,则将其分为业务预算(营业预算)、财务预算和资本支出预算三大类。其含义分别是:

①业务预算是指对企业日常的生产经营活动编制的预算。日常的生产经营活动也就是企业日常的供、产、销活动。业务预算包括:销售预算、生产预算、直接材料预算、直接人工预算、制造费用预算、生产成本预算、销售及一般管理费预算等。由于企业供、产、销活动是企业最基本、最经常的活动,所用它又被称为基本预算或经常预算。

②财务预算是指根据其他预算所涉及的有关现金收支、经营财务成果和企业财务状况等变动所编制的预算。现金被认为是企业经营活动的"血液",任何单位、部门所从事的任何活动都离不开现金的支持,企业经营活动结果最终都要以财务成果表现出来,它不仅可表明经营的好坏,在预算中还可表明预算编制是否符合经营目标的要求。因此,财务预算主要包括现金预算、预计利润表、预计资产负债表、预计现金流量表等。

③资本支出预算是指对企业扩大、更新或改善生产资源及销售渠道等重大决策活动所编制的预算。如固定资产改、扩建及更新预算,长期投资预算,开辟新的销售渠道的投资预算等。这些预算的共同特点是:它们体现着企业重大的经营决策和发展方向,预算所涉及的时间较长(一般在一年以上),支出的数额较大,不确定因素较多,编制的困难较大,对投资的数量、期间、回收等需做出适当的估计,以便为企业从整体上调整资金提供必要的参考资料。

(二)全面预算的体系结构

全面预算的具体内容虽因企业规模和生产技术特点不同而有所差异,但其基本内容如前所述,主要由业务预算、财务预算和资本支出预算三部分组成。其特点是以销售预算为中心,统筹协调生产经营活动各方面的预算,使之相互配合和平衡。

全面预算体系是指由一系列单项预算所构成的预算的有机整体的总称。其中,各单项预算之间相互联系较为复杂,难以用某种简单办法准确描述。图12-15用来反映各单项预算之间的主要联系,可作为全面预算的基本体系。

上述体系的原理如下:

1. 销售预算是全面预算体系的核心,是年度预算的编制起点。因此,企业首先应根据长期市场预测和生产能力编制长期销售预算,并以此为基础确定本年度的销售预算。同时,要根据企业财力确定资本支出预算。

2. 根据"以销定产"的原则确定生产预算并考虑所需要的销售费。编制生产预算,除考虑计划销售量外,还需考虑现有存货和年末存货。

3. 根据生产预算来确定直接材料、直接人工和制造费用预算。

4. 产品成本预算和现金预算是有关预算的汇总。

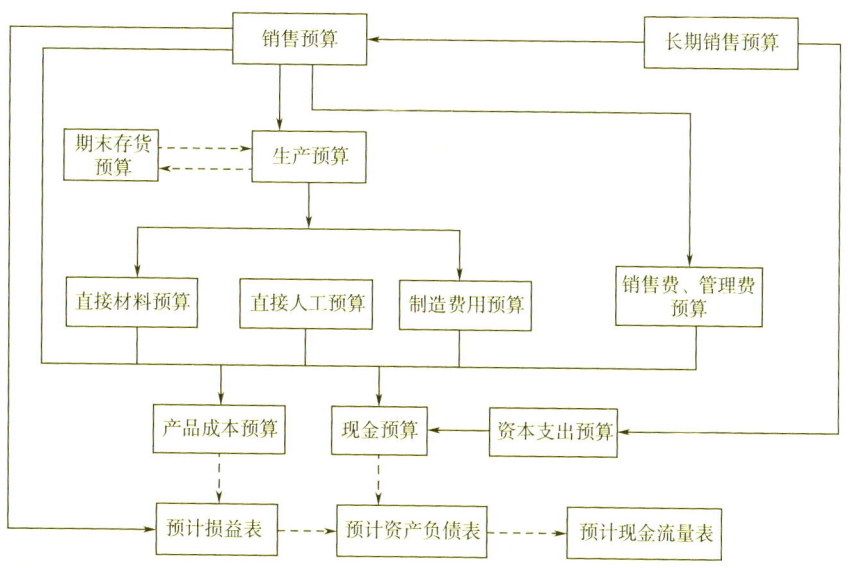

图 12-15　全面预算基本体系

5. 预计利润表、预计资产负债表和预计现金流量表等。

（三）全面预算的编制程序

科学合理的预算体系需要规范完整的编制步骤，虽然企业目标不同会导致不同的预算形式和内容，但至少在以下步骤方面是预算编制过程所应共同遵守的。

第一，最高领导层根据企业长期规划和有关预测决策资料，提出企业一定时期内的经营总目标，并提前约三个月分解下达各基层预算执行单位和各职能部门。

第二，基层经营管理人员根据基层单位实际情况，草拟尽可能可靠的本单位预算草案，并提前两个半月交所属职能部门。

第三，各职能部门汇总、协调本部门的预算，分别编制出销售、生产、财务等预算并提前约两个月报送企业预算委员会。

第四，预算委员会审查、平衡业务预算，继而汇总出企业的总预算，并提前一个半月报送企业领导和审议机构。

第五，企业领导和审议机构通过或责令修改预算并提前一个月提交董事会通过。

第六，董事会通过、批准后的预算下达各预算执行部门执行。

上述程序实际上属于"自我编制预算"模式。这种模式实际上是领导人、专业人员和预算执行部门相结合的产物，它既有科学的方法作为指导，又有实践活动作为基础，确保了预算的科学性和先进性；同时，它比较符合预算执行部门的实际情况，通过各部门管理人员的努力可以实现。

(四)全面预算的编制方法

在一定的步骤和过程指导下可以采用灵活适用的方法编制预算,不同方法的选择要与预算管理要求、企业管理现状和控制水平能等结合起来。目前常用的编制方法包括固定预算法、弹性预算法、零基预算法、概率预算法等。

1. 固定预算法。固定预算是指以预算期内某一特定作业量水平(如开工率、产销量等)为基础编制的相对稳定的预算,也称为静态预算或常规预算。它适用于预算期作业量水平变动不大或同预算内容关系不大等情况下的预算编制。

(1)销售预算。销售预算的主要内容是销量、单价和销售收入。同时,为便于以后编制现金预算,销售预算中通常还包括预计现金收入的数据。

销售预算的编制依据主要是:市场预算资料、销售合同和尚未交货的订货量等历史数据;价格决策确定的销售单价和销售货款收回的规定等。

销售预算在实际工作中要求分品种、月份、销售区域来反映,以下的举例都做了简化,目的是有利于掌握原理。

【例 12-26】假定某公司只生产和销售一种产品 A,其单位售价确定为 200 元,根据销货合同和市场预测的年产品销量为 6 300 件,其中,一季度 1 000 件,二季度 1 500 件,三季度 2 000 件,四季度 1 800 件。每季度的销售收入中,本季可收到现金 60%,其余 40% 于下季度收回。上年度应收账款余额 62 000 元将于年度第一季度全额收回现金。

根据资料,可编制销售预算(含预计现金收入),如表 12-22(a)和表 12-22(b)所示。

表 12-22(a) 销售预算

项目	一季度	二季度	三季度	四季度	全年合计
预计销售量(件)	1 000	1 500	2 000	1 800	6 300
预计单位售价(元)	200	200	200	200	200
销售收入(元)	200 000	300 000	400 000	360 000	1 260 000

表 12-22(b) 预计现金收入 单位:元

项目	一季度	二季度	三季度	四季度	全年合计
上年应收账款	62 000				62 000
一季度销售收入	120 000	80 000			200 000
二季度销售收入		180 000	120 000		300 000
三季度销售收入			240 000	160 000	400 000
四季度销售收入				216 000	216 000
现金收入合计	182 000	260 000	360 000	376 000	1 178 000

(2)生产预算。生产预算是在销售预算的基础上编制的,其主要内容有销售量、期初和期末存货,以及预计生产量。编制生产预算的依据主要是销售预算、期初和期末的存货水平。

在以销定产的条件下,销售预算中的预计销货量从根本上限定了生产预算的编制,但二者并非等同。为了保证随时都有足够的产品向外销售,任何企业都必须设置必要的产销缓冲,亦即要设置一定的产品存货。期末存货数量通常按下期销售量的一定百分比确定。期末存货确定以后,各期预计生产量就可以按下列公式计算:

$$预计生产量=预计销售量+预计期末存货-预计期初存货$$

上式中,预计销售量从销售预算中取得;预计期初存货,即上期期末存货,从年初存货余额资料中取得;预计期末存货如前所述,按下期销售量的一定比例确定,必要时,还可单独编制存货预算。

【例12-27】假定某公司年初有产品存货100件,预计年末留存200件,其他各期期末存货按下期预计销售量的10%确定。各期预计销售量见表12-22(a)"销售预算"。要求据以编制该公司的生产预算。

据上述资料和计算公式编制该公司的生产预算,见表12-23。

表12-23 生产预算 单位:件

项目	一季度	二季度	三季度	四季度	全年合计
预计销售量	1 000	1 500	2 000	1 800	6 300
加:预计期末存货	150	200	180	200	200
减:预计期初存货	100	150	200	180	100
预计生产量	1 050	1 550	1 980	1 820	6 400

(3)直接材料预算。直接材料预算的主要内容包括单位产品直接材料用量、生产需用量、期初和期末存量、预计材料采购量和预计采购金额等。为便于以后编制现金预算,还应预计材料采购各季度的现金支出。编制直接材料预算的主要依据是:生产预算、材料用量标准、期初及期末存货水平、材料计划单价和购料款的支付规定等。有关的计算如下:

$$预计生产需用量=预计生产量×单位产品材料用量$$
$$预计材料采购量=预计生产需用量+预计期末存量-预计期初存量$$

上式中,"预计生产量"的数据来自生产预算;"单位产品材料用量"可从标准成本资料或消耗定额资料中得到;各期"预计期初存量"即上期期末存量;各期"预计期末存量"按下期生产需用量的一定百分比确定。

【例12-28】某公司年初材料存量预计3 000千克,年末材料存量预计为4 000千克,其余各期末材料存量按下期生产需用量的20%确定。材料计划单价为5元/千克。有关产品产量资料参见表12-23"生产预算"。另假定各期采购货款的50%在本季度支付,其余50%在本季度支付。上年应付账款余额23 500元应在预算年份第一季度支付。要求据以编制直接材料预算。

【解析】据上述资料和有关材料计算公式,编制该公司直接材料预算(含预计现金支出),见表12-24(a)、表12-24(b)。

表12-24(a)　直接材料预算

项目	一季度	二季度	三季度	四季度	全年合计
预计生产量(件)	1 050	1 550	1 980	1 820	6 400
单位产品材料用量(千克/件)	10	10	10	10	10
生产需用量(千克)	10 500	15 500	19 800	18 200	64 000
加:预计期末存量(千克)	3 100	3 960	3 640	4 000	4 000
减:预计期初存量(千克)	3 000	3 100	3 960	3 640	3 000
预计材料采购量(千克)	10 600	16 360	19 480	18 560	65 000
预计采购金额(元)	53 000	81 800	97 400	92 800	325 000

表12-24(b)　预计现金支出　　　　　　　　　　　　　　　单位:元

项目	一季度	二季度	三季度	四季度	全年合计
上年应付账款	23 500				23 500
第一季度采购	26 500	26 500			53 000
第二季度采购		40 900	40 900		81 800
第三季度采购			48 700	48 700	97 400
第四季度采购				46 400	46 400
合计	50 000	67 400	86 900	95 100	302 100

(4)直接人工预算。直接人工预算的编制也以生产预算为基础,其主要内容是预计生产量、单位产品工时、每小时人工成本和人工总成本。其编制依据主要是生产预算、工时定额和有关的标准成本资料。人工总工时和人工总成本可根据预计生产量直接求出。人工工资都用现金支付,不需要另外编制预算,可直接参加现金预算的汇总。因此,本预算的编制相对而言比较简单。

【例12-29】某公司生产的A产品单件工时为10小时,每小时人工成本为2元,各期预计产量参见表12-23"生产预算"。要求据以编制该公司的"直接人工预算"。见表12-25。

表 12-25　直接人工预算

项目	一季度	二季度	三季度	四季度	全年合计
预计产量(件)	1 050	1 550	1 980	1 820	6 400
单位产品工时(小时/件)	10	10	10	10	10
人工总工时(小时)	10 500	15 500	19 800	18 200	64 000
小时人工成本(元/小时)	2	2	2	2	2
人工总成本(元)	21 000	3 1000	39 600	36 400	128 000

(5)制造费用预算。制造费用指应列入产品成本的各项间接费用。制造费用按其习性可分为变动制造费用和固定制造费用。为配合成本计算和控制,制造费用预算一般要区分固定制造费用和变动制造费用两部分内容分别编制。同时,为便于现金预算的编制,还需要预计其中的现金支出;制造费用中,除折旧费外都需要支付现金。所以,根据各期制造费用数额扣除折旧费用后,即可得出"现金支出的费用"。制造费用的编制依据主要包括有关制造费用的历史资料、标准成本资料、预算期的生产规模变动情况、各费用的明细项目在预算期的开支水平等。制造费用预算中的各明细项目原则上应同正常出现的项目一致。

【例 12-30】某公司区分变动制造费用和固定制造费用两部分内容编制其制造费用预算。其中,固定制造费用含折旧费每季度 10 000 元,共 40 000 元。变动制造费用预算数按预计生产量,参考标准成本资料求得。固定制造费用与产量无关。本例中假定变动制造费用项目的标准成本分别为:修理费每件 2 元,其他项目每件 1 元。故可参照历史水平,根据预算期实际需要的支出,调整确定其预算数。要求:据以编制公司的制造费用预算。

【分析】根据上述资料和要求编制的该公司制造费用预算见表 12-26。表中数字除折旧费外,变动费用预算数字是根据各期产量乘以单件标准成本来计算;固定费用数字系假定数字,与表中的其他数字无联系。

表 12-26　制造费用预算　　　　　　　　　　单位:元

项目	一季度	二季度	三季度	四季度	全年合计
变动制造费用					
间接人工	1 050	1 550	1 980	1 820	6 400
间接材料	1 050	1 550	1 980	1 820	6 400
修理费	2 100	3 100	3 960	3 640	12 800
水电费	1 050	1 550	1 980	1 820	6 400
合计	5 250	7 750	9 900	9 100	32 000
固定制造费用					

续表

项目	一季度	二季度	三季度	四季度	全年合计
修理费	10 000	11 400	9 000	9 000	39 400
折旧	10 000	10 000	10 000	10 000	40 000
管理人员工资	2 000	2 000	2 000	2 000	8 000
保险费	750	850	1 100	1 900	4 600
财产税	1 000	1 000	1 000	1 000	4 000
合计	23 750	25 250	23 100	23 900	96 000
总计	29 000	33 000	33 000	33 000	128 000
减:折旧	10 000	10 000	10 000	10 000	40 000
现金支出的费用	19 000	23 000	23 000	23 000	88 000

(6)产品成本预算。产品成本预算的主要内容是产品的单位成本和总成本。其中,总成本中又分为生产成本、销货成本和期末产品存货成本(便于编制财务预算)三部分。其编制依据包括销售预算、生产预算、直接材料预算、直接人工预算和制造费用预算。有关的计算公式和数字来源说明如下:

生产(销货、存货)总成本=生产(销货、存货)数量×单位成本

其中:生产数量和期末存货数量来自"生产预算"(表12-23);销售数量来自"销售预算"[表12-22(a)]。

单位产品直接材料预算成本=单位产品直接材料预算耗用量×计划单价

单位产品直接人工预算成本=单位产品工时标准×预算工资率

单位产品制造费用预算成本=单位产品工时标准×预算制造费用分配率

产品单位生产成本预算数等于上述各成本项目预算数之和(变动成本法下不含固定性制造费用部分)。在实行标准成本制度的企业,"单位生产成本预算"就是"标准成本单"。

(7)销售费用和管理费用预算。销售费用和管理费用预算包括销售费用预算和管理费用预算两部分内容。其编制依据主要是销售预算及各费用项目的具体情况,其中,销售费用预算是指为实现销售预算而需要的费用预算。编制时,以销售预算为基础,要分析销售收入、销售利润和销售费用的关系。编制销售费用预算应注意结合对过去的销售费用进行分析,必要时可将其区分为变动性和固定性两部分分别预算,通常以其历史资料为基础,按预算期的可预见变化来调整确定。

【例12-31】假定某公司的销售费用和管理费用在各季度均衡发生,并假定全部为现金支出。销售费用预算假定由销售人员工资及佣金、广告费、包装运输费和保管费四个项目组成。其预算年度的费用数额分别确定为20 000元、55 000元、30 000元和27 000元;管理费用预算假定由管理人员薪金、福利费、保险费和办公费用四个项目组成,其预算年度的费用

数额分别确定为 40 000 元、8 000 元、6 000 元和 14 000 元。要求据以编制该公司的销售费用及管理费用预算。

编制结果见表 12-27。表中系年度预算数字。

表 12-27　销售费用和管理费用预算　　　　　　　　　单位:元

销售费用:	
销售人员工资及佣金	20 000
广告费	55 000
包装运输费	30 000
保管费	27 000
管理费用:	
管理人员薪金	40 000
福利费	8 000
保险费	6 000
办公费	14 000
合计	200 000
每季度支付现金 = 200 000 ÷ 4 = 50 000	

以上的销售预算、生产预算、直接材料预算、直接人工预算、制造费用预算、产品成本预算、销售费用和管理费用预算统称为业务预算或营业预算。

(8) 现金预算。现金预算用来详细反映预算期预计的现金收支情况,其具体内容由四部分组成,即现金收入、现金支出、现金多余或不足,以及不足资金的筹集和运用。编制现金预算应以业务预算和资本支出预算为基础。其具体的编制依据是销售预算、直接材料预算、直接人工预算、制造费用预算、销售费用及管理费用预算等。

(9) 预计收益表,又称损益表预算、利润表预算或利润计划。它与实际损益表或利润表的内容格式相同,只不过数字是面向预算期的,其实质相当于利润计划。预计损益表的编制依据主要是销售预算、制造费用预算、产品成本预算、销售费用及管理费用预算、现金预算及其他相关资料。

(10) 预计资产负债表。预计资产负债表用来综合反映企业在预算期末那一天的预计财务状况。其内容、格式与实际的资产负债表相同,只是有关数据是预算期末的预计数。编制预计资产负债表的主要依据是预算年初的资产负债表,销售、生产等业务预算及资本支出预算。编制的方法是以预算期初资产负债表的各项目的数字为基础,根据有关预算引起的各项目数据的变动调整编制。

2. 弹性预算法。弹性预算是相对于固定预算（静态预算）而言的,指用数量形式反映的、按未来一定时期可以预见的、多种业务量水平分别确定的、具有伸缩性的预算。弹性预算主要用于各种间接费用预算,有时也可以用于成本和利润预算。弹性预算的特点主要表现在:它是按一系列业务量水平编制的,从而扩大了预算的适用范围。对成本预算来讲,由于它按成本的不同习性列示,从而便于在预算期终了时计算"实际业务量的预算成本",从而使预算执行情况的评价和考核建立在更加现实和可比的基础上。很显然,弹性预算具有灵活机动、便于分析、利于控制等优点,可以有效弥补固定预算的不足。

弹性预算的前提条件是预算内容与作业量的变化有密切联系。在此前提下,可参考以下基本程序来编制弹性预算:

(1)确定作业量的计算标准及变化区间。不同的作业量,其计算标准不同,相应的预算内容也不同。因此,为了明确预算内容和作业量的变动关系,必须对作业量选用一个具有代表性的计量标准,如销售预算中,核心是销售收入的预测,与此有关的作业量主要是以实物形式计量的销售数量。

对业务量可能出现的各种情况（或称之为变化区间）应给予科学估计,以便在某一变化区间内,划分不同的业务量标准来编制相应的预算,既要保证预算有足够多的业务量标准,具有较大的"弹性",又要保证简便易行,不至于过于复杂而无法编制。

(2)确定作业量变动与相应预算内容数量变动之间的关系。各种形式的作业量的变化与相应预算内容数量变动之间的关系,是编制弹性预算的重要计算依据。例如,编制弹性成本预算时,就应明确划分为变动成本和固定成本两部分,后者在相关范围内对产销量变化无反应,无"弹性",而前者随业务量变动成正比例变动。把握这个"比例"是弹性预算科学、可靠的保证。

(3)按照一定的方式表达弹性预算的结果。弹性预算的表达方式主要有列表法、公式法和图解法三种。

①列表法,也称"多水平法",就是将确定的作业量变化区间划分为若干水平段,分别确定各该作业量水平下的预算金额并在一张表中对比列示。这种方式便于阅读和比较,但"弹性"不连续,只限于若干种业务量水平,难以描述业务量变化区间的全部情况,从而具有一定的局限性。

②公式法,就是将作业量和预算内容的变动情况,通过某种数学公式来表达,从而在实际业务量出现后,随时可利用该公式计算出相应的预算金额,以便进行比较。其优点是能适用于任何作业量水平下的预算控制。但用数学公式来表示其变化关系,有时是很困难的,甚至做不到,或表达不准确,从而影响预算的正确性。另外,这种方式在进行不同作业量预算比较时还需分别计算,所以应用起来不如列表法直接。

③图解法,就是将预算内容同作业量的变化关系,用曲线在坐标图中列示出来,以便比较。它能克服上述两种方式的缺点,但其精确性难以保证,在关系复杂时,要充分表达,必将使图形过于繁杂难读,甚至不易绘制。所以,这种方式一般不单独使用。

现以制造费用为例,说明弹性预算的标准方法。

【例 12-32】某公司的生产能力利用程度在 70%到 110%之间变化,其相应的业务量工时分别为 9 730,11 120,12 510,13 900,15 290。相关范围内,固定性制造费用数额不变,其组成为:管理人员工资 3 000 元,折旧费 10 000 元,保险费 1 600 元,财产税 2 080 元,共计 16 680 元。变动性制造费用在相关范围内的变动率为 2 元/小时,其中,间接人工 0.6 元/小时;间接材料 0.5 元/小时;维修费 0.2 元/小时;水电费 0.4 元/小时;固定资产租金 0.3 元/小时。要求区分五种不同的业务量水平,编制制造费用的弹性预算并以列表法表示。

分析:制造费用预算区分为变动制造费用和固定制造费用分别进行。其中:变动制造费用各项目可根据各种不同的业务量以及相应的变动成本率相乘计算求得;固定性制造费用在相关范围内保持不变,无须计算。据此,可编制该公司制造费用的弹性预算,如表 12-28 所示。

表 12-28 制造费用预算

项 目	生产能力水平下的费用额(元)				
	70%	80%	90%	100%	110%
	9 730 工时	11 120 工时	12 510 工时	13 900 工时	15 290 工时
变动制造费用					
间接人工(0.6 元/小时)	5 838	6 672	7 506	8 340	9 714
间接材料(0.5 元/小时)	4 865	5 560	6 255	6 950	7 645
维修费(0.2 元/小时)	1 946	2 224	2 502	2 780	3 058
水电费(0.4 元/小时)	3 892	4 448	5 004	5 560	6 116
固定资产租金(0.3 元/小时)	2 910	3 336	3 753	4 170	4 587
小计(2 元/小时)	19 460	22 240	25 020	27 800	30 580
固定制造费用					
管理人员工资	3 000	3 000	3 000	3 000	3 000
折旧费	10 000	10 000	10 000	10 000	10 000
保险费	1 600	1 600	1 600	1 600	1 600
财产税	2 080	2 080	2 080	2 080	2 080
小计	16 689	16 680	16 680	16 680	16 680
合计	36 140	38 920	41 700	44 480	47 260

3. 零基预算法。零基预算是相对于传统的增量预算或减量预算而言的一种"以零为基础"的编制预算的方法。采用零基预算法,不在上期有关预算的基础上做某种增减调整,而

是从零开始,根据未来一定期间内生产经营的实际需要所确定的有关项目的预算。

零基预算法的特点是:预算过程中不受既成事实的束缚,即不考虑基期的费用开支水平,一切以零为起点,按照预算期内应该达到的经营目标和工作水平,依次决定现有资源的分配顺序,确定出全新的预算。采用零基法编制预算,以零为起点观察和分析企业一切生产经营活动,不存在现成的可参考的费用预算开支项目,工作量较大。但是,正是由于它不受旧框框的影响,才能使预算符合目前实际,具有先进性。它可以保证预算指标不受以往既成事实的影响,有利于充分发挥各级管理人员的积极性和创造性。同时,还可促进基层单位精打细算,合理使用资金,提高资金的使用效果。

零基预算法的编制程序如下:

(1)企业管理高层提出预算期经营总目标作为各部门编制预算的基础和根据。

(2)各部门根据预算年度的企业经营总目标及本部门的具体指标,讨论预算期本部门需要开支的项目并制定相应的支出方案,包括支出目的和预计数额等;

(3)对每一项开支进行成本效益分析,然后对各种支出方案进行评价,权衡各支出方案的轻重缓急,将其分成若干层次并排序;

(4)根据预算期内可动用的资金来源,按照排定的先后顺序分配资金,落实预算方案。

【例 12-33】建华公司目前正要编制下年度的全面预算,其中销售费用和管理费用预算要求采用零基预算法编制。该公司下年度计划用于这两项费用的资金总额为 200 000 元。销售费用和管理费用的零基预算编制步骤和方法如下:

首先,由销售和管理部门的员工根据企业的总目标和本部门的具体目标,提出预算期内应支付的费用项目和金额:

广告费	60 000 元
包装费	100 000 元
房屋租赁费	42 000 元
培训费	80 000 元
差旅费	24 000 元
办公费	40 000 元

其次,将广告费、培训费和包装费进行成本—效益分析,比较其所耗与所得的数量关系。其详细结果见表 12-29。

表 12-29

项目	每期平均成本(元)	每期平均效益(元)	成本效益比例(%)
广告费	50 000	750 000	15
培训费	100 000	600 000	6
包装费	90 000	1 260 000	14

至于房屋租赁费、差旅费和办公费经研究认为属于必不可少的费用支出,应全额得到保证。

最后,将上述六个费用项目按照支出的性质和轻重缓急,分为若干层次排序。其顺序如下:

第一层次:房屋租赁费、差旅费和办公费都属于约束性固定费用,必须满足开支需要,其总额为 106 000 元,尚余 94 000 元。

第二层:广告费、包装费和培训费属于酌量性固定费用,可根据计划期间企业财力状况以及成本收益率的高低,采取以下方法予以分配。

广告费:　　　　　94 000 元×[15÷(15+6+14)] = 40 286(元)
包装费:　　　　　94 000 元×[14÷(15+6+14)] = 37 600(元)
培训费:　　　　　94 000 元×[6÷(15+6+14)] = 16 114(元)

4. 滚动预算法。

(1)滚动预算的定义和特点。滚动预算法又称连续预算或永续预算,是指按照"近细远粗"的原则,根据上一期的预算完成情况,调整和具体编制下一期预算,并将编制预算的时期逐期连续滚动向前推移,使预算总是保持固定的期间幅度的编制方法。简单地说,就是根据上一期的预算指标完成情况,调整和具体编制下一期预算,并将预算期连续滚动向前推移的一种预算编制方法。

滚动预算的编制,可采用长计划、短安排的方式进行,即在编制预算时,可先按年度分季,并将其中第一季度按月划分,编制各月的详细预算。其他三个季度的预算可以粗一些,只列各季总数,到第一季度结束前,再将第二季度的预算按月细分,第三、四季度及下年度第一季度只列各季总数,依此类推,使预算不断地滚动下去。

这种预算方式的优点非常明显:①能保持预算的完整性、继续性,从动态预算中把握企业的未来。②能使各级管理人员始终保持对未来一定时期的生产经营活动周详的考虑和全盘规划,保证企业的各项工作有条不紊地进行。③由于预算能随时间的推进不断加以调整和修订,能使预算与实际情况更相适应,有利于充分发挥预算的指导和控制作用(采用滚动预算的方法预算编制工作比较繁重,为了适当简化预算的编制工作,也可采用按季度滚动编制预算)。④有利于管理人员对预算资料做经常性的分析研究,并根据当前的执行情况及时加以修订,保证企业的经营管理工作稳定而有秩序地进行。⑤滚动预算有助于提高预算的准确性。滚动预算的预算期间具有动态固定特性,说它具有固定特性是因为滚动预算始终要保持一个固定的预算期间,通常为一年或者长于一年的一个经营周期;说它有动态特性,是因为每经过一个月,就根据已经掌握了的新的情况对后几个月的预算进行调整和修正,并在原来的预算期末随即补充一个月的预算。由此可见,滚动预算是在预算实施过程中,不断地修正、调整和延续预算。随着时间的推移,原来较粗的预算就逐渐由粗变细,同时,又补充新的较粗的预算,如此往复,不断滚动,预算的准确性也就不断地得到提高和保证。

（2）滚动预算的编制。采用此方法编制预算，当整个预算期内第一期正在执行时，以后各期要随着前期执行过程中出现的问题以及外部环境变化情况等不断进行调整和修正，使预算不断地与实践情况相接近。所以，编制滚动预算的主要工作并非不断修改预算数据，而是动态修正预算结果。

具体编制预算时，可以采取长计划、短安排的方法进行，即采取按季度滚动来编制预算，而在执行预算的季度中，再按照月份具体编制各月份的预算。该方法的编制流程如图12-16所示。

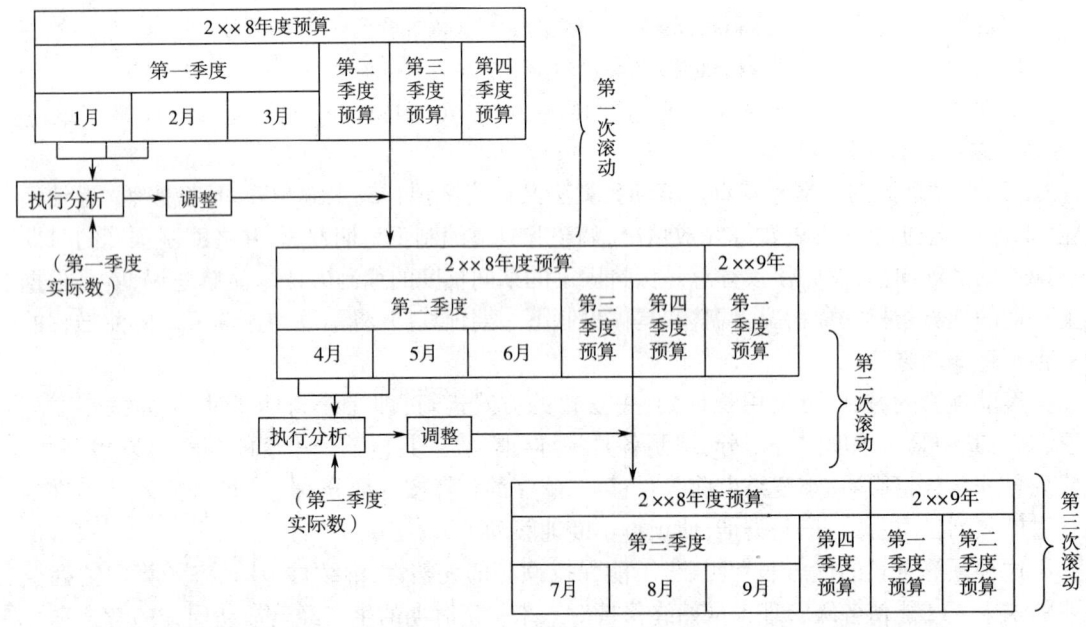

图 12-16　滚动预算编制流程

二、标准成本控制

标准成本控制是通过企业已存在的标准成本系统来完成的。依靠该系统，将成本信息标准化，再通过控制目标、控制标准、触发机制和反馈等控制系统要素实现标准成本的控制目标。

（一）标准成本系统的意义

所谓标准成本系统，是指预先制定标准成本，将标准成本与实际成本相比较，揭示成本差异，分析差异产生的原因，明确差异经济责任，消除差异并据以加强成本控制的一种成本计算系统和成本控制系统。

从系统内容来看，标准成本系统是一个包括制定标准成本、计算和分析成本差异，以及处理成本差异三个环节的完整系统。它既是成本计算系统的一个分支,又是成本控制系统的一个分支。它不仅被用来计算产品成本,而且更重要的是被用来加强成本控制。

采用标准成本系统,对于加强企业成本管理具有以下几方面的意义:

1. 有利于加强成本控制。标准成本既是衡量实际成本水平的一个尺度,又是评价和考核成本管理工作好坏的一个重要依据。企业通过标准成本和实际成本的比较,一方面可以分析差异产生的原因,另一方面还可以明确造成差异的经济责任。因此,采用标准成本系统,有利于企业加强成本控制。

2. 有利于进行经营决策。由于标准成本代表了成本要素的合理近似值,所以它可以作为确定产品销售价格和估算产品未来成本的依据,还可以作为本量利分析的原始数据资料。因此,采用标准成本系统有利于企业进行有关的长期、短期经营决策。

3. 有利于简化成本核算工作。采用标准成本系统,可以将标准成本和成本差异分别列示。对于材料、在产品、产成品和产品销售成本都可以按照标准成本直接入账;对于各项成本差异可以另外设置有关账户进行归集,在期终时一并进行处理。这样,使得账务处理及时而简单,还减少了很多费用分配的计算,从而简化了日常成本的核算工作。

(二)标准成本系统的运行程序

标准成本系统的运行程序不尽相同,但至少包括如下步骤:

1. 制定单位标准成本。单位产品标准成本的制定,是标准成本计算和成本控制的基础。单位产品的标准成本通常是按照产品的零件、部件及制作阶段,分别按照直接材料、直接人工和制造费用等项目制定的。各成本项目的标准成本制定出来之后,将各项目的标准成本相加,即为单位产品的标准成本,公式如下:

$$单位产品标准成本 = 直接材料标准成本 + 直接人工标准成本 + 制造费用标准成本$$

2. 计算单位产品的标准成本。产品标准成本的确定,就是按照产品的实际产量,计算出各种产品直接材料、直接人工和制造费用的标准成本。根据实际产品产量与单位产品的标准成本相乘,即为产品的标准成本,公式如下:

$$产品标准成本 = 产品实际产量 \times 单位产品标准成本$$

3. 汇总计算实际成本。汇总计算实际成本,就是按照一般的成本核算程序,归集和计算产品生产制造过程中实际发生的直接材料、直接人工和制造费用。

4. 计算标准成本差异额。标准成本差异额通常是指产品实际成本与产品标准成本之间的差额。计算公式如下:

$$标准成本差异额 = 实际成本 - 标准成本$$

5. 分析成本差异。分析成本差异是标准成本系统运作程序中最为重要的一个环节,只有通过成本差异的分析,才能够为降低成本指明方向。成本差异分析的基本步骤为:

(1)查明是什么样的差异,并确定其数额有多大。

(2)弄清差异产生的原因。

(3) 追究有关责任。

6. 提出成本控制报告。通过上述成本差异的分析，一方面可以找出成本差异产生的原因，另一方面还可以明确有关的经济责任。以此为依据，向有关责任人提出加强成本控制的报告，以便负责人采取有效措施，巩固成绩，克服缺点或修改标准，确保企业生产经营活动顺利进行。

第四节 计算机环境下的会计决策与控制

如上所述，会计决策一方面可以强化会计人员直接参与企业管理的意识，使其树立经营观念、市场观念、时间观念和竞争观念，另一方面可以提高会计人员的业务素质和能力，强化其会计基础工作，提高会计工作的效率、效益和质量。在计算机环境下，借助信息技术和手段可以协助会计人员实现会计的决策和控制等管理职能，使会计决策与控制功能有一个质的飞跃。

一、利用软件进行会计决策

计算机在会计工作中的引入，大大加深与拓宽了会计信息利用的深度和广度，并为会计决策提供了技术的便利和手段。利用软件进行会计决策途径主要有两类：一是借助会计软件本身提供的决策功能；二是借助专业决策软件对会计信息进行分析从而提供决策方案。

(一) 借助会计软件本身提供的决策功能

随着会计软件由核算型向管理型发展，目前的商品化会计软件系统除了提供完成会计核算的基本功能外，还增加了计划、控制、分析、预测、决策的功能，实现了会计软件从事后核算到实时反映及核算与管理一体化的转变。用户可以利用系统提供的功能对系统内部数据资源进行综合利用，从而变静态管理为动态控制，为预测、分析和决策提供保证，实现真正的决策支持。目前，多数会计软件本身都具备简单的决策支持模块，主要在财务分析模块和报表模块中体现。

财务分析是指以企业的财务报表和其他业务资料为依据，采用专门的方法，系统分析和评价企业过去和现在的经营成果、财务状况以及现金流量情况，目的是了解过去、预测未来，为企业决策提供信息。大多数商品化会计软件如用友、金碟等都有财务分析模块，利用该模块对会计数据进行综合分析与利用，实现了财务分析的信息化，分析的结果以报表或图形的方式直观地提供给用户，以满足用户决策的需要。

随着会计信息化不断发展，会计软件系统报表处理功能已日趋强大，利用报表系统不仅能够方便直观地编制对外报送的财务报表，而且很容易建立一套会计数据综合分析的模型以及企业内部的事务管理报表系统，为会计管理服务。

(二)借助专业的决策软件提供决策方案

利用会计软件系统中的财务分析模块和报表处理模块系统,虽然可以实现会计数据的综合分析与利用,但它们毕竟不是专业的数据分析软件,功能上受到某些限制,且会计决策问题的复杂性使通用会计软件难以面面俱到、满足使用者千变万化的需求。目前,大多数企业利用计算机进行会计决策是通过专业的决策软件来完成的。其中,最流行的会计决策方法是通过 Excel 电子表格软件对会计信息系统的基础数据进行加工分析,从而辅助管理人员做出合理决策。

对会计软件的二次开发可以满足企业特殊业务的需求,通过对会计软件系统进行客户化改造,在原会计软件系统的基础上,开发出一个全新的会计应用软件系统,可以对原会计软件系统中的数据进行进一步的加工、处理,达到综合利用的目的。会计信息系统内各个子系统之间都存在着数据接口,用以传递各子系统内部之间的数据。另外,会计软件系统一般都具有数据导出功能,而且提供了比较充分的常用导出数据格式,如:xls 电子表格、dbf 数据库格式等。数据一旦导出成功,就可以利用 Microsoft Excel 电子表格、Microsoft FoxPro 数据库系统等的数据处理能力进行导出数据的再加工、处理。

综上所述,无论是利用会计软件本身自带的决策系统,还是利用第三方的专业工具,进行会计决策的首要问题都是从会计软件系统中获取基本数据。目前,由于各会计软件的数据文件大都是加密的,数据库、数据表和数据结构出于安全考虑一般不公开,而源程序文件又是经编译过的面向计算机目标码的 EXE 文件。虽然会计软件开发商也考虑到为了对会计数据的综合利用,提供了一些用户数据接口和各种数据格式的导出功能,但仍远远满足不了实际财务管理与会计信息化管理的需要。随着企业经营管理水平的不断提高,对会计数据综合利用的需求越来越大,因此学习和掌握从会计软件系统中提取数据并进一步加工处理的方法和手段显得至关重要。本章重点探讨如何借助工具软件 Excel,对会计信息系统中的会计数据进一步综合加工、处理的问题。

二、利用 Excel 进行会计决策

Excel 电子表格软件是 Office 办公软件的核心组件之一。它功能强大,操作简单,适用范围广,提供了丰富的数据处理和运算函数,是目前对会计数据进行综合分析、处理的优秀工具软件。采用 Excel 对会计数据进行综合分析、处理的一般步骤如下。

(一)确定会计数据分析的目标和范围

会计数据分析的目标是指根据管理的要求,对会计数据分析所要达到的目的。它是整个会计数据分析的出发点,它决定着数据分析范围的大小、收集资料的详细程度、分析标准及分析方法的选择等整个会计数据分析过程。只有明确了会计数据分析的目标和范围,才能做到有的放矢。同时还可以节约收集分析资料、选择分析方法等环节的成本。

(二)获取分析所需的会计数据

利用 Excel 进行会计数据分析时,所有的分析数据都要首先收集到分析模型中。这些会

计数据主要有会计信息系统生成的账簿资料、财务报表等信息,此外还包括反映企业内部各方面生产经营活动的资料,以及企业外部的反映宏观经济形势、行业状况、其他同类企业经营情况的财务信息。因此,如何获取会计数据成为利用 Excel 进行会计数据分析的关键。一般情况下,利用电子表格进行会计数据分析时获取数据的方式主要有:

1. 人工输入分析数据。如果企业没有建立会计信息系统,未实现会计电算化,即会计核算和其他业务都是手工处理,会计数据的获取可以通过人工输入的方式,将需要的会计数据输入到 Excel 会计数据分析模型中。

2. 在电子表格中直接调用外部数据库中的数据。如果企业已经实现了信息化,会计核算或其他业务数据存储在信息系统相关的数据库文件中。此时会计数据的获取可以通过一定的方法直接调用。在 Excel 中直接调用外部数据库中数据的方法主要包括:①利用 Microsoft Query 访问外部数据库,将外部数据源中的数据引入;②使用 Microsoft Visual Basic 中的 DAO 检索 Microsoft Exchange 或 Lotus 1-2-3 数据源中的数据;③使用开放式数据库连接(Open Data Base Connectivity,ODBC)驱动程序获取数据库中的数据;④利用会计软件系统的数据导出功能,直接把会计数据导出到 Excel 会计分析模型中。

3. 建立相应的分析模型。本步骤主要是针对确定的分析目标,选择合适的数据分析方法,然后根据选定的分析方法在 Excel 中建立起相应的分析模型。利用 Excel 进行会计数据分析最大的优点就是模型一旦设置完成,以后再进行有关分析时,只需要改变原始分析数据,分析模型无须做大的改变。

4. 确定分析标准并做出分析结论。会计数据导入 Excel 数据分析模型中,分析过程自动完成。但为了得出分析结论,必须将分析后得到的企业真正的财务状况和经营成果与一定的分析标准相比较,进行判断,得出分析结论,为相关管理者提供决策有用的会计信息。

三、获取分析所需会计数据的方法

(一)利用会计软件系统的数据导出功能

目前,会计软件系统都具有数据导出功能,因此可以把会计信息系统中的会计数据导出到 Excel 中,然后再建立财务分析模型,完成对会计数据进一步的分析和利用。下面以用友 U8.50 为例分析某公司会计软件总账系统中管理费用的支出情况。获取会计数据的具体步骤如下:

1. 启动 U8.50 总账系统,从"我的工作"中选择"账表"—"科目账"查询功能中的"余额表",如图 12-17 所示。

2. 在"发生额及余额查询条件"对话框中输入查询条件,如月份、科目等,单击"确认"后,显示"管理费用"各明细科目的发生额及余额表,如图 12-18 所示。

3. 单击工具栏的"输出"功能,在"另存为"对话框中选择并输入相关信息,如图 12-19 所示。单击"保存"按钮,会计软件总账系统中的"管理费用"明细数据保存在指定的 Excel 电子表格中。

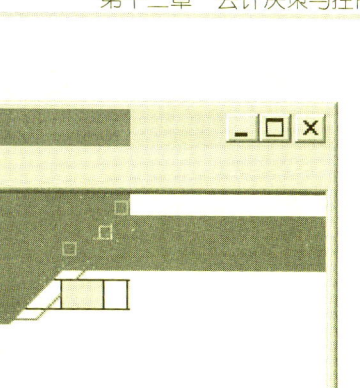

图 12-17　余额表选择界面

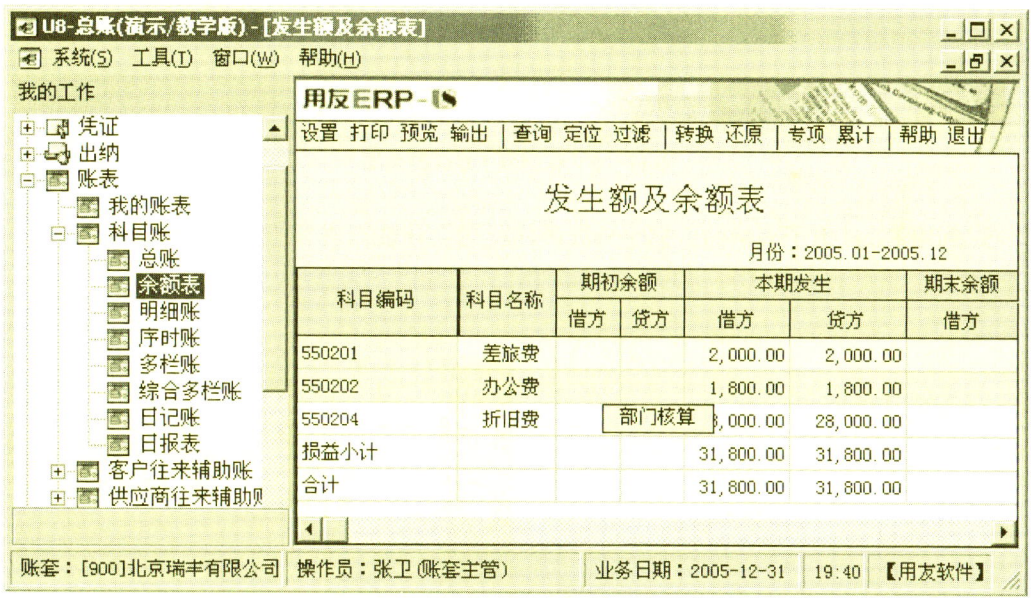

图 12-18　发生额及余额表界面

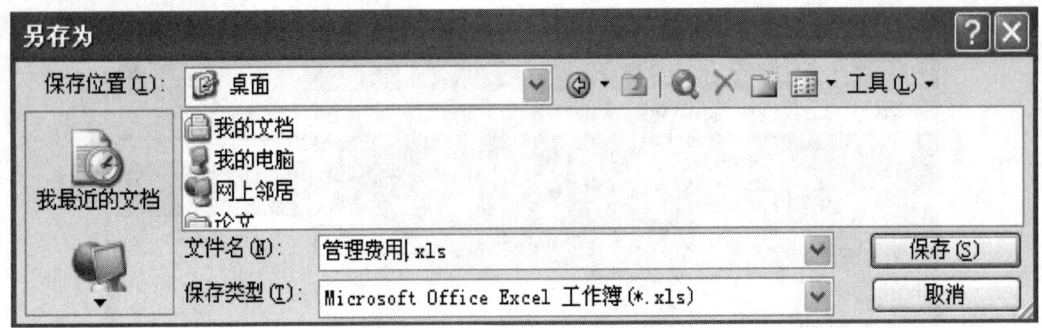

图 12-19　输出数据保存界面

4. 打开导出到 Excel 电子表格中的工作簿，并对导出到 Excel 电子表格中的数据加以调整，如图 12-20 所示。

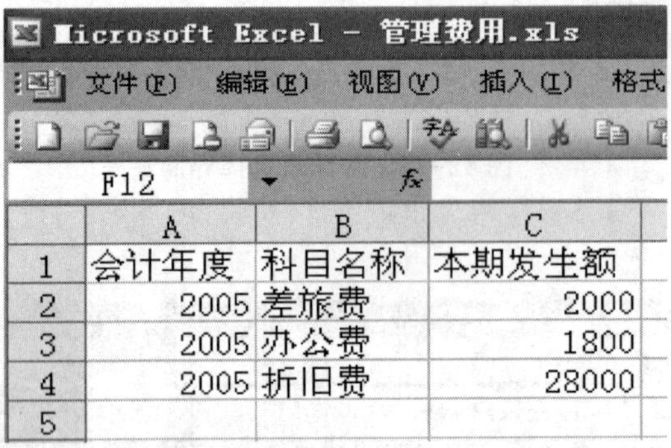

图 12-20　输出到 Excel 的数据

5. 利用 Excel 电子表格的数据分析处理功能对会计数据进行进一步的综合分析、利用。例如，可以生成数据分析图形，如图 12-21 所示。

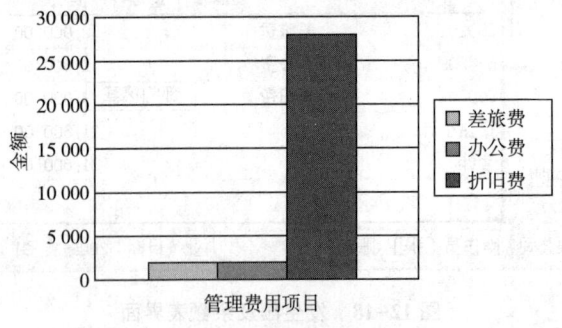

图 12-21　管理费用分析图例

(二) 利用 Excel 电子表格自身的导入外部数据的功能

由于电算化会计信息系统所处理的会计数据都存储在相应的数据库中,在对会计数据进行综合分析、利用时,可以利用 Excel 电子表格自身的导入外部数据的功能,从会计软件系统数据库文件中获取会计数据。Microsoft Query 就是一种将外部数据源中的数据引入 Microsoft Excel 的程序。使用该程序可以直接检索企业信息系统数据库中的数据,而不必重新键入需要在 Excel 中进行分析的数据。当数据库中的数据更新时,在 Excel 中建立的会计数据分析模型可以实现数据的自动更新。通过 Microsoft Query 向 Excel 中导入外部数据的步骤如下:

1. 启动 Excel 后,单击"数据"—"导入外部数据"—"新建数据库查询"命令,如图 12-22 所示。

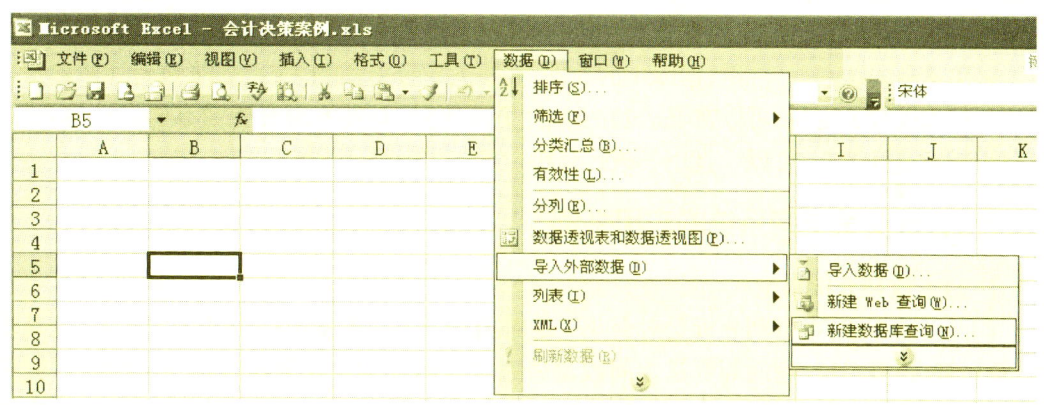

图 12-22　Excel 数据导入界面

2. 出现"选择数据源"对话框后,根据需要分析的原始会计数据实际存储的数据库,选择数据源,如图 12-23 所示。

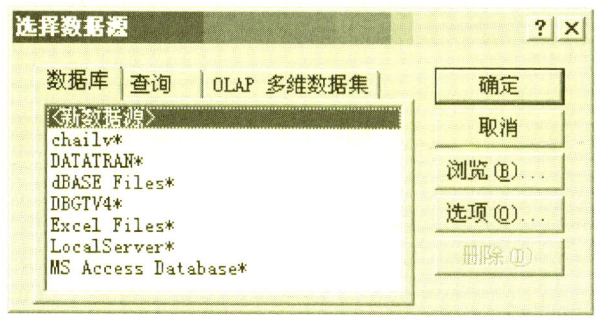

图 12-23　选择数据源界面

注意：如果数据源是关系数据库或 Excel 数据清单，则可选择"数据库"选项卡，并双击用于检索数据的数据库，如果需要安装新的数据源，可以双击"新数据源"，然后指定数据源。

如果数据源是系统中已经建立的查询文件，则打开"查询"选项卡，并选择之前用于检索数据的查询文件。

如果数据源是"OLAP 多维数据集"，则单击"OLAP 多维数据集"选项卡。OLAP（联机分析处理）多维数据集是一种组织数据的方法，适用于分析和管理数据，可以在 Excel 中创建需要的 OLAP 多维数据集。

3. 通过检索取得进行分析的财务数据。通过与数据库建立连接以后，系统将列示该数据库中所有的表、视图等数据结构以及每个表或视图包括的字段。可以选择分析数据所在的表和字段。取数之前，一定要明确知道被分析数据所在的数据库类型、数据库文件、数据结构的名称和每个字段的意义。最后将检索到的数据调入指定的 Excel 工作表中，按照选定的分析方法，建立分析模型，对会计数据进行综合分析、利用。

采用这种方法获取外部数据库中的数据，并建立了分析模型之后，如果作为外部数据来源的数据库进行了更新，可以在 Excel 中运用"更新数据"功能实现分析数据的自动更新，这样分析模型一旦建立，可以一直用其进行分析。

四、会计决策支持系统的应用举例

（一）本量利分析模型

前面已经介绍，本量利分析是对企业一定时期和一定业务量范围内的固定成本、变动成本、销售量、销售单价、利润等变量之间数量关系进行的一种定量分析方法，在企业预测、决策、规划和控制中得到广泛的应用。这里的量可以是产量，也可以是工时、销售量等。成本包括固定成本和变动成本。本量利分析的理论和方法本身并不复杂，但是计算工作量相当大，特别在因素分析时，如果变动的因素在一个以上，甚至全部因素都变动，其计算工作量是手工所难以承受的。利用 Excel 进行本量利分析是比较经济、恰当的选择。

敏感性分析是指从众多不确定性因素中找出对项目经济效益指标有重要影响的敏感性因素，并分析、测算其对项目经济效益指标的影响程度和敏感性程度，进而判断项目承受风险能力的一种不确定性分析方法。敏感分析应用广泛，主要是在求得某个模型的最优解后，研究模型中某个或若干个参数允许变化到多大，仍能使原最优解的条件保持不变，或者当参数变化超过允许范围，与那最优解已不能保持最优性时，提供一套简洁的计算方法，重新求得最优解。

在本量利关系的敏感分析中，主要包括两个部分：①研究分析有关参数发生多大变化时盈利转为亏损，公式表达为：销量×（单价－单位变动成本）－固定成本=0，每次令一个参数为变量，其他为常量。②研究各参数变化对利润变化的影响程度。主要采用敏感系数计量，敏感系数=目标值变动百分比/参量值变动百分比。

【例 12-34】某企业产销一种产品，销售单价为 10 元，单位变动成本为 6 元，固定成本为200 000元,预计产销量为100 000件。要求建立本量利敏感分析模型。

预计利润=预计产销量×(销售单价－单位变动成本)－固定成本

$= 100\,000 \times (10-6) - 200\,000 = 200\,000$(元)

根据上述数据在Excel中形成的敏感分析模型如图12-24所示。

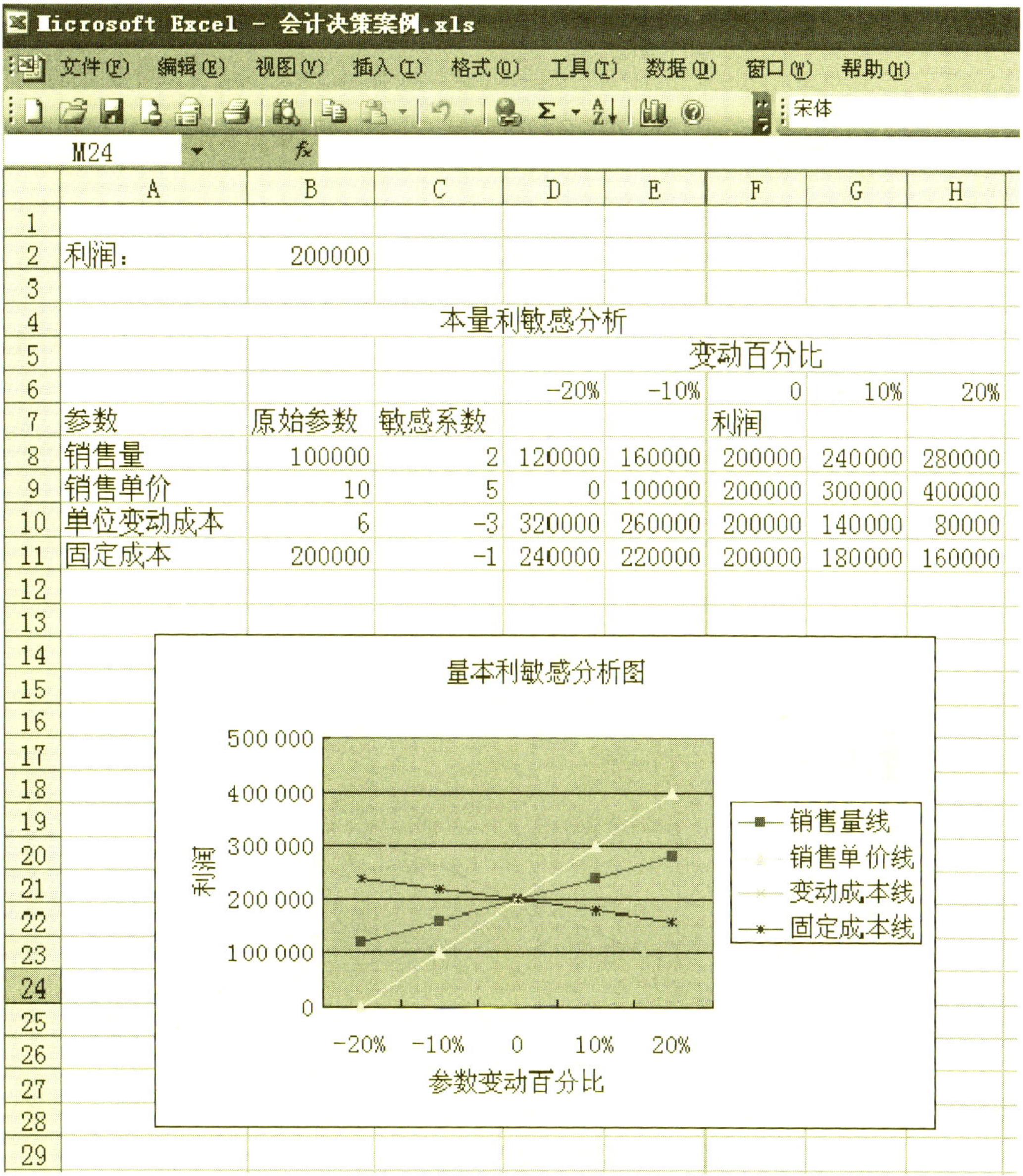

	A	B	C	D	E	F	G	H
1								
2	利润:		200000					
3								
4				本量利敏感分析				
5						变动百分比		
6				-20%	-10%	0	10%	20%
7	参数	原始参数	敏感系数			利润		
8	销售量	100000	2	120000	160000	200000	240000	280000
9	销售单价	10	5	0	100000	200000	300000	400000
10	单位变动成本	6	-3	320000	260000	200000	140000	80000
11	固定成本	200000	-1	240000	220000	200000	180000	160000

图12-24 本量利分析模型示例

有关单元公式如下：

$$B2=(B9-B10)\times B8-B11$$
$$C8=(B8\times(B9-B10)\times 1.1-B11-B2)/B2/0.1$$
$$C9=(B8\times(B9\times 1.1-B10)-B11-B2)/B2/0.1$$
$$C10=(B8\times(B9-B10\times 1.1)-B11-B2)/B2/0.1$$
$$C11=(B8\times(B9-B10)-B11\times 1.1-B2)/B2/0.1$$
$$D8=\$B\$2\times(1+\$C8\times D\$6)$$

将 D8 复制到 E8：H8，再将 D8：H8 复制到 D11：H11。如前所述，利用动态控件和动态链接技术可使该模型动态化。

(二)固定资产更新决策模型

【例 12-35】某企业计划用新型印刷机替代旧设备，现用设备账面价值 28 000 元，还可使用 8 年，购买新设备需耗资 45 000 元，可使用 10 年，企业要求最低报酬率为 15%，所得税税率为 25%。要求利用上述数据对此做出决策。

【分析】根据模型和数据资料，在 EXCEL 中输入下列公式，并由此生成决策方案，即可做出决策。

相关单元公式：

$$B15=B8\times(1-B12)+(B3-B10\times B6)\times B12$$
$$B16=PV(B11, B5-B6, -B9\times(1-B12))$$
$$B17=PV(B11, B5-B6, B10\times B12)$$
$$B18=-B7/(1+B11)^{\wedge}(B5-B6)$$
$$B19=SUM(B15:B18)$$
$$B20=B19/PV(B11, B5-B6, -1)$$
$$B22=IF(B20>C20,"使用新设备","使用旧设备")$$

五、计算机环境下的会计控制

(一)计算机环境下的会计控制特点

1. 控制主体多元化。控制主体由传统的组织和人员扩展至系统自我控制、信息技术参与控制以及系统互相控制等主体，呈现多元化趋势。

2. 控制手段多样化。计算机环境下控制手段由传统的科目设置、会计核算、账户记录、账簿核对、实务盘点等手段，已经扩展至数据挖掘、关联比对、可视化控制、密码控制、序号控制等手段。

3. 控制目标层次化。针对一个企业，会计控制体系的目标包括公司、业务和系统三个层次，该层次化特点是计算机环境带来的必然趋势，控制目标引导控制系统工作，达到多层次控制的目的，没有控制目标就没有控制系统可言。

4. 控制流程自动化。计算机环境下的控制流程不同于传统控制流程，呈现自动化趋势，通过实现设计的规则和程序，使得计算机控制具备一定程度的自动化功能，只要运行条件满足,即可触发流程运行机制,自动执行某个流程,例如订单审核流程自动化、风险预警流程自动化、应收账款的坏账跟踪流程自动化等。

5. 控制运行智能化。随着计算机环境的进一步发展,企业内外部信息系统的各类数据相互连接,自然而然就构成一个被数据包围的数字化环境,此时的控制系统将充分利用各类环境数据、业务数据、市场数据、供应链数据、政府数据、监管机构数据、消费者需求数据等,智能化判断控制目标,智能化启动控制措施,实现控制目标。例如某些有实力的企业在已运行的智能费用控制系统、智能风险预警系统,即具备控制运行的智能化特点。

(二)会计控制体系构成

1. 控制环境。其中包括法律环境、制度环境、组织环境、人力资源环境、技术环境、安全环境、数字化环境、企业文化等,是会计控制体系的外部影响因素,好的环境才能促进控制体系功能的发挥。因此,计算机环境下,应营造科学高效、透明合规的控制环境。

2. 控制目标。一般包括三个层次的控制目标,一是公司层次的控制目标,含战略目标、合规目标、报告目标、绩效目标、企业文化目标等;二是业务层次的目标,含业务流程、成本控制、风险控制目标;三是信息系统目标,含安全目标、运行目标、维护目标、信息资源应用目标等。

3. 风险识别。内控体系通过各个系统终端识别企业存在的各类风险,将风险信号传递到控制开关,启动控制系统。因此识别风险是控制系统运行开关,有了风险就智能化或自动化运行控制系统。例如当识别出某个客户信用等级较低,达到风险级别时,就启动业务控制系统,拒绝向该客户赊销商品,达到坏账止损的控制目标。

4. 控制措施。会计控制体系不仅包括传统的会计控制措施,如会计账户体系的设计、预算控制、内部审计、实物盘点等,同时引入较多与信息技术有关的控制措施,如大数据挖掘控制、非现场监管控制、流程自动化控制。

5. 沟通与监督。计算机环境下会计控制体系运行的各环节信息还要通过沟通,传递到企业各个部门,尤其是识别出的风险要及时传递,避免风险扩大失控,同时监督控制体系的运行效果,及时进行改进升级。

本章小结

本章重点介绍了会计决策和会计控制的基本理论、方法和实际运用,具体包括:会计短期经营决策活动中常用的会计成本习性的含义、分类、特征和应用;介绍了会计控制的主要方法——预算管理和成本控制,预算方法一般包括固定预算和弹性预算,在选择具体方法时,要考虑各种方法的优缺点和应用条件。本章的难点是如何将传统会计决策和控制在计算机系统下实现等内容,其中主要是利用会计软件(如用友U850系统、EXCEL等)进行决策活动的支持化、智能化等现代思路。建议读者不断提高自身的信息化敏感性,将传统会计的丰富内涵真正使用现代化手段(如 IT 技术)应用于企业的管理活动。

本章关键词汇

会计决策	Accounting Decision
成本习性	Cost Habit
变动成本法	Change Cost Method
固定成本法	Fixed Cost Method
本量利分析法	Cost Margin Analysis Method
短期经营决策	Short-term Business Decision Making
长期经营决策	Long-term Business Decision
会计软件	Accounting Software
会计决策支持系统	Accounting Decision Support System
全面预算	Comprehensive Budget
固定预算	Fixed Budget
弹性预算	Elastic Budget
零基预算	Zero Base Budget
滚动预算	Rolling Budget
标准成本控制	Standard Cost Control
敏感性分析	Sensitivity Analysis
会计信息系统	Accounting Information System

思考题

1. 什么是成本习性?在经营决策中为什么要进行成本习性分析?

2. 如何理解变动成本的变动性和固定成本的固定性?在目前的技术、工艺和竞争环境下,它们的辩证关系发生了哪些变化?

3. 请比较变动成本法与完全成本法的应用条件,在具体应用时应如何选择?

4. 请尝试分析本量利分析法、贡献毛益分析法和保本点分析法的应用条件及局限性。用计算机软件能否克服上述局限?

5. 在对一个企业的多种产品组合进行保本点测算时应如何选择本章介绍的几种方法？如果你是生产主管，当发生保本点结果相互矛盾时应如何取舍？

6. 在使用差量分析法进行决策分析时，除了考虑备选方案的成本与其相关收入的差量外，从企业管理的角度还应考虑哪些方面才能做出最后的决策？

7. 贡献毛益法、本量利分析法能否用于长期经营决策？如果适用，应用条件应做哪些调整？如果不适用，请陈述理由。

8. 在会计控制的具体方法中，除了全面预算管理、标准成本管理和责任会计外，还有哪些方法起到会计控制的作用？

9. 一个市场稳定的传统生产企业与一个竞争激烈、市场变化多端的 IT 企业比较，在全面预算方法的选择上有何不同？为什么？

10. 谈谈你对预算的财务控制作用是如何理解的？控制效果受哪些条件制约？如何提高控制效果？

11. 传统手工方法在会计决策和控制方面存在哪些缺陷与不足？应用信息技术手段能否克服？如何克服？

12. 为什么说应用信息技术加深和拓宽了会计信息在企业管理特别是决策和控制活动中的作用？

13. 利用 EXCEL 或 DSS 系统进行会计决策和控制时，最重要的问题之一是与企业后台会计信息系统的数据接口问题，即如何将会计信息直接用于决策模型。你是否这样认为？应如何解决？

14. 在大数据环境下，会计决策功能有哪些延伸与加强？

15. 会计控制系统包括哪些要素？各要素的功能和相互关系是什么？

练习题

一、单项选择题

1. （　　）是指总额在一定时期和一定业务量范围内不随业务量增减变动而变动的成本。

A. 总成本　　　　　　　　B. 变动成本
C. 固定成本　　　　　　　D. 混合成本

2. 根据固定成本的可控程度，可将其进一步分为"约束性固定成本"与（　　）。

A. 酌量性固定成本　　　　B. 可控性固定成本
C. 风险性固定成本　　　　D. 集约性固定成本

3. 下列支出项目属于半固定成本的项目是（　　）。

A. 原材料成本 B. 检验人员的基本工资
C. 生产工人工资 D. 管理人员工资

4. 下列支出项目属于半变动成本的项目是( )。
   A. 原材料成本 B. 检验人员的基本工资
   C. 生产工人工资 D. 水电费

5. 下列支出项目属于延期变动成本的项目是( )。
   A. 原材料成本 B. 检验人员的基本工资
   C. 员工基本工资 D. 水电费

6. 下列支出项目属于曲线变动成本的项目是( )。
   A. 原材料成本 B. 检验人员的基本工资
   C. 员工基本工资 D. 累进计件工资

7. 在计算产品成本时,既包括变动性成本又包括固定性制造费用的成本称为( )。
   A. 完全成本 B. 固定成本
   C. 变动成本 D. 部分成本

8. 对成本、业务量和利润三者的相互依存关系所进行的分析活动通常称为( )。
   A. 本量利分析 B. 保本点分析
   C. 平衡点分析 D. 安全点分析

9. 某公司固定成本为20 000元,销售产品600件,单位变动成本为30元/件。若要保证实现利润10 000元,可以考虑的定价水平是( )元/件。
   A. 50 B. 60
   C. 70 D. 80

10. 计算多项式"销售收入-变动成本-目标利润"得到的指标是( )。
    A. 总利润 B. 边际利润
    C. 固定成本 D. 净利润

11. 完全成本法计算出的产品成本不包括( )。
    A. 直接材料 B. 直接人工
    C. 变动性制造费用 D. 全部制造费用

12. 下列项目属于资本支出预算的是( )。
    A. 销售收入预算 B. 财务费用预算
    C. 开辟销售渠道投资预算等 D. 培训支出预算

13. ( )是全面预算体系的核心,是年度预算的编制起点。
    A. 销售预算 B. 支出预算
    C. 战略预算 D. 税后利润预算

14. 在弹性预算各种方法中( )方法最简单直接,并可单独使用。
    A. 保本点法 B. 公式法

C. 图解法　　　　　　　　　　D. 列表法

15. 下面说法不正确的是( )。
   A. 滚动预算法又称连续预算或永续预算
   B. 按照"近细远粗"的原则
   C. 可采用长计划,长安排的方式进行
   D. 将第一季度按月划分,编制各月的详细预算

16. ( )是标准成本系统运作程序中最为重要的一个环节。
   A. 分析成本差异　　　　　　B. 制定标准成本
   C. 汇总实际成本　　　　　　D. 计算成本差异

17. 无论是利用会计软件本身自带的决策系统,还是利用第三方的专业工具,进行会计决策的首要问题是( )。
   A. 计算各类财务指标　　　　B. 如何生成决策报告
   C. 保证数据的安全与完整　　D. 从会计软件系统中获取基本数据

18. ( )是一种将外部数据源中的数据引入 Microsoft Excel 的程序。
   A. Dbms　　　　　　　　　　B. Office
   C. Microsoft Query　　　　　D. Excel

19. 会计决策支持系统是一种( )的计算机系统。
   A. 自动　　　　　　　　　　B. 交互式
   C. 单向　　　　　　　　　　D. 不需人工干预

20. 会计决策支持系统是用来帮助决策者解决( )的会计问题。
   A. 账务处理　　　　　　　　B. 半结构化
   C. 财务报表　　　　　　　　D. 结构化

二、多项选择题

1. 根据成本习性,可将成本划分为( )等几大类。
   A. 完全成本　　　　　　　　B. 固定成本
   C. 变动成本　　　　　　　　D. 混合成本

2. 下列项目属于变动成本是( )。
   A. 原材料　　　　　　　　　B. 生产工人的计件工资
   C. 包装材料　　　　　　　　D. 按工作量(小时)法计算的固定资产折旧

3. 按变动成本法计算出的产品成本包括( )。
   A. 直接材料　　　　　　　　B. 直接人工
   C. 变动性制造费用　　　　　D. 固定制造费用

4. 按完全成本法计算出的产品成本包括( )。
   A. 直接材料　　　　　　　　B. 直接人工
   C. 变动性制造费用　　　　　D. 全部制造费用

5. 本量利三变量之间的关系可以用( )来表达。
   A. 损益方程
   B. 贡献毛益方程
   C. 安全库存方程
   D. 风险评估方程

6. 财务预算主要包括( )。
   A. 现金预算
   B. 预计利润表
   C. 预计资产负债表
   D. 预计现金流量表

7. 按照预算的编制基础,可将其分为( )。
   A. 弹性预算
   B. 零基预算
   C. 增量预算
   D. 减量预算

8. 按照预算的对象内容来划分,全面预算可以分为( )。
   A. 业务预算
   B. 财务预算
   C. 资本支出预算
   D. 综合预算

9. 按照是否考虑多种业务量水平,可将预算划分为( )。
   A. 固定预算
   B. 零基预算
   C. 弹性预算
   D. 综合预算

10. 按照是否考虑不确定因素,可将预算分为( )。
    A. 全面预算
    B. 单项预算
    C. 定值预算
    D. 概率预算

11. 按照预算期间的起止时间是否具有变动性,可将其分为( )。
    A. 定期预算
    B. 滚动预算
    C. 固定预算
    D. 弹性预算

12. 下列说法正确的是( )。
    A. 编制生产预算,除考虑计划销售量外,还需考虑现有存货和年末存货
    B. 根据生产预算来确定直接材料、直接人工和制造费用预算
    C. 产品成本预算和现金预算是有关预算的汇总
    D. 预计损益表、预计资产负债表和预计现金流量表是全部预算的综合反映

13. 目前常用的预算编制方法包括( )。
    A. 固定预算法
    B. 弹性预算法
    C. 零基预算法
    D. 概率预算法

14. 固定预算也称为( )。
    A. 静态预算
    B. 一次性预算
    C. 经常性预算
    D. 常规预算

15. 为配合成本计算和控制,制造费用预算一般要区分( )。
    A. 完全制造费用
    B. 类别制造费用
    C. 固定制造费用
    D. 变动制造费用

16. 弹性预算主要用于以下( )的预算。
   A. 工程　　　　　　　　　　　B. 费用
   C. 成本　　　　　　　　　　　D. 利润

17. 零基预算法的特点是( )。
   A. 一切以零为起点　　　　　　B. 无现成可参考现成预算
   C. 工作量较大　　　　　　　　D. 预算比较符合目前实际

18. 滚动预算的优点是( )。
   A. 能保持预算的完整性、连续性
   B. 能够周详地考虑和全盘规划
   C. 有利于管理人员对预算资料做经常性的分析研究
   D. 有助于提高预算的准确性

19. 目前多数会计软件本身都具备简单的决策支持模块,主要在( )模块中体现。
   A. 财务分析模块　　　　　　　B. 报表模块
   C. 核算模块　　　　　　　　　D. 系统维护模块

20. 一般情况下,利用电子表格进行会计数据分析时获取数据的方式有( )。
   A. 人工输入分析数据
   B. 从后台系统中随意提取数据
   C. 在电子表格中直接调用外部数据库中的数据
   D. 自动生成相关数据

三、判断题

1. 企业围绕经营目标而展开的一切活动都可称为"业务",对业务的量化表现就是"业务量"。( )

2. 固定成本总额固定不变,但是单位固定成本(即每一业务量单位负担的固定成本)是可变的,这种变化与业务量的增减变化成正比。( )

3. 根据企业管理部门对固定成本的可控程度,还可将固定成本进一步分为"约束性固定成本"与"酌量性固定成本"两类。( )

4. 变动成本的总额因业务量的变动而变动,但是变动的比例不变,即单位变动成本不变。( )

5. 企业的生产经营条件及其生产能力一经形成,不论其实际应用能力如何,其相关费用照样发生,同产品的实际生产没有直接联系,因此,任何情况下固定制造费用与产量无关。( )

6. 当本期生产量等于本期销售量时,完全成本法确定的税前利润等于变动成本法确定的税前利润。( )

7. 当本期销售量大于本期生产量时,完全成本法计算的税前利润大于按变动成本法计算的税前利润;当本期销售量小于本期生产量时,完全成本法确定的税前利润小于变动成本

法确定的税前利润。（　　）

8. 一般而言，只要亏损产品还能提供贡献毛益，企业又没有其他更好的途径去替代亏损产品，该种亏损产品就不应停产。（　　）

9. 对于进一步加工前所发生的成本，无论其是半成品的生产成本，还是联产品的分离前的联合成本，都是与决策有关的成本。（　　）

10. 在进行亏损产品是否转产的决策分析时，只要转产的产品是利用亏损产品的生产能力，而不占用其他产品的生产能力，且它所提供的贡献毛益总额大于原亏损所提供的贡献毛益总额，此项转产方案就是可行的。（　　）

11. 在短期经营决策分析中采用本量利分析法，就是根据不同备选方案中各自的成本、业务量、利润之间的依存关系来确定最优的方案。（　　）

12. 业务预算包括：销售预算、生产预算、直接材料预算、直接人工预算、制造费用预算、生产成本预算、销售及一般管理费预算等等。（　　）

13. 全面预算的特点是以生产预算为中心，统筹协调销售活动各方面的预算。（　　）

14. 销售预算是全面预算体系的核心，是年度预算的编制起点。（　　）

15. 固定预算也称为静态预算或常规预算，它适用于预算期作业量水平变动较大情况下的预算编制。（　　）

16. 采用零基法编制预算，以零为起点观察和分析企业一切生产经营活动，同时参考以往的费用预算开支等项目。（　　）

17. 编制滚动预算的主要工作并非不断修改预算数据，而是动态修正预算结果。（　　）

18. 一般来讲，利用 Excel 进行会计数据分析时，所有的分析数据都要首先收集到分析模型中。（　　）

19. 决策支持系统是能代替人进行决策的一类信息系统。（　　）

20. 会计信息系统中的会计控制可划分为输入控制、处理控制和输出控制等过程。（　　）

四、计算题

1. 【目的】练习混合成本的分解。

【资料】某企业 1~6 月份设备维修费发生情况见下表：

月份	1	2	3	4	5	6
业务量（设备工时）	190	80	210	200	220	280
维修费（元）	880	800	950	1 040	1 240	1 600

【要求】采用高低点法将维修费分解为固定成本和变动成本。

2.【目的】利用成本形态分类解决实际问题(本量利关系分析)。

【资料】某企业经营A,B两者产品,固定成本为3 500元,A产品的售价为30元/件,单位变动成本为20元/件,销售量为300件;B产品的售价为40元/件,单位变动成本为25元/件,销售量为400件。

【要求】计算税前利润。

3.【目的】利用成本形态分类解决实际问题(本量利关系分析)。

【资料】某公司销售甲产品,每件售价25元,单位变动成本为15元/件,销售1 000件,固定成本为2 000元。

【要求】计算税前利润。

4.【目的】利用成本形态分类解决相关问题(本量利关系分析)。

【资料】某公司销售甲产品,每件售价45元,单位变动成本为25元/件,税前利润10 000元,固定成本为30 000元。

【要求】计算销售量。

5.【目的】利用成本形态分类解决相关问题(本量利关系分析)。

【资料】某企业销售甲产品300件,该批产品的变动成本总额为9 000元,税前利润2 000元,固定成本为4 000元。

【要求】计算销售价格。

6.【目的】利用成本形态分类解决实际问题(贡献毛益方程)。

【资料】甲企业销售A产品300件,该批产品的贡献毛益总额为6 000元,税前利润2 000元。

【要求】计算该批产品的固定成本。

7.【目的】利用成本形态分类解决实际问题(贡献毛益方程)。

【资料】甲公司销售A产品3 000件,销售收入10 000元,贡献毛益总额为40 000元。

【要求】计算单位变动成本。

8.【目的】利用成本形态分类解决相关问题(保本点分析)。

【资料】某企业准备经营甲产品,该产品的市场售价为40元/件,预计单位变动成本为20元/件,固定成本为6 000元。

【要求】测算该企业达到保本点的销售额。

五、分析题

1.【目的】利用会计决策方法(差量分析法)解决相关问题。

【资料】某企业本年计划生产甲产品400件,正常价格是40元/件,年初编制的成本计划见下表。企业最大生产能力为500件,剩余生产能力无法转移。11月份A公司要求向该企业追加订货100件甲产品,特殊定价为26元/件。

成本项目	总成本(元)	单位成本(元/件)
直接材料	10 000	10
直接人工	8 000	8
变动性制造费用	2 000	2
固定性制造费用	6 000	6
销售及管理费用	2 000	2
合计	28 000	28

【要求】采用差量分析法分析企业能否接受这批特殊订货。

2.【目的】利用会计决策方法解决零件是自制还是外购的问题。

【资料】某公司每年需要甲零件1 000个,市场价格为50元/个。目前该公司有剩余生产能力可以制造甲零件,零件单位变动成本为40元/个,其中,直接材料20元/个,直接人工10元/个。

【要求】做出该零件是自制还是外购的决策。

3.【目的】利用会计决策方法解决半成品是进一步加工还是立即出售的问题。

【资料】某公司有一批半成品甲产品500件,完成初步加工后,可在市场上立即出售,也可以加工成乙产品后再出售。半成品甲产品每件成本24元,售价30元。若将甲产品进一步加工为乙产品,每件售价可提高到35元,但需要追加直接材料1.50元,直接人工1元,变动制造费用0.5元,不需要追加任何固定成本。

【要求】做出该公司是进一步加工还是立即出售的决策。

4.【目的】利用会计决策方法解决联产品分离后是立即出售还是继续加工再出售的问题。

【资料】某公司生产A、B两种产品。两种产品均可在联产过程结束时直接出售,也可以在继续加工后再出售。有关资料见下表。

产品	产量(件)	立即出售的单价(元/件)	继续加工的单位成本(元/件)	加工后出售的单价(元/件)
A	1 000	15	9	25
B	600	18	6	22

【要求】根据上述资料,分析两种产品应在分离后立即出售还是继续加工后再销售更有利。

5.【目的】利用会计决策方法解决生产何种产品的问题。

【资料】某企业原来只生产A产品,现有B、C两种新产品可以投产,但剩余生产能力只允许投产其中之一。企业固定成本为5 000元。新产品、老产品的有关资料见下表。

产品名称	A产品	B产品	C产品
产销量(个)		50	250
单位售价(元/个)	2.0	10.5	1.0
单位变动成本(元/个)	0.5	2.2	0.5
单位工时(小时/个)		10	2

【要求】根据上述资料做出应选择生产哪种产品的决策。

6.【目的】利用会计决策方法解决使用何种设备成本最低的问题。

【资料】某企业生产甲产品,可以采用普通型车床、半自动化车床、自动化车床进行加工生产,不同设备的调整准备费用和每件产品的加工费用见下表。

摘要	每次调整准备费(固定成本总额,元)	单位产品加工费(单位变动成本,元/件)
普通型车床	12	0.90
半自动化车床	18	0.40
自动化车床	60	0.08

【要求】做出生产该产品使用哪种设备成本最低的决策分析。

7.【目的】利用会计决策方法解决生产所需的零件是外购还是自制的问题。

【资料】某企业需要A零件,如果外购,可用40元/件的单价购入,如果自制,则其单位变动成本为20元/件,并需为此追加固定成本1 000元/年。

【要求】做出A零件年需要量为多少时宜于自制的决策。

进一步思考

北京阔步制鞋公司在"质量第一,客户至上"的经营理念指导下,开发了多种款式品种,目前品种已达200余种,年生产能力为100 000双。

根据各方面调查和预测,公司编制了如下利润计划表。

计划年度预计利润表

销售数量:80 000 双	单价 10 元/双	销售收入:800 000 元
	单位成本	总成本
生产成本:	8.125	650 000
其中:原材料	4.025	322 000
加工费	0.975	78 000
管理费用*	3.125	250 000
销售费用	1.5	120 000
其中:门市部销售计件工资	0.5	40 000
管理费用*	1	80 000
税前利润	0.375	30 000

*管理费用 80%是固定成本。

年初某学校工会直接来公司订货 30 000 双,但每双只愿出价 7.5 元,而且必须一次全部购置,否则不要。对该学校工会的订货,经理认为对方出价每双 7.5 元,大大低于生产和销售成本,而且还影响 10 000 双的正常销售,可能造成亏损,不应接受。生产部长算了一笔账,认为即使减少正常销售 10 000 双,按 7.5 元接受 30 000 双订货对企业还是有利的,应该接受该订单。

营销部长认为正常销售量应该保证,不能减少。接受 30 000 双订货,短缺的 10 000 双可采取加班的办法来完成,但要支付加班费每双 1.8 元,其他费用不变。

生产部长对营销部长的建议竭力反对,认为这 10 000 双鞋的生意做下来肯定亏本。那么,到底该如何办呢?

思考题:

(1)经理的意见是否有道理?

(2)生产主管的账是如何计算的?利润是多少?

(3)按营销部长的建议,企业利润应是多少?

(4)应采纳上述哪一个方案更合适?

(5)如果再加工 20 000 双,各方面费用要增加 60 000 元(包括加班费),你应如何做出决策?

(6)人工智能(AI)可否取代人脑决策?Chat GPT 对会计职业道德有何冲击?

(提示:利用本量利模型并结合差量分析等方法,对各方案或建议带来的收益或损失进行比较,权衡后即可得到最优决策。同时,读者可以利用专门 DSS 或 EXCEL 等软件做成动态决策模型,对类似问题进行快速决策。)

第十二章 会计决策与控制

阅读资料

中国管理会计网：http:\www.imcma.cn.

练习题参考答案(部分)

第一章 总论

一、单项选择题

1. C 2. B 3. A 4. D 5. B 6. C 7. A 8. B 9. C 10. B 11. D 12. A 13. C 14. B 15. D

二、多项选择题

1. ABCD 2. ACD 3. BCD 4. AD 5. CD 6. ABCD 7. AC 8. ACD 9. ABD 10. BCD

三、判断题

1. × 2. × 3. × 4. × 5. × 6. × 7. √ 8. × 9. √ 10. √

四、分析计算题

1. 流动资产为 1 318 000 元;非流动资产为 2 540 000 元;流动负债为 955 600 元;非流动负债为 430 000 元;所有者权益为 2 472 400 元。

2. 权责发生制下本月收入和费用分别为 21 000 元和 6 000 元;收付实现制下本月收入和费用分别为 13 000 元和 3 000 元。

第二章 会计核算的基本程序和方法

一、单项选择题

1. A 2. C 3. B 4. D 5. B 6. B 7. C 8. D 9. A 10. B 11. C 12. C 13. A 14. C 15. D

二、多项选择题

1. ABCD 2. BCD 3. ABCD 4. BC 5. CD 6. BCD 7. ABD 8. AB 9. ABC 10. BCD 11. CD 12. ACD 13. ABD 14. ABCD 15. AB

三、判断题

1. × 2. √ 3. × 4. √ 5. × 6. × 7. × 8. × 9. × 10. √

四、核算题

2. A,B,C,D,E,F 的金额分别为:88 000 元、3 400 元、96 400 元、83 000 元、118 000 元和 17 000 元。

3. A,B,C,D,E,F 的金额分别为:2 500 元、571 000 元、60 000 元、18 000 元、12 500 元和 0 元。

5. 本月"发生额及余额试算平衡表"中,期初余额、本月发生额和期末余额的借(贷)方金额分别为 240 000 元、360 000 元和 340 000 元。

6. "原材料"和"应付账款"总账的期末余额分别为 208 800 元和 228 000 元。

第三章　会计循环与会计信息系统

一、单项选择题

1. C　2. B　3. A　4. C　5. D　6. A　7. B　8. A　9. B　10. A

二、多项选择题

1. ABC　2. ABCD　3. ABCD　4. ABC　5. AB

三、判断题

1.√　2.√　3.√　4.×　5.√　6.√　7.×　8.√　9.√　10.√

第四章　筹资活动的核算

一、单项选择题

1. D　2. C　3. D　4. A　5. B　6. C　7. A　8. D　9. B　10. C

二、多项选择题

1. ABCD　2. ABD　3. ABC　4. ABD　5. BD　6. BCD　7. ACD　8. CD　9. ABCD　10. AC

三、判断题

1.×　2.√　3.×　4.√　5.×　6.×　7.√　8.×　9.×　10.√

第五章　供应活动的核算

一、单项选择题

1. C　2. C　3. B　4. D　5. A　6. D　7. C　8. B　9. A　10. B

二、多项选择题

1. ABC 2. ABCD 3. AC 4. BCD 5. BD 6. ACD 7. ABD 8. AB 9. BCD 10. ACD

三、判断题

1. √ 2. × 3. × 4. × 5. × 6. √ 7. × 8. × 9. √ 10. ×

四、核算题

1.（1）A、B 两种材料的采购总成本分别为 31 575 元和 46 925 元;单位成本分别为 17.54 元/千克和 21.83 元/千克。

第六章　生产活动的核算

一、单项选择题

1. C 2. B 3. A 4. A 5. B 6. C 7. B 8. B 9. C 10. C 11. C 12. D 13. B 14. A 15. D 16. C 17. D 18. A

二、多项选择题

1. ACD 2. ABD 3. ABCD 4. ABD 5. BC 6. AC 7. ABCD 8. ABCD 9. ABCD 10. AB 11. BCD 12. ABD 13. CD 14. BCD 15. AC

三、判断题

1. √ 2. √ 3. × 4. × 5. √ 6. × 7. × 8. × 9. × 10. × 11. × 12. × 13. × 14. √ 15. ×

四、核算题

4. 完工产品成本为 136 500 元,月末在产品成本为 22 380 元。

5. 完工产品成本为 144 000 元。

6. 甲、乙产品的完工产品成本分别为 103 500 元和 63 000 元。

第七章　销售活动的核算

一、单项选择题

1. B 2. A 3. A 4. B 5. C 6. C 7. B 8. D 9. A 10. B

二、多项选择题

1. ABC 2. BCD 3. ABCD 4. ABC 5. AC 6. ABCD 7. BCD 8. ABD 9. ABC 10. BCD

三、判断题

1. × 2. √ 3. × 4. × 5. √ 6. × 7. √ 8. √ 9. √ 10. ×

第八章 投资活动的核算

一、单项选择题

1. B 2. A 3. B 4. C 5. D 6. C 7. A 8. A 9. C 10. C 11. C 12. A 13. C 14. D 15. C 16. B 17. B 18. D 19. D 20. A

二、多项选择题

1. BCD 2. BD 3. AC 4. ABC 5. AD 6. ABC 7. CD 8. ABCD 9. BCD 10. ACD 11. AC 12. BC 13. ACD 14. ABCD 15. CD 16. BC 17. AD 18. ABC 19. ABD 20. BCD

三、判断题

1. √ 2. × 3. × 4. √ 5. × 6. × 7. × 8. × 9. × 10. √ 11. × 12. √ 13. × 14. × 15. √ 16. × 17. √

四、核算题

1. 该项投资取的投资收益净额为 2 400 000 元。

9. (1)投资成本：

购入京海公司股票的投资成本为 5 840 万元,购入通达公司债券的投资成本为 2 020 万元,购入华科公司长期股票投资成本为 4 025 万元,购入远程公司长期股票投资成本为 5 400 万元。

(2)投资收益为 160 万元。

第九章 财务成果的核算

一、单项选择题

1. D 2. D 3. B 4. B 5. C 6. D 7. B 8. C 9. D 10. B

二、多项选择题

1. ACD 2. ABD 3. ABCD 4. AB 5. ABC

三、判断题

1. √ 2. √ 3. × 4. × 5. × 6. √ 7. × 8. × 9. √ 10. √

第十章 企业生产经营活动的计算机会计处理及应用

一、单项选择题

1.B 2.B 3.D 4.A 5.C 6.B 7.D 8.C 9.B 10.A

二、多项选择题

1.AC 2.ABD 3.AB 4.AB 5.ABCD

三、判断题

1.× 2.√ 3.√ 4.× 5.√

第十一章 财务报表与分析

一、单项选择题

1.D 2.C 3.C 4.B 5.A 6.A 7.B 8.C 9.B 10.C

二、多项选择题

1.BC 2.ABD 3.AC 4.ABCD 5.ABCD 6.BCD 7.ACD 8.ABC 9.ABC 10.BD

三、判断题

1.× 2.× 3.√ 4.× 5.× 6.× 7.× 8.√ 9.√ 10.×

四、会计报表编制题

资产负债表中资产总额(权益总额)为 1 122 966 元,利润表中净利润为 258 750 元。

第十二章 会计决策与控制

一、单项选择题

1.C 2.A 3.B 4.D 5.C 6.D 7.A 8.A 9.D 10.C 11.B 12.B 13.A 14.D 15.C 16.A 17.D 18.C 19.B 20.B

二、多项选择题

1.BCD 2.ABD 3.ABC 4.ABC 5.AB 6.ABCD 7.BCD 8.ABC 9.AC 10.CD 11.AB 12.ABCD 13.ABCD 14.AD 15.CD 16.BCD 17.ABCD 18.ABCD 19.AB 20.ABCD

三、判断题

1. × 2. × 3. √ 4. √ 5. × 6. √ 7. × 8. √ 9. × 10. √ 11. √ 12. √
13. × 14. √ 15. × 16. × 17. × 18. √ 19. × 20. √

四、计算题

1. 固定成本:480 元;单位变动成本:4 元/工时。

2. 税前利润:5 500 元。

3. 税前利润:8 000 元。

4. 销售量:2 000 件。

5. 销售价格:50 元/件。

6. 固定成本:4 000 元。

7. 单位变动成本:20 元/件。

8. 保本销售额:12 000 元。

五、分析题

1. 可考虑接受追加订货方案。

2. 以自制方案为宜。

3. 应选择进一步加工方案。

4. 产品 A 选择进一步加工方案;产品 B 选择立即销售方案。

5. 应选择生产 B 产品。

6. 当该批零件的批量小于 20 件时,采用普通车床成本较低;当批量在 20~125 件之间时,采用半自动化车床较为有利;若批量超过 125 件时,则应采用自动化车床。如果半自动化车床因种种限制条件不能加工该批零件时,则加工批量在 60 件以内时,应采用普通车床;批量超过 60 件时,则采用自动化车床。

7. 当零件的年需要量超过 50 件时,自制总成本低于外购成本,以自制为宜;若年需要量在 50 件以内,则以外购为宜。

参考文献

[1] 中华人民共和国财政部.企业会计准则(2006)[M].北京:中国财政经济出版社,2006.

[2] 中华人民共和国财政部.企业会计准则——应用指南(2006)[M].北京:中国财政经济出版社,2006.

[3] 财政部会计司编写组.企业会计准则讲解(2010)[M].北京:人民出版社,2010.

[4] 中华人民共和国财政部.企业会计准则(2022年版)[M].上海:立信会计出版社,2022.

[5] 中华人民共和国财政部.企业会计准则应用指南(2022年版)[M].上海:立信会计出版社,2022.

[6] 中国注册会计师协会.会计[M].北京:中国财政经济出版社,2022.

[7] 财政部会计资格评价中心.中级会计实务[M].北京:经济科学出版社,2022.

[8] 财政部会计资格评价中心.初级会计实务[M].北京:经济科学出版社,2021.

[9] 赵天燕.会计学[M].2版.北京:首都经济贸易大学出版社,2012.

[10] 刘文辉,贺宏.会计学基础[M].北京:首都经济贸易大学出版社,2017.

[11] 王国生,于鹏.中级财务会计[M].北京:首都经济贸易大学出版社,2017.

[12] 企业会计准则编审委员会.企业会计准则案例讲解(2022年版)[M].上海:立信会计出版社,2022.

[13] 葛家澍.会计学——上册,财务会计分册[M].2版.北京:高等教育出版社,2006.

[14] 阎达五,于玉林.会计学(第三版)[M].北京:中国人民大学出版社,2007.

[15] 徐经长.会计学(非专业用)[M].6版.北京:中国人民大学出版社,2019.

[16] 陈信元.会计学[M].6版.上海:上海财经大学出版社,2021.

[17] 刘永泽.会计学[M].5版.大连:东北财经大学出版社,2016.

[18] 张瑞君等.会计信息系统[M].北京:中国人民大学出版社,2021.

[19] 孙茂竹,支晓强,戴璐.管理会计学[M].北京:中国人民大学出版社,2020.

[20] 罗伯特N.安东尼等.会计学教程与案例[M].12版.王立彦,等,译.北京:机械工业出版社,2009.

[21] 卡尔S.沃伦(Carl S.Warren).会计学(原书第5版)[M].北京:机械工业出版社,2016.

[22] George H.Bodnar等.会计信息系统.[M].卢俊译.北京:清华大学出版社,2006.